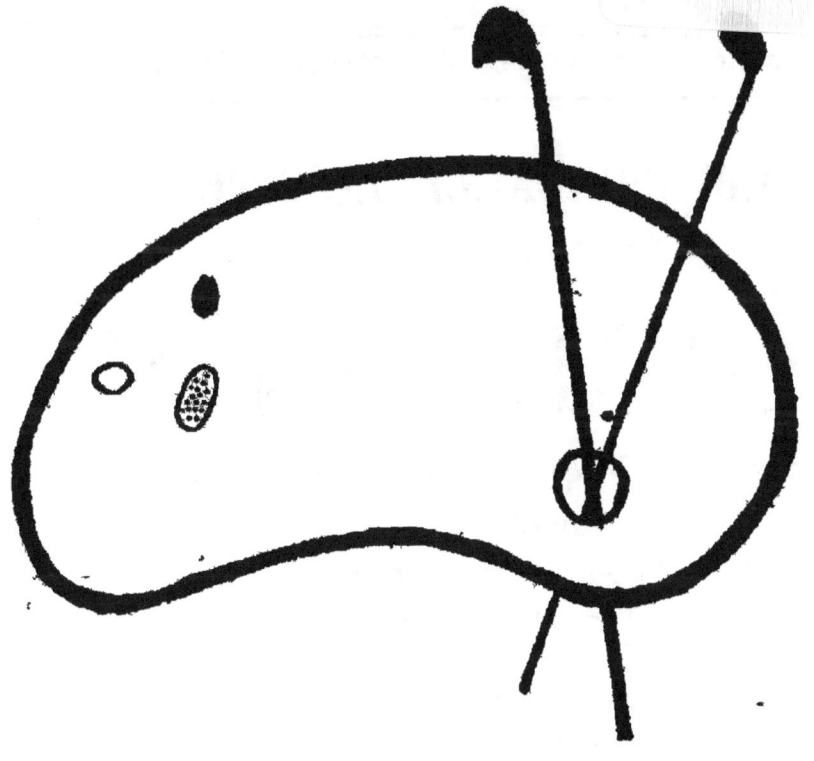

COUVERTURE SUPERIEURE ET INFERIEURE
EN COULEUR

RECTO ET VERSO

PUBLIÉ SOUS LA DIRECTION
DE LA SECTION HISTORIQUE DE L'ÉTAT-MAJOR DE L'ARMÉE

CORRESPONDANCE INÉDITE
DE
NAPOLÉON IER

CONSERVÉE AUX ARCHIVES DE LA GUERRE

PUBLIÉE PAR

Ernest **PICARD**
Colonel d'Artillerie breveté

ET

Louis **TUETEY**
Bibliothécaire-Archiviste adjoint au Ministère de la Guerre

TOME V. — 1812

CHARLES-LAVAUZELLE & CIE
Éditeurs militaires
PARIS, Boulevard Saint-Germain, 124
LIMOGES, 62, Avenue Baudin | 53, Rue Stanislas, NANCY

1925

CORRESPONDANCE INÉDITE

DE

NAPOLÉON PREMIER

Tous droits de reproduction, de traduction et d'adaptation réservés pour tous pays.

Copyright by CHARLES-LAVAUZELLE ET C¹ᵉ

1925

PUBLIÉ SOUS LA DIRECTION
DE LA SECTION HISTORIQUE DE L'ÉTAT-MAJOR DE L'ARMÉE

CORRESPONDANCE INÉDITE

DE

NAPOLÉON IER

CONSERVÉE AUX ARCHIVES DE LA GUERRE

PUBLIÉE PAR

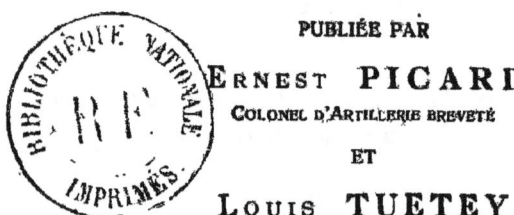

Ernest PICARD
COLONEL D'ARTILLERIE BREVETÉ

ET

Louis TUETEY
BIBLIOTHÉCAIRE-ARCHIVISTE ADJOINT AU MINISTÈRE DE LA GUERRE

TOME V. — 1812

CHARLES-LAVAUZELLE & CIE
Éditeurs militaires
PARIS, Boulevard Saint-Germain, 124
LIMOGES, 62, Avenue Baudin | 53, Rue Stanislas, NANCY

1925

CORRESPONDANCE
DE
NAPOLÉON PREMIER

6583. — DÉCISION.

Paris, 1ᵉʳ janvier 1812.

Le général Clarke rend compte de l'état du matériel existant aux 2ᵉ et 4ᵉ régiments suisses, au 3ᵉ croate et au 24ᵉ régiment d'infanterie légère.

Tout cela est bien.

NAPOLÉON.

6584. — DÉCISION.

Paris, 1ᵉʳ janvier 1812.

On prie Sa Majesté de statuer sur la composition des compagnies d'artillerie des régiments suisses.

Ordonner la formation de compagnies régimentaires françaises pour 2 bataillons.

NAPOLÉON.

6585. — AU GÉNÉRAL LACUÉE.

Paris, 1ᵉʳ janvier 1812.

Monsieur le comte de Cessac, pour faciliter les remontes de la seconde commande de 1812, je consens à ce qu'un tiers de la remonte de chaque régiment soit levée, si cela n'est pas possible plus tôt, dans le commencement de mars. Cela répond spécialement à la remonte des régiments de lanciers dont les fournisseurs ont eu cette clause dans leur marché.

NAPOLÉON.

6586. — DÉCISIONS (1).

On propose à Sa Majesté de confirmer dans le grade de général de brigade le général Compère, qui a été nommé par le roi de Naples.

Cette affaire doit avoir été consommée antérieurement.

On propose à Sa Majesté d'admettre dans un hospice civil un fusilier-grenadier de la garde impériale qui a subi l'amputation d'un membre par suite de maladie. Ce militaire n'a pas de droit à la retraite.

Il lui est accordé une pension de 150 francs.

6587. — DÉCISIONS (2).

Paris, (3) janvier 1812.

On propose à Sa Majesté de décider que les gardes nationales des départements limitrophes des armées d'Espagne, que les généraux commandant ces départements seront dans le cas de lever pour un service instantané, seront traitées comme les troupes de ligne quand le service les forcera à découcher.

Approuvé.

On propose à Sa Majesté d'autoriser, au profit de la caisse du 5e bataillon *bis* du train d'artillerie, le paiement d'une somme de 383 fr. 50, montant d'un bon souscrit par un ancien commandant de ce bataillon mort insolvable.

Approuvé.

---

(1) Sans signature ni date; extraites du « Travail du ministre de la guerre avec S. M. l'Empereur et Roi, daté du 1er janvier 1812 ».
(2) Non signées; extraites du « Travail du ministre de la guerre avec S. M. l'Empereur et Roi, daté du 1er janvier 1812 ».
(3) Sans date de jour.

6588. — AU GÉNÉRAL CLARKE.

Paris, 2 janvier 1812.

Monsieur le duc de Feltre, je tiendrai mardi prochain un conseil de l'artillerie.

Je désire qu'à ce conseil on me présente tout ce qui est relatif à l'organisation du service de l'artillerie à la Grande Armée, à l'équipage de campagne, aux deux équipages de siège, aux trois équipages de pont, à l'armement des places de Magdeburg, Stettin, Küstrin, Glogau, Danzig, à l'armement des places de Thorn et de Modlin, à l'armement de Torgau et à la situation de l'artillerie saxonne et polonaise.

N'oubliez pas que les équipages de siège ont besoin, non seulement de généraux et d'officiers, mais aussi de personnel. Je ne pense pas qu'on puisse avoir moins de dix compagnies d'artillerie pour les équipages de siège.

L'approvisionnement de l'équipage de campagne à une aussi grande distance doit être préparé de bonne heure.

Il faut des fusils pour l'armée et..... (1) on me fera connaître ce qu'il y a dans les places. J'estime avoir besoin de 200.000 fusils avec baïonnettes, de 20.000 sabres, carabines et paires de pistolets; me présenter des ressources pour cet armement.

Quant à l'armement des côtes, je désire que l'on s'occupe de l'armement des côtes de Mecklenburg, de Hamburg et de la 32ᵉ division militaire; quelles sont les batteries qui existent? Sont-elles à l'abri d'un coup de main? Comment sont-elles servies? Je désire qu'on en dresse une carte où soit tracé l'emplacement de ces batteries, le nombre et le calibre des pièces jusqu'au Zuiderzee.

On me présentera le projet d'armement de Wesel, de Coevorden, de Delfzyl et de Groningen, voulant armer ces places comme si elles devaient être assiégées le lendemain.

On me fera connaître l'état de l'armement des forts La Salle, Dugommier, de Naarden, d'Hellevoetsluis, de la Brielle, de Willemstad, de l'île de Goeree, de Flessingue, de Kadzand, d'Ostende, de Calais, de Dunkerque, de Boulogne, de Montreuil, d'Abbeville, du Havre et de Cherbourg, et ce qu'il faut changer à cet armement.

---

(1) Ces points de suspension existent dans le document.

Cela sera la matière d'un premier conseil.

Dans le conseil qui suivra, on me présentera l'état de l'armement des côtes de Bretagne, du Poitou et de la Méditerranée; de Palmanova, de Venise, de Raguse et de Zara.

Mon intention est que Kehl, Cassel, et les places de la rive gauche du Rhin soient armées, comme si elles devaient être attaquées : ce sera l'objet d'un troisième conseil.

Il faudra me présenter des projets d'équipages de campagne et d'équipages de ponts, prévoyant le cas où les équipages formés pour la Grande Armée seraient enlevés et perdus et ne rentreraient pas en France; il faut qu'il en soit formé de pareils prêts à remplacer les premiers.

Vous donnerez des ordres à l'artillerie pour distribuer ces matières aux trois conseils de l'artillerie qui auront lieu tous les quinze jours.

6589. — AU GÉNÉRAL CLARKE.

Paris, 2 janvier 1812.

Monsieur le duc de Feltre, donnez ordre que la 12ᵉ compagnie du 7ᵉ régiment d'artillerie à pied, qui arrive le 20 janvier à Danzig, y reste; que la 2ᵉ du 1ᵉʳ, qui sera à Berlin, y reste; que la 13ᵉ du 1ᵉʳ reste à Thorn; que les 6ᵉ compagnie du 3ᵉ et 9ᵉ compagnie du 9ᵉ restent à Pillau; que les 9ᵉ et 19ᵉ du 5ᵉ restent à Danzig; que les 1ʳᵉ et 5ᵉ du 9ᵉ, 10ᵉ du 6ᵉ, restent à Magdeburg; que la 8ᵉ du 1ᵉʳ et la 8ᵉ du 5ᵉ, restent à Spandau; que la 14ᵉ du 7ᵉ reste à Küstrin; ce qui fait treize compagnies qui vous resteront disponibles pour être employées aux équipages.

Je vois par l'état nᵒˢ 1 et 4 qu'il y a à la Grande Armée 62 compagnies à pied et 30 à cheval, indépendamment de la Garde; or, il n'y en a besoin, à la Grande Armée, désormais, que de 30 à pied et 19 à cheval. C'est donc 32 à pied et 11 à cheval qui peuvent rentrer, au lieu de 19 pour les places d'Allemagne et les 22 en route, ce qui fait 41. 30 paraissent suffisantes. Ce seraient donc 11 compagnies disponibles, ce qui ferait 43 compagnies disponibles pour les corps du Rhin et 12 à cheval. L'état nᵒ 5 explique parfaitement cela. Il faut écrire dans ce sens au général Eblé, et attendre, pour donner des ordres, l'état de situation.

NAPOLÉON.

6390. — AU GÉNÉRAL CLARKE (1).

Paris, 2 janvier 1812.

Monsieur le duc de Feltre, le corps d'observation d'Italie sera organisé de la manière suivante :

1re division (c'est-à-dire la 13e de la Grande Armée) :

8e d'infanterie légère.	2	bataillons.
84e.	4	—
92e.	4	—
106e.	4	—
Régiment croate.	2	—
	16	bataillons.

Le général Delzons commandera cette division; les généraux de brigade Huard, Roussel et Bertrand de Sivray y seront employés. Il y aura 1 compagnie d'artillerie à cheval, 1 à pied, 1 compagnie de sapeurs, 1 détachement d'ouvriers et toute l'administration nécessaire.

Chaque régiment ayant 2 pièces d'artillerie, cette division aura 10 pièces de régiment, ce qui, avec les batteries d'artillerie à pied et à cheval, fera 24 pièces de canon.

Vous donnerez ordre au régiment croate de se rendre à Brescia, pour s'y former; au 8e d'infanterie légère, de se réunir à Linz, et aux 84e, 92e et 106e, à Bolzano et pays environnants, sans sortir du royaume d'Italie.

Toute l'artillerie, personnel et matériel, que doit fournir l'Illyrie pour cette division, se réunira également à Linz.

2e division (c'est-à-dire la 14e de la Grande Armée). — La seconde division sera commandée par le général Broussier. Elle se composera :

De 4 bataillons		du 18e léger;
De 4	—	du 9e de ligne;
De 4	—	du 38e;
De 4	—	du 53e;
et de 2	—	du régiment espagnol.

(1) Non signé, copie conforme.

Le 18e léger se réunira à Villach avec tout ce que doit fournir l'Illyrie à cette division. Le reste de cette division se réunira à Trente, Roveredo et autres pays voisins.

Division italienne (c'est-à-dire 15e division de la Grande Armée). — Cette division se composera :

De 4 bataillons du 3e léger italien ;
De 3   —   dalmates ;
De 3   —   du 2e de ligne italien ;
De 4   —   du 3e   id.
De 2   —   du 5e   id.
——
16

Chacun de ces régiments aura 2 pièces d'artillerie ; 1 batterie d'artillerie à cheval servant 6 pièces italiennes, 1 batterie d'artillerie à pied en servant 8, et 1 compagnie de sapeurs seront attachées à cette division.

La division se réunira à Brescia, Salo, et jusqu'à Riva.

Les quatre brigades de cavalerie légère, qui sont en Italie, se réuniront : la 1re et 2e sur la Brenta, du côté de Bassano ; la 3e et 4e à Brescia, devant déboucher par la route d'Anfo.

Tout le parc et les équipages d'artillerie, le 9e bataillon des équipages, le bataillon des équipages italiens, le parc du génie se réuniront à Vérone.

La 6e division de cavalerie de réserve se composera des 7e, 23e, 28e et 30e de dragons ; les généraux Thiry et Seron y seront employés ; cette division se réunira sur le Mincio ; elle aura avec elle 2 batteries d'artillerie à cheval.

Il y aura une réserve de 2 batteries d'artillerie à pied françaises ; chaque batterie de 6 pièces de 12 et de 2 obusiers à grande portée, ce qui fait, pour les deux, 12 pièces de 12 et 4 obusiers.

La garde italienne se réunira à Milan et s'y tiendra prête à partir ; son artillerie se composera de 6 pièces de régiment, 8 pièces d'artillerie de ligne et 6 pièces d'artillerie à cheval ; total, 20 pièces, et une réserve de 2 batteries à pied et à cheval, composée de 12 pièces de 12 et 4 obusiers. Ainsi, l'artillerie de la garde étant de. . . . . 36 pièces.

Celle de la division italienne étant de 10 pièces de régiment, de 8 d'artillerie de ligne à pied et de 6 pièces d'artillerie à cheval; total. . . . . 24 —

20 pièces de régiment;
16 pièces d'artillerie de ligne à pied;
12 pièces d'artillerie légère;
16 pièces des batteries de réserve;
12 pièces de la division de dragons;

76 pièces composant l'artillerie française. . . . . 76 —

TOTAL de l'artillerie. . . . . 136 pièces.

Il y aura, au bataillon des équipages militaires, 250 voitures françaises, ainsi qu'au bataillon italien.

Il y aura, à la réserve du parc, 2 compagnies d'artillerie à cheval françaises et 8 compagnies d'artillerie à pied.

Toutes les compagnies de pontonniers disponibles, toutes celles que les sapeurs qui sont au delà des Alpes doivent former, y seront également avec leurs caissons bien attelés.

Tous les employés d'administration seront rendus le 15 février à leur poste.

Vous laisserez le vice-roi maître de faire le mouvement comme il l'entendra, en le commençant par les troupes qui sont les plus éloignées, de manière que toutes arrivent en même temps, au 10 février, à Brescia, Bolzano, Vérone, Trente, Villach et Linz.

6591. — AU GÉNÉRAL CLARKE.

Paris, 2 janvier 1812.

Monsieur le duc de Feltre, j'approuve que le dépôt du 23ᵉ régiment de chasseurs envoie 230 hommes à cheval et 10 hommes à pied pour rejoindre ses escadrons de guerre, et que les 168 hommes à pied que ce régiment a à Munster se rendent à Hambourg pour recevoir des chevaux. Vous chargerez le prince d'Eckmühl de donner ce dernier ordre. Il est nécessaire que le régiment envoie des selles.

Le 24º de chasseurs fera partir les hommes à pied qu'il a disponibles avec leurs selles, de Munster, pour se rendre à Hamburg, où les 310 hommes recevront des chevaux. Aucun de ces hommes ne doit revenir à son dépôt. Ils doivent tous rester au delà du Rhin. On en formera un dépôt de cavalerie, sous les ordres d'un général de brigade, dans le lieu que désignera le prince d'Eckmühl, et, à mesure que leurs régiments passeront, les différents détachements s'y réuniront.

NAPOLÉON.

6592. — AU GÉNÉRAL CLARKE.

Paris, 2 janvier 1812.

Monsieur le duc de Feltre, remettez-moi l'état de situation des régiments de cuirassiers, aux escadrons de guerre et au dépôt, avec l'état des chevaux qu'ils ont reçus et de ceux qu'ils doivent recevoir des commandes de 1812. Il me semble qu'il y a des mesures à prendre pour les quatre régiments qui sont à Erfurt.

NAPOLÉON.

6593. — AU GÉNÉRAL LACUEE.

Paris, 2 janvier 1812.

Monsieur le comte de Cessac, en faisant acheter les eaux-de-vie, comme je vous l'ai mandé, par des moyens particuliers, qui est-ce qui restera responsable de la qualité de ces eaux-de-vie ? Il faudrait avoir un régisseur responsable, puisque rien n'est plus facile que d'altérer de l'eau-de-vie.

NAPOLÉON.

6594. — EXTRAIT D'UN ORDRE DE L'EMPEREUR DU 3 JANVIER 1812 (1).

Je désire avoir un livret de la Grande Armée comprenant l'infanterie, etc., etc..., l'artillerie, les équipages de pont, le génie, etc...

---

(1) Non signé, extrait conforme.

La Grande Armée sera composée de 4 corps, le corps d'observation de l'Elbe comptera pour 2.

Elle sera composée de 15 divisions; il y aura donc 2 divisions de moins que dans le premier projet, ce qui influera sur l'artillerie.

Les 14 divisions françaises auront chacune 1 batterie à pied de 6 pièces de 6 et de 2 obusiers; et 13 batteries à cheval de 4 pièces de 6 et de 2 obusiers, la 7ᵉ division étant servie par une compagnie d'artillerie à cheval polonaise.

Le corps d'observation de l'Elbe, formant 2 corps d'armée, aura 4 batteries de réserve, chacune de 6 pièces de 12 et de 2 obusiers à grande portée ou licornes.

Le corps d'observation de l'Océan aura 2 batteries pareilles.

Le corps d'observation d'Italie aura 2 batteries pareilles.

Total de l'artillerie française attachée aux 14 divisions d'infanterie : 35 batteries à pied, à cheval ou de réserve, formant :

48 pièces de 12;

136 pièces de 6;

70 obusiers, dont 16 à grande portée ou licornes.

Total : 254 pièces attachées à l'infanterie.

L'artillerie de la cavalerie sera composée de 12 batteries à cheval, ou de 72 pièces, savoir :

48 pièces de 6;

24 obusiers.

Total : 72.

Le total de l'artillerie de la Grande Armée sera donc de 47 batteries à pied, à cheval ou de réserve, formant :

48 pièces de 12, françaises ou italiennes;

184 pièces de 6;

94 obusiers.

Total : 326 bouches à feu, sans comprendre l'artillerie régimentaire.

Les 15 divisions auront 174 pièces de régiment, dont 10 italiennes et 16 de la Confédération.

La garde impériale aura 8 batteries d'artillerie à cheval, 8 batteries d'artillerie à pied et 4 de régiment; total, 20 batteries, servant :

24 pièces de 12;
80 pièces de 6;
32 pièces de 4;
40 obusiers, dont 8 à grande portée ou licornes.

176 pièces.

Ce qui, avec les 30 de la garde italienne, y compris les 16 de la réserve italienne, fera 212 pièces pour la garde.

Ainsi, il y aura à la Grande Armée :

72 pièces de 12;
264 pièces de 6;
134 obusiers;
206 pièces de régiment, y compris la garde.
Total général : 676 bouches à feu.

ÉQUIPAGES DE PONT.

Il y aura :

Trois équipages de pont, dont deux sont formés et un avec les agrès seulement, servis par 13 compagnies de pontonniers;

Deux équipages de siège, avec au moins 12 compagnies françaises pour le service des deux équipages et 12 d'alliés, dont 3 italiennes, 3 polonaises et 6 des autres nations;

24 compagnies de sapeurs françaises, 2 italiennes, non compris les sapeurs de la garde;

6 compagnies de mineurs;

1 bataillon d'ouvriers de la marine.

GÉNIE.

Deux équipages de siège et trois équipages de ponts, composés des simples matériaux en réserve à Danzig.

Il faudrait joindre à l'artillerie un certain nombre de pièces attelées au parc général, pour pouvoir promptement réparer les pertes.

6595. — DÉCISION.

Paris, 4 janvier 1812.

On rend compte à Sa Majesté que des ordres sont donnés pour que les prisonniers de guerre des sept bataillons, dissous par suite de sa décision du 30 octobre dernier, soient traités comme les prisonniers ordinaires dans la classe desquels ils rentrent.

Renvoyé au Ministre de la guerre. Je n'ai point autorisé la dissolution de ces bataillons. Pourquoi les a-t-on dissous?

NAPOLÉON.

6596. — DÉCISIONS (1).

Paris, 4 janvier 1812.

On rend compte à Sa Majesté de l'enquête faite relativement à la révolte d'un détachement du 129º régiment dans l'île de Baltrum, et on prie Sa Majesté de faire connaître ses intentions à l'égard de deux officiers qui le commandaient et qui ne paraissent pas avoir montré la fermeté et le courage nécessaires en pareil cas.

Approuvé les conclusions du rapport. Faire juger Arend par contumace.

On propose à Sa Majesté d'ordonner l'admission, comme enfant de troupe, du jeune Joseph, fils d'un lieutenant du 88º régiment. Cet enfant n'est pas encore en âge d'entrer dans un établissement public;

Approuvé.

D'approuver le payement de la haute paye acquitté aux compagnies d'élite du 4º bataillon des 44º, 51º et 55º régiments de ligne, pendant les dix-neuf derniers jours

Approuvé.

---

(1) Non signées; extraites du « Travail du Ministre de la guerre avec S. M. l'Empereur et Roi, daté du 1ᵉʳ janvier 1812 ».

d'août 1811, et montant à une somme de 828 fr. 80.

On propose à Sa Majesté d'ordonner que, sur la somme de 6.640 fr. 50, montant de la perte faite par le 5ᵉ bataillon du 82ᵉ régiment d'infanterie à Almeida le 11 mai 1811, celle de 3.418 fr. 50, qui lui revient pour effets de linge et chaussure, sera seulement remboursée par le Trésor impérial.

Approuvé.

Le nommé James Williamson, prisonnier de guerre anglais, entièrement aveugle, demande son renvoi dans sa patrie.

Approuvé.

M. Gold, chirurgien anglais, prisonnier de guerre à Sarrelouis, annonce que Sa Majesté a bien voulu promettre à M. Corvisart d'autoriser son renvoi dans sa patrie.

Approuvé.

Le conseil communal de Hünenberg, en Suisse, demande le retour dans cette ville du nommé Kost, qui servait comme soldat dans le 4ᵉ régiment suisse à la solde de l'Espagne et qui est maintenant détenu au dépôt de prisonniers de guerre à Clermont.

Approuvé.

On propose à Sa Majesté d'approuver que 22 femmes de la Navarre, très âgées et dénuées de ressources, envoyées comme otages à Bourges, reçoivent la solde de 15 centimes par jour et la ration de pain.

Approuvé.

6597. — DÉCISION.

Paris, 4 janvier 1812.

Le général Clarke propose d'accorder, à titre de gratification, au capitaine Ledel, du 125ᵉ de ligne, et à des grenadiers de ce corps, le produit de la vente d'un bateau chargé de 50 sacs de café de contrebande dont ces militaires sont parvenus à s'emparer.

Approuvé.

NAPOLÉON.

6598. — AU GÉNÉRAL CLARKE.

Paris, 5 janvier 1812.

Monsieur le duc de Feltre, je reçois votre rapport du 3 janvier.

J'y trouve les dispositions pour la destination des 13 compagnies de pontonniers. J'y vois seulement la nécessité de compléter les compagnies à 140 hommes.

Tirez des dépôts tout ce qui existe, et renforcez-en ces compagnies.

NAPOLÉON.

6599. — AU GÉNÉRAL CLARKE.

Paris, 5 janvier 1812.

Monsieur le duc de Feltre, il me revient des plaintes sur ce que le nouveau modèle de mousqueton et le nouveau modèle de sabre sont trop pesants pour la troupe légère.

Faites-moi connaître les différences de poids. Ces plaintes sont réitérées.

NAPOLÉON.

6600. — AU GÉNÉRAL CLARKE.

Paris, 5 janvier 1812.

Monsieur le duc de Feltre, je pense qu'il est nécessaire d'avoir 8 compagnies d'artillerie à l'effectif de 120 hommes, pour l'équipage de siège de Danzig, et 6 pour l'équipage de siège de Magdeburg; total : 14 compagnies.

Les 6 compagnies nécessaires pour l'équipage de Magdeburg existent, savoir : 1 sur les 3 qui sont à Magdeburg (une place de l'importance de celle de Magdeburg ne peut avoir moins de 3 compagnies d'artillerie), 1 en prenant celle qui est dans le Mecklenburg et 4 sur les 5 qui sont à Stettin; total : 6 compagnies.

Quant à Danzig, il y a 6 compagnies; on peut en prendre 3; on ne peut pas laisser une place comme Danzig avec moins de 3 compagnies d'artillerie française.

Il manquera 5 compagnies; partie peut venir avec le corps d'observation d'Italie et partie avec le corps d'observation de l'Elbe.

Je suppose que toutes les compagnies d'artillerie, non seulement seront à l'effectif de 120 hommes, mais qu'au 1er mars vous ferez partir des dépôts des hommes pour les maintenir à cet effectif, en réparant les pertes qu'elles auraient faites pendant l'hiver.

Ainsi, vous devez porter des compagnies d'artillerie pour l'équipage de campagne, pour les parcs des divisions et des corps d'armée, et pour le parc général.

Vous devez en porter pour les places de l'Oder et de Danzig, et, enfin, pour les deux équipages de siège, conformément à ce que j'ai dit plus haut.

Le moins qu'on puisse avoir dans les places, c'est : 2 compagnies à Magdeburg, 1 à Stettin, 1 à Küstrin, 1 à Glogau, 3 à Danzig, 4 destinées à garnir de nouveaux postes servant aux communications de l'armée : 12 compagnies, et 14 compagnies pour les équipages de siège; total : 26 compagnies d'artillerie.

Vous en avez 17 : ce sont 9 à trouver; partie peut venir avec le corps d'observation d'Italie, partie avec le corps de l'Elbe.

Veillez à ce que les compagnies à pied et à cheval aient leurs ouvriers. J'apprends que plusieurs ne les ont pas; prenez des mesures efficaces là-dessus.

Il faut nommer à toutes les sous-lieutenances, et qu'il n'y ait pas une place vacante. On peut prendre les jeunes gens disponibles à l'école de Metz, et prendre à Saint-Cyr et ailleurs. Cela est d'autant plus important que, lorsque je passerai la revue de ces compagnies, je nommerai aux places vacantes; et comme je n'aurai sous la main que des sergents-majors et des sergents, ce sera ceux que je nommerai, ce qui nuira à l'étoffe que l'on doit trouver dans l'artillerie.

NAPOLÉON.

6601. — AU GÉNÉRAL CLARKE.

Paris, 5 janvier 1812.

Monsieur le duc de Feltre, j'approuve que la 4e compagnie du 5e régiment d'artillerie à cheval, qui est à Danzig, qui était destinée à la 7e division, et la 6e compagnie du même régiment, qui était destinée à la 4e division du corps d'observation de l'Océan, laquelle division n'existe plus, soient attachées toutes deux à la 5e division de cuirassiers.

Quant à la désorganisation de l'artillerie des divisions qui sont sur le Rhin, je ne l'approuve pas, rien ne presse. La 5e division de cuirassiers aura le temps de recevoir la 6e compagnie, qui se trouve à Besançon, et le matériel et le train que vous lui destinez.

Cette augmentation de 12 pièces est compensée par la diminution des 14 pièces qui étaient destinées à sa 4e division du corps d'observation de l'Océan, laquelle est supprimée, et par la diminution des 14 pièces destinées à la 3e division française du corps d'observation d'Italie, qui est également supprimée. Il y aura donc une économie réelle.

Pour faciliter vos opérations, je dois vous prévenir que le point de rassemblement du corps d'observation de l'Océan et de la garde sera Mayence.

C'est de là que tout partira pour les deux corps. Tout ce qui est relatif à l'équipage de pont, personnel et matériel, se réunira également à Mayence.

NAPOLÉON.

6602. — AU GÉNÉRAL CLARKE.

Paris, 5 janvier 1812.

Monsieur le duc de Feltre, je réponds à votre lettre du 3 janvier. Puisque les trois espèces de mousquetons ont été, en l'an IX, confondues en un seul mousqueton de modèle, il n'y a aucune difficulté à donner de ces mousquetons aux carabiniers et aux cuirassiers.

Je vois, dans l'état des armes portatives, à l'époque du 1ᵉʳ octobre, que j'ai 378.000 fusils du modèle de 1777, 43.000 d'ancien modèle, 107.000 de dragons, 93.000 étrangers, ce qui fait environ 600.000 fusils, et qu'il y en a 200.000 à réparer, ce qui fait 800.000 fusils;

Qu'il y a 12.000 mousquetons d'ancien modèle, et 6.000 du modèle de l'an IX, ce qui fait 18.000, et 4.000 étrangers; total : 21.000; et qu'il y en a 8.000 à réparer; qu'il y a 11.000 carabines rayées étrangères et 1.300 françaises.

Je ne comprends pas que vous ayez commandé si peu de mousquetons. J'ai 100.000 hommes de cavalerie; je devrais avoir 60.000 à 80.000 mousquetons; je n'en ai qu'une douzaine de mille. Il ne faut pas, pour cela, ne point armer les lanciers; on peut leur donner des carabines étrangères; j'en ai 8.000 à Amsterdam et 1.500 à Mayence. Je vois qu'il y a 16.000 sabres de grosse cavalerie et 26.000 d'ancien modèle, ce qui fait 42.000 : cela est suffisant; qu'il y a 30.000 sabres de dragons des deux modèles; à la rigueur, cela est suffisant.

Je vois qu'il n'y a que 15.000 sabres de cavalerie légère, ce qui est fort insuffisant; il faut faire les commandes de l'année prochaine, de manière à y pourvoir.

En résumé, il faut armer avec des mousquetons les cuirassiers, avec des carabines étrangères les lanciers; enfin, il faut que tout le monde soit armé.

NAPOLÉON.

6603. — DÉCISION (1).

Paris, 5 janvier 1812.

On propose de ne pas exiger le remboursement d'un excédent de traitement extraordinaire perçu par le général Duval pendant qu'il commandait la 27ᵉ division militaire.

Approuvé.

---

(1) Non signée; extraite du « Travail du ministre de la guerre avec S. M. l'Empereur et Roi, daté du 1ᵉʳ janvier 1812 ».

6604. — AU GÉNÉRAL CLARKE (1).

Paris, 6 janvier 1812.

Monsieur le duc de Feltre, j'ai pris un décret pour armer les lanciers de la garde de carabines; faites-les leur distribuer dans la semaine, afin qu'ils paraissent tous armés à la parade prochaine.

Je vois, dans l'état général de l'artillerie, au 1er octobre, qu'il y a : à Metz 1.200 mousquetons, à Mayence 1.500 *id.*, à Auxonne 1.500 *id.*, à Saint-Omer 2.000 *id.*, et à Mézières 1.800 *id.*

Je suppose que vous avez donné des ordres pour qu'on envoie des mousquetons à Erfurt, à Hanovre, à Cologne et à Bonn, pour armer les régiments de cuirassiers. Vous pourrez charger les régiments de cuirassiers de s'entendre pour faire ces transports de manière qu'ils ne coûtent rien.

Je désire qu'au 1er février tous ces régiments aient leurs mousquetons et soient complètement armés.

Donnez des ordres pour que ces régiments fassent l'exercice pour apprendre la charge, l'école du peloton, et les mouvements pour se mettre en bataille; qu'à la 2e ou 3e leçon on les fasse tirer à blanc, et ensuite à la cible, pour qu'ils sachent se servir de leurs armes.

Vous avez à Amsterdam 16.000 mousquetons qu'on peut diriger sur l'Allemagne. Ceux que vous avez à Paris pourront être donnés dans la semaine aux deux régiments de chevau légers de ma garde.

Vous avez 2.000 carabines rayées de modèle français, et 11.000 carabines étrangères à Mayence, à Strasbourg, Neuf-Brisach et Amsterdam. Il est nécessaire d'employer ces carabines à armer les chevau-légers. Je suppose qu'elles sont bonnes. Il n'y a que celles d'Amsterdam qui pourraient être douteuses, surtout si elles proviennent du commerce.

Je vois qu'il y a à réparer 5.000 mousquetons français, 1.800 mousquetons étrangers, et 6.000 carabines étrangères. Il est nécessaire que vous fassiez mettre en réparation ces 13.000 à 14.000 armes.

Je ne puis comprendre comment le bureau de l'artillerie vous a laissé tomber si pauvre dans cette partie importante.

J'ai plus de 40.000 hommes de cavalerie légère ayant besoin de carabines et mousquetons.

---

(1) Non signé, copie conforme.

Toutefois, en réparant les 14.000 armes à réparer, et avec les mousquetons de modèle de l'an IX, les mousquetons étrangers et les carabines rayées, françaises et étrangères, j'aurai plus de 50.000 armes.

Il en faut 15.000 pour la grosse cavalerie, 9.000 pour les chevau-legers, et 2.000 pour la garde; total : 26.000. Il en faut aussi une bonne quantité pour mettre en dépôt à Danzig et à Magdeburg, pour réparer les pertes de l'armée.

Dans votre état, vous portez zéro à l'armée d'Allemagne et à l'armée d'Italie. Cependant, il y a à l'armée d'Allemagne 15.000 fusils qui sont à Danzig; il doit y avoir aussi des mousquetons et des carabines rayées et des sabres.

J'attends le rapport que vous devez me faire sur les ressources à procurer, en ce genre, à la Grande Armée. J'ai demandé 200.000 fusils pour, etc..., et une grande quantité de pistolets et de sabres, indépendamment d'un bon nombre de fusils, mousquetons et carabines, destinés à réparer nos pertes à la guerre; car il se perd à la guerre plus de carabines et de mousquetons, proportion gardée, que de fusils, parce que la cavalerie en perd beaucoup.

6605. — AU GÉNÉRAL CLARKE.

Paris, 6 janvier 1812.

Monsieur le duc de Feltre, la mesure que prend le prince d'Eckmühl de faire acheter 550 voitures du pays, c'est-à-dire de dépenser inutilement 110.000 francs, me paraît extrêmement mauvaise. Le transport de 10.000 quintaux de poudre, par les moyens ordinaires, ne coûterait pas 110.000 francs. Sur quels fonds prendra-t-il cette somme? Il peut, tout au plus, requérir des voitures et les faire atteler par des chevaux d'artillerie et rendre ensuite les voitures aux propriétaires. Ou bien vous auriez pu lui fournir 300 voitures des arsenaux de Metz, de Strasbourg et de la Hollande, avec lesquelles ces transports auraient pu se faire. Le plus grand inconvénient de l'achat de ces voitures, c'est qu'elles sont extrêmement mauvaises et que c'est de l'argent jeté.

NAPOLÉON.

6606. — AU GÉNÉRAL CLARKE.

Paris, 6 janvier 1812.

Monsieur le duc de Feltre, il faudrait attacher à l'équipage de siège de Danzig un bataillon du train d'artillerie de six compagnies que l'on créerait à cet effet, et qui serait entièrement composé de voitures traînées par des bœufs. Cet équipage ne devant pas marcher rapidement, il suffirait qu'il fît 3 à 4 lieues par jour. Les bœufs auraient le grand avantage qu'on en trouve partout et qu'on les remplacera facilement; et, enfin, ce bataillon, accoutumé à servir des voitures attelées par des bœufs, servira de noyau pour toutes les réquisitions d'attelages de bœufs qu'on voudrait faire.

NAPOLÉON.

6607. — AU GÉNÉRAL CLARKE.

Paris, 8 janvier 1812.

Monsieur le duc de Feltre, le 26ᵉ régiment d'infanterie légère fera partie de la 6ᵉ division, en place du 24ᵉ régiment d'infanterie légère; le 24ᵉ d'infanterie légère fera partie de la 10ᵉ division, en échange du 26ᵉ léger.

Par ce moyen, le 24ᵉ léger, qui est à Metz, où est son dépôt, n'aura que peu de mouvement à faire pour se rendre à Mayence; et le 26ᵉ léger, qui est à Anvers, n'aura que peu de chemin à faire pour se rendre à Osnabrück.

Vous donnerez ordre que le 126ᵉ envoie ses deux premiers bataillons à Anvers, et qu'ils y soient arrivés le 25 janvier. Le 3ᵉ et le 4ᵉ bataillon tiendront garnison à Ostende et à Dunkerque.

Le 26 janvier, le 26ᵉ léger partira d'Anvers pour Osnabrück.

Vous donnerez l'ordre que 800 hommes pris dans les dépôts des 21ᵉ, 27ᵉ, 28ᵉ, 25ᵉ, 17ᵉ, 16ᵉ, 6ᵉ d'infanterie légère et autres régiments qui sont en Espagne se dirigent sur Osnabrück, où ils seront incorporés dans le 26ᵉ léger, qui, par ce moyen, sera au grand complet de 3,300 hommes.

NAPOLÉON.

6608. — AU MARÉCHAL BERTHIER.

Paris, 8 janvier 1812.

Mon Cousin, le régiment des lanciers polonais, qui est le 7e de chevau-légers, doit recevoir ordre de revenir en même temps que les trois régiments d'infanterie. Quant au 4e de la Vistule, j'attends l'exécution du mouvement, que j'ai ordonné, de l'armée de Portugal placée à Valladolid. Donnez ordre à la gendarmerie d'élite, ainsi qu'au train d'artillerie de ma Garde, qui seraient arrivés à Bayonne ou y arriveraient, d'en partir sans délai pour se rendre à Paris.

NAPOLÉON.

6609. — AU GÉNÉRAL CLARKE.

Paris, 8 janvier 1812.

Monsieur le duc de Feltre, je reçois votre lettre du 7, par laquelle vous me rendez compte que le 3e de ligne, qui est à Strasbourg, a 2.000 hommes, et le 105e, 1.600 hommes. Je vous ai fait connaître, par une lettre de ce jour, qu'il fallait que le 4e bataillon du 56e et le 4e bataillon du 93e fussent complétés à 900 hommes. On pourra retirer ce qui sera nécessaire à cet effet du 3e ou du 105e, au choix du général Desbureaux.

Pressez ce général de faire partir tout ce qui est nécessaire pour les cuirassiers. Quant au surplus, y a-t-il nécessité de faire sortir ces conscrits de Strasbourg ? Désertent-ils ? Y a-t-il de l'inconvénient à les y laisser encore quelque temps ? Les 4es bataillons des 40e et 63e, qui devraient recevoir des conscrits, ne sont pas disponibles. Mais, comme il paraît que le dépôt de Strasbourg reçoit plus de monde que le dépôt de Wesel, vous pouvez ordonner au cadre du 3e bataillon de l'île de Walcheren de se rendre à Strasbourg, où il sera complété à 900 hommes.

Le dépôt de Strasbourg fournira donc ce qui est nécessaire pour compléter le 4e bataillon du 93e à 900 hommes, ce que j'évalue à 300 hommes; pour compléter le 4e bataillon du 56e à 900 hommes, ce qui emploiera 800 hommes, et pour compléter le 3e bataillon de Walcheren, 900 hommes. Ce sera 2.100 hommes tirés de ce dépôt. Les 4es bataillons du 3e et du 105e doivent chacun garder 600 hommes, ce qui fera 3.300 hommes.

De plus, vous donnerez l'ordre que le cadre d'une compagnie du 5ᵉ bataillon du 24ᵉ léger et les cadres des trois compagnies du 26ᵉ léger se rendent de Metz à Strasbourg, pour y prendre chacun 200 hommes par compagnie, ce qui fait 800 hommes, ou 4.100 hommes. Lorsque ces 800 hommes seront habillés, armés et équipés, on m'en rendra compte, afin que je donne l'ordre de les envoyer du côté de Munster, pour rejoindre leurs régiments, ce qui renforcera d'autant ces deux régiments.

Les dépôts de Wesel et de Strasbourg doivent fournir des hommes aux pontonniers, sapeurs, qui sont à Strasbourg.

Enfin, si ces cadres n'étaient pas suffisants pour épuiser ces dépôts, on pourrait diriger sur Strasbourg quelques compagnies des 5ᵉˢ bataillons du corps d'observation de l'Elbe.

Il est inutile de faire venir de Düsseldorf, le 15 janvier, la compagnie de pontonniers de Berg; il faut l'arrêter à Mayence, puisque l'équipage de pont dont cette compagnie fait partie se réunit à Mayence. Ce serait donc lui faire faire une route inutile, que de la faire venir à Strasbourg.

NAPOLÉON.

6610. — DÉCISION (1).

On propose à Sa Majesté de vouloir bien accorder un fonds de 12.000 francs sur l'exercice de 1812 pour servir à donner de légers secours à de vieux employés dans la misère, à leurs veuves et à leurs enfants.

Accordé : cette somme sera prise sur le budget du Ministre pour 1812.

6611. — DÉCISIONS (2).

Paris, 9 janvier 1812.

On propose à Sa Majesté d'employer le général de brigade Bardet sous les ordres du général Bailly-Monthion.

Approuvé.

(1) Sans signature ni date; extraite du « Travail du ministre directeur de l'administration de la guerre avec S. M. l'Empereur et Roi, daté du 8 janvier 1812 ».
(2) Non signées; extraites du « Travail du Ministre de la guerre avec S. M. l'Empereur et Roi, daté du 8 janvier 1812 ».

On propose à Sa Majesté d'accorder un congé de trois mois avec solde au général de brigade Lambert.

Accordé.

On propose à Sa Majesté de maintenir dans la garde, avec dispense de payement, un vélite chasseur à cheval, dont le père se trouve dans l'impossibilité de continuer à payer la pension.

Accordé.

Sa Majesté est priée de faire connaître si Elle permet que le sieur Mionnet, capitaine, né en France, jouisse de sa pension en Italie où il est marié.

Accordé.

On propose à Sa Majesté de ne point considérer comme prisonnier anglais un Irlandais uni, qui s'est réfugié en France après avoir éprouvé à cause de ses principes les plus grandes persécutions du gouvernement anglais.

Accordé.

Le gouverneur général des provinces de Cordoue et de Jaen demande le renvoi en Espagne du major Sandoval, prisonnier de guerre, qui a prêté serment, et qui est maintenant au dépôt de Châlons-sur-Marne.

Accordé.

On propose à Sa Majesté de nommer au commandement du département des Landes le général de brigade Viallanes; ce général, qui commande les Bouches-de-l'Yssel, demande, pour cause de santé, à être employé dans le midi de la France.

Accordé.

Congé de deux mois demandé par le général de division comte

Accordé un mois.

Molitor, commandant la 17ᵉ division militaire.

Trois conscrits des départements du Morbihan, de la Haute-Loire et de l'Hérault sont proposés par M. le comte Dumas pour être placés à la fin du dépôt de leur classe comme uniques soutiens de leurs familles.

Accordé.

On propose d'admettre à la solde de retraite le sieur Wenté, lieutenant au 9ᵉ régiment de chevau-légers, hors d'état de continuer un service actif.

Accordé.

6612. — DÉCISION

Paris, 9 janvier 1812.

On prie Sa Majesté de faire connaître si son intention est de renvoyer dans leur patrie deux militaires du 1ᵉʳ bataillon étranger, sujets du grand-duc de Bade qui les réclame.

Oui, si ces individus le désirent.

NAPOLÉON.

6613. — AU GÉNÉRAL CLARKE

Paris, 9 janvier 1812.

Monsieur le duc de Feltre, j'ai réglé le budget de l'artillerie à 800.000 francs, pour 1811, sur le fonds de Danzig.

Je désire connaître les nouveaux accroissements demandés pour l'équipage de pont.

Quel est le budget de Danzig pour le génie?

Faites-moi connaître ce qu'il faudrait lui donner pour le mettre à même de former tous les approvisionnements qui concernent son service.

NAPOLÉON.

6614. — AU GÉNÉRAL CLARKE

Paris, 9 janvier 1812.

Monsieur le duc de Feltre, au 1er février prochain, les 6e et 8e divisions se trouveront réunies, l'une à Osnabrück et l'autre à Munster.

Le 2e régiment suisse partira le 13 de Paris, pour se rendre à Liége. Vous me ferez connaître le jour où il arrivera.

Le 4e régiment suisse partira de Paris le 20 janvier pour la même destination. Vous me ferez connaître également le jour où il arrivera à Liége.

Le régiment croate partira le 14 de Paris pour se rendre à Aix-la-Chapelle. Vous me ferez connaître le jour où il y arrivera.

Vous me ferez connaître aussi le jour où arrivera à Strasbourg le 1er régiment, qui est en Italie, et vous me proposerez les mouvements nécessaires pour que dans les quinze premiers jours de février toute la 9e division se trouve réunie à Munster.

Par ce moyen, les 6e, 8e et 9e divisions seront parfaitement réunies.

P.-S. — J'approuve que les colonels de ces régiments organisent, aussitôt que faire se pourra, un 3e bataillon.

NAPOLÉON.

6615. — AU GÉNÉRAL CLARKE.

Paris, 9 janvier 1812.

Monsieur le duc de Feltre, réitérez donc l'ordre au général Desbureaux de faire partir tous les cadres de cuirassiers qui lui ont été envoyés avec les hommes qu'il a destinés à ces régiments. Qu'il prenne ce qu'il y a de meilleur dans le 3e et dans le 105e et dans le dépôt des réfractaires, et que tout cela parte dans le plus bref délai. Donnez le même ordre au général Lemoine; que, sans attendre l'habillement, il envoie tout ce qu'il doit fournir aux cuirassiers.

NAPOLÉON.

6616. — AU GÉNÉRAL CLARKE.

Paris, 9 janvier 1812.

Monsieur le duc de Feltre, je vois, par l'état de situation des régiments de cuirassiers joint à votre lettre du 8, que les cinq divisions de cuirassiers ont 800 hommes à pied à leurs dépôts. Il est nécessaire de faire partir ces 800 hommes, sans délai, pour l'Allemagne, où se font les remontes, en ayant soin de les envoyer bien habillés et équipés avec leurs selles, ou, du moins, que les dépôts prissent des mesures pour que les selles suivent de près.

Je vois qu'il manque 955 hommes au complet pour les cinq divisions. Mais je pense que tous les régiments de cuirassiers devraient être au complet de 1.100 hommes par régiment et de 1.000 chevaux, les chevaux d'officiers non compris. Faites-moi connaître ce qu'il faudrait en hommes et en chevaux pour atteindre ce complet. Beaucoup de détachements d'hommes à pied partent pour l'Allemagne. Faites-moi connaître ce qu'il y a d'hommes à pied au dépôt de lanciers. Il faut que tous les hommes disponibles partent pour les escadrons de guerre et que les selles suivent de près. Ayez une correspondance avec les majors, pour vous assurer que les selles et harnachements sont prêts, et qu'au 15 février tout cela sera à cheval, en Allemagne, et prêt à servir.

NAPOLÉON.

6617. — AU GÉNÉRAL CLARKE.

Paris, 9 janvier 1812.

Monsieur le duc de Feltre, dans les quinze premiers jours de février, les 6e, 8e et 9e divisions seront réunies à Munster et à Osnabrück.

Mon intention est que ces trois divisions forment un corps sous le titre de 2e corps de l'Elbe. Le duc de Reggio en aura le commandement. Vous lui prescrirez d'être rendu, avec tous ses équipages, au 15 février, à Munster. Toutes ses administrations devront y être également rendues à la même époque.

Indépendamment de l'artillerie attachée aux trois divisions qui composent ce corps d'armée, avec la portion du parc du corps d'observation de l'Elbe qui lui appartient, il y sera attaché deux batte-

6614. — AU GÉNÉRAL CLARKE

Paris, 9 janvier 1812.

Monsieur le duc de Feltre, au 1ᵉʳ février prochain, les 6ᵉ et 8ᵉ divisions se trouveront réunies, l'une à Osnabrück et l'autre à Munster.

Le 2ᵉ régiment suisse partira le 13 de Paris, pour se rendre à Liége. Vous me ferez connaître le jour où il arrivera.

Le 4ᵉ régiment suisse partira de Paris le 20 janvier pour la même destination. Vous me ferez connaître également le jour où il arrivera à Liége.

Le régiment croate partira le 14 de Paris pour se rendre à Aix-la-Chapelle. Vous me ferez connaître le jour où il y arrivera.

Vous me ferez connaître aussi le jour où arrivera à Strasbourg le 1ᵉʳ régiment, qui est en Italie, et vous me proposerez les mouvements nécessaires pour que dans les quinze premiers jours de février toute la 9ᵉ division se trouve réunie à Munster.

Par ce moyen, les 6ᵉ, 8ᵉ et 9ᵉ divisions seront parfaitement réunies.

P.-S. — J'approuve que les colonels de ces régiments organisent, aussitôt que faire se pourra, un 3ᵉ bataillon.

NAPOLÉON.

6615. — AU GÉNÉRAL CLARKE.

Paris, 9 janvier 1812.

Monsieur le duc de Feltre, réitérez donc l'ordre au général Desbureaux de faire partir tous les cadres de cuirassiers qui lui ont été envoyés avec les hommes qu'il a destinés à ces régiments. Qu'il prenne ce qu'il y a de meilleur dans le 3ᵉ et dans le 105ᵉ et dans le dépôt des réfractaires, et que tout cela parte dans le plus bref délai. Donnez le même ordre au général Lemoine; que, sans attendre l'habillement, il envoie tout ce qu'il doit fournir aux cuirassiers.

NAPOLÉON.

général Corbineau, seront attachées au 2ᵉ corps d'observation de l'Elbe.

La 9ᵉ brigade, commandée par le général Mourier, et la 14ᵉ, commandée par le général Beurmann, seront attachées au corps d'observation de l'Océan.

En conséquence, le 11ᵉ de hussards et le 6ᵉ de chevau-légers feront partir, au 1ᵉʳ février, un, deux, trois ou quatre escadrons, selon leur force, bien montés et bien équipés, pour se rendre à Mayence. Le 4ᵉ de chasseurs fera partir au 20 janvier, de Vienne, et le 28ᵉ de chasseurs, au 1ᵉʳ février, d'Orléans, un, deux, trois ou quatre escadrons, selon leur force. Ces deux régiments se rendront également à Mayence, de sorte que ces deux brigades, dans le meilleur état possible, et avec leurs généraux de brigade, puissent arriver à Mayence vers le 15 février.

Tous les hommes à pied que ces différents régiments ont envoyés en remonte dans le Nord rejoindront leur régiment lorsqu'ils seront avancés sur l'Elbe et sur l'Oder, mais il est nécessaire que les selles et les effets d'équipement soient exactement envoyés pour que cela n'éprouve aucun retard.

La 12ᵉ et la 13ᵉ brigades seront attachées au corps d'observation d'Italie.

La 3ᵉ et la 4ᵉ brigades, commandées par les généraux Jacquinot et Piré, formeront la 1ʳᵉ division de cavalerie légère de réserve, qui sera sous les ordres du général de division Bruyère.

La 7ᵉ et la 8ᵉ brigades, commandées par les généraux Saint-Geniès et Burthe, formeront la 2ᵉ division de la réserve, qui sera commandée par le général Wattier. Cette division se réunira à Mayence. Le général Wattier ira passer la revue de ses régiments au 15 janvier. Chaque régiment partira avec deux, trois ou quatre escadrons, selon le nombre d'hommes à cheval en bon état, qu'il pourra réunir.

La 10ᵉ et la 11ᵉ brigades, commandées par les généraux Gérard et Gautherin, formeront la 3ᵉ division de la réserve. Le général Kellermann la commandera; il sera rendu le 15 février à Vérone.

Par ce moyen, chacun des quatre corps aura deux brigades pour son service, et il y aura, en outre, trois divisions, chacune de deux brigades, pour le service de la réserve.

Il sera attaché à chacune de ces divisions de réserve une batterie d'artillerie à cheval. La 3ᵉ division, c'est-à-dire celle du général

Kellermann, recevra sa compagnie d'artillerie à cheval du régiment d'artillerie à cheval et du matériel qui est en Italie.

Vous me proposerez l'organisation, et mettrez en mouvement le plus tôt possible, tout ce qui est nécessaire pour que les divisions Bruyère et Wattier aient leur compagnie d'artillerie à cheval. Vous pouvez prendre la compagnie d'artillerie qui était destinée pour la 12e division, pour la joindre à l'une des divisions.

La 12e division de cavalerie n'aura pas de compagnie d'artillerie légère, sauf à lui en donner plus tard, s'il y a des moyens.

RÉSERVE DE CAVALERIE.

J'ai déjà fait connaître l'organisation de la réserve de cavalerie. La 1re division est commandée par le général Saint-Germain, la seconde par le général Saint-Sulpice, la 3e par le général Doumerc, la 4e par le général Defrance, la 5e par le général Valence, la 6e par le général Lahoussaye.

Il est nécessaire que tous ces généraux soient à leur poste avant le 15 février.

La réserve se trouve donc composée de neuf divisions, dont trois de cavalerie légère, cinq de cuirassiers et une de dragons.

Les cinq régiments de chevau-légers, qui doivent être attachés chacun à une division de cuirassiers, doivent être, s'il est possible, rendus à leur division au 15 février; si ce ne peut être avec trois escadrons, que ce soit du moins avec deux; si ce ne peut être avec deux, que ce soit enfin avec un; chaque escadron complété à 250 hommes; tous les hommes bien montés et tous armés de lances et de carabines.

Cependant, ne faites faire aucune marche forcée à cette cavalerie, et faites mettre, s'il est possible, tous les premiers escadrons en marche dans les premiers jours de janvier.

La réserve sera partagée en trois grands corps :

Le 1er corps de la cavalerie de la réserve sera composé de la 1re division de cavalerie légère (du général Bruyère), de la 1re et de la 5e division de cuirassiers, commandées par les généraux Saint-Germain et Valence.

Le 2e corps sera composé de la 2e division de cavalerie légère (général Wattier), de la 2e division de cuirassiers (général Saint-Sulpice), et de la 4e division de cuirassiers, commandée par le général Defrance.

Le 3ᵉ corps sera composé de la 3ᵉ division de cavalerie légère (le général Kellermann), de la 3ᵉ division de cuirassiers (du général Doumerc), et de la division de dragons, commandée par le général Lahoussaye.

Ainsi, chaque corps sera composé de trois divisions, formant un complet de 12.000 hommes, mais ayant au moins 9.000 à 10.000 chevaux sur le champ de bataille.

Chaque corps aura cinq batteries d'artillerie légère, ce qui fera trente pièces, savoir : une à chaque division de cavalerie légère et deux à chaque division de grosse cavalerie.

Les généraux Nansouty, Montbrun et Latour-Maubourg commanderont ces trois corps.

Il est nécessaire que chaque corps ait son service d'ambulance, que le parc de réserve de cavalerie soit partagé entre eux, et qu'ils aient un officier supérieur d'artillerie capable de commander leur artillerie, indépendamment des commandants attachés à chaque division.

L'armée ainsi organisée, tout le monde doit être rendu à son poste au 15 février.

NAPOLÉON.

6618. — AU GÉNÉRAL CLARKE.

Paris, 9 janvier 1812.

Monsieur le duc de Feltre, les neuf divisions du corps d'observation de l'Elbe seront toutes sur la droite du Rhin dans le courant de février.

Le corps d'observation d'Italie sera placé, en février, aux limites du royaume, dans le Tyrol.

Il ne reste plus d'ordres à donner que pour le corps d'observation de l'Océan.

La 10ᵉ division, qui sera la 1ʳᵉ du corps d'observation de l'Océan, sera réunie au 15 février, à Mayence. Le quartier général de ce corps y sera réuni pour la même époque.

Donnez, en conséquence, l'ordre au duc d'Elchingen de faire ses dispositions de manière que ses équipages et ceux de son état-major soient rendus le 15 février, au matin, à Mayence. Donnez les mêmes ordres pour tout ce qui regarde le génie, les batteries de réserve et tout ce qui appartient à ce corps.

Le 24° léger partira le 10 février de Metz pour se rendre à Mayence.

Le 46° et le 72° partiront, l'un le 20, et l'autre le 25 janvier, de Boulogne.

Les deux bataillons portugais partiront de manière à arriver à Mayence le 15 février.

Le général de division Ledru, deux généraux de brigade et un adjudant commandant partiront et régleront leur marche, de manière à se trouver à Mayence, avec le 46° et le 72°.

Vous donnerez ordre que les sapeurs, l'artillerie, les officiers du génie, les administrations se trouvent réunis à Mayence pour la même époque.

Par ce moyen, la 10° division du corps d'observation de l'Océan pourra partir de Mayence au 15 février, si elle en reçoit l'ordre.

La 11° division (la seconde du corps d'observation de l'Océan), se réunira à Düsseldorf au 15 février.

Vous donnerez ordre au général Partouneaux d'être rendu à la même époque à Düsseldorf pour prendre le commandement de cette division.

Les quatre bataillons du régiment illyrien s'embarqueront à Strasbourg, pour être rendus le 15 février à Düsseldorf.

Le 4° de ligne partira le 1er février, du camp de Boulogne, pour se rendre à Düsseldorf, et y être le 15.

Le 18° et le 93° partiront de leurs garnisons respectives le plus tard possible, mais en calculant leur arrivée à Düsseldorf pour le 15 février.

Les deux bataillons portugais du 2° régiment régleront leur départ de manière à être arrivés le 15 février à Düsseldorf.

Deux généraux de brigade et un adjudant commandant seront employés dans cette division. Ils seront rendus à Düsseldorf pour la même époque. L'artillerie nécessaire à cette division se trouvera indifféremment à Mayence et à Düsseldorf.

12° division. — Présentez-moi un projet de mouvement pour réunir à Mayence la 12° division au 15 avril.

En attendant, il est nécessaire que le 44° et la demi-brigade provisoire de Boulogne tiennent garnison à Boulogne, et que le 125° tienne garnison à Groningue et dans la 31° division militaire.

Le 29° léger, seul de la 12° division, peut partir au premier ordre, puisqu'il se trouve à l'île de Ré.

J'attends un rapport sur la manière de le faire sortir des îles, avec le moins de perte possible.

Au 1ᵉʳ mars, le corps d'observation de l'Océan aura deux divisions : la 10ᵉ, composée de quinze bataillons, et la 11ᵉ, composée de dix-neuf bataillons. Le 126ᵉ, qui appartient à la 10ᵉ division, ne se mettra en marche que lorsqu'il sera relevé par les brigades provisoires, qui vont être recrutées par la conscription.

Il est nécessaire que vous travailliez avec le duc d'Elchingen pour organiser son état-major, son artillerie, génie, etc...

Au 1ᵉʳ février, le duc d'Elchingen cessera d'avoir le commandement du camp de Boulogne; il sera remplacé par le général Sébastiani, auquel vous donnerez l'ordre de se rendre à Boulogne.

Il aura sous ses ordres le général de division Razout.

Vous donnerez ordre au 1ᵉʳ bataillon de pupilles, qui est au Havre; au 3ᵉ bataillon, qui est à Dieppe, et au 4ᵉ bataillon, qui est à Rouen, de partir le 20 janvier de ces places, pour se rendre à Boulogne. Le 5ᵉ bataillon, qui est à Evreux, et le 6ᵉ, qui est à Beauvais, se rendront également à Boulogne; mais ces deux derniers bataillons ne partiront que lorsqu'ils seront complètement habillés et armés. Donnez ordre au colonel et au conseil d'administration de prendre des mesures pour que ces deux bataillons puissent partir au 1ᵉʳ février.

Par ce moyen, il y aura cinq bataillons de pupilles à Boulogne.

Le 7ᵉ bataillon, aussitôt qu'il sera formé, se rendra au Havre; le 8ᵉ bataillon se rendra à Dieppe. Il est nécessaire que ces bataillons puissent partir du 1ᵉʳ au 15 février, bien habillés, bien équipés.

Des huit bataillons de pupilles, il y en aura donc cinq à Boulogne, un à Cherbourg, un au Havre et un à Dieppe.

Faites-moi connaître si j'ai encore des ordres à donner pour la parfaite formation des 6ᵉ, 8ᵉ et 9ᵉ divisions.

Je désirerais que tous les régiments français qui font partie des 6ᵉ, 8ᵉ, 9ᵉ, 10ᵉ et 11ᵉ divisions fussent au complet d'au moins 800 hommes par bataillon, présents sous les armes.

La 6ᵉ division est composée du 26ᵉ léger (je le crois complet), du 56ᵉ (les quatre premiers bataillons sont complets, le 5ᵉ sera complété à Strasbourg), du 19ᵉ (ses cinq bataillons doivent être complets) et du 128ᵉ (ses deux bataillons doivent être complets).

La 8ᵉ division est composée du 11ᵉ léger (je le crois complet), des 2ᵉ et 37ᵉ de ligne (les compléter à cinq bataillons) et du 124ᵉ (ses trois bataillons doivent être complets).

La 9ᵉ division est composée des huit bataillons suisses (ils sont complets; savoir quand chaque régiment pourra fournir un nouveau bataillon, pour avoir douze bataillons suisses) et du 123ᵉ (compléter ses trois bataillons).

Les 10ᵉ et 11ᵉ divisions sont composées du 24ᵉ léger (le compléter à quatre bataillons), du 46ᵉ (doit avoir cinq bataillons complets), du 72ᵉ (doit avoir quatre bataillons complets), du 4ᵉ de ligne (doit avoir quatre bataillons complets), du 18ᵉ (quatre bataillons) et du 93ᵉ (cinq bataillons, le 5ᵉ bataillon complété à Wesel).

Le nombre d'hommes, pour arriver à ce résultat, ne doit pas être considérable et doit se trouver dans les dépôts de l'armée d'Espagne qui sont au Nord.

NAPOLÉON.

6619. — DÉCISION.

Paris, 9 janvier 1812.

Le ministre de la guerre demande l'autorisation d'incorporer dans le 16ᵉ de ligne un détachement du 7ᵉ de ligne, qui attend en Catalogne, depuis près d'un an, la possibilité de rejoindre son régiment.

Cette incorporation serait funeste; ce régiment étant en Aragon, ce serait inviter les corps à se piller; il faut, au contraire, le défendre sous de sévères peines. Ordonner que ce qui est destiné à l'armée d'Aragon aille à Barcelone; quant au 16ᵉ, son dépôt, qui est à Toulon, peut très bien fournir 300 hommes pour le compléter.

NAPOLÉON.

6620. — DÉCISION.

Paris, 9 janvier 1812.

Le général Clarke propose de tirer du dépôt du 2ᵉ régiment de ligne un détachement de 41 hommes pour compléter le contingent affecté au 24ᵉ de ligne.

Il le recevra du dépôt de Strasbourg, lors de son arrivée à Mayence.

NAPOLÉON.

6621. — AU GÉNÉRAL LACUÉE

Paris, 9 janvier 1812.

Monsieur le comte de Cessac, je vous envoie une lettre du prince d'Eckmühl. Je vous prie de me faire un prompt rapport sur cet objet et de me faire connaître la situation des commandes qui ont été faites. La première commande a été faite depuis longtemps. Elle concerne les régiments qui sont en Allemagne. Une seconde commande a eu lieu et a été suivie de deux suppléments. Présentez-moi une nouvelle commande supplémentaire pour porter au grand complet tout ce qui ne l'est pas; et enfin une troisième commande pour monter les hommes que la conscription va fournir. Si la France est dégagée de ce qu'elle doit fournir pour l'armée d'Allemagne, elle doit facilement trouver les chevaux nécessaires à l'armée d'Espagne. 2.000 à 3.000 chevaux de cavalerie légère partent pour Hamburg, Osnabrück et Munster. Il est nécessaire que leurs selles les suivent et qu'on ne soit pas arrêté en Allemagne par le manque de selles. Veillez à cela. Je crois qu'il faudrait que les dépôts eussent une centaine de selles et équipements complets au delà de ce qui leur est nécessaire; ce serait un fonds de régiment. Assurez-vous que chaque régiment a toutes les selles et objets de harnachement pour les hommes qu'il doit mettre à cheval. Je n'aime point à faire faire des selles en Allemagne. Cela prive les dépôts d'une utile industrie. D'ailleurs, ce qu'on fait en France est bien plus solide. Je suppose que vous avez des selles et brides en quantité suffisante; s'il en était autrement, il faudrait en faire faire en Hanovre pour les régiments qui tarderaient à en fournir.

Je désire voir dans le travail que je vous demande ce que vos marchés rendront dans le courant de février et dans la première quinzaine de mars, afin que, s'il y avait des marchés douteux, vous me proposiez d'envoyer des hommes à pied avec leurs selles, pour se monter en Allemagne.

Je vous prie de me faire connaître ce qu'il faudrait donner, de la conscription, à ma cavalerie, pour avoir 1.100 hommes par régiment de cuirassiers, chasseurs, hussards et chevau-légers. Ma définition de 3ᵉ commande est ce qui est nécessaire pour recruter toute ma cavalerie. Si mes régiments de cavalerie sont à 1.100 hommes il faudra qu'ils aient, non compris les officiers, 1.000 chevaux.

NAPOLÉON.

6622. — AU GÉNÉRAL LACUÉE

Paris, 9 janvier 1812.

Monsieur le comte de Cessac, par l'article 7 du décret du 29 décembre, il est dit que les 6e, 7e et 10e bataillons des équipages militaires seront complétés en mars et en avril. Ceci me paraît trop tardif; j'ai, en conséquence, pris un décret pour les compléter sur-le-champ. Les trois dernières compagnies du 6e bataillon seront complétées à l'armée d'Allemagne par le prince d'Eckmühl, les trois compagnies du 7e seront complétées à Sampigny. J'ordonne en conséquence que des hommes soient fournis par la conscription. Nommez-en les cadres sans délai. Quant au 10e, je l'ai complété en y incorporant trois autres compagnies. J'ai donc six bataillons d'équipages complets, savoir : le 12e, le 2e, le 9e, le 6e, le 7e et le 10e. Il sera créé dans le courant d'avril et de mai un bien plus grand nombre d'équipages militaires, mais on aura le temps d'y pourvoir alors. Le prince d'Eckmühl pourra se servir des harnais et des 120 voitures de l'ancien modèle, qui appartenaient au 12e bataillon et qu'il a; ainsi, soit que vous l'autorisiez à nommer les cadres, soit que vous envoyiez les officiers de France, ce bataillon pourra être formé sur-le-champ; il pourra prendre des hommes dans la 32e division militaire.

NAPOLÉON.

6623. — AU GÉNÉRAL LACUÉE

Paris, 9 janvier 1812.

Monsieur le comte de Cessac, au lieu de trois millions, je vous en ai accordé six sur l'exercice 1811, afin que vous puissiez payer les fournisseurs de l'habillement.

NAPOLÉON.

6624. — DÉCISION

Paris, 9 janvier 1812.

Ordres de mouvements donnés aux 19e, 56e et 123e de ligne; les 19e et 123e partiront le 15 janvier, le 56e seulement le 20 janvier.

Approuvé ces ordres, le 56e ne devant se rendre qu'à Osnabrück.

NAPOLÉON.

6625. — DÉCISIONS (1).

11 janvier 1812.

On met sous les yeux de Sa Majesté la demande d'une sous-lieutenance faite par M. de Montaigne, garde d'honneur à cheval de la ville de Maëstricht, pour servir dans l'infanterie.

Accordé.

On propose à Sa Majesté d'admettre dans l'état-major du génie M. Sarbourg, lieutenant au 1ᵉʳ de sapeurs, qui a été jugé admissible par le jury d'examen de l'école de Metz.

Approuvé.

6626. — DÉCISION (2).

11 janvier 1812.

On met sous les yeux de Sa Majesté la liste des généraux de brigade disponibles, et on la prie de vouloir bien désigner celui qui sera chargé de commander la place de Ciudad-Rodrigo.

L'Empereur a décidé que ce serait le général Barbot.

Comte DE LOBAU.

6627. — AU GÉNÉRAL LACUEE.

Paris, 11 janvier 1812.

Monsieur le comte de Cessac, je reçois le rapport que le 9ᵉ bataillon des équipages, qui est à Plaisance, n'a que cinq compagnies de prêtes, qu'il y a encore une centaine d'hommes à habiller et 80 chevaux malades; qu'on n'a pas encore commencé les constructions des voitures de nouveau modèle, parce qu'on attend un modèle de Sampigny.

---

(1) Non signées; extraites du « Travail du ministre de la guerre avec S. M. l'Empereur et Roi, daté du 25 décembre 1811 ».
(2) Extraite du « Travail du ministre de la guerre avec S. M. l'Empereur et Roi, daté du 18 décembre 1811 ».

Il n'y a pas huit jours que j'ai demandé de ces caissons en Italie, et déjà les constructions sont commencées à Venise et dans les divers arsenaux, sur les dessins que vous avez envoyés.

NAPOLÉON.

6628. — DÉCISION.

Paris, 12 janvier 1812.

Le général Clarke propose de renvoyer dans leurs foyers treize officiers du 1ᵉʳ régiment provisoire croate, pour incapacité ou inconduite.

Approuvé.

NAPOLÉON.

6629. — AU GÉNÉRAL CLARKE

Paris, 12 janvier 1812.

Monsieur le duc de Feltre, le prince d'Eckmühl me mande, sous la date du 7 janvier, que le bureau d'artillerie n'a donné aucun ordre à Wesel pour le transport des poudres; il faudrait en donner.

NAPOLÉON.

6630. — AU GÉNÉRAL CLARKE.

Paris, 12 janvier 1812.

Monsieur le duc de Feltre, le prince d'Eckmühl me mande qu'il a passé des marchés pour 12.000 chevaux dans le Nord, dont 2.000 chevaux de trait.

Déjà, je vous ai mandé par ma lettre du 9 de ce mois de faire partir, bien habillés, bien équipés et avec leurs selles, tous les carabiniers et cuirassiers qui se trouveraient à pied dans les dépôts en France.

Par mes lettres du 29 et du 30 décembre je vous ai ordonné de faire partir 3.100 hommes à pied des régiments de cavalerie légère.

Enfin, par ma lettre de ce jour, je vous ordonne de faire partir également 1.375 chevau-légers; cela fera donc environ 5.000 hommes à pied qui vont se mettre en route pour aller prendre des chevaux. Il est nécessaire que ces hommes aient leurs selles, leurs brides, ou du moins que ces effets les suivent de très près, de manière qu'à la fin de février ils se trouvent parfaitement montés. Tous ces hommes doivent rester à Hanovre parce que tous leurs régiments doivent se rendre dans cette direction.

Il est nécessaire que vous me remettiez l'état de tout ce qui est parti et de tout ce que l'on pourrait faire partir encore.

Voyez ce que les quatre régiments de dragons qui sont en Italie, et dont les dépôts sont dans la 6e division militaire, peuvent faire partir d'hommes à pied.

Les huit régiments de dragons dont j'ai fait revenir les 4es escadrons d'Espagne ont des hommes à pied à leur dépôt; proposez-moi tout ce qu'on en pourrait faire partir.

Enfin, les régiments de hussards et de chasseurs qui forment les quatorze brigades de cavalerie légère auront encore des hommes à pied; faites un travail général pour me proposer de les faire partir.

Je désirerais réunir ainsi 8.000 hommes à Hanovre; mais un dépôt aussi considérable a besoin d'une direction spéciale.

Mon intention est donc que vous ordonniez au général de division Bourcier de partir lundi pour se rendre à Hanovre. Vous lui donnerez deux généraux de brigade, quatre majors en second et douze artistes vétérinaires, que vous tirerez d'Alfort, et vous le chargerez d'aller établir le dépôt de Hanovre. Il embrassera toute l'opération de la remonte de 12.000 chevaux que le prince d'Eckmühl fait acheter dans le Jutland et dans le Holstein.

Il correspondra avec vous par l'estafette. Vous ferez comprendre au général Bourcier l'importance que j'attache à avoir, au commencement de mars, au moins 8.000 hommes montés, ce qui augmentera d'autant mes régiments, à mesure qu'ils arriveront sur l'Elbe.

Napoléon.

6631. — AU GÉNÉRAL CLARKE

Paris, 12 janvier 1812.

Monsieur le duc de Feltre, le 1er régiment de chevau-légers complétera son 1er escadron en France à 250 hommes et 250 chevaux. Les chevaux seront pris tant sur les 191 qui existaient au 1er décembre, que sur les 229 qui, à cette époque, restaient à fournir des commandes de 1811.

La 1re compagnie du 2e escadron, forte de 125 hommes, officiers, sous-officiers tous compris, partira le 25 janvier, à pied, bien équipée, bien armée et avec ses selles et brides, pour se rendre au dépôt de Hanovre et y être remontée avec les chevaux qu'achète le prince d'Eckmühl, ci. . . . . 125 hommes.

À la même époque, le 2e régiment de chevau-légers fera partir son second escadron, c'est-à-dire 250 hommes à pied. . . . . 250 —

Le 3e régiment fera partir également un escadron. . . . . 250 —

Le 4e régiment une compagnie. . . . . 125 —

Le 5e régiment son 2e escadron. . . . . 250 —

Le 6e régiment sa dernière compagnie du 4e escadron, en supposant que ce régiment ait encore des hommes à pied. . . . . 125 —

Le 8e régiment fera partir son 3e escadron. . . . . 250 —

(Les 1ers escadrons seront montés en France.)

Cela fait donc pour ces sept régiments. . . . . . . 1.375 hommes.
1.375 hommes qui partiront au 25 janvier pour le dépôt de Hanovre. Tous les régiments qui envoient un escadron enverront un chef d'escadron. Ces hommes recevront en Allemagne les chevaux que le prince d'Eckmühl y fait acheter, mais il est nécessaire qu'ils partent parfaitement habillés et équipés, bien armés et dans l'uniforme complet de chevau-légers.

S'il n'était pas possible que quelques détachements fussent prêts à l'époque indiquée, vous m'en rendriez compte en me faisant savoir quand ils pourraient partir.

Dans le cas où les selles ne seraient pas prêtes, il faudrait qu'elles suivissent les hommes le plus près possible.

NAPOLÉON.

6632. — DÉCISION.

Paris, 13 janvier 1812.

Renseignements donnés à Sa Majesté sur la rentrée provisoire, dans les dépôts des 16⁰ et 24⁰ divisions militaires, de quelques nouveaux bataillons de prisonniers de guerre.

Il n'y a pas de mesure plus funeste que de faire et de défaire; à peine y a-t-il deux mois que ces bataillons sont défaits qu'arrive le moment de les reformer, puisque voilà le moment où la campagne va commencer. Cela occasionne des frais, ces hommes ne s'habillent pas, et cela coûte beaucoup. Le bureau du génie a été contre mon intention en faisant rentrer ces bataillons dont j'avais formellement ordonné la formation. Ce sont là de fausses mesures.

NAPOLÉON.

6633. — EXTRAIT DU PROCÈS-VERBAL DE LA SÉANCE DU CONSEIL DE COMMERCE TENUE LE 13 JANVIER 1812 (1).

Sa Majesté se fait rendre compte du prix que paye l'Administration des douanes pour le transport des marchandises de Magdeburg à Francfort. Le prix est de 12 francs.

Sa Majesté ordonne qu'il soit écrit à M. le Ministre de la guerre que le retour de Francfort à Magdeburg ne coûterait que 6 francs le quintal, poids de marc. Ainsi, pour un million de poudre, qui partirait de Francfort, le transport ne coûterait que 60.000 francs.

6634. — DÉCISION

Paris, 13 janvier 1812.

Le général Clarke demande si les troupes stationnées à Trieste et destinées à la 2⁰ expédition pour Corfou doivent rester dans ce port, à la disposition de la marine.

Me faire connaître de quel corps étaient ces troupes.

NAPOLÉON.

(1) Extrait conforme, signé de Daru.

6635. — AU GÉNÉRAL LACUÉE.

Paris, 13 janvier 1812.

Monsieur le comte de Cessac, je désire que vous m'envoyiez le rapport de la commission sur le nouvel habillement, avec le projet de décret, afin que je le signe dans la journée, et que l'on puisse s'occuper de suite de l'habillement des troupes, parce qu'elles font confectionner dans ce moment.

Les Croates qui sont à Paris n'ont qu'une chemise, une paire de souliers et point de cols; leur première mise n'est point complète, ce qui m'oblige à les garder à Paris jusqu'à ce que tout soit complet. Il est fâcheux que leur habillement ne soit pas du nouveau modèle. Leurs schakos sont d'une qualité inférieure.

Le 24° régiment d'infanterie légère n'a point son caisson d'ambulance garni. Il manque aussi à ce corps beaucoup de chirurgiens. Faites-moi connaître si les régiments du corps d'observation de l'Elbe ont leurs caissons d'ambulance garnis ou non, ce qu'ils doivent avoir et quand l'Administration de la guerre le leur fournira. Ces caissons pourraient contenir beaucoup plus que l'on ne propose d'y mettre. Comme il y a quatre régiments par division et quatre caissons, ces quatre caissons pourraient former l'ambulance. Ils doivent être aussi chargés que les caissons d'ambulance.

Faites-moi connaître si vous avez commandé et fait faire tout ce qui est relatif aux drapeaux. Le décret a-t-il été mis à l'ordre de l'armée ? Il faut en envoyer et mettre en état tout ce qui se trouve à l'armée d'Allemagne. Les régiments ne connaissent pas ce décret. Il y a des régiments de cavalerie qui ont quatre aigles; il y a d'autres régiments, comme le 24° léger, qui n'en ont pas. Donnez connaissance de mon décret aux corps, sans cependant le faire mettre dans les journaux, ce qui est inutile. Envoyez-moi, avant de les faire broder, les noms des batailles auxquelles on suppose que chaque régiment a assisté, afin qu'on les vérifie bien, et qu'il n'y ait point de méprises.

NAPOLÉON.

6636. — AU GÉNÉRAL MATHIEU DUMAS.

Paris, 14 janvier 1812.

Monsieur le comte Dumas, je vous renvoie votre travail sur la conscription, avec les notes que j'ai dictées au baron Fain et les observations qu'il y a faites. Cela vous mettra au fait de mes intentions. J'ajoute les observations suivantes :

Mon intention est que ma cavalerie reçoive le nombre d'hommes nécessaires pour que chaque régiment ait 1.100 hommes. Ces régiments sont : 2 régiments de carabiniers, 13 régiments de cuirassiers, 4 régiments de dragons, 6 régiments de hussards, 7 régiments de chevau-légers et 17 régiments de chasseurs.

Il me faut 10.000 à 12.000 hommes. Indépendamment de ce, chaque dépôt des régiments de cavalerie de l'armée d'Espagne doit recevoir 100 hommes.

Il n'y a rien de changé à la disposition qui accorde 7.000 hommes à ma garde.

L'artillerie et le génie doivent recevoir ce qui est porté dans la répartition.

Les équipages militaires doivent recevoir un nombre d'hommes suffisant pour compléter les bataillons. Vous savez que j'ai formé les six compagnies du 10ᵉ bataillon. Il faut, de plus, des hommes pour quatre bataillons attelant des petites charrettes à la Comtoise; j'en estime le nombre à 1.500 ou 1.600, et pour trois bataillons de voitures traînées par des bœufs, qui emploieront à peu près le même nombre d'hommes. Il faudrait que les hommes destinés à servir ces derniers bataillons fussent pris dans les pays où l'on se sert des attelages de bœufs.

J'avais eu là le dessein de lever, dans les huit départements voisins d'Espagne, des régiments de gardes nationales, savoir dans les départements des Pyrénées-Orientales, des Hautes et Basses-Pyrénées et de l'Ariège, et dans les départements de l'Aude, de la Haute-Garonne, du Gers et des Landes. Mais je préfère augmenter la conscription de ces huit départements, de manière à me procurer une force de 9.000 à 10.000 hommes. En prenant les 4ᵉˢ bataillons du 5ᵉ de ligne, du 11ᵉ *idem*, du 14ᵉ qui est à Sedan, le 3ᵉ bataillon du 79ᵉ, et les 4ᵉˢ bataillons du 115ᵉ et du 3ᵉ léger, un bataillon des 115ᵉ, 116ᵉ et 117ᵉ, et des cadres dans les régiments de l'armée d'Aragon et de l'armée de Catalogne, on réunirait ainsi seize 3ᵉˢ ou 4ᵉˢ bataillons. Ces bataillons recevraient chacun 600 hommes; on les diviserait en quatre brigades provisoires dont les chefs-lieux seraient à Pau, à Tarbes, à Perpignan, à Mont-Louis. On dirigerait les conscrits des huit départements, en ayant soin qu'aucun conscrit ne se trouve dans son département. La conscription de ces huit départements serait plus forte, mais on ferait connaître que cela épargnera la garde nationale. Les quatre brigades seront sous les ordres de quatre généraux de brigade et d'un général de division. On aurait ainsi 9.000 ou 10.000 hommes qui ne bougeraient pas de la frontière, qui seraient chargés de la garder et de la mettre à l'abri de toute insulte. Vous concevez que les bataillons portés pour les réserves de Bordeaux, de Tarbes, de Pau, de Perpignan ne seront plus nécessaires.

Aussitôt que vous aurez saisi ce travail, vous me l'apporterez. Il faudra ensuite s'occuper du mouvement des conscrits. Tous les hommes de la 32ᵉ division militaire, tous les hommes du Piémont et du reste de l'Italie doivent venir en France. Il ne faut pas cependant envoyer les Italiens à Hamburg; ils resteraient tous dans les hôpitaux. Il faut faire marcher les conscrits de manière qu'ils aillent directement aux lieux où ils doivent aller. Vous connaissez l'emplacement de leurs dépôts. C'est ce qui m'a fait penser que le travail que je vous envoie devait précéder la conscription, afin d'opérer avec connaissance de cause. Il ne faut pas qu'un homme fasse une contre-marche et revienne sur ses pas pour gagner sa destination précise.

NAPOLÉON.

6637. — DÉCISION.

Paris, 14 janvier 1812.

Le général Suchet demande qu'un détachement du 1ᵉʳ d'infanterie légère, qui attend depuis près d'un an l'occasion de rejoindre les bataillons de guerre de ce corps à Tarragone, soit incorporé dans le 32ᵉ de même arme.	J'ai déjà répondu sur pareille demande; faire défense expresse de rien faire de ce genre, et témoigner mon mécontentement de cette proposition. Réitérer l'ordre pour que tous les détachements appartenant à l'armée d'Aragon soient dirigés sur Barcelone aussitôt que possible, et de là sur Tortose. Le général Suchet les y prendra quand cela se pourra. Recommander aux inspecteurs aux revues de tenir la main à ce qu'aucun homme ne sorte de son corps; car si pa-

reille chose était tolérée, l'armée se trouverait désorganisée.

NAPOLÉON.

6638. — AU GÉNÉRAL LACUÉE.

Paris, 14 janvier 1812.

Monsieur le comte de Cessac, je vous envoie une dépêche du prince d'Eckmühl. Il paraît qu'il y a malhabileté ou dilapidation à Danzig. Quel est l'ordonnateur qui se trouve là ? Témoignez mon mécontentement au général Rapp, et dites-lui que non seulement je suis très mécontent, mais même que je n'entends pas payer le prix fixé par vous; que le taux des mercuriales est beaucoup plus bas; que je ne suis pas pressé; que j'ai désiré avoir cet approvisionnement au 1er mars, mais que je ne veux pas pour cela jeter mon argent; que je ne veux pas qu'on dépasse le prix des mercuriales; que je n'ordonne l'achat d'un supplément de 100.000 quintaux de blé, de 100.000 quintaux de seigle et de 1.400.000 boisseaux d'avoine, qu'autant que les prix seront moindres que ceux fixés par vous. Veillez à ce qu'il n'y ait pas de pot de vin et, s'il est nécessaire, à ce que les marchés soient passés en Pologne. Si les viandes salées s'arrangent mieux l'été, il n'y a qu'à attendre l'été. Les entrepreneurs ont cru que j'étais pressé : ils se sont trompés.

NAPOLÉON.

6639. — AU GÉNÉRAL LACUÉE.

Paris, 14 janvier 1812.

Monsieur le comte de Cessac, je reçois votre rapport du 13 janvier sur les étendards. Il paraît que vous n'avez pas compris mon décret du 25 décembre, puisque vous me dites que la confection des aigles prendra du temps, etc... Mais, par mon décret, je ne veux pas d'aigles nouvelles, pas même de bâton; je ne veux que l'étendard, le morceau de soie qui flotte. Ce que je demande est une dépense de rien; ce que vous proposez est une dépense considérable. Le décret du 25 décembre ne peut pas être mis à l'ordre par le prince de Wagram, qui ne commande pas et dont la juridiction ne s'étend pas au delà de l'armée d'Espagne; c'est donc le ministre de la guerre qui doit mettre ces dispositions à l'ordre de l'armée. Pour éviter un conflit entre les deux ministères, je prends un décret portant que tout ce qui est relatif aux drapeaux regarde le ministre de la guerre.

Napoléon.

6640. — DÉCISION (1).

Le général de division comte Nansouty demande pour aide de camp le sieur Elie de Périgord, sous-lieutenant au 7ᵉ régiment de hussards.	Le laisser encore dans la ligne.

6641. — AU GÉNÉRAL CLARKE

Paris, 15 janvier 1812.

Monsieur le duc de Feltre, je suppose que vous avez fait connaître au général de division Bourcier qu'il est sous les ordres du prince d'Eckmühl.

Napoléon.

6642. — AU GÉNÉRAL CLARKE.

Paris, 15 janvier 1812.

Monsieur le duc de Feltre, tous les décrets et ordres qui sont relatifs au corps d'observation de l'Elbe devraient être envoyés régulièrement au prince d'Eckmühl. Il est indispensable, pour le bien du service, que ce maréchal en ait des copies.

Napoléon.

6643. — AU MARÉCHAL BERTHIER.

Paris, 15 janvier 1812.

Mon Cousin, envoyez l'ordre aux chevau-légers polonais de ma

---

(1) Sans signature ni date; extraite du « Travail du ministre de la guerre avec S. M. l'Empereur et Roi, daté du 15 janvier 1812 ».

garde, qui sont en Espagne, de partir sans délai pour se rendre à Bayonne.

NAPOLÉON.

6644. — DÉCISION.

Palais des Tuileries, 16 janvier 1812.

Rapport de la commission d'enquête chargée d'examiner la conduite du colonel Castellan, du 60ᵉ de ligne, accusé de malversations, tendant à ce que cet officier supérieur soit remis en activité.

Approuvé.

NAPOLÉON.

6645. — DÉCISION.

16 janvier 1812.

Le maréchal Berthier propose de faire escorter le 12ᵉ convoi de fonds que l'on prépare à Bayonne par un bataillon provisoire d'infanterie légère de Nassau et un détachement de 24 chasseurs à cheval de Nassau.

Approuvé.

NAPOLÉON.

6646. — AU GÉNÉRAL CLARKE.

Paris, 16 janvier 1812.

Monsieur le duc de Feltre, je viens de lire votre rapport du 15, sur les ressources que présentent les élèves d'artillerie.

Remettez-moi à signer, avant le 25 janvier, le décret pour les élèves de Saint-Cyr, afin que ces jeunes gens sortent au 1ᵉʳ février et soient tous incorporés à leur régiment au 1ᵉʳ mars.

Ce qu'on m'a présenté pour ressource de 1812 me paraît très faible.

Faites entrer à l'école de Metz, d'ici au 1ᵉʳ mars, 60 jeunes gens, de sorte que les 40 qui sont entrés en décembre puissent sortir en juillet.

Pressez leur instruction pour cela.

Pressez également l'instruction des 40 nouveaux qu'on mettra en mars, pour qu'ils puissent sortir en décembre.

Faites préparer à Saint-Cyr 100 élèves, au lieu de 40 qu'on prépare pour juin et juillet.

Pressez l'instruction pour que les 40 qui devaient partir en juin puissent partir au 1er mai et que les 60 autres puissent partir en juillet.

Ces dispositions porteront à 200 les ressources de 1812, ce qui me paraît absolument nécessaire.

NAPOLÉON.

6647. — AU GÉNÉRAL CLARKE.

Paris, 16 janvier 1812.

Monsieur le duc de Feltre, donnez ordre que le bataillon colonial de fusiliers qui est à Flessingue et à Ziricksée soit embarqué à Flessingue au 15 février et dirigé, par eau, sur La Haye, d'où il sera envoyé à Alkmaar et au Helder, pour y tenir garnison.

Faites-moi connaître quand les cadres du régiment de l'île de Ré, qui ont conduit des conscrits en Allemagne, seront de retour à l'île de Ré; quand le cadre du 3e bataillon du 2e régiment de la Méditerranée sera de retour à Toulon, ainsi que ceux des 1er et 2e bataillons.

Je vous enverrai incessamment l'ordre de faire partir le reste des conscrits réfractaires, qui sont à l'île d'Oléron et à l'île d'Aix, désirant que tous ces conscrits se rendent en Allemagne. Envoyez-moi tous les rapports que vous avez sur ces dépôts et sur Belle-Ile. Je voudrais retirer deux bataillons de 800 hommes chacun de Belle-Ile, pour les diriger sur l'Allemagne.

Je vous ai demandé un rapport sur le 3e et sur le 4e régiment étranger, et surtout sur les officiers qui les composent. Le 3e régiment étranger, dit régiment irlandais, doit avoir reçu tous les étrangers qui étaient dans les régiments hollandais. Je compte sur au moins 4.000 hommes pour la défense des côtes de Hollande.

Ainsi, je voudrais retirer toutes les troupes que j'ai aux îles de Ré et d'Oléron, en Corse et à l'île d'Elbe, hormis le régiment de l'île de Ré tout entier, que je laisserai à l'île d'Aix, et dans lequel on incorporerait les plus mauvais sujets et ce qu'on ne pourrait pas employer des autres troupes. Je garderais trois bataillons, en y comprenant le 5ᵉ bataillon du régiment de Walcheren, pour la garnison de Flessingue; trois bataillons, en y comprenant le 5ᵉ, du régiment de Belle-Ile, pour la garnison de Belle-Ile; un seul bataillon en Corse; un seul bataillon à l'île d'Elbe; enfin, trois bataillons du 2ᵉ régiment de la Méditerranée, en y comprenant le 5ᵉ, à Toulon.

L'arrivée à l'armée de tous les hommes provenant des dépôts de conscrits mettra à même de les incorporer, et donnera des cadres disponibles qu'on pourra renvoyer en France.

Napoléon.

6648. — AU GÉNÉRAL CLARKE.

Paris, 16 janvier 1812.

Monsieur le duc de Feltre, je reçois votre rapport du (1) sur les huit régiments de chevau-légers. Il est nécessaire que le 6ᵉ et le 8ᵉ, qui font partie des brigades de cavalerie légère, fassent partir deux escadrons dans les quinze premiers jours de février, comme cela est indiqué, pour se joindre à leurs brigades. Les 3ᵉ et 4ᵉ escadrons joindront successivement aussitôt qu'ils seront prêts. Quant aux cinq régiments de chevau-légers qui doivent être attachés aux cinq divisions de cuirassiers, il est nécessaire que les régiments qui fournissent aux 1ʳᵉ, 3ᵉ et 5ᵉ divisions de cuirassiers partent le 1ᵉʳ février. Ceux qui doivent fournir à la 2ᵉ et à la 4ᵉ peuvent ne partir que le 15 février. Les escadrons doivent partir à 250 chevaux. S'ils ne peuvent avoir 250 hommes bien montés et bien équipés, je consens à ce qu'ils partent complétés à 200 hommes; mais bien équipés et bien habillés. Vous me rendrez compte des obstacles qui s'opposeraient à l'exécution de mes ordres.

J'attache de l'importance à l'époque fixe du départ de ces troupes; mais j'en attache encore plus à ce qu'elles soient munies de tout et parfaitement en état.

Napoléon.

---

(1) En blanc.

6649. — AU GÉNÉRAL CLARKE.

Paris, 16 janvier 1812.

Monsieur le duc de Feltre, le dépôt de Hanovre fournira 300 chevaux à la garde, savoir :
  50 chevaux de grenadiers à cheval,
  100 chevaux de dragons,
  100 chevaux de chasseurs,
  50 chevaux pour le 1er régiment de lanciers.

300 chevaux.

A cet effet, vous donnerez ordre qu'il parte sous les ordres d'un chef d'escadron :
1° Un détachement à pied des grenadiers à cheval, composé de : 1 capitaine, 1 lieutenant, 2 maréchaux des logis, 4 brigadiers, 1 trompette et 40 grenadiers;
2° Un détachement de dragons à pied composé de : 1 capitaine, 1 chirurgien-major, 1 lieutenant en premier, 1 lieutenant en second, 1 artiste vétérinaire, 2 maréchaux des logis, 4 brigadiers, 2 trompettes, 2 maréchaux ferrants, 80 dragons;
3° Un détachement de chasseurs à cheval, composé de : 1 capitaine, 1 lieutenant en premier, 1 lieutenant en second, 2 maréchaux des logis, 4 brigadiers, 2 trompettes, 80 hommes;
4° Enfin, d'un détachement du 2e de lanciers, composé ainsi qu'il suit : 1 capitaine, 1 lieutenant, 2 maréchaux des logis, 4 brigadiers, 1 trompette et 40 hommes.

Tous les détachements partiront le 16, bien armés et bien équipés, et amèneront avec eux leurs selles et leurs brides. Le duc d'Istrie fera accompagner l'artiste vétérinaire de quelques bourreliers et ouvriers pour réparer le harnachement. Ces détachements se réuniront à Compiègne; ils en partiront du 20 au 25. On les fera suivre par des caissons de la garde, chargés des effets de harnachement. Ces caissons seront attelés avec des chevaux de la garde. Quelques officiers de santé feront aussi partie de ces détachements.

Mandez au général Bourcier de faire choix des meilleurs chevaux, et de les mettre en réserve pour cette remonte de la garde.

NAPOLÉON.

6650. — AU GÉNÉRAL CLARKE.

Paris, 16 janvier 1812.

Monsieur le duc de Feltre, j'approuve l'organisation des officiers du génie.

Le général Campredon, qui est au service de Naples, demande à rentrer au service de France; il faut l'accepter avec le grade qu'il avait et l'employer.

Les six compagnies de mineurs doivent être attachées au parc.

Le corps d'observation de l'Elbe doit avoir cinq compagnies de sapeurs, le 2e corps de l'Elbe doit en avoir trois, le corps d'observation de l'Océan doit en avoir deux, le corps d'observation d'Italie doit en avoir deux. Je ne comprends pas les compagnies italiennes ni polonaises. La garde doit avoir trois compagnies de sapeurs, ce qui fera quinze compagnies.

L'armée doit en avoir vingt-quatre. Il restera au parc général neuf compagnies de sapeurs et six compagnies de mineurs. Au reste, je réglerai cette répartition selon les circonstances.

Dans le livret que vous me remettrez, il faut attacher au corps d'observation d'Italie et mettre à Vérone tous les mineurs et sapeurs qui sont en Italie, aux deux corps d'observation de l'Elbe ceux qui sont au delà du Rhin, mettre à Mayence les deux compagnies destinées au corps d'observation de l'Océan et tout ce qui est destiné au parc général.

Des compagnies du train du génie, deux seront attachées au parc et se rendront à Mayence; l'autre restera où elle se trouve, au corps d'observation de l'Elbe.

Tout le personnel et le matériel de l'artillerie comme du génie, comme de l'infanterie, comme de la cavalerie, comme des administrations, doivent être rendus à leur poste, du 15 février au 1er mars; le corps d'observation d'Italie et le 3e corps de cavalerie de réserve, à Vérone, hormis la division de cuirassiers; le corps d'observation de l'Océan et le 2e corps de cavalerie de réserve à Mayence, le parc général à Mayence, le grand quartier général à Mayence, le 2e corps de l'Elbe à Munster, le corps d'observation de l'Elbe dans la 32e division militaire, avec le 1er corps de cavalerie de réserve.

Napoléon.

6651. — DÉCISION.

Paris, 16 janvier 1812.

Le maréchal Berthier rend compte que l'artillerie à cheval de la garde doit arriver à Bayonne le 17 janvier, et il demande des ordres pour sa marche ultérieure.

Lui donner l'ordre de continuer sa route pour Paris.

NAPOLÉON.

6652. — AU GÉNÉRAL LACUÉE.

Paris, 16 janvier 1812.

Monsieur le comte de Cessac, je vous envoie une lettre du vice-roi. Faites-moi connaître votre opinion sur l'achat de quelques barriques d'eau-de-vie en Italie, pour en charger des caissons de transports militaires. Quel rapport y a-t-il entre ces prix et ceux de France ?

NAPOLÉON.

6653. — AU GÉNÉRAL LACUÉE.

Paris, 16 janvier 1812.

Monsieur le comte de Cessac, 200 carabiniers du 1er régiment, 200 du second sont partis le 10 janvier pour Cologne. Ces 400 hommes n'ont que 80 chevaux. Il leur faut donc 320 chevaux. Le 5e régiment de cuirassiers a fait également partir pour Cologne un détachement de 300 hommes avec 140 chevaux ; le 8e un détachement de 60 hommes, le 10e un détachement de 150 hommes. Voilà donc 700 à 800 hommes qui sont à pied aux dépôts de Cologne et de Bonn. Ces hommes trouveront-ils là des chevaux ou faudra-t-il qu'ils en reçoivent du dépôt de Hanovre ? Il est bien important de pourvoir à cela. Faites-moi connaître ce qui en est.

NAPOLÉON.

6654. — AU GÉNÉRAL LACUÉE.

Paris, 16 janvier 1812.

Monsieur le comte de Cessac, je vous envoie un rapport que j'ai demandé au ministre de la guerre sur les régiments de chevau-légers. Vous y verrez qu'ils se plaignent de n'avoir pas encore reçu le modèle de leur habillement, que ces régiments sont en retard et manquent de beaucoup d'objets importants. On se plaint du directoire de l'habillement, qui est extrêmement lent dans ses expéditions. Prenez des mesures, pour qu'au 1ᵉʳ février chaque régiment puisse faire partir un escadron, et à la fin de février un second escadron.

NAPOLÉON.

6655. — AU GÉNÉRAL LACUÉE.

Paris, 16 janvier 1812.

Monsieur le comte de Cessac, je reçois votre rapport du 15 sur les vins du Rhin. Je ne pense pas qu'il y ait possibilité de transporter des vins dans le Nord autrement que par mer; à moins que ce ne soient des vins de Hongrie, qui arriveraient par la Vistule. La Silésie et la Saxe ont des vins et l'on pourrait en tirer aussi de ces pays. Mais quant à l'idée d'en tirer des pays en-deçà de l'Elbe, c'est impossible, et j'y renonce.

Le 10ᵉ bataillon du train arrive le 18 à Bordeaux. J'ai fixé son départ au 24 pour tout délai. Si, dans cet intervalle, on peut le charger d'eaux-de-vie, on l'en chargera et il continuera avec ce chargement sa route sur Magdeburg. Mais il faut qu'il passe par Paris. Si, au contraire, il ne peut pas être prêt le 24, je désire qu'il ne soit pas retardé; il viendra à vide et on le chargera alors à Paris. Vous avez acheté des eaux-de-vie à Strasbourg pour les transporter à Wesel. Le mauvais état des chemins, puisqu'il n'y a pas eu de gelées, la grande quantité d'effets d'habillement à transporter, les difficultés que le prince d'Eckmühl trouve à faire transporter un million de poudre, tout me porte à penser qu'il est préférable de diriger ces eaux-de-vie sur Francfort et de les y faire charger sur des voitures de retour, qui ont apporté des marchandises coloniales. On calcule qu'il partira 600 à 700 voitures d'ici à la fin de février. Le prix est de 6 francs le quintal, ce qui fera 30 francs pour une barrique. Cette eau-de-vie arriverait alors à un prix raisonnable à Magdeburg. Comme le ministre de la guerre a ordre de faire transporter aussi quelques effets par ces voitures, concertez-vous avec lui, afin d'éviter la concurrence près des voituriers. En supposant qu'on emploie ainsi 500 voitures, et que chacune porte seulement 4 barriques, cela ferait 2.000 à 3.000 barriques d'eau-de-vie, ou près de 500.000 pintes. Je crois donc que c'est à cette mesure qu'il faut vous fixer décidément. Achetez 500.000 pintes d'eau-de-vie à Strasbourg, à Mayence, et, s'il est nécessaire, faites-en transporter de Paris et faites commencer le plus tôt possible le chargement de Francfort sur Magdeburg, car tous les jours il part des voitures et ce sont des moyens perdus. Il faut fixer des limites pour le prix et prendre des précautions pour la conservation des eaux-de-vie. Les charretiers doivent en répondre et n'être payés que lorsqu'ils auront purgé leur responsabilité à Magdeburg. Si, cependant, les eaux-de-vie de Strasbourg avaient déjà dépassé Mayence pour se rendre à Wesel, il ne faudrait pas les faire rétrograder. On aviserait alors aux moyens de les faire transporter de Wesel.

Napoléon.

6656. — DÉCISIONS (1).

Paris, 16 janvier 1812.

On propose à Sa Majesté d'accorder à M. le colonel Henry une indemnité de 4.000 francs pour le dédommager des dépenses extraordinaires relatives à la mission qui lui a été précédemment confiée

Approuvé.

---

(1) Non signées; extraites du « Travail du ministre de la guerre avec S. M. l'Empereur et Roi, daté du 15 janvier 1812 ».

dans les 15°, 16°, 24°, 25° et 26° divisions militaires pour la rentrée des conscrits et des déserteurs.

On entretient Sa Majesté de la position difficile dans laquelle se trouve M. le général Montchoisy, commandant la 28° division militaire, par suite des dépenses qu'il a dû faire pour son commandement.

Me faire connaître le traitement dont il jouit.

On prend les ordres de Sa Majesté sur la demande que fait le réfugié égyptien Fornasini, jouissant à Marseille d'un secours de 2 fr. 50, de se rendre en Egypte pour y recueillir la succession de ses père et mère.

Approuvé.

On demande les ordres de Sa Majesté pour faire juger par un conseil de guerre permanent de la 15° division militaire un fourrier et un soldat du régiment des pupilles prévenus d'avoir blessé une femme d'un coup de sabre dans une maison bourgeoise au Havre.

Approuvé.

Sa Majesté est priée de faire connaître ses intentions à l'égard du général de division Girard et du général de brigade Briche, qui étaient employés l'un et l'autre à l'armée du Midi en Espagne et qui ont reçu l'ordre du prince major général de rentrer en France.

Leur donner ordre de se rendre à Paris, où il sera fait enquête sur l'événement qui est arrivé.

On remet sous les yeux de Sa Majesté l'état des services de M. de

Puisqu'il n'y a pas d'ordre de moi qui le retire de ce bataillon,

Béarn, et on demande qu'il soit conservé chef de bataillon au 129° régiment.

il n'y a pas besoin d'ordre de moi pour l'y renvoyer; et si le Ministre n'a pas de raison contraire, je ne vois pas d'inconvénient à ce qu'il l'y renvoie.

On propose à Sa Majesté d'autoriser le passage de M. Polluchon, sous-lieutenant au régiment de Belle-Ile, au 63° régiment d'infanterie de ligne;

Accordé.

D'accorder un congé d'un mois, pour venir se marier à Paris, à M. Schmitz, colonel du régiment d'Illyrie.
Ce régiment est en route pour Besançon;

Qui sera chargé alors de la conduite de ce régiment ?

D'accorder un congé de trois mois avec appointements, pour rétablissement de santé, au colonel Dubouchet, commandant d'armes à Bréda.

Accordé.

On rend compte à Sa Majesté des mesures prises et proposées pour avoir quatre ouvriers en fer et en bois dans chaque compagnie d'artillerie à pied et à cheval.

Approuvé.

On soumet à l'approbation de Sa Majesté un état de secours à des veuves ou parents de militaires qui ne sont pas susceptibles de pensions, ledit état montant à la somme de 7.100 francs.

Approuvé.

6657. — AU GÉNÉRAL LACUÉE.

Paris, 17 janvier 1812.

Monsieur le comte de Cessac, les hôpitaux de Munster sont dans un état pitoyable; voyez à y pourvoir. Les agents des hôpitaux, à Munster, se plaignent qu'ils n'ont ni argent ni crédit. On m'annonce aussi que le colonel du 2ᵉ de ligne a refusé de recevoir, à Munster, mille paires de souliers; qui est-ce qui a fourni ces souliers?

NAPOLÉON.

6658. — DÉCISION.

Paris, 19 janvier 1812.

Etat indiquant les envois de poudre à effectuer pour compléter à Wesel le million destiné pour Magdeburg et pour remplacer à Wesel et à Grave les poudres qui en sont tirées pour composer ce million en expédition sur l'Allemagne.

Approuvé ledit état; mais il n'est pas convenable que Wesel reste une heure avec 6.000 livres de poudre seulement. Le Ministre qui ordonnerait un pareil dénuement serait coupable. Wesel ne peut pas rester une minute avec moins de 200 milliers de poudre. Wenloo et Juliers paraissent bien peu approvisionnées, l'une avec 68.000 L., l'autre avec 74.000 L. de poudre. Il vaudrait mieux n'en laisser à Grave que 100.000 L., et en avoir 100.000 L. à Wenloo et 100.000 L. à Juliers.

NAPOLÉON.

6659. — DÉCISION.

Paris, 19 janvier 1812.

Le maréchal Berthier propose d'accorder une gratification de 300 francs à chacun des quatre fusiliers

Accordé.

NAPOLÉON.

du 2ᵉ suisse qui se sont distingués à la défense du poste de Fuente-el-Sanco (Espagne) en décembre 1810.

6660. — DÉCISION.

Paris, 19 janvier 1812.

Le prince d'Eckmühl, ayant fait demander des voitures de réquisition pour les transports d'artillerie qui doivent traverser le territoire prussien, désire connaître leur itinéraire, si le gouvernement prussien refuse ces voitures.

Le temps de la navigation commence. Le principal est de bien approvisionner Magdeburg et de faire ces mouvements au temps de la navigation.

NAPOLÉON.

6661. — AU GÉNÉRAL CLARKE.

Paris, 19 janvier 1812.

Monsieur le duc de Feltre, les voitures d'artillerie que vous envoyez pour l'équipage de siège de Magdeburg peuvent être dirigées sur Wesel; elles serviront au transport de la poudre.

NAPOLÉON.

6662. — AU GÉNÉRAL CLARKE.

Paris, 19 janvier 1812.

Monsieur le duc de Feltre, je vois sur l'état de la 25ᵉ division militaire que le 4ᵉ bataillon du 19ᵉ de ligne est à Telgte (1). Il y a longtemps que ce bataillon a reçu ordre de se rendre à Magdeburg, pour être aux ordres du prince d'Eckmühl. Réitérez-lui l'ordre de partir sans délai.

Le 4ᵉ bataillon du 93ᵉ est à Wesel. Donnez ordre qu'il soit complété le plus tôt possible avec des conscrits réfractaires de Wesel et de Strasbourg.

Le 4ᵉ bataillon du 123ᵉ est à Wesel. Donnez ordre qu'il parte sans délai pour Magdeburg.

NAPOLÉON.

(1) En Westphalie.

6663. — DÉCISION.

19 janvier 1812.

Le ministre de la guerre du royaume de Westphalie demande l'autorisation d'envoyer à Danzig 400 hommes pour compléter la brigade westphalienne.

Approuvé.

NAPOLÉON.

6664. — NOTES SUR LE TRAVAIL DICTÉES PAR S. M. (1).

20 janvier 1812.

Les quatre premières demi-brigades sont de droit. Point d'observation à faire.

Le 127° de ligne, qui est à Mayence, est porté pour la 2° division hollandaise. Mayence en a besoin. L'ôter de la 2° division et le porter à la fin sur état des garnisons indispensables.

Le 4° léger,
Le 2° id.   } à Paris.
Le 12° id.

Je préfère que ces trois régiments fournissent à Cherbourg.

Les 128° et 129° auront leurs 3° et 4° bataillons, qui resteront en France; il ne faut pas les porter sur l'état de Bruxelles.

Je ne veux plus leur donner de conscrits français, mais bien de la 32° division. Il n'en faut qu'un et non deux dans la même division.

Le cadre du 4° bataillon n'étant pas formé, ne porter que 600 hommes au lieu de 1.200. On en portera, en outre, 800 de chacun de ces régiments, lesquels seront pris sur les conscriptions ne faisant pas partie des 120.000 hommes.

Les 120°, 123° : ne pas les mettre dans une même division ni demi-brigade; les isoler, car ils sont hollandais.

Il est nécessaire de porter à Cherbourg, au 105°, ce qui lui manque.

N'en porter que trois bataillons, qui doivent faire 1.600 hommes. Donner ce qui manque.

---
(1) De la main du général Mathieu Dumas. Ce travail est relatif au recrutement et à l'organisation de l'armée.

Diriger droit sur Cherbourg les conscrits.

Même observation pour le 103°.

Les 4ᵉˢ et 5ᵐ bataillons des 105° et 3° de ligne seront comptés à part et portés comme garnison de Strasbourg.

28° léger, à Mayence, en garnison.

Deux de ceux qui sont à Wesel, à Wesel même comme garnison.

Ces trois places auront ensemble : six régiments, douze bataillons, trois demi-brigades, une pour chaque place.

S'il y a des circonstances urgentes, ces trois demi-brigades marcheront sur le point indiqué par le ministre de la guerre et seront remplacées par les gardes nationales.

Rien à changer d'ailleurs à la 1ʳᵉ division.

La 2° (Hollande) se trouve diminuée du 127°. On peut le remplacer par le 59°, qui fera brigade avec le 69°. Ils sont réunis à Luxembourg dans ce moment.

Le 66° ferait brigade avec le 124°.

Ainsi, pour la Hollande, quatre demi-brigades ou 9.600 hommes.

La 3° division perdra les 59°, 2° de ligne, 4° et 12° légers, c'est-à-dire quatre régiments.

Elle perdra également les 128° et 129° de ligne. Elle perd six régiments sur huit.

Il n'y reste que le 50° de ligne, qui fera brigade avec le 22° *idem*.

Il reste aussi le 17° léger, qui fera brigade avec un autre régiment léger.

Ces deux demi-brigades formeront la 3° brigade de la 2° division et seront destinées à garder la Hollande, placées à Groningue (32° division militaire).

La 3° division sera ainsi effacée.

La 4° division est destinée à garder l'Escaut. En ôter le 123° de ligne, qui ne peut aller avec le 126°. Le remplacer par le 64°, qui est à Besançon, ce qui complète cette division à quatre demi-brigades ou seize bataillons.

La 5° division.

Il faut ôter le 94° de ligne, le 29° léger, lesquels sont destinés pour Wesel.

On mettra en place du 64° le 103°.

En place du 28° léger, qui est à Mayence, on y mettra deux compagnies du 28°, deux compagnies du 23° léger, deux compagnies du 65° et deux du 43°, qui fera également deux bataillons.

En place du 94° et du 21° léger, on y mettra quatre bataillons de pupilles de la garde (sans leur donner de conscrits), ce qui complétera au même nombre la division de Boulogne.

Le 8° de ligne, qui a son dépôt à Venloo. Il faut le destiner à la division de la Hollande et non à Cherbourg.

On prendra pour Cherbourg soit le 24°, qui est à Lyon, soit le 16°, qui est à Mâcon.

La division de Cherbourg sera composée de trois bataillons du 105° de ligne, plus du 123°, du 127°, des 32°, 58°, des 2°, 4° et 12° d'infanterie légère, des 34° et 40°, des 113° et 121°.

Il faut ôter le 21° léger, qui sera recruté par des réfractaires.

Il faut ôter de la division de Bretagne les deux compagnies des 3° et 105° de ligne, destinés pour Strasbourg.

Nota. — On porte le 27°, qui est à Bruges, à Brest; cela est absurde. Il faut le placer avec le 6° d'infanterie légère à la 2° division.

Il ne faut pas porter les quatre bataillons du 29° léger.

Les 121° et 122° de ligne seront portés aux côtes de La Rochelle.

Cette division sera composée des 26°, 82°, 66°, 121°, 122° de ligne.

Faire revenir d'Espagne les cadres des 3°° bataillons des 121° et 122°, de sorte que ces cinq numéros formeront une division de 6.000 hommes qui, avec le régiment de l'île de Ré à l'île d'Aix, suffiront à la défense.

Les 114°, 115°, 116°, 117°, 118°, 119°, 120°, 130° de ligne, les 31° léger, 34° léger, en tout dix régiments, un bataillon du 7° de ligne, un du 3° léger et quatre bataillons pris parmi ceux actuellement en Catalogne, formeront les 16 bataillons destinés à la défense des Pyrénées.

Le bataillon du 23° de ligne, qui a 500 hommes, celui du 102°, qui a 700 hommes, celui du 18° léger et du 8° de ligne sont tous entrés en Catalogne.

Mais tous les régiments en Catalogne étant faibles, on peut sur trois bataillons en prendre le cadre d'un bataillon.

RÈGLE GÉNÉRALE.

Ne pas porter des compagnies des 5ᵐˢ bataillons pour former des demi-brigades, lorsque ces régiments ont un bataillon en France, à moins de les porter avec ce bataillon, ne voulant pas qu'un régiment ait des bataillons à l'armée et ensuite des détachements dans deux demi-brigades différentes, ce qui complique l'administration et n'est pas nécessaire.

Ainsi, par exemple, tout ce qui a son dépôt à Genève sera dirigé sur les Pyrénées, et renforcera les bataillons de ces régiments qui sont en Catalogne. Au lieu d'avoir les six compagnies du 79ᵉ pour la défense des Pyrénées, on aura huit compagnies ou deux bataillons.

Dans le système présenté, on ne donne rien aux 3ᵉ et 105ᵉ, rien aux 52ᵉ, 29ᵉ, 112ᵉ, 13ᵉ de ligne. Il est pourtant nécessaire de compléter ces régiments.

Quant au déficit qui existe, étant de 10.000 sur 120.000 ou d'un douzième, on peut le faire porter sur le tout au marc la livre.

Au lieu de donner 150 hommes pour une compagnie, on ne donnerait que 128 hommes, ce qui, avec le cadre qui est de 20, forme un effectif au delà de 140. Indépendamment, on peut encore calculer plusieurs centaines d'hommes par la guérison dans les hôpitaux.

On ne donnerait donc que 1.100 hommes au lieu de 1.200 aux régiments.

En outre, il paraît nécessaire de lever en avril deux corps de gardes nationales. Les points menacés sont Cherbourg et l'Escaut. Placer un corps de 6.000 hommes à chaque point. La Normandie 3.000, la Bretagne 3.000, et cette division placée entre Rennes et Cherbourg, pour être dirigée, s'il y a lieu, sur le Havre, Cherbourg, Saint-Malo, Nantes.

L'autre division à Saint-Omer, pour Boulogne, Kadzand, le Havre, Anvers.

Il faudrait pourvoir au recrutement complet de la garde de Paris. Il serait même convenable d'ôter de toutes les divisions les 2ᵉ, 4ᵉ, 12ᵉ légers; 32ᵉ, 72ᵉ de ligne.

Se servir de ces cinq régiments pour avoir à Paris une brigade de 4.000 à 5.000 hommes pour la garnison de la ville et se porter, s'il y a lieu, sur Cherbourg, le Havre et Boulogne.

Nota. — Sa Majesté approuve qu'on présente un projet de décret pour recruter sur les compagnies départementales.

Voilà près de 100.000 destinés pour la garde de la France; quoique considérable, elle n'est pas suffisante pour empêcher l'ennemi de faire du mal.

Le point vulnérable est Cherbourg.

L'envie de brûler trois ou quatre vaisseaux n'y conduit pas les Anglais; mais l'espérance de faire sauter le batardeau et de rendre inutile un travail de dix ans peut tenter les Anglais.

Une division de 8.000 sur les lieux, une division de 6.000 gardes nationaux présents sous les armes, formant, avec les ouvriers et les troupes de la marine, 20.000, doit ôter toute envie.

L'enceinte sera armée et à l'abri d'un coup de main, les hauteurs couronnées de redoutes, ce qui ôtera toute envie.

En peu de jours, la division destinée à la Bretagne, la garnison de Paris, le camp de Boulogne, la division de Rochefort, y seraient rendus.

Le Havre. — On ne voit pas quel but aurait l'ennemi en..... (1), cette place étant armée, fortifiée et pouvant tenir quinze jours. 3.000 hommes de garnison y sont nécessaires. On ne peut y avoir que des gardes nationales.

Boulogne. — Aura une garnison de 10.000 hommes pour défendre Boulogne et comme réserve pour se porter partout. Campé à Boulogne, on est plus près de Flessingue que si on était dans les places de la Belgique.

Mais il faut des garnisons à Calais, Ostende, Dunkerque.

2.000 hommes pour Dunkerque et Calais;
2.000 hommes pour Ostende et Nieuport :

4.000 hommes sont le moins qu'on puisse mettre;
2.000 hommes à Abbeville et Montreuil.
Total : 6.000 hommes à former par la garde nationale du pays.

Nota. — Il faut faire connaître combien chaque ville pourrait avoir, et combien les cantons et pays à trois marches pourraient avoir d'hommes fournissant à des piquets, mais aussi combien à mettre sur pied en cas de menace.

---

(1) Ces points de suspension existent dans le document.

Indépendamment de la garde nationale locale, plusieurs corps de grenadiers et chasseurs, comme ceux levés à Saint-Omer, doivent entrer (*sic*).

Deux divisions, chacune de 6.000, pour Cherbourg et Boulogne, une division de 6.000 hommes pour la Provence, 3.000 du côté de Nantes, 3.000 à Bordeaux.

Cela ferait quatre divisions, formant 24.000 hommes, qui mettraient en sûreté Toulon, l'embouchure de la Gironde, Rochefort, Brest, Cherbourg, Boulogne et Ostende.

Vaut-il mieux lever ces 24.000 hommes en suivant ce qui a été fait pour les corps des généraux Rampon et Lamartillière, ou, au mois d'avril, après les conscriptions, la guerre engagée, le besoin de se défendre étant senti, faire un appel de 40.000 sur la conscription arriérée de 1810, 1811, 1812?

Faire connaître quelle difficulté on aurait à lever 40.000 à 50.000 hommes.

Pourrait-on les encadrer dans les troupes de ligne, ou formerait-on de nouveaux cadres? Il faut opter.

Si on disait à la Normandie ou aux provinces s'ils préfèrent de fournir 8.000 hommes de gardes nationales ou 8.000 conscrits, je pense qu'ils préféreraient ce dernier parti.

Au mois d'août, on pourrait lever la conscription de 1813, qui rendrait disponible pour les bataillons de guerre celle de 1812.

A ces divers projets, il faudrait réunir un projet de levée de bataillons de gardes nationales comme il fut conçu.

Déclarer que le 1ᵉʳ ban est, par exemple, de 120.000, se composant de 30.000 pris sur chacune des quatre dernières classes; qu'ils seront levés comme les conscriptions, que chaque garde nationale entrera dans un cadre de bataillon portant le nom du département.

Ils ne sortiront pas de France.

Sont destinés à la défense des côtes et des frontières.

Ils serviront toute la guerre.

Le projet serait bon parce que la France serait bien gardée.

Bonnes troupes, argent bien placé.

Toute la conscription de 1812 deviendrait sur-le-champ disponible.

Si ce projet prenait, je laisserais ma conscription de 1812 se former dans les dépôts. Je ne formerais pas les divisions du projet.

Alors on organiserait 140 bataillons à 4 compagnies de 150 hommes, faisant 112.000. 10 bataillons formeraient une division, ce qui ferait 14 divisions, dont : 1 en Hollande (6.000); 1 dans la 32° (6.000); 1 Rome et Toscane (6.000); 1 Gênes et Piémont (6.000); 1 division à Villemstad, Berg-op-Zoom; 1 à Anvers, Sud-Beveland, Walcheren; 1 à Ostende et Nieuport; 1 à Dunkerque, Calais, Boulogne; 1 à Camp-de-Boulogne; 1 Le Havre, Abbeville, Dieppe; 2 à Cherbourg, 2 Bretagne; 1 Rochefort; 1 Bordeaux, Bayonne; 2 pour la Méditerranée; 2 pour les Pyrénées.

Il ne faudrait pas former de nouveaux cadres, parce qu'on aurait deux armées, dont une de paresseux.

Il est préférable que les sous-officiers soient fournis du dépôt de Fontainebleau, parce que les corps fournissent mal.

Que cela forme un sixième bataillon dans les régiments, qu'on appellerait bataillon de l'intérieur; les officiers et sous-officiers iraient à l'armée selon, etc. Les soldats seuls ne seraient destinés que pour l'intérieur.

Cela entrerait dans le pied de guerre de la France (défense intérieure).

6665. — AU GÉNÉRAL CLARKE.

Paris, 20 janvier 1812.

Monsieur le duc de Feltre, il ne faut pas attendre pour armer les cuirassiers le produit des manufactures de février et mars. Il n'y a aucune difficulté à armer les cuirassiers des mousquetons qui sont à Magdeburg.

Les compagnies d'artillerie légère destinées pour le corps d'observation de l'Océan doivent toujours se rendre à Mayence; il est nécessaire qu'elles y soient au 15 février.

NAPOLÉON.

6666. — AU GÉNÉRAL CLARKE.

Paris, 20 janvier 1812.

Monsieur le duc de Feltre, je vois que les soixante-onze compagnies d'artillerie à pied destinées à servir à la Grande Armée sont complètes, hormis celles du 1er régiment, auxquelles il manque

400 hommes. Je ne vois d'autre moyen de suppléer à ce déficit que d'ôter quatre compagnies à ce régiment, et au lieu qu'il en fournisse douze, ne lui en demander que huit, et de compléter ces huit avec ce qu'il y aura de disponible dans les quatre autres. On prendra les quatre compagnies manquantes, soit dans le 5°, soit dans le 7°, soit dans le 2° régiment. Il ne faut pas penser à tirer aucun parti des conscrits de 1812. Ils ne seront bons que pour être portés sur les points de l'intérieur, où cela sera nécessaire, et à réparer les pertes de la campagne, c'est-à-dire à se mettre en marche dans le courant de juillet ou d'août, au plus tôt.

J'ai demandé depuis longtemps un rapport qui me fasse connaître la situation de l'armement, soit pour l'armée française, soit pour les insurgés (1).

NAPOLÉON.

6667. — AU GÉNÉRAL CLARKE.

Paris, 20 janvier 1812.

Monsieur le duc de Feltre, je ne vois pas ce qui empêche de réunir un concours à Metz pour recevoir les jeunes gens qui se destinent à l'artillerie, sans changer l'organisation de l'école. Ou l'Ecole polytechnique peut pourvoir à tous les services, ou elle ne peut pas; ouvrez un concours à Metz, pour que les jeunes gens qui se présentent pour servir dans l'artillerie soient entendus à Metz et reçus à Metz.

NAPOLÉON.

6668. — AU GÉNÉRAL CLARKE.

Paris, 20 janvier 1812.

Monsieur le duc de Feltre, il faudrait faire passer dans la citadelle de Saint-Martin-de-Ré quelques affûts de rechange et 3.000 kilogrammes de poudre.

NAPOLÉON.

6669. — AU GÉNÉRAL LACUÉE.

Paris, 20 janvier 1812.

Monsieur le comte de Cessac, je désire faire partir à la fin de janvier le 2° bataillon d'équipages militaires pour Mayence et Franc-

---

(1) Il est question ici de l'armement des provinces polonaises dont le soulèvement contre les Russes était escompté dès l'ouverture de la campagne.

fort. Faites-moi connaître quelle espèce de caissons ce bataillon pourra atteler. Le décret du 19 décembre dernier porte que l'arsenal d'Anvers lui fournirait au 15 février 120 chariots, tout comme il est dit, dans le même décret, que le 6ᵉ bataillon aurait 120 voitures du parc de Sampigny. Faites-moi connaître : 1° si le 12ᵉ bataillon, qui est en Allemagne, a reçu ses 120 chariots; 2° combien il y en a à Sampigny; 3° s'il y en a 100 à Paris, comme vous me l'avez dit, je crois. Si le 12ᵉ bataillon a ses 120 chariots, on peut disposer des 120 chariots qu'avait le parc de Sampigny au 1ᵉʳ janvier, et des 40 qu'il a confectionnés dans le courant de janvier, ce qui ferait 160, pour les 6ᵉ et 2ᵉ bataillons, leur laisser les caissons d'ancien modèle et les faire partir. On ferait venir des hommes et chevaux pour prendre, à Paris, les 120 caissons que vous y avez.

Par ce moyen, le 7ᵉ bataillon devra avoir ses chariots par Sampigny, Douai, Metz, Strasbourg, Auxonne.

NAPOLÉON.

6670. — DÉCISION.

Paris, 21 janvier 1812.

Quelles seront les destinations des trois compagnies de sapeurs affectées aux divisions de la garde impériale ?

Renvoyé au Ministre de la guerre. Ces trois compagnies doivent être réunies à Mayence, au 1ᵉʳ mars pour tout délai.

NAPOLÉON.

6671. — AU GÉNÉRAL CLARKE.

Paris, 21 janvier 1812.

Monsieur le duc de Feltre, je lis avec attention votre travail du 18 sur l'artillerie de la Grande Armée, où je vois tout le détail du matériel de l'artillerie, qui se monte à 576 bouches à feu et à 3.800 voitures, et à 158 pièces d'artillerie de régiment et 719 voitures, et à un total général de 734 bouches à feu et de 4.600 voitures. Cela me paraît remplir parfaitement mes intentions.

Il me suffit d'avoir à la suite de l'armée, au parc :
6 pièces de 12, au lieu de 8;
22   id. de 6, au lieu de 30;
4   id. de 4;
12   id. de 3;
4 licornes ou obusiers prussiens de 6 pouces 4 lignes;
12 obusiers de 4 pouces 6 lignes.
Total : 62 pièces au lieu de 72.

Ces 62 pièces devront être attelées; mais, après que tout sera attelé, il sera convenable, lorsque les pièces marcheront, qu'il y ait un caisson avec chacune d'elles, pris sur les caissons du parc. Les attelages seront pris sur les chevaux du train résultant de la troisième commande.

Je désirerais que les 12 obusiers de 6 pouces 4 lignes, portés dans l'état n° 2, présentant le détail des 212 pièces de la garde, fussent des licornes russes; faites-moi un rapport sur cela. Je n'ai point des idées bien arrêtées, mais il me semble qu'il y a de l'avantage à avoir quelques pièces de l'ennemi d'un calibre extraordinaire.

La composition de l'artillerie du corps d'observation d'Italie me paraît bien.

Dans l'état général du personnel qui est joint à votre rapport n° 2 je vois que le 2ᵉ corps d'observation de l'Elbe n'a qu'une seule compagnie d'artillerie à cheval, qui est attachée à la 6ᵉ division. Je désire que vous en donniez une à la 8ᵉ division. Vous prendrez à cet égard celle qui est destinée à la 12ᵉ division, laquelle n'en aura pas. Ainsi, de toute l'armée, la 9ᵉ division sera la seule qui n'aura pas sa batterie d'artillerie à cheval. Il faut lui en donner une s'il en reste en France.

J'approuve les dispositions que vous faites pour l'équipage de siège. Il est nécessaire que les généraux et colonels qui doivent y être employés soient rendus de bonne heure à Magdeburg et à Danzig. Sur le budget de Danzig je vous ai accordé des fonds; le surplus, vous le prendrez sur le budget ordinaire de 1812.

Ce qui est relatif à l'équipage de pont me paraît parfaitement bien. Je désire qu'un des officiers employés dans cet équipage se rende sur-le-champ à Danzig pour activer les constructions et pourvoir à ce qu'il ne manque rien.

J'ai lu avec intérêt dans le rapport n° 5 le détail de ce qui resterait en France, ce qui est employé à l'armée d'Espagne et à la

Grande Armée ôté; j'y vois, effectivement, la nécessité de faire construire, sans délai, 2.000 caissons, et de mettre en état les 2.800 qui existent.

Je vois, dans un des états joints à ce rapport, qu'il y a 46 obusiers de 3 à 4 pouces. Remettez-moi un détail sur ces obusiers. Combien de coups porte un caisson ? Quelle économie y a-t-il pour le transport ? Cet obusier éclate-t-il ? Met-il le feu ? Je vois qu'il y a 15 obusiers de cette espèce à Mayence et 16 à Strasbourg. De quelle nation viennent-ils ?

J'ai vu avec satisfaction par le rapport n° 6 que l'armée avait, attelés, 287.000 coups de canon et 13.500.000 cartouches, et qu'il y avait un approvisionnement à Danzig, un sur l'Oder, un sur l'Elbe, que les trois quarts de ces approvisionnements étaient confectionnés, et que, pour le quart à confectionner, les boulets, la poudre et les munitions existent. Bien loin de trouver qu'il n'y a pas assez de munitions confectionnées dans les trois places, je trouve qu'il y en a trop. J'en désirerais seulement une moitié à Danzig, un quart sur l'Oder et un quart sur l'Elbe, de manière qu'il n'y ait qu'un approvisionnement pour ces trois localités, c'est-à-dire 143.000 coups de canon confectionnés, et que le supplément en matières premières de tout ce qui est nécessaire se trouvât dans ces places.

Je vous ai fait connaître les points de réunion. Tout ce qui appartient à la Garde doit déboucher par Mayence.

Je désirerais que l'état joint au rapport n° 10 fût distingué en fusils propres aux Français et fusils propres à armer l'insurrection. Je vois que j'ai 20.000 fusils français et 42.000 fusils étrangers, que j'ai 13.000 mousquetons. Il faudrait séparer les mousquetons en deux classes : les meilleurs, les garder pour les régiments français, et destiner le reste à (1), *idem* les pistolets; *idem* les sabres.

Ces 42.000 fusils pour les Français et les alliés sont bien peu de chose. Mais je vois qu'il existe à Mayence 72.000 fusils en bon état; faites-les visiter, car mon intention est de les faire transporter sur Magdeburg, aussitôt que les poudres seront passées. J'aurai alors 114.000 fusils étrangers, ce qui, avec les 115.000 fusils qui sont à Liége, fera 230.000 fusils qui suffiront aux premiers besoins. Je trouve exorbitante la somme de 400.000 francs, que vous deman-

---

(1) En blanc.

dez pour mettre en état ces fusils, qui ne m'ont coûté qu'un million. Je désire que vous fassiez refaire cet état n° 10, que vous y fassiez mettre le détail de la nature des armes qui sont à Mayence et à Liège et que vous les distinguiez en trois classes, savoir : les fusils destinés aux Français, ceux destinés aux alliés, Bavarois, Wurtembergeois, Polonais, Saxons, et ceux destinés à armer les insurgés.

Les 17.000 mousquetons que vous avez sont très précieux ; je vous ai déjà fait connaître que, comme j'attachais un grand prix à ce que mes régiments de cavalerie fussent armés de mousquetons, il fallait leur donner ceux-là.

Je réponds à votre rapport n° 14 sur le personnel des officiers de l'artillerie de la Grande Armée. Il faut donner deux généraux de brigade au corps d'observation de l'Elbe, qui a cinq divisions. Il faut donc y laisser les généraux Pernety, Jouffroy et Baltus, et désigner un officier pour commander l'artillerie du 2ᵉ corps d'observation de l'Elbe.

Il faut laisser le colonel Mongenet au corps d'observation d'Italie. Un seul général de brigade suffit pour les deux équipages de siège, ce qui rendra disponible le général Charbonnel, que vous placerez en deuxième au 2ᵉ corps d'observation de l'Elbe.

Les généraux Dulauloy, Faultrier et Saint-Laurent pourraient, sans inconvénient, aller à l'armée. Le général Saint-Laurent pourrait être envoyé à Burgos pour remplacer, dans les fonctions de directeur général, le général Foucher, qui est accoutumé à faire la guerre et qu'on ferait revenir.

J'approuve la répartition des compagnies du train d'artillerie contenue dans le rapport n° 15, avec les modifications suivantes :

La 1ʳᵉ compagnie du 13ᵉ bataillon *bis* sera laissée à la garde avec les autres compagnies de ce bataillon. Par ce moyen, la garde qui, au 15 février, aurait un déficit de 1.800 chevaux, n'aura qu'un déficit de 1.500 chevaux.

Le 2ᵉ corps d'observation de l'Elbe qui, au 15 février, est porté pour 170 chevaux d'excédent, se trouvera avoir un déficit de 70 chevaux, ce qui est une bagatelle. Vous autoriserez les 3ᵉ et 8ᵉ bataillons *bis*, qui sont attachés à ce corps, à faire un achat de 70 chevaux de plus.

Le corps d'observation de l'Elbe, qui a 275 chevaux de plus, sera chargé de les fournir provisoirement à la réserve de cavalerie, et dès lors, d'atteler une division de cette réserve, de sorte que le-

déficit de la réserve de cavalerie, qui est de 398 chevaux, ne sera plus que d'une centaine de chevaux. Il est cependant nécessaire de me faire connaître les voitures que le corps d'observation de l'Océan laissera sur les glacis de Mayence, et celles qu'y laisseront le corps d'observation de l'Italie et la garde. Car je n'approuve pas l'idée d'employer les chevaux de l'équipage de pont à atteler le matériel de la garde. Ce serait mal commencer la campagne, et faire encore ce qu'on a toujours fait. Par là, l'équipage du pont n'aurait rien. Je préfère laisser en arrière un certain nombre de voitures, qui seraient prises sur le double approvisionnement. Les directeurs des parcs feraient atteler ces voitures à mesure de l'arrivée des chevaux de la seconde et de la troisième commande. Ces chevaux ne tarderont pas plus d'un mois.

Quant aux 1.500 chevaux de l'équipage de pont, je désire qu'ils se rendent à Metz et à Mayence et qu'ils attellent 350 voitures. Ces voitures porteront d'abord ce qui est nécessaire pour leur compléter l'équipage de pont à Danzig, enfin les objets d'artillerie les plus urgents. Il me semble qu'après quelques voitures chargées d'objets pour l'équipage de pont, l'objet le plus urgent serait 300.000 autres milliers de poudre; ce qui, avec un million parti de Wesel, 300.000 milliers partis de Francfort et 500.000 milliers avec l'équipage de pont, compléterait l'approvisionnement en poudres. Ces 1.500 chevaux attelleraient 350 bonnes voitures d'artillerie qui, arrivées à Danzig, y déchargeraient leur poudre. Ces voitures serviraient à l'équipage de siège. Cela n'est qu'une idée. S'il y avait quelque chose de plus important que la poudre pour les équipages de siège et de pont, je consentirais à ce qu'elles le transportassent, pourvu qu'elles ne fassent aucun service pour l'équipage de campagne. Vous me ferez un rapport sur cet objet.

NAPOLÉON.

6672. — EXTRAIT DU PROCÈS-VERBAL DE LA SÉANCE DU CONSEIL DU GÉNIE, DU 21 JANVIER 1812, RELATIVE AUX TRAVAUX DE CHERBOURG (1).

Il faudrait que les mois de février, mars et avril fussent employés aux travaux, de sorte qu'au moyen de ces ouvrages la ville fût tout à coup à l'abri d'un coup de main.

(1) Non signé, extrait conforme.

Tous les magasins de vivres seront dans le Homet (1).

M. le Ministre de la guerre ordonnera l'approvisionnement de cette place, de manière qu'au 1er avril elle soit en état de se défendre.

En soumettant le budget de ces travaux à Sa Majesté, on lui présentera le procès-verbal de la présente séance.

6073. — DÉCISIONS (2).

Le canton de Vaud demande la permission d'acheter 1.000 baïonnettes à la manufacture impériale d'armes de Mutzig.

Accordé.

Proposition d'autoriser la rectification d'une erreur de rédaction dans le décret du 3 octobre 1811 relatif aux indemnités à accorder aux chefs d'escadron de gendarmerie pour leurs frais de tournées.

S. M. a approuvé que la rectification proposée par le rapport du 22 de ce mois fût faite à l'article 1er du décret du 3 octobre 1811, qui accorde des frais de tournée aux chefs d'escadron de gendarmerie.

En conséquence, le 2e paragraphe de cet article est maintenant ainsi conçu :

100 francs par département et par arrondissement maritime, y compris celui de leur résidence pour les tournées du mois d'avril.

M. Dalbignac, ex-général de brigade au service de Westphalie, sollicite la faveur d'être employé dans les armées de Sa Majesté.

Il rentrera au service comme adjudant commandant.

Le Landamman de la Suisse réclame le retour dans ce pays du sieur Boniface de Reding, lieute-

Accordé.

---

(1) Fort qui défend le port militaire de Cherbourg.
(2) Sans signature ni date; extraites du « Travail du ministre de la guerre avec S. M. l'Empereur et Roi, daté du 22 janvier 1812 ».

nant dans un régiment au service d'Espagne, qui, après avoir été fait prisonnier en Espagne, a effectué sa soumission.

Sa Majesté Catholique demande le renvoi en Espagne du sieur Manuel Lizorza, officier de marine, détenu à Châlons-sur-Marne, qui a fait sa soumission.

Accordé.

Le Landamman de la Suisse demande le renvoi dans ce pays d'un officier né en Thurgovie, qui a prêté le serment à Sa Majesté Catholique et qui est maintenant au dépôt d'Espagne à Châlons-sur-Marne.

Accordé.

On propose à Sa Majesté d'autoriser le sieur Lallemant, dit Wattebled, ci-devant capitaine adjudant-major au 11° régiment de dragons, passé au service de S. M. le roi de Westphalie, par décision du 25 juillet dernier, à rentrer dans l'armée française, où il reprendra l'emploi qu'il occupait précédemment au 11° dragons.

Accordé.

6674. — DÉCISION (1).

On prie Sa Majesté de vouloir bien relever les états de journées des hospices de Menin et Vimercato, pour l'exercice 1809, de la déchéance qu'ils ont encourue conformément au décret du 13 juin 1806.

Ces états s'élèvent à 303 fr. 50.

Approuvé.

(1) Sans signature ni date; extraite du « Travail du ministre de l'administration de la guerre, avec S. M. l'Empereur et Roi, en date du 22 janvier 1812 ».

6675. — DÉCISION.

Paris, 23 janvier 1812.

Le duc de Rovigo propose de réunir dans la forteresse de Ratzeburg, près Lubeck, les individus renvoyés du service d'Angleterre qui se trouvent répandus dans le nord de l'Allemagne.

Approuvé.

NAPOLÉON.

6676. — DÉCISION.

Paris, 23 janvier 1812.

Le général Clarke soumet à l'Empereur une demande du major du 2ᵉ régiment étranger, tendant à envoyer aux bataillons de guerre de ce corps, stationnés dans l'Italie méridionale, 150 hommes qui se trouvent au dépôt à Metz et dont le mauvais esprit fait craindre la désertion.

Accordé.

6677. — DÉCISION.

Paris, 23 janvier 1812.

On rend compte que le prix demandé par les rouliers de Francfort à Magdeburg est de 11 francs pour le transport des poudres.

Approuvé.

NAPOLÉON.

6678. — AU GÉNÉRAL CLARKE.

Paris, 23 janvier 1812.

Monsieur le duc de Feltre, vous portez 347 chevaux du train d'artillerie pour la 4ᵉ division du corps d'observation de l'Océan, qui est la 12ᵉ division de la Grande Armée. La 12ᵉ division ne doit se former qu'en avril; on aura à temps les chevaux des 2ᵉ et 3ᵉ commandes; en ôtant ces 347 chevaux de la 12ᵉ division, au lieu de 800 chevaux qui manqueraient au corps d'observation de l'Océan au 15 février, il ne restera plus manquer que 500 chevaux.

La 5ᵉ compagnie du 2ᵉ régiment d'artillerie à cheval sera attachée à la 8ᵉ division. Il restera actuellement à trouver une compagnie d'artillerie à cheval pour la 9ᵉ division.

NAPOLÉON.

6679. — COPIE DE LA NOTE ENVOYÉE AU MINISTRE DE LA GUERRE PAR ORDRE DE L'EMPEREUR (1).

Paris, 23 janvier 1812.

Le 14 janvier, le colonel du 11ᵉ régiment d'infanterie légère n'avait encore aucune connaissance du décret du 16 décembre, qui porte que le régiment aura quatre pièces de canon et des caissons pour quatre bataillons.

On craint qu'il n'en soit de même pour les 2ᵉ et 37ᵉ régiments de ligne, et qu'aucun avis n'ait été donné aux colonels de ces régiments par les bureaux de la guerre.

6680. — DÉCISION.

Paris, 23 janvier 1812.

Le général commandant la 12ᵉ division militaire propose d'établir à La Rochelle le dépôt du 5ᵉ régiment de chasseurs, et à Saint-Jean-d'Angély le dépôt du 2ᵉ de hussards.	Approuvé. NAPOLÉON.

6681. — DÉCISION (2).

Paris, 23 janvier 1812 (3).

Les 127ᵉ, 128ᵉ et 129ᵉ régiments ne sont qu'à 3 bataillons.	Puisqu'il y a les cadres de trois bataillons, il faut les lais-

---

(1) Non signé, copie conforme.
(2) Publié par A. Chuquet, *Lettres et apostilles de Napoléon*, tome II, mais sous la date du 27.
(3) Le rapport du ministre est du 23, la décision a été renvoyée le 24 aux bureaux.

On propose à Sa Majesté de former leurs 5ᵉˢ bataillons pour recevoir les conscrits qui leur sont destinés.

On ne formerait les 4ᵉˢ bataillons que lorsque la force de ces corps le permettrait.

ser. Le 3ᵉ bataillon formera le dépôt. Deux bataillons seront à l'armée, et un en France.

NAPOLÉON.

6682. — AU GÉNÉRAL LACUÉE.

Palais des Tuileries, 23 janvier 1812.

Monsieur le comte de Cessac, les fonctions de l'intendant général du pays et du commissaire général de l'armée ne peuvent pas être séparées. Il faudrait trouver un homme, soit général de brigade ou de division, soit administrateur, qui pût remplir ce double service. Le comte Chaban est un excellent homme, mais trop étranger à l'organisation d'une armée pour que je puisse lui confier ces fonctions. Passé 40 ans, un homme n'apprend plus facilement des détails qu'il n'a pas pratiqués. Le sieur Joinville sera commissaire ordonnateur du quartier général, le sieur Duprat du 1ᵉʳ corps d'observation de l'Elbe, le sieur Deschamps du 2ᵉ corps d'observation de l'Elbe, le sieur Trousset du corps d'observation de l'Océan, le sieur Joubert de celui d'Italie. Un seul ordonnateur me paraît suffisant pour la réserve générale de cavalerie, en mettant un bon commissaire des guerres à chaque division. J'ai besoin d'un ordonnateur pour les hôpitaux; le sieur Lombart, qui en était chargé à la Grande Armée et qui est mort après Eylau, a rendu de grands services. Ses fonctions ont été remplies ensuite par le sieur Dumas, qu'on pourrait en charger aussi dans cette occasion. Il faut aussi un ordonnateur pour les détails des subsistances: on pourrait y employer le sieur Chefdebien. Les sieurs Sartelon et Ricart seraient à la disposition de l'intendant général. Le sieur Chambon sera ordonnateur en chef sous les ordres de l'intendant général. On le chargera de tous les derrières et il fera les fonctions que faisait le comte Villemanzy dans la campagne de Pologne. On le placerait soit à Berlin, soit dans une autre localité. Le nombre des ordonnateurs ne me paraît pas suffisant. Il faut considérer qu'il y aura des arrondissements territoriaux dans lesquels il faudra organiser l'administration militaire. Par exemple, entre le Rhin et l'Elbe, entre l'Elbe et l'Oder, entre l'Oder et la Vistule et sur la rive droite de la Vistule. J'accepte les sieurs Desgenettes, Heurteloup et Lambert pour officiers de santé en chef. Je voudrais deux régisseurs des hôpitaux (sauf à subordonner l'un à l'autre), un pour les ambulances et la partie active de l'armée, l'autre pour les derrières, selon la destination que leur donnera l'intendant général. En supposant une armée sur la Vistule, qu'aurait de commun le service qui se ferait entre la Vistule et le Borysthène et le service entre la Vistule et le Rhin ? J'accepte le sieur Courtin pour les hôpitaux. Il faudrait engager à faire cette campagne le sieur Mouron, ancien régisseur, qui a beaucoup d'expérience. Je désirerais aussi deux régisseurs pour les vivres-pain. Vous pourriez nommer le sieur Reubell avec le sieur Bagien. La viande et les fourrages sont des services moins importants : un seul régisseur suffit. Vous aurez enfin à nommer un inspecteur de l'habillement pour diriger la comptabilité des magasins et des ateliers qu'on pourra être dans le cas de former.

NAPOLÉON.

6683. — TRAVAIL DE M. LE DIRECTEUR GÉNÉRAL AVEC SA MAJESTÉ (1).

24 janvier 1812.

SUR LE PREMIER TRAVAIL.

Le 129ᵉ n'aura ni 4ᵉ ni 5ᵉ bataillon. On le laisse à trois bataillons. J'en prends deux pour la Grande Armée, je laisse en France un seul bataillon.

Idem pour les 127ᵉ et 128ᵉ de ligne.

Je trouve qu'on donne trop aux 29ᵉ de ligne et 32ᵉ léger. 500 hommes à chacun suffisent.

A Mayence, le 127ᵉ ; ce régiment n'est pas sûr. Le placer sur la côte ; le mêler avec d'autres.

Si tout cela n'est pas suffisant pour garder la France, il faut recourir ou à la garde nationale ou au ban. On pourrait simplifier la distribution actuelle, donner aux régiments qui forment les 1ʳᵉ, 2ᵉ, 3ᵉ et 4ᵉ demi-brigades, au lieu de 240 hommes par régiment, 400.

---

(1) De la main du général Mathieu Dumas.

Ces régiments sont en activité en Allemagne, donc ceux dont on aura le plus besoin pour recruter.

Ces quatre demi-brigades provisoires sont pour ainsi dire à l'étranger ou dans la 32ᵉ division. Il faut qu'elles soient complètes; il leur faut au moins 900 à l'effectif pour avoir 840 hommes sous les armes.

C'est trente-deux régiments qui auraient 160 hommes de plus, ce qui emploie 5.120 hommes qu'on pourrait alors gagner en donnant 900 au lieu de 978, et, au lieu de faire marcher trois compagnies faisant deux bataillons, on ne ferait marcher qu'un bataillon (le 4ᵉ) de six compagnies, le 5ᵉ resterait au dépôt.

Ainsi, la 2ᵉ division, composée de la 5ᵉ demi-brigade, savoir : un bataillon du 6ᵉ léger, id. du 27ᵉ léger, id. du 25ᵉ léger, id. du 17ᵉ léger, ce qui ferait quatre bataillons formant 3.200 hommes.

La 6ᵉ demi-brigade : un bataillon du 69ᵉ de ligne, un id. du 59ᵉ, un id. du 8ᵉ, un id. du 124ᵉ.

La 7ᵉ demi-brigade : un bataillon du 39ᵉ de ligne, un id. du 27ᵉ, un id. du 50ᵉ, un id. du 22ᵉ.

Ainsi, cette division serait composée de trois demi-brigades au lieu de quatre, de douze bataillons au lieu de vingt-quatre, et chaque bataillon ne serait pas de création nouvelle, mais 4ᵉ des régiments ordinaires.

L'avantage est que tous les 5ᵉˢ bataillons restent pour les garnisons de Phalsbourg, Venloo, Verdun, Maëstricht.

Alors, j'effacerais toute cette nouvelle création et j'aurais des demi-brigades composées toutes de 4ᵉˢ bataillons; la comptabilité, l'administration simples, ressortiraient du régiment, n'auraient rien de commun et ne formeraient demi-brigades que pour être sous le commandement d'un major. On n'aurait recours aux 5ᵉˢ bataillons que pour les corps dont le 4ᵉ bataillon n'est pas en France. On en formerait des bataillons provisoires de deux compagnies des 5ᵉˢ bataillons.

Mais, au lieu de les établir (ces bataillons) de quatre compagnies, il vaut mieux les former de six compagnies et prendre trois régiments pour en former un bataillon, ce qui diminuera le nombre de bataillons. Avantage de cette disposition.

Ainsi, la 1ʳᵉ division, composée de seize bataillons, ne serait que de dix à onze bataillons, il y aurait plus de simplicité. On conserverait de plus forts bataillons et le grand avantage de ne pas sortir de l'organisation ordinaire.

On pourrait former la demi-brigade de trois bataillons, et avoir ainsi, etc.....

Il serait possible, si l'on se décide à appeler la garde nationale, de ne rien faire marcher des 5ᵉˢ bataillons, si ce n'est pour la 1ʳᵉ et la 2ᵉ divisions, et qu'on gardât tous les 5ᵉʳ bataillons de l'armée d'Espagne pour renforcer ladite armée en mai et juin, ou bien celle d'Allemagne, s'il y avait des circonstances plus urgentes de ce côté.

Dans ce deuxième projet, je divise les 85.000 conscrits en deux parts : partie à incorporer dans les 4ᵉˢ bataillons de l'armée d'Espagne (il y en a une quarantaine) et que je destine à la Garde impériale ; l'autre partie, incorporée dans les 5ᵉˢ bataillons destinés, savoir : ceux de la Grande Armée pour cette grande armée, ceux de l'armée d'Espagne à renforcer selon les circonstances, ou la Grande Armée, ou l'armée d'Espagne, et alors je recours à former de nouveaux cadres pour recevoir la garde nationale qui arriverait au secours de l'intérieur.

Les formations de ces demi-brigades et des divisions ne doivent avoir lieu qu'en avril ; je ne les décréterai qu'alors. J'ai voulu pourtant les former sur le papier de suite, parce qu'il est avantageux que l'on connaisse la position que doivent occuper les troupes pour être éclairé sur les pays d'où on doit tirer les conscrits pour les divers corps.

TROISIÈME TRAVAIL.

Gardes nationales. — 1ᵉʳ ban.

Le travail offre 110.000 disponibles.
J'en aurai beaucoup plus de la manière suivante :
Le restant disponible est de 264.000 hommes.

Je libère la classe de 1808, j'appelle la garde nationale 1812, je perdrai 26.000 et j'en gagne 140.000. J'aurai donc, au lieu de 264.000 hommes, 404.000 disponibles. Sur ce nombre, j'appellerai 60.000 hommes, ce qui fait le septième des hommes disponibles.

Ces 60.000 hommes, joints à 60.000 hommes de la conscription de 1812, que je laisse dans les 4ᵉˢ bataillons pour l'intérieur, sur le travail de la conscription actuelle, me font vingt divisions de 6.000 chacune, ce qui est plus que suffisant.

Ces 60.000 formeront 80 bataillons. Il faut répartir 80 bataillons entre les départements : département de l'Ain, etc., etc.

Les grands départements auront un bataillon, les petits trois compagnies, de manière qu'une division militaire forme un nombre exact de bataillons et ne point enjamber, à cause, etc., des commissaires de divisions militaires, des ordonnateurs, etc.

Cette considération n'est pas la seule dans la répartition des 80 bataillons.

Peu demander à la Hollande, rien à la 32ᵉ division militaire, moins à la Belgique, davantage à la France (vieille); car ces troupes, devant servir à défendre l'intérieur, c'est sur les Français qu'il faut compter.

L'Italie, savoir : le Piémont, Gênes, la Toscane, Rome, n'y doivent être que pour la 1ʳᵉ division, ce qui fait 6.000 hommes, ce qui est le dixième des 60.000. La population est de 6 millions. On ne leur demande que comme à 4 millions de Français (vieille France).

Une autre modification serait de demander davantage à la partie de la France près de la Hollande, de l'Escaut, de Boulogne, etc.

Répartition des 80 bataillons, faisant 64.000 hommes, les cadres non compris.

Dix divisions de huit bataillons chacune : une en Hollande, une à Anvers, une sur Boulogne, une à Cherbourg, une en Bretagne, une en Poitou, une à Toulon, une en Italie, une à Paris, une sur le Rhin = dix.

Outre ces divisions, nous en avons des troupes de ligne : une division en Hollande, une à Anvers, une à Boulogne, une à Cherbourg, une en Bretagne, une en Poitou, une à Toulon, une en Italie, une dans le royaume d'Italie, ce qui recompose nos vingt divisions (1).

Ainsi, si l'ennemi descend en Hollande, il y aurait huit bataillons de gardes nationales, une division de douze bataillons de troupes de ligne, six des deux régiments étrangers.

La valeur de quatre bataillons des gardes soldées d'Amsterdam, Rotterdam et compagnies départementales.

Voilà trente bataillons réunis en Hollande.

L'Escaut aurait deux divisions ou vingt bataillons, Boulogne deux divisions ou vingt bataillons, ce qui ferait, en peu de jours,

---

(1) Ce compte ne représente en réalité que neuf divisions de troupes de ligne.

une réunion de soixante-dix bataillons sur la Hollande, sans compter les réserves de Paris, du Rhin, et ce qui rétrograderait de la 32º division militaire, si l'attaque était décidée.

Sur l'Escaut il y a vingt bataillons, vingt de Boulogne y arriveraient en peu de jours, la valeur de trois bataillons existants à Walcheren; la Hollande enverrait promptement au moins douze bataillons. Voilà soixante bataillons sur l'Escaut.

Si l'attaque était pour marcher sur Paris, Cherbourg, Boulogne, la Bretagne, le Rhin, formeraient l'armée.

Si l'ennemi marche sur Cherbourg, il y a : vingt bataillons à Cherbourg; vingt venant de la Bretagne; vingt venant de Boulogne, et vingt de Paris.

Total : quatre-vingts bataillons réunis en peu de jours.

Toulon, non attaquable quand vingt bataillons peuvent s'y réunir. Ces vingt bataillons iraient au secours de Gênes, s'il le fallait.

Ainsi, mon plan consiste en ceci : avoir une division composée comme elle est de deux compagnies des trente régiments qui sont à la Grande Armée, lesquels formeraient 12.000 hommes à Hamburg, toujours appuyés par les échelons de la Grande Armée et pourraient l'être aussi par la Hollande et la réserve du Rhin. Cette division serait la seule composée des 5ᵉˢ bataillons. Les autres 5ᵉˢ bataillons formeraient les garnisons là où ils se trouvent, seraient pourtant disponibles en cas d'événement, mais considérés comme recrutement déjà destiné et non compris dans la défense intérieure.

Quatre belles divisions de dix à douze bataillons chacune, composées des 4ᵉˢ bataillons existants actuellement en France, seraient en Hollande, à Anvers, Boulogne, Cherbourg, en Bretagne, dans le Poitou et à Toulon.

Dans les sept divisions seraient compris les régiments entiers, qui sont : en Bretagne, à Cherbourg et à Toulon.

Les divisions de Poitou et de Toulon pourraient être plus faibles.

Nous aurions ensuite dix divisions de gardes nationales, savoir : une en Hollande, une dans l'Escaut, une à Boulogne, une à Cherbourg, une en Bretagne, une à Poitiers, une à Toulon, une en Italie, une à Paris, une sur le Rhin.

6684. — DECISIONS (1).

24 janvier 1812.

On propose à Sa Majesté d'approuver l'échange de deux églises, qui sont destinées, à Flessingue, l'une à l'artillerie et l'autre aux fourrages.
Cet échange sera très avantageux et est même indispensable au service de l'artillerie.

Approuvé.

On propose à Sa Majesté d'ordonner que, sur les 2.132 fr. 36, montant de la perte faite par le 28ᵉ régiment de ligne au passage de Salinas, le 25 mai 1811, en Espagne, celle de 1.204 fr. 01, qui revient aux hommes présents à l'effectif pour masse de linge et chaussure, sera seulement remboursée par le Trésor impérial.

Accordé.

6685. — AU GÉNÉRAL LACUÉE.

Paris, 24 janvier 1812.

Monsieur le comte de Cessac, donnez ordre aux 3ᵉ et 4ᵉ compagnies du 2ᵉ bataillon des équipages militaires de se rendre à Anvers, haut-le-pied et sans caissons, pour y prendre 80 chariots de nouveau modèle et les conduire à Mayence. Il est nécessaire que les hommes, chevaux et harnais de ces deux compagnies partent le plus tôt possible. Voyez le ministre de la marine pour vous assurer qu'à l'arrivée des deux compagnies à Anvers les 80 chariots seront prêts. Les deux compagnies auront avec elles leurs forges.
Donnez ordre aux deux premières compagnies du 2ᵉ bataillon de partir de Sampigny avec des voitures de l'ancien modèle, pour se rendre à Mayence.

(1) Non signées; extraites du « Travail du ministre de la guerre avec S. M. l'Empereur et Roi, daté du 22 janvier 1812 ».

Donnez ordre à la 5ᵉ et à la 6ᵉ compagnie de partir avec des caissons de nouveau modèle fabriqués à Sampigny. La 5ᵉ compagnie partira avec les trois premières, le 1ᵉʳ février; la 6ᵉ, aussitôt que Sampigny pourra lui fournir des voitures.

Par ce moyen, le 2ᵉ bataillon aura deux compagnies d'ancien modèle, dont deux de voitures fabriquées à Sampigny et deux fabriquées à Anvers.

NAPOLÉON.

6686. — AU GÉNÉRAL LACUÉE.

Paris, 24 janvier 1812.

Monsieur le comte de Cessac, mon intention est qu'à dater du 15 février toutes les troupes du 2ᵉ corps d'observation de l'Elbe, du corps d'observation de l'Océan, du corps d'observation d'Italie, des trois corps de réserve de cavalerie qui sont sur la droite du Rhin, dans la 32ᵉ division militaire, dans le département de la Lippe, à Bolzano, Trente, Vérone, Bassano, enfin tous les hommes faisant partie de l'armée active, reçoivent les vivres de campagne et soient traités sur le pied de guerre. Présentez-moi un projet de décret en conséquence.

NAPOLÉON.

6687. — AU GÉNÉRAL LACUÉE.

Paris, 24 janvier 1812.

Monsieur le comte de Cessac, je reçois votre rapport de ce jour. Vous trouvez des erreurs dans le décret relatif au complément de la cavalerie de la Grande Armée. Présentez-moi les rectifications à faire.

Mon intention est que le 19ᵉ régiment de chasseurs, comme tous les régiments de cavalerie de l'armée, soit porté à 1,000 hommes et à 1,000 chevaux, et d'adopter pour les chasseurs la même taille que pour les chevau-légers, que vous fixez à 4 pieds, 6 ou 7 pouces. Quant à la proposition d'autoriser la commission de Hanovre à forcer les achats, je n'ai aucune objection à faire, si le Hanovre peut les procurer. Vous pouvez autoriser le général Bourcier à acheter, indépendamment des 7.800 chevaux demandés par mon décret, 5.000 à 6.000 autres chevaux.

NAPOLÉON.

6688. — AU GÉNÉRAL LACUÉE.

Paris, 24 janvier 1812.

Monsieur le comte de Cessac, vous recevrez mon décret pour la formation des 14ᵉ et 15ᵉ bataillons d'équipages militaires, composés de voitures à la Comtoise, et des 20ᵉ et 21ᵉ bataillons attelés par des bœufs. Il est convenable que vous y joigniez sans retard les modèles de voitures.

NAPOLÉON.

P.-S. — J'ai ordonné la formation d'un bataillon attelé de bœufs dans mon armée italienne. Envoyez au vice-roi le modèle de ces voitures (un dessin).

6689. — DÉCISION.

Paris, 25 janvier 1812.

On rend compte de l'état actuel du dépôt d'Angers et on prend les ordres de Sa Majesté sur sa destination.	Renvoyé au Ministre de la guerre pour donner ordre à ce dépôt de se rendre à Fontainebleau. On connaîtra la valeur de chaque homme, et ils seront sous la main pour être dirigés où il sera nécessaire.

NAPOLÉON.

6690. — NOTE POUR LE MAJOR GÉNÉRAL (1).

25 janvier 1812.

Mon Cousin, les états que vous me remettez pour la nouvelle organisation des armées en Espagne ne sont pas conformes aux notes que je vous ai dictées hier. Faites partir les lettres (en supposant que cela ne soit pas encore fait), mais remettez-moi demain de nouveaux états plus exacts.

J'ai signé un décret pour l'armée de l'Èbre, mais Mequinenza et Tortose font nécessairement partie de l'arrondissement et du nou-

----

(1) Sans signature ni date; présumé du 25 janvier 1812.

veau département des Bouches-de-l'Ebre. J'ai trouvé ridicule que ce soit le ministre de la guerre qui soit chargé d'envoyer des commissaires de guerres, des administrateurs, etc..., au corps de l'Ebre. Vous devez ordonner au maréchal Suchet de fournir les généraux, officiers d'état-major, commissaires, etc..., nécessaires à l'armée de l'Ebre, en se concertant à cet effet avec le général Reille. Aussitôt que ce général sera à son corps, vous ordonnerez aux détachements des 81ᵉ et 60ᵉ, qui sont en Catalogne, de rejoindre leurs corps à l'armée de l'Ebre; par ce moyen, le général Reille aura dans sa première division seize bataillons.

Il pourra en donner le commandement au général Maurice Mathieu ou au plus ancien général de brigade.

Les bataillons des 23ᵉ de ligne, 18ᵉ léger, qui sont à l'armée de Catalogne, se rendront aussi à Barcelone, afin de renforcer la garnison de cette ville. De son côté, le général Reille renverra en Catalogne le 29ᵉ chasseurs.

Il renverra en France la 7ᵉ compagnie du 2ᵉ régiment d'artillerie à cheval, si elle est montée, ainsi que la 2ᵉ compagnie du 9ᵉ bataillon *bis* du train, et la 4ᵉ compagnie du 1ᵉʳ bataillon du train.

La 7ᵉ compagnie du 2ᵉ bataillon de sapeurs doit rejoindre l'armée de Catalogne.

La cavalerie du général Reille sera composée des 9ᵉ de hussards (*bis*), chasseurs royaux italiens, dragons Napoléon, 24ᵉ de dragons.

Vous devez lui envoyer trois instructions que vous me remettrez demain avec les états de situation :

1° Vous lui ferez connaître qu'il doit voir le maréchal Suchet et se concerter avec lui pour la répartition des généraux d'état-major, des officiers d'état-major, commissaires ordonnateurs des guerres, payeurs et employés, commissaires, administrateurs, etc...

Vous lui ferez connaître l'organisation que je donne à son armée;

2° Vous lui indiquerez le territoire de son armée. Il comprendra tout l'Aragon et les deux nouveaux départements des *Bouches-de-l'Ebre* et du *Mont-Serrat*.

Vous lui ferez connaître l'organisation et la force de l'armée de Catalogne et sa situation sur Girone, etc.;

3° Vous lui donnerez pour instructions particulières :

a) D'organiser ses divisions de manière à pouvoir poursuivre les brigands partout jusqu'à extinction;

b) D'assurer les communications de Barcelone avec Lerida, Tortose, Tarragone.

c) De faire filer sur Barcelone les convois qui arriveront à Tortose, de même que des bœufs, salaisons, légumes et autres objets nécessaires à cette ville;

4° Quoiqu'il n'ait dans son arrondissement que deux des départements de la Catalogne, il doit cependant marcher sur Vicq de concert avec le général Decaen, en supposant que ce dernier ne l'ait pas encore fait; il secondera ensuite le mouvement de ce général sur Urgel; si même le général Decaen avait besoin de toutes ses troupes sur Olot, il faudrait que le général Reille marche seul sur Urgel.

Les deux départements de la Basse-Catalogne doivent être entièrement organisés à la française; il nommera des préfets, sous-préfets, receveurs, etc... Il fera dans le premier moment comme il pourra; je lui enverrai ensuite des conseillers d'Etat, etc..., chargés de terminer l'organisation.

Je suis fondé à espérer qu'avec des forces si considérables il rétablira la tranquillité en Aragon, secondera l'armée du Nord contre Mina, organisera les deux nouveaux départements et ramènera le calme et la sécurité dans la Basse-Catalogne.

Il ne faut instruire d'abord le général Decaen que de l'organisation des quatre départements, et non de celle de l'armée de l'Ebre, jusqu'à ce que l'on sache que le général Reille est à son poste, afin qu'il n'y ait point de ralentissement pour l'approvisionnement de Barcelone.

ARMÉE DE VALENCE.

L'armée de Valence sera de trois divisions : 1re division, Musnier; 2e division, Harispe; 3e division, Habert.

Donnez ordre à tous les régiments de marche d'Aragon et aux détachements qui se trouvent en Catalogne, des 16°, 114°, 128°, 116°, 7°, 44°, 117°, 5° léger, ainsi qu'aux troupes napolitaines, de se rendre à Valence.

Les deux bataillons du 5° léger, qui sont à la division Caffarelli, se rendront à Valence.

Le 4° de hussards, 13° de cuirassiers et un régiment de dragons de l'armée du Centre, que vous désignerez, formeront la cavalerie de l'armée de Valence. Vous donnerez ordre à ce régiment de dragons, l'un des quatre de l'armée du Centre, de partir sans délai pour Valence.

Témoignez au général Suchet que j'ai vu avec peine que 2.000 prisonniers se rendissent à Cadix pour échanger des prisonniers français. L'ennemi aura mis là des boutefeu, des sergents, etc..., et par là la capitulation se trouve fort infirmée.

6091. — NOTE DICTÉE PAR L'EMPEREUR (1).

Le général Caffarelli ne sera pas nommé au commandement de l'armée du Nord; si le maréchal Suchet ne pouvait pas rester à Valence, on y enverrait le général Caffarelli.

Le général Caffarelli doit envoyer les deux bataillons du 5ᵉ léger à Valence pour renforcer cette armée.

Ajouter aux ordres du général Reille qu'il peut prendre une compagnie de la légion de la gendarmerie, qui est en Navarre, pour l'envoyer à Barcelone; cela est utile dans une grande ville.

Ordre au général Dorsenne d'envoyer à l'armée de Portugal les régiments de marche de cavalerie qui lui appartiennent, et à Madrid ceux des armées du Centre et du Midi; si le roi le juge convenable, il les gardera.

Au ministre de la guerre. — Ordonner au général Decaen d'envoyer à Barcelone tout ce qui appartient au 18ᵉ léger ou au 23ᵉ de ligne.

Au maréchal Suchet. — S'il n'a pas besoin du général Musnier, l'Empereur désire qu'il fasse partie du corps d'observation de l'Elbe, afin que le général Reille lui donne le commandement de l'Aragon et de Saragosse. Écrire au général Reille.

Ordre au roi de faire partir un des quatre régiments de dragons, qui sont à l'armée du Centre, pour Valence; ce régiment devra faire partie de l'armée de Valence, ce pays étant difficile.

Ordre au roi d'occuper Cuenca et de maintenir ses communications avec le maréchal Suchet.

---

(1) Sans signature ni date; de la main de Berthier, présumé du **25 janvier 1812**.

6692. — DÉCISION.

26 janvier 1812.

Substitution de quatre compagnies d'artillerie aux quatre du 1ᵉʳ régiment qui ne pouvaient être complétées à 120 hommes.

Approuvé.

NAPOLÉON.

6693. — NOTES DICTÉES PAR S. M. DANS SON TRAVAIL DU DIMANCHE 26 JANVIER 1812 SUR LES DIVISIONS DE TROUPES DE LIGNE.

Je désire que le 100ᵉ et le 103ᵉ soient ensemble, le 140ᵉ et le 34ᵉ soient ensemble, le 14ᵉ et le 129ᵉ à Cherbourg, ce qui ferait à Cherbourg huit bataillons au lieu de six.

Le 3ᵉ de ligne et le 105ᵉ sont avec raison portés sur l'état pour leur 4ᵉ bataillon à Strasbourg sur le Rhin, mais ils ont leurs bataillons en Bretagne, à Brest et Cherbourg.

Il faut diriger directement sur Brest et Cherbourg de quoi recruter ces bataillons. Le dépôt enverra les effets d'habillement, et il vaut mieux faire un transport d'habits que des marches inutiles.

Le 53ᵉ régiment a ses cinq bataillons à Gênes. Il faut porter ces cinq bataillons au grand complet de quatre compagnies par bataillon, les compagnies d'élite étant en Espagne. Il faudrait même donner un peu plus que le grand complet, afin de pouvoir renforcer ce qui est en Espagne.

Les 13ᵉ et 112ᵉ de ligne ont, en Italie, leurs cinq bataillons, vingt-huit compagnies. Il faut les porter au grand complet de 3,600.

Le 22ᵉ léger a six bataillons. Voici la disposition pour ce régiment :

Le cadre du 6ᵉ bataillon se rend à Rome pour y recevoir 1.200 conscrits de Rome et du Trasimène, mènera par compagnie jusqu'à Genève, où 400 hommes suivront leur destination, et les 800 hommes destinés à ce bataillon seront habillés à Genève par le dépôt du 8ᵉ léger. Ce bataillon, bien habillé et armé, sera employé à la défense de Toulon; ainsi, au lieu de le diriger sur Genève, on pourra le conduire droit à Toulon avec les conscrits par la corniche. A Toulon, ce bataillon serait habillé par le dépôt du régiment de la Méditerranée; le reste du 22°, formant un régiment ordinaire, serait complété à Rome.

Il faut s'assurer que les 4ᵉˢ bataillons ont six compagnies et non quatre seulement. Les corps gardent volontiers les grenadiers et les voltigeurs et surtout les cadres.

Les 2° et 4° d'infanterie légère n'ont que quatre compagnies. Il faut ordonner que les grenadiers et voltigeurs des bataillons qui rentrent soient incorporés dans les bataillons de guerre; mais il faut que les cadres rentrent.

Indépendamment des 50.000 conscrits destinés aux 4ᵉˢ bataillons, il faut encore de quoi recruter les régiments entiers qui sont en France, comme les cinq bataillons du 112° de ligne, cinq du 13° de ligne, cinq du 22° léger, trois du 113° de ligne.

Quant aux 7 régiments qui sont en Italie, il faut donner à leurs 5ᵉˢ bataillons de quoi recruter les bataillons de guerre, 500 hommes pour chaque.

SUR LA DIVISION COMPOSÉE DES TRENTE-DEUX 5ᵉˢ BATAILLONS DE LA 32°. DIVISION MILITAIRE.

Au lieu de soixante-quatre compagnies employées pour la 32° division militaire il en faut soixante-douze.

Tous les régiments d'infanterie légère du corps d'observation de l'Elbe, savoir : les 7°, 13°, 15°, 33°, 26°, 24° légers, fourniront trois compagnies au lieu de deux, ce qui fera en tout soixante-dix.

Il faut trouver encore deux compagnies, en prenant trois compagnies aux 5ᵉˢ bataillons qui n'ont pas fourni pour la marine.

On devra réunir les compagnies d'infanterie légère à cause de l'uniforme.

On formera quatre demi-brigades. Chaque demi-brigade sera de trois bataillons, chaque bataillon de six compagnies.

Il faut donner 500 hommes à chacun de ces dépôts, ce qui fera 16.000 hommes pour les trente-deux dépôts, au lieu de 12.500.

NOTE PARTICULIÈRE.

J'augmente les dépôts d'Italie, j'augmente le recrutement de plusieurs bataillons, et tout cela en diminution des trente ou quarante bataillons restés pour garnisons; il faut m'en remettre l'état.

NOTES SUR LES DIVISIONS DE GARDES NATIONALES.

Le premier ban sourit à tout le monde; toutes les personnes auxquelles j'en ai parlé pensent qu'on ne peut imposer de trop grands sacrifices pour la sûreté et la tranquillité. Ce qu'on demande pour cela n'est pas une augmentation de charges. Il faut prendre cinq classes de 1808 à 1812.

Par ce moyen, les gardes nationales servent cinq ans.

Il faut s'exprimer ainsi vaguement et ne pas dire quand seront relevés ceux de la classe de 1808. On pourra, en 1813, augmenter le ban de 20.000, sans renvoyer ceux de 1808, ou les faire remplacer selon les circonstances.

Il suffit du principe établi : libérer après cinq ans; remplacer par la conscription de l'année.

800 hommes par bataillon sont insuffisants, vu qu'il faut une compagnie au dépôt, chef-lieu. Il faut donc augmenter de 100 hommes la force de chaque compagnie.

Il faut donc 1.000 hommes par bataillon pour avoir réellement la force nécessaire, car 1.000 hommes levés ne font pas 800 hommes sur le terrain; ainsi, l'effectif du total des divisions de gardes nationales sera de 80.000 hommes et l'on dira qu'un nouvel appel ne sera fait pour remplacer que lorsque l'effectif sera tombé au-dessous de 800 hommes par bataillon.

Ainsi, on lèvera 80.000 hommes et l'on n'aura recours au dépôt que quand on n'aura plus que 64.000 hommes.

La division du Rhin se réunissant à Nimègue et Aix-la-Chapelle, et la division de ligne aussi du Rhin étant réunie à Wesel, il y aurait à Wesel pour la Hollande et, de là, s'il le fallait, pour Hambourg et l'Escaut quatorze bataillons.

Ce serait donc un point de choix pour la défense de la 32° division militaire, pour la Hollande, pour l'Escaut et même pour Boulogne.

Nota. — La division des troupes de ligne du Rhin devra être un peu plus forte qu'elle n'est portée sur le tableau pour pouvoir suffire à Cassel, Hanovre, etc.

Selon le plan et l'état, la division des gardes nationales du Rhin et celle de ligne ne donnent que 10.000 hommes; il en faut 15.000, sans augmenter la garde nationale, mais bien la division de ligne, puisque de Wesel, en quatre marches forcées, on est sur Amsterdam, Anvers, etc. On peut donc diminuer un peu les divisions de ligne de la Hollande et de l'Escaut.

CONTINUATION DES NOTES SUR LES DIVISIONS DE GARDES NATIONALES, GARDES NATIONALES D'ITALIE ET DES DÉPARTEMENTS NOUVELLEMENT RÉUNIS.

La division de gardes nationales d'Italie doit se réunir à Turin, elle doit être composée de Dauphinois, de Franc-Comtois, de Provençaux, afin d'avoir une bonne réserve pour Mantoue, Gênes, Alexandrie, Rome, etc., etc.

Il faut une division en Italie. On ne demandera à tout l'état romain qu'un seul bataillon, à la Toscane un seul bataillon.

La division de gardes nationales d'Italie est portée sur l'état pour huit bataillons. Sur ces huit bataillons, ceux de Rome et de Toscane doivent seuls rester dans le pays et ne comptent pas dans la division.

Gênes et le Piémont fourniront tout ce qu'ils doivent fournir. Si c'est huit bataillons, ils seront formés aux chefs-lieux, et lorsqu'ils y auront été bien habillés, armés et équipés, on les portera dans la vieille France; ils y seront disséminés entre Paris, Cherbourg, etc. On aura soin de n'en point mettre à Toulon. Cette division de gardes nationales sera la seule qui ne soit pas réunie.

Il y aura ainsi en Italie huit bataillons de gardes nationales, tous français, réunis à Turin et Alexandrie, et, en outre, un bataillon romain et un bataillon toscan restant dans le pays.

Le bataillon de Rome, formé de quatre compagnies, sera porté à 800 hommes; celui de Toscane, aussi de quatre compagnies, sera porté à 1.000 hommes, ce qui est proportionnellement moitié de ce que fournit la vieille France.

La 32ᵉ division militaire fournira aussi un bataillon de 1.000, ce qui, relativement à sa population, revient au tiers de ce que fournit la vieille France.

Les trois bataillons dont on vient de parler ne se computeront (*sic*) pas dans les quatre-vingts.

La Hollande, à raison de 2.000.000 de population, devrait fournir quatre bataillons; on n'en demandera que deux, savoir : un pour la 17ᵉ division militaire et un pour la 31ᵉ.

Le Piémont devrait, d'après sa population, fournir 6.000 hommes. Mais comme ils doivent marcher fort au loin, ainsi qu'on l'a dit ci-dessus, on ne prendra que les deux tiers de ce nombre, c'est-à-dire 4.000 hommes, ce qui revient à la moitié de ce que fournit le même nombre de population dans la vieille France; et cela est juste puisqu'ils n'auront point à garder Gênes ni Alexandrie, ni aucune autre place du pays.

Je reviens maintenant aux divisions de troupes de ligne :

CONTINUATION DES NOTES SUR LES DIVISIONS DE TROUPES DE LIGNE.

D'après le tableau joint au rapport, on donne dix 4ᵉˢ bataillons à la division des Pyrénées. Quels sont les numéros de ces bataillons? Je ne crois pas qu'ils existent.

Le 114ᵉ est porté pour un bataillon. Ce n'est pas le 4ᵉ bataillon qui est à Bayonne; ce doit être le 3ᵉ.

Mais le 115ᵉ n'a pas de bataillon venant en France. Le 4ᵉ, qui est à Bayonne, est presque tout entré en Espagne.

Les 3ᵉˢ bataillons des 116ᵉ, 117ᵉ, 118ᵉ, 119ᵉ, 120ᵉ, 121ᵉ, 122ᵉ de ligne n'ont pas ordre de rentrer en France.

Le 31ᵉ léger a ordre de rentrer en France.

Le 34ᵉ léger n'a pas ordre de rentrer, mais son 4ᵉ bataillon est à organiser; il faut l'organiser sans délai.

Il ne faut pas se tromper sur tout cela. Il faut bien se garder de diriger des conscrits si les cadres qui doivent les recevoir ne s'y trouvent pas. La plupart de ces régiments ont deux compagnies de leur 5ᵉ bataillon à l'île de Ré.

Il entre, il est vrai, dans le projet, de faire aller ces conscrits en Allemagne, mais avant le retour de ces cadres nous aurons atteint le mois de juin.

Voulant, cependant, tirer ces régiments des départements des Pyrénées, les conscrits destinés pour ces régiments se trouvant très près, ils y seraient rendus au mois de mars; ils ne trouveraient alors ni officiers, ni sous-officiers; et, comme cette espèce d'hommes est fort disposée à la désertion, on aurait beaucoup d'embarras; le moyen de les prévenir est de tirer des cadres de l'armée de Catalogne proprement dite, ce qui se peut faire en peu de jours.

Il faut donc d'abord me faire sur ces cadres un rapport particulier où l'on distinguera bien les points où sont ces 5ᵉˢ bataillons. Il faut ne compter que sur les cadres qui sont ou qui seront rendus dans les Pyrénées au 1ᵉʳ mars.

L'armée de Catalogne se compose des 8ᵉ léger, 18ᵉ léger, 5ᵉ de ligne, 11ᵉ de ligne 81ᵉ *id.*, 60ᵉ *id.*, 79ᵉ *id.*, 23ᵉ *id.*, 3ᵉ léger, 67ᵉ de ligne, 102ᵉ de ligne.

Tous ces corps sont à trois ou à deux bataillons. Je crois qu'il n'y en a plus à quatre bataillons, puisque le 3ᵉ léger, les 67ᵉ et 16ᵉ de ligne ont envoyé leurs 4ᵉˢ bataillons à leurs dépôts.

C'est ce qu'il est instant de vérifier, et l'on ne manquera pas de comprendre dans le compte à me rendre les six bataillons qui formaient à Toulon des demi-brigades provisoires, lesquels sont entrés en Catalogne.

Je pense qu'il sera facile de se procurer et de réunir à Perpignan quatre ou six cadres, et de diriger sur eux les conscrits des Landes et des Basses-Pyrénées et autres départements voisins; et, dans le même temps, les cadres certainement existants au 1ᵉʳ mars parmi les huit bataillons portés au projet recevraient les conscrits de Perpignan et autres, de sorte que, supposant huit bataillons, on en mettra quatre à Perpignan et quatre dans les Basses-Pyrénées.

Ceux qui seraient à leurs propres dépôts s'habilleraient, s'équiperaient par les moyens qui leur appartiennent.

Mais les quatre ou six bataillons réunis à Perpignan ayant leur dépôt en Italie ou ailleurs, l'administration de la guerre sera chargée de les faire habiller et équiper à Perpignan.

Ces neuf bataillons, portés sur l'état comme étant aux Pyrénées, doivent être placés en trois lignes, savoir :

1° Ceux dont les 3ᵉˢ bataillons ont reçu l'ordre de rentrer. Il faut rechercher quand ils ont dû partir, d'après les ordres qu'ils ont reçus, soit du major général, soit du ministre de la guerre, pour bien calculer si l'on peut y compter;

2° Ceux qui ont quatre compagnies de leur 5ᵉ bataillon à leur dépôt : ceux-là ont des ressources en officiers et sous-officiers;

3° Enfin, ceux qui n'ont que deux compagnies à leur dépôt et sont sans ressources.

Ainsi, voulant avoir neuf à dix bataillons pour les Pyrénées, je ne pense pas qu'on puisse en avoir plus de quatre.

Ces quatre bataillons pourront, en l'absence des cadres des 3ᵉˢ bataillons, s'ils tardent à rentrer, être formés par les compagnies des 5ᵉˢ.

Quant aux quatre ou cinq autres, on peut y pourvoir en faisant venir quatre ou cinq cadres de Catalogne, c'est-à-dire de Girone à Perpignan.

Je ne suis pas sûr que le cadre du 86⁰ soit en Bretagne. Ce régiment a gardé son 4⁰ bataillon à Bayonne, lequel, depuis, est entré en Espagne. On n'a point de nouvelles du 3⁰ bataillon. Ce serait une erreur que de compter sur le 4⁰.

Le 5⁰ bataillon de ce régiment, qui est à Saint-Malo, n'a que deux compagnies; donc, si on lui envoie des hommes, il n'en saura que faire : il faut bien y prendre garde.

Quant au 15⁰ régiment de ligne, le cadre du 4⁰ bataillon a ordre de rentrer en France; il n'est pas encore arrivé.

Le 5⁰ bataillon a deux compagnies en Espagne. J'ai donné l'ordre que ces deux compagnies fussent remplacées, c'est-à-dire formées de nouveau.

Il n'y a, à Brest, qu'une seule compagnie et 225 hommes; si on envoyait des conscrits, qu'en ferait-il? Si on n'est pas très sûr de trouver des cadres, il faut, je le répète, bien se garder de diriger des conscrits.

Le 70⁰ a son 4⁰ bataillon, fort de 400 hommes, à Brest. Il n'y a là qu'une compagnie du 5⁰ bataillon. Pourquoi deux compagnies sont-elles dites être en Espagne? J'ai donné l'ordre de reformer ces compagnies en France. Celui-là peut donc recevoir des conscrits.

Le 47⁰ a déjà son 4⁰ bataillon en France. Il est fort de 600 hommes. On porte deux compagnies comme en Espagne : même observation que ci-dessus. Ces deux compagnies doivent être formées de nouveau depuis le 1ᵉʳ janvier. Il faut discuter ce point-là.

Le 82⁰ a, à La Rochelle, une seule compagnie. Le 6⁰ bataillon est porté comme ayant l'ordre de rentrer en France. Il faut s'en assurer avant de le comprendre et d'y diriger des conscrits.

Pour les 106⁰ et 26⁰, même observation, hormis que pour le 26⁰ on porte deux compagnies en Espagne, ce qui est incompréhensible.

J'ai dit que le 121⁰ n'a point de bataillons en France. Ce régiment n'a que trois compagnies à Blois, il est vrai que ces compagnies n'ont que 30 hommes. Ainsi, ce corps peut recevoir les conscrits qui lui seront destinés.

Le 122⁰ n'a point de bataillons en France. Il a à Vendôme trois compagnies qui sont très faibles; ainsi, ce régiment peut recevoir ses conscrits. Il y a au reste pour ce corps la même erreur; on compte sur le 4⁰ bataillon, qui est ou était à Bayonne, et qui a déjà dû rentrer en Espagne.

Le 14ᵉ de ligne a son 4ᵉ bataillon à Sedan ; mais on le porte aussi comme ayant deux compagnies en Espagne, ce qui ne doit pas être, puisqu'il y a ordre d'incorporer au 1ᵉʳ janvier les compagnies en Espagne, et de les former de nouveau en France ; ce corps peut donc recevoir ses conscrits.

Le 34ᵉ n'a point de bataillon en France, le 40ᵉ a son 4ᵉ bataillon en France.

Ces deux régiments ont ordre de former leur 3ᵉ bataillon au dépôt ; le ministre de la guerre doit faire exécuter cet ordre sans retard.

Le 16ᵉ régiment a ses 4ᵉ et 5ᵉ bataillons à Mâcon. Il peut recevoir ses conscrits. La compagnie en Espagne, portée sur le tableau, n'y est plus et doit être formée en France.

Les 125ᵉ, 123ᵉ, 88ᵉ sont bien, ont leur 4ᵉ bataillon en France et peuvent recevoir leurs conscrits.

Le 100ᵉ et le 103ᵉ ont leur 4ᵉ bataillon à Metz, ils sont bien et peuvent recevoir leurs conscrits.

Le 6ᵉ d'infanterie légère n'a point de bataillon en France, mais son 5ᵉ a 400 hommes ; il peut recevoir des conscrits.

RESSOURCES POUR LA FORMATION DES CADRES DES GARDES NATIONALES.

J'ai les cadres de cinq bataillons du régiment de la Méditerranée, à Toulon, et de cinq bataillons du régiment de l'île de Ré. J'ai deux cadres du régiment de Walcheren.

J'en veux tirer parti pour l'encadrement des gardes nationales les plus difficiles à former.

Par exemple, le cadre du 3ᵉ régiment de Walcheren sera envoyé à Hamburg. Il jettera ses réfractaires dans les régiments du corps d'observation de l'Elbe, et le cadre, surtout français, recevra les gardes nationales de la 32ᵉ division militaire. Il n'y aurait point d'embarras et ces troupes seraient bien commandées.

On enverra à Amsterdam le cadre du 2ᵉ régiment de Walcheren, qui est à Walcheren, pour recevoir les gardes nationales de la Hollande, ce qui ferait une bonne organisation et en bonnes mains.

Le cadre du 4ᵉ bataillon de Walcheren complet est à l'île de Ré ; je l'enverrai en Allemagne ; il jettera ses réfractaires dans les régiments français, et le cadre pur retournera à Groningue, où il prendra des gardes nationales hollandaises. Le ministre de la guerre n'aura aucun souci pour cette formation.

Le colonel et le major du régiment de Walcheren pourront habiller et équiper ces gardes nationales à Groningue.

Il reste les 1er et 5e bataillons de Walcheren, à Walcheren. Ces dix compagnies, comme cadres, suffisent pour 1.500 à 1.800 hommes. Il n'y restera certainement pas autant de réfractaires.

Le régiment de Belle-Ile sera resserré entre le 1er et le 5e bataillon.

Les 2e, 3e et 4e bataillons formeront trois bons cadres pour les gardes nationales de la Bretagne, à moins qu'ils ne soient envoyés en Belgique, et forment trois cadres pour 3.000 gardes nationales de la Belgique.

Le régiment de la Méditerranée, à Toulon, fournira quatre cadres aux gardes nationales du Piémont.

Le cadre du bataillon de Toscane sera tiré du 112e régiment.

Celui de Rome sera tiré des 6e de ligne et 14e léger.

Les cadres d'Italie ainsi fournis, on peut, au lieu d'affaiblir ces derniers régiments, tirer les cadres pour la Toscane d'un des cadres du régiment de la Méditerranée, qui est à l'île d'Elbe, et tirer aussi le cadre du bataillon de Rome du régiment de la Méditerranée en Corse.

Alors, le 1er régiment de la Méditerranée n'aurait plus qu'un bataillon de guerre en Corse, un à l'île d'Elbe et deux cadres pour les gardes nationales.

Ainsi, les gardes nationales d'Italie, de la 32e division et de la Hollande seraient commandées par des officiers et sous-officiers français, et on n'aurait pas à s'inquiéter de la difficulté et de l'inconvénient de choisir des officiers et sous-officiers étrangers, et il est probable que la France fournira plus de ressources; les généraux et les préfets trouveront facilement des officiers pour cette espèce de troupes. Les cadres, médiocres, mais français, vaudront toujours mieux que des étrangers.

NOTE PARTICULIÈRE SUR LE MOYEN DE SUPPLÉER AU MANQUE DE CADRES POUR RECEVOIR LES CONSCRITS DANS LES TROUPES DE LIGNE.

Que si pourtant le travail raisonné, régiment par régiment, n'offrait pas assez de cadres pour recevoir la conscription de 1812, on pourrait y employer les cadres des cinq régiments de réfractaires, c'est-à-dire de vingt-cinq bataillons dont dix sont nécessaires pour le fonds de ces corps et dont quinze seraient disponibles pour recevoir des conscrits à défaut de cadres de 4ᵐᵉˢ bataillons.

NOUVEAU MODE ET BASES DÉFINITIVES POUR L'ORGANISATION DES GARDES NATIONALES.

Sur 130 départements, 80 forment état-major des 80 bataillons de gardes nationales.

Les 50 autres départements ne fournissent que des compagnies.

N'est-il pas plus convenable de former 40 régiments et de ne charger que 40 préfets de la réunion et de l'administration de ces corps?

Les préfets des moindres départements enverraient leur bataillon qui conserverait le nom du département; il y aurait plus de simplicité.

On aurait 40 comptabilités, 40 conseils d'administration, au lieu de 80. Le ministre de la guerre aurait 40 correspondances au lieu de 80.

Enfin, ce nombre pourrait être réduit à trente régiments, un par division militaire. Alors le préfet du chef-lieu de la division militaire formerait et présiderait le conseil d'administration. Il n'y aurait que trente dépôts, quoiqu'il y eût toujours quatre-vingts bataillons.

Le ministre nommerait facilement 30 colonels et 30 quartiers-maîtres.

Exemple, à Lille : le département du Nord ayant plus de 400.000 âmes, doit fournir deux bataillons.

A Bruges, le département de la Lys fournit un bataillon. Ainsi, la 16ᵉ division militaire fournirait un régiment de trois bataillons, qui serait formé à Lille.

La Seine-Inférieure, qui a 60.000, ne fournirait qu'un bataillon.

La Somme et l'Eure fourniraient un gros régiment.

Voilà trois grandes villes, Lille, Rouen et Caen, à qui il serait sans doute plus commode d'avoir affaire qu'à Saint-Lô, Alençon, etc., etc.

Quand même on devrait demander un peu plus à un département qu'à un autre, ce sera un grand avantage pour le ministre. Quant aux subsistances, à l'habillement et aux étapes et convois, aux hôpitaux, tout devient plus facile et plus prompt.

On composera les régiments de deux ou de trois bataillons, selon la force de la population.

Cette formation, sous l'autorité et sous les yeux des généraux commandant les divisions est, sous tous les rapports, la plus avantageuse; il faut s'y fixer.

6694. — AU GÉNÉRAL CLARKE.

Paris, 27 janvier 1812.

Monsieur le duc de Feltre, donnez ordre au 1er bataillon du 3e régiment d'étrangers, qui est à Willemstad, de se rendre à l'île de Goeree. Donnez ordre au 3e bataillon, qui est à Lille, et au colonel de se rendre à Willemstad. Le colonel dirigera de là son régiment.

Donnez ordre au 2e bataillon du 4e régiment étranger, qui est à l'île de Goeree, de se rendre à La Haye. Donnez ordre au 4e bataillon, qui est à Lille, et au colonel de se rendre également à Harlem.

Le 1er bataillon étranger et un bataillon colonial ira au Helder. Il se trouvera donc à Hellevöetsluys, Labrille et le Helder, une force de 4.000 hommes.

Un bataillon du 4e étranger pourrait rester à La Haye, fournissant des détachements sur la côte, à Labrille et à Hellevöetsluys; l'autre bataillon pourrait être placé à Alkmaar, à Harlem, fournissant des détachements jusqu'au Helder.

Donnez ordre qu'il soit passé une revue de ces régiments; assurez-vous qu'ils soient commandés par des officiers sûrs. Je suppose que j'ai signé les décrets qui concernent ces officiers. Chargez le général Molitor et les généraux de brigade de la division de passer la revue de ces régiments et de les bien disposer pour le service. Il est nécessaire que ces mouvements se fassent sans délai, afin que la Hollande se trouve suffisamment garnie.

NAPOLÉON.

6695. — AU GÉNÉRAL CLARKE.

Paris, 27 janvier 1812.

Monsieur le duc de Feltre, je réponds à votre lettre du 25 sur les chevau-légers. Le 1er régiment fera partir la 1re compagnie du 1er escadron, complétée et forte de 125 hommes, bien montés, bien équipés et bien armés, puisque ce régiment ne peut pas fournir un escadron. Aussitôt que possible, la 2ᵉ compagnie rejoindra. Un chef d'escadron marchera avec la 1ʳᵉ compagnie.

Le 2ᵉ régiment fera partir au 15 février une compagnie forte de 125 hommes bien montés et bien équipés.

Le 3ᵉ régiment, le 4ᵉ et le 5ᵉ feront également partir chacun une compagnie de 125 hommes.

Par ce moyen, les cinq régiments de chevau-légers attachés aux divisions de cuirassiers, au lieu d'avoir un escadron, n'auront d'abord qu'une compagnie de 125 hommes bien montés, ayant leur carabine et les officiers au complet. Pressez ces corps de fournir au plus tôt la 2ᵉ compagnie.

Faites une ordonnance pour régler le service des chevau-légers avec les carabiniers et cuirassiers. Vous défendrez sévèrement à tout officier, colonel ou même général, de se servir de cuirassiers ou de carabiniers pour ordonnances. Vous prescrirez le nombre d'ordonnances dont peut avoir besoin une brigade, et sous les ordres de qui ils doivent se trouver.

NAPOLÉON.

6696. — AU GÉNÉRAL CLARKE.

Paris, 27 janvier 1812.

Monsieur le duc de Feltre, je réponds à votre rapport du 26, relatif à l'équipage de campagne du corps d'observation d'Italie. Le train français doit atteler l'artillerie française, le train italien doit atteler l'artillerie italienne. Le projet du vice-roi présenté dans l'état n° 2 me paraît préférable, en ajoutant, toutefois, une batterie de 6 pièces légères pour la division de cavalerie légère française. Ainsi, l'artillerie française sera de 54 pièces de canon français au lieu de 48, et le total de 124 au lieu de 118, ayant leur double approvisionnement. Il restera au dépôt 8 bouches à feu françaises, savoir : 6 pièces de 12 et 2 obusiers, et 8 pièces d'artillerie italiennes de mêmes calibres. Mon intention est que la France pourvoie à l'attelage et aux munitions des 8 pièces françaises, et le royaume d'Italie à l'attelage et aux munitions des 8 pièces italiennes; de sorte qu'à Vérone ces 16 pièces de canon puissent, au lieu du 15 février, partir au 15 mars pour tout délai. Faites-moi connaître com-

ment vous pourvoirez à ce qui concerne l'artillerie française. Ecrivez au vice-roi pour qu'il pourvoie à ce qui regarde le royaume d'Italie. Il a des hommes et des attelages sous la main. Il peut facilement organiser les 8 pièces italiennes.

NAPOLÉON.

6697. — AU GÉNÉRAL CLARKE.

Paris, 27 janvier 1812.

Monsieur le duc de Feltre, je reçois votre rapport du 26 sur l'achat des chevaux d'artillerie des 2e et 3e commandes. Il est convenable qu'un tiers de ces chevaux soient achetés au 1er mars, un tiers au 15 mars et un tiers au 1er avril, afin que le 1er tiers puisse partir du 15 au 20 mars, le 2e tiers au 1er avril et le 3e tiers au 15 avril.

NAPOLÉON.

6698. — AU GÉNÉRAL CLARKE.

Paris, 27 janvier 1812.

Monsieur le duc de Feltre, je vous renvoie le rapport du général Lepin sur l'équipage de siège. J'attendrai le rapport du bureau de l'artillerie avant de prendre un parti. Il est de la plus haute importance que mes équipages de siège soient complets et qu'il n'y manque rien.

Au 15 février, un bataillon d'ouvriers de la marine part d'Anvers; il est probable qu'il sera arrivé à Danzig dans le courant de mars.

S'il y avait à craindre qu'au 1er avril l'équipage de siège ne fût pas prêt à marcher à Danzig, il faudrait alors prendre des mesures pour y suppléer.

Les objets les plus importants pourraient partir sans délai de Mayence, attelés par des chevaux des voitures destinées à l'équipage de pont; je crois que sur 1.500 chevaux, 700 sont prêts à partir; on pourrait donc faire partir 300 à 400 voitures; à l'ouverture de la navigation, le reste pourrait filer. On pourrait aussi profiter de l'ouverture de la navigation pour faire filer ce qui est le moins urgent.

NAPOLÉON.

6699. — AU GÉNÉRAL CLARKE.

Paris, 27 janvier 1812.

Monsieur le duc de Feltre, je n'ai employé pour le service de la Grande Armée que treize compagnies du train, indépendamment des dix bataillons dont j'ai disposé, savoir : quatre bataillons en Allemagne, quatre autres qui étaient en France et deux en Italie. Les treize compagnies du train sont : trois compagnies du 1er bataillon, trois du 13e bataillon (*bis*), quatre du 9e (*bis*) et trois du 4e principal. Mais je vois, dans l'état de situation, que le 2e bataillon principal a sa 4e et sa 6e compagnies à Auch. Ces deux compagnies seraient donc disponibles pour la Grande Armée. Le 4e bataillon principal aurait quatre compagnies à Metz au lieu de trois; cela ferait donc une nouvelle compagnie, c'est-à-dire la 6e. Les trois compagnies du 10e bataillon principal, qui ont dû arriver le 15 janvier à Bayonne, sont, je crois, parties pour l'armée du Nord et n'existent plus à Auch; mais le 10e principal doit avoir encore sa... (1) compagnie à Auch avec un dépôt considérable, qui pourrait être également disponible.

Le 12e bataillon principal doit avoir la 4e et la 5e compagnies à Auch, qui seraient également disponibles pour la Grande Armée.

Le 2e bataillon *bis* a sa 3e et sa 4e compagnies avec un dépôt à Auch, qui seraient également disponibles.

Le 4e bataillon *bis* a sa 4e et sa 5e compagnies à Toulouse.

Le 5e bataillon *bis* aurait sa 5e et sa 6e compagnies également arrivées à Toulouse, et un dépôt à Toulouse.

Le 9e bataillon *bis* aurait sa 1re compagnie arrivée à Metz, ce qui ferait cinq compagnies au lieu de quatre.

Le 10e bataillon *bis* aurait les 4e et 6e compagnies arrivées à Auch.

Le 12e bataillon *bis* aurait une compagnie arrivée à Toulouse.

Le 13e bataillon *bis* aurait une compagnie de plus à Metz.

Tout cela ferait donc dix-sept compagnies nouvelles, qui équivaudraient à trois bataillons ou 4.500 chevaux.

Faites-moi un rapport sur cet objet important. Ce qui reste du train d'artillerie, en Espagne, paraît suffisant. J'aimerais à disposer de ces dix-sept compagnies, à les faire venir, à les compléter et à

---

(1) Ces points de suspension existent dans le document.

attacher ces 4.500 chevaux à l'équipage de siège; ils pourraient atteler un millier de voitures, qu'on destinerait à porter les poudres et les objets nécessaires à fournir dans le courant de mars et d'avril de Mayence et de Strasbourg; ce qui, avec les 500 voitures attelées qui sont à Danzig, me donnerait 1.500 voitures, c'est-à-dire d'immenses moyens, et porterait les attelages à la Grande Armée de 23.800 chevaux à 28.000.

L'armée d'Aragon se trouve dans une situation d'artillerie très satisfaisante; et en tout, les armées d'Espagne n'ont plus de guerre d'artillerie à faire. Cependant, il sera bon que vous réunissiez au rapport que je vous demande un rapport sur l'artillerie de l'armée d'Espagne. S'il y avait quelques cadres à faire rentrer, cela serait utile, et servirait toujours à la défense de l'intérieur.

NAPOLÉON.

6700. — DÉCISION (1).

Le général Clarke propose de mettre à la disposition du général Monthion le 1er escadron du 14e régiment de chasseurs pour servir d'escortes aux colonnes de prisonniers de guerre espagnols.	Approuvé. NAPOLÉON.

6701. — AU GÉNÉRAL CLARKE.

Paris, 28 janvier 1812.

Monsieur le duc de Feltre, les lettres patentes pour les généraux Fornier d'Albe, Laplanc et Dufresse doivent être envoyées. Ce dernier me paraît un peu faible pour Stettin; je voudrais en mettre un autre. Quant aux généraux Philippon, Grandeau et Lagrange, ils seront employés dans les divisions. Le vice-roi les a mis là parce qu'il ne savait qu'en faire.

NAPOLÉON.

---

(1) Sans date; le rapport du général Clarke est du 27 janvier, le renvoi aux bureaux du 29.

6702. — AU GÉNÉRAL CLARKE.

Paris, 28 janvier 1812.

Monsieur le duc de Feltre, vous donnerez l'ordre que le 5ᵉ bataillon du 14ᵉ régiment d'infanterie légère et le 5ᵉ bataillon du 6ᵉ de ligne partent de l'île d'Elbe, à deux jours de distance l'un de l'autre, et se dirigent par le plus court chemin sur Mantoue, où ils seront à la disposition du vice-roi, qui en incorporera tous les hommes dans les régiments de l'armée d'Italie. Il placera l'infanterie légère dans les 8ᵉ et 18ᵉ régiments d'infanterie légère, et les hommes de la ligne dans ceux de ses régiments du corps d'observation d'Italie qui en auront le plus besoin. Envoyez cet ordre par estafette; qu'il soit exécuté dans les vingt-quatre heures qui suivront sa réception. Recommandez à la grande-duchesse de veiller sur les mesures à prendre pour empêcher la désertion. Les cadres de ces deux bataillons, après avoir fourni leurs conscrits, retourneront à Rome.

Le 7ᵉ bataillon du 14ᵉ régiment d'infanterie légère continuera à garder garnison à l'île d'Elbe; la 6ᵉ compagnie restera à Corfou comme détachée de ce bataillon. Le 7ᵉ bataillon du 6ᵉ de ligne continuera également à tenir garnison dans l'île d'Elbe, et la 6ᵉ compagnie sera également détachée à Corfou.

Donnez ordre qu'il soit formé à l'île d'Elbe deux compagnies de marche, prises en forme de piquet sur toutes les compagnies du 3ᵉ bataillon du régiment de la Méditerranée. Ces deux compagnies seront chacune de 140 soldats, non compris les cadres. On les composera d'hommes bien portants, bien habillés, bien équipés, et natifs de l'ancienne France.

Vous ferez la même opération pour le 1ᵉʳ bataillon du 1ᵉʳ régiment de la Méditerranée, qui est à l'île d'Elbe.

Ces quatre compagnies de marche se mettront en mouvement après les 5ᵉˢ bataillons, et se dirigeront également sur Mantoue, où elles seront à la disposition du vice-roi qui, aussitôt qu'il aura fait incorporer tous les soldats dans ses régiments, renverra les cadres à l'île d'Elbe.

On pourra, si cela est nécessaire, pour compléter ce nombre, prendre parmi les Piémontais, en ayant soin de choisir des hommes de bonne volonté, qui ne désertent pas. Vous ferez lire à la tête de ce bataillon le décret qui condamne à mort tout déserteur, et vous recommanderez à la grande-duchesse de tenir la main à faire fusiller le premier qui désertera.

Par ces dispositions, l'armée d'Italie recevra 1.200 ou 1.500 recrues. Faites savoir cela au vice-roi, en lui envoyant copie de cette lettre.

NAPOLÉON.

6703. — AU GÉNÉRAL CLARKE.

Paris, 28 janvier 1812.

Monsieur le duc de Feltre, on se plaint en Allemagne que le commandant du dépôt de Strasbourg, dans les envois de conscrits qu'il fait de Strasbourg à Wesel, met trop de conscrits dans les bateaux, de manière qu'ils y contractent des maladies.

NAPOLÉON.

6704. — AU GÉNÉRAL LACUEE.

Paris, 28 janvier 1812.

Monsieur le comte de Cessac, au 15 décembre, le 2º de cuirassiers n'avait que 921 harnais aux escadrons de guerre : il en attendait 60 du dépôt; le 3º de cuirassiers n'en avait que 818 : il en attendait 153 du dépôt.

Le 9º 911, il en attendait 81;
Le 4º 701, — 38;
Le 7º 649, — 120;
Le 14º 563, — 173;
Le 6º 621, — 213;
Le 12º 948, — 52;
Le 1er de chasseurs en attendait 3;
Le 3º — 140;
Le 16º — 65;
Le 23º — 200;
Le 24º — 156;
Le 7º de hussards en attendait 30;
Le 8º — 6;

Faites-moi connaître si tous ces effets de harnachement sont partis. Je vous envoie au reste un compte que je me suis fait rendre par le prince d'Eckmühl. Vous y verrez qu'il y a encore quelques commandes à faire et quelques mesures à prendre pour compléter les remontes et le harnachement de ces régiments.

NAPOLÉON.

6705. — AU GÉNÉRAL CLARKE.

Paris, 28 janvier 1812.

Monsieur le duc de Feltre, le régiment illyrien arrive à Strasbourg du 6 au 22 février. Je pense qu'il faut réunir tout ce régiment à Strasbourg, sans lui donner la peine de se rendre à Düsseldorf.

Quand la division qui est à Düsseldorf marchera en Allemagne, ce régiment la rejoindra alors. Cela évitera beaucoup de fatigues aux hommes et de l'encombrement à Düsseldorf.

Faites-moi connaître si les 1er, 3e et 4e bataillons des pupilles de la Garde sont arrivés à Boulogne.

NAPOLÉON.

6706. — DÉCISION.

Paris, 29 janvier 1812.

Le commandement de l'artillerie du 2e corps de l'Elbe a été confié au général Dulauloy, celui de l'artillerie en Espagne au général Saint-Laurent. Le général Foucher est proposé pour le commandement de l'artillerie de l'armée des côtes de l'Océan.

Le général Charbonnel est hors d'état de se rendre à l'armée.

Le général Faultrier demande sa retraite.

Approuvé.

NAPOLÉON.

6707. — AU MARÉCHAL BERTHIER.

Paris, 29 janvier 1812.

Mon Cousin, j'ai approuvé la composition de votre état-major que vous m'avez présentée. Il sera nécessaire que le général Monthion et le général Lecamus ne soient retirés de Bayonne et de l'armée du Nord qu'après qu'ils seront remplacés. J'ai effacé l'adjudant commandant Dentzel; prenez un autre officier qui parle allemand. Je ne veux pas avoir si près de moi cet officier, qui ne s'est pas bien conduit dans l'affaire du convoi en Biscaye.

NAPOLÉON.

6708. — DÉCISION.

Paris, 29 janvier 1812.

État nominatif des officiers composant l'état-major du maréchal Berthier.	Approuvé. NAPOLÉON.

6709. — DÉCISION.

Paris, 29 janvier 1812.

Le ministre de la guerre propose d'autoriser, au profit de la caisse du 5ᵉ bataillon *bis* du train d'artillerie, et à valoir sur les fonds des dépenses extraordinaires de la guerre, le payement d'une somme de 383 fr. 60, montant d'un bon souscrit par le capitaine Virieu-Beauvoir, ancien commandant de ce bataillon, mort insolvable.	Approuvé. NAPOLÉON.

6710. — AU GÉNÉRAL CLARKE.

Paris, 29 janvier 1812.

Monsieur le duc de Feltre, en attendant que le nouveau magasin à poudre soit construit dans la place de Cherbourg, la poudre sera placée dans le souterrain qui sert de réduit à cette enceinte.

NAPOLÉON.

6711. — AU GÉNÉRAL CLARKE.

Paris, 29 janvier 1812.

Monsieur le duc de Feltre, j'approuve que dans le Mecklenburg les batteries de Warnemunde et de Wismar soient armées comme elles le sont. Le général qui commande dans le Mecklenburg les mettra à l'abri de toute surprise par une garnison suffisante pour leur défense.

Dans la 32ᵉ division militaire, la batterie de Travemunde n'est que de deux pièces de 24 et deux de 20; les pièces de 12 et de 6 ne sont que pour défendre la batterie du côté de terre; je crois l'armement de cette batterie trop faible; il faut y mettre quatre pièces de 24 ou de 20 de plus et deux mortiers.

Je désire qu'on fasse dans l'île de Neuwerck un réduit, et au lieu de deux pièces de 3 il faut sept à huit pièces de 12, 8 ou 6, avec deux obusiers, afin qu'on puisse être en mesure de tenir toujours l'ennemi éloigné de l'embouchure de l'Elbe.

J'approuve la batterie du phare à Cuxhaven, ainsi que le fort Napoléon. J'approuve aussi la suppression des deux batteries du Centre et de Kugerbach, ainsi que de celle de la batterie de l'embouchure de l'Ost. Je désire qu'on me fasse un projet pour la batterie du phare et qu'elle soit fermée à la gorge qui sera défendue par de petites pièces. Indépendamment de l'armement actuel, il faut à ces deux batteries quatre mortiers et un réduit, de manière que 200 hommes renfermés puissent y attendre en sûreté l'ouverture de la tranchée. Moyennant ces batteries, je serai maître de l'Elbe et mes canonnières seront en sûreté.

La batterie de Carlsburg et celle de Blexen seront maintenues, celles de Wadden et de Fedder-Wadden seront supprimées. Deux pièces de 20 de Wadden seront placées à Blexen, les deux autres à Carlsburg. Les deux pièces de 12 et les trois pièces de 6 de Fedder-Wadden seront placées aux gorges des batteries de Blexen et de Carlsburg.

J'approuve la batterie de Gros-Warden sur la Jahde et la mise en état de l'île de Felder; il faut l'approvisionner et y nommer un commandant. Il y aura donc : deux batteries dans le Mecklenburg, savoir : une à Warnemunde (Rostock), une à Wismar; huit batteries dans la 32ᵉ division militaire, savoir : une à Travemunde, une à Neuwerck, deux à l'embouchure de l'Elbe (Cuxhaven), deux à l'embouchure du Weser, deux à la Jahde.

Toutes ces batteries seront armées conformément à l'état proposé et aux augmentations que je viens de détailler. Vous donnerez ordre au commandant de la 32ᵉ division militaire d'avoir toujours des approvisionnements, eau, pain, etc..., pour quinze jours dans chacune de ces batteries, et d'y entretenir des garnisons de 120 à 60 hommes au moins, indépendamment des canonniers, afin qu'elles soient à l'abri d'un coup de main et que mes flottilles soient toujours protégées dans la Jahde, le Weser et l'Elbe. Tous les travaux nécessaires pour établir les gorges de ces batteries seront commencés aussitôt et les devis de dépenses portés au budget de cette année.

Dans la 31ᵉ division militaire, la batterie d'Heppens est également importante pour la Jahde; il faut la former à la gorge et y mettre au moins deux mortiers et quelques petites pièces pour la défense du côté de terre.

Il faut établir, sans délai, la batterie de la pointe de Knock, ainsi que celle d'Otterdum. La batterie d'Oog-Watum ne saurait être trop établie; il y faut au moins douze canons de gros calibre, six mortiers et cinq ou six petites pièces pour la gorge, qui sera fermée. Le commandant de Delfzyl aura soin de tenir toujours une bonne garnison dans cette batterie.

L'armement des deux batteries sur le Lawersee est bien, ainsi que celui de Harlingen; je l'approuve.

Il faut que toutes ces batteries soient en état avant le 1ᵉʳ mai.

NAPOLÉON.

6712. — AU GÉNÉRAL CLARKE.

Paris, 29 janvier 1812.

Monsieur le duc de Feltre, vous devez répondre au général d'Anthouard qu'il doit acheter des chevaux en suffisance pour remplacer les malades et en compléter le nombre à 1,500.

NAPOLÉON.

6713. — AU GÉNÉRAL CLARKE.

Paris, 29 janvier 1812.

Monsieur le duc de Feltre, j'ai nommé quelques colonels, majors et chefs de bataillon d'artillerie de plus que vous en proposez. Cela mettra plus de jeu dans votre service et pourvoira d'ailleurs aux déficits de l'armée.

NAPOLÉON.

6714. — DÉCISION.

Paris, 29 janvier 1812.

Renseignements sur les licornes russes : elles portent moins loin que les obusiers prussiens et n'ont pas de projectiles.

Proposition d'en mettre 10 à la suite du grand parc, pour s'en servir quand on aura pris des obus de leur calibre.

S'il est prouvé qu'elles ne valent pas les obusiers prussiens, on peut se dispenser d'en avoir. Cependant, si l'on pouvait avoir des mobiles, j'aimerais assez à en avoir deux de ces licornes à la suite du parc, afin que toutes les fois qu'on en parlerait, on pût obtenir la preuve qu'elles ne valent pas les obusiers prussiens. Voyez à en organiser deux avec 200 ou 300 boulets chacune.

NAPOLÉON.

6715. — DÉCISION.

Paris, 29 janvier 1812.

On demande les ordres de Sa Majesté sur le départ des 10 compagnies d'artillerie de ligne, attachées aux réserves de la Garde.

Les diriger sur Metz pour ne pas trop encombrer Mayence.

NAPOLÉON.

6716. — DÉCISION.

Paris, 29 janvier 1812.

Compagnies d'artillerie à cheval désignées pour les 8ᵉ et 9ᵉ divisions d'infanterie du 2ᵉ corps de l'Elbe.

L'une est à Strasbourg, l'autre est à Valence; mais elles manquent toutes deux de chevaux; on en achète et on propose de les faire partir quand elles en auront 40 à 50 chacune.

Il n'y a point d'inconvénient, pourvu que ces compagnies partent de Strasbourg et de Valence avant le 15 février, et que le Ministre les fasse remplacer aux 8ᵉ et 9ᵉ divisions par de l'artillerie à pied, de sorte que cela ne fasse éprouver aucun embarras. Au lieu d'avoir des compagnies d'artillerie à pied, on en aura à cheval, ce qui, provisoirement, est tolérable.

NAPOLÉON.

6717. — DÉCISION.

Paris, 29 janvier 1812.

Remplacement à Boulogne d'une partie des voitures d'artillerie que le train de la garde devait ramener d'Espagne et qui ne peuvent l'être à cause de la réduction du nombre des chevaux qui rentrent.

Approuvé.

NAPOLÉON.

6718. — DÉCISIONS (1).

On propose à Sa Majesté d'ordonner, au profit du 3ᵉ régiment étranger (irlandais), le remboursement d'une somme de 10.031 fr. 25 dépensée au profit des prisonniers de guerre anglais à l'époque où ils ont été extraits de ce régiment;

Accordé.

---

(1) Sans signature ni date; extraites du « Travail du ministre de la guerre avec S. M. l'Empereur et Roi daté du 29 janvier 1812 ».

D'ordonner que, sur la somme de 7.118 fr. 69, prise par l'ennemi au 3ᵉ régiment étranger, celle de 4.351 fr. 43 sera remboursée par le Trésor impérial et que le surplus sera réintégré dans la caisse par l'officier payeur.

Accordé.

Le général de division Montchoisy, commandant la 28ᵉ division militaire, sollicite une indemnité en raison de ses dépenses extraordinaires.

Accordé, pendant 1812, une gratification de 1.500 francs par mois.

On propose à Sa Majesté de laisser à M. Marcel, commandant le 1ᵉʳ bataillon de vétérans, une somme de 2.065 francs, à lui payée pendant le temps qu'il a commandé la 2ᵉ demi-brigade de vétérans en Toscane.

Approuvé.

On propose d'accorder en gratification une somme de 13.150 francs aux commissaires des guerres qui ont rempli les fonctions de sous-inspecteurs aux revues pendant le 2ᵉ semestre 1811.

Accordé.

6719. — DÉCISIONS (1).

Paris, 30 janvier 1812.

Nouveau rapport sur les accusations dirigées contre M. le général Quinette, en ce qui concerne l'administration du 5ᵉ régiment de cuirassiers qu'il a commandé.

Le Ministre de la guerre prendra l'opinion du général Nansouty, et particulièrement sur la question de savoir s'il convient qu'un homme qui a une pareille affaire soit employé comme général de brigade dans les cuirassiers.

(1) Non signées; extraites du « Travail du ministre de la guerre avec S. M. l'Empereur et Roi daté du 29 janvier 1812 ».

On soumet à Sa Majesté la demande que fait un ex-chef de bataillon d'artillerie hollandaise, d'être remis en activité dans le corps impérial de cette arme.	Il faut savoir s'il est capable.
On propose à Sa Majesté d'accorder la décoration de la Légion d'honneur à M. l'adjudant commandant Monistrol.	Ajourné.
Proposition de réformer le sieur Mourret, lieutenant au 2ᵉ régiment de chevau-légers, pour cause de mauvaise santé.	Approuvé.
On propose à Sa Majesté d'employer deux généraux de brigade dans la 32ᵉ division militaire, et on présente en concurrence pour cette destination les généraux de brigade C. Lameth, Dutruy et Lauberdière.	Il faut m'en proposer d'autres.
On propose à Sa Majesté de désigner le sieur Le Plat, ancien lieutenant-colonel au service d'Autriche, pour être présenté à une place de major dans la cavalerie légère.	A-t-il pris du service comme capitaine depuis 1800? Je l'ai admis à servir comme capitaine, pourquoi ne l'emploie-t-on pas d'abord dans ce grade avant de me proposer de l'employer comme major? Cet avancement serait ridicule. L'employer d'abord comme capitaine.

6720. — DÉCISION.

Paris, 30 janvier 1812.

Le général Clarke rend compte qu'il a donné l'ordre à un détachement de 100 hommes du 2ᵉ régiment suisse, stationné à Avignon, de rejoindre ses bataillons de guerre.	Approuvé. NAPOLÉON.

6721. — EXTRAIT D'UN ORDRE DE L'EMPEREUR
DU 30 JANVIER 1812 (1).

Je vous ai dit que, pour tout ce qui est au delà du Rhin, vous deviez écrire au prince d'Eckmühl. Aujourd'hui qu'il y a un major général, j'espère que tous les ordres passeront par lui. J'ai nommé des commandants en chef du génie et de l'artillerie; j'espère que les bureaux de l'artillerie et du génie n'adresseront les ordres qu'aux commandants de ces armes, et que les bureaux des revues et autres bureaux ne transmettront rien que par le major général. Tenez la main à la stricte exécution de ces ordres.

6722. — AU GÉNÉRAL CLARKE.

Paris, 30 janvier 1812.

Monsieur le duc de Feltre, un de mes officiers d'ordonnance, qui a été à l'île d'Aix, a fait brûler par mon ordre des fusées à la batterie de la Perrotine. Ces fusées n'ont duré que trente secondes, ce qui n'est pas suffisant pour les mortiers à plaque. Il a trouvé les batteries bien mal gardées. Malgré les ordres que j'ai donnés, les canonniers n'ont pas d'armes, de sorte que 500 à 600 hommes, qui débarqueraient avec des péniches, surprendraient ces batteries et les encloueraient.

NAPOLÉON.

6723. — AU GÉNÉRAL CLARKE.

Paris, 30 janvier 1812.

Monsieur le duc de Feltre, je lis dans une des lettres du général Decaen que la bombarde de la Sainte-Sévère, partie de Cette chargée de bombes et de boulets pour Barcelone, a été chassée le 9 du courant. Pourquoi envoie-t-on des bombes et des boulets à Barcelone? Qui est-ce qui a donné cet ordre? Il vaudrait beaucoup mieux employer les bâtiments à transporter du blé.

NAPOLÉON.

---

(1) Non signé, extrait conforme.

6724. — AU GÉNÉRAL CLARKE.

Paris, 30 janvier 1812.

Monsieur le duc de Feltre, donnez ordre que le 7ᵉ régiment de chasseurs complète ses deux premiers escadrons à 400 hommes à cheval, officiers non compris, et que ces deux escadrons, commandés par le colonel, se mettent en marche le 10 février, pour se rendre à Munster. Les hommes qui ont été en remonte en Allemagne serviront à compléter les deux autres escadrons, et comme ces deux autres escadrons ne doivent pas revenir en France, il faudra que les cadres aillent les rejoindre en Allemagne. Le 5ᵉ escadron et le dépôt resteront seuls à Strasbourg.

Le même ordre sera donné pour le 20ᵉ de chasseurs. Les cadres d'escadron, qui ne seraient pas complétés à 200 chevaux, resteront à Bonn pour recevoir les conscrits.

Donnez ordre au 11ᵉ de chasseurs de faire partir les deux premiers escadrons pour Mayence. Les hommes qui sont en remonte en Allemagne compléteront le 3ᵉ escadron. Les cadres des 4ᵉ et 5ᵉ escadrons resteront au dépôt.

Donnez le même ordre au 12ᵉ de chasseurs; mais ce régiment ayant 550 hommes montés au dépôt et 200 en Allemagne, complétera ses trois escadrons à 250 hommes chacun, ce qui portera sa force à 750 hommes. Le 4ᵉ et le 5ᵉ escadrons resteront au dépôt.

Le 5ᵉ régiment de hussards a 600 hommes montés au dépôt. Ces 600 hommes formeront les trois premiers escadrons qui se rendront à Mayence. Les 300 hommes qui sont en Allemagne seront placés dans le cadre du 4ᵉ escadron. Ce régiment aura donc quatre escadrons et 900 hommes en Allemagne. Le 5ᵉ escadron restera au dépôt.

Le 9ᵉ régiment de hussards fera partir les 700 hommes montés qu'il a au dépôt. Ces 700 hommes formeront trois escadrons. Les 400 hommes que ce régiment a en Allemagne seront placés dans le 4ᵉ escadron, de sorte que le 9ᵉ de hussards aura quatre escadrons ou 1.100 chevaux à l'armée.

Résumé. — Le 7ᵉ régiment de chasseurs aura trois escadrons à cheval ou en remonte, à Munster ou en Allemagne, et le 20ᵉ aura deux escadrons. Ces deux régiments laisseront à leurs dépôts les autres cadres pour recevoir les conscrits. La brigade formée de ces régiments ne pourra donc être que de cinq escadrons, qui, avec les trois ou quatre escadrons du 8⁰ régiment de lanciers, formeront huit ou neuf escadrons, ce qui est la force ordinaire d'une brigade.

Le 11⁰ de chasseurs aura trois escadrons, le 12⁰ de chasseurs trois escadrons, ce qui fera six. Ainsi, cette brigade n'aura que six escadrons.

Le 5⁰ de hussards aura quatre escadrons et le 9⁰ de hussards quatre escadrons.

Ainsi, cette division sera composée, tout d'abord, de quatorze escadrons, en attendant que les quelques autres la rejoignent.

Faites mettre tout cela en marche du 1ᵉʳ au 10 février.

NAPOLÉON.

6725. — DÉCISION.

Paris, 31 janvier 1812.

État des hommes partis de Strasbourg et de Wesel, pour aller renforcer en Allemagne les 4⁰, 6⁰, 7⁰ et 12⁰ cuirassiers.	Je suis fondé à croire que cet état n'est pas exact, et que Wesel et Strasbourg devaient bien fournir ce nombre d'hommes, mais ne les ont pas fournis.

NAPOLÉON.

6726. — AU MARÉCHAL BERTHIER.

Paris, 31 janvier 1812.

Mon Cousin, le 11⁰ régiment d'infanterie légère étant dans l'arrondissement de sa division, il n'y a pas d'ordre à lui donner.

Le 4⁰ bataillon du 56⁰ ne peut partir de Strasbourg que quand il aura reçu ses conscrits.

Passez demain la revue des deux bataillons croates.

Le 1ᵉʳ régiment suisse doit attendre à Strasbourg. Je le ferai partir de là par le chemin le plus court pour aller sur l'Elbe joindre sa division. Mandez-le au général Belliard.

Le 2⁰ régiment suisse, qui est à Liége; le 3⁰, qui est à Nimègue; le 4⁰, qui est à Aix-la-Chapelle; le 123⁰ régiment de ligne, qui est à Nimègue ou à Arnheim, sont rendus à leur division. Le général

Belliard doit les passer en revue, et recevoir de là leurs états de situation.

Quant aux différents détachements d'artillerie et du train qui n'ont pas d'ordres, vous ne me faites pas connaître à quelles divisions ils sont attachés. Quand vous me l'aurez fait connaître, je déciderai leur destination.

NAPOLÉON.

6727. — AU GÉNÉRAL CLARKE (1).

Paris, 31 janvier 1812.

Monsieur le duc de Feltre, mon intention est que le général Lariboisière, premier inspecteur général de l'artillerie, commande en chef l'artillerie de la Grande Armée; le général Eblé commandera les équipages de pont.

Faites-moi connaître quand les chevaux des équipages de pont seront rendus à Mayence et ce qu'ils devront atteler là.

6728. — DÉCISION.

Palais des Tuileries, 1er février 1812.

Le maréchal Berthier propose d'accorder un congé de convalescence au chef d'escadron Caillemer, du 26e régiment de chasseurs, dont la santé nécessite un séjour aux eaux.

Accordé.

NAPOLÉON.

6729. — DÉCISION.

Paris, 1er février 1812.

Pour appuyer les opérations de la levée de 1812, le général Dumas demande l'autorisation d'employer encore pendant quatre mois des garnisaires.

Approuvé.

NAPOLÉON.

---

(1) Non signé, copie conforme.

6730. — DÉCISION.

Paris, 1er février 1812.

Le maréchal Berthier rend compte que le tiercement des escadrons du 13e régiment de chasseurs s'impose afin de donner à ce corps un esprit uniforme.

L'autoriser à faire le tiercement.

NAPOLÉON.

6731. — DÉCISION.

Au palais des Tuileries, 1er février 1812.

Le maréchal Berthier soumet à l'Empereur une demande de congé en faveur de M. Martin, commissaire des guerres faisant fonctions d'ordonnateur de la province de Cordoue.

Accordé.

NAPOLÉON.

6732. — DÉCISION.

Au palais des Tuileries, 1er février 1812.

On demande la rentrée en France d'un officier malade.

Accordé.

NAPOLÉON.

6733. — AU GÉNÉRAL CLARKE (1).

Paris, 1er février 1812.

Monsieur le duc de Feltre, j'ai reçu votre rapport du 31 janvier : j'y vois qu'il faut au train italien 1.850 chevaux, qu'il en existe 1.650 et qu'il en manque 200; mais que, d'ici au 15 mars, il y sera pourvu par l'Italie; c'est donc une affaire terminée.

Je vois que, pour le train français, il faut 2.200 chevaux, c'est-à-dire un bataillon et demi.

Je ne pense pas qu'on doive former un nouveau bataillon, mais il faut se contenter d'ordonner que le 7e bataillon soit complété à

---

(1) Non signé, copie conforme.

1.500 chevaux présents, et quant au reste des chevaux, au lieu de les faire partir de Vérone, il faut les faire partir de Strasbourg et de Metz pour rejoindre par l'Allemagne, en envoyant ces attelages en sus de ce qui est nécessaire pour les autres corps d'armée.

6734. — DÉCISION.

Au palais des Tuileries, 1er février 1812.

Demande de congé en faveur de M. Hall, commissaire des guerres, employé à l'armée de Portugal.

Accordé.

NAPOLÉON.

6735. — DÉCISION.

Au palais des Tuileries, 1er février 1812.

Demande de congé en faveur de M. Alquier, capitaine au 2e d'infanterie légère.

Accordé.

NAPOLÉON.

6736. — DÉCISION.

Au palais des Tuileries, 1er février 1812.

Le maréchal Berthier présente une demande de congé en faveur du général Tirlet, qui sollicite l'autorisation de venir à Paris, consulter les médecins et terminer des affaires personnelles.

Refusé.

NAPOLÉON.

6737. — AU GÉNÉRAL CLARKE.

Paris, 3 février 1812.

Monsieur le duc de Feltre, je réponds à votre rapport du 31 janvier sur la situation actuelle des troupes d'artillerie destinées aux équipages de pont et de siège, au grand parc général, aux places d'Allemagne et à celles de dépôt sur la ligne d'opération. Toutes les dispositions dont vous me rendez compte me paraissent bien. Il n'y a besoin de décision que sur le temps où il faudra faire partir les quatre compagnies d'artillerie à pied qui sont à Boulogne et à Anvers. Il suffira qu'elles partent de Boulogne et d'Anvers le même jour que le parc général partira de Mayence. On les dirigera donc alors sur Mayence, où elles serviront à escorter les convois, et, d'ici à ce temps, elles serviront à la défense des côtes.

Je réponds également à votre lettre du 31, sur la situation des bataillons et portions de bataillons du train destinés à la Grande Armée. Tout me paraît bien et les 18.000 chevaux qui doivent exister au 15 février rempliront mon but. Faites-moi connaître si je puis compter qu'ils y seront réellement. Le général en chef commandant l'artillerie donnera une instruction sur les voitures et caissons qui doivent rester en arrière pour la différence des 18.000 chevaux au complet de 23.000, c'est-à-dire pour être servies par les 5.000 chevaux que doivent fournir la 2ᵉ et la 3ᵉ commandes.

NAPOLÉON.

6738. — AU MARÉCHAL BERTHIER.

Paris, 4 février 1812.

Mon Cousin, le ministre de la guerre donne ordre au général de division Morand et au général Durutte d'être rendus à Hamburg avant le 15 février. Vous ne direz point à ces officiers comment ils doivent être employés, mais vous chargerez le prince d'Eckmühl d'en placer un dans la Poméranie suédoise et l'autre dans le Mecklenburg, afin que ces commandants étudient et connaissent parfaitement les localités et les batteries.

J'ai ordonné que tous les généraux et tous les commandants d'armes employés dans la 32ᵉ division militaire soient à leur poste au 15 février. Vous ordonnerez au prince d'Eckmühl de faire faire par ces officiers une revue générale des côtes, batterie par batterie, afin qu'ils connaissent bien toutes les localités.

NAPOLÉON.

6739. — DÉCISION.

(1) février 1812.

Le matériel, les troupes et le train d'artillerie destinés à la 6ᵉ division du 2ᵉ corps de l'Elbe sont arrivés à Osnabrück; le matériel, les troupes et le train de la 8ᵉ division du même corps sont à Munster.

Ce mouvement est absurde. J'aime mieux que les voitures restent sans attelages à Wesel qu'à Munster. Se concerter avec le général Lariboisière. Je ne conçois rien à cet ordre du ministre de la guerre. Qu'est-ce que de l'artillerie de campagne sans attelage ?

NAPOLÉON.

6740. — DÉCISIONS (2).

On propose à Sa Majesté d'approuver le payement de diverses dépenses qui ont été faites aux armées d'Allemagne et d'Espagne par le conseil d'administration des chasseurs à cheval de la garde, pendant les années 1808 et 1809.

Approuvé.

Le ministre soumet à Sa Majesté son opinion sur la marche à suivre pour faire juger un soldat de la 1ʳᵉ compagnie de réserve de la Seine, un canonnier de la garde impériale, prévenus de faux en écriture privée.

Renvoyé par ordre de l'Empereur au grand juge.

6741. — NOTES DICTÉES AU GÉNÉRAL MATHIEU DUMAS PAR SA MAJESTÉ.

Le mercredi, 5 février 1812.

Les 4ᵉˢ bataillons du 6ᵉ léger et du 17ᵉ *id.* font partie des trois régiments provenant de l'armée du Portugal. Actuellement ils sont

---
(1) Sans date de jour; le rapport du maréchal Berthier est du 4 février.
(2) Sans signature, ni date. Extraites du « Travail du ministre de la guerre avec Sa Majesté l'Empereur et Roi daté du 5 février 1812 ».

en Navarre. Il est donc impossible que ces cadres rentrent en France.

Comme vous avez besoin des 5ᵉˢ bataillons des 114ᵉ, 115ᵉ, 117ᵉ, 118ᵉ, 119ᵉ, 120ᵉ, qui ont tous deux compagnies à l'île de Ré, il serait possible d'incorporer les réfractaires que ces compagnies y ont dans le régiment de l'île de Ré, aujourd'hui faible par la rentrée des cadres qui ont conduit des réfractaires en Allemagne. Le régiment de l'île de Ré a vingt-huit compagnies. Je ne suppose pas plus de 2.000 hommes actuellement effectif pour ces vingt-huit compagnies. Il y a donc trop de compagnies. On pourrait y incorporer 1.800, qui sont placés dans les 2ᵉˢ compagnies des 5ᵉˢ bataillons. Alors, dans la 11ᵉ division militaire, outre le 31ᵉ léger, toutes leurs autres 2ᵉˢ compagnies y rentreraient comme cadres nus et recevraient des conscrits.

Des compagnies du 36ᵉ peuvent être employées à la division de la défense de l'Elbe, ce régiment ayant un bataillon à la Grande Armée.

Le 114ᵉ reçoit 875 hommes; il n'y a pourtant qu'une seule compagnie à Mont-de-Marsan, deux compagnies sont à Oléron. Comment concevoir qu'il reçoive 875 hommes, même momentanément? Le 3ᵉ bataillon peut être deux et trois mois sans revenir. Mais les deux compagnies qui sont à Oléron, et qu'il faut me proposer de faire revenir, pourront recevoir les conscrits.

Je pense que ce régiment a au camp de Bayonne deux compagnies; il pourrait en fournir une; cette compagnie, appartenant au 4ᵉ bataillon, pourrait servir de cadre à recevoir des conscrits. Il faut vérifier cela très soigneusement pour demain.

Le 116ᵉ est dans une position plus défavorable. Tout son 5ᵉ bataillon est employé; il ne peut rien recevoir avant que le cadre de son 3ᵉ bataillon soit arrivé. Il est possible que son 4ᵉ bataillon puisse fournir une compagnie.

Au 117ᵉ s'applique le même raisonnement qu'au 114ᵉ.

Mais le 115ᵉ, le 118ᵉ, le 119ᵉ, le 120ᵉ ayant tous les quatre deux compagnies à Oléron, qui rentreront d'après les dispositions ci-dessus, on peut les compléter chacune pour la défense des Pyrénées et leur donner une partie des hommes qu'on donne aux quatre régiments ci-dessus.

Ainsi, point d'encombrement.

Je ne suis pas sûr que le 34ᵉ léger ait son 5ᵉ bataillon formé. S'il ne l'était pas, qui donc recevrait les 1.250 hommes qu'on lui donne? Vérifier nettement.

Il faut s'assurer si les trois compagnies des 5ᵐᵉˢ bataillons des 121ᵉ et 122ᵉ, à La Rochelle, sont formées; ces cadres n'existaient pas. Ils n'ont dû être formés que depuis. S'ils n'étaient pas formés on serait embarrassé.

Donner plus aux 26ᵉ, 66ᵉ, 82ᵉ, parce que leurs compagnies sont de retour d'Allemagne, et celles qui sont à Oléron pourront être restituées; au lieu de deux compagnies ils en auraient trois. Ils pourraient recevoir 300 hommes.

Le 8ᵉ léger a quatre compagnies du 5ᵉ bataillon portées pour recevoir 500 conscrits à Genève. Ces quatre compagnies sont à l'île de Ré. Ils sont partis de Genève pour Sainte-Marguerite. Ils ont pris ou dû prendre des réfractaires et, de là, en Illyrie. Sont-ils revenus? 18ᵉ léger, *idem*?

16ᵉ de ligne. Je croyais qu'il avait un bataillon de retour à Toulon, on ne le porte pas. Ce 5ᵉ bataillon est très fort; on lui donne trop de conscrits : il a plus de 700 hommes d'effectif.

Même observation pour le 23ᵉ de ligne que pour le 8ᵉ léger. C'est le même cas.

Me porter demain l'état de situation du régiment de l'île de Ré avec un projet de décret, d'incorporer dans ce régiment tous les soldats réfractaires qui sont à l'île d'Oléron, dans les 26ᵉ, 66ᵉ, 82ᵉ et dans les 114ᵉ, 115ᵉ, 117ᵉ, 118ᵉ, 119ᵉ, 120ᵉ de ligne.

Voilà donc quinze compagnies restituées à leurs 5ᵐᵉˢ bataillons.

Mais les 26ᵉ, 82ᵉ, 66ᵉ ont une compagnie qui a conduit des réfractaires en Allemagne. Quand seront-ils de retour?

Si oui, compter pour trois compagnies au lieu d'une compagnie aux 26ᵉ, 66ᵉ, 82ᵉ de ligne.

Diviser la défense des Pyrénées en deux brigades : 1ʳᵉ brigade, Perpignan; 2ᵉ brigade, 11ᵉ division militaire.

Celle de Perpignan va bien.

Seulement trois compagnies des 5ᵉ, 11ᵉ, 79ᵉ de ligne recevront leurs conscrits à Genève, mais fussent (*sic*) portés pour Perpignan au lieu de Toulon. Point de régiments séparés. Les porter comme restant au dépôt, garnison de Genève et Grenoble.

Même chose pour toutes les compagnies des 5ᵐᵉˢ bataillons déjà employées dans une demi-brigade, parce que cette mesure ne peut être justifiée que par la nécessité; et, étant à leurs dépôts, si on en a besoin, on les portera où on voudra.

Ainsi, s'il le faut, on formera un bataillon de neuf compagnies des 5°, 11°, 79° de ligne, et l'envoyer à Perpignan, où chacun joignant son régiment accroîtra la brigade. D'ailleurs, il est bon d'avoir des forces à Genève pour le Simplon, si les circonstances l'exigeaient.

La brigade de la 11° division militaire sera composée des trois compagnies de chacun des 5es bataillons des sept régiments dénommés ci-dessus, ce qui fera 3.000. Mais on leur donnera beaucoup de conscrits parce que les 5es bataillons, à l'arrivée des 3es bataillons, verseront dans ces 3es, et l'on aura sept bataillons formant 5.000 à 6.000 hommes. On n'aura donc rien à craindre. Les cadres de trois compagnies peuvent desservir et dresser 600 à 700 hommes.

Bien s'assurer si le 121° et le 122° sont formés. Avoir les procès-verbaux de formation des 5es bataillons.

Sa Majesté veut savoir s'il y a eu, cet été, un décret qui ordonne à des compagnies de 5es bataillons de plusieurs régiments, et entre autres des 121°, 122°, 32°, 58°, 44°, etc..., d'être incorporées dans les régiments en Espagne pour ne pas faire revenir les cadres. J'ai ordonné, etc... (1).

6742. — DÉCISION.

Paris, 5 février 1812.

Le général Clarke rend compte des motifs pour lesquels le colonel Marbeuf, commandant le 6° chevau-légers, sollicite l'autorisation de retarder jusqu'au 1er mars le départ des deux premiers escadrons de ce corps pour Mayence.

Il faut bien de force retarder jusqu'au 1er mars.

NAPOLÉON.

6743. — DÉCISIONS (2).

On demande à Sa Majesté si l'on doit donner ordre aux régiments d'artillerie à cheval d'acheter les 164 chevaux pour lesquels ils sont compris dans la 3° commande.

Oui.

(1) Ainsi se terminent ces notes du 5 février.
(2) Sans signature ni date. Extraites du « Travail du ministre directeur de l'administration de la guerre avec S. M. l'Empereur et Roi daté du 5 février 1812 ».

On propose à Sa Majesté M. Bourdin, régisseur des hôpitaux de l'armée de Portugal, en ce moment à Bayonne, pour remplacer M. Mouron dans l'emploi de régisseur des hôpitaux du service territorial de l'armée d'Allemagne.

Approuvé.

6744. — DÉCISION.

Paris, 6 février 1812.

Sa Majesté est priée de faire connaître si l'on peut laisser à Strasbourg, pour l'essai d'un pont d'une seule pièce, les deux compagnies de pontonniers attachées aux 2º et 3º corps et qui ont l'ordre de partir.

Ces deux corps ne peuvent pas se passer de pontonniers. Si l'on doit laisser des compagnies, en laisser de celles attachées au parc, et il faut connaître jusqu'à quelle époque.

NAPOLÉON.

6745. — DÉCISION.

Tuileries, 6 février 1812.

Le comte Mollien demande l'autorisation de rappeler en France MM. Dutilleul et Combes, auditeurs au Conseil d'État, attachés l'un à l'armée du nord de l'Espagne, l'autre à celle de Catalogne.

Accordé.

NAPOLÉON.

6746. — DÉCISION.

Paris, 6 février 1812.

Le maréchal Berthier propose de faire incorporer dans le 2º bataillon bis du train d'artillerie employé au parc de l'armée de Portugal le détachement de même arme qui est à Valladolid.

Approuvé.

NAPOLÉON.

6747. — NOTES DICTÉES AU GÉNÉRAL MATHIEU DUMAS PAR SA MAJESTÉ, LE 6 FÉVRIER 1812, SUR LES DIVISIONS DE DÉFENSE ET LA RÉPARTITION.

Il y a encore une ressource : deux compagnies du 1er et deux *id.* du 2e bataillon de Belle-Ile.

Ces quatre compagnies ont été à Santona en Espagne pour être incorporées dans le 130e. Ces cadres doivent être de retour; s'ils n'avaient pas dépassé la Loire, on pourrait les envoyer à l'île d'Oléron pour recevoir des conscrits réfractaires; où sont ces cadres? Le savoir.

Je n'ai pas d'observation à faire sur la 1re division de défense.

Pour la 2e division. — On ne donne que 318 conscrits au 124e. Il faudrait lui en donner 1.000, car il a son 4e bataillon existant au dépôt d'Abbeville, ou du moins il est parti il y a huit jours de Hanovre; cela fait 700 conscrits de plus à donner.

Idem pour le 126e, *idem* 700 hommes de plus à donner.

3e division. — Le 64e ayant aussi son 4e bataillon à Besançon, lui donner 100 hommes de plus.

Idem au 54e, 100 hommes de plus.

Division de Boulogne. — Le 4e bataillon du 36e est complet et fait partie de la 12e division du corps d'observation de l'Océan. Son effectif est 664. Il manque donc 200 hommes pour son complet. Le 5e bataillon n'a qu'une compagnie à Calais, mais elle est complète. Comment recevrait-il 800 hommes? Je pense que 275 hommes suffisent, ce qui économise 600 hommes.

Le 123e, au contraire, a besoin, comme le 124e, de 600 hommes de plus.

Le 125e a besoin de 700 hommes de plus; même raison que pour le 124e.

Le 32e : il faut lui créer par décret deux compagnies au 5e bataillon, de même au 58e, parce que ces deux régiments sont à Paris, et, au lieu de 125 hommes, leur en donner 500, ce qui fait 375 hommes d'augmentation pour chacun de ces régiments.

Pour le 105e on ne porte que le 1er et le 2e bataillons à Cherbourg. Erreur. Il y en a trois. Le 1er bataillon n'a que 450 hommes, le 2e 437, le 3e 452 hommes, ce qui fait 1.300 hommes. Mais cela forme douze compagnies; il manque donc 380 hommes. Ainsi, au lieu de porter à Cherbourg pour le 105ᵉ 270 hommes, il faut y porter 100 hommes de plus. Il est vrai qu'on porte le 3ᵉ bataillon comme étant à Brest. S'il y est resté, c'est contre mes ordres; cela doit être changé.

Division de Bretagne. — Le 15ᵉ de ligne n'a qu'une compagnie en Bretagne. On ne lui donne que 125 hommes. Il faut lui donner 600 hommes de plus, en réitérant les ordres au 4ᵉ bataillon de revenir à Brest. S'il doit tarder, on formerait les deux cadres du 5ᵉ bataillon, qui est en Espagne, et on le porterait ainsi à six compagnies.

Quant au 86ᵉ, il a quatre compagnies à Saint-Malo, on lui donne 375 hommes; mais le 4ᵉ bataillon, qui est à la réserve de Bayonne, a moins de 500 hommes; on donnera ordre que ces 500 hommes soient placés dans les 1ʳᵉ, 2ᵉ et 3ᵉ compagnies, et que les trois autres reviennent à Saint-Malo. Alors, ce régiment aura à Saint-Malo six compagnies et devra recevoir 400 de plus à Saint-Malo.

Le 3ᵉ de ligne, à Brest, a ses trois premiers bataillons, 1.280 hommes; il lui manque 400. On le porte, etc..., c'est bien.

Par ce moyen, la division de Bretagne est diminuée d'un bataillon du 105ᵉ, qui passe à Cherbourg, et augmentée de deux bataillons, un du 15ᵉ et un du 86ᵉ.

Quant aux 26ᵉ, 82ᵉ et 66ᵉ, l'apport fait connaître qu'il faut une augmentation de 200 hommes à chacun.

Division des Pyrénées. — Est bien.

Division de Toulon. — 18ᵉ léger, 8ᵉ, 23ᵉ de ligne : j'ai donné mes ordres à cause de leur séjour à Genève et à Grenoble. Diminuer de 1.000.

Le 22ᵉ léger est bien, mais il faut qu'il reçoive ses conscrits à Rome, où est le dépôt de ce régiment. On leur donnera des Romains; dès qu'ils seront habillés, on les dirigera par la Corniche sur Toulon, où le ministre achèvera de les équiper.

Les 5ᵉ, 11ᵉ, 79ᵉ, 81ᵉ de ligne doivent rester à Chambéry et Grenoble.

Je désire donc une division de plus, formée « division des Alpes », composée des 8ᵉ, 18ᵉ légers; 5ᵉ, 11ᵉ, 23ᵉ, 60ᵉ, 79ᵉ, 81ᵉ de ligne.

Tout cela à trois compagnies, ce qui fait vingt-quatre compagnies, quatre bataillons, bonne réserve pour l'Italie, le Simplon et partout où besoin serait.

J'ai observé que le 102e ne peut recevoir 1.100 hommes, puisque le 4e, à Savone, est fort de 400 hommes; le 5e est de 300, ce qui ferait 1.800 hommes, tandis que le complet est de 1.300. On peut donc lui donner 500 hommes de moins.

Il faut donner des ordres pour que les trois compagnies du 7e de ligne, à Roses, soient augmentées, refaites, car ce régiment n'a plus personne au dépôt; au lieu de 125 hommes lui donner 375 hommes.

Les 9e, 35e, 106e, 92e, 84e, 53e de ligne n'ont pas assez de 500 hommes. Il faut leur en donner 800, ce qui fait 1.800 hommes d'augmentation, tant pour augmenter les troupes qui sont en Italie que pour qu'ils puissent renforcer leurs cadres de guerre qui ne partiraient pas parfaitement complets.

On porte au 22e 700 hommes pour Rome, indépendamment du 6e bataillon.

Tout ceci fait une augmentation de 6.000 hommes et 1.100 hommes de diminution. Il faut balancer par des diminutions peu sensibles sur le reste.

SUR LA RÉPARTITION PAR DÉPARTEMENT ET PAR CORPS.

Le recrutement pour les différentes armes de la Garde doit être exprimé par masses et dirigé sur le dépôt général sans spécifier les corps.

3e de ligne reçoit 1.200 hommes, dont 875 à Strasbourg et le reste à Brest.

Ceux de Brest seraient les 390 de la Lys, et ceux de Strasbourg les 388 de l'Aisne, 387 du Nord.

Comme on doit, à cause des augmentations, etc., on peut ôter 300 conscrits aux 875 qu'on donne au 3e de ligne, à Strasbourg. Faire pour le 105e régiment *idem*. Economie de 600 conscrits.

Avant d'arrêter ce qui est relatif aux bataillons du train, il faut se mettre à jour avec le bureau de l'artillerie.

J'ai ordonné, le 5 février, que neuf (1) compagnies du train dont les bataillons sont en Espagne se rendissent à Metz et à Mayence. Il serait donc très fâcheux qu'on dirigeât les conscrits sur Auch et Toulouse au lieu de Metz et Mayence.

---

(1) C'est sans doute 22. (Note des bureaux.)

Il serait aussi fâcheux qu'on n'ait pas donné (1)

J'ai vingt-six bataillons du train. J'en destine huit à rester définitivement en Espagne; ils n'ont pas besoin d'hommes, puisqu'il y a en Espagne plus d'hommes que de chevaux.

Dix bataillons entiers sont à la Grande Armée; il faut les porter au grand complet et même 50 hommes de plus à chacun.

Le 7ᵉ bataillon *bis* est à Vérone; lui donner son complet, et 100 de plus pris à Parme et à Plaisance pour qu'ils soient rendus de suite.

Il reste huit bataillons. Ces huit bataillons sont partie en Espagne, partie à la Grande Armée.

Mon intention est que les dépôts de ces huit bataillons mi-partie qui sont dans la 11ᵉ division se rendent à Metz et à Mayence, et que tous les conscrits y soient dirigés.

En deux mots, point de conscrits pour ces bataillons à diriger sur Auch et Toulouse; cependant, je vois, etc. (*sic*), tout ce qui est destiné pour Auch.

2ᵉ principal : 230 hommes; mais non à Auch, mais bien sur Mayence pour recruter. Ce nombre n'est pas suffisant, vu qu'il faut compléter les 4ᵉ et 6ᵉ compagnies.

3ᵉ principal : on porte 110 hommes; ils ne suffisent pas. Ce bataillon n'a que la 3ᵉ compagnie qui, d'Auch, a ordre de se rendre à Metz : il faut la compléter. Elle a déjà 86 hommes.

4ᵉ principal : a quatre compagnies à Metz; 95 hommes ne suffisent pas à leur recrutement.

5ᵉ principal : n'a besoin de rien; on a tort d'y porter 140 hommes.

6ᵉ, 7ᵉ, 8ᵉ, 10ᵉ principaux : n'ont besoin de rien; on a tort de leur donner.

11ᵉ principal : a sa 2ᵉ compagnie à Auch. Elle a ordre de se rendre à Metz. Elle amène 72 hommes. Elle n'a besoin que d'être complétée.

Le 12ᵉ principal : a sa 3ᵉ compagnie à Auch. Elle a ordre d'aller à Metz; elle n'a que 14 hommes. 160 ne sont pas nécessaires pour la compléter.

Le 1ᵉʳ *bis* n'a besoin que de compléter à Metz ses trois compagnies.

---

(1) Phrase incomplète.

Le 9ᵉ *bis* a besoin de compléter des compagnies.
Le 2ᵉ *bis* n'a besoin de rien. Tort de lui donner 110.
Le 4ᵉ *bis idem*. On a tort de lui donner 145 hommes.
Le 5ᵉ *bis idem*. Tort de lui donner 140 hommes.
Le 6ᵉ *bis idem*.
Le 7ᵉ *bis* en Italie. Il faut lui donner 100 ou 150 hommes pris à Parme.
Le 8ᵉ *bis* n'a besoin que d'être complété; il est entier.
Le 10ᵉ *bis* n'a besoin de rien.
Le 11ᵉ *bis*, en France, à compléter.
Le 12ᵉ *bis* n'a besoin.
Le 13ᵉ *bis* a cinq compagnies à Metz à compléter.

Voir le bureau d'artillerie; diviser en trois; partir du principe que ce qui est en Espagne n'a besoin de rien.

Cependant, je n'oppose pas qu'on donne 50 à 60 hommes au dépôt des deux compagnies qui sont en Catalogne.

Artillerie. — Quant à l'artillerie, le 4ᵉ, à Alexandrie, et fournissant plus qu'il ne devrait fournir, devrait recevoir des conscrits par compagnie, au lieu de 250, 500.

Au 9ᵉ d'artillerie à pied, donner des Hollandais ou des gens du Nord.

Le 2ᵉ bataillon des pontonniers, qui est à Turin, on peut lui donner des Italiens.

Revoir aussi (à cause de mon dernier travail), avec le bureau du génie, la distribution des sapeurs.

ÉQUIPAGES MILITAIRES.

Les 2ᵉ, 9ᵉ, 12ᵉ, 6ᵉ, 7ᵉ et le 10ᵉ sont les six bataillons qui sont à la Grande Armée et qui seuls ont besoin de conscrits; ceux d'Espagne ont plus d'hommes que de chevaux. Ainsi, rien pour les équipages militaires dans le Midi. Tout à Metz, à Sampigny, à Mayence.

Indépendamment de ces six bataillons, il y a quatre bataillons à la Comtoise, savoir :

Un se forme à Danzig avec des Danziquois et des Polonais; un à Commercy, c'est le 15ᵉ.

Deux autres n'ont pas encore l'ordre d'acheter des chevaux et voitures, mais il faut leur donner des conscrits. Le 15ᵉ est bien.

Celui de Danzig est le 16°, et les 17° et 18° sont ceux que vous devez recruter.

Pour mieux s'entendre, il faudrait dire : bataillon à la Comtoise et à bœufs.

Le 20° bataillon organisé à Danzig.

Nota. — Le 5° est en Catalogne, lui donner les hommes portés sur l'état (235 hommes).

9° bataillon d'équipages militaires. Lui donner des Italiens. Il est à Plaisance; lui donner 50 hommes.

Donner quelque chose à tous les six bataillons de la Grande Armée, de 80 à 100 hommes.

OBSERVATIONS SUR LA CAVALERIE.

On peut ôter à chaque régiment de chevau-légers. Il ne fallait rien donner aux Polonais. C'est une économie de 700 hommes.

A tous les régiments de cavalerie légère, savoir :

6°, 7°, 8°, 9°, 11°, 12°, 19°, 20° chasseurs, ôter 100 hommes.

11°, 12°, 19°, 20°, 24°, 25°, ôter 50 hommes; 28°, ôter 100 hommes.

A tous les régiments de dragons qui sont en Espagne :

4°, 6°, 11°, 15°, 16°, 18°, 21°, 22°, 25°, 26°, 27°, leur ôter 50 hommes, pour économiser 600 hommes et plus.

Aux 7°, 28°, 23° et 30°, ôter 100 hommes; économie 400.

5° de chasseurs en Espagne, 10°, 13°, 14°, 15°, 21°, 22°, 26°, 27° et 31°, ôter 50 hommes, économie 500 hommes.

Hussards.

Aux 1er, 2°, 3°, 4°, 10°, ôter 50 hommes; économie 250 hommes.

9° bis, lui donner 100 hommes.

5°, ôter 50 hommes; 6°, ôter 100 hommes.

OBSERVATIONS SUR LES PAYS.

On donnera aux six régiments qui sont en Italie 200 hommes pris à Rome et en Toscane, et on mettra en note que ces hommes doivent marcher pour joindre les bataillons de guerre sans délai.

Six régiments de l'armée d'Italie forment le corps d'observation et doivent réunir 500 hommes français; ce que j'ai demandé de plus par le travail d'aujourd'hui (je crois 300 hommes) seront fournis de Rome, Toscane, Gênes, Parme.

En faisant connaître qu'aussitôt levés ces hommes doivent marcher aux bataillons de guerre.

NOTES SUR LES BOUCHES DU RHIN ET DE L'ESCAUT.

Nous avons pour principe :
Sur les bouches de l'Escaut et les bouches du Rhin, de ne les pas considérer comme Hollandais. Il faut mêler les conscrits avec les autres dans les régiments.

Les 117ᵉ et 118ᵉ doivent recevoir les conscrits des départements des Pyrénées. Pourquoi leur donne-t-on des Côtes-du-Nord?

Il faut avoir soin de ne pas donner tout italien, hormis aux régiments destinés pour cela, comme le 113ᵉ, le 11ᵉ léger, etc...

On donne 1.000 hommes au 11ᵉ léger. On peut en économiser 600.

Idem 400 sur le 29ᵉ léger: il ne faut pas le porter comme ayant son dépôt à Paris, mais bien à Beauvais.

Trop d'Italiens au 22ᵉ léger. Ne lui en donner que pour son 6ᵉ bataillon, qui reste en Italie. Peut-être est-ce trop que de lui donner 1.500 hommes. On peut en économiser 400 hommes. On ne donne pas assez à la garde d'hommes des départements du Centre, Paris, Seine-et-Oise, etc..., on pourrait en augmenter la proportion.

6748. — ORDRE DICTÉ, LE 6 FÉVRIER 1812, PAR SA MAJESTE AU MINISTRE DE LA GUERRE.

Le 2ᵉ bataillon du 29ᵉ régiment étant parti avec le 1ᵉʳ de Brest, le 21 janvier, il doit être aujourd'hui à Rennes ou Alençon. Mon intention est que vous envoyiez un courrier extraordinaire qui le joindra dans les vingt-quatre heures, afin que les hommes disponibles du 2ᵉ bataillon soient incorporés dans le 1ᵉʳ bataillon et que le cadre du 2ᵉ, bien complet et commandé par un bon chef de bataillon, se rende sans délai à l'île d'Oléron, où il arrivera avant le 15 février; aussitôt arrivé on incorporera dans ce bataillon 1.200

conscrits réfractaires présents ou malades, pris parmi ceux qui font actuellement partie des 14°, 15°, 17° et 18° de ligne, ce qui doit produire un effectif de 1.300 hommes, sans cependant faire plus de 1.100 hommes présents sous les armes.

Ensuite, après que cette opération sera terminée, les cadres des 114°, 115°, 117°, 118° se rendront à leurs dépôts, où ils seront arrivés avant le 28 février.

Le 4° bataillon de l'île de Ré se rendra à Oléron pour le 15 février; il y recevra tous les hommes disponibles du 119°, et les cadres des deux compagnies du 119° rejoindront leur dépôt; les deux compagnies du 120° se rendront à l'île d'Aix. Tous les hommes disponibles seront incorporés dans le 2° bataillon, et cette opération étant terminée, le cadre du 120° se rendra au dépôt.

Les compagnies des 26°, 66°, 82°, qui sont à l'île de Ré, se rendront à l'île d'Aix : les 500 conscrits réfractaires, que contiennent ces trois compagnies, seront incorporés dans les 1ᵉʳ et 2° bataillons de l'île de Ré, et cela fait, les cadres de ces trois compagnies joindront leurs dépôts.

Le général Dumas fera au plan de défense l'amendement suivant : le 3° bataillon de l'île de Ré, au lieu de rester à l'île d'Aix, passera à l'île d'Oléron, où il recevra les conscrits des 120° et 119°. Il ne restera à l'île d'Aix que les 1ᵉʳ et 2° bataillons, qui recevront 500 hommes des 26°, 82° et 66° de ligne.

En conséquence, il y aura à l'île d'Aix les 1ᵉʳ et 2° bataillons du régiment de l'île de Ré, commandés par le colonel, avec 1.200 hommes présents sous les armes.

Il y aura à l'île d'Oléron le 3° bataillon du 29° léger, les 3° et 4° bataillons de l'île de Ré, ce qui fera 3.000 à 4.000 hommes.

Le mouvement des trois compagnies des 26°, 82° et 66° se fera par eau. Les hommes s'embarqueront à la rade du Saumonard, et débarqueront à l'île d'Aix : mon intention est que ces conscrits réfractaires ne passent pas par le continent.

Je ne suis pas satisfait de la manière dont le général de brigade fait le service; il doit demeurer de sa personne à la rade du Saumonard où à celle de la Pyrotine; il peut très bien se loger à la batterie de la Pyrotine dans les établissements de la marine.

Indépendamment des canonniers cantonnés à la Pyrotine et au Saumonard, il doit toujours y avoir 1.000 hommes, lesquels seront tenus en haleine, exercés aux manœuvres d'infanterie et à celles de l'artillerie; cette mesure est de rigueur à dater du 1ᵉʳ mars. Le général répondrait sur sa tête d'avoir compromis par la prise des batteries la sûreté des vaisseaux mouillés sur ces rades.

Le général qui est à l'île d'Aix n'a pas les qualités requises; il est malade, il se fait porter aux manœuvres. C'est un avant-poste très important. Vous témoignerez mon mécontentement au général commandant la division, qui a dû connaître cela et n'y a pas mis ordre; à dater du 15 mars, il faut qu'il y ait, sur ce point-là, 3.000 hommes, canonniers compris. Qu'on fasse fréquemment l'exercice à feu, qu'on tire à la cible, qu'on fasse instruire et passer successivement tous les hommes aux manœuvres du canon.

Il faut aussi, à dater du 15 mars, qu'il y ait à l'île d'Aix 12 officiers d'artillerie pris parmi les officiers de l'artillerie de la marine, qui ne font rien à Rochefort. Qu'on ne perde pas de vue que ce poste de l'île d'Aix est de la première importance et que c'est la sûreté de l'escadre qui va être augmentée de plusieurs vaisseaux.

Enfin, les deux bataillons du 29ᵉ léger (3ᵉ et 4ᵉ) étant partis de l'île de Ré, il y reste encore un bataillon du 10ᵉ d'infanterie légère et un de Walcheren.

Mon intention est que vous laissiez le général de division maître de faire partir ces bataillons pour Paris. Il se décidera par la situation des 3ᵉ et 4ᵉ bataillons du 29ᵉ léger, à leur passage de la Loire. S'ils ont passé la Loire sans avoir perdu plus du sixième de leurs présents sous les armes au moment de leur départ, il fera partir ces deux bataillons; si, au contraire, ils avaient perdu davantage, je déciderai sur le compte que vous m'en rendrez.

Avant de faire partir le 10ᵉ d'infanterie légère et le bataillon de Walcheren, on en extraira les plus mauvais sujets et surtout les hommes appartenant aux 12ᵉ, 22ᵉ ou 13ᵉ divisions militaires.

On prendra d'ailleurs toutes les précautions déjà prescrites et on fera exécuter à mort le premier déserteur.

6749. — DÉCISIONS (1).

Paris, 6 février 1812.

On propose à Sa Majesté d'accorder grâce à 741 condamnés aux travaux publics ou aux boulets et de les incorporer dans les régiments de Walcheren et dans des régiments de l'armée d'Italie.

Envoyer tout ce qui est en deçà des Alpes sur Wesel, où le dépôt les armera, les habillera, et les dirigera ensuite sur l'armée d'Allemagne.

Le général de brigade Paillard, commandant la province de Palencia, sollicite le commandement du département de l'Orne.

Approuvé.

On met sous les yeux de Sa Majesté la demande que fait un grenadier à cheval de la garde pour obtenir son congé. Ce militaire compte huit ans de service; deux de ses frères sont morts au champ d'honneur et il reste seul pour être le soutien de son père, vieillard septuagénaire et infirme.

Accordé.

Le sieur Hunter-Blair, capitaine anglais, a sauvé des flammes, à Verdun, la femme et la fille du maire de cette ville et a perdu tous ses effets dans cet incendie.

L'échanger contre un prisonnier de son grade, prisonnier en Angleterre.

On propose à Sa Majesté de faire admettre à la succursale des Invalides établie à Louvain le nommé Semianow, né en Russie et qui a perdu un bras au service de Sa Majesté dans la légion de la Vistule pendant la campagne de 1808, à l'armée d'Espagne;

Accordé.

D'accorder une dispense de service militaire au sieur d'Estourmel,

Accordé.

---

(1) Non signées; extraites du « Travail du ministre de la guerre avec S. M. l'Empereur et Roi daté du 5 février 1812 ».

capitaine adjoint. Cet officier a des infirmités qui l'empêchent de continuer la carrière militaire.

On fait connaître à Sa Majesté que les habits blancs qui viennent de Hollande et qui serviront à l'habillement des pupilles ont le collet, le revers, les parements et les passepoils en drap vert; que la grande majorité des hommes dont l'uniforme doit être blanc seront vêtus de ces habits.
On la prie de faire connaître si Elle approuve qu'on mette des distinctions en vert sur le petit nombre d'habits blancs qui restent à confectionner.

Cela est indifférent, pourvu que les étoffes soient employées.

On propose à Sa Majesté de confier le commandement du département de Seine-et-Oise au général de brigade Noirot.

Approuvé.

Le marquis d'Almenara, ministre de S. M. C., demande que son fils, le sieur Hervas, capitaine au 31ᵉ régiment de chasseurs, obtienne la permission de passer au service d'Espagne.

Accordé.

Le sieur Lecapitaine, maréchal de camp au service de Sa Majesté le roi d'Espagne, demande l'autorisation de rentrer en France, où des affaires de famille l'appellent.

Accordé.

6750. — AU GÉNÉRAL CLARKE.

Paris, 7 février 1812.

Monsieur le duc de Feltre, j'approuve que vous dirigiez sur Danzig 13.000 boulets de 24 et 32.000 de 12. J'approuve également que vous fassiez couler, à Torgelow, 4.000 bombes de 8 pouces 9 lignes.

NAPOLÉON.

6751. — DÉCISION.

Paris, 7 février 1812.

Prolongation de congé demandée en faveur du chef d'escadron Petiet, aide de camp du maréchal Soult.

Accordé.

NAPOLÉON.

6752. — AU GÉNÉRAL LACUÉE.

Paris, 7 février 1812.

Monsieur le comte de Cessac, j'approuve que la 31e division participe avec la 32e et le Mecklenburg à la réquisition de chevaux. Puisque je n'ai rien à espérer des fournisseurs qui, évidemment, ne sont que des intrigants qui calculaient sur la corruption, je préfère avoir recours à ces réquisitions. Remettez-moi la répartition des chevaux entre les différentes préfectures. Je ne renoncerais à la méthode des réquisitions qu'autant que les marchés fourniraient et, jusqu'à cette heure, ils n'ont presque rien produit. Je donne l'ordre que le régiment de chevau-légers fasse partir 250 hommes avec leurs selles, leurs habits et leurs armes, pour le dépôt de Posen; par conséquent, ce sera 250 chevaux que fournira la Pologne.

NAPOLÉON

6753. — AU GÉNÉRAL LACUÉE.

Paris, 7 février 1812.

Monsieur le comte de Cessac, la 1re compagnie d'ambulance, qui est à Laibach, suivra le corps d'observation d'Italie; la 3e, qui est à Hamburg, se rendra à Stettin et sera attachée au 3e corps de l'Elbe; les 9e, 10e et 11e se réuniront à Mayence et suivront le grand quartier général. J'approuve que vous portiez ces compagnies à 150 hommes sans rien prendre sur la conscription.

NAPOLÉON.

6754. — AU MARÉCHAL BERTHIER.

Paris, 8 février 1812.

Mon Cousin, donnez ordre au général Delaborde d'être rendu le 15 février à Bruxelles, où il prendra le commandement de la 1re division de la garde, composée : 1re brigade, des 5e et 6e régiments de voltigeurs, et 2e brigade, des 5e et 6e régiments de tirailleurs.

NAPOLÉON.

6755. — AU MARÉCHAL BERTHIER.

Paris, 8 février 1812.

Mon Cousin, donnez ordre au général de division Pernety d'être rendu le 15 février à Hamburg.

NAPOLÉON.

6756. — AU MARÉCHAL BERTHIER.

Paris, 8 février 1812.

Mon Cousin, faites connaître au général Saint-Cyr, au duc d'Abrantès et au général Reynier qu'ils seront employés à l'armée; qu'ils aient à faire partir leurs équipages pour Mayence, et que vous leur ferez connaître incessamment leur destination.

NAPOLÉON.

6757. — AU MARÉCHAL BERTHIER.

Paris, 8 février 1812.

Mon Cousin, il est convenable que vous donniez l'ordre que tous les bagages de mes officiers d'ordonnance et aides de camp, ceux des officiers d'état-major, les vôtres et les miens soient rendus le 1er mars à Mayence.

NAPOLÉON.

P.-S. — Donnez le même ordre pour les colonels généraux de la garde.

6758. — AU GÉNÉRAL CLARKE.

Paris, 8 février 1812.

Monsieur le duc de Feltre, vous me faites connaître qu'il y a :

Au 6ᵉ régiment de hussards...............	31 chevaux.
Au 6ᵉ de chasseurs.......................	11 —
Au 25ᵉ de chasseurs......................	37 —
Au 23ᵉ de dragons........................	13 —
Au 28ᵉ id.	41 —
Au 30ᵉ id.	27 —
Total...................	160 chevaux.

au-dessus du complet en hommes. Donnez ordre au vice-roi de réunir ces 160 chevaux à Vérone et d'en former un dépôt. Le général M. Dumas fournira 160 conscrits, pris en Piémont pour ce dépôt. Le ministre de l'administration de la guerre prendra des mesures extraordinaires pour pourvoir à l'habillement de ces hommes, et vous chargerez le vice-roi d'y avoir l'œil. Quand ces hommes seront habillés, équipés et un peu stylés, on les fera rejoindre par Innspruck.

NAPOLÉON.

6759. — AU GÉNÉRAL CLARKE.

Paris, 8 février 1812.

Monsieur le duc de Feltre, j'approuve que vous fassiez revenir d'Espagne deux colonels, un major, cinq chefs de bataillon et deux capitaines, de l'arme de l'artillerie. Il y a effectivement trop d'officiers d'artillerie au delà des Pyrénées.

NAPOLÉON.

6760. — AU GÉNÉRAL CLARKE.

Paris, 8 février 1812.

Monsieur le duc de Feltre, mon intention est que vous fassiez évacuer de Boulogne le matériel qui est inutile au service, de sorte que cette place étant prise par l'ennemi j'y fasse le moins de pertes possible. J'apprends qu'il y a à Boulogne 202 pièces de canon qui sont inutiles à la place, un certain nombre de caissons et 60.000 ou 80.000 outils. Tout cela me paraît inutile. Ordonnez donc que tout ce qui n'est pas utile à la défense de la place et de la côte soit dirigé sur Saint-Omer.

NAPOLÉON.

6761. — AU GÉNÉRAL CLARKE (1).

Paris, 8 février 1812.

Monsieur le duc de Feltre, j'ai approuvé le passage de 40.000 fusils destinés aux insurgés, de Mayence à Magdeburg. Mais j'attends toujours un rapport sur les armes nécessaires pour le service de la Grande Armée.

En armes bonnes pour mes troupes, combien en ai-je à Danzig et dans les places de l'Oder ?

En armes bonnes pour les alliés, combien en ai-je à Danzig et dans les places de l'Oder ?

En armes bonnes pour les insurgés, combien en ai-je en Pologne, dans les places de l'Allemagne et dans les places du Rhin ?

Vous sentez que j'ai besoin d'une très grande quantité d'armes pour armer les insurgés. 200.000 ou 300.000 ne sont pas trop.

6762. — DÉCISION.

Paris, 9 février 1812.

Le général Clarke propose d'envoyer le dépôt du 4ᵉ régiment suisse, qui est à Rennes, soit à Dijon, soit à Nancy.

Approuvé pour Nancy.

NAPOLÉON.

6763. — DÉCISION.

Paris, 9 février 1812.

Le maréchal Suchet demande que 80 des hommes du 11ᵉ bataillon des équipages militaires qui

Donner ordre à ces hommes de se rendre à Valence.

NAPOLÉON.

---

(1) Non signé, copie conforme.

sont à Pau, soient dirigés sur Valence pour soigner et conduire une remonte de 157 chevaux ou mulets.

6764. — DÉCISION.

Paris, 9 février 1812.

Rapport du maréchal Davout sur les mesures qu'il a cru devoir prendre à la suite des rixes survenues à Brunswick et Hanovre entre les troupes françaises et westphaliennes.

Renvoyé au prince de Neuchâtel pour témoigner mon mécontentement au prince d'Eckmühl. Il ne lui appartient pas de s'éloigner de l'exécution de mes décrets; toute insulte faite à mes troupes doit être jugée par une commission militaire française.

NAPOLÉON.

6765. — DÉCISION.

Paris, 9 février 1812.

500.000 livres de poudre sont expédiées de Mayence sur Magdeburg.

On demande les ordres de Sa Majesté sur l'expédition des armes qui doit suivre celle des poudres.

Approuvé.

NAPOLÉON.

6766. — DÉCISION.

Paris, 9 février 1812.

Les poudres seront toutes expédiées de Wesel vers le 15 février; peut-on employer les 3.000 chevaux placés en relais au transport des armes et des projectiles, après l'expédition des poudres ?

Non; du 15 au 20 février, le corps d'observation de l'Elbe doit faire un mouvement et chacun doit être à son poste.

NAPOLÉON.

6767. — AU MARÉCHAL BERTHIER.

Paris, 9 février 1812.

Mon Cousin, vous avez dû recevoir le décret par lequel j'ordonne que toute insulte faite à mes troupes dans l'arrondissement de la Grande Armée sera jugée par une commission militaire française. Envoyez ce décret aux généraux commandant les différents corps d'armée et recommandez-en l'exécution. Faites connaître au prince d'Eckmühl qu'il ait à ne pas s'éloigner de l'exécution de ce décret, sous quelque prétexte que ce soit, et que mon intention est qu'il arrange ses cantonnements de manière qu'il y ait toujours plus de Français que de Westphaliens dans chaque place; qu'enfin, la première fois que ces derniers se comporteront mal on les punisse d'importance.

NAPOLÉON.

6768. — DÉCISION.

Palais des Tuileries, 10 février 1812.

Congé de convalescence de trois mois demandé pour M. Ossent, sous-lieutenant quartier-maître au 17e escadron de gendarmerie d'Espagne.

Accordé.

NAPOLÉON.

6769. — EXTRAIT DU PROCÈS-VERBAL DU CONSEIL DU GÉNIE TENU LE 11 FÉVRIER 1812 PAR SA MAJESTÉ (1).

Sa Majesté porte son attention sur les plans d'Ancône.
L'Empereur désire que les nouveaux ouvrages de cette place soient armés.

6770. — AU MARÉCHAL BERTHIER.

Paris, 11 février 1812.

Mon Cousin, mon intention est qu'il y ait à chacune des cinq divisions du 1er corps d'observation de l'Elbe trois généraux de

---

(1) Non signé, extrait conforme.

brigade. La division Compans étant de quatre brigades, il est donc nécessaire qu'elle ait quatre généraux de brigade. Les 6°, 8° et 9° divisions doivent également former chacune trois brigades, ainsi que les 10°, 11°, 13°, 14° et 15° divisions. Il manque beaucoup de généraux de brigade. Voyez à m'en proposer le nombre nécessaire pour les compléter. Dans chacune des divisions de cuirassiers, il doit y avoir trois généraux de brigade. Le 1er corps d'observation de l'Elbe étant de cinq à six divisions, a besoin de deux généraux d'artillerie. Le général Pernety ne suffit pas. On pourrait y employer le général Faure ou tout autre général accoutumé au service de l'artillerie légère. Faites-moi connaître l'ordre que j'ai donné pour le 2° bataillon d'équipages militaires.

NAPOLÉON.

6771. — AU GÉNÉRAL CLARKE.

Paris, 11 février 1812.

Monsieur le duc de Feltre, laissez le général Rivaud maître de fixer le départ du 4° bataillon de Walcheren et du 4° bataillon du 10° d'infanterie légère. J'approuve surtout l'idée de faire faire des exemples sur les déserteurs, avant que ces deux bataillons se mettent en route.

NAPOLÉON.

6772. — AU GÉNÉRAL CLARKE.

Paris, 11 février 1812.

Monsieur le duc de Feltre, il est fâcheux que l'on ait envoyé 200 hommes à pied du 7° chasseurs en Hanovre, et qu'on n'ait pas laissé assez de monde pour monter les chevaux qui sont au régiment.

Je pense que le remède est d'ordonner à 200 hommes à pied de s'arrêter dans le lieu où ils recevront votre ordre; et au colonel de faire partir tous les hommes à cheval qui sont au régiment. Chaque homme monté mènera un cheval de main, qui servira à monter un homme du détachement, de sorte que ce régiment aura 400 hommes montés sur-le-champ. Cela me paraît préférable à la proposition que vous me faites de lui donner des conscrits réfractaires, qui ne seraient pas habillés de longtemps. Ce régiment recevra ses conscrits de la conscription.

Comme il y aura, dans le détachement qui est à pied, 50 hommes de plus que le régiment ne pourra envoyer de chevaux, ces 50 hommes iront en Allemagne, et, en conséquence, continueront leur route. Ne perdez pas un moment pour donner ces ordres.

Napoléon.

6773. — DÉCISION (1).

On propose à Sa Majesté de nommer à la place d'inspecteur de l'hôpital militaire de Rome le sieur Hugonnenc, ancien agent en chef des hôpitaux militaires de différentes armées.

Approuvé.

6774. — DÉCISION.

Palais des Tuileries, 13 février 1812.

Le maréchal Berthier demande l'autorisation de permettre, pour raison de santé, à l'adjudant-major Charlet, du 1er régiment de marche de l'armée de Portugal, de rentrer en France.

Accordé.

Napoléon.

6775. — DÉCISION.

Palais des Tuileries, 13 février 1812.

Le général Dorsenne demande qu'il soit accordé un congé de convalescence au commissaire des guerres Vast, faisant fonctions d'ordonnateur du 6° gouvernement d'Espagne.

Accordé.

Napoléon.

---

(1) Sans signature ni date. Extraite du « Travail du ministre directeur de l'administration de la guerre avec S. M. l'Empereur et Roi daté du 12 février 1812 ».

6776. — AU MARÉCHAL BERTHIER.

Paris, 13 février 1812.

Mon Cousin, donnez ordre que le 4⁰ bataillon du 62⁰ soit incorporé dans les trois premiers bataillons et que le cadre de ce 4⁰ bataillon se rende à son dépôt. Recommandez que les sous-officiers soient bien complétés et que ce soient d'anciens soldats. Donnez le même ordre pour le 4⁰ bataillon du 101⁰.

NAPOLÉON.

6777. — AU MARÉCHAL BERTHIER.

Paris, 13 février 1812.

Mon Cousin, mandez au prince d'Eckmühl que je suppose qu'il a avec lui le nombre de maçons et d'ouvriers nécessaires pour construire cinq fours en vingt-quatre heures, et que ces ouvriers ont leurs outils; s'il ne les a pas, qu'il s'en procure à Hamburg, mon intention étant de consommer moins de biscuit et de porter de préférence des farines, parce que, de tous les moyens d'approvisionnement, la farine est le plus avantageux. Je désire donc que tous les corps de la Grande Armée aient le nombre d'ouvriers nécessaires pour construire cinq fours en vingt-quatre heures. Le quartier général doit en avoir autant.

NAPOLÉON.

6778. — DÉCISION.

Palais des Tuileries, 13 février 1812.

Le maréchal Soult propose d'autoriser le capitaine Chevilliau, du 64⁰ de ligne, et le chirurgien-major Ganderax à rentrer en France, ces deux officiers se trouvant par suite de blessures dans l'impossibilité de servir.	Approuvé. NAPOLÉON.

6779. — DÉCISION.

Palais des Tuileries, 13 février 1812.

Le général Clarke propose d'employer les hommes disponibles au dépôt du 3ᵉ d'artillerie à pied au complétement des 6ᵉ, 11ᵉ et 13ᵉ compagnies de ce régiment qui sont stationnées dans la 24ᵉ division militaire.

Approuvé.

NAPOLÉON.

6780. — AU GÉNÉRAL MATHIEU DUMAS.

Paris, 13 février 1812.

Monsieur le comte Dumas, je vous renvoie la répartition de la conscription, approuvée. J'y ai fait quelques changements, que vous pouvez exécuter, sans les soumettre de nouveau à mon approbation, vu qu'il n'y a pas de temps à perdre.

DIMINUTION.

Vous ôterez :

Au 3ᵉ de ligne, qui est à Strasbourg....	200	hommes,
Au 5ᵉ id.	200	—
Au 8ᵉ id. (sur les bouches du Rhin)	100	—
Au 10ᵉ id.	100	—
Au 11ᵉ id.	200	—
Au 20ᵉ id.	100	—
Au 34ᵉ id.	100	—
Au 40ᵉ id.	200	—
Au 45ᵉ id.	100	—
Au 52ᵉ id.	100	—
Au 54ᵉ id.	100	—
Au 63ᵉ id.	100	—
Au 79ᵉ id.	200	—
Au 88ᵉ id.	100	—
Au 95ᵉ id.	100	—
Au 112ᵉ id.	200	—

Au 118ᵉ de ligne..................	100 hommes.	
Au 5ᵉ léger...................	100	—
Au 3ᵉ id.....................	100	—
Au 2ᵉ id.....................	100	—
Au 16ᵉ id.....................	200	—
Au 22ᵉ id.....................	400	—
Au 28ᵉ id.....................	100	—
Au 34ᵉ id.....................	200	—
Total............	3.500 hommes.	

AUGMENTATION.

Vous donnerez de plus :

Au 123ᵉ.......................	600 hommes.	
Au 124ᵉ.......................	600	—
Au 125ᵉ.......................	600	—
Au 126ᵉ.......................	600	—
Au 33ᵉ léger...................	600	—
Total.............	3.000 hommes.	

Nota. — Après ces 3.000 distribués, les 500 autres seront dirigés sur Paris pour être joints à ceux de la réserve et servir suivant les besoins qui se feront sentir.

Vous emploierez dans ces cinq régiments des hommes des départements de la Lippe, des Bouches-du-Rhin, de l'Escaut et de la Belgique, c'est-à-dire des Flamands.

J'avais essayé de faire moi-même ces changements, mais cela m'entraînerait dans trop de détails.

Je remarque que vous avez composé tout le 22ᵉ léger de Romains. Il faut composer seulement de Romains le 6ᵉ bataillon de 500 ou 600 hommes qui se rendent en France; mais les autres bataillons qui restent en Italie doivent être composés de Français.

Par ce moyen, sans attendre la nouvelle levée de Hollande, les cinq 4ᵉˢ bataillons des 123ᵉ, 124ᵉ, 125ᵉ, 126ᵉ et 33ᵉ léger pourront remplir leur but.

Je vous renvoie également les états de formation des demi-brigades, de crainte que vous n'en ayez pas de copie. Vous me les renverrez à votre aise.

Je vous renvoie tous vos états approuvés, sans les faire passer par la Secrétairerie d'État, pour éviter tout délai. Renvoyez-moi une copie du travail définitif dans la semaine. Le principal est que ce travail soit expédié dans la semaine, dès demain. Vous joindrez à ces états, que je vous envoie approuvés et que vous devez renvoyer à la Secrétairerie d'État quand vous me les renverrez, un état par département.

En y pensant mieux, je désire que les quatre bataillons des 5e, 11e et 79e se rendent à Genève et à Grenoble, où sont leurs dépôts, et non à Perpignan, parce que cela met une confusion dans la comptabilité, qui est incompatible avec le grand travail du ministère de l'administration de la guerre. Il est seulement convenable de composer le supplément d'hommes à donner aux 5e, 11e et 79e le tiers d'Italiens et les deux tiers d'hommes du Dauphiné et des 19e, 6e et 8e divisions militaires et non d'hommes des Pyrénées. Ces hommes arriveront plus promptement à leurs dépôts, seront plus promptement habillés, et selon les circonstances on pourra disposer des 4es bataillons pour les envoyer à Perpignan ou en Italie.

Quant au 3e léger, le cadre se rendra à Parme, où est le dépôt, et les conscrits seront dirigés sur Parme.

Quant au 3e de ligne et au 105e, je fais la même observation. Les hommes seront dirigés sur les dépôts où on les habillera, et, de là, sur Brest et sur Cherbourg. Il ne faut pas les prendre sur la frontière de l'Est, parce que traversant deux fois la France, ces hommes feraient 400 lieues, et seraient exposés à une grande désertion, au lieu qu'en employant des Italiens, et des hommes des 6e, 7e, 5e, 19e divisions militaires, etc..., après leur avoir fait passer un mois à Strasbourg, il n'y aurait plus d'inconvénient, et on les enverrait à Brest et à Cherbourg.

Le 6e bataillon du 22e léger sera habillé à son dépôt à Rome.

Vous augmenterez le corps d'Italie du bataillon du 3e léger et les corps du Simplon et de Genève de trois bataillons.

Ainsi, il n'y aura pas de changements importants; rien ne sera changé au cours des choses, ce qui est un avantage. Le ministre de l'administration de la guerre aura moins de travail, et, dès lors, la conscription sera dirigée sur les dépôts.

Napoléon.

6781. — DÉCISION.

Paris, 13 février 1812.

La 7ᵉ compagnie du 6ᵉ d'artillerie à cheval doit arriver le 25 février à Wesel, venant de Metz.

Approuvé ce mouvement.
NAPOLÉON.

6782. — AU GÉNÉRAL CLARKE.

Paris, 13 février 1812.

Monsieur le duc de Feltre, je réponds à votre rapport du 11 février (artillerie). J'y vois qu'il y a en Allemagne 30.000 fusils bons pour les troupes françaises, 100.000 bons pour les alliés et 150.000 bons pour les insurgés.

Je désire que vous fassiez réparer à Liège toutes les armes qui peuvent l'être et qui ne coûteront pas plus que 3 francs. Je vous autorise à en détruire 10.000 pour vous servir des pièces de rechange.

Vous portez 26.000 fusils à Küstrin; je crois que ces fusils ne m'appartiennent plus et que je les ai donnés aux Polonais.

6783. — AU GÉNÉRAL CLARKE.

Paris, 13 février 1812.

Monsieur le duc de Feltre, donnez ordre aux compagnies des 26ᵉ, 66ᵉ et 82ᵉ, qui sont à l'île d'Oléron, de s'embarquer aux Saumonards pour débarquer à l'île d'Aix, et d'incorporer leurs conscrits réfractaires dans le régiment de l'île de Ré. Les cadres des 26ᵉ, 66ᵉ et 82ᵉ régiments rejoindront leur dépôt, afin d'y recevoir la conscription.

Donnez ordre au bataillon formé de deux compagnies des 5ᵐˢ bataillons du 114ᵉ, du 115ᵉ, etc..., qui est à l'île de Ré, d'en partir pour se rendre à Paris. On prendra toutes les mesures d'usage pour leur route. Arrivés à Versailles, ces conscrits seront incorporés dans le 29ᵉ régiment d'infanterie légère ou dans tout autre régiment et les cadres rejoindront leur dépôt pour y recevoir la conscription.

NAPOLÉON.

---

(1) Non signé, copie conforme.

6784. — DÉCISION.

Paris, 13 février 1812.

On demande l'autorisation de faire cantonner autour de Düsseldorf la 11ᵉ division du corps d'observation de l'Océan.

Je ne vois pas de difficultés à cantonner les troupes.

NAPOLÉON.

6785. — AU GÉNÉRAL LACUÉE.

Paris, 13 février 1812.

Monsieur le comte de Cessac, par mon décret du 10 janvier, j'ai ordonné que le 7ᵉ bataillon d'équipages militaires serait porté à son complet. J'ai chargé la garde de fournir les chevaux; les hommes ont été donnés sur la conscription. Faites-moi connaître où en est l'achat des chevaux et dans quels lieux les caissons doivent être pris. J'ai ordonné, par le même décret, que le 6ᵉ bataillon d'équipages fût complété. Trois compagnies doivent l'être à Metz et trois doivent être formées à Hamburg. A-t-on fait partir les cadres de ces dernières ? Par mon décret du 24 janvier, j'ai ordonné la formation de deux bataillons à la Comtoise : un doit être formé à Danzig et l'autre à Commercy. Par le même décret, j'ai ordonné la formation de deux bataillons attelés de bœufs. Tous ces cadres ont-ils été nommés ? Quand puis-je compter sur la formation de ces bataillons ? Indépendamment de ce, des soldats pour deux autres bataillons à la Comtoise et pour deux autres bataillons attelés de bœufs ont été fournis par la conscription et doivent être réunis dans le courant de mars à Commercy. Présentez-moi un projet de décret pour former les cadres de ces quatre autres bataillons. Ainsi donc j'aurai à la Grande Armée, savoir :

Six bataillons d'équipages militaires ordinaires, formant.	1.440	voitures.
Le bataillon de la garde.	240	—
Celui du corps d'observation d'Italie.	240	—
Quatre bataillons à la Comtoise.	2.400	—
Quatre bataillons attelés de bœufs.	1.200	—
TOTAL.	5.520	voitures.

sans compter les caissons d'équipages militaires attachés au corps, ce qui fera près de 7.000 voitures. Un équipage aussi considérable aurait besoin de plusieurs employés supérieurs de différents grades pour les inspecter et pour s'occuper de tout ce qui y est relatif. De tout ce grand train, je désire avoir dans le cours de février et mars, disponibles au delà du Rhin, les 1ᵉʳ, 2ᵉ, 3ᵉ, 6ᵉ, 7ᵉ et 10ᵉ bataillons d'équipages militaires, le 9ᵉ et le bataillon de la garde, total 8

Je désire avoir également disponibles :

Sur le Rhin, les bataillons 14 et 15 (à la Comtoise).......... 2
Et les bataillons 20 et 21 (attelés de bœufs)............... 2

  Total en mars...................... 12

Les deux autres bataillons à la Comtoise et les deux autres attelés de bœufs seront formés par la conscription et partiront dans le courant d'avril. 4

  Total. 16

Ces quatre derniers bataillons partiront successivement tous les quinze jours, chargés d'effets d'habillement pour l'armée.

NAPOLÉON.

6786. — DÉCISION.

Palais des Tuileries, 14 février 1812.

Le maréchal Jourdan estime que s'il doit être chargé des fonctions de chef d'état-major de l'armée du Centre, c'est au major général de lui en donner l'ordre au nom de l'Empereur.

Le major-général lui donnera l'ordre conformément à son désir.

NAPOLÉON.

6787. — DÉCISION.

Paris, 14 février 1812.

Ordres donnés par le général Clarke pour remonter et compléter le 7ᵉ régiment de chasseurs.

Approuvé.

NAPOLÉON.

6788. — DÉCISION.

Paris, 16 février 1812.

Le général Baltus a ordonné la confection d'un million de cartouches d'infanterie à Magdeburg, où il n'y en a plus que 2.400.000.

Les 2.000.000 de cartouches destinées pour l'équipage de siège de cette place doivent-ils être distincts des 2.000.000 destinées à l'approvisionnement de la place?

Renvoyé ces détails au général commandant l'artillerie.

NAPOLÉON.

6789. — AU MARÉCHAL BERTHIER.

Paris, 16 février 1812.

Mon Cousin, la division princière n'a pas besoin d'un général de division. Le général Carra-Saint-Cyr, qui commande la 32ᵉ division militaire, la commandera. Cette division n'a besoin que de deux généraux de brigade. J'approuve le général Osten que vous proposez; le général Gratien ne parle pas allemand et d'ailleurs est déjà employé. Présentez-moi un autre général de brigade.

Renvoyez le général Brun à la division Compans; le général Gency remplacera le général Brun en Hollande.

J'approuve que le général de brigade Marion soit employé dans une division, ainsi que le général Joubert.

Donnez ordre au général Corsin de se rendre à Mayence où il sera employé, soit au quartier général, soit ailleurs.

Le général Lauberdière a déjà le commandement d'un département.

J'approuve que vous employiez le général Charles Lagrange dans une division de cuirassiers en remplacement du général Quinette.

NAPOLÉON.

6790. — DÉCISION.

Paris, 16 février 1812.

Propositions faites par le général Baltus pour faciliter le service de l'artillerie.	Le major-général doit envoyer ces détails au commandant de l'artillerie. Je ne vois pas pourquoi on évacue des bombes de 11 pouces de Stettin sur Magdeburg. C'est une évacuation bien inutile dans ce moment.

NAPOLÉON.

6791. — AU GÉNÉRAL CLARKE.

Paris, 16 février 1812.

Monsieur le duc de Feltre, donnez ordre que le 2º bataillon du 1ᵉʳ régiment de la Méditerranée, qui est en Corse, se réunisse à Bastia; qu'on en retire tous les Génois, Romains et Toscans qui s'y trouveraient et qu'on les remplace par un pareil nombre d'hommes pris dans le 5ᵉ bataillon, parmi les Français des anciens départements. Aussitôt que ce changement aura eu lieu, on complétera ce bataillon à 900 hommes, officiers compris; les malades passeront dans le 5ᵉ et dans le 4ᵉ bataillons. Vous donnerez ordre que le 2ᵉ bataillon ainsi organisé s'embarque à Livourne, pour tenir garnison à Florence.

Vous chargerez la grande-duchesse de porter un soin particulier à l'entretien et à la discipline de ce bataillon. Ainsi, les forces disponibles en Italie seront augmentées d'un beau bataillon. Il restera toujours en Corse deux bataillons, c'est-à-dire dix compagnies; ce qui, avec le bataillon colonial, est une force suffisante pour cette île.

Les 5ᵉˢ bataillons du 6ᵉ de ligne et du 14ᵉ léger ont eu l'ordre de quitter l'île d'Elbe; mais il reste toujours à l'île d'Elbe cinq compagnies du 7ᵉ bataillon du 14ᵉ léger (la 6ᵉ étant à Corfou), formant un présent sous les armes de 660 hommes, et cinq compagnies du 7ᵉ bataillon du 6ᵉ de ligne, formant également 600 hommes sous les armes, ce qui fait 1.200 hommes; le 1ᵉʳ bataillon du 1ᵉʳ régiment de la Méditerranée, fort de 682 hommes, mais sur lequel deux compagnies de marche ont été tirées, pour être envoyées à Mantoue; le 3ᵉ bataillon du même régiment fort de 680, moins l'effectif des 280 hommes des deux compagnies, ce qui ferait donc 400 hommes restant pour chaque bataillon, et avec les 1.200 hommes des deux bataillons des 6ᵉ de ligne et 14ᵉ léger, 2.000 hommes. Vous avez ordonné que les cadres des quatre compagnies de marche revinssent de Mantoue, après l'incorporation de leurs hommes. Ainsi, les deux bataillons de la Méditerranée, qui sont à l'île d'Elbe, auront leurs six cadres.

Donnez ordre au général commandant en Corse de faire partir de Corse 400 hommes des 3ᵉ et 4ᵉ bataillons du régiment de la Méditerranée, pour compléter les bataillons qui sont à l'île d'Elbe, et les porter à au moins 600 hommes chacun. Il y aura alors à l'île d'Elbe quatre bataillons, forts de 2.500 hommes, qui, en cas d'événement, pourront être appelés pour aider au service de la Toscane.

Le 1ᵉʳ bataillon du régiment de la Méditerranée sera rappelé de l'île d'Elbe en Toscane; on aura soin de le compléter à 600 hommes, et d'en retirer tous les Toscans, Génois, Romains, qu'on laissera dans l'autre bataillon.

Il restera donc dans l'île d'Elbe :

Le 7ᵉ bataillon du 14ᵉ léger............	600 hommes.
Le 7ᵉ bataillon du 6ᵉ de ligne...........	600 —
Le 3ᵉ bataillon de la Méditerranée.....	600 —
Le bataillon franc de l'île d'Elbe.......	600 —
Le bataillon colonial.................	800 —
Deux compagnies du 4ᵉ régiment d'artillerie à pied......................	240 —
Canonniers sédentaires.............	200 —
Ce qui fait un total de près de.........	4.000 hommes.

Donnez ordre que chaque compagnie du 4ᵉ régiment d'artillerie à pied soit complétée à 120 hommes présents sous les armes, par des conscrits réfractaires.

Il y aura alors en Toscane 500 hommes du bataillon des vélites toscans, 3.500 hommes des cinq bataillons du 112ᵉ, une compagnie d'artillerie à pied, 900 gardes-côtes, un bataillon de 700 à 800 vétérans, 400 hommes de la compagnie de police et 1.200 hommes des 1ᵉʳ et 2ᵉ bataillons du régiment de la Méditerranée.

Vous donnerez ordre en Corse que le 3ᵉ bataillon étranger se rende à Livourne, où il tiendra garnison. Vous recommanderez qu'on ait un soin spécial de ce bataillon.

En augmentant les forces en Toscane de ces trois bataillons, mon intention est d'avoir disponible à tout événement le 112ᵉ régiment, pour le comprendre dans une division de réserve centrale, qui puisse se porter partout où besoin serait. Il est donc indispensable qu'au 15 mars, au plus tard, le 2ᵉ bataillon de la Méditerranée, qui vient de Corse, et le 1ᵉʳ bataillon qui vient de l'île d'Elbe soient rendus à Florence.

Après le départ du 3ᵉ bataillon étranger, il restera en Corse :

Le 4ᵉ bataillon de la Méditerranée, fort de 500 hommes;

Le 5ᵉ *id.*, fort de 500;

Le 2ᵉ bataillon colonial;

Une compagnie du 4ᵉ régiment d'artillerie à pied;

Et deux compagnies de gardes-côtes;

Ce qui fera plus de 1.500 hommes, force plus que suffisante pour la garde de cette île.

NAPOLÉON.

6792. — AU GÉNÉRAL CLARKE.

Paris, 16 février 1812.

Je vous préviens, Monsieur le Duc, que l'Empereur a décidé que la division princière serait sous les ordres du général Carra-Saint-Cyr, qui commande la 32ᵉ division militaire.

Sa Majesté pense que la division princière n'a besoin que de deux généraux de brigade; Elle approuve que le général Osten y soit placé; il faudra un autre général français parlant allemand pour la 2ᵉ brigade de cette division; j'avais proposé le général Gratien, mais l'Empereur veut qu'il reste à la division Morand.

La division Compans, qui est de quatre brigades, n'avait que trois généraux; Sa Majesté ordonne d'y envoyer le général Brun et de le faire remplacer en Hollande par le général Gency, comme Votre Excellence l'a proposé.

D'après le même ordre de l'Empereur :

Le général de brigade Marion sera placé à la 10ᵉ division d'infanterie pour commander la 3ᵉ brigade.

Le général Joubert, à la 11° division, pour commander aussi la 3° brigade de cette division.

Le général Corsin se rendra à Mayence, suivant l'ordre qu'il en a reçu de Votre Excellence, mais il y restera disponible, pour être employé au quartier général ou ailleurs, suivant les besoins du service.

Enfin, le général de brigade Charles de la Grange commandera la 3° brigade de la 5° division de cuirassiers, en remplacement du général Quinette, qui rentre à la disposition de Votre Excellence, d'après ce nouvel ordre de l'Empereur.

Je vous prie, Monsieur le Duc, de faire expédier des lettres de service pour le général de division Carra-Saint-Cyr, pour les généraux de brigade Osten, Brun, Marion, Joubert, Corsin et Charles de la Grange, pour les destinations ci-dessus approuvées par Sa Majesté, et de me les faire adresser. J'ai l'honneur de renvoyer à Votre Excellence celles qu'elle avait données au général Corsin, comme employé au corps d'observation de l'Océan.

Je vous prie aussi, Monsieur le Duc, de donner directement à ces généraux l'ordre de se rendre en poste à leur nouvelle destination.

ALEXANDRE.

6793. — AU GÉNÉRAL LACUÉE.

Paris, 16 février 1812.

Monsieur le comte de Cessac, il faudrait que le général Rapp ne se mêlât pas de l'administration de Danzig. Il faudrait avoir là un très bon administrateur qui correspondît avec vous. Levez toutes les difficultés relatives aux approvisionnements de siège. Mais si l'on s'en rapporte au général Rapp, cela ira fort mal. Le prince d'Eckmühl pourrait envoyer quelques officiers et employés de l'administration pour être chargés de diriger cette affaire.

NAPOLÉON.

6794. — DÉCISION.

Paris, 16 février 1812.

Le général Baltus demande comment devront être réparties les 500,000 livres de poudre qui sont à Magdeburg et dont la répartition n'est pas encore faite.

Les places de Magdeburg et de Danzig sont celles qui en auront le plus besoin.

A renvoyer au général comdant l'artillerie.

NAPOLÉON.

6795. — AU MARÉCHAL BERTHIER.

Paris, 17 février 1812.

Mon Cousin, les divisions de cuirassiers qui sont sur le Rhin devant se tenir prêtes à marcher, il faut que les chevaux d'artillerie se réunissent à Wesel et cessent leurs convois.

NAPOLÉON.

6796. — DÉCISION.

Paris, 18 février 1812.

Demande de congé de convalescence pour l'adjoint aux commissaires des guerres Vachat, employé à l'armée de Portugal.

Approuvé.

NAPOLÉON.

6797. — DÉCISION.

Paris, 18 février 1812.

Mesures proposées par le général Davout en vue de l'armement et de l'approvisionnement des places de Magdeburg, Küstrin, Glogau et Danzig.

Ceci regarde le général d'artillerie. Toutes les mesures sont prises, indépendamment de celles prises par le prince d'Eckmühl.

NAPOLÉON.

6798. — DÉCISION.

Paris, 18 février 1812.

Situation du dépôt général de cavalerie à Hanovre. Décision demandée à l'Empereur.

On assure qu'on peut se procurer mille chevaux à Stuttgart. Il faut que le général Bourcier écrive à mon ministre à Stuttgart, pour l'autoriser à passer des marchés.

NAPOLÉON.

6799. — DÉCISIONS (1).

Paris, 18 février 1812.

118 sous-officiers du dépôt d'Angers sollicitent la remise de l'avance de quatre mois qui leur a été faite en raison de l'expédition de Nantes dont ils devaient faire partie et qui n'a pas eu lieu.	Approuvé.
On propose à Sa Majesté de décider que les trois cohortes de gardes nationales chargées du service de l'île de Kadzand, jouiront de la solde et des masses attribuées aux troupes de la ligne.	Approuvé.
On consulte l'Empereur sur un projet d'augmentation de la gendarmerie en Illyrie.	Approuvé.
On demande les ordres de Sa Majesté relativement à un musicien, déserteur du 3ᵉ régiment de voltigeurs qui est réclamé par le ministre de Son Altesse Impériale et Royale, le grand-duc de Würzburg comme étant sujet à la conscription du grand-duché.	Approuvé, si cet individu veut y aller.

(1) Non signées; extraites du « Travail du ministre de la guerre avec S. M. l'Empereur et Roi daté du 12 février 1812 ».

Le gouverneur des provinces illyriennes demande le retour dans ses foyers d'un Ragusais, qui servait depuis douze ans dans la marine marchande anglaise et qui est maintenant détenu au dépôt d'Anglais, à Cambrai.	Approuvé.
Le colonel Huchet, commandant la 16° légion de gendarmerie, en résidence à Bruxelles, demande un congé de deux mois avec appointements pour se rendre à Paris.	Accordé.
On rend compte à Sa Majesté qu'il a été accordé un congé de quinze jours au major Jolly, du 6° régiment de chevau-légers, pour se rendre à Paris afin d'y passer des marchés au nom du conseil d'administration.	Accordé.
Le général de division en réforme Lauthier Xaintrailles demande d'être remis en activité.	Sa retraite.
On propose à Sa Majesté de confier le commandement du département de Vaucluse au général Fugière, commandant la succursale des Invalides, à Avignon.	Approuvé.
Un ex-chef de bataillon d'artillerie hollandaise demande à être remis en activité dans le corps impérial de l'artillerie.	Approuvé.
Un ex-officier au service du roi de Naples demande à être placé avec son grade de capitaine dans les armées françaises.	Il ne peut prendre que le grade de sous-lieutenant en France.
L'adjudant commandant Desnoyers demande sa retraite pour raison de mauvaise santé.	Accordé.

6800. — AU MARÉCHAL BERTHIER.

Paris, 18 février 1812.

Mon Cousin, il faut laisser le général de brigade Duppelin où il est, et charger du commandement de la 2ᵉ brigade de la division princière le général Anthing, qui est Hollandais. Les Hollandais parlent allemand et sont bons pour commander des troupes allemandes.

NAPOLÉON.

6801. — DÉCISION.

Palais de l'Elysée, 18 février 1812.

Le général Clarke propose d'attribuer aux 4ᵉˢ bataillons du train qui sont en Allemagne une partie des 1.400 chevaux de remonte achetés dans le Hanovre.	Ces 1.400 chevaux seront distribués au prorata entre les différents bataillons du train qui servent à la Grande Armée. Cela tiendra lieu des pertes que l'on fera avant d'arriver sur l'Elbe. Une escouade sera envoyée de chaque bataillon pour les prendre.

NAPOLÉON.

6802. — DÉCISION.

Paris, 18 février 1812.

Proposition d'envoyer la 3ᵉ compagnie d'armuriers de Mayence à Magdeburg.	Approuvé.

NAPOLÉON.

6803. — AU CONTRE-AMIRAL COMTE BASTE.

Paris, 18 février 1812.

Monsieur le contre-amiral comte Baste, nous vous faisons savoir que notre intention est que 9 prames, 4 bombardes, 40 chaloupes canonnières, et toutes les péniches de nouveau modèle de notre flottille de Boulogne en partent sans délai, sous vos ordres, pour se rendre dans notre rade de Cherbourg.

Cette division sera équipée par les 12e et 14e équipages de flottille, et à son arrivée à Cherbourg elle y restera sous votre commandement particulier.

Comme le départ simultané d'un pareil nombre de bâtiments aurait des inconvénients, vous organiserez les partances par sections de 3, 6 ou 9 bâtiments, et vous les expédierez successivement en tel nombre dont les circonstances vous paraîtront devoir faciliter le passage.

Vous ne partirez personnellement de Boulogne que lorsque la moitié au moins de la totalité de ces bâtiments en aura appareillé, et nous nous confions en votre activité et votre zèle pour notre service, pour nous assurer que vous ne négligerez aucune occasion de multiplier les départs de ces sections de flottille, considérant surtout que la saison est encore très favorable à ce mouvement, mais que les délais qu'on y apporterait pourraient retarder indéfiniment son succès.

Nous chargeons notre ministre de la marine de vous adresser, lorsque vous serez arrivé à Cherbourg, des instructions relatives au service que vous aurez à remplir et à la destination ultérieure de cette partie importante de nos flottilles.

NAPOLÉON.

6804. — DÉCISION.

Paris, 18 février 1812.

Composition de la division du général Belliard.

Approuvé.

NAPOLÉON.

6805. — DÉCISION.

Paris, 18 février 1812.

Sur quelle place faudra-t-il expédier les fusils en réparation à Liége?

Sur Mayence.

NAPOLÉON.

6806. — DÉCISION.

Paris, 18 février 1812.

Conflits d'attribution entre le duc de Plaisance et le prince d'Eckmühl, en ce qui concerne l'administration des départements de la 31⁰ division militaire.

Ecrire au prince d'Eckmühl qu'il ne doit pas donner d'ordres civils dans ces départements.

NAPOLÉON.

6807. — DÉCISION (1).

On expose à Sa Majesté que le 8⁰ régiment de chevau-légers, qui doit recevoir en Allemagne 450 chevaux, en a déjà reçu en France 650, et qu'il lui en sera livré sous peu de jours 200, ce qui fera un total de 1.300.

Comme ce régiment n'aura pas suffisamment d'hommes pour une quantité de chevaux aussi considérable, on propose d'en faire passer 300 dans les 2⁰ et 3⁰ régiments de la même arme, auxquels ces chevaux seront nécessaires pour les mettre en état de fournir bientôt leur 2⁰ escadron.

Approuvé, mais donnez des ordres pour ne pas faire voyager inutilement les chevaux. Il faut que les régiments envoient des hommes prendre les chevaux.

6808. — AU GÉNÉRAL LACUÉE.

Paris, 19 février 1812.

Monsieur le comte de Cessac, mon ministre à Stuttgart écrit que l'on pourrait facilement acheter 1.000 chevaux dans le Wurtemberg. Mandez-le au général Bourcier, qui y enverra.

NAPOLÉON.

---

(1) Sans signature ni date. Extraite du « Travail du ministre directeur de l'administration de la guerre avec S. M. l'Empereur et Roi daté du 19 février 1812 ».

6809. — AU GÉNÉRAL LACUÉE.

Paris, 19 février 1812.

Monsieur le comte de Cessac, je réponds à votre lettre du 16 février. Il est nécessaire que les 240 chariots qui se confectionnent à Delft, à Auxonne et à Douai soient dirigés sur Mayence à mesure qu'ils seront terminés et que le 7ᵉ bataillon envoie à Mayence des officiers pour les recevoir et les garder. Ce que les arsenaux de Metz, de Mayence et de Strasbourg fourniront sera pris dans ces arsenaux par le 7ᵉ bataillon. Par ce moyen on n'éprouvera aucun retard. On n'a pas entendu parler à Hamburg que l'organisation des trois dernières compagnies du 6ᵉ bataillon ait été commencée, ni que des mesures aient été prises pour s'y procurer des chevaux et des harnais. Quant aux trois dernières compagnies, qui sont à Metz, le compte que vous me rendez n'est pas complet. Je désire connaître où sont les chariots destinés à ces compagnies. Je crois qu'il y en a 40 à Sampigny; il faut que, de Sampigny, on les dirige sur Metz, et prescrire d'où l'on tirera les 80 autres.

Napoléon.

6810. — DÉCISION.

Paris, 21 février 1812.

Il est proposé d'attacher une compagnie de sapeurs au 1ᵉʳ corps d'observation de l'Elbe.	Me faire connaître combien il restera de compagnies au parc général. Il est important surtout que le parc général soit bien fourni.

Napoléon.

6811. — AU MARÉCHAL BERTHIER.

Paris, 21 février 1812.

Mon Cousin, donnez ordre au général Saint-Cyr d'être rendu du 1ᵉʳ au 5 mars à Munich, pour voir le roi; il aura des lettres de vous pour ce prince. De là, il se rendra à Bamberg, pour prendre le commandement du corps bavarois. Il restera là jusqu'à nouvel ordre.

Donnnez ordre au général Vandamme d'être rendu à Cassel le 1er mars, pour prendre, sous les ordres du roi, le commandement des troupes du contingent de Westphalie.

Voyez si le maréchal Macdonald peut ou non faire la campagne, et rendez-m'en compte demain.

NAPOLÉON.

6812. — AU MARÉCHAL BERTHIER.

Paris, 21 février 1812.

Mon Cousin, écrivez au prince d'Eckmühl qu'aussitôt que les contingents de Würzburg et du grand-duché de Francfort, qui forment la 1re brigade de la division princière, seront arrivés à Hamburg, il fasse relever par ces troupes les détachements du 127e et du 128e, qui sont sur les côtes. Ces troupes doivent être des troupes sûres et former une force de 3.000 hommes. Il faut d'ailleurs y entremêler quelques officiers d'état-major et quelques officiers d'artillerie.

NAPOLÉON.

6813. — AU MARÉCHAL BERTHIER.

Paris, 21 février 1812.

Mon Cousin, réitérez l'ordre au prince d'Eckmühl que les trois escadrons de lanciers du grand-duché de Berg, qui arrivent le 11 mars à Paderborn, continuent leur marche pour rejoindre la brigade Damas.

NAPOLÉON.

6814. — DÉCISION.

Paris, 21 février 1812.

Le maréchal Berthier demande si le bataillon d'ouvriers militaires de la marine devra continuer sa marche de Luneburg sur Danzig.	Donnez ordre au prince d'Eckmühl de le diriger par le plus court chemin et d'une manière sûre, d'abord sur Stettin et ensuite sur Danzig.

NAPOLÉON.

6815. — AU GÉNÉRAL CLARKE.

Paris, 21 février 1812.

Monsieur le duc de Feltre, il serait nécessaire d'ordonner que tout ce qui est disponible aux différents dépôts de carabiniers et de cuirassiers, en chevaux et en hommes, en partît au 1er mars, pour aller renforcer les escadrons de guerre.

NAPOLÉON.

6816. — AU GÉNÉRAL CLARKE.

Paris, 21 février 1812.

Monsieur le duc de Feltre, recommandez qu'aussitôt que les quatre compagnies suisses, qui doivent rejoindre à Strasbourg les deux bataillons d'élite du 1er régiment suisse seront arrivées, on forme ces deux bataillons à six compagnies chacun, et qu'ils aient leurs caissons et leur artillerie.

Recommandez que les quatre bataillons illyriens aient leurs caissons et leur artillerie.

Ces six bataillons, avec leurs caissons et leur artillerie, se tiendront prêts à partir le 1er mars, pour se rendre en droite ligne sur l'Elbe. Il est nécessaire qu'un général français soit chargé de leur conduite. A cet effet, vous donnerez l'ordre au duc d'Elchingen d'envoyer un général, tiré de son corps, pour prendre le commandement de ces six bataillons et les conduire sur l'Elbe.

Arrivés sur l'Elbe, les Suisses rejoindront la division Belliard, et les Illyriens joindront la 1re division.

Vous instruirez de cela le prince de Neuchâtel, qui sera chargé de leur donner l'ordre de mouvement de Strasbourg. Donnez ordre qu'on passe la revue de ces bataillons, de leur artillerie, etc., et qu'on me fasse connaître leur état.

NAPOLÉON.

6817. — DÉCISIONS (1).

22 février 1812.

On propose de traduire le général Quinette devant une commission d'enquête pour être entendu sur les griefs qui lui sont imputés.	Approuvé.
On propose à Sa Majesté d'autoriser l'expédition d'une ordonnance de la somme de 875 fr. 67 au profit du conseil d'administration du 5ᵉ régiment d'artillerie à pied pour couvrir la 15ᵉ compagnie de ce régiment d'une perte éprouvée en Espagne;	Approuvé.
De nommer au commandement de Belle-Ile-en-Mer le général de brigade Buget, à celui de l'île d'Aix le général de brigade Cacault et d'employer dans la 4ᵉ division militaire le général de brigade Cassagne en remplacement du général de brigade Pouget qui a été envoyé à l'armée par ordre de Sa Majesté.	Approuvé; on pourrait envoyer à l'île d'Aix le général Verrières.
Proposition d'autoriser le capitaine Morgan de Frucourt, du 5ᵉ régiment de chevau-légers, à passer à une compagnie vacante au 3ᵉ régiment de même arme où il servait précédemment.	Approuvé.
Congé de deux mois demandé par le colonel Jameron, commandant la 22ᵉ légion de gendarmerie, en résidence à Grenoble.	Approuvé.
On propose à Sa Majesté d'autoriser le sieur Ceresa de Bouvillaret, sous-lieutenant au 6ᵉ régi-	Approuvé.

---

(1) Non signées; extraites du « Travail du ministre de la guerre avec S. M. l'Empereur et Roi daté du 19 février 1812 ».

ment de chasseurs, à se retirer du service pour cause de santé.

On propose à Sa Majesté d'accorder le traitement de 350 francs à un cadet espagnol, prisonnier de guerre, âgé de 13 ans.

Approuvé.

6818. — AU MARÉCHAL BERTHIER.

Paris, 22 février 1812.

Mon Cousin, donnez ordre au régiment suisse, qui est à Strasbourg, et au régiment illyrien, formant en tout six bataillons, de partir sous les ordres d'un général de brigade que désignera le duc d'Elchingen. Ce général arrivera le 26 à Strasbourg, prendra le commandement de cette brigade et se mettra en route le 28 pour se diriger sur Würzburg, d'où il continuera sa route sur Leipzig. Vous me ferez connaître quel jour ces bataillons arriveront à Leipzig. Le régiment illyrien se réunira à Leipzig à sa division. Le régiment suisse rejoindra la division Belliard lors de son passage à Magdeburg.

Vous prescrirez que chaque homme ait une paire de souliers aux pieds, deux dans le sac et une paire portée à la suite du bataillon dans des voitures; que tous les hommes aient leur capote, leurs trente cartouches, leurs pierres à fusil, leur armement et équipement en bon état, et que les bataillons aient leurs caissons et leur artillerie. Il y a à Magdeburg en artillerie et en objets d'armement et d'équipement des moyens de mettre parfaitement en état ces bataillons.

NAPOLÉON.

6819. — AU MARÉCHAL BERTHIER.

Paris, 23 février 1812.

Mon Cousin, répondez au comte Montholon que j'accepte les deux bataillons qu'offre le grand-duc de Würzburg; que je donne ordre que ses chevau-légers lui soient renvoyés, parce qu'il est important qu'il ait une force pour garder ses routes; qu'il est inutile qu'il ait de l'artillerie, ce qui le constituerait en dépense pour peu de résultat.

NAPOLÉON.

6820. — AU MARÉCHAL BERTHIER.

Paris, 23 février 1812.

Mon Cousin, il est nécessaire d'avoir pour le service du quartier général : 1° une compagnie de guides pour porter les ordres dans le quartier général et aux différentes divisions; 2° un général de gendarmerie avec un bon détachement de gendarmerie; 3° un général commandant le quartier général; 4° un vaguemestre pour la police des bagages; 5° enfin, un corps de troupes pour la police du quartier général, l'escorte des bagages et la garde des prisonniers. Faites-moi un rapport pour me faire connaître ce qui a été fait à cet égard et ce qui reste à faire.

NAPOLÉON.

6821. — AU GÉNÉRAL CLARKE.

Paris, 23 février 1812.

Monsieur le duc de Feltre, la 12ᵉ division d'infanterie de la Grande Armée sera composée de la manière suivante :

29ᵉ léger.	4	bataillons.
10ᵉ d'infanterie légère (4ᵉ bataillon)	1	—
4ᵉ bataillon de Walcheren	1	—
44ᵉ	2	—
Demi-brigade provisoire de Boulogne	3	—
125ᵉ	3	—
126ᵉ	3	—
TOTAL	17	bataillons.

Le général Partouneaux en aura le commandement. Le 129ᵉ ne fera plus partie de cette division. Ce régiment fera partie de la 10ᵉ, en remplacement du 126ᵉ, qui sera désormais compris dans la 12ᵉ.

Donnez ordre, en conséquence, aux 1ᵉʳ et 2ᵉ bataillons du 129ᵉ de se rendre à Mayence, avec leurs compagnies d'artillerie, pour faire partie de la 10ᵉ division. Ce régiment se mettra en marche le 26. Si le corps d'armée est parti de Mayence, quand il y arrivera, vous donnerez ordre au commandant de la division militaire d'en passer la revue, afin de bien constater l'armement, l'habillement et la situation de ce régiment avant d'entrer en campagne.

Donnez l'ordre que les quatre bataillons du 29e léger soient tiercés ; que tout ce qui est disponible dans le 5e bataillon soit mis dans les quatre premiers, et que les anciens soldats soient également répartis. Le général Partouneaux pourra en passer la revue à Versailles. Je désire aussi passer la revue de ce régiment, aussitôt qu'il sera prêt, et qu'il puisse se mettre en marche au plus tard le 27 ou le 28 pour Wesel. Le cadre du 5e bataillon restera à Versailles. Si, avec tout ce qu'il y a de disponible au 5e bataillon, ces quatre bataillons n'ont pas plus de 700 hommes, chacun de ces bataillons laissera un piquet d'officiers et de sous-officiers, afin de prendre les conscrits que les deux petits bataillons provisoires de l'île d'Oléron vont amener à Versailles.

Je verrai également les sapeurs de l'île d'Elbe qui sont à Versailles.

Que les 3e et 4e compagnies partent de Versailles lundi, pour se rendre à Paris. Je les verrai, à leur arrivée aux Champs-Elysées, à 11 heures du matin. Ils iront ensuite coucher à Saint-Denis, et de là continueront leur route pour Mayence.

Faites-moi connaître quand je pourrai voir le 10e bataillon d'équipages militaires qui est à Versailles.

Le 4e bataillon d'infanterie légère et le 4e de Walcheren, à leur arrivée de l'île d'Aix à Versailles, seront passés en revue par vous, et après continueront leur route pour Wesel.

Le 44e, le 125e et le 126e ne pourront rejoindre leur division que dans le courant d'avril, et lorsqu'ils seront remplacés sur les côtes.

Donnez ordre que toute l'artillerie, le train et tout ce qui est destiné à la 12e division, ainsi que l'administration, se rendent à Wesel, et que tout y soit réuni au 20 mars.

NAPOLÉON.

6822. — AU GÉNÉRAL CLARKE.

Paris, 23 février 1812.

Monsieur le duc de Feltre, je vous prie de me faire connaître le nombre de caissons de transports militaires qu'il y aura disponibles au 1er mars dans les différents ateliers de l'artillerie.

NAPOLÉON.

6823. — DÉCISION.

Paris, 23 février 1812.

Le maréchal Berthier propose de réunir une compagnie de marche tirée des dépôts des 5° et 10° bataillons principaux, 2° et 5° bataillons *bis* du train d'artillerie, à la compagnie de voltigeurs du 4° bataillon du 62° de ligne et de les faire diriger sur l'armée de Portugal.

Approuvé.

NAPOLÉON.

6824. — AU GÉNÉRAL LACUÉE.

Paris, 23 février 1812.

Monsieur le comte de Cessac, j'ai donné ordre au 10° bataillon d'équipages militaires de partir le 25 pour se rendre à Mayence. Il n'est pas possible de prolonger davantage le départ de ce bataillon, car les opérations de l'armée seraient compromises, si les équipages étaient de deux jours en arrière; ceux-ci sont déjà en retard de vingt jours. Il est donc nécessaire que ce bataillon parte le 25, afin d'être arrivé le plus tôt possible à Mayence.

Quant aux effets d'habillement, je pense qu'il faut les vérifier avec soin avant leur emballage; car si l'on envoie des fonds de magasin au fond de l'Allemagne, ce n'est pas la peine de porter des guenilles si loin. Nommez une commission pour présider aux emballages, et qui sera responsable de la mauvaise qualité des effets qui seront expédiés.

NAPOLÉON.

6825. — DÉCISION.

Paris, 24 février 1812.

Le maréchal Berthier fait connaître à l'Empereur combien il restera de compagnies de sapeurs au parc général de la Grande Armée, une fois faite la répartition des compagnies dans les divisions.

Approuvé.

NAPOLÉON.

6826. — DÉCISIONS (1).

Paris, 24 février 1812.

On fait connaître à Sa Majesté que les indemnités dues à divers particuliers pour terrains acquis et maisons démolies à l'effet d'étendre les fortifications de Danzig et pour des enlèvements de gazons sur leurs propriétés s'élèvent pour 1811 à 108.515 fr. 10; on sollicite un fonds spécial pour pouvoir payer de suite un premier acompte sur lesdites indemnités.

Je ne puis pas accorder d'autres fonds que ceux du budget. Il serait nécessaire de bien vérifier la comptabilité du génie de Danzig. Les dépenses de cette année me paraissent bien considérables.

Demande faite par un ex-colonel au service du pape pour obtenir un emploi de son grade dans les états-majors de places.

S'il a les années de service nécessaires.

6827. — AU MARÉCHAL BERTHIER.

Paris, 24 février 1812.

Mon Cousin, je vous envoie un rapport du général Durosnel sur le 10ᵉ bataillon d'équipages militaires. Peut-être serait-il convenable de faire décharger toutes les eaux-de-vie, qu'on verrait à faire transporter par des rouliers ? Car il est évident que si l'on n'a pris aucune précaution, cette mesure sera illusoire, puisque l'eau-de-vie se perdra en route, si les futailles sont mauvaises, ou du moins cela servira de prétexte.

NAPOLÉON.

6828. — DÉCISION.

Paris, 24 février 1812.

L'intention de l'Empereur est-elle de renvoyer à Würzburg l'escadron de chevau-légers du grand duché de Berg?

Il faut laisser dans le Nord cet escadron de cavalerie; il peut y être utile et on pourra le renvoyer plus tard.

NAPOLÉON.

---

(1) Non signées; extraites du « Travail du ministre de la guerre avec S. M. l'Empereur et Roi daté du 19 février 1812 ».

6829. — DÉCISION.

Paris, 24 février 1812.

Le 126° régiment d'infanterie n'a point encore reçu l'ordre de se rendre à la 10° division du corps d'observation des côtes de l'Océan, à laquelle il est affecté.

J'ai changé cette division. Ce régiment ne fait plus partie de la 10° division, mais bien de la 12°. Il est remplacé dans la 10° par le 129° régiment, qui a l'ordre de se rendre à Mayence; il y arrivera un peu tard, et la division en sera déjà partie; mais il servira à escorter le parc général. J'ai donné le commandement de la 12° division au général Partouneaux. Je l'ai composée d'une autre manière. Le ministre de la guerre vous en enverra l'état.

Napoléon.

6830. — AU GÉNÉRAL CLARKE.

Paris, 24 février 1812.

Monsieur le duc de Feltre, la 1re division de cavalerie légère est à Stettin; cependant, vous me mandez que son artillerie est encore à Mayence. Vous sentez donc la nécessité que cette batterie d'artillerie, avec tout ce qui lui est nécessaire, parte sans délai de Mayence, en se dirigeant par Francfort, Fulde, Erfurt et Magdeburg, pour joindre à Stettin cette division, ou la division du général Bruyère. Faites exécuter, sans retard, cette disposition.

Quant à la batterie attachée à la 2° division ou division du général Watier, elle partira avec cette division de Mayence dans les premiers jours de mars.

Napoléon.

6831. — DÉCISION.

Paris, 25 février 1812.

Le maréchal Davout fait connaître le point qui lui paraît le plus convenable pour jeter un pont sur l'Elbe aux environs de Magdeburg.

Renvoyé au major-général. Puisque l'on a le pont de Magdeburg, il est inutile de jeter là un pont.

NAPOLÉON.

6832. — AU MARÉCHAL BERTHIER.

Paris, 25 février 1812.

Mon Cousin, je vous renvoie les lettres du prince d'Eckmühl. Répondez-lui qu'il suffit que l'approvisionnement de la ville soit renfermé dans Küstrin, et que les autres magasins de réserve peuvent sans inconvénient rester où ils sont.

NAPOLÉON.

6833. — ORDRE (1).

25 février 1812.

Les 3e et 4e divisions formeront chacune un bataillon ou cohorte comme il sera expliqué ci-après.

Les 2e, 5e, 6e, 7e, 8e, 9e, 10e, 11e, 12e, 14e, 15e, 19e, 20e, 21e, 22e, 25e, 26e divisions militaires fourniront une brigade de deux ou trois bataillons.

Les 1re, 13e, 16e, 18e et 24e divisions formeront une brigade de quatre, cinq ou six bataillons ou cohortes.

Cette dénomination de cohorte, de brigade et de légion est préférable par plusieurs motifs, et beaucoup plus convenable que si on donnait à des fractions de corps inégales les dénominations de régiments, etc...

On pourrait aussi créer des divisions en les composant chacune de six cohortes; alors les soixante-treize bataillons formeraient douze légions dont une de sept cohortes, ce qui donnerait l'avantage de n'avoir que douze centres d'administration.

---

(1) Non signé, provenant des papiers du général Mathieu Dumas.

Ainsi, la 1re légion, celle de Paris, comprendrait les 1re et 4e divisions militaires et serait composée de 6.000 hommes.

La seconde légion, à Metz, comprendrait les 2e, 3e et 18e divisions militaires.

Mais cependant il vaut mieux s'arrêter au système des divisions militaires, chaque division fournissant une légion de deux, trois, quatre, cinq ou six cohortes, la cohorte tenant toujours lieu de bataillon.

Dans ce système, chaque division fournit un centre d'administration au chef-lieu de la division.

Les soixante-treize cohortes doivent avoir chacune un numéro, en commençant par celle de Paris, n° 1.

Chaque cohorte doit avoir avec elle, en campagne, c'est-à-dire sur la frontière, son conseil d'administration, qui corresponde avec celui du dépôt.

Un major, un quartier-maître et les maîtres ouvriers doivent rester fixés à la cohorte qui se trouve toujours au chef-lieu de la division.

La cohorte en activité de service est commandée par un chef de bataillon; elle est forte de 840 hommes, formée en six compagnies, plus une compagnie d'artillerie de 80 hommes, ce qui (en comptant pour le dépôt 80 hommes) donne un effectif de 920 hommes.

Les divisions militaires dont les dépôts ne pourront fournir qu'une cohorte devront avoir 100 hommes de plus au dépôt, ce qui fera 180 hommes pour ces dépôts. Tandis qu'au contraire on pourra diminuer de quelque chose les dépôts formés aux chefs-lieux des divisions militaires qui fourniraient plusieurs cohortes.

Il faut se fixer à ce système, c'est le meilleur, parce que ce nombre de 25 administrations aux chefs-lieux des divisions est le plus convenable pour tous les détails de l'administration de la guerre, et qu'on trouve dans chacun de ces chefs-lieux un inspecteur aux revues, un commissaire ordonnateur, un payeur, etc...; c'est un service tout prêt.

Il faudra composer les conseils d'administration de chaque chef-lieu.

Sur les frontières et devant l'ennemi, on formera avec les cohortes des brigades et des divisions.

Les cohortes deux à deux seront mises sous le commandement d'un major de la ligne.

Quatre ou six cohortes formeront une légion et seront mises sous le commandement d'un général de brigade.

Les grades d'officier de la garde nationale doivent finir au grade de chef de bataillon inclusivement; tous les grades au-dessus seront toujours pris dans la ligne.

Il faut avoir soin de bien déterminer comment les masses de linge et chaussure des cohortes doivent être administrées indépendamment des dépôts.

Le chef du dépôt de chaque cohorte doit communiquer avec chaque département qui concourt à la formation de chaque cohorte.

Il faut d'ailleurs assimiler l'administration autant que possible à celle du reste de l'armée.

Lorsque les cohortes seront habillées et armées, on les fera partir pour leur destination, où on les tiendra réunies autant que possible.

Il faut dans le travail de cette formation avoir soin qu'une cohorte appartienne autant que possible à un seul département, tout au plus à deux, jamais à trois.

Les préfets devront remplacer à mesure de l'incomplet par mort ou désertion, afin que l'effectif des cohortes soit toujours le même.

1° Il est bien entendu que les 27° et 28° divisions militaires sont comprises sous la dénomination de Piémont; on ne leur demandera que 4.000 hommes.

2° La Corse n'est point comprise.

3° On ne peut disposer des officiers ou sous-officiers de l'école de Fontainebleau, du moins en totalité, Sa Majesté en ayant déjà placé un grand nombre.

4° L'Empereur approuve que l'on dispose d'environ 1.250 officiers et sous-officiers actuellement employés en recrutement, d'après les motifs qui lui ont été exposés et dans la supposition que le service de la conscription et la conduite des conscrits n'auraient point à en souffrir.

5° Comme il se trouve en France environ 650 cadres de bataillons, 4ᵉˢ ou 5ᵉˢ, Sa Majesté se propose de retirer sur chaque cadre un certain nombre d'officiers;

6° On pourvoira à ce qui pourrait manquer.

Enfin, l'intention de Sa Majesté est que ce travail soit fait le plus tôt possible et qu'il lui soit présenté un tableau d'après le premier plan, et un projet de décret comprenant toutes ces dispositions.

6834. — DÉCISION.

Paris, 25 février 1812.

Le maréchal Berthier rend compte que les cadres des 4ᵉ régiment de tirailleurs et 4ᵉ régiment de voltigeurs sont en marche et font route vers Bayonne.

Le major général leur donnera l'ordre exprès par estafette de continuer leur route sur Paris.

NAPOLÉON.

6835. — AU GÉNÉRAL CLARKE.

Paris, 25 février 1812.

Monsieur le duc de Feltre, je ne crois pas qu'il faille diminuer le prix des chevaux d'artillerie. Je ne vois pas d'inconvénients à accorder des délais jusqu'au 30 mai, pour le tiers de la 4ᵉ commande.

NAPOLÉON.

6836. — AU GÉNÉRAL CLARKE.

Paris, 25 février 1812.

Monsieur le duc de Feltre, je vous renvoie le projet d'équipage de siège de Ciudad-Rodrigo. Avant de l'approuver, je désire savoir ce que l'on peut tirer de Saragosse et de Lerida. Le transport est très facile de Saragosse jusqu'à Tudela, et l'on aura des moyens de transport jusqu'à Pampelune. Il doit y avoir à Saragosse beaucoup d'artillerie de siège.

NAPOLÉON.

6837. — DÉCISION.

Paris, 25 février 1812.

Le général Clarke propose de faire revenir à Orthez la 4ᵉ compagnie de pionniers volontaires étrangers, qui est en Espagne, afin de pouvoir effectuer son recrutement.

Approuvé.

NAPOLÉON.

6838. — DÉCISION (1).

Paris, 25 février 1812.

Le ministre de la guerre du royaume d'Espagne demande le retour à Madrid de M. Fernando de la Concha, colonel espagnol, prisonnier de guerre à Beaune, âgé de 72 ans, et qui offre de faire sa soumission.

Approuvé.

6839. — EXTRAIT D'UN ORDRE DE L'EMPEREUR, DATE DE PARIS, 26 FÉVRIER 1812 (2).

Il y a assez d'artillerie à Santona, mais il manque de munitions. On demande trente pièces de 36, c'est trop : il suffit de vingt.

On demande dix-huit pièces de 24; il y en a treize : c'est tout ce qu'il faut.

Les pièces de 36 et 24 et les mortiers devront être placés dans les fortifications Saint-Charles, Saint-Martin et aux batteries n°s 9 et 10.

Les pièces de 18, de 16 et de 12 doivent défendre la langue de terre et le marais. Il y a suffisamment de mortiers. Il faudra seulement six pièces de 6 ou de 8 et quatre obusiers de campagne.

Ces pièces devront être approvisionnées :

Celles de 36, à 300 coups;

Celles de 24, 18 et 16, à 500 coups.

Faites compléter cet armement et donnez des ordres pour que la répartition en soit bien établie.

6840. — EXTRAIT DU PROCÈS-VERBAL DE LA SÉANCE DU CONSEIL DES MINISTRES (3).

26 février 1812.

Monsieur le Ministre de l'administration de la guerre rend

---

(1) Non signées; extraites du « Travail du ministre de la guerre avec S. M. l'Empereur et Roi, daté du 19 février 1812 ».

(2) Non signé, extrait conforme.

(3) Non signé, copie conforme.

compte à Sa Majesté d'un déficit de 66.404 fr. 05, existant dans la caisse du régiment de la Tour-d'Auvergne.

L'Empereur ordonne que M. le colonel Melfort sera suspendu de ses fonctions, qu'il sera mandé à Paris pour rendre compte de sa conduite et qu'il sera nommé un autre colonel en remplacement.

Sa Majesté, informée que plusieurs officiers des régiments espagnols à son service ont obtenu des grades sans son autorisation, ordonne qu'il lui sera fait un rapport sur les décrets qui ont constitué ces régiments et notamment sur la promotion du général Kindelan.

6841. — AU GÉNÉRAL LACUÉE.

Paris, 26 février 1812.

Monsieur le comte de Cessac, je reçois votre lettre du 24. J'y vois que le 2° bataillon des équipages militaires a sa 1re et sa 2° compagnies à Mayence attachées au corps que commande le duc d'Elchingen, que la 3° et la 4° compagnie attelant des chariots de nouveau modèle sont à Wesel. Faites charger sur-le-champ ces deux dernières compagnies d'effets d'habillement, tels que souliers, bas, capotes, etc..., de bonne qualité, et dirigez-les sur Magdeburg. Ces deux compagnies, ainsi chargées, attendront à Magdeburg de nouveaux ordres. Vous me ferez connaître le jour où elles arriveront dans cette place.

La 5° et la 6° compagnie sont à Mayence, servant des chariots de nouveau modèle. Faites-les charger d'effets d'habillement et faites-les partir pour Erfurt, en me faisant connaître le jour où y arriveront ces compagnies.

10° -bataillon. — Faites-moi connaître quand le 10° bataillon d'équipages militaires arrivera à Mayence, et quelle sera sa situation à son arrivée, sous le rapport des chevaux, harnais, voitures, des chargements, des hommes et de leur équipement.

Le 10° bataillon manque de 28 voitures. Je verrai avec plaisir que la 4° compagnie de ce bataillon passe à Sampigny pour y prendre 40 voitures d'ancien modèle.

6° bataillon. — Le 6° bataillon a ses 4°, 5° et 6° compagnies, que j'ai destinées au 2° corps de l'Elbe. Je pense qu'il faut envoyer à ces compagnies 40 voitures d'ancien modèle du parc de Sampigny, de sorte que deux de ces compagnies attelleront de nouveaux chariots qui sont déjà envoyés, et 40 anciens caissons que vous enverrez de Sampigny. Cela ne peut se faire que par les transports militaires. Donnez donc ordre que 40 voitures d'ancien modèle partent pour Munster, et, de là, pour le lieu où se forment ces trois compagnies. Donnez ordre que la moitié de la 1re compagnie, la moitié de la 2e et la moitié de la 3e du 6e bataillon, avec une forge et 20 voitures, se rendent à Mayence. Elles prendront à Metz 40 voitures de nouveau modèle, qui leur seront fournies par l'artillerie, et 20 à Mayence également fournies par l'artillerie, ce qui fera 60 voitures. Vous ne ferez connaître le jour où ces trois demi-compagnies arriveront à Mayence.

7e bataillon. — Faites partir du 7e bataillon un détachement de la 1re compagnie et un de la 2e, de manière que chaque détachement puisse prendre 10 voitures et une forge. Ces détachements se rendront à Strasbourg, où ils prendront 20 voitures que l'artillerie a fait confectionner dans cette place. Faites partir un détachement de la 3e et un de la 4e compagnie, de manière que chacune puisse atteler 10 voitures; et dirigez-les sur Auxonne, où ils prendront 20 voitures que l'artillerie a fait confectionner dans cet arsenal. Ces 20 voitures se rendront à Strasbourg, où ces détachements se joindront à ceux des deux premières compagnies, ce qui fera 40 voitures disponibles que vous ferez charger d'effets d'habillement.

Donnez ordre que les 10 voitures qui sont à Delft se rendent à Wesel, et que les voitures que la marine a disponibles à Anvers s'y rendent également.

Faites-moi connaître en quoi consistent les ressources du parc de Sampigny, en voitures d'ancien et de nouveau modèle.

Résumé. — Moyennant l'exécution du présent ordre, j'aurai disponibles pour le parc général : quatre compagnies du 2e bataillon; six compagnies du 10e bataillon; trois détachements du 6e bataillon formant 60 voitures; quatre détachements du 7e bataillon attelant 40 voitures, l'artillerie faisant construire 360 caissons dont 120 à Turin et 240 en France, la marine en faisant construire un grand nombre à Anvers, et vous-même en faisant faire à Sampigny et à Plaisance. Je désire que vous me fassiez connaître quelles seront les ressources en chariots de nouveau modèle des ateliers de

Turin et de Plaisance, pour les envoyer soit par l'Italie à l'armée, soit en France, mon intention étant de m'en servir pour porter à l'armée les objets dont on aurait besoin ou pour réparer les pertes, en les faisant conduire par réquisition ou de toute autre manière.

NAPOLÉON.

6842. — AU GÉNÉRAL LACUÉE.

Palais de l'Elysée-Napoléon, 26 février 1812.

Monsieur le comte de Cessac, chargez l'ordonnateur de l'armée d'Italie d'acheter, après avoir pris l'approbation du vice-roi, 10.000 quintaux, poids de marc, ce qui revient à 5.000 quintaux métriques, de très bon riz, et de le faire diriger sur Magdeburg, à raison de 3.000 quintaux par semaine. Ainsi, dans tout le courant de mars, ces 10.000 quintaux seraient partis pour Magdeburg. Il passera un marché pour le transport avec ceux de douane. Chargez-le également de prendre les ordres du vice-roi et de voir si on pourrait charger du riz sur les caissons qui restent à faire partir. On ne les emploierait à ce transport qu'autant qu'on n'aurait point d'effets d'habillement à envoyer; car je regarde ces effets comme plus importants. Mais s'il n'y en a pas, j'autoriserai un achat de riz, en sus des 10.000 quintaux, jusqu'à la concurrence de ce que les caissons à envoyer pourront porter.

NAPOLÉON.

6843. — ORDRE (1).

Palais de l'Elysée, 26 février 1812.

Sa Majesté désire avoir aussitôt :
1° L'état de l'armement du fort Ruyter; côté de terre, côté de mer;
2° L'état de l'armement du fort ou batterie d'Enfer, près Willemstad, afin qu'ils puissent être compris dans le décret relatif à la défense de l'Escaut.

---

(1) Non signé, copie conforme.

6844. — AU MARÉCHAL BERTHIER.

Paris, 27 février 1812.

Mon Cousin, vous écrivez au prince d'Eckmühl par la poste ordinaire, ce qui retarde beaucoup l'arrivée de vos dépêches. Vos bureaux ne devraient pas commettre de pareilles fautes.

NAPOLÉON.

6845. — AU MARÉCHAL BERTHIER.

Paris, 27 février 1812.

Mon Cousin, si vous avez l'état de situation du général Bourcier, envoyez-le moi; si vous ne l'avez pas, demandez-le lui. Le général Bourcier doit fournir de son dépôt 8.000 à 9.000 chevaux, à différents régiments de cuirassiers, de chevau-légers, chasseurs et hussards, qui, à cet effet, ont envoyé à Hanovre des hommes à pied et des selles. Il a dû passer des marchés pour cette quantité de chevaux dans laquelle la garde impériale est comprise pour 300 chevaux. Il doit, en outre, fournir 1.400 chevaux, soit aux équipages militaires, soit au train d'artillerie. Il est nécessaire que le général Bourcier vous envoie le détail de tous les détachements qui lui sont annoncés et de l'état dans lequel ils lui arrivent, de manière à pouvoir comparer le nombre d'hommes, de selles, de harnais annoncé avec ce qui est arrivé. Il faut qu'il vous rende compte également de la quantité de marchés de chevaux qu'il a passés, afin qu'on puisse veiller à ce que rien ne ralentisse les fournitures qui doivent être faites à ce dépôt. J'ai obtenu du roi de Danemark que 6.000 chevaux de remonte sortissent du Holstein sans payer de droits.

NAPOLÉON.

6846. — DÉCISION.

Paris, 27 février 1812.

La cavalerie de la légion portugaise a été autorisée à traiter en France pour une remon'e de 500 chevaux qui suffiront pour les besoins actuels.

Le Ministre de l'administration de la guerre peut seul décider cette question.

NAPOLÉON.

Devra-t-on, nonobstant cette disposition, envoyer des hommes de ce corps à Posen pour s'y recruter?

6847. — DÉCISION.

Paris, 27 février 1812.

Mesures proposées en vue du remplacement d'une compagnie du grand parc de l'armée.

Approuvé.

NAPOLÉON.

6848. — DÉCISION.

Paris, 27 février 1812.

Proposition d'envoyer à Belle-Ile la 7e compagnie de pionniers composée de prisonniers de la bande de Schill.

Approuvé.

NAPOLÉON.

6849. — DÉCISION.

Paris, 27 février 1812.

Mesures proposées pour réunir le 20 mars, à Wesel, le personnel, les troupes, le matériel et le train d'artillerie de la 12e division de la Grande Armée (3e corps).

J'approuve toutes ces dispositions, mais il ne faut pas autrement se presser. Il suffit que toute cette artillerie soit prête à marcher du 1er au 15 avril.

NAPOLÉON.

6850. — DÉCISION.

Palais de l'Elysée, 27 février 1812.

Projet d'armement pour la place de Gorcum.

Approuvé.

NAPOLÉON.

6851. — DÉCISION.

Paris, 27 février 1812.

Le maréchal Davout fait connaître que les glaces empêchent la sortie de 15 navires chargés de bois blanc dont l'Empereur a autorisé la sortie de Danzig à destination de Copenhague.

Le général Rapp a rêvé cela. Rien ne doit sortir sans licences signées de ma main.

NAPOLÉON.

6852. — DÉCISION.

Paris, 27 février 1812.

Le général Lariboisière demande que le général commandant la 1re division de cuirassiers soit autorisé à envoyer prendre 30 chevaux de remonte au dépôt de Hanovre.

Approuvé.

NAPOLÉON.

6853. — AU GÉNÉRAL CLARKE.

Paris, 27 février 1812.

Monsieur le duc de Feltre, le gouvernement du grand-duché de Bade avait demandé la permission de tirer d'une fabrique d'armes françaises près de Strasbourg 4.000 fusils. Cette autorisation a été donnée, mais on se plaint qu'il y a eu un malentendu et qu'on a permis l'extraction de fusils de dragons. Il faut donner promptement des ordres pour la remise des 4.000 fusils d'infanterie et en faire prévenir mon ministre à Carlsruhe, afin que ces armes puissent être envoyées à Magdeburg et y arriver à temps.

NAPOLÉON.

6854. — AU GÉNÉRAL CLARKE.

Paris, 27 février 1812.

Monsieur le duc de Feltre, faites réunir à Anvers une commission mixte, composée de l'amiral Missiessy, du capitaine Kersaint, du directeur du génie et du directeur de l'artillerie; elle discutera la question suivante :

« Est-il utile d'avoir dans les îles du Nord et Sud-Beveland des batteries armées de pièces de 36 et de mortiers de gros calibre; n'est-il pas, au contraire, dangereux de les conserver ? Dans le cas où cela serait nécessaire, quelles sont celles à conserver ? »

Voici les considérations qui ont conduit à proposer cette question. Il est possible de 4.000 ou 5.000 hommes, dans le temps que toute l'attention sera portée à la défense de Flessingue, viennent débarquer à la pointe du jour dans l'île de Sud-Beveland, se portent rapidement sur nos batteries, s'en emparent, les dirigent contre l'escadre pour l'empêcher de remonter dans l'Escaut; cet inconvénient est sensible; cependant, de quelle utilité pourraient être ces batteries à l'ennemi? Si l'escadre remonte dans Hoog-Plaat, elle est protégée par le fort impérial et par Flessingue; si elle entre dans la rade de Borselen ou de Terneuse, elle est alors protégée par Borselen; on voit donc qu'il n'y a point d'inconvénient à garder la batterie de Borselen; si elle est seule, on peut cette campagne la fermer à la gorge et, s'il le fallait, on aurait au moins le temps de la détruire. Il y a encore peu d'inconvénient à la conserver, parce que les vaisseaux rentrant dans l'Escaut dépasseront bientôt cette batterie, qui ne pourrait plus faire de mal. Si on suppose que les batteries de Kadzand, Borselen et Terneuse existent, l'escadre n'a rien à craindre. Dans le Verdon, elle peut encore être protégée par Batz. On croit donc qu'il n'y a point d'inconvénient d'avoir à Borselen une forte batterie de 50 pièces, ayant une tour à la gorge, un fossé plein d'eau et bien palissadé, de manière à être à l'abri de toute surprise. Il faudrait donc détruire toutes autres batteries entre Borselen et Batz. On croit de même inutile d'avoir sur les autres côtés des îles du Nord et Sud-Beveland de grosses pièces de 36 ou de 24. Les pièces de 12 seraient suffisantes. Il faudrait même enlever les gros mortiers afin d'ôter à l'ennemi tout moyen de gêner la retraite de l'escadre sur Anvers. Il paraît qu'il y a peu d'obstacles pour arriver de Borselen à Batz; à Batz, l'escadre trouvera des mortiers et des batteries pour la protéger.

On croit donc qu'il y a plus d'inconvénients que d'avantages à avoir des batteries dans le Nord et Sud-Beveland. La question doit, cependant, être envisagée par la commission sous tous les rapports et discutée batterie par batterie. Communiquez cet ordre au ministre de la marine pour la réunion de la commission; si l'opinion est pour la destruction des batteries, on peut y procéder aussitôt; si elle est différente, vous m'en rendrez compte.

NAPOLÉON.

6855. — DÉCISIONS (1).

28 février 1812.

Les renseignements recueillis sur le compte du sieur Drugman, ex-lieutenant du 27ᵉ régiment de chasseurs ne sont pas favorables à sa réintégration dans l'armée française;

Approuvé.

On propose de nommer lieutenant aide de camp du général de brigade Qucunot le sieur Collet, sous-lieutenant au 5ᵉ régiment de cuirassiers.

Refusé.

6856. — AU GÉNÉRAL CLARKE.

Paris, 28 février 1812.

Monsieur le duc de Feltre, je réponds à votre lettre du 2. Il a toujours dû y avoir trois compagnies d'artillerie dans la 32ᵉ division militaire. Cela n'a rien de commun avec les équipages de Magdeburg et de Danzig. C'est la faute du bureau de l'artillerie s'il a compris ces compagnies dans les équipages de siège. Ce n'est pas le 1ᵉʳ mars que j'ai fixé pour l'époque de l'évacuation, c'est le 1ᵉʳ mai : c'est une erreur de copiste. Les dix-huit bouches à feu qui doivent être attelées pour servir la division chargée de la défense de la 32ᵉ division militaire seront fournies en même temps qu'on organisera les brigades provisoires. C'est l'artillerie de ligne qui doit fournir les compagnies et les attelages. Il en faudra autant pour la Hollande et l'Escaut; mais un simple approvisionnement sera suffisant. Il a toujours été dans mon intention de garder un millier de chevaux d'artillerie pour le service de l'intérieur.

Il ne faut mettre à Delfzyl que ce qui est nécessaire pour la dé-

---

(1) Non signées; extraites du « Travail du ministre de la guerre avec S. M. l'Empereur et Roi daté du 26 février 1812 ».

fense de la place, qui, étant mauvaise, serait promptement prise. Il vaut mieux évacuer sur Naarden, et de là sur Anvers et sur Wesel, et encore plus loin, sur Metz et sur Lille. Le bureau d'artillerie ne doit pas oublier que Metz et Lille sont mes deux grands dépôts, et que c'est là que je voudrais avoir tout ce qui est superflu et ce qui est réserve.

La marine offre, au lieu de pièces de 36, des pièces de 30; il faut les prendre.

NAPOLÉON.

6857. — AU GÉNÉRAL CLARKE.

Paris, 28 février 1812.

Monsieur le duc de Feltre, je vous ai envoyé les décrets pour l'armement de la 32e, de la 31e et de la 17e division militaire.

J'ai oublié, dans la 17e division militaire, d'ordonner le désarmement des places de l'Yssel, hormis de celles qu'il est nécessaire de conserver. Toute l'artillerie sera transportée sur Wesel et Maëstricht.

J'ai signé aujourd'hui un décret sur l'armement de la 24e division militaire de Willemstad, du fort Ruyter et du fort intermédiaire entre le fort Ruyter et le Willemstad, au point de la digue; je ne me souviens plus de son nom.

Je n'ai pas parlé de Berg-op-Zoom, parce que je suppose que l'armement de cette place est fait depuis longtemps. Il faut que les pièces soient sur les remparts et que cette place soit en état de défense, car sa surprise serait un très grand malheur.

J'ai prescrit des dispositions pour l'armement de Flessingue et des places environnantes.

J'ai prescrit des dispositions pour l'armement de (1) et du fort impérial dans l'île de Kadzand. Je suppose que le génie a déjà travaillé aux poternes, aux ponts-levis et autres ouvrages à faire en bois. Il faut qu'au 15 août ces ouvrages soient en état de défense; cela peut se faire moyennant les bois; au bout de quarante ans les bois sont encore aussi solides que la maçonnerie.

J'ai pourvu à l'armement d'Ostende. Je n'ai rien ordonné pour l'Ecluse; je ne connais pas assez l'état de cette place. C'est aux bu-

---

(1) En blanc.

reaux du génie et de l'artillerie à voir si je n'ai rien oublié et si tout est en état, mon intention étant que toutes mes côtes soient en état de défense, bien armées, bien approvisionnées, et que mon système de défense soit bien établi.

Les instructions que j'ai données l'an passé pour les îles de Schouwen, de Goerée, de Walcheren, de Nord et de Sud-Beveland, doivent vous servir à rédiger l'instruction générale sur ce qui doit être fait en cas d'alerte.

Je désire que vous me présentiez des projets de décrets pour le reste de la côte, depuis Nieuport, pour les îles d'Aix, île de Ré, les îles d'Hyères, afin qu'il ne reste plus aucune discussion sur les bases du service de l'artillerie, de l'approvisionnement, etc... Comprenez-y aussi l'île d'Elbe.

NAPOLÉON.

6858. — DÉCISION.

Paris, 28 février 1812.

Le général Lariboisière demande que le 1er bataillon principal du train, le 3e *bis*, le 8e *bis* et le 9e bataillon principal soient autorisés à prendre au dépôt de Hanovre 213 chevaux en remplacement de ceux dont l'Empereur vient d'approuver la réforme.

Approuvé.

NAPOLÉON.

6859. — DÉCISION.

Paris, 28 février 1812.

Le maréchal Berthier a donné l'ordre à la 3e compagnie d'armuriers de quitter Mayence pour se rendre à Magdeburg.

Approuvé.

NAPOLÉON.

6860. — AU MARÉCHAL BERTHIER.

Paris, 29 février 1812.

Mon Cousin, je suis informé que le 10 février la 3e division de cuirassiers, que commande le général Doumerc, n'avait pas encore reçu ses mousquetons. Mandez au duc de Reggio, si les régiments de cette division n'en ont point, de leur en faire donner, de leur faire distribuer des cartouches, et de leur en faire brûler quelques-unes. Écrivez au duc d'Elchingen pour savoir si les deux divisions de cuirassiers ont leurs mousquetons et s'ils ont brûlé des cartouches, et, s'ils n'en ont pas, de leur en faire prendre sans délai.

NAPOLÉON.

6861. — AU MARÉCHAL BERTHIER.

Paris, 29 février 1812.

Mon Cousin, vous donnerez ordre que le 1er régiment de chevau-légers lanciers de la garde, avec les détachements de 150 chasseurs et de 50 gendarmes d'élite, qui arrivent à Mayence du 12 au 14 mars, continuent leur route pour se rendre à Dresde en passant par Würzburg, Bamberg et Cronach. Vous donnerez ordre que deux batteries d'artillerie à cheval de la ligne, attachées à la réserve de la garde, qui sont à Metz, partent le 4 mars pour se rendre à Mayence. Cette double batterie aura avec elle un approvisionnement complet et six caissons d'infanterie. Elle arrivera à Mayence le 14 ou le 15, et sera attachée au 1er régiment de chevau-légers lanciers de la garde ou lanciers polonais, et marchera ainsi sous son escorte jusqu'à Dresde.

NAPOLÉON.

6862. — DÉCISIONS (1).

Paris, 29 février 1812.

Quelques détachements du 3e régiment de grenadiers de la Garde ont reçu en trop sur le supplément d'étape une somme de 663 francs. Cette somme ne pouvant être recouvrée, on propose à Sa Majesté de ne point en exercer la retenue.

Approuvé.

---

(1) Non signées; extraites du « Travail du ministre de la guerre avec S. M. l'Empereur et Roi daté du 26 février 1812 ».

On rend compte à Sa Majesté de la demande faite par le général Porson, chef de l'état-major du gouvernement général des départements au delà des Alpes, pour être autorisé à jouir du traitement extraordinaire de son grade, en raison de la représentation qu'exige son service.

Approuvé.

Sa Majesté est priée de faire connaître ses intentions sur l'avance de 150.000 francs demandée par les frères Coulaux pour les mettre à portée de reconstruire une usine incendiée qui est une dépendance de leur manufacture d'armes de Mutzig.

Approuvé.

Proposition de créer une compagnie de canonniers gardes-côtes pour le service des bouches à feu réparties sur les côtes dépendantes de Raguse.

Approuvé.

Sa Majesté est priée de faire connaître si, d'après les motifs présentés par le colonel du 29ᵉ régiment de ligne, Elle approuve que ce corps soit dispensé de fournir les 45 hommes qui lui ont été demandés pour l'école des sous-officiers de Fontainebleau.

Je ne vois pas de raisons légitimes pour ne pas faire ce qui est ordonné.

Sa Majesté est priée de vouloir bien faire connaître où Elle veut que soit casernée la compagnie de canonniers vétérans de sa garde qui avait été créée par le décret du 12 janvier dernier.

A Vincennes.

On demande à Sa Majesté ses ordres au sujet de 4 militaires pensionnés qui sollicitent leur admission aux Invalides. Aucun d'eux ne

Approuvé.

réunit entièrement les conditions exigées par la loi du 8 floréal an XI.

On propose à Sa Majesté d'accorder au sieur Josset Saint-Ange, fils, pensionné, l'autorisation d'aller résider en Espagne où il doit se marier et de faire toucher sa pension à Paris;

Accordé.

D'accorder à quatre militaires français, qui sont employés dans les douanes en Illyrie, la faculté de faire toucher leur pension en France.

Accordé.

Sa Majesté est priée de prononcer sur le renvoi de deux Catalans, prisonniers de guerre à Auxerre, qui sont réclamés par leurs familles et qui offrent leur soumission.

Approuvé.

On prend les ordres de Sa Majesté pour la fixation des dépenses d'ameublement dans le palais du gouverneur à Flessingue et pour imputer cette dépense sur les fonds de cette place.

30.000 sont plus que suffisants. Il ne faut pas accorder davantage.

On propose à Sa Majesté d'accorder à M. le chef de bataillon Morlet, en raison de sa belle conduite à Almeida, une somme de 900 francs, formant le complément des pertes qu'il a subies.

Approuvé.

On rend compte à Sa Majesté du rapport qui a été fait par les officiers de santé attachés au Pryta-

Approuvé.

née militaire de La Flèche sur l'é-
tat de maladie du jeune Pallavicini,
Génois, élève de cette école.

6863. — AU GÉNÉRAL CLARKE.

Paris, 29 février 1812.

Monsieur le duc de Feltre, la marine a désiré que j'augmentasse les canonniers de la marine, de manière qu'ils pussent aussi former la garnison des vaisseaux. La marine se trouve mal des garnisons qui sont tirées de l'armée de terre et qui donnent lieu à de perpétuelles discussions. J'ai donc ordonné par un décret, que vous aller recevoir, que les compagnies de canonniers de la marine seraient portées à 250 hommes, et je lui ai accordé 2.000 conscrits de la conscription de 1812, à prendre à raison de 14 hommes sur le contingent de chaque régiment. Le ministre de la marine répartira ces 2.000 hommes entre les quatre régiments d'artillerie de marine, c'est-à-dire qu'il désignera le nombre d'hommes à diriger sur Toulon, Brest, Cherbourg et Anvers. Il est nécessaire que le comte Dumas se rende demain chez le ministre de la marine pour presser cette répartition. Il aura soin d'assigner à chaque port les conscrits les plus voisins : les Provençaux, les Languedociens seront désignés pour Toulon; les Bretons et les Poitevins pour Brest; les Normands pour Cherbourg; les Picards, les Lorrains et les Bourguignons pour Anvers, etc. Par ce moyen, ces hommes arriveront promptement. Ce sera 2.000 hommes de moins pour l'armée de terre; mais j'en gagnerai 13.000 environ par la restitution que la marine me fera des quatre-vingt-dix-huit compagnies actuellement embarquées comme compagnies de garnison.

Remarquez bien qu'il est nécessaire que ces 2.000 hommes parlent français et soient tous natifs de l'ancienne France.

Je désire que vous me remettiez l'état des compagnies de garnison au 15 février, avec l'indication du lieu où elles se trouvent, afin que je puisse ordonner leur retour et leur donner une destination.

NAPOLÉON.

6864. — AU GÉNÉRAL CLARKE.

29 février 1812.

Monsieur le duc de Feltre, on m'assure que le colonel d'artillerie Levavasseur est fou au point de compromettre le service. Faites une enquête là-dessus, afin de statuer ce que vous jugerez convenable.

NAPOLÉON.

6865. — DÉCISION.

Paris, 29 février 1812.

Le maréchal Berthier soumet à l'Empereur la répartition numérique des officiers d'état-major qu'il estime devoir être employés auprès des maréchaux et généraux commandant les corps d'armée.

Le major général donnera ces ordres.

NAPOLÉON.

6866. — DÉCISION.

Paris, 29 février 1812.

Le maréchal Davout expose les inconvénients qu'il y a de faire monter trop tôt les chevaux de remonte par des hommes insuffisamment instruits.

Renvoyé au major général qui écrira au général Bourcier qu'il doit retenir les hommes montés autant de temps qu'il le jugera nécessaire, et ne les envoyer à leur corps que lorsqu'ils se trouveront en état de faire un bon service.

NAPOLÉON.

6867. — DÉCISION.

Paris, 29 février 1812.

Au sujet des marques distinctives accordées par le roi de Hollande aux officiers et soldats qui

Cela est ridicule. Le prince d'Eckmühl fera sentir à ces officiers que, faisant aujourd'hui

ont participé à la reprise du fort de Batz.

partie des troupes françaises, ils ne peuvent plus attacher d'importance à de si faibles distinctions. Il faut que, par mesure de police du corps, on les ôte de l'uniforme. Le Ministre de la guerre en écrira au colonel.

NAPOLÉON.

6868. — AU GÉNÉRAL LACUÉE.

Paris, 29 février 1812.

Monsieur le comte de Cessac, on me mande que le 4ᵉ et le 7ᵉ régiment de cuirassiers ont bien des hommes et des chevaux, mais qu'ils n'ont point de selles, et qu'ils n'ont point d'espoir d'en avoir de sitôt. Faites-moi un rapport là-dessus. Je suppose que mes ordres ont été exécutés, et qu'il y a aux régiments une assez grande quantité de selles pour équiper 1.000 chevaux. Indépendamment de cela, j'ai commandé 5.000 selles au compte des corps, et 5.000 au compte de l'administration de la guerre. Faites-moi connaître où en sont celles de l'administration de la guerre, et proposez-moi d'en faire partir un convoi pour Hanovre, afin que le défaut de selles ne retarde en rien les mouvements.

NAPOLÉON.

6869. — AU GÉNÉRAL LACUÉE.

Paris, 29 février 1812.

Monsieur le comte de Cessac, les quatre régiments de la légion de la Vistule sont en marche pour arriver en France et se rendre à Sedan. Il est nécessaire que vous écriviez au dépôt pour que ces troupes puissent y trouver à leur arrivée ce dont elles auront besoin pour se rééquiper et continuer leur route sur la Pologne. Tout ce que ces régiments auraient à Bayonne leur sera donné à leur passage à Pau ou rétrogradera sur Sedan.

NAPOLÉON.

6870. — DÉCISION.

Paris, 1ᵉʳ mars 1812.

Le général commandant la 5ᵉ division militaire demande si le 1ᵉʳ régiment suisse doit quitter Strasbourg sans son artillerie qui n'est pas prête.

L'artillerie joindra après.

NAPOLÉON.

6871. — AU MARÉCHAL BERTHIER.

Paris, 1ᵉʳ mars 1812.

Mon Cousin, je réponds à votre rapport du 29 février. Faites-moi connaître quels sont les trois régiments de cavalerie légère qui manquent au 3ᵉ corps, quelles sont les sept compagnies d'artillerie à pied et les deux d'artillerie à cheval qui manquent également? Quand ces corps doivent-ils arriver? Donnez-moi les mêmes renseignements sur la compagnie d'ouvriers et sur les huit compagnies du train qui sont en retard. Comment les deux compagnies du 2ᵉ bataillon d'équipages militaires ne sont-elles pas déjà arrivées? Vérifiez les causes de ces retards et faites-m'en un rapport.

NAPOLÉON.

6872. — AU GÉNÉRAL CLARKE.

Paris, 2 mars 1812.

Monsieur le duc de Feltre, je réponds à votre lettre du 2 sur les compagnies d'artillerie à remplacer dans la 32ᵉ division militaire. Faites partir la 17ᵉ et la 18ᵉ compagnie du 8ᵉ régiment, qui sont à Boulogne, et qui sont destinées à être placées sur la ligne d'opération de l'armée, à Hamburg.

Faites partir la 4ᵉ et la 9ᵉ compagnie du 9ᵉ régiment, qui sont à Anvers, pour se rendre à Wesel. Moyennant cela, vous ne serez pas obligé d'affaiblir les compagnies qui sont à Anvers et dans les divisions militaires de l'intérieur, parce que ces quatre compagnies seront remplacées, aussitôt que faire se pourra, par des compagnies de Strasbourg. Ce remplacement pourra se faire dans le commencement de mai.

Je vous renvoie vos états, pour que vous y joigniez la situation de l'effectif des compagnies d'artillerie dans l'intérieur, et ce qu'elles recevront par la conscription, afin que je connaisse ce que me présenteront ces compagnies dans l'intérieur, en avril et mai.

Je trouve qu'il reste peu de compagnies d'artillerie en Italie. Il en faut pour Palmanova, pour Venise, pour Ancône, pour Alexandrie, pour Mantoue. Comme on a fourni beaucoup de conscrits au 2ᵉ régiment, qui est à Vérone, et au 4ᵉ régiment, qui est à Alexandrie, il est convenable d'y laisser les cadres des compagnies.

Donnez ordre aux compagnies qui sont à Corfou de revenir à Rome.

NAPOLÉON.

6873. — AU GÉNÉRAL CLARKE.

Paris, 2 mars 1812.

Monsieur le duc de Feltre, je réponds à votre lettre du 2, par laquelle vous me proposez d'ordonner que 7,900 chevaux, tirés des différents dépôts, partent pour la Grande Armée, à fur et mesure qu'ils seront en état de faire partir 200 chevaux. Mon intention est d'avoir un travail plus détaillé là-dessus, et que vous distinguiez ces chevaux en plusieurs classes, en me faisant connaître les voitures que les corps de cavalerie, les réserves de la garde et le 3ᵉ corps, etc..., auraient laissées en arrière. Les chevaux destinés pour ces corps se dirigeront sur les lieux où sont les voitures, pour les prendre, les atteler et les conduire aux parcs. Mais 7,900 chevaux ne sont pas nécessaires pour cela; une grande partie de ces chevaux est inutile; il faut les diriger sur Metz, Mayence, Wesel et Strasbourg. Vous me ferez connaître ce qu'ils attelleront. Je désire qu'ils attellent des chariots d'artillerie, qu'on chargera de fusils ou de munitions de guerre nécessaires à l'armée, en ne mettant qu'un léger chargement. Faites-moi donc faire ce travail.

Le 6ᵉ bataillon principal doit envoyer 900 hommes; cela formera quatre détachements, trois de 200 chevaux chacun, et un de 300 chevaux. Faites-moi connaître ce que chaque détachement attellera, et de même pour tout le reste.

NAPOLÉON.

6874. — DÉCISION.

Paris, 3 mars 1812.

| Le maréchal Ney réclame trois régiments de cavalerie et des compagnies d'artillerie et du train qui n'ont pas encore rejoint son corps d'armée. | Répondre au duc d'Elchingen et établir une discussion avec lui pour lui faire comprendre que tout cela doit être arrivé. |

NAPOLÉON.

6875. — AU MARÉCHAL BERTHIER.

Paris, 3 mars 1812.

Mon Cousin, donnez ordre au général de brigade Ornano de partir sans délai pour se rendre à Magdeburg. Il commandera une brigade de la 5ᵉ division de cuirassiers.

NAPOLÉON.

6876. — AU MARÉCHAL BERTHIER.

Paris, 3 mars 1812.

Mon Cousin, donnez ordre au général Grouchy d'être rendu à Ratisbonne le 12 mars, pour prendre le commandement du 3ᵉ corps de réserve, composé de la division de cavalerie légère, que commande le général Kellermann, et des 3ᵉ et 6ᵉ divisions de cavalerie. Ce corps doit avoir trente pièces d'artillerie légère avec double approvisionnement.

NAPOLÉON.

6877. — DÉCISION.

Paris, 3 mars 1812.

| Etat de l'armement actuel de Berg-op-Zoom. 244 bouches à feu y sont en batterie et 121 en réserve. On peut compléter les approvisionnements. | Cela me paraît plus que suffisant. |

NAPOLÉON.

6878. — AU GÉNÉRAL CLARKE.

Paris, 3 mars 1812.

Monsieur le duc de Feltre, quelles sont les compagnies de sapeurs qui doivent être employées au 2ᵉ corps? Pourquoi n'y sont-elles pas encore rendues?

NAPOLÉON.

6879. — EXTRAIT D'UN ORDRE DE L'EMPEREUR EN DATE DU 3 MARS 1812 (1).

Faites en sorte que le 1ᵉʳ avril l'artillerie, le génie, l'état-major, les administrations et les généraux de brigade de la 12ᵉ division soient réunis à Mayence.

6880. — AU GÉNÉRAL LACUÉE.

Paris, 3 mars 1812.

Monsieur le comte de Cessac, le 29ᵉ régiment d'infanterie légère manque d'effets de campement, de sacs à toile et de souliers. Il est nécessaire d'y pourvoir sans délai, ce régiment devant partir.

NAPOLÉON.

6881. — DÉCISION.

Paris, 4 mars 1812.

Le capitaine adjoint Simon sollicite un congé de convalescence.	Approuvé. NAPOLÉON.

6882. — DÉCISION.

Paris, 4 mars 1812.

Le maréchal Berthier propose de renvoyer au dépôt du 55ᵉ deux officiers de ce régiment que leur mauvaise santé rend incapables de servir.	Approuvé. NAPOLÉON.

---

(1) Non signé.

6883. — DÉCISION.

Paris, 4 mars 1812.

Moyens proposés par M. de Lavallette pour remédier à l'interruption du service des postes de Bayonne à Madrid, survenue par suite du manque de fonds pour assurer ce service.

Approuvé.

NAPOLÉON.

6884. — DÉCISION.

Paris, 4 mars 1812.

Le colonel du 16e léger propose de faire rentrer en France le capitaine Mathieu, qui n'est plus en état de supporter les fatigues de la guerre.

Approuvé.

NAPOLÉON.

6885. — DÉCISION.

Paris, 4 mars 1812.

On soumet à Sa Majesté des mesures sur la composition et l'administration du dépôt de Stettin, destiné à recevoir les hommes hors d'état de faire un service actif au corps d'observation de l'Elbe.

Je suis surpris que le major général envoie cela au ministre. Il faut qu'il donne les ordres au prince d'Eckmühl. Le ministre n'a rien à y voir, et cela doit toujours se faire comme cela s'est fait dans la guerre.

NAPOLÉON.

6886. — AU GÉNÉRAL CLARKE.

Paris, 4 mars 1812.

Monsieur le duc de Feltre, on a mis un régiment étranger à Amsterdam. Je ne sais pas qui a donné cette autorisation. Il ne doit y avoir à Amsterdam aucune troupe. Faites partir, sans délai, ce régiment pour sa destination.

NAPOLÉON.

6887. — DÉCISION (1).

Le maréchal Berthier demande si ce sont bien 250 Portugais qui doivent se rendre dans le grand-duché de Varsovie pour y être remontés et non 250 Polonais.

Portugais du régiment de chasseurs.

Napoléon.

6888. — DÉCISION (2).

Le maréchal Berthier fait connaître le déficit qui existe dans le 12e bataillon d'équipages en personnel et matériel.

Autoriser le prince d'Eckmühl à prendre à Hanovre les chevaux nécessaires pour compléter le 12e bataillon d'équipages militaires et tout faire pour avoir constamment 252 voitures.

Napoléon.

6889. — DÉCISION.

Paris, (3) mars 1812.

Le comte Roederer, ministre d'Etat du grand-duché de Berg, demande que la compagnie de sapeurs de ce grand-duché rejoigne la brigade des troupes de Berg.

Cette compagnie suivra le parc de l'armée. Les outils et les caissons lui seront envoyés sur Magdeburg, d'où ils suivront le parc.

Napoléon.

6890. — AU GÉNÉRAL CLARKE.

Paris, 6 mars 1812.

Monsieur le duc de Feltre, faites embarquer à Huningue le détachement du 7e léger, qui se rend à Mayence, et à Strasbourg le dé-

---

(1) Sans date; le rapport du maréchal Berthier est du 4 mars 1812, l'expédition de la décision du 5.

(2) Sans date; le rapport du maréchal Berthier est du 2 mars; la décision a été expédiée le 5.

( ) Sans date de jour, le rapport est du 5, l'expédition du 8.

tachement du 57°, qui se rend à Mayence; cela est plus prompt et plus économique.

Donnez ordre qu'arrivés à Mayence le détachement de 100 hommes du 15° léger, le détachement de 100 hommes du 12° de ligne, le détachement de 200 hommes du 57°, le détachement de 60 hommes du 7° léger, soient formés en un bataillon de marche, qui sera appelé 1er bataillon de marche du 1er corps de la Grande Armée, et se mettent en marche pour rejoindre leurs corps.

Les détachements des 2°, 37° et 93°, qui partent de Besançon, et les détachements du 8° et du 18° d'infanterie légère, se dirigeront sur Strasbourg, où ils s'embarqueront pour Mayence.

Le détachement du 17° de ligne, ainsi que ceux des 25° de ligne, 13° léger, 21°, 85°, 111°, 30°, 48°, etc., etc..., et en général de tous les régiments qui appartiennent au 1er corps, formeront un ou deux bataillons de marche, chaque bataillon fort de 1.000 hommes. Ces bataillons recevront une organisation provisoire, afin d'être en état de se ployer ou de se déployer dans leur marche.

Tous les détachements des régiments qui font partie du 2° corps formeront un bataillon de marche.

Tous les détachements des régiments du 3° corps formeront un autre bataillon de marche.

Il est nécessaire d'avoir à Mayence un général chargé de la formation de ces bataillons; et faites-les former ici vous-même sur le papier, par le bureau du mouvement.

Faites organiser également en bataillon ce qui arrive de Wesel, et faites-moi connaître ce qui pourra partir.

Donnez ordre que deux compagnies de marche du 5° bataillon du 3° de ligne et du 105°, complétées chacune à 200 hommes, forment un bataillon de marche de 800 hommes; qu'elles soient bien organisées, et qu'elles se mettent en marche de Strasbourg, où aura lieu leur formation, pour se diriger, par la rive droite, sur Magdeburg. Faites-les composer le plus possible de conscrits réfractaires, mais bien portants et bien habillés. Cela donnera de la place dans les dépôts de ces deux régiments pour recevoir les conscrits.

NAPOLÉON.

6891. — DÉCISION.

Paris, 7 mars 1812.

Demande de congé en faveur du capitaine du génie Michaud. — Accordé.

NAPOLÉON.

6892. — DÉCISION.

Paris, 7 mars 1812.

Le maréchal Marmont demande un congé de trois mois pour le colonel Béchaud, du 66ᵉ de ligne, qui a besoin d'aller soigner ses blessures aux eaux de Plombières. — Approuvé.

NAPOLÉON.

6893. — DÉCISION.

Paris, 7 mars 1812.

Le maire de Saint-Maixent demande que l'un des deux dépôts des 10ᵉ et 27ᵉ chasseurs soit retiré de cette ville et envoyé à Parthenay. — Approuvé.

NAPOLÉON.

6894. — AU GÉNÉRAL LACUÉE.

Paris, 7 mars 1812.

Monsieur le comte de Cessac, je reçois votre lettre du 2 mars. Je ne puis entrer dans tous les détails d'administration. Approuvez le marché pour Danzig sous la responsabilité de l'ordonnateur qui est dans cette place. L'essentiel est que Danzig soit promptement approvisionné.

Je ne puis pas pour cela m'en rapporter à la convention qu'a faite le duc de Bassano avec la Prusse. C'est un objet trop délicat et trop important. Quant aux ordonnateurs, je reconnais que ç'a été une très grande faute de n'avoir pas puni le général Rapp pour avoir manqué à l'ordonnateur. Il faut maintenir l'indépendance de l'administration pour lui laisser sa responsabilité. Il a été commis à Dantzig beaucoup de friponneries, mais en supposant que le général Rapp y fût impliqué (ce qui, j'espère, ne sera pas), cela ne justifierait en rien l'administration.

NAPOLÉON.

6895. — DÉCISION.

Paris, (1) mars 1812.

Le général Lariboisière propose de laisser encore à Mayence la 3° compagnie du 2° bataillon de pontonniers pour l'employer à l'escorte des convois.

Il faut qu'au 15 mars tout ait passé le Rhin, sans quoi tout arriverait trop tard et dérangerait les opérations.

NAPOLÉON.

6896. — DÉCISION.

Paris, (1) mars 1812.

On demande l'autorisation de Sa Majesté pour envoyer au parc général d'artillerie la 17° compagnie du 5° régiment d'artillerie à pied.

Approuvé.

NAPOLÉON.

6897. — AU MARÉCHAL BERTHIER.

Paris, 8 mars 1812.

Mon Cousin, donnez l'ordre qu'une des trois compagnies de sapeurs attachées à la garde, qui sont à Metz ou à Mayence, se mette en marche pour Magdeburg, pour être attachée à la division Laborde.

NAPOLÉON.

6898. — DÉCISION.

Paris, 8 mars 1812.

On prend les ordres de Sa Majesté relativement à l'envoi au Helder de quatre nouveaux bataillons

Je n'y vois pas d'inconvénient, moyennant qu'il y ait des officiers et sous-officiers français

---

(1) Sans date du jour; le rapport est du 7, l'expédition du 10.

de prisonniers de guerre espagnols, en sus des quatre qui existent, pour être employés aux travaux des fortifications.

qui surveillent toutes leurs opérations. Faire filer ces prisonniers sur ce point où ils seront employés utilement.

NAPOLÉON.

6899. — DÉCISION.

Paris, 8 mars 1812.

Monsieur le duc de Feltre, donnez ordre que 30 hommes du 27ᵉ de ligne s'embarquent à Mayence pour Wesel, ainsi qu'aux 150 hommes du 8ᵉ de ligne, à 70 hommes du 22ᵉ *id.*, à 40 hommes du 45ᵉ, à 50 hommes du 54ᵉ, à 70 hommes du 94ᵉ, à 40 hommes du 95ᵉ, à 20 hommes du 21ᵉ léger et à 40 hommes du 28ᵉ léger. Le général Loison formera de ces détachements un bataillon de marche de 500 hommes, qui portera le nom de 1ᵉʳ bataillon de marche du 2ᵉ corps. Il n'y mettra que les officiers nécessaires pour la conduite de ces hommes et il les dirigera sur Magdeburg, où les 60 hommes d'infanterie légère seront incorporés dans le 26ᵉ léger, et les 440 hommes d'infanterie de ligne seront incorporés dans le 37ᵉ de ligne.

Donnez ordre que 100 hommes du 65ᵉ, 60 hommes du 28ᵉ de ligne, 120 hommes du 43ᵉ, 40 hommes du 50ᵉ, ce qui fait un total de 320 hommes, se rendent à Wesel, et qu'ils y soient formés en un 1ᵉʳ bataillon de marche du 3ᵉ corps. Ces 320 hommes se dirigeront de Wesel sur Magdeburg où ils seront incorporés dans le 46ᵉ. On ne mettra dans ce bataillon que le nombre d'officiers nécessaires pour conduire ces hommes.

Donnez ordre que 30 hommes du 39ᵉ, 80 hommes du 40ᵉ, 100 hommes du 103ᵉ, 120 hommes du 88ᵉ, 80 hommes du 76ᵉ, 40 hommes du 96ᵉ, 30 hommes du 100ᵉ, formant un total de près de 500 hommes, se rendent à Wesel et soient formés en bataillon de marche du 3ᵉ corps, 2ᵉ bataillon; ce bataillon est destiné à être incorporé dans le 72ᵉ; il se rendra à Magdeburg.

Les 400 hommes du 3ᵉ de ligne et les 400 hommes du 105ᵉ que, par ma lettre d'hier, je vous ai donné l'ordre d'envoyer à Magdeburg seront incorporés, savoir : les 400 hommes du 3ᵉ dans le 72ᵉ, et les 400 hommes du 105ᵉ dans le 18ᵉ de ligne. Le bataillon composé de ces deux détachements sera appelé 3ᵉ bataillon de marche du 3ᵉ corps. Il se rendra à Magdeburg.

NAPOLÉON.

6900. — DÉCISION.

Paris, 8 mars 1812.

Affectations proposées pour les 9ᵉ, 10ᵉ et 11ᵉ compagnies d'ambulance.

Approuvé.

NAPOLÉON.

6901. — DÉCISION.

Paris, 8 mars 1812.

Proposition d'attacher au grand quartier général une compagnie du grand-duché de Berg, composée de sapeurs, de mineurs et de pontonniers et qui se trouve à Mayence.

Cette compagnie sera réunie au génie de la garde.

NAPOLÉON.

6902. — AU MARÉCHAL BERTHIER.

Paris, 10 mars 1812.

Mon Cousin, il paraît qu'il reste à Burgos 150.000 francs en traites et 200.000 francs en numéraire, provenant du reste des 8ᵉ, 9ᵉ et 10ᵉ convois. Mon intention est que sur ce fonds vous envoyiez 150.000 francs en argent et 50.000 francs de traites à Santona, et que les 150.000 francs restant, savoir 50.000 francs en numéraire et 100.000 francs en traites, soient donnés à l'armée du Nord. Les 200.000 francs pour Santona devront être distribués de la manière suivante : 100.000 francs au génie, 30.000 francs à l'artillerie et 70.000 francs pour la solde. Les 150.000 de l'armée du Nord seront donnés, savoir : 100.000 francs au génie pour les travaux des fortifications de Burgos et 50.000 francs pour l'artillerie de cette place. Vous ferez partir un 13ᵉ convoi, qui portera 3.000.000 à répartir de la manière suivante, savoir :

	en numéraire.	en traites.
1.000.000 au Roi pour les mois de février et de mars.........	500.000	500.000
400.000 pour l'armée du Centre.....	200.000	200.000
600.000 pour l'armée du Nord.......	300.000	300.000
1.000.000 pour l'armée du Portugal...	500.000	500.000
3.000.000	1.500.000	1.500.000

Remettez-moi le projet de distribution d'un 14° convoi, qui partira au commencement d'avril.

NAPOLÉON.

6903. — AU GÉNÉRAL CLARKE.

Arrivé 10 mars 1812.

Monsieur le duc de Feltre, j'ai ordonné que le cadre du 6° bataillon du 19° de ligne et le cadre du 6° bataillon du 56° se dirigeassent sur Wesel, et que les cadres du 6° bataillon du 46° et du 93° se dirigeassent sur Strasbourg.

Je vous ai mandé par ma lettre du 29 février que mon intention était que ces quatre cadres fussent remplis par des conscrits réfractaires; mais comme je vois qu'il en arrive peu, vu que les colonnes mobiles ont cessé leurs opérations, faites partir d'Orléans, le 15, deux compagnies du 113° formant 400 hommes, lesquelles se dirigeront sur Strasbourg, et seront incorporées dans le 6° bataillon du 46°. Après cela, les cadres de ces deux compagnies rentreront au dépôt du 113°, à Orléans.

Vous donnerez ordre au 3° et au 105° de fournir chacun 200 hommes de la conscription de 1811, et ayant au moins six mois de service, au même bataillon du 46°, ce qui complétera ce bataillon à 800 hommes. Ainsi complété, ce bataillon se mettra en marche incontinent pour Magdeburg.

Mon intention est que vous recherchiez tous les hommes disponibles dans les dépôts de l'armée d'Espagne, et que vous me proposiez d'envoyer au 6° bataillon du 93° un nombre d'hommes suffisant pour le compléter à 800 hommes. Ce bataillon partira aussitôt après pour Magdeburg. On pourra y employer aussi les conscrits réfractaires qui seraient disponibles au dépôt de Strasbourg. Faites-moi un projet de mouvement de ces différents détachements sur le 6ᵉ bataillon du 93ᵉ, en prenant des hommes ayant plus de six mois de service et étant habillés; je ne veux point de conscrits de 1812.

J'ai destiné 720 graciés du boulet pour les 6ᵉˢ bataillons des 56ᵉ et 19ᵉ, ce qui fera 350 hommes par bataillon. Désignez des hommes des dépôts de l'armée d'Espagne, stationnés dans les 25ᵉ, 26ᵉ, 16ᵉ et 24ᵉ divisions militaires, en nombre suffisant pour porter ces bataillons à 900 hommes chacun, afin qu'on puisse les faire partir, sans délai, pour Magdeburg.

Donnez ordre qu'un petit bataillon de marche appelé bataillon de marche de Strasbourg, composé d'une compagnie du 24ᵉ léger et d'une compagnie du 26ᵉ léger, complétées à 250 hommes chacune, bien organisées, chaque homme ayant ses cartouches, et bien commandées, passe le Rhin à Strasbourg et se dirige sur Magdeburg, d'où chaque compagnie rejoindra son régiment. Les cadres de ces compagnies, après avoir versé leurs hommes, reviendront à Strasbourg.

Je remarque dans les états de situation des divisions militaires au 1ᵉʳ mars qu'un grand nombre d'hommes sont disponibles aux dépôts des corps de la Grande Armée. Donnez ordre que la revue de ces dépôts soit passée, au 15 mars, par les généraux des divisions et des départements, et par les majors; et que les hommes en état de partir soient dirigés sur Mayence, où l'on en formera des compagnies de marche du 1ᵉʳ, du 2ᵉ et du 3ᵉ corps de la Grande Armée. Je vois que le 19ᵉ seul a 300 hommes en état de partir, et ainsi des autres régiments.

Je crois avoir donné ordre que le cadre du 6ᵉ bataillon du 37ᵉ de ligne se dirigeât sur Strasbourg ou Wesel; je ne me souviens pas sur laquelle de ces deux places. Il faut se procurer des conscrits de 1811, et de plus de six mois de service, pour recruter ce bataillon, afin qu'il puisse rejoindre sans délai son régiment.

Il faut également donner l'ordre qu'au 15 mars on tienne prêts à partir tous les hommes qui seraient disponibles aux dépôts de cavalerie, soit cuirassiers ou dragons, soit chasseurs, hussards et chevau-légers; mais surtout chevau-légers, pour se rendre à

Mayence. Réitérez cet ordre; qu'une revue de rigueur de ces dépôts soit passée. On formera des hommes disponibles des compagnies de marche, en suivant la composition des corps de cavalerie, et tout cela sera dirigé sur l'Elbe.

Réitérez l'ordre que les compagnies de pontonniers, de mineurs, des sapeurs, des ouvriers, du train du génie, notamment les compagnies qui viennent de Bayonne, se mettent en marche le 15 mars. Donnez le même ordre aux compagnies d'infirmiers qui suivent l'armée.

NAPOLÉON.

6904. — AU GÉNÉRAL CLARKE.

Paris, 10 mars 1812.

Monsieur le duc de Feltre, le château de Vincennes a deux portes : un tambour formé par une muraille crénelée me paraît nécessaire à la porte qui donne sur la route de Paris, de sorte que cette porte ne puisse pas être surprise. Il en faudrait autant à la porte du sud. En cas de suspicion, le gouverneur doit avoir l'ordre de ne plus laisser entrer par la porte du village, on entrerait alors par la porte du sud.

La compagnie d'artillerie de la garde doit être à Vincennes : ainsi, il y aura toujours un nombre de canonniers suffisant.

Je désirerais que les canons qui sont sur affûts marins fussent sur affûts de place, de manière que l'on pût boucher les embrasures et que cela dominât toutes les tours. Il faudrait y mettre aussi un certain nombre de petites pièces sur affûts de siège, du calibre de 6 ou de 12, et quelques petits mortiers à la Cohorn.

En attendant, j'approuve les dépenses qu'on propose d'y faire et j'accorde 150.000 francs pour ces dépenses en y comprenant les murs pour fermer les portes, car un fort de la nature de celui-ci a plus à craindre une surprise que d'être enlevé de vive force.

Ces dispositions une fois faites, ce qui est nécessaire, ce sont les magasins et les logements. Les logements doivent consister dans la mise en état des casernes, de manière à pouvoir y établir un millier d'hommes et quelques centaines de chevaux; mais ce qui me paraît surtout nécessaire, c'est d'y avoir des magasins d'artillerie de plusieurs espèces : 1° une salle d'armes pouvant contenir 100.000 fusils avec un assortiment de pistolets et de sabres; 2° un magasin à poudre pour cent milliers; 3° un magasin pour des munitions confectionnées, de manière à pouvoir charger plusieurs centaines de caissons; enfin, un hangar pour contenir des voitures de rechange de toute espèce.

Je regarde Vincennes comme l'arsenal de Paris, et, dans tout état de choses, il est nécessaire d'y avoir de quoi se défendre. Ne voulant pas de dépôt d'armes à Paris, ce n'est pas trop d'avoir 100.000 fusils à Vincennes et des munitions en quantité suffisante pour un bon train d'artillerie. Il est également convenable d'y avoir un atelier de menuiserie, de charronnage et quelques forges.

C'est un arsenal assez éloigné de Paris pour être à l'abri de toute surprise et assez près pour être secouru par les habitants et leur fournir des armes pour la défense commune; il faudrait donc que les dispositions intérieures formassent un beau système régulier; il n'y faudrait rien de provisoire; mais faire là un bel établissement, qu'on finirait en huit ou dix ans et qui pourrait être utile.

Je crois également que les armes qui sont dans la rue du Bac devraient être à Vincennes, sans quoi il serait à craindre que la populace, dans un moment de trouble, n'allât piller ce dépôt, et que quelque instant d'égarement ne fît perdre le fruit de tant de recherches.

Enfin, je désire à Vincennes un beau logement pour le gouverneur. Ce logement devrait être assez grand pour que dans bien des circonstances on pût y déposer un personnage tel qu'un prince ou un étranger de haute considération dont on voudrait être sûr, mais que pourtant on ne voudrait pas mettre en prison.

Je désire que vous fassiez faire des plans qui permettent d'atteindre à ces différents buts, afin que je puisse les approuver dans le courant de l'année et qu'on puisse y travailler sérieusement. Il faut de la régularité et de la symétrie. Proposez-moi le traitement à accorder au gouverneur. Il doit y loger et n'en découcher jamais. Il ne doit même pas s'en absenter sans ordre. C'est un grand et beau projet que je veux pour l'intérieur de Vincennes, tel que, dans des temps de crainte, je puisse faire évacuer sur ce point une grande quantité d'artillerie d'une frontière menacée.

NAPOLÉON.

6905. — AU GÉNÉRAL CLARKE.

Paris, 10 mars 1812.

Monsieur le duc de Feltre, je reçois votre rapport du 7 mars, bureau de l'artillerie, sur les 8.000 chevaux qui sont en France et partiront dans le courant de mars et d'avril, et sur leur destination.

J'en approuve le contenu, qui me paraît bien entendu. Veillez à ce que toutes les fois que 100 chevaux ou 200 chevaux pourront partir, on ne perde pas vingt-quatre heures pour les mettre en route. Veillez aussi à ce qu'on prenne toujours les munitions qui sont les plus importantes.

NAPOLÉON.

6906. — AU GÉNÉRAL CLARKE.

Paris, 10 mars 1812.

Monsieur le duc de Feltre, je ne puis que vous répéter de réitérer vos ordres à l'artillerie, pour que tous les ouvrages de la Hollande, de ses îles et de l'Escaut soient armés au mois de mai. Il serait convenable que le bureau de l'artillerie leur donnât ces ordres aujourd'hui, et les réitérât au 1er avril, en leur annonçant une expédition.

Il faudrait même proposer cette question : si l'ennemi se présentait au 1er mai, que se passerait-il ? Je désire que vous fassiez cette demande pour le Helder, le Texel, le fort des Écluses, d'Amsterdam, du côté de Haarlem, pour Delfzyl, le fort Impérial, le fort Napoléon, Flessingue, c'est-à-dire les forts Montebello, Saint-Hilaire et Rameskens, l'île de Goeree et Willemstad.

NAPOLÉON.

6907. — AU GÉNÉRAL CLARKE.

Paris, 10 mars 1812.

Monsieur le duc de Feltre, je vois que le 2e régiment d'artillerie de ligne a cinq compagnies dans les États romains, trois à Civita-Vecchia et deux en route pour Rome; cela est inutile : une seule à Civita-Vecchia est suffisante; une à Rome est également suffisante.

Faites rentrer les trois autres à Vérone, où elles sont nécessaires. Je vois que ce même régiment a deux compagnies à Zara ; une seule suffit. Faites rentrer l'autre à Vérone. Ainsi ce régiment aura quatre compagnies à Vérone, pour le service des places d'Italie.

Le 4ᵉ à pied a quatre compagnies aux îles d'Hyères. Je suppose qu'elles sont composées de conscrits réfractaires. Sans cela, il serait bien utile d'en retirer une, afin d'avoir une compagnie de plus à Alexandrie.

J'ai également ordonné que deux compagnies du 2ᵉ régiment, qui étaient à Naples, rentrassent, ce qui ferait donc six compagnies à Vérone. Je désirerais en avoir au moins six à Alexandrie. En ce moment, il n'y en a qu'une à Alexandrie et une à Turin ; ce n'est pas assez ; il faudrait douze compagnies d'artillerie en Italie, pour pouvoir se porter sur Gênes et partout où les circonstances l'exigeront. Faites-moi connaître les moyens qu'il y aurait de se procurer cette augmentation, soit en complétant les compagnies à la Grande Armée et en renvoyant les cadres, soit en faisant la même opération à l'armée d'Espagne, soit en créant de nouvelles compagnies. Je le répète, il est impossible de laisser l'Italie sans douze ou quatorze compagnies.

La 32ᵉ division, les 26ᵉ, 31ᵉ, 17ᵉ et 24ᵉ me paraissent suffisamment garnies.

Dans la 16ᵉ, deux compagnies ne sont pas assez ; il en faudrait quatre.

Une compagnie dans la 14ᵉ n'est pas assez. Il en faudrait au moins quatre à Cherbourg.

Il n'y en a point dans la 15ᵉ ; il en faudrait une au Havre.

Le 13ᵉ n'en a pas assez. Il n'y en a que deux ; encore sont-elles à Belle-Ile. Il en faudrait quatre autres.

Les 12ᵉ, 11ᵉ, 10ᵉ, 8ᵉ, 23ᵉ, 29ᵉ, 30ᵉ me paraissent en avoir suffisamment.

Il y en a six à Strasbourg ; c'est trop. On pourrait en employer deux.

En résultat, je crois que, quelque arrangement qu'on fasse, il manque une vingtaine de compagnies d'artillerie ; il serait à désirer qu'on pût se procurer cette augmentation.

Napoléon.

6908. — DÉCISIONS (1).

Paris, 10 mars 1812.

On rend compte à Sa Majesté des résultats du travail présenté pour l'assiette d'un casernement de 14.000 hommes, tant à Munster que sur onze autres points du département de la Lippe.

Approuvé.

On remet sous les yeux de Sa Majesté le rapport concernant les élèves gendarmes.

Faire le projet de décret.

On prend les ordres de Sa Majesté sur la demande de M. le général commandant la 17e division militaire d'appliquer à l'achat de menus effets mobiliers le fonds de 10.000 francs accordé pour meubler l'hôtel Dumonceau, acquis à Amsterdam, qui doit lui servir de logement, attendu que cet hôtel est en partie garni des gros meubles nécessaires et que la ville se propose de fournir ceux qui manquent.

Approuvé.

On soumet à Sa Majesté une demande des propriétaires du polder Saint-Albert autour du sas de Gand, tendant à mettre de l'eau douce sur les terrains de ce polder, imbibés d'eau de mer, afin de pouvoir les rendre à la culture.

Je m'en rapporte à la décision du comité des fortifications.

On propose à Sa Majesté d'autoriser au profit du 18e régiment de dragons le remboursement d'une somme de 19.437 francs faisant partie de celle de 31.670 fr. 27 prise par l'ennemi à Vigo.

Approuvé.

---

(1) Non signées; extraites du « Travail du ministre de la guerre avec S. M. l'Empereur et Roi daté du 4 mars 1812 ».

On propose à Sa Majesté d'accorder une gratification de deux mois de solde à un lieutenant de gendarmerie d'Amsterdam qui, lors du voyage de Sa Majesté en Hollande, a été spécialement chargé de préparer les escortes et d'assurer le service.	Approuvé.
On propose à Sa Majesté d'admettre dans l'armée française, en qualité de garde adjudant du génie, un ancien sergent-major de sapeurs, rentré en France en vertu du décret du 26 août 1811, après avoir quitté le service du grand-duché de Varsovie, où il était employé comme officier du génie.	Approuvé.
On demande à Sa Majesté si Elle consent à faire la remise d'une somme de 1.072 fr. 50 qu'un lieutenant réformé a indûment touchée à titre de réforme et dont son frère, le procureur impérial du tribunal de Largentière, se trouve garant.	Approuvé.

6909. — DÉCISION.

11 mars 1812.

Le maréchal Suchet demande un congé de quatre mois pour le chef de bataillon du génie Tardivy, dont la santé exige des soins.	Accordé.

NAPOLÉON.

6910. — DÉCISION.

11 mars 1812.

Le maréchal Berthier propose de faire rentrer en France un officier de gendarmerie que ses blessures rendent incapable de servir désormais à l'armée.	Accordé.

NAPOLÉON.

6911. — DÉCISION (1).

On propose à Sa Majesté d'autoriser la distribution, à titre de gratification, à divers économes des hôpitaux militaires, d'une somme de 10.000 francs.

Approuvé.

6912. — AU MARÉCHAL BERTHIER.

Paris, 11 mars 1812.

Mon Cousin, je vous renvoie la lettre du roi de Westphalie; il ne faut pas compter ce qui est à Danzig. La 2ᵉ brigade de la 2ᵉ division doit être formée de la garde, qui a quatre bataillons d'infanterie.

NAPOLÉON.

6913. — DÉCISIONS (2).

On soumet à l'approbation de Sa Majesté un état de proposition à des emplois d'officiers vacants dans les 3ᵉ et 4ᵉ régiments.

Approuvé, à l'exception du sieur Florin, ancien capitaine au service d'Autriche proposé pour le 4ᵉ étranger en qualité de capitaine.

On prie Sa Majesté de faire connaître si M. Foulon de Doué, major en second, peut être proposé dans les 3ᵉ et 4ᵉ régiments étrangers.

Accordé pour un régiment étranger.

On met sous les yeux de Sa Majesté l'état de service d'un officier d'état-major de la Guadeloupe et on prie Sa Majesté de faire connaître si cet officier devra être employé dans le grade de capitaine ou dans celui de lieutenant.

Approuvé pour être employé dans le grade de lieutenant, et prendre rang du jour de sa nomination provisoire.

---

(1) Sans signature ni date. Extraite du « Travail du ministre de l'administration de la guerre avec S. M. l'Empereur et Roi daté du 11 mars 1812 ».

(2) Sans signature ni date; extraites du « Travail du ministre de la guerre avec S. M. l'Empereur et Roi daté du 11 mars 1812 ».

On propose de confier le commandement du département de l'Yssel au général de brigade Lorcet.

_ Approuvé.

6914. — AU MARÉCHAL BERTHIER.

Paris, 12 mars 1812.

Mon Cousin, la 7ᵉ division de la réserve de grosse cavalerie, composée de deux régiments de cuirassiers saxons et deux régiments de cuirassiers westphaliens, sera commandée par le général de division Lorge. Vous donnerez ordre à ce général d'être rendu le 1ᵉʳ avril à Glogau. J'approuve que le général Dommanget commande la 3ᵉ brigade de la division Kellermann. Qu'il soit rendu le 1ᵉʳ avril à Glogau.

NAPOLÉON.

6915. — AU MARÉCHAL BERTHIER.

Paris, 12 mars 1812.

Mon Cousin, donnez ordre au 129ᵉ, qui est à Mayence, de continuer sa route sur Leipzig pour rejoindre sa division.

NAPOLÉON.

6916. — AU MARÉCHAL BERTHIER.

Paris, 12 mars 1812.

Mon Cousin, au 2 mars, la 5ᵉ division de cuirassiers n'avait pas de général de divsion, pas de généraux de brigade, pas de commandant d'artillerie. Faites-moi connaître quels sont les généraux de division et de brigade et l'officier d'artillerie de cette division, où ils se trouvent, et pourquoi ils ne sont pas à leur poste. Je ne puis qu'être très mécontent de la négligence qu'ils mettent à rejoindre.

NAPOLÉON.

6917. — DÉCISION.

Palais de l'Elysée, 12 mars 1812.

Avis de la section de la guerre au Conseil d'Etat tendant à la levée du séquestre apposé sur les biens du sieur Robert, ex-quartier maître trésorier de l'artillerie de la garde impériale.

Approuvé.

NAPOLÉON.

6918. — AU GÉNÉRAL LACUÉE.

Paris, 12 mars 1812.

Monsieur le comte de Cessac, je vous renvoie différents rapports relatifs aux remontes. Je vois que le général Bourcier veut encore acheter 4.000 à 5.000 chevaux. Je désire que vous me fassiez un rapport sur ces remontes en les coordonnant avec les 15.000 chevaux que doit fournir la Prusse.

NAPOLÉON.

6919. — AU GÉNÉRAL CLARKE.

Paris, 13 mars 1812.

Monsieur le duc de Feltre, donnez ordre au général Decaen de faire partir l'escadron du 20° de chasseurs pour se rendre à Bonn. Faites-lui connaître qu'il est nécessaire que cet ordre soit exécuté dans les vingt-quatre heures qui suivront sa réception, vu qu'il est nécessaire que le 20° de chasseurs, qui est fort de près de 1.000 hommes, a besoin de cet escadron, qui est composé de vieux soldats, pour lui donner de la valeur.

NAPOLÉON.

6920. — AU GÉNÉRAL CLARKE.

Paris, 13 mars 1812.

Monsieur le duc de Feltre, je vois par votre rapport du 12 de ce mois que le 8° de chevau-légers a 340 chevaux et 197 hommes au dépôt. Il faudrait d'abord que tout ce qu'il y a de disponible sur ces 197 hommes prît autant de chevaux et partît sans délai pour Mayence et, de là, rejoindre le régiment.

Je suppose que sur ces 197 hommes il y en aura au moins 120 qui pourront partir, ce qui emploierait donc 120 chevaux. Il ne resterait plus à Sedan que 220 chevaux. Donnez alors ordre au 2e régiment de chevau-légers de ne faire partir pour Sedan que 100 hommes au lieu de 200 qu'il devait y envoyer; mais recommandez que ces hommes partent avec leurs officiers, leurs sous-officiers et leurs selles, tous bien équipés, de manière que de Sedan ils puissent se diriger sur Mayence. Par ce moyen, le 2e de chevau-légers, qui a 434 hommes à son dépôt, pourra en envoyer 250 à pied à Hanovre, puisque ces 250 hommes et les 100 qui iront à Sedan ne feront que 350 hommes employés. Il est bien urgent que ces 250 hommes à pied partent, avec leurs selles, bien habillés, bien armés et bien équipés pour Hanovre, où on a les chevaux, et personne pour les garder. Les 100 chevaux restant du 8e de chevau-légers seront donnés à Sedan au 3e de chevau-légers, comme vous l'avez ordonné.

Il est bien urgent aussi que ce régiment (le 3e) fasse partir pour Hanovre 250 hommes à pied avec leurs selles, car, encore une fois, on a le plus grand besoin d'hommes à pied à Hanovre.

Je vois donc qu'au 15 mars le 1er régiment de chevau-légers aura à Hanovre : 1° 136 hommes partis le 1er février et qui se trouveront à cheval à ce dépôt, s'ils ont porté leurs selles avec eux (faites-moi connaître quand arriveront les 136 selles); 2° 71 hommes montés, qui sont partis de Chartres avec leurs chevaux; 3° 90 hommes, qui partiront avant le 15, ce qui fera 300 hommes environ que ce régiment aurait dans le courant d'avril en Allemagne.

Il est bien important qu'avant le 20 mars il fasse partir 120 autres hommes montés.

Faites-moi connaître quand les 93 qui sont à Limoges rejoindront le régiment. Si ces 100 hommes pouvaient partir avant le 20 mars, ce régiment se trouverait avoir 300 hommes en Allemagne, ou la valeur de deux escadrons. Ce serait un commencement d'organisation.

Je vois que le second régiment de chevau-légers a 125 hommes partis à cheval, 100 hommes qu'il envoie à Sedan et qui y trouveront des chevaux et 250 hommes à pied qui partiront avant le 15 mars pour Hanovre (faites-moi connaître si ces hommes ont fait partir leurs selles), ce qui ferait alors 475 hommes que ce régiment aurait également en Allemagne dans le courant d'avril.

Le 3ᵉ régiment a fait partir 129 hommes. Il envoie 100 hommes à Sedan qui y trouveront des chevaux. Si avant le 15 mars il fait partir pour Hanovre avec leurs selles les 250 autres hommes, ce serait plus de 450 hommes que ce régiment aurait ainsi en Allemagne.

Le 4ᵉ régiment de chevau-légers a 125 hommes à Hanovre et 125 hommes montés. Il a donc 250 chevaux. Ce régiment, ayant 160 chevaux à son dépôt, peut en faire partir 150 avant le 20 mars, ce qui ferait 400 chevaux qu'aurait ce régiment.

Le 5ᵉ de chevau-légers a fait partir 180 hommes; 240 sont partis à pied pour Hanovre et sont actuellement montés. Ce régiment aurait donc déjà dans ce moment 420 hommes.

Le 6ᵉ régiment a fait partir 130 hommes à pied, qui sont actuellement montés, s'ils ont emporté leurs selles. Il a, en outre, 400 chevaux en Allemagne. Quand les 129 hommes qui sont allés à Saintes rejoindront-ils? Et sur les 146 chevaux qui sont à Dôle, pourquoi ne pas faire partir 80 chevaux ou 100?

Le 8ᵉ de chevau-légers aurait 650 chevaux en Allemagne. 120 hommes pourront partir du dépôt en prenant les 120 chevaux qui leur sont nécessaires sur les 343 chevaux qui s'y trouvent. Ce régiment aurait donc alors près de 800 hommes montés.

Donnez des ordres en conséquence de ceci.

NAPOLÉON.

6921. — DÉCISION.

Paris, 13 mars 1812.

Le général Clarke demande si les compagnies de marche des 125ᵉ et 126ᵉ de ligne devront attendre, à Mayence, le passage de leurs régiments respectifs qui sont encore dans les 24ᵉ et 31ᵉ divisions militaires et font partie de la 12ᵉ division (3ᵉ corps), ou suivre le mouvement du bataillon de marche du 3ᵉ corps, dans lequel ces compagnies sont comprises sur le papier.

Ces compagnies attendront à Mayence le passage de cette division.

NAPOLÉON.

6922. — AU GÉNÉRAL LACUÉE.

Paris, 13 mars 1812.

Monsieur le comte de Cessac, je vois avec peine que le 17° bataillon de voitures à la Comtoise, créé par décret du 23 janvier, n'a pas ses officiers ni sous-officiers nommés. Cependant, les conscrits arrivent déjà à Metz. Occupez-vous de cette affaire sous vingt-quatre heures. Demandez au prince d'Eckmühl où en est la formation du 20° bataillon d'équipages militaires (à bœufs). Quand sera-t-il prêt à Danzig ? Quand les voitures pour le 21° bataillon d'équipages (à bœufs) partiront-elles pour Metz ? Où se forme cet équipage ? Mon intention n'est pas qu'on fasse venir les bœufs à Paris pour prendre ces voitures. Le 22° bataillon d'équipages (à bœufs) n'avait pas un de ses officiers au 10 mars. Cependant il a été créé par décret du 23 février. Nommez-les dans la journée, ainsi que les officiers du 23° bataillon. Il faut faire venir en poste les officiers et sous-officiers des dépôts qui se trouvent dans les 10° et 11° divisions militaires. Il faut prendre aussi des officiers de cavalerie.

Napoléon.

6923. — DÉCISION.

Paris, 13 mars 1812.

| Le général Clarke demande des ordres de mouvement pour les bataillons de marche des 1er, 2° et 3° corps d'armée. | Diriger tous ces bataillons sur Magdeburg. Vous les porterez dans les différents états, de manière que je connaisse le jour où ils arrivent. |

Napoléon.

6924. — DÉCISION.

Paris, 13 mars 1812

| Congé de convalescence de trois mois demandé pour l'adjoint aux commissaires des guerres Lemore. | Accordé. |

Napoléon.

6925. — DÉCISION.

Paris, 13 mars 1812.

Congé de convalescence demandé pour le capitaine Mainville, du 31ᵉ régiment de chasseurs.

Accordé.

NAPOLÉON.

6926. — DÉCISION.

Paris, 13 mars 1812.

Le colonel du 29ᵉ chasseurs demande l'autorisation de verser les chasseurs du 4ᵉ escadron dans les trois premiers et d'envoyer le cadre au dépôt.

Approuvé.

NAPOLÉON.

6927. — DÉCISION.

Paris, 13 mars 1812.

Le 3ᵉ régiment d'infanterie portugais arrivera à Mayence le 26 mars.

Renvoyé au major général. Après que ce régiment se sera reposé trois jours à Mayence et s'y sera pourvu de tout ce qui lui sera nécessaire, il continuera sa route.

NAPOLÉON.

6928. — AU MARÉCHAL BERTHIER.

Paris, 14 mars 1812.

Mon Cousin, aussitôt que les 18 caissons du 12ᵉ bataillon, qui sont à Strasbourg, auront les chevaux et les hommes qui leur sont nécessaires, vous leur ferez passer le Rhin à Strasbourg et, de là, ils se rendront en droite ligne à Magdeburg. Ils se chargeront des effets d'habillement et de tout ce que le ministre de l'administration de la guerre voudra leur remettre.

NAPOLÉON.

6929. — AU MARÉCHAL BERTHIER.

Paris, 14 mars 1812.

Mon Cousin, je vous prie de comprendre dans les états de mouvement que vous me remettrez les mouvements de mes équipages militaires, en indiquant, pour chaque article, d'où le convoi est parti, où il va, quand il arrivera et en quoi consiste son chargement.

NAPOLÉON.

6930. — AU MARÉCHAL BERTHIER.

Paris, 14 mars 1812.

Mon Cousin, mes régiments de cuirassiers n'ont pas encore de porte-mousquetons ni de carabines. Prenez des renseignements là-dessus au ministère de la guerre et faites-moi connaître d'où sont partis les envois et quand ils arriveront.

NAPOLÉON.

6931. — AU MARÉCHAL BERTHIER.

Paris, 14 mars 1812.

Mon Cousin, dans les états de situation que vous me remettez, il est nécessaire que vous y compreniez les 2°, 9°, 12°, 6°, 7° bataillons d'équipages militaires, le bataillon d'équipages de la garde, celui du royaume d'Italie, le bataillon d'équipages à bœufs d'Italie, les bataillons des équipages militaires des ambulances, ainsi que les 14°, 15°, 16° et 17° bataillons (à la Comtoise), et les 20°, 21°, 22° et 23° bataillons d'équipages (à bœufs). Remettez-m'en les états au 1er mars et faites-y indiquer où se trouvait chaque compagnie à cette époque, de combien d'hommes et de combien de chevaux elle se composait et quelles voitures elle attelait? Pour les bataillons qui sont en formation, votre état indiquera combien il était arrivé d'officiers, de sous-officiers, d'hommes, de voitures, de chevaux ou de bœufs à chacun. Vous me remettrez le même état au 15 mars et au 1er avril. Il résulte du rapport que vous m'avez remis que j'ai huit bataillons d'équipages militaires de formation ordinaire à 240 caissons (je ne compte pas les douze voitures, forges, etc...) plus un demi-bataillon pour les ambulances, ce qui fait 2.040 voitures; quatre bataillons à la Comtoise attelant 2.400 voitures; cinq bataillons à bœufs, attelant 500 voitures, le bataillon italien, celui de la garde et un demi-bataillon d'ambulance, faisant un total de 5.940 voitures. Il doit y avoir 300 caissons, à raison d'un par bataillon fourni par les corps. J'aurai donc 6.200 voitures, lesquelles doivent transporter, à raison de 15 quintaux l'une portant l'autre, près de 93.000 quintaux, ce qui, en farine, ferait 8.400.000 rations, ou pour 300.000 hommes pendant trente jours. Écrivez au vice-roi et au prince d'Eckmühl, et partout où il est nécessaire, afin d'avoir des états précis.

Napoléon.

6932. — AU MARÉCHAL BERTHIER.

Paris, 14 mars 1812.

Mon Cousin, écrivez au prince d'Eckmühl que j'avais ordonné que le 14ᵉ bataillon d'équipages militaires qui doit atteler des voitures à la Comtoise fût organisé à Dantzig; qu'au lieu de cela il le fait organiser à Varsovie; que ce n'est pas la même chose. Cependant on ne peut revenir là-dessus. Demandez au prince d'Eckmühl quand ce bataillon sera prêt.

Napoléon.

6933. — AU MARÉCHAL BERTHIER.

Paris, 14 mars 1812.

Mon Cousin, l'inspecteur général Denniée dirigera auprès du ministre de la guerre une division de l'administration de l'armée d'Espagne. Les recettes et les dépenses qui se font en Espagne seront sous sa surveillance, ainsi que toute la comptabilité des provinces. Il se chargera aussi du détail de l'habillement et continuera le travail que l'inspecteur Saint-Hilaire suivait auprès de vous. L'inspecteur Saint-Hilaire sera désormais chargé auprès de vous du détail de l'habillement pour la Grande Armée. Il verra les comtes Daru et de Cessac pour connaître toutes les mesures que j'ai prises. Il est nécessaire qu'il réside près de vous; mais il est bon qu'il aille passer le premier mois à Mayence, surtout pour s'assurer que tout ce qu'envoie le ministre de l'administration de la guerre soit bon, car je ne veux pas qu'on emporte des guenilles.

Napoléon.

6934. — DÉCISION.

Paris, 14 mars 1812.

Mesures qui ont été prises pour procurer les chevaux manquant à l'artillerie du général Belliard.

Renvoyé au ministre de la guerre pour savoir pourquoi ces chevaux manquent.

Napoléon.

6935. — AU GÉNÉRAL LACUÉE.

Paris, 14 mars 1812.

Monsieur le comte de Cessac, j'attends avec impatience l'état que vous m'annoncez par votre lettre du 12 de ce mois; il paraît que l'on s'est procuré tous les chevaux en Allemagne et il devient fort important d'envoyer les hommes et les selles.

J'avais décidé que 250 hommes du régiment portugais se rendraient à Posen; changez leur destination et dirigez-les sur Hanovre; dirigez également sur Hanovre 250 hommes du 8ᵉ chevau-légers, qui devaient se rendre aussi à Posen. Cela fera 500 hommes qui vont arriver à Hanovre. Expédiez-en l'avis au prince d'Eckmühl et au général Bourcier afin qu'on détourne ces hommes de leur route. Par votre état, je vois que 1.333 chevau-légers et 2.215 hommes, chasseurs et hussards, ont été envoyés à Hanovre; total 3.548 hommes, ce qui, joint à 300 hommes de la garde et aux 250 Portugais, fera 4.000 hommes; mais il y a déjà plus de 4.000 chevaux de livrés. Je vois que 2.900 selles ont été dirigées sur les dépôts de remontes; mais cela n'est pas assez clair, car s'il y avait déjà 4.000 selles à Hanovre, j'aurais déjà 4.000 hommes montés, ce qui serait un premier résultat. On peut calculer que 600 hommes ont encore été envoyés, tant des dépôts de réfractaires que des dépôts d'infanterie; il doit donc y avoir à Hanovre 4.600 hommes. Il résulte de votre état qu'il y a dans les dépôts en France 1.164 carabiniers et cuirassiers, 400 dragons, 1.400 chevau-légers et 3.500 chasseurs et hussards. Il me semble que la moitié de ce nombre pourrait partir. J'attends toutefois, avant de prendre aucune mesure, le nouvel état que vous m'annoncez. Il faut me mettre en note dans l'état que vous me faites le nombre d'hommes que j'avais ordonné de faire partir pour Hanovre. Beaucoup ne sont pas encore partis. Par exemple, vous portez comme envoyés à Hanovre 240 hommes du 2ᵉ chevau-légers et 240 du 3ᵉ. Ces régiments devaient en effet envoyer ce nombre, mais ils ne l'ont pas encore envoyé. Il faut distinguer l'ordre donné et ce qui avait été exécuté au 1ᵉʳ mars. Or, au 1ᵉʳ mars, le 2ᵉ et le 3ᵉ de chevau-légers n'avaient encore rien fait partir. Vous voyez qu'il y a des erreurs dans votre travail. Je crains qu'il n'en soit de même pour les selles. Le principal est de bien distinguer ce qui a été ordonné de ce qui a été exécuté, car l'ordre n'est rien tant qu'on ne l'exécute pas. D'ailleurs la preuve de tous vos états sera la situation du dépôt de Hanovre au 1ᵉʳ mars.

De votre état au 1ᵉʳ février, il résulte qu'il y avait à cette époque en Allemagne 18.000 hommes de cavalerie montés, et aux escadrons de guerre en France 14.000 hommes; qu'il y avait donc 32.000 chevaux actifs; que 6.400 chevaux devaient être fournis en Allemagne, que 8.000 devaient être achetés en France et que 3.000 étaient dans les dépôts de France, ce qui fait encore 18.000 chevaux et par conséquent un total de 50.000 chevaux à espérer pour l'année. Je pourrai mieux juger de cette situation sur l'état du 1ᵉʳ mars. Il faudrait y comprendre les huit régiments de dragons, dont j'ai fait rentrer les 4ᵉˢ escadrons d'Espagne et dont je compte me servir à la Grande Armée. Je suppose que vous faites rectifier les chiffres des conscrits de 1812 et vous ne les porterez plus tels que cela avait d'abord été projeté, mais tels que cela avait eu lieu réellement.

Napoléon.

6936. — DÉCISION.

Paris, 14 mars 1812.

On remet sous les yeux de Sa Majesté un rapport qui lui a été présenté le 15 janvier et qui a pour objet de faire fournir des garnisons de l'armée de terre aux frégates la *Clorinde*, la *Méduse* et la *Nymphe*, qui sont à Brest.

Par les nouveaux arrangements, la marine doit pourvoir à à toutes les garnisons.

Napoléon.

6937. — DÉCISION.

Paris, 14 mars 1812.

Composition des bataillons de marche des 2ᵉ et 3ᵉ corps d'armée.

Les faire séjourner trois jours sur le Rhin. Ne les faire partir que quand ils seront bien réunis.

NAPOLÉON.

6938. — DÉCISION.

Paris, 14 mars 1812.

Demande de congé de convalescence en faveur du sous-inspecteur aux revues Denys.

Approuvé.

NAPOLÉON.

6939. — DÉCISION.

Paris, 14 mars 1812.

Mesures proposées en vue de l'incorporation de prisonniers de guerre évadés et de quelques hommes de diverses provenances.

Approuvé.

NAPOLÉON.

6940. — DÉCISION.

Paris, 14 mars 1812.

Le maréchal Berthier propose de diriger sur Hamburg les 3ᵉ et 4ᵉ bataillons de Würzburg.

Ces deux bataillons devront partir quand ils seront formés. Me faire connaître s'ils seront prêts à partir au 1ᵉʳ avril.

NAPOLÉON.

6941. — NOTE DICTÉE PAR L'EMPEREUR (1).

14 mars 1812.

Quatre régiments de la Vistule sont en marche pour se rendre d'Espagne à Sedan. Ces quatre régiments forment huit bataillons. L'intention de l'Empereur est d'attacher cette division à la garde. Il en a donné le commandement au général Claparède.

L'intention de l'Empereur est que le 1er avril cette division soit habillée et équipée en entier. Chaque homme doit avoir trois paires de souliers dans le sac. Voir les ministres à ce sujet.

Chaque régiment aura une compagnie d'artillerie qui servira 8 pièces. Elle aura son approvisionnement, ses caissons et ses cartouches, conformément aux règles prescrites pour les autres compagnies d'artillerie. Le général Claparède est chargé de veiller, à ce sujet, à l'exécution des ordres de l'Empereur. Tout doit être prêt le 1er avril.

Cette division portera le titre de légion du grand-duché de Varsovie. On verra s'il n'est pas possible de l'augmenter d'un 3e bataillon par régiment, en prenant le cadre du 3e bataillon dans chaque régiment. Cette légion formerait alors douze bataillons.

Cette division doit avoir une ambulance de six caissons organisée comme les ambulances des autres divisions de l'armée. Demander au ministre de l'administration de la guerre de lui fournir des caissons, de ceux qui sont à Paris.

Demander au ministre un commissaire des guerres pour cette division. Proposer également deux généraux de brigade et un adjudant commandant pour chef d'état-major. Cette légion sera à la suite de la garde, sans prendre rang ni numéro.

6942. — DÉCISION.

Paris, 14 mars 1812.

Le duc de Nassau demande un ordre de route pour le bataillon de marche destiné à aller compléter, à Barcelone, son 1er régiment d'infanterie légère.	Accordé. Napoléon.

---

(1) Non signé; copie conforme.

6943. — DÉCISION.

Paris, 15 mars 1812.

Le maréchal Berthier propose de diriger sur Posen le 1ᵉʳ escadron du régiment de chasseurs portugais.

Mon intention est qu'au lieu de se rendre à Posen, ce détachement se rende à Hanovre, où le sieur Bourcier les fera monter. Il y a à Hanovre plus de chevaux que d'hommes, et ces hommes sont nécessaires.

NAPOLÉON.

6944. — DÉCISION.

Paris, 15 mars 1812.

Le maréchal Berthier propose de rappeler en France l'adjudant commandant prince de Santa-Croce, à qui l'état de sa santé interdit de servir activement.

Approuvé.

NAPOLÉON.

6945. — DÉCISIONS (1).

Paris, 15 mars 1812.

On propose à Sa Majesté d'incorporer les sous-officiers et canonniers d'une des compagnies du 9ᵉ régiment d'artillerie qui sont à Anvers dans le dépôt du 8ᵉ régiment.

Approuvé.

---

(1) Non signées extraites du « Travail du ministre de la guerre avec S. M. l'Empereur et Roi daté du 11 mars 1812 ».

On propose à Sa Majesté d'arrêter que la gratification de 25 centimes accordée par M. le général Grenier à chaque homme du corps d'observation de l'Italie méridionale le jour de l'anniversaire du couronnement de Sa Majesté sera payée sur les fonds de dépenses extraordinaires de l'exercice courant.

Accordé.

On prend les ordres de Sa Majesté sur la demande que fait M. le général Le Marois d'être autorisé à jouir du traitement de général en chef, ainsi que l'ont reçu la plupart des généraux qui l'ont précédé dans le commandement du camp de Boulogne.

Refusé.

Sa Majesté est priée de faire connaître si son intention est d'accorder à M. le général Monthion une indemnité particulière pour raison des dépenses extraordinaires qu'il annonce avoir faites à Bayonne.

Accordé.

On prend les ordres de Sa Majesté sur la demande que fait M. le général de brigade Yvendorff, qui avait été admis à la retraite et qui, depuis, a été nommé commandant d'armes à Hamburg, de jouir de son traitement d'activité sans interruption, attendu qu'il n'a pas cessé d'être employé dans la 8ᵉ division militaire jusqu'à son départ pour sa nouvelle destination.

Accordé.

On demande les ordres de Sa Majesté sur le remboursement d'une somme de 363 fr. 81, montant d'une perte faite dans le Tyrol, en 1809, par un détachement

Accordé.

du 3⁰ régiment de chasseurs à cheval, fait prisonnier de guerre à cette époque.

M. le général Dumas réclame, en faveur du secrétariat de la direction de la conscription, une gratification de 10.000 francs à prélever sur les fonds provenant de l'emploi des garnisaires.

Accordé.

On propose à Sa Majesté de confier le commandement du département des Landes, en remplacement du général Viallanes, à M. l'adjudant-commandant Dumollard, qui, pour cause de santé, ne peut, dans ce moment, continuer un service actif aux armées;

Approuvé.

D'envoyer dans la 2⁰ division militaire, où il n'y a point d'officiers d'état-major, M. l'adjudant-commandant Barrin, qui est disponible depuis la rentrée en France du maréchal prince d'Essling;

Approuvé.

D'accorder à la compagnie de gendarmerie des Basses-Pyrénées un lieutenant d'augmentation qui résiderait à Oléron, chef-lieu de préfecture;

Accordé.

D'accorder, sur les fonds destinés aux militaires qui ont fait le siège de Valence, une gratification à la mère du capitaine du génie Ordinaire, tué à ce siège, et dont M. le duc d'Albufera a fait le plus grand éloge.

Accordé.

Le major Speelman, du 121⁰ régiment, demande que le lieutenant Matt qui, en sa qualité d'étranger, serait susceptible de passer dans

Approuvé.

un autre corps, soit conservé à ce régiment pour l'utilité de l'administration.

On soumet à l'approbation de Sa Majesté la demande que fait S. A. I. et R. le prince Borghèse pour obtenir l'admission dans la compagnie de ses gardes d'un vélite du bataillon de Turin.

Approuvé.

On met sous les yeux de Sa Majesté la demande d'un congé de six mois, avec appointements, faite par le général de division Lamarque en faveur du général de brigade Hamelinaye, employé à l'armée de Catalogne.

Ajourné.

On met sous les yeux de Sa Majesté la demande que M. Laski, gentilhomme du duché de Varsovie, âgé de 70 ans, a formée pour obtenir le congé de son fils unique, lancier au 1er régiment de chevau-légers lanciers de la garde.

Approuvé.

On demande à Sa Majesté ses ordres au sujet de quatre anciens militaires pensionnés qui sollicitent leur admission aux Invalides.

Accordé.

On propose à Sa Majesté d'accorder une solde de retraite au général de brigade Debelle, qui est en non-activité depuis 1809 et que ses blessures empêchent de monter à cheval.

Approuvé.

Le général Tilly réclame le renvoi du fils d'un négociant de Ségovie, détenu comme prisonnier de guerre au dépôt de Douai. Il n'était que simple passager à bord d'un bâtiment sur lequel il a été pris. Il a prêté serment à S. M. C.

Accordé.

On propose à Sa Majesté d'admettre dans ses armées, en qualité de capitaine, M. de Courbon, ex-chef de bataillon au service du roi de Westphalie.

Approuvé.

On met sous les yeux de Sa Majesté la demande d'une sous-lieutenance formée par un ex-lieutenant des gardes nationales du département de la Moselle, qui a passé l'âge pour entrer dans les écoles militaires.

Sera employé dans le 1ᵉʳ bataillon.

6946. — DÉCISION.

Paris, 15 mars 1812.

Le maréchal Berthier propose de former un escadron de marche avec les différents régiments de cavalerie appartenant au 4ᵉ corps d'armée.

Approuvé.

Napoléon.

6947. — AU GÉNÉRAL LACUÉE.

Paris, 15 mars 1812.

Monsieur le comte de Cessac, je pense qu'il est convenable d'habiller les 1.000 hommes donnés au 29ᵉ léger de l'uniforme d'infanterie légère, afin qu'il y ait de l'uniformité dans le corps; mais que vous devez retirer les 2.000 habits, vestes et culottes qu'a ce régiment, et les envoyer à la Grande Armée, en faisant connaître d'où ils viennent. Vous précompterez ces effets sur ce que vous devez envoyer; et ils serviront à habiller les hommes qui sortent des hôpitaux. Faites en sorte que les effets à donner aux 1.000 hommes du 29ᵉ léger soient livrés au 20 mars et qu'ils soient de très bonne qualité.

Napoléon.

6948. — DÉCISION.

Paris, 16 mars 1812.

Le général Lariboisière propose de rendre aux compagnies des 5ᵉ et 7ᵉ régiments d'artillerie à pied employées à Madgeburg les anciens canonniers qui en ont été tirés pour compléter les compagnies stationnées à Danzig.

Les compagnies de l'équipage de Magdeburg doivent finir par se rendre à Danzig; ce changement se fera alors.

NAPOLÉON.

6949. — AU GÉNÉRAL CLARKE.

Paris, 16 mars 1812.

Monsieur le duc de Feltre, j'approuve que le bataillon expéditionnaire qui est à Brest reçoive l'ordre de se rendre à Paris, d'où il se dirigera sur la Grande Armée, pour être incorporé, soit dans le 124ᵉ, soit dans le 123ᵉ, selon les ordres ultérieurs que je donnerai. La compagnie d'artillerie expéditionnaire sera dirigée sur le 9ᵉ d'artillerie et y sera incorporée.

NAPOLÉON.

6950. — EXTRAIT D'UN ORDRE DE L'EMPEREUR DATÉ DE PARIS, 16 MARS 1812 (1).

La compagnie d'artillerie expéditionnaire qui est à Brest sera dirigée sur le 9ᵉ d'artillerie et y sera incorporée.

6951. — AU MARÉCHAL BERTHIER (2).

Paris, 17 mars 1812.

Mon Cousin, le grand quartier général partira le 21 d'Erfurt et se rendra à Magdeburg sans séjour, en faisant huit à dix lieues par jour. Il séjournera deux jours à Magdeburg pour pouvoir se rendre à Berlin en quatre jours. Le parc général, la compagnie des guides,

---

(1) Non signé; extrait conforme.
(2) La lettre porte cette annotation : « Sa Majesté a ordonné que cette lettre partît sans être signée. »

les chevaux et les équipages des ponts, les équipages militaires du gros quartier général, enfin les troupes et les chevaux de main resteront à Magdeburg.

6952. — AU MARÉCHAL BERTHIER.

Paris, 17 mars 1812.

Mon Cousin, je reçois la lettre du duc d'Abrantès, de Ratisbonne. Je ne sais pas pourquoi l'on met tant de différence dans le départ des divisions. Il me semble que le mouvement qu'a réglé le duc d'Abrantès traîne un peu. Puisque la tête arrive avant le 1er avril et que la queue n'arrive qu'à la fin du mois, il y a vingt jours de différence de la tête à la queue; c'est trop de dix jours. Mandez-le au duc d'Abrantès, pour qu'il active le mouvement et que la queue arrive dix jours plus tôt.

NAPOLÉON.

6953. — DÉCISION.

Paris, 17 mars 1812.

Le ministre de la marine demande que trois des bataillons provisoires, attachés aux régiments d'artillerie de marine, soient remplacés aux îles d'Oléron, d'Aix et de Groix, par des troupes du département de la guerre.

Il n'y a pas besoin de remplacer ces troupes. Autoriser le ministre de la marine à les retirer quand il lui plaira.

NAPOLÉON.

6954. — AU GÉNÉRAL LACUÉE.

Paris, 17 mars 1812.

Monsieur le comte de Cessac, je reçois l'état du 17 mars sur les remontes, duquel il résulte que la Grande Armée doit avoir 50.000 chevaux; que 32.000 existent; qu'il y en a 3.600 au dépôt de Hanovre, et 13.000 à acheter, dont 8.500 en Allemagne et 4.800 en France; que des marchés sont passés en Allemagne pour 15.000 chevaux, ce qui est beaucoup plus qu'il ne faut. Je suis donc d'opinion que les fournitures de juin et de juillet qui se montent à 3.300 chevaux pourront devenir inutiles; mais on sera toujours à temps un peu plus tard de résilier ces marchés. Cela dépendra de la manière dont la Prusse exécutera la livraison de 15.000 chevaux qu'elle a stipulée. Vos états m'ont paru très bien faits. Je crains toujours que les selles ne manquent et ne retardent beaucoup le départ des chevaux. Il est nécessaire que les détachements qui rejoignent portent leurs selles et qu'en cas de retard on prenne des mesures pour que les selles rejoignent à temps.

NAPOLÉON.

6955. — DÉCISION (1).

Paris, 17 mars 1812.

Renseignements fournis par le duc de Rovigo sur la famille du nommé Ricard, sous-lieutenant de la garnison de Badajoz, et qui a passé à l'ennemi.

Renvoyé au ministre de la guerre par ordre de l'Empereur.

6956. — AU GÉNÉRAL CLARKE.

Paris, 17 mars 1812.

Monsieur le duc de Feltre, le 1ᵉʳ régiment de carabiniers a 112 chevaux à recevoir à Hanovre; le 2ᵉ régiment en a 119, le 1ᵉʳ régiment de cuirassiers en a 120, le 3ᵉ régiment de cuirassiers en a 9, le 5ᵉ en a 117, le 6ᵉ en a 20, le 7ᵉ en a 10, le 8ᵉ en a 127, le 10ᵉ en a 113, le 11ᵉ en a 120, et le 12ᵉ en a 13; ce qui fait un total de 880 chevaux. Donnez ordre que 880 hommes de ces régiments, bien armés et bien équipés, partent des différents dépôts, munis de 880 selles. Si cela est nécessaire, ordonnez que ces hommes partent en deux convois, composés, par moitié, de ce que chaque dépôt peut faire partir dans le courant de mars, et, pour le reste, dans la première quinzaine d'avril.

Les 7ᵉ, 23ᵉ, 28ᵉ et 30ᵉ régiments de dragons doivent recevoir au dépôt de Hanovre 1.150 chevaux. Donnez ordre que 1.150 hommes bien armés et bien équipés, avec leurs selles, partent des dépôts de ces régiments qui sont dans la 6ᵉ division militaire en deux ou trois

---

(1) Non signée; renvoyée aux bureaux le 19.

détachements, pour aller prendre à Hanovre les chevaux qui leur sont destinés.

Les huit régiments de chevau-légers doivent recevoir au dépôt de Hanovre 2.500 chevaux. Sur les 2.500 hommes que ces régiments doivent y envoyer, 1.050 sont partis; il leur reste donc à envoyer 1.450 hommes. Donnez ordre qu'ils partent avec leurs selles.

Les différents régiments de chasseurs doivent recevoir à Hanovre 3.900 chevaux. Il faut donc qu'ils aient 3.900 hommes à ce dépôt. On y a envoyé 2.250 hommes qui sont déjà partis. Il reste donc 1.465 hommes à faire partir. Faites-les partir en deux ou trois convois.

En résumé, on doit recevoir 8.449 chevaux à Hanovre. Il est déjà parti 3.300 hommes. Il reste donc à faire partir près de 5.000 hommes.

Ordonnez que les régiments fassent partir ce qui leur reste à envoyer; et comme ces régiments reçoivent en outre des chevaux en France, ils feront partir pour Mayence des hommes montés au fur et à mesure qu'ils auront des chevaux.

NAPOLÉON.

6957. — AU MARÉCHAL BERTHIER.

Paris, 18 mars 1812.

Mon Cousin, je vois dans un rapport qui m'est fait sur le 129e que le prince d'Eckmühl en a ôté des officiers pour former un dépôt du corps d'observation de l'Elbe. Faites-moi un rapport là-dessus et faites-moi connaître ce que cela veut dire.

NAPOLÉON.

6958. — DÉCISION (1).

On demande de nouveaux ordres à Sa Majesté sur 232 hommes débarqués en Hollande par les Anglais et qu'on avait crus d'abord tous Français, mais dont la plupart sont étrangers.

Faire comme on a fait pour les autres.

---

(1) Sans signature ni date; extraite du « Travail du ministre de la guerre avec S. M. l'Empereur et Roi daté du 18 mars 1812 ».

6959. — DÉCISION.

Paris, 19 mars 1812.

Le maréchal Berthier a prescrit de faire partir pour Leipzig l'escadron de marche en formation à Mayence.

Il ne faut point de marches irrégulières. Il faut diriger cet escadron de marche sur Berlin.

NAPOLÉON.

6960. — DÉCISION.

Paris, 19 mars 1812.

Le maréchal Berthier demande si l'intention de l'Empereur est que la compagnie des marins de la garde, partie de Toulon pour Strasbourg, soit dirigée ensuite sur Dresde, où elle se réunirait à la colonne du général Krasinski.

Approuvé.

NAPOLÉON.

6961. — DÉCISION.

Paris, 19 mars 1812.

Le maréchal Davout demande à quel général doit être confiée la défense des îles de la Poméranie et de l'île de Rügen, et il rend compte des ordres qu'il a donnés pour interdire l'exportation des grains.

Charger de ce commandement le général Daendels; défendre toute exportation de blé, qui est si nécessaire à l'armée.

NAPOLÉON.

6962. — DÉCISION.

Paris, 19 mars 1812.

500 chevaux du 8ᵉ bataillon principal du train sont partis de Wesel pour Magdeburg avec 26 voitures chargées d'armes.

150 chevaux du 9ᵉ bataillon *bis* sont partis de Mayence pour la même destination.

Ces armes et les outils seront déchargés à Magdeburg, où ils seront embarqués pour Küstrin et de là pour Bromberg. Les chevaux attachés à l'équipage de pont avec les voitures continueront leur mouvement sur Brandenburg. On me fera connaître le jour où ils arriveront, afin que je donne des ordres pour qu'ils se rendent à Danzig, pour y atteler l'équipage de pont.

Napoléon.

6963. — DÉCISION.

Paris, 19 mars 1812.

Mesures proposées par le maréchal Davout pour procurer aux généraux des ordonnances sans être obligé d'avoir recours aux régiments de cavalerie.

Me faire connaître la situation de la cavalerie du Mecklenburg.

Napoléon.

6964. — DÉCISION.

Paris, 19 mars 1812.

Le maréchal Berthier demande quelle destination sera donnée aux sapeurs du bataillon de l'île d'Elbe.

Ils rejoindront le grand parc à Posen.

Napoléon.

6965. — DÉCISION.

Paris, 19 mars 1812.

Le 4° bataillon du 29° léger n'a pas de compagnies d'élite.

Pour former ces compagnies d'élite, il faut attendre. Si on prend de vieux soldats, on en privera les régiments. Si l'on met des réfractaires, ils sont encore bien jeunes et n'ont pas vu le feu.

Napoléon.

6966. — DÉCISION.

Paris, 19 mars 1812.

Le maréchal Berthier propose de faire faire deux séjours à Munster au 17ᵉ équipage de flottille parti de Boulogne pour Magdeburg.

Un seul séjour à Munster suffit. Ce régiment continuera sa route pour Magdeburg.

NAPOLÉON.

6967. — DÉCISION.

Paris, 19 mars 1812.

Le général Lariboisière devra-t-il être rendu à Berlin le 1ᵉʳ avril, date à laquelle le grand quartier général doit y arriver ?

Oui.

NAPOLÉON.

6968. — AU MARÉCHAL BERTHIER.

Paris, 19 mars 1812.

Mon Cousin, écrivez au comte Roederer et à mes ministres près les cours de Bade et de Hesse-Darmstadt pour qu'ils fassent envoyer des souliers aux troupes de ces nations.

NAPOLÉON.

6969. — AU MARÉCHAL BERTHIER.

Paris, 19 mars 1812.

Mon Cousin, vous avez eu tort d'écrire au duc de Reggio et au duc d'Elchingen, relativement au mouvement des bataillons de marche. Ces bataillons de marche arrivent à Magdeburg; cela est bien. Il faut écrire au général commandant à Magdeburg qu'ils doivent rester là jusqu'à nouvel ordre; on me fera connaître le jour de leur arrivée, et je donnerai des ordres pour les diriger sur le 2ᵉ et le 3ᵉ corps. Les ducs d'Elchingen et de Reggio n'ont aucun ordre à donner, puisqu'eux-mêmes ne savent pas où ils seront alors; s'ils donnent des ordres, cela dérangera la marche de tout. C'est aux commandants des divisions territoriales et non aux maréchaux que vous devez vous adresser.

NAPOLÉON.

6970. — AU MARÉCHAL BERTHIER.

Paris, 19 mars 1812.

Mon Cousin, j'accepte les colonels Farcin et Lafitte pour le dépôt de Berlin, ainsi que le major Liégeard et le commissaire des guerres Ducrost. Quant aux généraux, aucun de ceux que vous m'avez présentés ne me paraît convenir. Envoyez-y le général Guiton.

NAPOLÉON.

6971. — DÉCISION.

Paris, 20 mars 1812.

On demande les ordres de l'Empereur au sujet de trois conscrits du département des Bouches de l'Elbe que le roi de Danemark désire conserver dans ses troupes où ils sont employés comme sous-officiers.

Approuvé.

NAPOLÉON.

6972. — DÉCISION.

Paris, 20 mars 1812.

On prie Sa Majesté de faire connaître si son intention est d'accorder des congés absolus aux militaires de la légion hanovrienne qui ont atteint le terme de leur engagement dans les corps où ils sont passés par suite de la dissolution de cette légion.

Il faut toujours tenir ses engagements.

NAPOLÉON.

6973. — DÉCISION.

Paris, 20 mars 1812.

On prie Sa Majesté de décider s'il ne convient pas de suspendre le complètement et le départ des

On peut suspendre jusqu'à nouvel ordre.

NAPOLÉON.

compagnies destinées à servir de garnison sur les vaisseaux et qui sont restées aux dépôts des corps parce qu'elles étaient trop faibles pour partir.

6974. — AU MARÉCHAL BERTHIER.

Paris, 20 mars 1812.

Mon Cousin, j'approuve le choix du général Marchand pour être chef d'état-major de l'aile droite.

Le général Allix étant un fort bon officier, pourra être employé pour commander l'artillerie sous les ordres du roi de Westphalie. Il ne faut point ôter le général Baltus du 1er corps, où il est de stricte nécessité, le 1er corps étant composé de six divisions.

Pour commander le génie polonais, il faut mettre un officier français.

J'approuve que les adjudants commandants Meriage et Pelet soient attachés au général Marchand.

J'approuve également l'ordonnateur que vous proposez.

Il est nécessaire que tous ces officiers soient rendus à Glogau le 1er avril. Ils prendront les ordres du général Marchand sur leur destination que vous ne leur ferez point connaître. Vous préviendrez le général Marchand de la tenir secrète.

NAPOLÉON.

6975. — DÉCISION.

Paris, 20 mars 1812.

Le général Mouton, aide de camp de l'Empereur, fait connaître à Sa Majesté que le détachement de la garde impériale qui était en Normandie sera demain à Evreux.

Renvoyé au ministre de la guerre pour envoyer au courrier pour faire diriger ce détachement sur Rome avec le colonel Henry. Ce détachement restera à Rouen jusqu'à nouvel ordre.

NAPOLÉON.

6976. — DÉCISIONS (1).

Paris, 20 mars 1812.

Sa Majesté est priée de vouloir bien faire connaître sa décision sur la proposition qui lui a été soumise le 19 février dernier d'attacher des majors en second à tous les régiments de la ligne.

En supposant que cette idée soit bonne, elle ne pourrait se réaliser que successivement, sans quoi cela ferait un bouleversement dans toute l'administration; il n'y a donc rien de pressé.

Sa Majesté est priée de faire connaître si la disposition des décrets du 2 août 1811 et 29 février 1812 qui exige huit ans de service pour qu'un militaire puisse être proposé à une sous-lieutenance est applicable à la vieille garde et aux vélites des corps de la garde.

Cette demande du général Michel est ridicule. J'ai nommé ce jeune homme sous-lieutenant dans un régiment de tirailleurs.

Même question en ce qui concerne les vélites de Turin.

La réponse est simple; ces vélites ne pouvant jamais être faits officiers en sortant des corps, ils doivent passer sergents dans la ligne, et ce n'est qu'après avoir été sergents dans la ligne qu'ils peuvent être faits officiers.

La place de Vincennes est commandée par le chef de bataillon Harel. Sa Majesté est priée de faire connaître si son intention est que cet officier supérieur conserve son commandement et que le général de brigade Dumesnil reçoive des lettres de gouverneur.

Oui.

On propose d'autoriser le passage au service de France du sieur Abel de Jouffroy, lieutenant en pre-

Refusé; il recevra l'autorisation de servir en Westphalie.

---

(1) Non signées; extraites du « Travail du ministre de la guerre avec S. M. l'Empereur et Roi daté du 18 mars 1812 ».

mier dans les chevau-légers de la garde du roi de Westphalie.

On propose à Sa Majesté de maintenir au 2ᵉ régiment de la Méditerranée M. Vadot, capitaine, admis à la retraite comme lieutenant au 79ᵉ régiment d'infanterie;

Approuvé.

D'autoriser un maréchal des logis du 4ᵉ régiment de chevau-légers à passer au service de S. M. C. en qualité de sous-lieutenant.

Approuvé.

M. Vandenbergh, colonel à la suite du 124ᵉ régiment d'infanterie, sollicite un congé d'un mois pour aller à Rotterdam, où ses affaires personnelles l'appellent.

Approuvé.

Projet de décret qui remet en activité dans le grade de sous-lieutenant près les troupes françaises un officier démissionnaire du service de Naples.

Pourquoi a-t-il quitté le service de Naples?

Le général en chef Decaen demande le renvoi dans leurs familles de 54 Catalans, prisonniers en France, et assure que cette faveur produirait le meilleur effet sur l'esprit des habitants de cette province.

Accordé.

On propose à Sa Majesté d'accorder au capitaine Sumaky, commandant la compagnie de vétérans du bataillon septinsulaire, une pension de 944 francs sur les revenus des îles Ioniennes.

Cet officier compte 38 ans de services et 4 campagnes.

Approuvé.

On demande à Sa Majesté si Elle veut bien autoriser un réfugié égyptien, ancien capitaine des Ma-

Accordé.

melucks, à retourner en Syrie et lui accorder l'avance d'une année de son traitement avant son départ.

On propose à Sa Majesté d'envoyer dans la 17º division militaire l'adjudant-commandant Aussenac, en remplacement de M. de Contamine, en congé de convalescence.

Approuvé.

Le général de brigade comte de Ségur demande pour aide de camp le sieur Bacler d'Albe, lieutenant en second dans les tirailleurs de la garde.

Approuvé.

M. le maréchal gouverneur des Invalides demande, pour se rétablir d'une longue maladie, un congé de deux mois avec appointements.

Approuvé.

Projet de décret pour la formation d'un approvisionnement de palissades pour la mise en état de défense des places de guerre.

Il faut donner pour chaque place l'état des palissades dont on a besoin.

On propose à Sa Majesté d'accorder au sieur Cicile, capitaine ingénieur géographe, une indemnité de 2.000 francs; cet officier a été capturé par les pirates et relâché moyennant le paiement d'une rançon.

Approuvé.

6977. — DÉCISION.

Paris, 20 mars 1812.

Le général marquis d'Alorna demande à servir à la Grande Armée.

L'employer près du duc de Reggio qui l'attachera spécialement à la division Legrand, où se trouvent deux bataillons portugais.

NAPOLÉON.

6978. — AU GÉNÉRAL CLARKE.

Paris, 20 mars 1812.

Monsieur le duc de Feltre, le Dépôt de la guerre doit faire partie de l'édifice que je fais construire pour recevoir toutes les Archives de l'Empire. En conséquence, j'ai renvoyé votre rapport du 18 de ce mois au ministre de l'intérieur, pour qu'il fasse comprendre le Dépôt dans le plan général de l'établissement.

NAPOLÉON.

6979. — DÉCISION.

Paris, 21 mars 1812.

On demande des ordres pour la marche ultérieure du bataillon de marche composé de détachements des 2°, 4° et 12° légère.

Renvoyé au major général. Il séjournera deux jours à Mayence et partira pour Berlin.

NAPOLÉON.

6980. — DÉCISION.

Paris, 21 mars 1812.

De quelle brigade le régiment italien de dragons de la Reine doit-il faire partie ?

Ce régiment doit être réuni à la réserve de la garde italienne.

NAPOLÉON.

6981. — DÉCISION.

Paris, 21 mars 1812,

Le maréchal Berthier propose de diriger de Mayence sur Berlin le 3° régiment d'infanterie portugais.

Approuvé. Donnez ordre au général Pamplona de se rendre à Mayence et d'en partir à la tête de ce régiment, afin de le maintenir dans un bon esprit et d'empêcher la désertion.

NAPOLÉON.

6982. — DÉCISION.

Paris, 21 mars 1812.

Le maréchal Berthier demande quelle destination sera donnée au 2ᵉ escadron du régiment des chasseurs portugais.

Le général de division, marquis d'Alorna, se rendra à Mayence le 10, se mettra à la tête de ce régiment et marchera avec jusqu'à Francfort-sur-l'Oder, où il recevra de nouveaux ordres.

NAPOLÉON.

6083. — AU MARÉCHAL BERTHIER.

Paris, 21 mars 1812.

Mon Cousin, mandez au général Bourcier de former un escadron de marche de tous les hommes de son dépôt, montés et en état de partir, appartenant au 1ᵉʳ corps de cavalerie, savoir à la division de cavalerie légère du général Bruyère, et aux divisions de cuirassiers des généraux Saint-Germain et Valence, et aux brigades de cavalerie légère des généraux Jacquinot et Bordessoulle, et de le diriger sur Stettin, pour de là continuer sa route sur Marienwerder;

De former un escadron de marche de tous les hommes montés et en état de servir, appartenant au 2ᵉ corps de cavalerie, c'est-à-dire à la division Watier et aux divisions Sébastiani et Defrance, et de le diriger sur Francfort-sur-l'Oder;

De former un escadron de marche de tout ce qui appartient aux brigades de cavalerie légère des généraux Castex et Corbineau, et de le diriger sur Berlin;

De former un escadron de marche de ce qui appartiendrait aux deux brigades du 2ᵉ corps et de le diriger sur Stettin;

De former un escadron de marche de ce qui appartient au 3ᵉ corps de cavalerie et aux deux brigades attachées à l'armée d'Italie, et de le diriger sur Francfort;

Enfin, aussitôt que le détachement de la garde sera en majorité monté, de le faire partir pour Berlin.

NAPOLÉON.

6984. — AU MARÉCHAL BERTHIER.

Paris, 21 mars 1812.

Mon Cousin, mandez au général Morand qui est dans la Poméranie suédoise que j'ai été mécontent d'apprendre que, contrairement à mes ordres, il laisse établir des communications entre la Poméranie et la Suède, et qu'il ait à vous rendre compte de l'exécution des instructions qu'il a reçues.

NAPOLÉON.

P. S. — Mettez-vous également en correspondance avec le général commandant dans le Mecklenburg.

6985. — DÉCISION.

Paris, 22 mars 1812.

Proposition d'appeler de Palmanova à Alexandrie, pour être employé à l'instruction des conscrits du 1ᵉʳ bataillon de sapeurs, le cadre de la 8ᵉ compagnie de ce bataillon.	Approuvé. NAPOLÉON.

6986. — AU GÉNÉRAL CLARKE.

Paris, 22 mars 1812.

Monsieur le duc de Feltre, mes ordres ne sont pas exécutés pour l'armement de Wesel. Il n'y a dans cette place que 173.000 kilogrammes de poudre.

Les 500 chevaux du 8ᵉ bataillon du train sont partis le 12 mars, haut-le-pied, sans rien emmener. J'avais cependant ordonné que ces chevaux attelleraient des charrettes, pour servir à l'équipage de siège.

NAPOLÉON.

6987. — DÉCISION.

Paris, 22 mars 1812.

Le général commandant la 5ᵉ division militaire propose de tirer du 3ᵉ régiment de ligne le contingent de 200 hommes que le 105ᵉ de ligne ne peut fournir au 6ᵉ bataillon du 46ᵉ de ligne, ou bien de choisir ce nombre d'hommes parmi les conscrits réfractaires.

Il faut mettre tous les conscrits réfractaires que l'on a, et ce que les 3ᵉ et 105ᵉ ont disponible, hormis les conscrits de 1812, qui ne doivent point marcher.

NAPOLÉON.

6988. — AU GÉNÉRAL CLARKE.

Paris, 23 mars 1812.

Monsieur le duc de Feltre, donnez l'ordre que demain mardi le bataillon du 10ᵉ d'infanterie légère parte pour Wesel.
Le 1ᵉʳ régiment de la Vistule partira mardi pour Sedan.
Le 2ᵉ régiment partira mercredi;
Le 3ᵉ régiment partira jeudi.
Donnez ordre que le 1ᵉʳ bataillon du 29ᵉ d'infanterie légère parte mercredi pour Wesel, que le 2ᵉ bataillon parte jeudi, le 3ᵉ bataillon vendredi et le 4ᵉ bataillon samedi, et qu'ils prennent tout ce qu'il y a de disponible dans le 5ᵉ bataillon hormis des conscrits de 1812.
Vous donnerez ordre que chaque bataillon laisse des cadres suffisants pour recevoir les galeux qui restent et les malades à la chambre.
Donnez ordre que les trois bataillons du 126ᵉ partent de manière à être arrivés le 15 avril à Wesel.
Donnez ordre que le général Partouneaux, les généraux de brigade, l'adjudant commandant, l'artillerie et les administrations qui doivent être attachés à la 12ᵉ division, soient rendus le 15 avril à Wesel.
Donnez ordre au duc de Trévise de passer demain la revue du 1ᵉʳ régiment de la Vistule et des différents officiers que j'ai promus, et de former un cadre d'un 3ᵉ bataillon de six compagnies, qu'il complétera en officiers, sous-officiers et tambours. Vous le ferez assister par un inspecteur aux revues; aussitôt que ce cadre sera formé, il partira pour Sedan, où il prendra les habits et équipe-

ments nécessaires pour 800 hommes, et de là continuera sa route pour Posen, où il recevra des recrues pour se compléter.

Demain mardi, le duc de Trévise fera la même opération pour le 2ᵉ régiment et mercredi pour le 3ᵉ régiment, de sorte que les trois régiments de la Vistule seront portés à trois bataillons au lieu de deux et seront composés de neuf bataillons au lieu de six; ce qui fera pour les quatre régiments, douze bataillons au lieu de huit.

Les deux bataillons du 44ᵉ et les deux bataillons de la demi-brigade provisoire de Boulogne partiront le 10 avril pour se rendre à Wesel.

Les deux bataillons du 125ᵉ partiront de Groningue à la même époque pour Osnabrück, ce qui complètera la 12ᵉ division à seize bataillons qui formeront trois brigades.

Le 44ᵉ et le régiment provisoire de Boulogne ne quitteront le camp de Boulogne que lorsqu'ils seront remplacés; de même, le 125ᵉ ne quittera Groningue que lorsqu'il sera remplacé.

NAPOLÉON.

6989. — DÉCISION.

Paris, le (1) mars 1812.

Le général Lariboisière demande où devront être prélevés les 400 chevaux supplémentaires qu'il faudra envoyer à Augsburg pour atteler les voitures du parc de l'armée d'Italie.

On les peut prendre sur les 1.200 de l'équipage de siège.

NAPOLÉON.

6990. — DÉCISION.

Paris, 24 mars 1812.

Le maréchal Berthier demande si l'Empereur consent à maintenir auprès de M. Julien-Bessières, intendant général des provinces de l'armée du Nord, les auditeurs au Conseil d'Etat, qui étaient attachés à l'armée du Nord et qui n'ont pas suivi M. Dudon à l'armée de Portugal.

Approuvé.

NAPOLÉON.

---

(1) Sans date de jour; le rapport du maréchal Berthier est du 23, l'expédition de la décision du 25 mars.

6991. — AU MARÉCHAL BERTHIER.

Paris, 24 mars 1812.

Mon Cousin, vous pouvez autoriser le duc de Reggio à faire prendre à Magdeburg et à Küstrin toutes les pièces de 3 qui manqueraient à ses régiments d'infanterie.

NAPOLÉON.

6992. — AU MARÉCHAL BERTHIER.

Paris, 24 mars 1812.

Mon Cousin, le général Claparède a tort de dire que rien n'a été décidé encore sur la manière de mener les voitures, puisqu'une compagnie d'artillerie a été créée dans chaque régiment de la Vistule, et que ces compagnies, comme toutes les compagnies régimentaires, ont des charretiers. Il doit s'occuper avec activité de la formation de ces compagnies.

Vous manderez à ce général que le 1er régiment de la Vistule part demain de Paris, et les autres successivement; que j'ai ordonné qu'il fût formé un 3e bataillon à chaque régiment, ce qui fera, pour la légion, douze bataillons au lieu de huit; que les cadres de ces 3es bataillons, complets en officiers et en sous-officiers, ont ordre de se rendre à Posen; qu'il est nécessaire qu'ils emportent avec eux l'habillement et l'équipement nécessaires pour les hommes que doit recevoir chaque bataillon; que j'ai remarqué que les régiments de la Vistule étaient assez bien habillés, ayant reçu beaucoup d'habits neufs à Pau; que je pense donc qu'il pourra emporter facilement 2.000 habits pour habiller et équiper les quatre nouveaux bataillons.

NAPOLÉON.

6993. — DÉCISION.

Paris, 24 mars 1812.

Le général commandant la division de réserve qui doit être employée à la garde des Pyrénées expose qu'il est indispensable que les troupes de cette division qui seront

Accordé.

NAPOLÉON.

établies sur le revers des montagnes, du côté de l'Espagne, recevront les vivres de campagne.

6994. — DÉCISION.

Paris, 24 mars 1812.

Réclamation de la municipalité de Magdeburg tendant à obtenir que les magasins de la douane soient débarrassés des marchandises coloniales qui s'y trouvent.

J'accorde tout ce qui ne compromettrait pas la sûreté de la place.

NAPOLÉON.

6995. — AU GÉNÉRAL CLARKE.

Paris, 24 mars 1812.

Monsieur le duc de Feltre, il me semble que les remontes de l'artillerie ne marchent point. 1.700 chevaux devaient être livrés à Mayence. Il n'en a encore été fourni que 280. Faites-moi un rapport là-dessus, et sur ce qu'il y a à espérer des différents marchés qui ont été passés.

NAPOLÉON.

6996. — AU GÉNÉRAL CLARKE.

Paris, 24 mars 1812.

Monsieur le duc de Feltre, j'ai pris un décret pour réformer les trois compagnies d'artillerie qui ont été prises à Ciudad Rodrigo. Je n'ai pas jugé convenable de créer un nouveau régiment d'artillerie de ligne. Je préfère créer cent compagnies qui seront attachées aux cent cohortes et que l'on pourra employer isolément où le service l'exigera. Vous désignerez quelques officiers d'artillerie pour entrer dans ces compagnies et les former. Il suffit que l'on réunisse ces compagnies dans les écoles de Douai, de La Fère, de Rennes, d'Auxonne, de Grenoble, etc., etc., pour les former; et, quand elles auront passé une année de polygone, ces cent compagnies pourront suffire à tous les besoins.

NAPOLÉON.

6997. — AU GÉNÉRAL CLARKE.

Paris, 24 mars 1812.

Monsieur le duc de Feltre, comment arrive-t-il que les régiments suisses, le 19ᵉ de ligne, le 26ᵉ léger, n'aient pas leur artillerie régimentaire à Magdeburg ? Il y a cependant plus de six mois que j'ai donné des ordres à cet effet.

Les cuirassiers de la 3ᵉ division n'ont pas encore leurs mousquetons.

NAPOLÉON.

6998. — AU GÉNÉRAL CLARKE.

Paris, 24 mars 1812.

Monsieur le duc de Feltre, autorisez le 1ᵉʳ régiment de chevau-légers à faire partir le nombre de conscrits de 1812 qui lui paraîtra nécessaire pour former un détachement de 150 hommes. Autorisez-le, aussitôt qu'il aura 200 conscrits, habillés ou non, de les diriger, avec le cadre, sur Hanovre. En général, faites connaître aux colonels des régiments de cavalerie qu'ils peuvent prendre des conscrits de 1812, lorsqu'ils les croiront assez instruits, et que cela sera nécessaire pour le service du régiment, pour exécuter les différents ordres qu'ils ont reçus. Ainsi, le 2ᵉ régiment de chevau-légers pourra compléter le détachement de 59 hommes qui revient d'Orléans à 100 hommes, avec des conscrits de 1812.

Le 3ᵉ régiment, aussitôt qu'il le jugera nécessaire, pourra aussi employer des conscrits.

J'approuve également que les quatre régiments de dragons qui ont leurs dépôts dans la 6ᵉ division militaire fassent partir le plus tôt possible les 1.150 hommes qui leur sont demandés, en y comprenant des conscrits de 1812. Aussitôt que chaque régiment aura 100 hommes disponibles, il les fera partir, et successivement, par 100 hommes. Quant aux 300 chevaux qu'ils ont de trop, il faut faire venir les 250 hommes qui sont aux dépôts, et me faire connaître quand ces régiments seront complets à 1.100 hommes. Il faudra leur procurer ce qui leur manque pour être à 1.100 hommes.

En général, la prohibition de prendre des conscrits de 1812 ne doit pas regarder les régiments de cavalerie.

NAPOLÉON.

6999. — DÉCISION.

Paris, 24 mars 1812.

Le maréchal Davout demande si les régiments d'infanterie légère doivent faire revenir leur aigle qui, par une disposition spéciale de l'Empereur, se trouve à leur dépôt.

Puisque les aigles de ces régiments sont aux dépôts, il faut que les régiments les y laissent.

NAPOLÉON.

7000. — DÉCISION.

Elysée, 25 mars 1812.

Le maréchal Berthier expose qu'il est nécessaire de réparer le pont de l'Elbe à Magdeburg.

Approuvé.

NAPOLÉON.

7001. — DÉCISION.

Paris, 25 mars 1812.

Le général Clarke rend compte que la compagnie de marche destinée à renforcer le 3° régiment provisoire croate a dû arriver à Genève le 22 mars.

Faire diriger cette compagnie sur Strasbourg, où elle se reposera et attendra des ordres pour partir à la fin d'avril.

NAPOLÉON.

7002. — DÉCISIONS (1).

On propose à Sa Majesté de décider si les 1.880 paires de souliers fournies au 4° bataillon du 10° régiment d'infanterie légère au delà du complet de la première mise lui seront accordées à titre de gratification.

Approuvé.

On propose à Sa Majesté d'accorder, à titre de gratification, à

Approuvé.

---

(1) Sans signature ni date; extraites du « Travail du ministre de l'administration de la guerre avec S. M. l'Empereur et Roi daté du 25 mars 1812 ».

la 3° compagnie du 1er bataillon de pontonniers 30 capotes et 218 paires de souliers.

On propose à Sa Majesté de fixer : 1° le traitement annuel de M. le comte Dumas, intendant général de la Grande Armée, à 36.000 francs; 2° ses frais extraordinaires de bureau à 144.000.

Approuvé.

7003. — AU MARÉCHAL BERTHIER.

Paris, 25 mars 1812.

Mon Cousin, le général Ravier n'est pas propre à commander une division active. J'approuve que dans la 12° division on emploie le général de brigade Blanmont, le général de brigade Billard qui est à Toulon et l'adjudant commandant Boyer. Je ne sais pas quel est le général Legrand dont vous parlez; il y a un général de brigade de ce nom qui est bien usé.

NAPOLÉON.

7004. — AU MARÉCHAL BERTHIER.

Paris, 25 mars 1812.

Mon Cousin, voyez si, dans la correspondance du prince d'Eckmühl, il est question de bateaux de farine qu'on doit embarquer à Küstrin pour Bromberg. Mandez au commandant de Küstrin de vous écrire là-dessus.

NAPOLÉON.

7005. — DÉCISIONS (1).

On fait connaître à Sa Majesté les motifs pour lesquels M. Stephenson, né Anglais, a été maintenu dans son emploi d'adjudant-major au 33° régiment d'infanterie légère.

Approuvé. M. Stéphenson restera au 33° d'infanterie légère.

(1) Sans signature ni date; extraites du « Travail du ministre de la guerre avec S. M. l'Empereur et Roi daté du 25 mars 1812 ».

On soumet à Sa Majesté une demande de service formée par M. de Benzell, frère du Ministre des finances du grand-duc de Francfort, et colonel démissionnaire du service de Russie.	Accordé. Il sera employé.
On propose à Sa Majesté de donner le commandement du régiment de la garde de Paris à M. Rabbe, colonel de l'ancien 1ᵉʳ régiment, et de nommer adjudant-commandant M. de Vaugrigneuse, colonel du ci-devant 2ᵉ régiment;	Accordé.
D'ordonner que l'ancienne cohorte de l'Escaut, stationnée dans l'île de Kadzand, soit portée à six compagnies, dont une de grenadiers.	Approuvé.

7006. — DÉCISION (1).

26 mars 1812.

On demande des ordres au sujet de trois militaires pensionnés qui sollicitent leur admission aux Invalides.	Approuvé.

7007. — AU MARÉCHAL BERTHIER.

Paris, 26 mars 1812.

Mon Cousin, donnez ordre au général Dorsenne de faire charrier par les attelages de son artillerie de campagne une partie de l'équipage de siège destiné à l'armée de Portugal, et d'activer le plus possible les envois.

NAPOLÉON.

---

(1) Non signée; extraite du « Travail du ministre de la guerre avec S. M. l'Empereur et Roi du 25 mars 1812 ».

7008. — AU MARÉCHAL BERTHIER.

Paris, 26 mars 1812.

Mon Cousin, je reçois votre rapport du 25 mars avec l'état concernant la formation de toute la cavalerie de l'armée. La 15ᵉ brigade doit être formée à Thorn. Mandez au prince d'Eckmühl que, si le général polonais que le prince Poniatowski a désigné n'était pas bon, on pourrait le remplacer par un général français. Moyennant les augmentations que ces régiments polonais ont dû recevoir, je suppose que cette brigade sera d'environ 2.600 hommes; la division Bruyère sera donc de 6.000 chevaux. Mon intention est que les deux régiments prussiens que vous proposez pour la 16ᵉ brigade soient de ceux qui se réunissent à Königsberg, et alors je désire faire les changements suivants dans la composition des 15ᵉ et 16ᵉ brigades. Un de ces deux régiments prussiens, en place d'un régiment polonais, sera mis dans la 15ᵉ brigade, et un des trois régiments polonais sera mis dans la 16ᵉ. Ainsi, cette dernière brigade se composera d'un régiment polonais, d'un régiment wurtembergeois et d'un régiment prussien. La 16ᵉ brigade se réunira à Thorn. En conséquence, le général Ornano ira prendre le commandement du régiment de chevau-légers wurtembergeois à Torgau, d'où il se rendra à Thorn où il prendra le commandement du régiment polonais. Le prince d'Eckmühl lui désignera ensuite le régiment prussien qu'il doit prendre et quand il devra le réunir à sa brigade. Vous donnerez ordre que le régiment de chevau-légers saxons reste à Glogau, où le général Dommanget le prendra pour le mener à Posen où il réunira les deux régiments bavarois pour former ainsi la 17ᵉ brigade. La 28ᵉ et la 29ᵉ brigade se formeront à Varsovie. La 7ᵉ division de grosse cavalerie se formera à Kalich. Donnez les ordres en conséquence.

NAPOLÉON.

7009. — AU MARÉCHAL BERTHIER.

Paris, 26 mars 1812.

Mon Cousin, sur les 2.000 chevaux dont j'ai ordonné l'achat au dépôt de Hanovre, 1.200 seront destinés à l'artillerie et 800 aux transports militaires. Sur les 6.000 chevaux d'artillerie et d'équipages militaires que doit fournir la Prusse, à Berlin, et dans les différents dépôts, 1.200 seront donnés aux équipages militaires et 4.800 à l'artillerie. Ainsi, l'artillerie aura à recevoir en Allemagne 6.000 chevaux et les équipages militaires 2.000.

Faites part de ces dispositions à l'intendant général, au général Bourcier, au commandant de l'artillerie et aux deux ministres de la guerre. Sur les chevaux de la Prusse, on donnera ce qui est nécessaire au génie.

NAPOLÉON.

7010. — DÉCISION.

Paris, 26 mars 1812.

Demande de congé en faveur du général de brigade Quiot, employé à l'armée du Midi, motivée par des affaires de famille.

Approuvé.

NAPOLÉON.

7011. — AU GÉNÉRAL CLARKE.

Paris, 26 mars 1812.

Monsieur le duc de Feltre, faites-moi connaître quelle est la situation de l'approvisionnement en poudre de Danzig, de Magdeburg et des trois places de l'Oder; ce qu'on devait y envoyer de Wesel et de Mayence; ce qui était parti au 15 mars, ce qui a dû partir du 15 mars au 1er avril, et à quelle destination chaque convoi devait s'arrêter.

NAPOLÉON.

7012. — AU GÉNÉRAL CLARKE (1).

Paris, 26 mars 1812.

Monsieur le duc de Feltre, je reçois votre lettre du 26. Il en résulte que de 11.300 chevaux d'artillerie, sur lesquels j'ai compté, 6.000 seuls sont reçus et que 5.000 sont à recevoir.

La Prusse doit me fournir 6.000 chevaux d'artillerie et d'équipages militaires, et j'ai ordonné l'achat de 2.000 autres au dépôt de Hanovre, ce qui fait 8.000 chevaux.

(1) Non signé, copie conforme.

Sur les 2.000 chevaux du dépôt du Hanovre j'en donnerai 1.200 à l'artillerie et 4.800 sur ceux que fournit la Prusse.

Peut-être serait-il convenable de désigner des hommes à pied qui se rendraient à Hanovre et à Berlin pour prendre la moitié de ces chevaux, et diminuer 2.000 chevaux sur les 5.000 à fournir en France, en résiliant les marchés de ceux des fournisseurs qui ne peuvent ou ne veulent pas fournir. Il y aura ensuite un inconvénient qui sera de leur trouver des moyens d'attelage, car je ne voudrais pas que ces chevaux vinssent en France prendre des voitures d'artillerie.

D'abord une partie de ces chevaux est destinée à l'équipage de pont; ces chevaux peuvent donc, de Berlin et de Hanovre, continuer leur route pour Danzig; une partie est destinée pour l'équipage de siège. Ces chevaux peuvent donc prendre à Magdeburg et dans les places de l'Oder les charrettes qui s'y trouvent et les conduire à Danzig. Enfin une partie est destinée à atteler les voitures de l'équipage de campagne. Ces voitures, on peut les faire conduire par voie de réquisition ou par les équipages de Wesel et de Mayence, sur Magdeburg, où ces chevaux viendraient les prendre.

Faites-moi un rapport là-dessus. Cela fera en même temps une économie de 2.000 chevaux.

7013. — AU GÉNÉRAL CLARKE.

Paris, 26 mars 1812.

Monsieur le duc de Feltre, le 7ᵉ régiment de dragons n'a pas encore reçu d'ordres pour envoyer des hommes à pied bien habillés, bien équipés, et avec leurs selles, au dépôt de Hanovre. Donnez des ordres pour faire partir, le 1ᵉʳ avril, 50 hommes de ce régiment, et ainsi de suite toutes les semaines jusqu'à concurrence de 351 hommes que ce régiment doit envoyer à Hanovre.

NAPOLÉON.

7014. — DÉCISION.

Paris, 27 mars 1812.

Demande d'un congé de convalescence de six mois en faveur du sous-lieutenant Puget, du 64ᵉ d'infanterie, qui a reçu de graves blessures.

Accordé.

NAPOLÉON.

7015. — AU MARÉCHAL BERTHIER.

Paris, 27 mars 1812.

Mon Cousin, je reçois votre lettre du 26. Mandez au prince d'Eckmühl que tout le sucre et autres marchandises coloniales qui seraient rencontrés venant de Russie doivent être arrêtés; qu'on ne doit laisser entrer rien à Colberg, et que tout sera réuni dans des dépôts, soit sur l'Oder, soit sur la Vistule.

NAPOLÉON.

7016. — AU MARÉCHAL BERTHIER.

Paris, 27 mars 1812.

Mon Cousin, puisque le général de brigade Subervie est arrivé, il faut le garder. Donnez-lui le commandement de la brigade que je destinais au général Ornano, et proposez-moi le général Ornano pour commander une brigade de cuirassiers.

NAPOLÉON.

7017. — AU MARÉCHAL BERTHIER.

Paris, 27 mars 1812.

Mon Cousin, les 1re, 2e et 3e compagnies du 6e bataillon des équipages militaires partiront de Mayence du 5 au 15 avril, pour continuer leur route sur Berlin où est le quartier général. La 6e compagnie du 10e bataillon sera dirigée également sur Berlin. Les 3e et 4e compagnies du 2e bataillon qui n'ont ordre d'aller qu'à Magdeburg doivent continuer leur route sur Berlin, ainsi que les détachements des 1re, 2e, 3e et 4e compagnies du 7e bataillon qui n'ont d'ordre que pour Erfurt. Les 18 caissons du 12e bataillon qui se trouvent à Strasbourg fileront également sur Berlin.

Berlin étant le quartier général, tous les équipages militaires doivent être dirigés sur cette ville. Vous m'en remettrez un état général, afin que je donne des ordres pour leur destination ultérieure. Donnez ordre qu'on établisse à Berlin un atelier pour réparer toutes ces voitures.

Ainsi, je dois avoir à Berlin, les compagnies suivantes, savoir : quatre compagnies du 2e bataillon, trois du 6e, six du 10e, six du 7e, ce qui fait un total de dix-neuf compagnies formant 760 voitures qui portent 15.000 quintaux.

De son côté, l'armée d'Italie aura tout le 9ᵉ bataillon français, le bataillon italien et le bataillon à bœufs italien, ce qui fait 780 voitures.

NAPOLÉON.

7018. — AU GÉNÉRAL CLARKE.

Paris, 27 mars 1812.

Monsieur le duc de Feltre, je reçois votre lettre du 26, par laquelle vous me faites connaître que 300 chevaux du train sont partis de Douai le 15 mars pour Mayence, où ils arriveront le 9 avril, et qu'ils sont destinés à atteler l'artillerie de la 12ᵉ division. Mon intention est que ces chevaux soient employés au parc du 3ᵉ corps d'armée, qu'ils attellent à Mayence le reste de ce parc et le conduisent à l'armée.

Le matériel de la 12ᵉ division continuera sa route par eau sur Wesel, et les attelages seront fournis du 1ᵉʳ au 15 mai par les derniers chevaux de remonte qui arriveront, mon intention étant qu'avant d'atteler l'artillerie de cette division on ait fourni tout ce qui est nécessaire au parc du 3ᵉ corps, et surtout aux équipages de pont.

Je destine la 12ᵉ division à rester quelque temps en réserve à Wesel; il est suffisant que le personnel et le matériel de son artillerie existent. Vous pouvez envoyer un détachement du personnel du bataillon du train, avec des harnais, à Hanovre, où l'on prendra des chevaux pour cette 12ᵉ division, dont le service est moins pressé que celui des équipages de pont du 3ᵉ corps et des différents corps de cavalerie.

NAPOLÉON.

7019. — DÉCISION DE L'EMPEREUR SUR UN RAPPORT PRÉSENTÉ LE 26 MARS 1812.

Paris, 27 mars 1812.

Il me faut un rapport plus circonstancié. Faire connaître au général d'artillerie qu'il doit faire un rapport sur les poudres existant à Magdeburg, à Küstrin, à Glogau, à Stettin; que je ne consentirai jamais à laisser Danzig avec moins de 400.000 livres de poudre; qu'il est donc indispensable que de la poudre se dirige de tous les points sur Danzig, afin que l'équipage de pont ait tout ce qui lui est nécessaire et qu'on ne me fasse point manquer toutes mes opérations en mettant du retard dans les sièges par défaut de poudre; que le général de l'artillerie ne doit pas attendre mes ordres, mais envoyer par terre toutes les poudres nécessaires pour que les équipages de siège puissent partir au 15 mai de Danzig avec la poudre nécessaire, sans courir la chance d'aucun retard. Il faut donc que Danzig en soit abondamment pourvu. Il faut se faire rendre compte de la poudre qu'a la Saxe, de celle qu'aurait la Prusse en sus des 600 milliers, et d'où elle pourrait la tirer.

NAPOLÉON.

7020. — AU GÉNÉRAL LACUÉE.

Paris, 27 mars 1812.

Monsieur le comte de Cessac, quand est-ce que les voitures du 22ᵉ bataillon des équipages militaires partiront de Paris pour se rendre en Lorraine et y être attelées par les bœufs qui sont destinés à ce bataillon?

NAPOLÉON.

7021. — AU GÉNÉRAL LACUÉE.

Paris, 27 mars 1812.

Monsieur le comte de Cessac, je vous envoie deux rapports d'un de mes officiers d'ordonnance sur la situation de deux dépôts de cavalerie, afin que vous pourvoyiez à ce qui manque.

NAPOLÉON.

7022. — DÉCISION (1).

Paris, 27 mars 1812.

On propose à Sa Majesté de permettre à un maréchal des logis,	Accordé.

---

(1) Non signée; extraite du « Travail du ministre de la guerre avec S. M. l'Empereur et Roi du 25 mars 1812 ».

employé dans les douanes en Illyrie, d'y jouir de sa solde de retraite.

7023. — AU MARÉCHAL BERTHIER.

Paris, 28 mars 1812.

Mon Cousin, j'approuve que vous donniez l'ordre que les pontonniers de l'équipage de pont qui sont à la suite du 4° corps partent de Glogau pour se rendre sans délai à Danzig, ainsi que les compagnies d'artillerie attachées à l'équipage de siège. Les compagnies d'artillerie attachées à l'équipage de siège de Magdeburg joindront cet équipage à Küstrin. Je suppose que le 4° corps a avec lui une compagnie de pontonniers français, indépendamment d'une compagnie de pontonniers italiens.

NAPOLÉON.

7024. — DÉCISION.

Paris, 28 mars 1812.

Le général commandant la 5° division militaire a fait partir de Strasbourg pour Magdeburg le bataillon de marche de Strasbourg et le 3° bataillon de marche du 3° corps d'armée.	Me faire connaître l'itinéraire de ces bataillons, pour voir si l'on ne pourrait pas les faire diriger par une route plus courte sur le lieu où sont les régiments sans les faire passer à Magdeburg.

NAPOLÉON.

7025. — AU GÉNÉRAL CLARKE.

Paris, 28 mars 1812.

Monsieur le duc de Feltre, je viens de prendre connaissance de votre rapport et de l'état qui y était joint sur la situation de la cavalerie au 1er mars : vous me proposez de faire partir 384 hommes et 336 chevaux des dépôts de cuirassiers. Cela me paraît tout à fait convenable; mais il faudrait qu'au 15 avril ces dépôts fissent un deuxième envoi de 800 hommes à pied, puisqu'ils doivent recevoir

.1060 chevaux en Allemagne. J'approuve donc que vous ordonniez que les 384 hommes et les 336 chevaux partent au 1er avril et que chaque régiment tienne des conscrits, bien armés et bien équipés prêts à partir au 15 avril. Ces détachements seront dirigés sur Hanovre. Il serait nécessaire que les selles partissent en même temps. J'approuve aussi que vous fassiez partir les 376 hommes et les 259 chevaux que vous proposez de tirer des quatre régiments de dragons; mais il est également nécessaire que, du 15 au 30 avril, 600 conscrits, bien armés et bien équipés, partent pour Hanovre et que 600 autres partent dans les quinze premiers jours de mai. J'approuve que vous fassiez partir 1.067 hommes et 479 chevaux des huit régiments de chevau-légers; mais il sera nécessaire que, du 15 au 30 avril, 1.400 hommes de la conscription partent pour aller prendre les 2.600 chevaux que ces régiments doivent recevoir en Allemagne. J'approuve que vous fassiez partir également 1.594 hommes et 750 chevaux de chasseurs, ainsi que 800 hommes et 200 chevaux de hussards, en faisant partir les conscrits à fur et mesure qu'ils pourront prendre les chevaux en Allemagne. L'état du 1er mars me paraît fait avec beaucoup d'intelligence; je désire que vous m'en remettiez un semblable fait sur les états du 15 mars.

Napoléon.

7026. AU GÉNÉRAL CLARKE.

Paris, 28 mars 1812.

Monsieur le duc de Feltre, les bataillons du train d'artillerie attachés à la garde, qui ont attelé les deux batteries parties dernièrement de Metz pour Mayence et Würzburg, sont partis dans le plus mauvais état, les hommes sans culottes et équipés de manière à ne pas pouvoir faire la guerre. En général, l'artillerie à pied, à cheval et du train de la ligne attachée à la garde, est en mauvais état. Faites-moi un rapport sur cet objet et sur les moyens d'y remédier. Je suis fâché que l'artillerie n'ait pas désigné des troupes en bon état puisqu'étant constamment sous mes yeux et faisant contraste avec la garde, il était nécessaire qu'elles fussent aussi bien tenues que possible.

Napoléon.

7027. — DÉCISION.

Paris, 28 mars 1812.

Le prince d'Eckmuhl a prescrit l'organisation provisoire d'une compagnie d'artillerie dans le régiment espagnol Joseph-Napoléon.

Ces régiments ne doivent pas avoir d'artillerie.

NAPOLÉON.

7028. — DÉCISION.

Paris, 28 mars 1812.

Le maréchal Marmont transmet une demande de congé de convalescence en faveur du lieutenant Barthélémy, du 3ᵉ d'artillerie à pied.

Accordé.

NAPOLÉON.

7029. — AU GÉNÉRAL LACUÉE.

Paris, 28 mars 1812.

Monsieur le comte de Cessac, je reçois votre lettre du 27. Je m'étais déjà aperçu que les huit régiments de dragons qui doivent fournir un 4ᵉ escadron à la Grande Armée avaient un excédent de 621 chevaux sur les hommes, ce qui m'a porté à ordonner au ministre de la guerre, par ma lettre du 17 mars, que 800 hommes seraient donnés à ces régiments; et, comme il arrive beaucoup d'hommes à pied d'Espagne, je suis fondé à penser que bientôt ces régiments auront 1.600 hommes ou 200 hommes par régiment, en état de servir. J'ai pourvu à 957 chevaux; il manque donc 643 chevaux pour arriver au complet de 1.600. Mais ces chevaux seront fournis en Allemagne, ne voulant pas les acheter en France. Mon intention est que 1.600 hommes, moitié montés et moitié à pied avec leurs selles, partent dans les premiers jours de mai pour Berlin où les hommes à pied seront montés, ce qui augmentera la réserve de deux régiments provisoires ou de 1.600 chevaux. Déjà, je suis instruit que la plupart de ces 4ᵉˢ escadrons sont arrivés à Bayonne. Il ne faut pas perdre de vue qu'il est nécessaire de ne pas cesser d'alimenter la cavalerie de l'armée d'Espagne, tant pour le service de cette armée que pour celui des frontières des Pyrénées. Beaucoup d'hommes à pied reviennent d'Espagne, car ce pays est le tombeau des chevaux. Faites-moi connaître quelle est la situation des hommes à pied des dépôts de l'armée d'Espagne au 1er avril, ce qui y est annoncé, ce que je leur ai accordé sur la conscription, enfin le nombre de chevaux qu'ils doivent recevoir sur les remontes, afin que je voie ce qui leur manque.

NAPOLÉON.

7030. — AU GÉNÉRAL LACUÉE.

Paris, 28 mars 1812.

Monsieur le comte de Cessac, donnez ordre que les premières compagnies des bataillons d'équipages à la Comtoise, fortes de cent voitures, partent le 10 avril pour Strasbourg et Mayence; que les deuxièmes compagnies partent le 15, et les troisièmes compagnies le 20. Faites-moi connaître quand pourront partir les trois dernières compagnies. A Strasbourg et à Mayence, elles chargeront des effets d'habillement, et à défaut d'effets de l'administration de la guerre, elles chargeront des fusils, mais en ne mettant sur chaque voiture qu'un poids de cinq quintaux.

Donnez le même ordre pour les bataillons d'équipages à bœufs.

NAPOLÉON.

7031. — DÉCISIONS (1).

Paris, 28 mars 1812.

On demande à Sa Majesté si les conscrits admis dans les compagnies de grenadiers et de voltigeurs doivent jouir de la haute paye. Le Ministre pense qu'ils doivent avoir un an de service et fait une campagne pour jouir de cette faveur.	Approuvé la décision.
On propose à Sa Majesté d'autoriser l'incorporation de 55 hommes	Approuvé.

(1) Non signées; extraites du « Travail du ministre de la guerre avec S. M. l'Empereur et Roi daté du 25 mars 1812 ».

du 1er bataillon expéditionnaire, restés disponibles à Lorient après leur retour de l'île de France, dans le 4e bataillon du 70e régiment.

On propose à Sa Majesté d'ordonner que sur la somme de 3.735 fr. 36, montant de la perte faite le 25 mai 1811 par le 5e bataillon du 75e régiment, celle de 2.826 fr. 23, qui revient aux hommes présents, sera seulement remboursée par le Trésor impérial.

Approuvé.

Le Ministre de la guerre du royaume de Westphalie demande l'envoi à Cassel de deux sergents-majors de l'artillerie westphalienne, actuellement à Girone, armée de Catalogne, nommés à des emplois de sous-lieutenants dans le train d'artillerie de ce royaume.

Approuvé.

Sa Majesté est priée de faire connaître ses intentions sur la demande d'une pension qu'a formée M. Legendre, membre de l'Institut, en sa qualité d'ancien examinateur des élèves de l'artillerie.

Approuvé.

M. le maréchal duc de Dalmatie demande le renvoi d'un jeune officier espagnol, fils du préfet de Grenade, prisonnier en France, et qui a témoigné le désir de prêter serment à S. M. C.

Approuvé.

On propose à Sa Majesté de priver de la solde de retraite et de faire diriger sur une compagnie de pionniers deux soldats qui se sont blessés à dessein pour ne pas servir.

Approuvé.

On prend les ordres de Sa Ma-

Y affecter les 25.000 francs ré-

jesté sur l'établissement d'un hôpital militaire à Flessingue et d'un autre à Terveere.

servés, en recommandant aux ingénieurs de finir ces hôpitaux cette année; la santé des soldats passe avant tout.

7032. — DÉCISION.

Palais de l'Élysée, 29 mars 1812.

Le général Clarke soumet à l'Empereur un projet de décret tendant à la destitution de M. Devismes, lieutenant au régiment Joseph-Napoléon, qui s'est rendu coupable de divers délits contraires à l'honneur.

Approuvé.

NAPOLÉON.

7033. — AU MARÉCHAL BERTHIER.

Paris, 29 mars 1812.

Mon Cousin, il est nécessaire que vous écriviez aux ministres du roi de Bavière, du roi de Wurtemberg et du grand-duc de Bade pour leur faire connaître :

1° Que je désirerais savoir quelle sera la situation des troupes qui resteront dans l'intérieur, après le départ de leur contingent, afin de combiner les fonds qu'ils auront disponibles avec des troupes qui partiraient de l'intérieur de l'Italie pour assurer la tranquillité du Tyrol, du Worarlberg et de la Souabe;

2° Que je désirerais qu'en cas d'insurrection dans l'un de ces trois pays, chaque prince fît connaître ce qu'il pourra mettre à la disposition de son voisin sur sa demande pour étouffer ladite insurrection;

3° Qu'après qu'ils m'auront donné ces renseignements, je réglerai la force des troupes que je dois laisser à Strasbourg pour marcher à leur secours, sur la demande qu'ils seraient dans le cas d'en faire. Les Bavarois, surtout, doivent donner des états précis là-dessus.

NAPOLÉON.

7034. — AU MARÉCHAL BERTHIER.

Paris, 29 mars 1812.

Mon Cousin, il existait 87 milliers de poudre à Magdeburg, 128 milliers à Stettin, 60 milliers à Glogau, 93 milliers à Küstrin, 510 milliers à Danzig, en tout 878 milliers de poudre. Depuis, 830 milliers ont été expédiés de Wesel sur Magdeburg, et 500 milliers de Mayence sur la même destination. Il y a donc dans ce moment-ci à Magdeburg 1.420 milliers de poudre. Il est indispensable qu'on expédie dans le plus court délai pour Danzig toutes les quantités nécessaires pour compléter les équipages de siège de Danzig et de Magdeburg et avoir de reste 400 milliers de poudre à Danzig; la poudre confectionnée n'est pas comprise dans ces calculs. Donnez des ordres en conséquence à l'artillerie.

Napoléon.

7035. — AU MARÉCHAL BERTHIER.

Paris, 29 mars 1812.

Mon Cousin, donnez ordre au 3ᵉ bataillon du contingent de Würzburg de se rendre à Berlin où il tiendra garnison. Le 4ᵉ bataillon, aussitôt qu'il sera formé, se rendra également à Berlin pour y tenir garnison; il peut ne partir que le 20 avril, pourvu qu'il parte en bon état. Je n'approuve pas qu'on ne fasse partir que 600 hommes du 4ᵉ bataillon. Il n'y a pas d'inconvénient à attendre encore un mois, et à faire partir ce bataillon en bon état.

Napoléon.

7036. — AU MARÉCHAL BERTHIER.

Paris, 29 mars 1812.

Mon Cousin, les 300 hommes de la Garde qui ont été envoyés au dépôt de Hanovre étaient montés au 18 mars. Réitérez l'ordre qu'ils partent sans délai pour Stettin où ils se réuniront, sous les ordres du général Colbert, au 2ᵉ régiment de chevau-légers, et feront partie de la division Laborde. Vous instruirez le général Laborde de l'arrivée de ces 300 hommes.

Réitérez l'ordre au général Bourcier de faire partir tous les hommes appartenant aux cuirassiers, aux chevau-légers et aux chasseurs, qui seraient montés au 1er avril et bien équipés et de les diriger sur les lieux que j'ai précédemment désignés, et, en cas d'incertitude sur la direction à donner à des détachements dont je n'aurais pas indiqué la destination, de les envoyer à Stettin.

Je suppose que vous avez fait connaître au général Bourcier la composition de la cavalerie de l'armée. Il faut qu'il forme autant de colonnes de marche qu'il y a de divisions ou de corps. Mandez-lui que j'espère qu'il va faire partir 300 hommes, montés de la garde, une centaine de cuirassiers, 500 à 600 chevau-légers, 500 à 600 chasseurs, 500 à 600 hussards.

Toutefois, qu'il ne fasse partir que des hommes bien habillés, bien armés et bien équipés.

Je vous envoie un état que je me suis procuré; le général Bourcier doit en envoyer un pareil tous les cinq jours.

Faites connaître à ce général qu'il doit communiquer avec Magdeburg où passe l'estafette de Berlin à Paris.

NAPOLÉON.

7037. — DÉCISION.

Paris, 29 mars 1812.

Les dépôts de cavalerie enverront à Hanovre les hommes à pied disponibles, habillés ou non, dès que ceux-ci paraîtront assez instruits.

Il faut bien se garder de faire partir des dépôts des hommes qui ne seraient pas habillés; cela serait du plus mauvais effet. Il faut donc changer les ordres. Recommandez de faire partir les hommes aussitôt qu'ils sont disponibles, mais bien habillés, bien équipés et bien armés. Les selles doivent partir en même temps. Toutefois, si les selles n'étaient pas prêtes, on pourrait toujours faire partir les hommes, et les selles rejoindraient.

NAPOLÉON.

7038. — AU GÉNÉRAL LACUÉE.

Paris, 29 mars 1812.

Monsieur le comte de Cessac, puisque vous recevez le 1er avril 137 voitures, donnez ordre que le 2, au plus tard, 100 voitures destinées au 21e bataillon partent de Paris pour Metz, que le 10 avril il en parte 100 autres, de sorte que la moitié de ce 2e bataillon sera partie avant le 20 avril. Il faudrait que les chevaux et les hommes se trouvassent à Metz avant l'arrivée des voitures de ce bataillon, et qu'elles puissent continuer leur route.

NAPOLÉON.

7039. — DÉCISIONS (1).

29 mars 1812.

On propose à Sa Majesté d'ordonner le remboursement d'une somme de 466 fr. 30 pour valeur de linge, chaussures perdus par le 6e régiment de ligne, au mois de décembre de 1810, dans la traversée de Corfou.

Approuvé.

Attendu la conduite déshonorante du sieur Devismes, lieutenant au régiment espagnol Joseph-Napoléon, on propose à Sa Majesté de destituer cet officier et de le mettre à la disposition de la police générale.

Approuvé.

7040. — DÉCISION.

Paris, 30 mars 1812.

Mesures proposées pour arrêter l'achat de 2.000 chevaux d'artillerie en France, attendu les fourni-

J'approuve ce travail. Mais je pense qu'il faut faire confectionner les harnais en France par les

---

(1) Non signées; extraites du « Travail du ministre de la guerre avec S. M. l'Empereur et Roi daté du 25 mars 1812 ».

tures qui doivent être faites en Prusse et à Hanovre.

Dispositions et mesures relatives à cet objet.

soins du conseil d'administration et les envoyer sans délai en Allemagne, de manière que les harnais partent avec les hommes ou peu de jours après.

NAPOLÉON.

7041. — AU MARÉCHAL BERTHIER.

Paris, 30 mars 1812.

Mon Cousin, remettez-moi la division que j'avais établie dans les dernières campagnes en gouvernements, et proposez-moi une division pareille du pays qu'occupera l'armée.

NAPOLÉON.

7042. — AU MARÉCHAL BERTHIER.

Paris, 30 mars 1812.

Mon Cousin, donnez des ordres pour que le 3ᵉ bataillon de marche du 3ᵉ corps, composé de 400 hommes du 3ᵉ de ligne et de 400 hommes du 105ᵉ, qui doivent être incorporés dans les 72ᵉ et 18ᵉ de ligne, ainsi que les 250 hommes du 24ᵉ léger faisant partie du bataillon de marche de Strasbourg, se détournent de leur route à Erfurt, pour se diriger sur Torgau et de là se rendre à Francfort-sur-l'Oder où ils rejoindront le 3ᵉ corps. Les 250 hommes du 26ᵉ léger et les 19 hommes des régiments suisses et illyriens se rendront de Torgau à Berlin, où ils rejoindront leurs régiments. Recommandez bien qu'après l'incorporation les officiers et les sous-officiers retournent en poste aux dépôts.

Il est donc nécessaire que vos ordres pour détourner ces troupes de leur direction arrivent avant le 8 avril à Erfurt.

NAPOLÉON.

7043. — AU MARÉCHAL BERTHIER.

Paris, 30 mars 1812.

Mon Cousin, donnez ordre au général Heudelet de garder les détachements d'infanterie qui arrivent à Mayence, pour en former des bataillons de marche, de manière à réunir un bataillon de 500 à 1.000 hommes du 1er corps, autant du 2e corps, et autant du 3e. Il aura soin de vous envoyer l'état de la composition de ces bataillons et leur itinéraire.

Il fera la même chose pour la cavalerie. Il fera partir 250 à 300 hommes à la fois, formés en escadrons de marche. Au lieu de les diriger sur Magdeburg, il les dirigera sur Berlin. Il pourra former les escadrons de marche de détachements de différents régiments indistinctement, en ayant soin de réunir ensemble ceux appartenant à une même brigade ou division. Ainsi, dans le courant d'avril, il lui arrivera 500 à 600 chevaux; il sera maître d'en former un seul régiment de marche, ou deux escadrons de marche de 300 hommes chacun. Le principal est que ces chevaux arrivent à leur destination, et qu'il instruise de l'époque de leur arrivée à Berlin, afin qu'on puisse leur donner des ordres. Je crois vous avoir mandé que le général Guiton aurait le commandement du dépôt de cavalerie de Berlin. Ce général passera la revue de ces chevaux à leur arrivée, et pourvoira à ce qu'ils soient en bon état, et qu'il ne leur manque rien.

Quant aux troupes de l'artillerie, du génie, aux équipages militaires, le général Heudelet laissera tout passer, en ayant soin de ne pas faire partir moins de 200 hommes ensemble.

NAPOLÉON.

7044. — DECISION.

Paris, 30 mars 1812.

Les 125e et 126e régiments d'infanterie de ligne ne devant pas passer par Mayence, le maréchal Berthier demande s'il faut garder quand même dans cette place les détachements qui appartiennent à ces deux corps.

On peut laisser ces détachements jusqu'à nouvel ordre à Mayence. Recommander au général Heudelet d'exercer sur eux une surveillance spéciale pour les former et les bien habiller.

NAPOLÉON.

7045. — EXTRAIT D'UN ORDRE DE L'EMPEREUR DU (1) AVRIL 1812, ADRESSÉ A S. EX. LE MINISTRE DE LA GUERRE (2).

Monsieur le duc de Feltre, il est nécessaire que vous portiez une attention spéciale à ce que les trois départements de la 32ᵉ division militaire aient leur général de brigade commandant, leurs commandants de place et des commandants supérieurs d'artillerie française pour inspecter les côtes.

La 32ᵉ division militaire doit avoir deux divisions d'artillerie attelées qui, en cas d'événement, pourront être servies par les deux divisions d'artillerie française qui sont aux batteries de la côte.

La Hollande aura dans les premiers jours de mai vingt-trois bataillons destinés uniquement à sa défense.

Il est convenable qu'il y ait deux divisions d'artillerie attelées, pour le service de la Hollande, du Helder et des côtes. Les compagnies d'artillerie qui sont placées en Hollande peuvent fournir à ce service.

Les 3ᵉ, 4ᵉ et 11ᵉ brigades de gardes nationales, formant dix-sept cohortes, sont destinées à se réunir à Anvers, Malines et Bruges. Cinq bataillons qui sont soit à Anvers, soit dans l'île de Walcheren, porteront à vingt-deux bataillons ce qui est uniquement destiné à la défense de l'Escaut, indépendamment de ce qui pourrait être tiré au besoin du camp de Boulogne et de la Hollande pour renforcer les troupes chargées de la défense de l'Escaut.

Boulogne aura six cohortes, indépendamment des troupes de ligne et des renforts qui pourraient y être envoyés au besoin du Havre, d'Anvers, de Paris, etc.

Le Havre, mis en bon état, aura pour sa défense six cohortes de gardes nationales, non compris les renforts qui pourraient être dirigés au besoin sur ce point, soit de Boulogne, soit de Paris.

Cherbourg aura deux brigades de cohortes de gardes nationales.

La Bretagne aura une brigade de cohortes et une brigade de réserve de l'armée d'Espagne.

La Rochelle aura, indépendamment de six cohortes, une brigade de réserve de l'armée d'Espagne.

Toulon aura une demi-brigade provisoire de six cohortes.

---

(1) Sans date de jour.
(2) Non signé, extrait conforme.

Gênes, la Spezia, Savone, Turin auront quatre cohortes de gardes nationales et une brigade de réserve qui se réunit à Turin.

Je pense qu'il est nécessaire qu'il y ait partout des divisions d'artillerie bien organisées en matériel, et prêtes à être attelées et à se porter partout où il serait nécessaire.

7046. — DÉCISIONS (1).

On prie Sa Majesté de relever de la déchéance les états de journées des militaires traités à l'hospice civil de Thiviers (20ᵉ division) pendant les années 1808, 1809 et le 1ᵉʳ semestre 1810. On lui demande aussi l'autorisation de relever de la déchéance les hospices civils qui ne l'auraient pas encourue par leur faute et dont les états de journées n'excéderaient pas 500 francs par exercice.

Approuvé.

On propose à Sa Majesté de nommer à la place d'inspecteur de l'hôpital militaire de Hamburg M. Bouvet, inspecteur de l'hôpital militaire de Rennes et ancien régisseur général des hôpitaux militaires.

Approuvé.

On propose à Sa Majesté de décider que la gratification d'entrée en campagne de ceux des chirurgiens qui seront employés spécialement aux divisions d'ambulances légères sera portée, savoir :

Pour le chirurgien-major, à 700 francs; pour le chirurgien aide-major, à 500 francs; pour les chirurgiens sous-aides, à 400 francs.

Approuvé.

---

(1) Sans signature ni date; extraites du « Travail du ministre directeur de l'administration de la guerre avec S. M. l'Empereur et Roi daté du 1ᵉʳ avril 1812 ».

On soumet à Sa Majesté la réclamation en indemnités du sieur Bonhomme, entrepreneur de la fabrication du biscuit à Corfou, et on le recommande à sa bienveillance.

Approuvé.

On propose à Sa Majesté d'accorder une somme de 3.240 francs, à titre de secours, savoir : à la veuve du sieur Brian, directeur principal des hôpitaux de l'armée de Portugal, 1.500 francs; à la veuve du sieur Roux, économe à l'armée d'Italie, 750 francs; à la veuve du sieur Abbadie, économe, armée d'Allemagne, 750 francs; à la veuve du sieur Delafond, infirmier-major, armée d'Espagne, 150 francs; à la veuve du sieur Platz, infirmier ordinaire armée d'Allemagne, 90 francs. Total : 3.240 francs.

Accordé.

7047. — DÉCISIONS (1).

On propose de décider que l'adjudant sous-officier du bataillon des équipages de la garde jouira de la solde de sous-lieutenant, mais qu'il n'en aura pas le rang.

Approuvé.

Projet de décret pour régler le mode d'exécution d'une fourniture de palissade de bois pour l'armement des places.

Envoyé à M. le Ministre des finances.

---

(1) Sans signature ni date; extraites du « Travail du ministre de la guerre avec S. M. l'Empereur et Roi daté du 1ᵉʳ avril 1812 ».

7048. — DÉCISION.

Saint-Cloud, 2 avril 1812.

On propose de faire incorporer dans le 2ᵉ régiment étranger 26 militaires licenciés de corps suédois qui ont demandé du service.

Approuvé.

NAPOLÉON.

7049. — DÉCISION.

Saint-Cloud, 2 avril 1812.

On demande à Sa Majesté l'autorisation de faire réorganiser, en France, les 4ᵉˢ bataillons qui manquent aux 7ᵉ et 42ᵉ régiments de ligne, ainsi qu'une compagnie de voltigeurs du 42ᵉ qui manque également.

Approuvé.

NAPOLÉON.

7050. — AU MARÉCHAL BERTHIER.

Saint-Cloud, 2 avril 1812.

Mon Cousin, donnez ordre au général Guiton, qui est à Stuttgart, où il ne fait rien, de se rendre à Berlin pour être à la tête du dépôt de cavalerie.

NAPOLÉON.

7051. — AU MARÉCHAL BERTHIER.

Saint-Cloud, 2 avril 1812.

Mon Cousin, autorisez le général Nansouty à réformer dans son corps de cavalerie tous les chevaux absolument hors de service. Il faut tâcher de les remplacer par d'autres chevaux.

NAPOLÉON.

7052. — AU MARÉCHAL BERTHIER.

Paris, 2 avril 1812.

Mon Cousin, donnez ordre au maréchal Macdonald de se tenir prêt à partir pour Berlin, quartier général, où il est nécessaire qu'il soit rendu le 15 avril. Vous donnerez le même ordre au duc de Bellune. Il est suffisant que le duc de Bellune soit rendu à Berlin le 20 avril.

NAPOLÉON.

7053. — AU MARÉCHAL BERTHIER.

Saint-Cloud, 2 avril 1812.

Mon Cousin, donnez ordre au général Plauzonne, qui revient de Catalogne, d'être rendu le 15 avril, à Glogau. Il sera attaché à l'état-major du vice-roi.

NAPOLÉON.

7054. — AU MARÉCHAL BERTHIER.

Saint-Cloud, 2 avril 1812.

Mon Cousin, témoignez mon mécontentement au duc de Reggio de ce qu'au lieu d'arriver à Berlin à la tête de ses troupes, comme je le lui avais prescrit, il y est arrivé isolément et sans ses troupes.

NAPOLÉON.

7055. — AU GÉNÉRAL CLARKE (1).

Saint-Cloud, 2 avril 1812.

Monsieur le duc de Feltre, le 1er, le 2e et le 3e régiment de la Vistule arrivent du 2 au 4 à Sedan; demandez par l'estafette au général Claparède si le 1er régiment pourra partir le 6, le 2e régiment le 7 et le 3e régiment le 8, pour se rendre à Mayence, et si l'on aura eu le temps de mettre en état leur habillement.

Il serait bon que les cadres des 3es bataillons dont j'ai ordonné la formation pussent partir sur-le-champ pour Posen, sans faire les quatre séjours.

Ecrivez au major général pour qu'il informe le prince Poniatowski du départ de ces régiments et du désir que j'ai qu'ils trouvent à Posen 2.700 hommes pour compléter chaque troisième bataillon à 900 hommes.

(1) Non signé, copie conforme.

7056. — EXTRAIT D'UN ORDRE DE L'EMPEREUR DATÉ DE SAINT-CLOUD, 2 AVRIL 1812 (1).

Monsieur le duc de Feltre, voici quelles sont mes intentions relativement à la formation des quatre demi-brigades de marche composées de compagnies tirées des 5es bataillons des régiments qui sont à la Grande Armée.

1re DEMI-BRIGADE DE MARCHE.

1er bataillon. — Trois compagnies du 5e bataillon du 7e léger, à Huningue, 5e division; trois compagnies du 5e bataillon du 33e léger, à Givet, 2e division.

2e bataillon. — Trois compagnies du 5e bataillon du 13e léger, à Ostende, 10e division; trois compagnies du 5e bataillon du 15e léger, à Paris, 1re division.

3e bataillon. — Deux compagnies du 5e bataillon du 17e de ligne, à Lille, 16e division; deux compagnies du 5e bataillon du 25e de ligne, à Landrecies, 16e division; deux compagnies du 5e bataillon du 12e de ligne, à Mézières, 2e division.

Cette demi-brigade se réunira à Cologne.

2e DEMI-BRIGADE DE MARCHE.

1er bataillon. — Deux compagnies du 5e bataillon du 48e, à Anvers, 24e division; deux compagnies du 5e bataillon du 108e, à Anvers, 24e division; deux compagnies du 5e bataillon du 85e, à Coblentz, 26e division.

2e bataillon. — Deux compagnies du 5e bataillon du 30e, à Mayence, 26e division; deux compagnies du 5e bataillon du 33e, à Mayence, 26e division; deux compagnies du 5e bataillon du 21e, à Juliers, 25e division.

3e bataillon. — Deux compagnies du 5e bataillon du 57e, à Strasbourg, 5e division; deux compagnies du 5e bataillon du 61e, à Worms, 26e division; deux compagnies du 5e bataillon du 111e, à Spire, 26e division.

Cette demi-brigade se réunira également à Cologne.

---

(1) Non signé, extrait conforme.

Les deux premières demi-brigades de marche comprendront aussi les seize régiments du 1er corps.

3ᵉ DEMI-BRIGADE DE MARCHE.

1er bataillon. — Trois compagnies du 5ᵉ bataillon du 26ᵉ léger, à Metz, 3ᵉ division; trois compagnies du 5ᵉ bataillon du 11ᵉ léger, à Wesel, 25ᵉ division.

2ᵉ bataillon. — Deux compagnies du 5ᵉ bataillon du 2ᵉ de ligne, à Besançon, 6ᵉ division; deux compagnies du 5ᵉ bataillon du 37ᵉ de ligne, à Besançon, 6ᵉ division; deux compagnies du 5ᵉ bataillon du 93ᵉ de ligne, à Besançon, 6ᵉ division.

3ᵉ bataillon. — Trois compagnies du 5ᵉ bataillon du 29ᵉ léger, à Beauvais, 1re division; trois compagnies du 5ᵉ bataillon du 24ᵉ léger, à Metz, 3ᵉ division.

Cette demi-brigade se réunira à Juliers.

4ᵉ DEMI-BRIGADE DE MARCHE.

1er bataillon. — Deux compagnies du 5ᵉ bataillon du 19ᵉ, à Douai, 16ᵉ division; deux compagnies du 5ᵉ bataillon du 46ᵉ, à Arras, 16ᵉ division; deux compagnies du 5ᵉ bataillon du 44ᵉ, à Valenciennes, 16ᵉ division.

2ᵉ bataillon. — Deux compagnies du 5ᵉ bataillon du 55ᵉ, à Dunkerque, 16ᵉ division; deux compagnies du 5ᵉ bataillon du 72ᵉ, à Bruxelles, 24ᵉ division; deux compagnies du 5ᵉ bataillon du 56ᵉ, à Grave, 25ᵉ division.

3ᵉ bataillon. — Deux compagnies du 5ᵉ bataillon du 18ᵉ, à Strasbourg, 5ᵉ division; deux compagnies du 5ᵉ bataillon du 4ᵉ, à Nancy, 4ᵉ division; deux compagnies du 5ᵉ bataillon du 51ᵉ, à Lille, 16ᵉ division.

Cette demi-brigade se réunira à Aix-la-Chapelle.

Les détachements se mettront en marche du 15 au 25 avril, forts de 160 hommes par compagnie, bien habillés, bien armés et ayant trois paires de souliers.

Vous nommerez un major en second pour commander chaque demi-brigade. Ces majors se mettront en marche avant le 8 avril pour parcourir les différents dépôts. Tous les dépôts qui sont sur le Rhin, comme le 7ᵉ léger, etc..., embarqueront leurs détachements sur ce fleuve.

Vous nommerez un général de brigade ou même un colonel pour être chargé, comme inspecteur, de la formation de ces quatre demi-brigades, qui se composeront ainsi de douze bataillons ou de 9.000 à 10.000 hommes.

Le général commandant la 25ᵉ division répartira ces 10.000 hommes dans des cantonnements entre Cologne, Juliers, Aix-la-Chapelle et Clèves.

7057. — EXTRAIT D'UN ORDRE DE L'EMPEREUR
DATÉ DE SAINT-CLOUD, 2 AVRIL 1812 (1).

Vous donnerez ordre qu'au 30 avril le 4ᵉ bataillon du 17ᵉ léger qui est à Strasbourg en parte, fort de 840 hommes, pour se réunir à Paris aux 4ᵐˢ bataillons des 2ᵉ et 4ᵉ légers. Ces trois bataillons formeront la 1ʳᵉ demi-brigade provisoire. Nommez un major en second pour la commander. Vous en passerez la revue, vous nommerez aux différentes places vacantes, etc...

Il devient pressant que les cadres des bataillons qui doivent composer les seize demi-brigades provisoires soient complets en officiers, qu'ils aient leurs chefs de bataillon et que vous nommiez les quinze majors en second qui devront commander ces demi-brigades.

Vous ferez partir le 15 avril ces majors en second, pour visiter les dépôts qui fournissent aux demi-brigades.

Vous autoriserez ces majors en second à faire partir le 30 avril les 4ᵐˢ bataillons à 600 hommes; les 200 autres hommes viendront un mois après.

Ces demi-brigades ne doivent rien déranger à la comptabilité. Les bataillons qui les composent doivent correspondre avec leurs dépôts pour l'administration.

7058. — AU GÉNÉRAL CLARKE.

Paris, 2 avril 1812.

Monsieur le duc de Feltre, je réponds à votre lettre du 1ᵉʳ. Je ne comprends pas bien ce que c'est que deux compagnies du 5ᵉ bataillon du 26ᵉ léger, qui sont à Strasbourg.

(1) Non signé, extrait conforme.

Il me semble que j'ai ordonné le départ de deux compagnies du 26ᵉ léger, et de deux compagnies du 24ᵉ léger, qui ont reçu 500 conscrits à Strasbourg, et de là sont partis pour l'armée. Faites-moi connaître s'il y a des compagnies du 5ᵉ bataillon du 26ᵉ léger à Metz. S'il reste à Metz des compagnies du 5ᵉ bataillon du 26ᵉ léger, faites verser les 362 hommes dans les compagnies qui sont à Strasbourg, et dirigez-les sur Berlin bien habillées, bien armées et bien équipées. Si, au contraire, il n'y a point à Metz de compagnies du 26ᵉ léger il faudra adopter ce que vous proposez, faire retourner à Metz les deux compagnies qui sont à Strasbourg, et donner les 362 hommes au 93ᵉ, en changeant l'uniforme.

Dans tous les cas, je vous autorise à prendre les 150 hommes désignés pour les 3ᵉ de ligne et 105ᵉ, pourvu que ce ne soient pas des conscrits de 1812.

Napoléon.

7059. — AU MARÉCHAL BERTHIER.

Saint-Cloud, 3 avril 1812.

Mon Cousin, donnez ordre que les détachements du 7ᵉ bataillon d'équipages militaires qui arrivent à Erfurt du 10 au 13 avril continuent leur route sur Dresde où doit se diriger tout ce qui appartient au 7ᵉ bataillon d'équipages militaires, ce bataillon étant à la suite de la garde. Donnez ordre que tout ce qu'il y a de disponible de ce bataillon parte de Metz pour prendre soit à Mayence, soit à Sampigny, des voitures de nouveau ou d'ancien modèle, et de se diriger sur Dresdre où se réunit la garde. On me rend compte que le fonds seul de quatre compagnies peut partir. Donnez des ordres pour que le fonds des deux autres compagnies soit prêt le plus promptement possible.

Napoléon.

7060. — AU GÉNÉRAL CLARKE.

Saint-Cloud, 3 avril 1812.

Monsieur le duc de Feltre, je désire que les deux bataillons du 44ᵉ et les trois bataillons de la demi-brigade provisoire de Boulogne puissent partir le 15 avril pour se rendre à Wesel; mais ils ne pourront effectuer ce mouvement que lorsqu'ils seront remplacés à Boulogne par les 11e et 12e demi-brigades provisoires qui se forment des 4es bataillons qui sont à Douai, Calais, Bruges, Saint-Omer, Abbeville et Amiens. Faites-moi connaître si ces bataillons pourront commencer à envoyer le 15 avril 600 hommes armés et habillés à Boulogne, ce qui ferait plus de 4.000 hommes, et permettrait de retirer le 44e et la demi-brigade provisoire de Boulogne. Chargez les généraux et les commandants d'armes de passer la revue de ces dépôts, et de vous en rendre compte.

Par ce moyen, toute la 12e division, hormis le 125e, se trouvera réunie à Wesel.

NAPOLÉON.

7061. — AU GÉNÉRAL CLARKE.

Saint-Cloud, 3 avril 1812.

Monsieur le duc de Feltre, les 3.000 voitures faisant partie des commandes d'artillerie de 1812 sont nécessaires.

110.000 fusils sont bien peu de chose. Il faudrait commander 160.000 fusils, ce qui ferait une commande totale de 270.000 fusils.

100 mortiers me paraissent un nombre bien considérable. Ne pourrait-on les réduire de beaucoup ?

200.000 projectiles me paraissent également une commande beaucoup trop forte. Nous avons à Metz et dans la Lorraine tant de boulets de 24, de 18 et de 12, que les commandes de boulets de ce calibre sont à peu près inutiles.

Au lieu de 16.000 boulets de 48, on pourrait se contenter de 7.000; au lieu de 38.000 boulets de 36, 12.000 seront suffisants; au lieu de 14.000 boulets de 24, il faut se contenter de 12.000. Il faut donc réduire les commandes de projectiles dans cette proportion à moitié et au tiers, de sorte qu'au lieu de 200.000, on n'en fabrique que 60.000; cela donnera une économie considérable.

5.000 essieux me paraissent beaucoup trop. Ce nombre pourrait être réduit à moitié.

Je n'ai pas d'autres observations à faire sur les autres commandes d'artillerie.

NAPOLÉON.

7062. — DÉCISION.

Saint-Cloud, 4 avril 1812.

Le maréchal Berthier propose d'envoyer à Burgos, pour relever la compagnie du train de la garde, la 1re compagnie du 3e bataillon principal du train, qui est à Bayonne.

Approuvé.

NAPOLÉON.

7063. — DÉCISION.

Saint-Cloud, 4 avril 1812.

Le grand-duc de Würzburg n'a pas fourni les six pièces d'artillerie qu'il devait donner à la 2e division princière.

Mesures proposées pour les fournir, ainsi que les douze qui doivent être en dépôt à Hamburg.

12 pièces suffisent, mais il ne faut prendre aucun attelage appartenant à l'armée. Lorsque tout le matériel de l'armée aura été attelé et sera parti, on verra ce qui restera. Il ne sera pas difficile d'ailleurs de trouver de quoi atteler ces 12 pièces à Hamburg.

NAPOLÉON.

7064. — DÉCISION.

Saint-Cloud, 4 avril 1812.

Il paraît difficile que les cadres des 3es bataillons des trois premiers régiments de la Vistule puissent trouver, à Sedan, les effets d'habillement qui leur sont nécessaires, de manière à partir de cette place sans y séjourner quelque temps.

Je crois que sur les habits existant au dépôt, on peut fournir ce qui est nécessaire. Il faut toujours les faire partir. On pourvoira en Pologne.

NAPOLÉON.

7065. — AU MARÉCHAL BERTHIER.

Saint-Cloud, 4 avril 1812.

Mon Cousin, je reçois votre lettre du 3 avril. Il faut mander au prince d'Eckmühl que les chevaux qui sont nécessaires pour le compléter doivent être pris sur les 6.000 chevaux de trait que doit fournir la Prusse. Chargez l'intendant général de demander que ces 6.000 chevaux soient fournis, savoir : 1.500 à Berlin et 4.500 à Marienwerder; que le commandant des équipages militaires prenne des mesures pour recevoir ceux qui lui sont destinés et le commandant d'artillerie pour recevoir les siens. Je suppose que vous avez donné ordre au général Guiton de se rendre à Berlin pour prendre le commandement du dépôt de cavalerie qui pourrait être placé à Spandau, comme pays plus favorable pour faire vivre la cavalerie. Il faudrait désigner un autre général pour commander le dépôt de Marienwerder.

NAPOLÉON.

7066. — AU MARÉCHAL BERTHIER.

Saint-Cloud, 4 avril 1812.

Mon Cousin, je vous envoie une lettre du prince d'Eckmühl. Adressez-la à l'intendant général, et faites-lui connaître qu'il est indispensable que tout se fasse en règle; que le service de la Grande Armée commençant au 1ᵉʳ avril, tout doit être ordonnancé par l'intendant général, le commandant de l'artillerie et le commandant du génie, à partir de cette époque.

Ecrivez en même temps à l'intendant général pour qu'il prenne des mesures pour pourvoir à tous les services, et pour qu'il établisse une manutention à Thorn. Je suppose que vous avez écrit au général du génie pour qu'il fasse commencer sans délai les travaux de Marienburg et de Marienwerder. Si vous ne lui avez pas donné cet ordre, donnez-le lui sans délai, afin qu'il fasse des fonds pour que les travaux n'éprouvent point d'interruption. Quant à l'avoine et aux autres achats, la Prusse et la Pologne doivent les fournir. On verra ensuite à régulariser ce qui est relatif au paiement.

NAPOLÉON.

7067. — AU MARÉCHAL BERTHIER.

Saint-Cloud, 4 avril 1812.

Mon Cousin, j'approuve qu'on donne à chaque corps d'armée une compagnie de sapeurs par division, indépendamment d'une compagnie pour le parc, et notamment au 3ᵉ corps.

Napoléon.

7068. — AU MARÉCHAL BERTHIER.

Saint-Cloud, 4 avril 1812.

Mon Cousin, écrivez au commandant de la 32ᵉ division militaire qu'il doit vous rendre des comptes directs, puisqu'il n'est plus sous les ordres du prince d'Eckmühl qui se trouve aujourd'hui sur la Vistule.

Napoléon.

7069. — AU GÉNÉRAL CLARKE.

Saint-Cloud, 4 avril 1812.

Monsieur le duc de Feltre, un détachement de 200 hommes du 14ᵉ régiment de cuirassiers, avec 200 selles, est parti de Lille pour se rendre à Hanovre, mais pour rejoindre les escadrons de guerre. Comme ce régiment est sur la Vistule, il est à craindre que les hommes à pied ne se dirigent sur la Vistule. Envoyez des ordres à ce détachement pour qu'il se rende à Hanovre où ces hommes à pied seront montés.

Napoléon.

7070. — AU GÉNÉRAL CLARKE.

Saint-Cloud, 4 avril 1812.

Monsieur le duc de Feltre, je réponds à une de vos lettres du 3. Une compagnie des 5ᵉˢ bataillons des six régiments français qui sont en Italie, comprenant les 300 Italiens que doit recevoir chacun de ces bataillons, sera réunie à Vérone; et ces six compagnies seront formées en deux bataillons de marche de 900 hommes chacun, qui seront dirigés sur Dresde; mais ces deux bataillons ne doivent partir que lorsque les hommes seront bien habillés, bien armés et bien équipés.

NAPOLÉON.

7071. — DÉCISION (1).

4 avril 1812.

On propose à Sa Majesté d'autoriser M. Vaillant, ex-capitaine à la 100ᵉ demi-brigade, natif de Mâcon, à continuer à jouir, en Suisse, de sa solde de retraite de 1.600 francs tant qu'il conservera la qualité de Français.

Approuvé.

7072. — DÉCISION.

Saint-Cloud, 4 avril 1812.

Le maréchal Berthier propose d'incorporer dans les régiments d'infanterie du 1ᵉʳ corps d'armée ceux des conscrits arrivés au 6ᵉ cuirassiers qui paraîtraient impropres au service des cuirassiers.

Approuvé.

NAPOLÉON.

7073. — AU GÉNÉRAL LACUÉE.

Saint-Cloud, 4 avril 1812.

Monsieur le comte de Cessac, il est nécessaire que vous fassiez faire un nouveau modèle de chariot beaucoup plus léger que celui du dernier modèle, plus léger même que le chariot d'ancien modèle. On se plaint partout que les derniers chariots sont beaucoup trop pesants.

NAPOLÉON.

---

(1) Non signée; extraite du « Travail du ministre de la guerre avec S. M. l'Empereur et Roi du 1ᵉʳ avril 1812 ».

7074. — DÉCISION.

Saint-Cloud, 5 avril 1812.

Avis de la section de la guerre du Conseil d'Etat, tendant à traduire devant un conseil de guerre le capitaine Buffet et le sergent-major Bourdon, du 5ᵉ bataillon de sapeurs, prévenus de détournements.

Approuvé.

NAPOLÉON.

7075. — DÉCISIONS (1).

Saint-Cloud, 5 avril 1812.

L'administration des ponts et chaussées demande à réduire à cinq les bataillons de prisonniers travailleurs que Sa Majesté a prescrit de former au nombre de dix.

Ce qui est décrété doit être exécuté.

On propose à Sa Majesté d'envoyer les généraux de brigade Callier et Aussenac, qui sont disponibles à Perpignan, le premier dans la 28ᵉ division militaire, le deuxième à la division de réserve de Bayonne.

Approuvé.

Le général de brigade Tindal' demande pour aide de camp le capitaine Vuailles, du régiment des pupilles de la garde.

Accordé.

On soumet à Sa Majesté l'ordonnance d'une somme de 10.000 francs pour remboursement d'une avance faite par S. A. S. le prince de Neuchâtel.

Approuvé.

---

(1) Non signées; extraites du « Travail du ministre de la guerre avec S. M. l'Empereur et Roi daté du 1ᵉʳ avril 1812 ».

On demande une gratification particulière pour M. le général Partouneaux.	Accordé, cette nouvelle gratification de campagne.
On propose à Sa Majesté d'accorder une gratification de 150 francs au sieur Cazimir, cadet et adjudant sous-officier de la légion portugaise.	Approuvé.
Permission qui a été donnée par le roi de Westphalie à M. Schutler, capitaine au bataillon westphalien à l'armée d'Espagne, de retourner dans ses foyers pour y rétablir sa santé.	Approuvé (1).
On propose à Sa Majesté d'accorder une dispense de tout service militaire au capitaine Montmort, aide de camp du général de division de La Grange.	Approuvé sa démission.
On propose de fixer à 12.000 francs par an le supplément de traitement extraordinaire demandé par le général Carra-Saint-Cyr, commandant la 32° division militaire et la division princière.	Approuvé.
On propose à Sa Majesté d'autoriser la dissolution du cadre d'un 6° bataillon formé sur le papier, en exécution du décret du 11 avril 1811, au 84° régiment d'infanterie de ligne.	Renvoyé au vice-roi. Si les cadres sont restés en Italie, il est convenable de maintenir ces deux bataillons, qui seraient utiles pour conduire des renforts à la Grande Armée. Si, au contraire, ils ne sont plus en Italie, et sont déjà sur l'Oder, on peut les supprimer. NAPOLÉON.

---

(1) Existe aussi sous forme d'original signé.

7076. — DÉCISION (1).

Saint-Cloud, 6 avril 1812.

On rend compte à Sa Majesté d'une discussion qui s'est élevée entre M. le major Delaas, commandant par intérim le département de la Charente, et M. le baron Boissy d'Anglas, préfet de ce département.

Renvoyé par ordre de l'Empereur au Ministre de la guerre.

7077. — DÉCISION.

Saint-Cloud, 6 avril 1812.

Le maréchal Berthier propose de faire diriger par Würzburg, Leipzig et Torgau, sur Francfort-sur-l'Oder, les trois compagnies de marche destinées aux 1er et 2e régiments d'infanterie portugaise.

Approuvé.

NAPOLÉON.

7078. — AU GÉNÉRAL LACUÉE.

Saint-Cloud, 6 avril 1812.

Monsieur le comte de Cessac, il vient de m'être rendu compte que les trois premières compagnies du 6e bataillon des équipages militaires sont arrêtées à Metz, faute de harnachement; que ces trois compagnies, qui se trouvent au complet en hommes, manquent de 40 chevaux; que sur le nombre des selles et des brides qu'elles doivent recevoir, il n'en a été livré le 25 mars dernier que 44; que ce retard dans les fournitures a empêché le départ des trois détachements que j'avais ordonné de faire mettre en marche le 10 mars avec 60 chariots. Il est à désirer que les 40 chevaux qui manquent soient livrés incessamment, pour ne pas être obligé de faire conduire dix voitures par des chevaux pris de gîte en gîte, ou d'y atteler les chevaux haut-le-pied, ce qui ôterait le moyen de remplacer les chevaux fatigués par la route et ruinerait ce demi-bataillon dès

---

(1) Non signée.

les premières marches. Il vient de m'être également rendu compte de la situation des trois dernières compagnies de ce bataillon, sous la date du 20 mars.

Il y avait, le 12 : officiers, 3; sous-officiers et soldats, 310; chevaux, 117.

On attend l'habillement et l'équipement de Metz. On va seulement faire confectionner à Hanovre les selles et les brides. Les 60 chariots et les 27 caissons, qui devaient venir de Wesel et de Brême, n'étaient pas encore arrivés le 20 mars. Il en était de même des 39 voitures à envoyer de Sampigny. Si elles ont passé le Rhin à Wesel, les 20, 21 et 22 mars, et qu'elles n'aient pas été arrêtées dans leur marche, elles doivent être arrivées au commencement d'avril à Hanovre. Je désire que vous me présentiez un rapport sur la situation actuelle de ce bataillon et que vous me fassiez connaître, quand il aura ses voitures, ses selles et comment on a pourvu à l'habillement des trois dernières compagnies.

NAPOLÉON.

7079. — AU MARÉCHAL BERTHIER.

Saint-Cloud, 8 avril 1812.

Mon Cousin, vous trouverez ci-joint une lettre du prince d'Eckmühl. Envoyez-la au général Bourcier et faites-lui connaître qu'en faisant rejoindre les détachements il ne doit laisser partir que des chevaux en bon état et capables de supporter la marche, soit parce qu'ils auraient jeté leur gourme, ou qu'ils seraient accoutumés au changement de nourriture; le général Bourcier ne doit également faire partir que des hommes bien portants, bien habillés, bien armés et bien équipés, et sachant panser leurs chevaux. Ceux qui ne seraient pas en parfait état, hommes et chevaux, il doit les retenir jusqu'à ce qu'ils puissent faire un bon service. Faites connaître au prince d'Eckmühl les nouveaux ordres que vous donnez, en lui faisant observer qu'en donnant ces ordres vous vous en êtes rapporté au général Bourcier.

NAPOLÉON.

7080. — AU MARÉCHAL BERTHIER.

Saint-Cloud, 8 avril 1812.

Mon Cousin, réitérez l'ordre que les chevaux destinés à l'équipage de pont, des 8ᵉ et 9ᵉ bataillons, qui arriveraient à Magdeburg et à Berlin, continuent leur route pour Danzig. Il serait préférable qu'ils y arrivassent haut-le-pied, que de retarder leur arrivée.

NAPOLÉON.

7081. — AU MARÉCHAL BERTHIER.

Saint-Cloud, 8 avril 1812.

Mon Cousin, donnez ordre que le 1ᵉʳ bataillon de marche du 1ᵉʳ corps, qui arrive à Magdeburg le 18, s'y repose le 19 et en parte le 20 pour se rendre à Stettin.

Donnez ordre que le 2ᵉ bataillon qui arrive à Magdeburg le 22 s'y repose le 23, et en parte le 24 pour Stettin.

Donnez ordre que le bataillon de marche organisé à Wesel, ainsi désigné dans le grand état de l'emplacement de l'armée, qui est arrivé le 5 à Magdeburg, en parte aussitôt l'ordre reçu pour se rendre à Stettin.

Arrivés à Stettin, ces trois bataillons y resteront jusqu'à nouvel ordre. Vous me ferez connaître le jour où ils arriveront.

Je suppose que les détachements de cavalerie qui arrivent à Mayence du 2 au 10 avril, appartenant aux brigades de cavalerie légère attachées au 1ᵉʳ corps d'armée et au 1ᵉʳ corps de cavalerie, seront formés en escadrons de marche et dirigés sur Berlin.

NAPOLÉON.

7082. — AU MARÉCHAL BERTHIER.

Saint-Cloud, 8 avril 1812.

Mon Cousin, donnez ordre au duc de Reggio de faire partir la division Belliard le 15 pour se rendre à Stettin.

NAPOLÉON.

7083. — DÉCISION.

Saint-Cloud, 8 avril 1812.

Proposition de confectionner à Paris les harnais pour les chevaux d'artillerie. Ils y sont moins chers, meilleurs et plus promptement livrés.

Mais Berlin et Hanovre présentent des ressources pour ce genre de fabrication; on propose d'y faire fabriquer une partie de ces harnais pour les avoir plus tôt.

Approuvé.

NAPOLÉON.

7084. — DÉCISION.

Saint-Cloud, 8 avril 1812.

Demande d'un congé de six mois en faveur de M. Amet, inspecteur des services réunis, à l'armée de Portugal.

Accordé.

NAPOLÉON.

7085. — AU GÉNÉRAL CLARKE.

Saint-Cloud, 8 avril 1812.

Monsieur le duc de Feltre, je ne puis pas comprendre comment ma lettre du 8 janvier a contenu l'ordre de départ de trois compagnies du 5ᵉ bataillon du 26ᵉ d'infanterie légère. C'est une erreur. Je n'ai ordonné le départ que d'une compagnie du 24ᵉ léger et d'une du 26ᵉ, et ces deux compagnies sont parties de Strasbourg formant un petit bataillon.

Mon intention est donc :

1° Que les deux cadres de compagnies du 26ᵉ qui sont à Strasbourg retournent sans délai à Metz, pour recevoir les nombreux conscrits qui arrivent à ce régiment;

2° Que tous les conscrits réfractaires qui avaient été donnés à ces deux compagnies soient placés dans les sixièmes bataillons qui se forment à Strasbourg.

Je n'ai pas compris ce mouvement, parce que je ne l'ai pas ordonné, et si cela a été mis dans ma lettre, c'est par erreur de copiste.

Donnez ordre qu'on ne fasse partir de Wesel, ni de Strasbourg aucun conscrit réfractaire, s'il est galeux. Ils empestent les routes. Lorsqu'il y en a de galeux, il faut commencer par les traiter de la gale et les guérir.

Ainsi, il faut que le général commandant la 5° division militaire ne fasse partir avec les 6ᵉˢ bataillons que des conscrits bien habillés, bien équipés et en bon état. Je ne puis pas considérer comme en bon état les galeux.

NAPOLÉON.

7086. — AU GÉNÉRAL CLARKE.

Saint-Cloud, 8 avril 1812.

Monsieur le duc de Feltre, on me rend compte qu'il y a eu refus de service de la part des gardes-côtes de Zierikzee, sous prétexte de retard dans les paiements et de prélèvements que faisaient les officiers.

Faites faire une enquête là-dessus, afin que si le fait est vrai on réprime les abus des chefs, et répare le tort fait aux soldats.

NAPOLÉON.

7087. — AU GÉNÉRAL CLARKE.

Saint-Cloud, 8 avril 1812.

Monsieur le duc de Feltre, le 4° bataillon du 36° fait partie du régiment provisoire. C'est le 5ᵉ bataillon du 36° qui doit appartenir à la 11° demi-brigade provisoire. Ainsi tous les conscrits de 1812 qui recrutent le 36° doivent faire partie de la 11° demi-brigade provisoire; mais le 4° bataillon du 36°, qui ne se compose que de conscrits de 1811, doit se rendre à l'armée avec le régiment provisoire.

NAPOLÉON.

7088. — AU GÉNÉRAL CLARKE.

Saint-Cloud, 8 avril 1812.

Monsieur le duc de Feltre, par l'état n° 4, joint à votre rapport du 7 mars dernier, sur les bataillons du train d'artillerie destinés à la Grande Armée, je vois que du 1er au 15 mars 1.690 chevaux doivent partir, desquels 200 du 6e principal et 100 du 14e sont destinés au 3e corps, attelant des voitures à Metz et Strasbourg;

Que du 15 au 31 mars 2.200 chevaux devaient partir, ce qui fait près de 4.000 chevaux devant partir, avant le 1er avril, à la destination suivante, savoir : 900 pour le 3e corps; 300 pour le 2e corps; 500 pour la réserve de cavalerie; 1.040 pour la réserve de la garde; 1.200 pour l'équipage de pont.

Ces chevaux devaient prendre des voitures à Metz, à Mayence, etc. Faites-moi connaître si tous ces chevaux sont partis.

Il devait partir du 1er au 15 avril et du 15 au 30 : 1.150 chevaux pour le 3e corps; 300 pour le 4e corps; 500 pour la réserve de cavalerie; 800 pour la réserve de la garde; 540 pour l'équipage de pont; 500 pour l'équipage de siège, ce qui ferait 3.800 chevaux à partir dans le mois d'avril; faites-moi connaître si tout cela partira aux époques fixées.

Enfin, dans le mois de mai, 1.100 chevaux doivent partir.

Remettez-moi le même état avec les mouvements effectués jusqu'à ce jour. Je vous envoie une lettre du major général; vous la comprendrez dans cet état, car le 13e bataillon a toujours été destiné à la garde. Si ce bataillon est inutile à la garde, il faut donner une destination définitive. Je vois avec peine dans l'état joint à votre lettre du 7 mars qu'on a affaibli l'équipage de pont. Le 8e principal et le 9e *bis* doivent être destinés en entier à l'équipage de pont.

NAPOLÉON.

7089. — AU GÉNÉRAL CLARKE.

Saint-Cloud, 8 avril 1812.

Monsieur le duc de Feltre, je vous envoie la situation du dépôt de cavalerie de Hanovre à l'époque du 26 mars. Remettez-moi l'état de tout ce qui a eu ordre de partir et est parti pour ce dépôt, en hommes à pied des régiments français, comparé à l'état en hommes arrivés, afin que je sois rassuré sur ce dépôt qui va avoir 8.000 à 10.000 chevaux et qui n'a reçu que 3.700 hommes. Mais je suppose qu'il y a 3.000 ou 4.000 hommes en route.

Écrivez aux dépôts pour savoir si les effets d'habillement et d'équipement sont partis, car on m'annonce que la plupart sont en mauvais état.

NAPOLÉON.

7090. — DÉCISION.

Saint-Cloud, 8 avril 1812.

Le maréchal Berthier propose d'autoriser deux commissaires des guerres atteints d'infirmités à rentrer en France.

Accordé.

NAPOLÉON.

7091. — DÉCISION (1).

On propose à Sa Majesté d'appliquer aux officiers de santé de 2ᵉ et 3ᵉ classes, employés dans les hôpitaux des 17ᵉ et 31ᵉ divisions militaires, le décret du 15 février 1811 qui accorde une indemnité mensuelle de 24 francs aux lieutenants et sous-lieutenants des corps stationnés dans lesdites divisions.

Approuvé.

7092. — DÉCISION (1).

On propose à Sa Majesté d'approuver le placement dans différents régiments de plusieurs officiers d'infanterie à la suite.

Approuvé.
M. Bogny passera au 45ᵉ en qualité de capitaine, s'il n'était pas placé dans la garde.

---

(1) Sans signature ni date; extraite du « Travail du ministre directeur de l'administration de la guerre avec S. M. l'Empereur et Roi daté du 8 avril 1812 ».

7093. — CONSEIL DES MINISTRES (1).

Séance du 8 avril 1812.

Sa Majesté informée que plusieurs régiments ont fait partir des hommes pour l'armée, sans qu'ils fussent complètement habillés, ordonne que M. le Ministre de la guerre écrira aux majors que tous les hommes qui sont partis sans être parfaitement équipés seront retenus à Mayence, qu'on leur fournira les effets qui leur manqueront, que ces effets seront fournis aux frais du corps, que le montant en sera retenu sur la masse, et qu'en outre les majors seront responsables des inconvénients résultant de ces retards.

7094. — DÉCISION.

Saint-Cloud, 9 avril 1812.

Le bataillon expéditionnaire hollandais arrivera à Paris le 18 avril et sera ensuite dirigé sur l'armée.

On le passera en revue à Paris, et lorsqu'on sera assuré qu'il ne manque de rien on le dirigera sur Berlin.

NAPOLÉON.

7095. — DÉCISION.

Saint-Cloud, 9 avril 1812.

Le général Clarke propose de faire partir, pour rejoindre le 2ᵉ escadron du régiment des chasseurs portugais, un détachement de 127 hommes montés, qui sont disponibles au dépôt de ce corps.

Approuvé.

NAPOLÉON.

---

(1) Extrait conforme, signé de Daru.

7096. — DÉCISION.

Saint-Cloud, 9 avril 1812.

Le maréchal Marmont propose d'autoriser à rentrer en France le capitaine d'artillerie Conny, qui vient d'être blessé grièvement dans une rencontre avec les guérillas.

Accordé.

NAPOLÉON.

7097. — AU MARÉCHAL BERTHIER.

Saint-Cloud, 9 avril 1812.

Mon Cousin, aussitôt que le prince d'Eckmühl sera arrivé à Thorn, il enverra le 5ᵉ régiment polonais rejoindre sa division. Le 5ᵉ bataillon et le dépôt pourront rester à Thorn pour former le fonds de la garnison jusqu'à ce qu'il soit habillé.

Mandez au prince d'Eckmühl d'établir un dépôt général de cavalerie du côté de Marienburg, d'établir un second dépôt de son corps d'armée à Danzig (le premier dépôt sera à Stettin et le second à Danzig), de faire compléter les quatre bataillons des 5ᵉ, 10ᵉ et 11ᵉ régiments polonais, afin de pouvoir les employer. Si ces trois régiments peuvent fournir chacun quatre bataillons, cela ferait douze bataillons desquels on formerait deux brigades, dont l'une serait sous les ordres d'un général de brigade polonais et l'autre sous les ordres d'un général de brigade français.

NAPOLÉON.

7098. — DÉCISION.

Saint-Cloud, 9 avril 1812.

Demande de congé de convalescence en faveur du général Brayer.

Accordé.

NAPOLÉON.

7099. — DÉCISION.

Saint-Cloud, 9 avril 1812.

Le maréchal Davout soumet à l'approbation de l'Empereur l'ordre qu'il a donné d'envoyer à Bromberg un approvisionnement de munitions d'artillerie tiré de Stettin et de Küstrin.

Le major général enverra cela au général d'artillerie qui est chargé de ces détails.

NAPOLÉON.

7100. — AU GÉNÉRAL LACUÉE.

Saint-Cloud, 9 avril 1812.

Monsieur le comte de Cessac, vous trouverez ci-joint l'état de situation du 8° régiment de chevau-légers au (1) avril. Vous y verrez que 200 hommes sont prêts à partir, qu'ils doivent se rendre à pied au dépôt de Hanovre, que cependant il y a 200 chevaux au dépôt qui sont destinés aux 2° et 3° régiments de chevau-légers. Je ne vois pas à quoi aboutit cette cascade. Il est bien plus convenable que les 200 hommes du 8° de chevau-légers au lieu de partir à pied partent à cheval, et que les 200 hommes des 2° et 3° régiments, au lieu de se rendre à Sedan, se rendent à pied au dépôt de Hanovre où ils seront montés. Envoyez par estafette ces ordres qui empêchent de doubles mouvements et ont beaucoup plus de simplicité.

NAPOLÉON.

7101. — DÉCISION.

Saint-Cloud, 9 avril 1812.

Le général Clarke rend compte qu'il existe dans les dépôts des 5ᵉˢ bataillons des 32° et 58° de ligne, 2°, 4°, 12°, 15° légers, 63 hommes disponibles sortant des hôpitaux qui pourraient être envoyés à la Grande Armée.

Non. Laisser désormais tout ce qui arrivera ou sortira des hôpitaux à ces bataillons. Cela fortifiera d'autant l'esprit de ces 5ᵉˢ bataillons.

NAPOLÉON.

---

(1) En blanc.

7102. — DÉCISION.

Saint-Cloud, 9 avril 1812.

Le duc de Reggio propose de verser les soldats du 3ᵉ bataillon du 3ᵉ régiment suisse dans les deux premiers bataillons de ce corps. Il propose la même mesure pour le 4ᵉ bataillon du 123ᵉ de ligne.

Me faire connaître la situation de ces bataillons.

Napoléon.

7103. — AU GÉNÉRAL CLARKE.

Saint-Cloud, 10 avril 1812.

Monsieur le duc de Feltre, le 34ᵉ régiment d'infanterie légère a perdu à Ciudad-Rodrigo 28 officiers et 900 sous-officiers et soldats, commandés par un chef de bataillon. Le 113ᵉ y a perdu 19 officiers et 550 sous-officiers et soldats, commandés par un chef de bataillon; de sorte qu'il ne reste plus en Espagne, du 34ᵉ léger, que 36 officiers et 608 sous-officiers et soldats. Ce régiment a un dépôt en France, 14 officiers et 1.445 sous-officiers et soldats; il doit recevoir 615 conscrits, ce qui le portera encore à environ 1.800 hommes effectifs.

Le 113ᵉ n'a plus en Espagne que 26 officiers et 265 soldats des 1ᵉʳ et 2ᵉ bataillons. Le 3ᵉ et le 4ᵉ bataillon qui sont à Cherbourg et à Granville sont complets.

Prenez des mesures pour faire former le 2ᵉ et le 3ᵉ bataillon du 34ᵉ léger à son dépôt à Navarreins. Les officiers et sous-officiers prisonniers seront portés pour mémoire et n'entreront pas dans l'effectif. Il sera nécessaire de charger le général Lhuillier de la formation de ces bataillons, et d'y envoyer les officiers et sous-officiers nécessaires.

Le 2ᵉ bataillon du 113ᵉ sera formé au dépôt, à Orléans.

Vous recevrez un décret que j'ai pris sur cet objet.

Napoléon.

7104. — AU GÉNÉRAL CLARKE.

Paris, 10 avril 1812.

Monsieur le duc de Feltre, je reçois votre lettre du 9 par laquelle vous me rendez compte des ordres que vous avez donnés pour la réunion des quatre brigades de marche. Je vous ai fait connaître que je chargeais le général de division Lagrange du commandement de cette division. Je remarque que les trois compagnies du 18° léger et les trois compagnies du 8° léger doivent d'abord se réunir à Genève. Faites en sorte que ces compagnies y soient arrivées au 25 avril. Vous en ferez passer la revue, et vous ne les ferez partir de Genève que lorsque vous serez assuré que ces compagnies sont en bon état et complètes en officiers et sous-officiers. Ne partiraient-ils que le 5 ou le 10 mai, cela serait suffisant. Il est inutile aussi que ce petit bataillon aille jusqu'à Cologne. Lorsqu'il y arriverait la division n'y serait plus. Il faut qu'il aille jusqu'à Strasbourg seulement. A son arrivée là, le major général lui enverra des ordres.

Recommandez bien aux majors en second et aux commandants des différents bataillons de ne faire partir que des hommes bien habillés et d'un bon service, de retarder le départ de dix et même de quinze jours, plutôt que d'envoyer des hommes qui ne seraient pas très bien portants, bien habillés et bien armés, et qui ne seraient pas au dépôt depuis au moins quinze jours et habillés depuis huit ou dix jours; enfin de faire partir les cadres bien complets en officiers e¹. en sous-officiers.

Toutefois, comme les détachements ne sont composés que de 5es bataillons, il n'y aurait que de l'avantage à envoyer 32 sous-lieutenants pris à l'école de Saint-Cyr, lesquels se rendraient droit à Cologne où ils seraient à la disposition du général Lagrange qui les placerait dans les régiments qui auraient le plus besoin d'officiers. Ces jeunes gens se trouveraient ainsi attachés aux demi-brigades définitives où ils seraient placés.

NAPOLÉON.

7105. — DÉCISION (1).

10 avril 1812.

Sa Majesté est priée de faire connaître si Elle permet que le nommé Valentin, né en France, jouisse de sa pension dans le royaume d'Italie.

Accordé.

---

(1) Non signée; extraite du « Travail du ministre de la guerre avec S. M. l'Empereur et Roi daté du 8 avril 1812 ».

7106. — AU GÉNÉRAL LACUÉE.

Saint-Cloud, 10 avril 1812.

Monsieur le comte de Cessac, le préfet du Tarn écrit que les manufactures de Castres offrent de fabriquer 100.000 mètres de drap pour l'habillement des troupes.

NAPOLÉON.

7107. — AU MARÉCHAL BERTHIER.

Saint-Cloud, 12 avril 1812.

Mon Cousin, faites-moi connaître quand la 12ᵉ division arrive à Wesel, et quand elle aura son artillerie et son organisation du génie, mon intention étant de la faire partir pour Magdeburg, afin que, lorsqu'elle sera entièrement organisée à dix-huit bataillons ou à trois brigades, elle puisse se porter sur Berlin.

NAPOLÉON.

7108. — AU MARÉCHAL BERTHIER.

Saint-Cloud, 12 avril 1812.

Mon Cousin, par la lettre du duc de Reggio du 1ᵉʳ avril, je vois qu'il a besoin de chevaux. Il doit compléter le nombre de ses chevaux par ceux que la Prusse doit fournir, et il peut les prendre à Berlin et à Schwedt. Donnez des ordres en conséquence au général de l'artillerie.

NAPOLÉON.

7109. — AU MARÉCHAL BERTHIER.

Saint-Cloud, 12 avril 1812.

Mon Cousin, donnez ordre que les cadres des trois 3ᵉˢ bataillons du régiment de la Vistule ne fassent aucun séjour, doublent toutes les étapes qu'ils peuvent doubler, et aient carte blanche, afin d'arriver à Posen le plus tôt possible et par la route la plus courte. Donnez des ordres pour que le colonel Chlusowitz commande le 2ᵉ régiment et pour qu'un major d'un des régiments de la Vistule se rende à

Posen avec les trois quarts des ouvriers du dépôt; ce major s'y rendra en poste.

Ecrivez au ministre de la guerre du roi de Saxe pour lui faire connaître l'arrivée des trois régiments de la Vistule, et la nécessité qu'ils trouvent chacun à Posen 300 conscrits pour les compléter, ce qui fera 900 conscrits pour les trois régiments, et de plus 2.100 conscrits pour remplir les cadres des troisièmes bataillons; ce qui fera 3.000 hommes environ. Recommandez la plus grande diligence dans l'exécution de cette disposition.

Ecrivez à l'intendant général pour lui faire part des mêmes dispositions. Chargez le major de voir l'intendant général, et l'intendant général de lui faire fournir à Posen les moyens d'habillement nécessaires pour habiller et équiper ces hommes. Il imputera cette dépense sur les fonds de la Grande Armée. Instruisez de cela le ministre de la guerre qui, par ce moyen, n'aura pas à s'en mêler.

Napoléon.

7110. — AU GÉNÉRAL CLARKE.

Saint-Cloud, 12 avril 1812.

Monsieur le duc de Feltre, je réponds à votre lettre du 11. Le 4e bataillon du régiment de Walcheren, qui arrive le 19, sera passé en revue le 20 et partira le 21 pour Mayence. Regardez comme non avenu mon ordre pour l'incorporation des conscrits dans le 6e bataillon du 37e.

Le 4e bataillon du régiment de Belle-Ile passera également la revue le 20 et partira le 21 ou le 22 pour Mayence. Vous me ferez connaître quand ces deux bataillons arriveront à Mayence; mon intention est de les diriger sur Berlin où se réunit la 12e division. Vous les porterez donc comme faisant partie de la 12e division. Le bataillon de Belle-Ile, qui est d'infanterie légère, sera mis avec le bataillon du 10e léger; ces deux bataillons seront commandés par un major ci. second. Le bataillon de Walcheren, qui est un bataillon de ligne, formera un régiment de trois bataillons avec les deux bataillons du 44e. Lorsque je verrai comment a réussi l'incorporation des Espagnols dans les cadres des 3es bataillons de Walcheren et de Belle-Ile, je désignerai de nouveaux cadres. Mon intention est d'augmenter la 12e division de ces deux 4es bataillons.

Cette division sera ainsi composée :

D'un bataillon du 10º léger, d'un bataillon de Belle-Ile, de quatre bataillons du 29º léger, de deux bataillons du 44º, et d'un bataillon de Walcheren, ce qui formera neuf bataillons ; de trois bataillons de la demi-brigade provisoire de Boulogne ; de trois bataillons du 126º et de trois bataillons du 125º.

Ces dix-huit bataillons seront divisés en trois brigades.

NAPOLÉON.

7111. — AU GÉNÉRAL CLARKE.

Saint-Cloud, 12 avril 1812.

Monsieur le duc de Feltre, j'ai fait les changements suivants au décret que vous m'avez proposé sur la répartition du train d'artillerie :

J'ai donné au 4º corps les deux compagnies du 2º bataillon principal et une compagnie du 3º principal, présentant 750 chevaux, ce qui, joint au 7º bataillon *bis*, fera les 2.250 chevaux nécessaires.

J'ai donné au parc les deux compagnies des 11º et 12º principaux.

J'ai donné à l'équipage de pont tout le 9º bataillon *bis*.

J'ai donné à la garde tout le 13º *bis*.

J'ai cru inutile de rien donner à l'équipage de siège, puisque l'équipage de pont, l'équipage de campagne de la garde et l'équipage de parc devront, comme de raison, être destinés à ce service.

Je vous envoie un livret que j'avais fait faire de toutes les pièces relatives au service de l'artillerie et du génie de la Grande Armée. Faites-le moi réformer en n'y laissant que des choses utiles, et de manière qu'il établisse bien le dernier état des choses tant pour le matériel et les attelages que pour le personnel.

La Prusse devait fournir 6.000 chevaux de trait. Le général Bourcier en avait 2.000 à Hanovre. J'en ai accordé environ 4.000 aux équipages et au train ; il en restera donc 4.000 ou 5.000 pour suppléer aux pertes que fera l'artillerie avant d'être rendue sur la Vistule. Il est donc nécessaire que le général de l'artillerie en fasse la répartition entre les différents corps.

NAPOLÉON.

7112. — AU GÉNÉRAL LACUÉE.

Saint-Cloud, 12 avril 1812.

Monsieur le comte de Cessac, on se plaint à Mayence que les souliers qu'on y donne sont très mauvais.

NAPOLÉON.

7113. — DÉCISION.

Saint-Cloud, 13 avril 1812.

Le roi de Saxe a donné l'ordre de faire transporter sur-le-champ 100 milliers de poudre à Modlin, où ils seront parvenus dans le courant d'avril.

Le ministre de la guerre donnera cent milliers de poudre au roi de Saxe, en place de celle-ci, et les tiendra à sa disposition à Strasbourg. Ce sera de la poudre qui sera charriée aux frais du roi de Saxe et que nous trouverons dans l'occasion.

NAPOLÉON.

7114. — DÉCISION.

Saint-Cloud, 13 avril 1812.

Le maréchal Berthier a prescrit d'incorporer dans les deux premiers bataillons du 70° de ligne le 3° bataillon de ce corps, dont le cadre doit rentrer en France.

Approuvé.

NAPOLÉON.

7115. — AU MARÉCHAL BERTHIER.

Saint-Cloud, 13 avril 1812.

Mon Cousin, donnez ordre que le bataillon des marins de l'Escaut qui est avec la division de la garde à Stettin continue sa route sur Danzig, où il sera employé aux travaux qui se font dans cette place.

NAPOLÉON.

7116. — AU MARÉCHAL BERTHIER.

Saint-Cloud, 13 avril 1812.

Mon Cousin, donnez ordre au général Dutaillis de se rendre à Varsovie où il est nécessaire qu'il soit arrivé le 1er mai. Il remplira là les fonctions de commandant, et correspondra avec vous sur les objets de service. Le général Michaud qui est à Magdeburg pourra avoir le commandement du pays entre l'Elbe et le Rhin.

NAPOLÉON.

7117. — AU MARÉCHAL BERTHIER.

Saint-Cloud, 13 avril 1812.

Mon Cousin, le 1er, le 2e, le 3e et le 4e corps de la Grande Armée ont besoin de chevaux pour réparer leurs pertes. Ils ont pour cela 6.000 chevaux que doit fournir la Prusse et 2.000 chevaux qui doivent se trouver au dépôt de Hanovre. Sur ces 8.000 chevaux, 2.000 ont été destinés à compléter les équipages; il en reste 6.000 pour l'artillerie. Sur ce nombre, le ministre de la guerre a disposé de 2.000 pour compléter le train. Il en reste donc 4.000 pour réparer les pertes. Il faut que le général de l'artillerie les répartisse.

NAPOLÉON.

7118. — AU MARÉCHAL BERTHIER.

Saint-Cloud, 13 avril 1812.

Mon Cousin, faites-moi connaître si le bataillon d'infanterie légère des 4e, 2e et 12e légers, qui arrive à Berlin le 1er mai, a une destination, afin que, s'il n'en a pas, je lui en donne une. Faites-moi connaître s'il y a d'autres bataillons de marche dont l'incorporation n'ait pas été déterminée.

NAPOLÉON.

7119. — AU GÉNÉRAL CLARKE.

Saint-Cloud, 13 avril 1812.

Monsieur le duc de Feltre, je vois par l'état de situation joint à votre rapport du 12, que 2.824 hommes existaient au dépôt de Hanovre le 26 mars; que 2.094 hommes étaient en route, ce qui fait près de 5.000 hommes, et que 4.150 homnes étaient désignés pour partir, savoir : 1.200 cuirassiers, 1.000 dragons, 600 chevau-légers, 1.200 chasseurs, 100 hussards.

Réitérez les ordres pour que les dépôts, dès qu'ils auront 150 hommes prêts à partir, les fassent partir; et faites-moi connaître quand ces 4.150 hommes seront partis. Envoyez l'état qui était joint à votre lettre, au général Bourcier, afin qu'il sache ce qu'il a à recevoir.

Napoléon.

7120. — AU GÉNÉRAL LACUÉE.

Saint-Cloud, 13 avril 1812.

Monsieur le comte de Cessac, j'ai reçu votre rapport d'aujourd'hui sur la soumission qui vous a été faite par des fabricants du grand-duché de Berg pour une fourniture de drap. Il serait avantageux d'user de cette ressource puisque les échantillons des draps blanc, bleu et gris ont été jugés de bonne qualité. Il est probable que l'intendant général ne trouverait pas à s'en procurer d'aussi bons en Allemagne et, par conséquent, il y aurait de l'avantage à lui envoyer ces étoffes au lieu des fonds destinés à acheter les matières qui se confectionneront dans l'atelier de Danzig. Mais je ne vois dans la soumission qu'une offre de fournir des draps, et il vous restera à vous procurer des tricots, des cadis et des toiles pour compléter l'assortiment nécessaire à la confection. Je vous autorise à faire, soit dans le grand-duché de Berg, soit en France, l'achat des matières pour les effets d'habillement que, d'après mon décret du 10 mars, vous deviez envoyer en argent, c'est-à-dire, 12.000 habits, 12.000 vestes, 20.000 culottes, 12.000 capotes, 1.200 manteaux et 2.000 porte-manteaux. L'intendant général se procurera avec les fonds que vous lui enverrez les matières pour confectionner les objets d'équipement. Je remarque que les époques auxquelles les soumissionnaires s'engagent à livrer leurs draps sont beaucoup trop éloignées. Si la première livraison n'avait lieu qu'en septembre, les confections ne pourraient se commencer qu'en décembre et par conséquent les effets ne pourraient pas être distribués avant la fin de l'hiver. Je désire que vous demandiez que les fournitures soient remises de manière à ce que la moitié de ces étoffes puisse partir pour Danzig le 1ᵉʳ juin et la seconde moitié le 1ᵉʳ août.

NAPOLÉON.

7121. — DÉCISION.

Saint-Cloud, 14 avril 1812.

| Le maréchal Davout a affecté le 1ᵉʳ escadron du régiment de chevau-légers de Hesse au service des ordonnances. | Le prince d'Eckmühl a eu tort de prendre un escadron de chevau-légers de Hesse qui n'était pas à sa disposition. Donnez-lui l'ordre de le réunir et de le laisser sur les derrières. Les étrangers d'ailleurs ne conviennent pas pour le service d'ordonnance, puisqu'ils portent des dépêches importantes et qu'ils peuvent passer à l'ennemi. Cette mesure ne vaut donc rien. Le régiment de Hesse devant être de 1.000 chevaux, mon intention est qu'il ne soit pas disséminé. Faites-le réunir dans l'île du côté de Dirschau. |

NAPOLÉON.

7122. — AU GÉNÉRAL CLARKE.

Saint-Cloud, 15 avril 1812.

Monsieur le duc de Feltre, donnez ordre au 1ᵉʳ bataillon du 1ᵉʳ régiment de la Méditerranée ayant ses six compagnies complètes en officiers et sous-officiers et fort de 450 hommes comme il se trouve, ainsi qu'au 2ᵉ bataillon du même régiment ayant ses six compagnies et fort de 750 hommes, de partir de Florence pour se rendre à Mantoue, et de là continuer leur route sur Inspruck. Vous donnerez ordre qu'arrivés à Inspruck, tout ce qu'il y a dans le 1ᵉʳ bataillon soit versé dans le 2ᵉ, ce qui le portera à 1.000 ou 1.200 hommes, et que ce 2ᵉ bataillon ainsi complété continue son mouvement sur Glogau. Le cadre du 1ᵉʳ bataillon bien complet reviendra à Vérone. Ce bataillon recevra à Vérone dans le courant de mai 200 ou 300 conscrits de chacun des 5es bataillons des six régiments français qui ont leurs bataillons de guerre à la Grande Armée. Ces conscrits seront ceux des départements des 27e, 28e, 29e et 30e divisions militaires et non aucun des départements français en deçà des Alpes. Aussitôt que ce bataillon sera porté à 1.000 hommes, il se mettra en marche pour Glogau. On aura soin de placer les détachements des mêmes régiments dans la même compagnie, afin que de Glogau ces hommes rejoignent sans embarras leurs régiments. Selon les circonstances, ou j'incorporerai ces deux bataillons dans des régiments de l'armée, ou je les réunirai en Italie pour recevoir des conscrits.

Vous donnerez ces explications aux majors afin qu'ils prennent un soin particulier des soldats qu'ils sauront devoir rester dans leurs corps.

Par ce moyen, les cadres des 5es bataillons des six régiments resteront entiers pour recevoir les 700 conscrits qui leur viennent de France.

NAPOLÉON.

7123. — DÉCISION (1).

On propose à Sa Majesté de nommer M. Gallée à la place d'inspecteur général du service de santé des armées, devenue vacante par le décès de M. Heurteloup.

Approuvé.

7124. — DÉCISIONS (2).

Le général de brigade Lambert sollicite le commandement du département du Jura.

Accordé.

On propose à Sa Majesté d'accorder la décoration de la Légion d'honneur au colonel Camberlin, commandant le camp de vétérans sous Juliers.

Approuvé, pour un corps étranger.

(1) Sans signature ni date; extraite du « Travail du ministre directeur de l'administration de la guerre avec S. M. l'Empereur et Roi daté du 15 avril 1812 ».
(2) Sans signature ni date; extraites du « Travail du ministre de la guerre avec S. M. l'Empereur et Roi daté du 15 avril 1812 ».

7125. — AU GÉNÉRAL CLARKE.

Paris, 16 avril 1812.

Monsieur le duc de Feltre, quarante batteries organisées en matériel ne sont pas suffisantes pour les côtes; il en faut un bien plus grand nombre. Je dicte de mémoire les lieux où il en faudrait.

L'artillerie et le génie feront le travail en détail; il en faut partout. Cela n'occasionnera pas de dépenses, et, où il y a des places fortes, ces batteries serviront à la défense de la place.

Les batteries me paraissent devoir être composées : de deux pièces de 12, de deux pièces de 4, et de deux obusiers prussiens ou à très longue portée.

Avec une pareille batterie on peut protéger réellement le cabotage et subvenir à tous les besoins. Un caisson me paraît suffisant; mais il faut qu'il y ait deux approvisionnements dans la place; partout où il y aura des places fortes, les batteries entreront dans l'armement de la place, mais seront désignées comme batteries mobiles.

Il en faut : 2 à Hamburg, 4 à Naarden, 2 au Helder, 1 à Brielle, 1 à Hellevœtsluis, 1 dans l'île de Goeree, 1 à Willemstad, 1 à Berg-op-Zoom, 1 au fort de Batz, 4 au moins à Flessingue, 2 à Ostende, 2 à Dunkerque, 2 à Calais, 2 à Boulogne, 1 à Abbeville, 2 au Havre, 4 à Cherbourg, 1 à Saint-Malo, 4 à Brest, 2 à Port-Louis, 1 à Belle-Ile, 2 à Nantes, 4 à La Rochelle, 1 à l'île de Ré, 1 à l'île d'Oléron, 2 à Bayonne, 2 à Bordeaux pour se porter sur l'une et l'autre rive de la Gironde, 4 à Toulon, 2 à Marseille, 1 à Cette, 1 au Bouc, 1 aux îles de Port-Cros, 1 à Briançon, pour la place d'Hyères, 1 à Saint-Tropez, 2 à Antibes, 2 à Nice, 1 à San-Remo, 1 à Savone, 1 à Port-Maurice ou Oneille, 4 à Gênes, 2 à la Spezia, 2 pour protéger la côte de la Spezia, 2 à Livourne, 2 à l'île d'Elbe, 1 à Orbitello, 2 à Civita-Vecchia.

Total : 86.

NAPOLÉON.

7126. — AU GÉNÉRAL CLARKE.

Paris, 16 avril 1812.

Monsieur le duc de Feltre, la division composée des quatre demi-brigades de marche qui se réunit à Cologne, sera la première division de la réserve.

NAPOLÉON.

7127. — DÉCISION.

Saint-Cloud, 16 avril 1812.

Le général Belliard demande que la musique du 1ᵉʳ régiment suisse, qui est restée au dépôt, rejoigne le régiment, qui est à la Grande Armée.

Approuvé.

NAPOLÉON.

7128. — DÉCISION.

Saint-Cloud, 16 avril 1812.

Le général Lariboisière demande si l'on doit continuer à envoyer tous les chevaux du 9ᵉ bataillon *bis* du train à Danzig pour les équipages de ponts, ou si l'intention de l'Empereur est que l'on dirige sur le parc de l'armée d'Italie les 400 premiers chevaux que ce bataillon pourra fournir.

L'équipage de pont avant tout.

NAPOLÉON.

7129. — DÉCISION.

Saint-Cloud, 16 avril 1812.

On prie Sa Majesté de faire connaître si son intention est d'appliquer le décret du 14 octobre, qui accorde un capitaine d'habillement aux régiments d'infanterie de ligne et légère, aux régiments d'étrangers et hors ligne, à l'exception des suisses.

Non.

NAPOLÉON.

7130. — AU GÉNÉRAL LACUÉE.

Saint-Cloud, 16 avril 1812.

Monsieur le comte de Cessac, je vous envoie un rapport sur le 20° régiment de chasseurs. J'y vois que ce régiment doit recevoir 270 chevaux à Epinal où il a 130 hommes en remonte. Il paraîtrait qu'il serait autorisé à faire un marché pour 115 chevaux, à livrer pour le compte d'un sieur Levaillant de Strasbourg. Il me semble que ces mesures pourraient être rapportées, et que ce régiment pourrait recevoir ces 115 chevaux au dépôt de Hanovre. Faites-moi un rapport là-dessus, afin de prendre un parti définitif sur ce régiment.

NAPOLÉON.

7131. — DÉCISION.

Saint-Cloud, le (1) avril 1812.

Le maréchal Berthier fait connaître le contenu d'une lettre du général Reynier qui rend compte de la marche de ses troupes.	Cette lettre est mal faite. Il n'y a ni la date de la lettre du général Reynier, ni le nom de l'endroit d'où il écrit, ce qui est nécessaire.

NAPOLÉON.

7132. — DÉCISION.

Saint-Cloud, le (1) avril 1812.

Itinéraire d'une compagnie de marche destinée à rejoindre le régiment croate qui fait partie de la division Belliard.	Approuvé.

NAPOLÉON.

7133. — AU MARÉCHAL BERTHIER.

Saint-Cloud, 17 avril 1812.

Mon Cousin, donnez ordre que les 376 hommes du bataillon de marche, composé des détachements des 2°, 4° et 12° régiments d'in-

---

(1) Sans date de jour; le rapport du maréchal Berthier est du 16 avril.

fanterie légère qui arrivent à Berlin le 1er mai soient incorporés dans le 26e léger, de la division Legrand. Les officiers et sous-officiers rentreront sans délai à leurs corps à Paris. Vous donnerez ordre au duc de Reggio de laisser le 26e léger à Berlin, et de ne le faire partir qu'après le 2 mai s'il devait partir avant, pour donner le temps de faire cette incorporation, ce qui portera ce régiment à son grand complet.

NAPOLÉON.

7134. — DÉCISION.

Saint-Cloud, 17 avril 1812.

Le 4e bataillon du 8e d'infanterie légère, fort de 549 hommes présents sous les armes, est arrivé à Trieste le 4 avril.

Il faut me proposer des moyens pour compléter à 900 hommes ce bataillon du 8e léger, ce qui doit être possible en prenant des hommes dans le régiment de la Méditerranée qui est en Corse.

NAPOLÉON.

7135. — DÉCISION.

Saint-Cloud, 17 avril 1812.

Rapport du général d'Hautpoul au sujet des charges que le passage des troupes fait peser sur la ville de Wittenberg.

Renvoyé au major général pour demander en Saxe qu'on mette là un commandant saxon.

NAPOLÉON.

7136. — AU GÉNÉRAL CLARKE.

Saint-Cloud, 17 avril 1812.

Monsieur le duc de Feltre, donnez ordre que le 2e et le 4e régiments d'infanterie légère fournissent à la garde, savoir, le 4e bataillon 200 hommes et le 5e bataillon 100 hommes, ce qui fera 600 hommes pour ces deux régiments; que le 12e léger, le 32e de ligne, le 58e et le 29e léger fournissent chacun 150 hommes, ce qui fera 1.200 hommes pour les six régiments.

Le duc de Trévise passera demain la revue de ces régiments et choisira lui-même les hommes. Il enverra un officier à Beauvais pour choisir les 150 hommes du 29°. Ces 1.200 hommes seront placés, savoir : 500 hommes dans le 1er régiment de tirailleurs, 500 hommes dans le 1er régiment de voltigeurs, 100 hommes dans le 4e régiment de tirailleurs, et 100 hommes dans le 4e régiment de voltigeurs.

NAPOLÉON.

7137. — AU GÉNÉRAL CLARKE.

Saint-Cloud, 17 avril 1812.

Monsieur le duc de Feltre, le budget de l'artillerie, comme vous l'observez, contient une inexactitude ; il devrait être de 31.999.500 francs, au lieu de 27.999.500 francs ; mais cette augmentation de dépense ne laisserait pas d'être très considérable ; j'approuve donc que les dépenses indiquées par le budget soient réduites des sommes ci-après, savoir :

En décommandant 500 voitures, et en n'en faisant plus que 2.500 au lieu de 3.000.	400.000 francs.
En diminuant la commande des projectiles...	400.000 —
En réduisant le nombre des essieux, roulettes et tôles.	200.000 —
En décommandant 200.000 kilogrammes de poudre.	600.000 —
En réduisant le fonds de réserve.	399.000 —
Ce qui fera une somme de.	1.999.000 francs.

à laquelle j'ajoute 2.000.000 pris sur le fonds de réserve du budget de votre ministère, pour compléter les 4.000.000 destinés aux dépenses de l'artillerie de la Grande Armée. Il en résultera que les dépenses de l'artillerie seront réglées à 30.000.000 dont 4.000.000 pour la Grande Armée, et 26.000.000 pour l'intérieur.

NAPOLÉON.

7138. — DÉCISION.

Saint-Cloud, 17 avril 1812.

Le duc de Nassau demande l'autorisation d'envoyer à Perpignan un lieutenant, 2 sergents et 2 caporaux du 1er régiment des troupes ducales pour y veiller à l'administration du régiment.

Approuvé.

NAPOLÉON.

7139. — DÉCISION (1).

Saint-Cloud, 17 avril 1812.

On soumet à Sa Majesté des dispositions qui faciliteraient le placement dans les troupes à cheval d'officiers sortis du service des puissances étrangères et rentrés en France en vertu des décrets de Sa Majesté.

Les placer dans les 7e, 8e et 9e régiments de lanciers et dans les régiments italiens (2).

7140. — DÉCISIONS (3).

Saint-Cloud, 17 avril 1812.

Sa Majesté est priée de faire connaître si le 18e léger, qui est actuellement en Allemagne, sera dispensé de fournir le contingent de 50 hommes pour l'Ecole de Fontainebleau qui lui a été demandé.

Oui, en attendant qu'il y en ait de disponible.

On propose à Sa Majesté d'accorder une gratification de 300 francs à un ancien militaire qui s'est particulièrement distingué aux Indes orientales.

Approuvé.

---

(1) Non signée; extraite du « Travail du ministre de la guerre avec S. M. l'Empereur et Roi daté du 1er avril 1812 ».
(2) Cette décision existe aussi sous forme d'original autographe.
(3) Non signées; extraites du « Travail du ministre de la guerre avec S. M. l'Empereur et Roi daté du 8 avril 1812 ».

On soumet à Sa Majesté la demande que fait le sieur Wittgenstein-Berlebourg, ancien capitaine au service d'Autriche, d'être employé avec son grade dans les troupes françaises.

Le placer dans un des régiments destinés à cet effet.

On propose à Sa Majesté de nommer premier porte-aigle au 66ᵉ régiment M. le sous-lieutenant Baltazard.

Approuvé.

On soumet à Sa Majesté la proposition faite par M. le maréchal duc de Trévise d'accorder des congés absolus à neuf grenadiers à pied de la garde.

Approuvé.

Sa Majesté est priée de faire connaître si son intention est de renvoyer dans sa patrie un soldat du 1ᵉʳ bataillon étranger, sujet du prince de Schwarzburg, qui le réclame.

Approuvé.

M. le duc d'Albufera réclame le retour dans sa patrie d'un Espagnol, prisonnier de guerre à la citadelle de Lille.

Approuvé.

Demande d'une somme de 5.010 fr. 69 pour indemniser les ouvriers de l'usine de Molsheim des pertes qu'ils ont éprouvées par suite de l'incendie de cet établissement.

Approuvé.

Sa Majesté est priée de faire connaître ses intentions sur la proposition d'exempter du service des cohortes de gardes nationales 400 conscrits employés aux manufactures impériales d'armes.

Refusé.

On soumet à Sa Majesté des observations sur le décret du 15 mars

Je persiste dans mon décret. Je ne veux pas faire de Saint-

qui envoie au Prytanée de La Flèche les élèves des lycées se destinant au service à l'artillerie.	Cyr une école d'artillerie, mais bien une école d'infanterie, tout en y prenant quelques sujets pour l'artillerie, tout comme je ne veux faire de Saint-Germain qu'une école de cavalerie. Je ne vois pas d'inconvénient à ce qu'il y ait à La Flèche, qui a de grands bâtiments, une bonne école d'artillerie.
On propose à Sa Majesté de maintenir dans leurs fonctions six maîtres de quartier du Prytanée militaire de La Flèche qui, par leur âge, appartiennent au 1er bataillon des gardes nationales.	Refusé.

7141. — AU GÉNÉRAL LACUÉE.

Saint-Cloud, 17 avril 1812.

Monsieur le comte de Cessac, je vous envoie un état de situation du dépôt de Hanovre au 2 avril. Faites-moi connaître si vous avez des nouvelles du départ des différents effets d'habillement et de harnachement.

NAPOLÉON.

7142. — DÉCISIONS (1).

Saint-Cloud, 17 avril 1812.

On propose à Sa Majesté d'autoriser la formation de deux nouvelles brigades à pied de gendarmerie, dont l'une sera placée à Modigliano, département de l'Arno, et l'autre à Sette-Sorelle, département du Taro.	Approuvé.

---

(1) Non signées; extraites du « Travail du ministre de la guerre avec S. M. l'Empereur et Roi daté du 15 avril 1812 ».

On demande à Sa Majesté s'il devra être attaché des compagnies d'élite aux 2e et 4e bataillons de la Méditerranée, dont la formation remonte à deux ans.	Non.
Le Ministre de la police propose d'envoyer des aumôniers espagnols près des prisonniers travailleurs employés à Anvers, qui désireraient vivement ne point être privés des secours de la religion.	Approuvé.
On propose à Sa Majesté d'ordonner, au profit du 37e régiment d'infanterie, le payement de 17.861 fr. 55 pour le remboursement d'effets de linge et chaussures brûlés dans un incendie.	Approuvé.
On propose à Sa Majesté de fixer à 2.000 francs par mois, sans aucune autre indemnité, le traitement de M. le général Daumesnil, gouverneur du château de Vincennes.	Approuvé.
Rapport sur l'emplacement à déterminer pour le polygone de l'Ecole d'artillerie de Mayence.	Approuvé (1).
On propose à Sa Majesté de céder au royaume d'Italie 12.000 fusils à prendre à Grenoble.	Approuvé.
On demande le grade de chef de bataillon dans un régiment étranger pour un major démissionnaire du service d'Autriche.	Approuvé.
On propose à Sa Majesté d'autoriser le sieur Perron, capitaine au service du roi de Naples, à rentrer au service de France et de l'employer comme adjoint à l'état-major du général duc d'Abrantès.	Refusé.

---

(1) Cette décision existe aussi sous forme d'original signé.

On propose à Sa Majesté d'attendre jusqu'à la fin de la campagne pour statuer sur la demande du général Pelletier, actuellement au service du grand-duché de Varsovie, de rentrer dans l'artillerie française avec le grade de colonel dont il était précédemment pourvu.	Approuvé.
On soumet à Sa Majesté une demande de M. Lemoyne, colonel du 14e régiment de chasseurs, en vue d'obtenir la croix d'officier de la Légion d'honneur.	Aux prochaines affaires. Renvoyé au ministre de la guerre.
M. Lallemant, dit Wattebled, ci-devant capitaine au 11e régiment de dragons, demande l'autorisation de rester au service de Westphalie.	Approuvé.
M. Wolfe, ministre anglican de Givet, a obtenu son renvoi en Angleterre pour trois mois; il assure et M. le maréchal duc de Trévise certifie que Sa Majesté avait accordé cette permission sans condition de retour en France.	Approuvé.
On propose à Sa Majesté d'admettre à la retraite le général de brigade Boyé, employé à l'armée du Nord en Espagne, qui en a fait la demande.	Approuve.

7143. — AU MARÉCHAL BERTHIER.

Saint-Cloud, 18 avril 1812.

Mon Cousin, faites-moi connaître quand les deux bataillons de l'équipage de marins arrivent à Danzig; envoyez-moi leur état de mouvement.

NAPOLÉON.

7144. — AU MARÉCHAL BERTHIER.

Saint-Cloud, 18 avril 1812.

Mon Cousin, j'approuve que les quatre bataillons et les quatre escadrons prussiens qui sont à Berlin et à Francfort, et que le prince d'Eckmühl a retenus à Konitz, se rendent à Königsberg, au lieu d'aller à Breslau. Ecrivez dans le même sens au colonel prussien qui est à la tête du département de la guerre, en Prusse.

NAPOLÉON.

7145. — DÉCISION (1).

18 avril 1812.

Sa Majesté est priée de faire connaître si les dispositions des décrets des 2 août 1811 et 29 février 1812, sur l'avancement, sont applicables aux corps de la moyenne garde.

Les dispositions sur l'avancement sont applicables à toute la garde et doivent surtout être strictement observées pour la vieille et moyenne garde, sans déroger à la méthode suivie pour l'avancement des vélites; on doit toujours prendre en considération les services dans la ligne avant l'admission.

7146. — DÉCISION.

Saint-Cloud, 19 avril 1812.

Demande de congé pour M. Watt, adjudant-major au 9ᵉ d'infanterie légère.

Accordé.

NAPOLÉON.

7147. — AU MARÉCHAL BERTHIER.

Saint-Cloud, 21 avril 1812.

Mon Cousin, je vous envoie une lettre d'un de mes officiers d'ordonnance qui a passé à Spandau le 14 avril. Vous y verrez qu'il n'a

---

(1) Non signée; extraite du « Travail du ministre de la guerre avec S. M. l'Empereur et Roi daté du 8 avril 1812 ».

pu entrer dans le fort. Cela n'est nullement conforme à mes intentions et au traité. Je vous ai donné l'ordre de faire entrer une compagnie d'artillerie dans la citadelle et de tenir un bataillon dans la ville. Mon intention est que, pour m'assurer davantage de Spandau, vous y placiez un général de brigade pour y commander, et que l'on forme dans cette place le dépôt des bataillons et escadrons de marche qui sont dirigés sur Berlin. Par ce moyen, il y aura toujours au moins 2.000 hommes dans cette place. Donnez ordre en conséquence aux bataillons de marche qui sont à Magdeburg, hormis à 500 hommes, de se diriger sur Spandau. Prévenez le duc de Reggio de la grande importance que j'attache à être maître de ce point. Il faut avoir dans la ville une bonne garnison, y faire faire le service en règle, avoir un officier d'état-major et une compagnie d'artillerie dans le château, enfin se servir des magasins de la citadelle pour y mettre des munitions d'artillerie et des blés, de sorte que la nécessité de communiquer avec ces magasins me rende tout à fait maître du fort où mon intention est de mettre un bataillon en garnison dès que les hostilités seraient commencées.

Ecrivez au duc de Reggio de faire tout cela du meilleur accord possible avant son départ, et si cela donnait lieu à quelque embarras, de retarder le départ des troupes.

Ce sont mes officiers qui doivent commander à Berlin. La garde nationale doit être à mes ordres. Ecrivez dans ce sens au duc de Bellune, afin qu'il sache bien à quoi s'en tenir. Le traité est positif sur cet objet. Il ne doit pas cependant se mêler des affaires du gouvernement.

Je suppose que le général Lariboisière aura laissé un officier d'artillerie en mission à Berlin, et que ce général aura fait connaître où se trouvent les fusils, les canons et les munitions des Prussiens.

Il est bon que des officiers français aillent se promener à Potsdam, comme pour voir la ville, et assister à la parade, couchent dans les auberges, et observent ce qui s'y passe. Il doit toujours y avoir des officiers français allant et venant, et que ce mouvement paraisse être le résultat de la curiosité de personnes qui veulent voir Potsdam.

Faites-moi connaître positivement le jour où part le duc de Bellune.

NAPOLÉON.

7148. — DÉCISIONS (1).

On a l'honneur de remettre sous les yeux de Sa Majesté la demande de M. le général Baraguey d'Hilliers, tendant à compléter l'ameublement des hôpitaux de Girone jusqu'à concurrence de 2.400 lits, par des envois de France, et on la prie de vouloir bien faire connaître ses intentions.

Approuvé.

On propose à Sa Majesté d'autoriser l'envoi à l'armée du Centre, en Espagne, de 10.000 chemises et 10.000 paires de souliers.

Approuvé.

On propose à Sa Majesté de décider que les convois que les corps, dont les dépôts sont stationnés dans les 17e, 24e et 25e divisions, doivent expédier de Magdeburg, seront dirigés sur Mayence.

Approuvé.

On propose à Sa Majesté d'accorder la décoration de la Légion d'honneur à huit médecins, chirurgiens et pharmaciens.

Envoyé à M. le duc de Cadore qui proposera de leur accorder la décoration de l'ordre de la Réunion.

7149. — DÉCISIONS (2).

M. Mouchon, chef de bataillon du 63e régiment de ligne, qui est admis à la solde de retraite et destiné à un commandement de place, sollicite une dotation; cet officier assure qu'elle lui fut promise par Sa Majesté à la parade du 7 juin 1810.

Envoyé a M. Defermon pour faire un rapport.

---

(1) Sans signature ni date; extraites du « Travail du ministre directeur de l'administration de la guerre avec S. M. l'Empereur et Roi daté du 22 avril 1812 ».
(2) Sans signature ni dates; extraites du « Travail du Ministre de la guerre avec S. M. l'Empereur et Roi, du 22 avril 1812 ».

On propose à Sa Majesté d'accorder une dispense de service au lieutenant de Labroue, aide de camp du général de division Dutaillis. Cet officier est hors d'état, par sa mauvaise santé, de continuer la carrière militaire.	Accordé sa démission.
On prend les ordres de Sa Majesté sur la demande d'un congé absolu faite par le sieur Tillet, chasseur au 6° régiment d'infanterie légère, en vertu d'une promesse du maréchal prince d'Essling, pour avoir porté des dépêches importantes au gouverneur d'Almeida.	Accordé.
On propose à Sa Majesté de remettre en activité et d'employer à l'armée de Portugal le sieur Legendre, chef de bataillon d'artillerie, qui a été destitué par décret du 7 février dernier.	Approuvé.
On soumet à Sa Majesté le résultat d'une reconnaissance préliminaire de la rade des Brusc, dans le golfe de Sanary, côte de Toulon, et de toute la partie de la côte, depuis l'île Saint-Pierre.	Envoyé au ministre de la marine.

7150. — AU GÉNÉRAL CLARKE.

Saint-Cloud, 23 avril 1812.

Monsieur le duc de Feltre, j'ai vu aujourd'hui le bataillon expéditionnaire de Brest. Je l'ai dirigé sur Paris où il séjournera vendredi. Samedi, il partira pour Mayence d'où il sera dirigé sur Berlin pour être incorporé dans le 123°. Donnez ordre qu'on retire de ce bataillon tous les sous-officiers français, même les Hollandais qui sont au dessus des cadres. Vous disposerez de ces sous-officiers pour les corps qui en ont le plus besoin.

NAPOLÉON.

7151. — AU GÉNÉRAL CLARKE.

Paris, 24 avril 1812.

Monsieur le duc de Feltre, l'Empereur ayant jugé convenable de mettre sous une même direction le territoire de la haute et basse Catalogne, vient d'en confier le commandement au maréchal duc d'Albufera; en conséquence, toutes les troupes qui sont dans l'étendue de ce pays sont sous ses ordres : le général Maurice Mathieu avec les troupes de la garnison de Barcelone; le général Decaen avec son corps, qui reste organisé tel qu'il est et qui n'aura d'autres changements que d'envoyer ses états de situation au duc d'Albufera, de lui rendre compte et de prendre ses ordres; il continuera également à correspondre avec Votre Excellence.

Le duc d'Albufera sera spécialement chargé de l'approvisionnement de Barcelone et des autres places de la Catalogne et de l'Aragon.

Vous sentirez, Monsieur le duc de Feltre, l'avantage de cette mesure, qui met plus d'ensemble dans les opérations, et donne les moyens, dans un cas imprévu, de disposer, par une même main, d'une masse de forces qui agira dans le même sens.

Cet avantage se trouve pour l'approvisionnement des places comme pour les opérations militaires.

Le duc d'Albufera continuera à correspondre et à rendre compte au roi, qui a la direction générale des armées en Espagne et le commandement.

Je préviens le duc d'Albufera qu'à la réception de cette lettre il doit cesser de correspondre avec moi, et que c'est à Votre Excellence qu'il doit rendre compte de tout.

Je vous adresse le chiffre que j'ai avec le duc d'Albufera, et qui est commun avec le roi et les autres maréchaux.

J'invite Votre Excellence à prendre de suite les ordres de l'Empereur sur tout ce qui est relatif à l'armée commandée par le duc d'Albufera; car, dès ce moment, je ne lui donne plus d'ordres, et j'aurai soin, Monsieur le duc, de vous envoyer toutes les dépêches que j'en recevrai.

ALEXANDRE.

P. S. — Le chiffre annoncé dans cette lettre ne pourra être envoyé à Votre Excellence que dans quelques jours : on est occupé à le copier.

7152. — AU MARÉCHAL BERTHIER.

Saint-Cloud, 25 avril 1812.

Mon Cousin, donnez l'ordre à l'escadron du 7⁰ régiment polonais qui se trouve à Glogau de rejoindre son régiment.

NAPOLÉON.

7153. — AU MARÉCHAL BERTHIER.

Saint-Cloud, 25 avril 1812.

Mon Cousin, donnez ordre au général Latour-Maubourg d'être rendu du 5 au 6 mai à Varsovie, pour prendre le commandement du 4⁰ corps de cavalerie.

NAPOLÉON.

P. S. — Vous lui remettrez la lettre ci-jointe.

7154. — AU MARÉCHAL BERTHIER.

Saint-Cloud, 25 avril 1812.

Mon Cousin, j'ai nommé le colonel Delaitre général de brigade. Donnez-lui ordre de se rendre à Stettin et d'y être le 4 de mai, pour prendre le commandement de la brigade de cavalerie de la division Daëndels, composée des chevau-légers lanciers de Hesse-Darmstadt et de Bade. Donnez ordre au général Kellermann, qui se trouve indisposé, de rentrer en France où il sera à la disposition du ministre de la guerre; et prescrivez au général Chastel, que je viens de nommer général de division, de se rendre en toute diligence à Glogau, où il prendra le commandement de la 3⁰ division de cavalerie légère que quitte le général Kellermann, au 3⁰ corps de cavalerie de réserve. Le général Chastel doit se trouver actuellement à Dresde avec la garde.

NAPOLÉON.

7155. — AU MARÉCHAL BERTHIER.

Saint-Cloud, 25 avril 1812.

Mon Cousin, recommandez au prince d'Eckmühl de donner ordre que les régiments hessois et badois qui sont à Danzig rejoignent leur division respective, que les Mecklenbourgeois restent attachés au parc et au quartier général de son corps d'armée, qu'il fasse occuper les ouvrages de l'extrémité du Nehrung par des troupes de la garnison de Danzig, qu'il y aura toujours suffisamment de troupes à Danzig, que je ne me fie pas assez aux Mecklenbourgeois pour les tenir dans une place de dépôt aussi importante que Danzig, que je désire qu'ils suivent le corps d'armée, qu'avec une bonne surveillance ils pourront servir pour l'escorte de prisonniers, pour la garde des magasins et pour le service sur les derrières de l'armée; que le prince fasse toujours revenir cette division; un détachement soit de Saxons, soit de Polonais, des troupes qui restent à Danzig, sera suffisant pour garder le Nehrung. L'escadron de Hesse-Darmstadt, que mal à propos le prince d'Eckmühl a pris avec lui, pourra être envoyé à Danzig pour servir à la surveillance des côtes.

Napoléon.

7156. — AU MARÉCHAL BERTHIER.

Saint-Cloud, 25 avril 1812.

Mon Cousin, le général de division Merle sera nommé commandant de la 3ᵉ division d'infanterie de la réserve, qui doit se composer des 10ᵉ, 11ᵉ et 12ᵉ demi-brigades.

En attendant, donnez l'ordre à ce général de partir sans délai pour être avant le 4 mai à Berlin. Il prendra le commandement de la place de Spandau, et s'y conformera à l'instruction qu'il recevra du duc de Bellune. Faites-lui connaître que je lui destine néanmoins une belle division active. Parlez-lui de Spandau et dites-lui le rôle qu'il doit tenir.

Napoléon.

7157. — AU MARÉCHAL BERTHIER.

Saint-Cloud, 25 avril 1812.

Mon Cousin, écrivez à l'intendant général qu'il ne doit pas disposer des caissons sans mon ordre; que, les équipages comme les autres corps militaires ont une destination fixe, que le général en chef seul peut changer; que le quartier général et la réserve ont beaucoup plus besoin de caissons que les corps qui marchent en avant et qui profitent des moyens du pays; que puisque les deux compagnies du 2° bataillon ont été données, il n'en doit plus donner qu'une autre de ce même bataillon, ce qui fera trois. Faites accélérer l'arrivée des trois compagnies du 6° bataillon qui sont à Hanovre. S'il n'y en a qu'une compagnie de prête, faites partir une compagnie.

NAPOLÉON.

7158. — DÉCISION.

Saint-Cloud, 25 avril 1812.

Le colonel du 12° d'infanterie légère demande qu'il soit envoyé aux bataillons de guerre 20 tambours, 12 fifres et 6 cornets.

Approuvé.

NAPOLÉON.

7159. — AU GÉNÉRAL CLARKE.

Saint-Cloud, 25 avril 1812.

Monsieur le duc de Feltre, je désire que vous m'envoyiez le dernier état de situation du 1er régiment de la Méditerranée, du 2° régiment de la Méditerranée, du régiment de Belle-Ile, du régiment de l'île de Ré, du régiment de Walcheren, du 3° régiment de ligne et du 105°, tant de ce qui est dans la 13° division militaire que de ce qui est à Cherbourg.

NAPOLÉON.

7160. — AU GÉNÉRAL CLARKE.

Saint-Cloud, 25 avril 1812.

Monsieur le duc de Feltre, donnez ordre que les 4es bataillons du 3° de ligne et du 105°, complétés chacun au grand complet de 840 hommes et composés de conscrits de cette année, se réunissent à Strasbourg et soient prêts à partir pour se diriger sur Berlin. Ordonnez à cet effet qu'on prenne tout ce qu'il y aurait de disponible dans les 5es bataillons.

Donnez ordre que le 6° bataillon du 16°, complété à 840 hommes, parte de Strasbourg, s'il n'est déjà parti, pour se rendre en droite ligne à Berlin.

Faites-moi connaître quand le 6° bataillon du 93° sera complété et pourra partir de Strasbourg.

J'attends un travail important que vous devez me présenter :

1° Pour compléter ce qui manque aux 4ᵉˢ bataillons qui font partie des demi-brigades provisoires;

2° Pour me mettre sous les yeux l'état des 4ᵉˢ bataillons qui sont arrivés d'Espagne depuis que le travail a été fait, et qui ne sont pas compris dans les demi-brigades provisoires;

3° Pour former le plus de bataillons de marche que possible, en prenant ce qui est disponible dans les 5ᵉˢ bataillons de l'armée d'Espagne.

Faites-moi connaître quand les 6ᵉˢ bataillons du 56° et du 19° de ligne pourront partir de Wesel.

Enfin remettez-moi l'état de situation des huit régiments de dragons qui sont destinés à la Grande Armée.

Napoléon.

7161. — DÉCISIONS (1).

25 avril 1812.

Sa Majesté est priée d'autoriser le versement de 300.000 francs offert par le Ministre de la marine pour les Invalides, en acompte des prises et naufrages de 1811.	Approuvé.
On propose à Sa Majesté de fixer à 2.000 francs par mois le traitement à régler à M. Denniée comme chef de la division des recettes et dépenses des armées en Espagne.	Le traiter sur le même pied que le 1ᵉʳ chef de division du ministère.
On propose à Sa Majesté d'attacher un chirurgien aide-major à chaque bataillon de pionniers coloniaux.	Approuvé.

---

(1) Non signées; extraites du « Travail du ministre de la guerre avec S. M. l'Empereur et Roi daté du 22 avril 1812 ».

On met sous les yeux de Sa Majesté la demande d'un congé, pour aller prendre les eaux, qu'a faite le général de brigade Godart, employé dans la 9ᵉ division militaire.	Accordé.
Un gentilhomme anglais, prisonnier sur parole à Avignon, demande l'autorisation de renvoyer dans sa patrie son fils, qui n'est pas considéré comme prisonnier de guerre.	Approuvé.
On propose la rectification de l'article 9 du décret du 13 de ce mois qui forme double emploi dans la répartition du train d'artillerie à la Grande Armée.	Approuvé.
On propose à Sa Majesté de nommer le général Bellavène inspecteur général des trois Ecoles de Saint-Cyr, de Saint-Germain et de La Flèche; le général J. Meunier, commandant de l'Ecole militaire de Saint-Cyr, en remplacement du général Bellavène, et le général sénateur Latour-Maubourg, commandant de l'Ecole militaire de Saint-Germain, en remplacement du général Clément de la Roncière.	Il ne paraît pas très convenable que le sénateur Latour-Maubourg soit mis sous l'inspection du général Bellavène. Il ne peut d'ailleurs y avoir que de l'inconvénient à donner à un sénateur un poste permanent. Il faut donc chercher un autre général qui se donnera tout entier à cette école.
On met sous les yeux de Sa Majesté la demande que forme le général sénateur Beurnonville, chargé d'organiser les cohortes de la 21ᵉ division militaire, d'être autorisé à aller aux eaux aussitôt après qu'il aura terminé cette organisation.	Approuvé.
M. Bertrand, major du 19ᵉ régiment d'infanterie de ligne, supplie Sa Majesté de daigner honorer de sa signature son contrat de ma-	Approuvé.

·riage avec Mlle de Lagréné, fille d'un ancien trésorier de France.

Approuvé.

On soumet à Sa Majesté la proposition de charger M. le général de brigade du génie Krayenhoff d'aller achever son travail sur les rivières de la Hollande.

Approuvé.

7162. — AU GÉNÉRAL LACUÉE.

Saint-Cloud, 25 avril 1812.

Monsieur le comte de Cessac, on me mande qu'on a fait des casques de cuirassiers de nouveau modèle, dont on se plaint, qui ont l'inconvénient d'être disparates dans la ligne, d'être moins solides et qu'on suppose pouvoir moins garantir d'un coup de sabre, de sorte que dans tous les régiments on a été obligé de dépenser beaucoup d'argent pour rétablir l'uniformité. On a aussi supprimé la grenade sur le ceinturon, ce qui fait peine aux cavaliers et est d'un mauvais effet. Faites-moi connaître pourquoi tous ces changements?

николAPOLÉON.

7163. — AU GÉNÉRAL LACUÉE.

Saint-Cloud, 25 avril 1812.

Monsieur le comte de Cessac, je réponds à votre rapport du 22 de ce mois, par lequel vous me faites connaître qu'il y a dans les dépôts de cavalerie de l'armée d'Espagne 6.000 hommes et seulement 1.100 chevaux, que 3.000 chevaux doivent être fournis en vertu de marchés passés (mais il y a bien longtemps que je vois que l'on doit fournir en vertu de marchés passés et qu'on ne fournit rien). D'un autre côté, je vois que vous voulez fournir à ces régiments 2.400 chevaux qui restent à fournir en France aux régiments de cavalerie de l'armée d'Allemagne. Mais je remarque que dans ce dernier nombre sont compris 144 chevaux de cuirassiers qu'il faut bien se garder d'ôter à ces dépôts, puisque l'espèce de chevaux de cette arme est rare, et qu'en Pologne il serait impossible de faire des remontes. Il en est de même des chevaux de dragons. Quant aux 990 chevaux de chevau-légers et aux 1.200 chevaux de chasseurs et de hussards, faites-moi connaître si ces chevaux existent actuellement ou quand ils existeront. J'attendrai ces renseignements avant d'ordonner aucun mouvement d'hommes pour aller prendre ces chevaux.

Quand j'aurai reçu votre rapport, mon intention est même d'ordonner que 990 hommes soient envoyés aux régiments de chevau-légers et 1.100 hommes aux régiments de chasseurs et hussards, de manière que cet excédent de chevaux puisse être employé par eux à la Grande Armée, dont la consommation en chevaux ne peut être qu'extrêmement considérable. Ainsi comme ces mouvements et contre-mouvements sont très dangereux, je préfère laisser à leurs dépôts ces 2.400 chevaux, s'ils y sont déjà arrivés, et, dans ce cas, vous me proposeriez d'accorder un supplément d'hommes à ces régiments. Dans une guerre active, il n'y a plus ni complet, ni effectif pour la force des régiments, puisque du soir au matin cette force peut changer. Il est donc avantageux d'avoir les dépôts des régiments de l'armée d'Allemagne bien garnis, et je ne serais pas éloigné de prendre 2.000 hommes dans les dépôts d'Espagne; alors ce serait 2.000 chevaux de moins à leur fournir, et dans le courant de l'été, vous auriez le temps de vous procurer ces 2,000 chevaux auxquels le déficit serait réduit.

Résumé. — Présentez-moi un projet pour retirer 2.000 hommes des dépôts d'Espagne et les envoyer, en les désignant arme par arme, aux dépôts d'Allemagne qui doivent avoir reçu des chevaux d'excédent; laissez courir les marchés tels qu'ils ont eu lieu. Contentez-vous de presser pour les dépôts d'Espagne la livraison des 3.000 chevaux qui restent à fournir; assurez-vous que les effets de harnachement ne manqueront pas et enfin procurez-vous à l'arrière-saison 2.000 chevaux pour les hommes à pied qui reviendront cet été d'Espagne. J'attends ce projet de décret.

NAPOLÉON.

7164. — PROCLAMATION DE L'EMPEREUR NAPOLEON A SA GRANDE ARMÉE (1).

Je suis encore une fois forcé de faire la guerre en Allemagne, pour

---

(1) Copie sans date, jointe à une lettre du général Bourcier au ministre de la guerre, datée de Hanovre, 26 avril 1812. La copie porte l'observation suivante : « Ces proclamations et cette dernière note ne sont point signées et paraissent un peu douteuses; mais elles sont répandues dans toute la Pologne avec une profusion considérable on ne sait par qui et comment; mais elles sont chez tous les habitants. »

combattre le Nord. Soldats, je vous conduirai contre les Russes; au commencement du mois de juin, nous serons à Saint-Pétersbourg; je déterminerai les limites de l'empereur Alexandre pour que son cabinet ne puisse plus nuire au continent.

PROCLAMATION AUX POLONAIS.

Polonais, je viens pour vous donner un roi, et pour reculer vos limites. Votre royaume sera plus grand qu'il n'a été du temps de Stanislas; le grand-duc de Würzburg, notre oncle, sera votre roi; le roi de Prusse nous a donné son amitié, et il a même assuré son dévouement en mettant ses troupes à notre disposition; réunissez-vous avec eux et oubliez votre ancienne haine contre les Prussiens; avec ces braves, vous assurerez votre ancienne gloire.

NOUVELLES.

La marche de la plus grande partie des troupes sera par Berlin; Potsdam et Charlottenburg en seront exempts; le quartier général français sera à Varsovie, l'empereur Napoléon dirigera la Grande Armée, le roi de Prusse ira avec sa cour, ses ministres et ses gardes à Breslau. La grandeur du royaume de Prusse excédera encore celle de 1803.

Le roi de Prusse deviendra empereur du Nord.

7165. — AU MARÉCHAL BERTHIER.

Saint-Cloud, 27 avril 1812.

Mon Cousin, j'approuve la correction que vous proposez dans la ligne de démarcation du commandement du duc de Bellune; cette ligne commencera sur la Baltique à l'embouchure de la Leba et rejoindra à Ocalitz la ligne de démarcation entre West-Preussen et la Poméranie.

NAPOLÉON.

7166. — DÉCISION.

Saint-Cloud, 27 avril 1812.

Renseignements sur la marche des 4°, 7° et 9° régiments d'infanterie du grand-duché de Varsovie.

Renvoyé au major général pour former de cela une division et me proposer un général pour la commander.

NAPOLÉON.

7167. — AU GÉNÉRAL CLARKE.

Saint-Cloud, 27 avril 1812.

Monsieur le duc de Feltre, donnez ordre au duc de Trévise de passer demain la revue du régiment de Paris (ce régiment ne fournira aucune garde ce jour-là) et de choisir dans ce régiment 400 hommes les plus propres à faire un bon service et pourtant de bonne volonté. Ces 400 hommes seront répartis, savoir :

50 entre le 2° régiment de chasseurs de la vieille garde;
50 entre le 2° régiment de grenadiers de la vieille garde;
50 entre le 3° régiment de grenadiers de la vieille garde;
Ces 150 hommes ayant plus de quatre ans de service.
50 entre les fusiliers grenadiers;
50 entre les fusiliers chasseurs;
50 entre le 1er régiment de voltigeurs;
Et 100 entre le 1er régiment de tirailleurs.
Ces 250 hommes ayant au moins deux ans de service, et sachant lire et écrire.

Tous ces régiments seront pris nus et habillés par les régiments de la garde dans le courant de la semaine pour pouvoir rejoindre, sans délai, leurs régiments respectifs.

Donnez ordre que les 100 hommes qui sont d'excédent au régiment de flanqueurs, qui ne sont pas habillés, soient donnés, savoir :

50 hommes au 1er régiment de tirailleurs et 50 hommes au 1er régiment de voltigeurs.

Ils seront habillés par ces régiments, afin qu'ils puissent partir dans la semaine pour rejoindre leurs régiments.

Donnez ordre que demain le 4° régiment de voltigeurs et le 4° régiment de tirailleurs partent pour Mayence avec tous les hommes arrivés à Paris avant le 15 avril. Tous les hommes arrivés depuis le 15 avril resteront avec le cadre d'une compagnie de chaque régiment au dépôt pour se préparer à partir d'ici à huit jours.

Donnez ordre que ce qui appartient aux flanqueurs et aux 1ers régiments de voltigeurs et de tirailleurs qui sont arrivés à Paris avant le 15 avril parte demain avec le 4e régiment de tirailleurs et de voltigeurs. Les détachements de tirailleurs formeront une seule colonne avec le 4e régiment de tirailleurs. Ce qui appartient aux voltigeurs et aux flanqueurs marchera avec les voltigeurs; cette dernière colonne gagnera une marche; elle sera sous les ordres du colonel du 4e régiment de voltigeurs; ce qui appartient aux tirailleurs sera sous les ordres du colonel de tirailleurs. Ces deux colonnes se dirigeront sur Mayence.

NAPOLÉON.

7168. — AU MARÉCHAL BERTHIER.

Saint-Cloud, 28 avril 1812.

Mon Cousin, ordonnez la formation d'un quinzième convoi pour l'Espagne, lequel partira dans le courant de mai, composé comme vous le proposez.

NAPOLÉON.

7169. — AU GÉNÉRAL CLARKE.

Saint-Cloud, 28 avril 1812.

Monsieur le duc de Feltre, donnez ordre que le 4e bataillon des pupilles se rende à Dunkerque où il tiendra garnison; que le 5e se rende au Havre où il tiendra garnison; que les trois compagnies du 8e bataillon rejoignent, aussitôt que possible, et lorsqu'elles seront habillées, la première compagnie à Boulogne; et que le 9e bataillon qui forme le dépôt et qui a 600 hommes envoie ce qui est nécessaire aux autres bataillons pour les compléter.

Les neuf bataillons de pupilles ne sont pas habillés. Le conseil d'administration donne pour raison qu'il ne peut pas faire procéder à la confection de l'habillement sans préalablement avoir eu connaissance des effets provenant des magasins hollandais qui sont déposés à Versailles, sous la surveillance d'un commissaire des guerres. Je ne conçois pas ce qui a fait que ces enfants ont passé l'hiver nus, et comment ils offrent encore ce spectacle. Faites donc finir cela dans la semaine et rendez-moi compte s'il est possible d'arriver à faire habiller ces neuf bataillons.

NAPOLÉON.

7170. — DÉCISION.

Saint-Cloud, 28 avril 1812.

Le général Dorsenne demande un congé de convalescence de cinq mois en faveur du chef d'escadron Belle, du 15e chasseurs.

Accordé.

NAPOLÉON.

7171. — DÉCISIONS (1).

On propose à Sa Majesté d'autoriser à disposer pour le service des vivres dans l'intérieur : 1° de 2.000 quintaux métriques de grains qui ont été embarqués à Toulon pour Barcelone; 2° des 5.000 quintaux métriques de farines existant à Perpignan, provenant de Cette et d'Agde et qui étaient destinés pour Barcelone.

Approuvé.

On propose à Sa Majesté de réduire, à compter du 1er juin prochain, les rations de vivres distribuées aux troupes dans la 32^e

Sa Majesté a décidé que cette division sera traitée comme les autres divisions.

---

(1) Non datées, non signées, sauf une; extraites du « Travail du ministre directeur de l'administration de la guerre avec S. M. l'Empereur et Roi daté du 29 avril 1812 ».

division, à la composition suivie pour les autres divisions de l'intérieur et, par conséquent, de supprimer les 4 onces de pain, les 2 onces de viande, l'once de riz et les deux onces de légumes secs qui, dans ce moment, sont fournies en sus de la ration ordinaire.

On rend compte à Sa Majesté que les 2 à 3.000 quintaux marc de riz qui ont été achetés à Trieste pour Corfou, où ils ne doivent plus être envoyés, reviendraient par quintal marc, rendu à Cracovie, à 56 fr. 20; qu'on pourrait acheter à Vienne 17.000 quintaux marc de riz qui, rendus à Cracovie, coûteraient 58 fr. 15;

Que l'économie qu'il y aurait à faire arriver à Cracovie le riz qui existe à Trieste serait de 1 fr. 95 par quintal métrique.

On prie Sa Majesté de vouloir bien faire connaître si on doit prescrire ce transport et si, dans ce cas, ce riz, rendu à Cracovie, serait à la disposition de l'intendant général de la Grande Armée.

Transporter ce riz à Cracovie, où il sera à la disposition de l'intendant général de la Grande Armée.

NAPOLÉON.

On propose à Sa Majesté d'accorder à la garnison de l'île d'Elbe une augmentation de 5 centimes à sa masse d'ordinaire qui se trouverait alors portée à 20 centimes.

Approuvé.

On propose à Sa Majesté d'accorder à Mme Sauger, veuve d'un commissaire des guerres, mort à l'armée du Portugal, où il était employé, un secours de 1.375 francs,

Accordé.

équivalent à trois mois de traitement de son mari.

On propose à Sa Majesté de nommer M. Quengo de Crenolle, ancien maréchal de camp et inspecteur général d'infanterie, à la place d'inspecteur de l'hôpital militaire de Metz.

Ecrit au ministre que Sa Majesté trouve M. Quengo trop âgé.

7172. — DÉCISION (1).

Saint-Cloud, 29 avril 1812.

Sa Majesté est priée de faire connaître si Elle consent à ce qu'on prenne dans les vélites de Florence des sujets ayant 2 ans de service pour les faire passer, en qualité de sous-officiers et caporaux, dans les cohortes de la 29e division.

Oui.

7173. — DÉCISION (2).

Les professeurs administrateurs du Muséum d'histoire naturelle ayant adressé une nouvelle demande à l'égard du sieur de Jussieu, conscrit de 1812, aide minéralogiste au Jardin des Plantes, on croit devoir rappeler à Sa Majesté la proposition qui lui a été faite précédemment d'accorder une suspension de départ à ce jeune homme.

Accordé.

(1) Non signée; extraite du « Travail du ministre de la guerre avec S. M. l'Empe S. M. l'Empereur et Roi daté du 29 avril 1812 ».
(²) Sans signature ni date; extraite du « Travail du ministre de la guerre avec S. M. l'Empereur et Roi daté du 29 avril 1812 ».

7174. — AU MARÉCHAL BERTHIER.

Saint-Cloud, 30 avril 1812.

Mon Cousin, faites connaître au duc de Bellune, commandant à Berlin, que j'ai vu avec peine qu'on y ait fait fusiller en plein midi trois déserteurs de la division Legrand ; que la division Partouneaux qui va arriver dans cette ville pourra avoir des déserteurs, puisque cette division est composée en partie de conscrits réfractaires ; que je désire que, si l'on juge des exemples nécessaires, les exécutions aient lieu devant le corps, mais à quelque distance de Berlin, afin que les habitants ne les voient pas.

NAPOLÉON.

7175. — AU MARÉCHAL BERTHIER.

Saint-Cloud, 30 avril 1812.

Mon Cousin, j'approuve que le régiment de cuirassiers polonais soit réuni à la division du général Lorge.

Vous écrirez au prince Poniatowski que, puisque le régiment de cuirassiers polonais est formé, il sera employé comme régiment de cuirassiers, et que vous donnez ordre qu'il soit réuni à la division du général Lorge.

NAPOLÉON.

7176. — AU MARÉCHAL BERTHIER.

Saint-Cloud, 30 avril 1812.

Mon Cousin, un bataillon expéditionnaire hollandais, qui était destiné pour Batavia, et qui dernièrement a passé à Paris et de là s'est dirigé sur Berlin, doit à son arrivée à Berlin être dissous pour être incorporé dans le 123º. Mon intention est d'en retirer 100 hommes ayant plus de quatre ans de service pour les placer dans le 3º régiment de grenadiers de ma garde. Souvenez-vous de donner cet ordre avant l'incorporation de ce bataillon dans le 123º.

NAPOLÉON.

7177. — AU MARÉCHAL BERTHIER.

Saint-Cloud, 30 avril 1812.

Mon Cousin, écrivez à l'intendant général que les 15.000 chevaux que la Prusse doit fournir doivent être versés à Berlin et à Marienburg. Si les besoins se font sentir par la suite à Varsovie et à Glogau, on donnera des ordres; mais c'est surtout sur Marienburg que les grands versements doivent s'opérer. Ecrivez également à l'intendant pour que les 600 bœufs que la Prusse doit fournir soient fournis sans délai à Danzig.

NAPOLÉON.

7178. — AU MARÉCHAL BERTHIER.

Saint-Cloud, 30 avril 1812.

Mon Cousin, écrivez au duc de Tarente qui est à Berlin de vous faire connaître dans quel état de santé il se trouve et s'il est dans le cas de prendre un commandement actif.

NAPOLÉON.

7179. — AU MARÉCHAL BERTHIER.

Saint-Cloud, 30 avril 1812.

Mon Cousin, envoyez un de vos aides de camp à Cologne auprès du général de division Lagrange. Il restera là jusqu'à nouvel ordre. Il ira à Aix-la-Chapelle, Düsseldorf, etc., et vous enverra un rapport sur la situation de la première division de réserve que commande le général Lagrange, demi-brigade par demi-brigade, bataillon par bataillon, sur les officiers et sous-officiers manquants, sur l'habillement, sur l'armement, etc. Je désirerais que le 10 mai cette division pût commencer son mouvement sur Berlin.

Vous chargerez votre aide de camp de voir la situation des troupes du grand-duché de Berg, et quand les troupes qui se forment actuellement seront en état de partir.

NAPOLÉON.

7180. — AU MARÉCHAL BERTHIER.

Saint-Cloud, 30 avril 1812.

Mon Cousin, les trois régiments (4°, 7° et 9°) du grand-duché de Varsovie, qui reviennent d'Espagne et qui doivent passer à Sedan vers la mi-mai, doivent s'habiller sans délai et se mettre en règle. Ils emmèneront tous leurs dépôts et les moyens qu'ils auraient pour habiller les conscrits qui leur seront donnés. Ils trouveront à Posen le nombre de conscrits qui leur sera nécessaire pour se compléter. Ils feront partie de la division Claparède qui sera ainsi composée de dix-huit bataillons polonais.

Voyez le ministre de l'administration de la guerre pour connaître la situation où se trouvent les dépôts de ces régiments et ce qui a été fait de l'habillement de 1811 et de 1812, et envoyez un de vos aides de camp qui verra le major et s'assurera que les régiments trouveront à Sedan tout ce qui leur sera nécessaire. Après deux jours de séjour à Sedan, ces trois régiments continueront leur route pour la Pologne.

Faites passer la revue du dépôt du 7° régiment de chevau-légers, pour former un escadron; il doit y avoir déjà 200 hommes de disponibles.

Vous donnerez les ordres pour que les trois régiments du grand-duché de Varsovie aient chacun deux pièces de 3. Ils ont déjà, je crois, leur compagnie d'artillerie. Faites connaître au général Claparède qu'il aura de l'artillerie de ligne. Donnez ordre au général Lariboisière d'envoyer un capitaine en second auprès de ce général, pour exercer ses trois compagnies de canonniers volontaires.

NAPOLÉON.

7181. — AU MARÉCHAL BERTHIER.

Saint-Cloud, 30 avril 1812.

Mon Cousin, le tableau d'emplacement des troupes que vous me remettez n'est pas complet. Je n'y vois pas les Prussiens, ni les Autrichiens, ni les trois divisions de réserve d'infanterie, ni beaucoup d'autres troupes qui sont destinées à faire partie de la Grande Armée.

NAPOLÉON.

7182. — AU MARÉCHAL BERTHIER.

Saint-Cloud, 30 avril 1812.

Mon Cousin, donnez l'ordre au comte Lavallette d'établir une estafette de Hamburg à Magdeburg; et aussitôt que le quartier général aura passé Berlin, vous dirigerez cette estafette de Hamburg sur Berlin, en supprimant son passage de Hamburg à Magdeburg.

NAPOLÉON.

7183. — DÉCISION.

Saint-Cloud, 30 avril 1812.

| Le général commandant la 12ᵉ division a extrait des corps de la ligne sous ses ordres un certain nombre de sous-officiers, pour assurer le service des trois cohortes. Je prie Sa Majesté de faire connaître ses intentions sur cette mesure. | J'approuve que ces sous-officiers soient mis en subsistance dans les cohortes, mais seulement en subsistance. Aussitôt que les conscrits seront arrivés aux différents régiments, ces sous-officiers devront retourner à leurs régiments. Chaque cohorte dût-elle même faire des sous-officiers pris parmi les conscrits des gardes nationales les plus intelligents. |

NAPOLÉON.

7184. — EXTRAIT D'UN ORDRE DE L'EMPEREUR
EN DATE DU 30 AVRIL 1812 (1).

Faites-moi connaître s'il y a à Erfurt un officier d'artillerie. Il y faudrait une compagnie d'artillerie, un garde-magasin d'artillerie, un officier d'artillerie en résidence.

Faites-moi connaître le nombre de pièces qui se trouve dans cette place, et d'où l'on pourrait tirer celles qui manqueraient pour l'armement de cette forteresse. Cette forteresse, située au centre, entre Magdeburg et Mayence, me paraît nécessaire à occuper. Je crois

(1) Non signé, extrait conforme.

qu'il y a à Erfurt quelques pièces de canon. Vous avez l'état de ce qu'il y a à Würzburg; on pourrait tirer de cette place quelques pièces. Que sont devenues toutes les pièces de douze qui étaient à Hamburg?

7185. — AU GÉNÉRAL CLARKE.

Saint-Cloud, 30 avril 1812.

Monsieur le duc de Feltre, donnez ordre au général Loison de compléter le 6e bataillon du 19e de ligne à 840 hommes, en puisant, s'il est nécessaire, dans le 56e et dans le 37e, et de faire partir ce bataillon ainsi complété pour Spandau.

Mandez-lui de vous faire connaître quand le 6e bataillon du 56e sera complété et prêt à partir. Quant au 6e bataillon du 37e, je vais le comprendre dans une mesure pour le compléter par des conscrits de 1812.

NAPOLÉON.

7186. — AU GÉNÉRAL CLARKE.

Saint-Cloud, 30 avril 1812.

Monsieur le duc de Feltre, je réponds à votre lettre du 28 avril relative à l'organisation des demi-brigades.

Vous portez à la 1re brigade de marche 17 hommes du 34e de ligne, pour compléter le cadre du 4e bataillon du 12e de ligne; cela me paraît inutile.

Vous portez à la 3e demi-brigade de marche 200 hommes du 12e léger pour compléter ce que le 29e léger doit fournir; cela me paraît inutile. Si le 29e léger n'a que 250 hommes, au lieu de trois compagnies, il n'en fournira que deux. Ce régiment étant très nombreux à l'armée, cette diminution n'aura pas d'inconvénient.

Ainsi je ne change rien à ces 4 demi-brigades de marche qui forment la 1re division de réserve sous les ordres du général Lagrange. Cette division sera donc composée de 12 bataillons de 71 compagnies, et de plus de 12.000 hommes. Faites-moi connaître quand elle sera réunie à Cologne, et quand elle pourra commencer son mouvement sur Magdeburg.

A la 6e demi-brigade provisoire, vous portez 300 hommes à tirer du 23ᵉ léger, pour être versés dans le cadre du 4ᵉ bataillon du 21ᵉ léger. J'approuve cette disposition.

A la 9ᵉ demi-brigade provisoire, vous portez 344 hommes du 29ᵉ de ligne qui est à Toulon, pour être versés dans le cadre du 59ᵉ. Je n'approuve pas cette disposition.

A la 10ᵉ demi-brigade provisoire, vous portez 264 hommes du 65ᵉ de ligne, pour les mettre dans le 4ᵉ bataillon du 27ᵉ de ligne. J'approuve cette disposition.

A la même demi-brigade provisoire, vous prenez 277 hommes du 69ᵉ pour compléter le cadre du 4ᵉ bataillon du 76ᵉ. J'approuve cette disposition.

A la 11ᵉ demi-brigade provisoire, vous prenez 350 hommes du 75ᵉ, et 340 hommes du 43ᵉ, pour les mettre dans le cadre du bataillon du 50ᵉ de ligne. J'approuve cette disposition.

A la même demi-brigade provisoire, vous prenez 47 conscrits du 28ᵉ de ligne, pour compléter le cadre du 55ᵉ. Je n'approuve pas cette disposition.

A la 1ʳᵉ demi-brigade provisoire, vous versez 72 hommes du 12ᵉ léger dans le 2ᵉ léger et 61 hommes du 12ᵉ léger dans le 4ᵉ léger. Je n'approuve pas cette disposition qui me paraît inutile.

A la (1) demi-brigade provisoire, vous prenez 162 hommes du 9ᵉ léger, pour les placer dans le bataillon du 17ᵉ léger. J'approuve cette disposition.

A la 5ᵉ demi-brigade provisoire, vous prenez 385 hommes dans le 118ᵉ pour les donner au 26ᵉ de ligne, 387 hommes dans le 115ᵉ pour les donner au 66ᵉ, et 387 hommes dans le 119ᵉ pour les donner au 82ᵉ. Je n'approuve point ces dispositions, parce que les cadres des (1) bataillons des 115ᵉ, 118ᵉ et 119ᵉ reviennent.

J'approuve le placement des 320 hommes du 122ᵉ dans le cadre du 121ᵉ, quand préalablement vous aurez vérifié que le bataillon ne revient pas en France.

Les 14ᵉ et 15ᵉ demi-brigades provisoires s'organisent à Alexandrie. Je n'approuve point le versement des 75 hommes du 101ᵉ dans le 102ᵉ, ni le versement de 62 hommes du 101ᵉ dans le 7ᵉ de ligne, ni celui de 263 hommes du 42ᵉ dans le 3ᵉ bataillon du même régiment. Un bataillon du 42ᵉ doit avoir opéré son retour sur Alexandrie.

---

(1) En blanc.

Je n'approuve point non plus que vous retiriez 20 hommes du 62°
pour les donner au 1er régiment de ligne.

NAPOLÉON.

P.-S. — Faites-moi connaître quand les 16 demi-brigades provisoires seront en mouvement.

7187. — AU GÉNÉRAL CLARKE.

Saint-Cloud, 30 avril 1812.

Monsieur le duc de Feltre, donnez ordre que le 4° bataillon du 3° de ligne et le 4° bataillon du 105° partent de Strasbourg pour se rendre à Erfurt où ils resteront jusqu'à nouvel ordre.

Faites-moi connaître s'il y a à Erfurt un commandant d'armes, comment il se nomme, s'il y a un officier d'artillerie, un officier du génie, qui est-ce qui garde la forteresse. Il y faudrait une compagnie d'artillerie, un garde-magasin d'artillerie, un officier d'artillerie en résidence, un officier du génie et un garde-magasin du génie.

Les deux bataillons du 3° et du 105° formant 1.500 hommes resteront à Erfurt jusqu'à nouvel ordre. Faites-moi connaître le nombre de pièces qui se trouvent dans cette place, et d'où l'on pourrait tirer celles qui manqueraient pour l'armement de cette forteresse. Cette forteresse, située au centre entre Magdeburg et Mayence, me paraît nécessaire à occuper; il faudrait un général de brigade ou un adjudant commandant qui surveillerait de là toute la route. L'intendant fera les fonctions de commissaire des guerres et formera l'approvisionnement de siège. Je crois qu'il y a à Erfurt quelques pièces de canon. Vous avez l'état de ce qu'il y a à Würzburg; on pourrait tirer de cette place quelques pièces. Que sont devenues toutes les pièces de 12 qui étaient à Hamburg?

NAPOLÉON.

7188. — AU GÉNÉRAL CLARKE.

Saint-Cloud, 30 avril 1812.

Monsieur le duc de Feltre, faites-moi faire un relevé de tous les bataillons de marche qui ont été formés pour la Grande Armée depuis le commencement jusqu'au 1er mai, avec l'indication du jour où ils ont passé le Rhin.

NAPOLÉON.

7189. — AU GÉNÉRAL CLARKE.

Saint-Cloud, 30 avril 1812.

Monsieur le duc de Feltre, je ne conçois pas trop comment le régiment de l'île de Ré a 1.300 hommes à son dépôt. Il faudrait que ces hommes servissent à compléter le 1er et le 2e bataillon qui sont à l'île d'Aix.

NAPOLÉON.

7190. — AU GÉNÉRAL LACUÉE.

Saint-Cloud, 30 avril 1812.

Monsieur le comte de Cessac, j'ai fait ordonner à Strasbourg que la 1re compagnie du 15e bataillon d'équipages militaires fût dirigée sur Berlin. C'est sur Berlin que vous devez diriger toutes les compagnies et détachements des équipages militaires.

NAPOLÉON.

7191. — AU GÉNÉRAL LACUÉE.

Saint-Cloud, 30 avril 1812.

Monsieur le comte de Cessac, il y a à Sedan un millier d'hommes de la légion de la Vistule qui partiraient s'ils avaient des habits et des capotes. Faites-moi connaître quand ces hommes seront dans le cas de partir.

NAPOLÉON.

7192. — AU GÉNÉRAL LACUÉE.

Saint-Cloud, 30 avril 1812.

Monsieur le comte de Cessac, le ministre secrétaire d'Etat vous aura fait connaître les mouvements qui m'ont paru nécessaires pour apporter un peu d'économie dans la constitution des équipages, en contremandant la partie des voitures qui ne serait pas prête, lorsque les hommes seraient habillés; mais cela est dans la supposition que cela ne coûtera aucune indemnité, et que la résiliation des marchés aura lieu sans dommage; car, lorsque cela ne pourra pas se faire sans perte, vous laisserez aller les livraisons. Il restera toujours des hommes pour conduire les voitures, les chevaux ou les bœufs qui seraient livrés plus tard que les hommes ne seraient habillés. Mon intention est que tous les hommes, aussitôt qu'ils seront habillés, partent pour Danzig.

NAPOLÉON.

7193. — DÉCISIONS (1).

Saint-Cloud, 1er mai 1812.

M. Abel, ancien ministre résident des villes hanséatiques, demande, au nom de son fils aîné, ingénieur en chef des mines d'argent en Andalousie, la liberté du nommé S. Heredia, mineur très intelligent, qui a servi contre son gré avec les insurgés.	Approuvé.
Un Hollandais, lieutenant au service d'Angleterre, prisonnier à Valenciennes, sollicite son admission dans un régiment de lanciers hollandais.	Approuvé, mais pas dans les régiments de la garde.
Le nommé Brown, soldat anglais, prisonnier de guerre à Verdun, qui a perdu une jambe et qui doit subir l'amputation de la cuisse, demande son renvoi dans sa patrie.	Approuvé.
Le sieur Talma, dont le neveu, enseigne de vaisseau, prisonnier en Ecosse, a obtenu la liberté, d'après les démarches de Kemble, premier acteur tragique d'Angle-	Approuvé.

---

(1) Non signées; extraites du « Travail du ministre de la guerre avec S. M. l'Empereur et Roi daté du 29 avril 1812 ».

terre, sollicite, comme une preuve de sa reconnaissance envers ce dernier, la liberté du jeune médecin anglais nommé Blount, élève distingué de MM. Corvisart, Boyer et Dubois.

M. le landamman de la Suisse réclame la mise en liberté du nommé J.-A. Weissembach de Bremgarten, né dans le canton d'Argovie et qui a été pris au service d'Espagne.

Approuvé.

On propose à Sa Majesté de porter le traitement du président du Sénat ionien à 10.000 francs par année au lieu de 6.000 francs.

Approuvé.

On demande à Sa Majesté si Elle veut bien autoriser un mameluck réformé à retourner dans la Morée, sa patrie, et de lui accorder six mois de son traitement avant son départ.

Approuvé.

7194. — DÉCISION.

Saint-Cloud, 1" mai 1812.

Le capitaine de vaisseau Saizieu sollicite son retour en France avec le 1er équipage de flottille et le 8e bataillon d'ouvriers militaires.

Renvoyé au major général pour donner ordre au duc de Dalmatie de les renvoyer s'ils ne sont pas utiles.

NAPOLÉON.

7195. — AU GÉNÉRAL CLARKE.

Paris, 1" mai 1812.

L'Empereur vient de me faire connaître, Monsieur le duc, que son intention est qu'il y ait à Erfurt un général de brigade chargé de la surveillance de la route de Mayence jusqu'à Erfurt et d'Erfurt à

Magdeburg sous les ordres du général de division Michaud, commandant le 1er arrondissement de l'armée. Je prie Votre Excellence de vouloir bien me faire connaître l'officier général qu'Elle aura désigné pour ce commandement et de lui donner l'ordre de se rendre de suite à Erfurt.

L'intention de l'Empereur est aussi que la citadelle d'Erfurt soit armée, qu'il y ait un officier d'artillerie, un garde-magasin d'artillerie, un officier du génie et un garde-magasin de cette arme avec une garnison, forte constamment de 500 hommes logés dans la citadelle. L'intendant fera les fonctions de commissaire des guerres et formera l'approvisionnement de siège. Je prie Votre Excellence de me faire connaître les officiers et gardes-magasins d'artillerie et du génie qu'Elle pourrait envoyer à Erfurt, ainsi que les dispositions qu'Elle jugerait convenables d'ordonner sur ce qu'il faut en artillerie et en génie pour armer cette citadelle, afin que je connaisse ce que j'aurai encore à prescrire sur cet objet aux généraux Chasseloup et Lariboisière.

L'Empereur a en même temps décidé que les 4es bataillons du 3e, du 105e régiments de ligne, forts de 1.500 hommes, partiront de Strasbourg pour Erfurt et resteront provisoirement dans cette place; j'invite Votre Excellence à me faire connaître le moment où ces deux bataillons seront prêts à partir pour me mettre à portée de leur adresser des ordres.

Le prince de Wagram et de Neuchâtel, major général,

ALEXANDRE.

7196. — AU GÉNÉRAL CLARKE.

Saint-Cloud, 2 mai 1812.

Monsieur le duc de Feltre, donnez ordre que le 2e escadron du 14e régiment de chasseurs se rende d'Auch à Bayonne où il sera à la disposition du général Lhuillier, et que le 1er escadron soit réuni et dirigé sur l'armée de Portugal, pour rejoindre les autres escadrons.

NAPOLÉON.

7197. — AU GÉNÉRAL CLARKE.

Saint-Cloud, 2 mai 1812.

Monsieur le duc de Feltre, les 360 conscrits réfractaires qui appartenaient au 26° léger en sont sortis et ont dû être placés dans le 6° bataillon du 93°. Ce bataillon étant de l'infanterie de ligne, le changement d'uniforme serait trop coûteux; d'ailleurs le bataillon du 93° n'est pas encore arrivé. Je désire donc que vous donniez ordre à Strasbourg que ces 360 hommes soient versés dans deux compagnies du 10° léger, bien habillés et bien équipés, et qu'à cet effet ils soient dirigés sur Spandau où ils seront incorporés à leur arrivée dans le 4° bataillon du 10° léger, après quoi les cadres reviendront au dépôt. Par ce moyen, les cadres des compagnies du 26° léger pourront retourner à Metz, ce qui est très pressant. Je pourvoirai au complément du bataillon du 93° par d'autres dispositions.

Faites-moi connaître quand les 6mes bataillons du 56° et du 93° arriveront à Strasbourg. Il manquera 300 hommes au 6° bataillon du 93°; vous ordonnerez que 200 hommes lui soient fournis par le 5° bataillon (du 93°), lesquels se dirigeront sans délai sur Strasbourg. Faites-moi connaître la situation du 6° bataillon du 56°; s'il lui manque quelque chose, on pourra le compléter par le 5° bataillon du 56° qui est à Grave.

NAPOLÉON.

7198. — AU GÉNÉRAL CLARKE.

Saint-Cloud, 2 mai 1812.

Monsieur le duc de Feltre, donnez ordre aux deux bataillons du 29° de ligne, qui sont à Toulon, de se rendre à Lyon; ils seront complétés par ce qu'il y a de disponible au 5° bataillon.

NAPOLÉON.

7199. — AU GÉNÉRAL LACUÉE.

Saint-Cloud, 2 mai 1812.

Monsieur le comte de Cessac, vous m'avez fait connaître l'inconvénient qu'il y avait à placer 360 hommes du 26° léger dans le 6° bataillon du 93°, à cause du changement d'uniforme. Je viens d'ordonner en conséquence, et vu que le 6° bataillon du 93° n'est pas encore arrivé à Strasbourg, que ces 360 hommes soient placés dans le 10° léger. Par ce moyen, il n'y aura lieu à aucun changement.

NAPOLÉON.

7200. — AU GÉNÉRAL CLARKE.

Saint-Cloud, 3 mai 1812.

Monsieur le duc de Feltre, j'ai approuvé l'organisation des 4 demi-brigades de marche qui forment la 1re division de réserve.

J'ai approuvé l'organisation des 16 demi-brigades provisoires.

Je vous ai fait connaître par ma lettre d'hier ce qu'il fallait faire des conscrits des 5es bataillons dont les régiments sont à la Grande Armée, en en complétant d'anciens cadres de réfractaires; ce travail règle la formation des dix bataillons de marche que vous avez proposée.

Il me reste à vous faire connaître mes intentions sur la formation des 20 bataillons de marche qui ont leurs bataillons en Espagne. Je les distingue en deux classes :

1° Bataillons de marche qui se formeront sur-le-champ, parce qu'ils ne doivent rien fournir aux demi-brigades de marche et provisoires de la conscription de 1812;

2° Bataillons qui ne seront formés que lorsque les 4es bataillons qui fournissent aux demi-brigades provisoires seront complètement organisés;

Enfin cadres des bataillons qui avaient passé par Bayonne au 1er mai, et qui de ce moment doivent être considérés comme destinés à être complétés par la conscription de 1812.

Faites-moi faire un travail détaillé sur cet objet. Je n'ai point compris dans ce travail ce qui se trouve en Italie, aux Pyrénées, non plus que ce qui est en Bretagne et dans la 12° division militaire.

NAPOLÉON.

ETAT N° 1.

Bataillons à former dans le courant de mai, lesquels ne doivent rien fournir aux demi-brigades de marche ni provisoires.

1er *bataillon.* — 3 compagnies du 8° léger, à Genève, 450 hommes; 3 compagnies du 18° léger, à Grenoble, 450 hommes : 900 hommes.

Ce bataillon se réunira d'abord à Genève; lorsqu'il sera en état de partir, on en rendra compte.

2ᵉ *bataillon.* — 3 compagnies du 12ᵉ léger, à Paris, 300 hommes; 3 compagnies du 9ᵉ, à Longwy, 300 hommes; 3 compagnies du 6ᵉ à Phalsbourg, 300 hommes; 2 compagnies du 25ᵉ, à Verdun, 300 hommes; 3 compagnies du 27ᵉ, à Bruges, 300 hommes : 1.500 hommes.

Ce bataillon se formera à Mayence.

3ᵉ *bataillon.* — 3 compagnies du 32ᵉ, à Paris, 450 hommes; 3 compagnies du 58ᵉ, à Paris, 450 hommes : 900 hommes.

Ce bataillon se formera à Paris.

4ᵉ *bataillon.* — 2 compagnies du 28ᵉ, à Saint-Omer, 300 hommes; 2 compagnies du 43ᵉ, à Gravelines, 300 hommes; 2 compagnies du 65ᵉ, à Gand, 300 hommes; 2 compagnies du 39ᵉ, à Landau, 300 hommes : 1.200 hommes.

Se formera à Mayence.

ÉTAT Nº 2.

Bataillons formés par les 5ᵉˢ bataillons, mais seulement lorsque les 4ᵉˢ bataillons qui font partie des demi-brigades seront complètement organisés, ce qui ne pourra avoir lieu qu'à la fin de mai.

Les 4ᵉˢ bataillons doivent être complétés avant tout.

5ᵉ *bataillon.* — 1 compagnie du 2ᵉ, 1 compagnie du 4ᵉ, 1 compagnie du 16ᵉ, 1 compagnie du 21ᵉ, 1 compagnie du 27ᵉ, 1 compagnie du 28ᵉ : 900 hommes.

6ᵉ *bataillon.* — 1 compagnie du 123ᵉ, 200 hommes; 1 compagnie du 124ᵉ, 200 hommes; 1 compagnie du 125ᵉ, 200 hommes; 1 compagnie du 126ᵉ, 200 hommes : 800 hommes.

7ᵉ *bataillon.* — 1 compagnie du 88ᵉ, 150 hommes; 2 compagnies du 96ᵉ, 300 hommes; 1 compagnie du 100ᵉ, 2 compagnies du 103ᵉ, 450 hommes : 900 hommes.

8ᵉ *bataillon.* — 1 compagnie du 8ᵉ, 2 compagnies du 45ᵉ, 1 compagnie du 94ᵉ, 1 compagnie du 54ᵉ, 1 compagnie du 9ᵉ : 900 hommes.

9ᵉ *bataillon*. — 2 compagnies du 63ᵉ, 2 compagnies du 24ᵉ.

Nota. — Les 5ᵉ, 6ᵉ, 7ᵉ, 8ᵉ et 9ᵉ bataillons ne seront que projetés. On prendra de nouveaux ordres, avant de les former, et sur le lieu de leur réunion. Ils seront destinés ou à recruter l'armée d'Espagne, ou à remplacer les demi-brigades provisoires dans l'intérieur, ou enfin à compléter des cadres.

ÉTAT N° 3.

Cadres des bataillons qui avaient dépassé Bayonne au 25 avril.

3ᵉ *bataillon*. — Du 14ᵉ de ligne, du 31ᵉ léger, du 22ᵉ, du 69ᵉ, du 115ᵉ, du 116ᵉ.

Nota. — D'autres bataillons doivent être de retour. Les 6 bataillons ci-dessus sont ceux dont on se souvient. Comme on ne comptait pas sur leur retour, lors de la levée de la conscription de 1812, on n'y a pas pensé. Il faudrait leur donner ce qu'il y a de disponible dans les 5ᵉˢ bataillons, et proposer les moyens de les compléter.

7201. — AU GÉNÉRAL CLARKE.

Saint-Cloud, 3 mai 1812.

Monsieur le duc de Feltre, donnez ordre que le 6ᵉ bataillon du 56ᵉ, qui est à Wesel, soit complété avec 300 à 400 hommes du 5ᵉ bataillon de ce même régiment, après toutefois qu'il aura fourni les 2 compagnies qui font partie des demi-brigades provisoires; que cette opération se fasse avant le 10 mai, ce qui est facile, puisque le dépôt est à Grave, et que ce bataillon, complété à 840 hommes bien habillés et bien équipés, puisse partir le 10 pour Spandau.

Napoléon.

7202. — AU GÉNÉRAL CLARKE.

Paris, 3 mai 1812.

Monsieur le duc, l'Empereur me charge de vous faire connaître que son intention est d'employer le général Loison à la Grande Armée. En conséquence, je préviens ce général qu'il doit se tenir prêt à partir au premier ordre que je lui adresserai. J'invite Votre Excellence de proposer à l'Empereur un autre général pour commander la 25ᵉ division.

Le prince de Wagram et de Neuchâtel, major général

ALEXANDRE.

7203. — AU GÉNÉRAL CLARKE.

Saint-Cloud, 3 mai 1812.

Monsieur le duc de Feltre, les 6ᵉ, 7ᵉ, 8ᵉ et 9ᵉ demi-brigades provisoires devant s'organiser à Wesel et à Munster, je pense qu'il faut porter quelque retard dans l'envoi du 3ᵉ bataillon du 126ᵉ, du 3ᵉ du 128ᵉ, du 4ᵉ du 129ᵉ et du 3ᵉ du 127ᵉ, ces quatre bataillons étant composés de Hollandais ou d'Allemands de la 32ᵉ division militaire. Faites-les passer en revue et faites-moi connaître leur situation au 15 mai. Je donnerai alors des ordres pour qu'ils rejoignent. Il est à craindre, sans cela, qu'il n'y ait beaucoup de désertion.

Je désire faire les changements suivants aux demi-brigades provisoires. Le 4ᵉ bataillon du 34ᵉ et le 3ᵉ bataillon du 40ᵉ feront partie de la 3ᵉ demi-brigade. En conséquence, le 4ᵉ bataillon du 88ᵉ et le 4ᵉ bataillon du 24ᵉ de ligne qui font partie de cette demi-brigade seront placés, savoir : le bataillon du 24ᵉ dans la 9ᵉ demi-brigade qui s'organise à Wesel, et le bataillon du 88ᵉ dans la 8ᵉ demi-brigade qui s'organise aussi à Wesel. Le 4ᵉ bataillon du 129ᵉ fera partie de la 12ᵉ demi-brigade provisoire qui s'organise à Boulogne; toutefois, ce bataillon ne bougera pas de Maestricht que sur un nouvel ordre.

NAPOLÉON.

7204. — AU GÉNÉRAL CLARKE.

Saint-Cloud, 3 mai 1812.

Monsieur le duc de Feltre, je vous ai fait connaître par mes différentes dépêches, en réponse à votre rapport du 26 avril, mes intentions relativement aux 4 demi-brigades de marche et aux 16 provisoires.

Quant aux 10 bataillons de marche de la Grande Armée, je vous ai fait connaître que mon intention, au lieu de les former, était d'en remplir 6 cadres de régiments de conscrits réfractaires.

Enfin, pour les autres bataillons de marche, dont vous proposiez la formation, je vous ai fait connaître que je ne voyais d'étoffe que pour en faire 9. J'en ai distingué 4 que vous devez sur-le-champ former, parce que ces 5es bataillons n'ont rien à fournir aux différentes demi-brigades de marche ou provisoires. Je pense aujourd'hui que de ces 4 bataillons il vaut mieux en faire une 17e demi-brigade et la réunir sans délai à Mayence. Nommez un colonel en second pour la commander. Il parcourra les différents dépôts et en réunira les détachements. Cette demi-brigade fera partie de la 2e division de réserve.

Je vous ai envoyé des notes pour faire un projet de formation de 5 à 6 autres bataillons; mais cette formation ne peut pas encore avoir lieu, puisque les 5es bataillons doivent fournir, avant tout, les hommes le plus tôt disponibles et le plus tôt habillés aux demi-brigades provisoires. Ce sont donc des recherches que le bureau du mouvement fera pour connaître tout ce qui reste disponible pour en former des bataillons. Vous m'en rendrez compte, et je déciderai le lieu de leur réunion; mais il faut auparavant que tous les 4es bataillons qui composent les demi-brigades soient complétés.

Le 6e bataillon du 37e reste encore disponible. Je pense que vous pourriez le compléter avec ce qu'il y a de disponible au 5e bataillon du 37e, et pour le surplus, avec des graciés et des conscrits réfractaires.

Faites-moi connaître quand les 4es bataillons seront en mesure de se mettre en mouvement pour former les demi-brigades provisoires.

NAPOLÉON.

7205. — DÉCISION.

Saint-Cloud, 4 mai 1812.

Le maréchal Berthier propose de diriger sur Posen, au lieu de Berlin, le bataillon expéditionnaire hollandais.	Le diriger sur Berlin. NAPOLÉON.

7206. — AU MARÉCHAL BERTHIER.

Saint-Cloud, 4 mai 1812.

Mon Cousin, les 6ᵉˢ bataillons des 19ᵉ, 56ᵉ et 37ᵉ qui sont à Wesel se rendront, aussitôt qu'ils seront complétés, à Spandau. Les 6ᵉˢ bataillons des 46ᵉ et 93ᵉ qui sont à Strasbourg se rendront également à Spandau aussitôt qu'ils seront formés. Ces bataillons passeront le Rhin à Kehl. Par ce moyen cinq sixièmes bataillons seront réunis à Spandau.

NAPOLÉON.

7207. — AU MARÉCHAL BERTHIER.

Saint-Cloud, 4 mai 1812.

Mon Cousin, je réponds à votre lettre du 3 mai. Le général Walther ne parle pas dans sa lettre des deuxièmes bataillons des chasseurs et des grenadiers. Faites-moi un rapport là-dessus.

NAPOLÉON.

7208. — AU MARÉCHAL BERTHIER.

Saint-Cloud, 4 mai 1812.

Mon Cousin, j'ai reçu l'état des troupes de Bavière, de Wurtemberg et de Bade qui restent disponibles. Faites-vous remettre le même état pour les troupes de Saxe, de Westphalie, de Hesse-Darmstadt, du grand-duc de Francfort et de Würzburg.

NAPOLÉON.

7209. — AU MARÉCHAL BERTHIER.

Saint-Cloud, 4 mai 1812.

Mon Cousin, faites-moi connaître quel est le général de brigade que j'ai nommé pour commander la 17ᵉ brigade de cavalerie légère.

NAPOLÉON.

7210. — DÉCISION.

Saint-Cloud, 4 mai 1812.

Demande de congés de convalescence en faveur d'un chef de bataillon et d'un chirurgien sous-aide.

Accordé.

NAPOLÉON.

7211. — DÉCISION.

Saint-Cloud, 4 mai 1812.

Demande de congé de convalescence en faveur du chef d'escadron Guiard, du 18° dragons.

Accordé.

NAPOLÉON.

7212. — AU GÉNÉRAL CLARKE.

Saint-Cloud, 4 mai 1812.

Monsieur le duc de Feltre, je reçois votre projet pour établir cent batteries d'artillerie mobiles pour le service des côtes. Vous portez 100 forges de campagne, cela est inutile. Il suffit de mettre une forge dans les lieux où il y a deux batteries ou quatre. Vous pouvez faire les chargements nécessaires pour utiliser les pièces de 8, de 6 et de 4. Cela fait, ordonnez l'exécution de ce projet.

NAPOLÉON.

7213. — DÉCISION.

Saint-Cloud, 4 mai 1812.

Le général Clarke propose d'accorder une gratification aux militaires français et aux prisonniers espagnols qui se sont signalés par leur dévouement en combattant un incendie qui a eu lieu à Belfort.

Accordé.

NAPOLÉON.

7214. — DÉCISIONS (1).

Saint-Cloud, 5 mai 1812.

Les conscrits réfractaires des Bouches-de-l'Elbe ayant généralement témoigné de la bonne volonté pour servir, on propose à Sa Majesté des moyens d'indulgence à leur égard, notamment de leur accorder un délai pour se représenter et de permettre qu'ils soient dirigés librement sur le 127° régiment. — Accordé.

On propose à Sa Majesté d'accorder au sieur Leroux, gendarme de la Haute-Loire, une gratification de 100 francs pour arrestation d'un déserteur. — Accordé.

De charger de la surveillance des dépôts de cavalerie stationnés dans la douzième division militaire le colonel en second Strub. — Approuvé.

Le général de brigade Dufresse, commandant le département des Deux-Nethes, demande un congé de deux mois. — Accordé.

On propose à Sa Majesté d'accorder un congé d'un mois à M. Desmonts, major du 13° régiment de cuirassiers. — Accordé.

Le nommé Weiss, incorporé dans le 112° régiment et sujet du grand-duc de Francfort, est réclamé par son souverain. — Accordé.

On propose d'employer dans la 2° division de réserve de l'armée — Accordé.

---

(1) Non signées; extraites du « Travail du ministre de la guerre avec S. M. l'Empereur et Roi daté du 29 avril 1812 ».

d'Allemagne le général de brigade Brissaud qui était employé à l'armée de Portugal.

On propose à Sa Majesté d'accorder un congé de trois mois avec appointements au général de brigade Menard qui est rentré malade de l'armée de Portugal.

Accordé.

Le général Longchamp demande pour aide de camp le sieur Ballon, lieutenant au 1er régiment de tirailleurs.

Accordé.

Sa Majesté est priée de faire connaître si Elle approuve qu'il lui soit soumis un projet de décret pour nommer chef d'escadron M. de la Hubaudière, capitaine des gardes d'honneur de S. A. I. le prince Camille, qui recommande cet officier.

Accordé, pour passer dans la ligne.

On met sous les yeux de Sa Majesté la demande que fait le général de division Curial pour obtenir le grade de chef de bataillon en faveur du capitaine Marthe, son aide de camp.

Accordé.

7215. — AU GÉNÉRAL CLARKE.

Saint-Cloud, 5 mai 1812.

Monsieur le duc de Feltre, donnez ordre à la 6e demi-brigade provisoire, qui sera réunie à Wesel le 12 mai, de se rendre à Munster, afin de laisser de la place à Wesel.

Donnez le même ordre à la 7e demi-brigade, à la 8e et à la 9e.

Ainsi toute la 2e division de réserve sera réunie à Munster du 12 au 20 mai. Elle sera là à la disposition du major général.

Le général Heudelet commande, je crois, cette 2e division de réserve; je suppose que vous avez désigné les deux généraux de brigade et l'adjudant commandant qui doivent y être attachés.

Il faut donner à cette division six pièces de 6 et deux obusiers avec une compagnie d'artillerie. Proposez-moi le projet de cette organisation.

La première division de réserve n'aura point d'artillerie parce qu'elle n'est composée que de deux brigades de marche.

Donnez ordre que la 10° demi-brigade provisoire qui se réunit à Anvers parte le 20 mai pour se réunir à Utrecht, afin d'être plus à portée de défendre la Hollande.

Faites-moi connaître quand la 3° division de réserve composée des 10°, 11°, 12° et 13° demi-brigades provisoires sera prête à partir de Boulogne, d'Anvers, d'Utrecht, de Chambéry, pour se réunir à Wesel.

Proposez-moi un général de division pour commander cette 3° division de réserve.

Faites passer la revue de ces quatre demi-brigades.

Je désirerais que cette division pût se mettre en mouvement à la fin de mai pour se réunir à Wesel; mais pour cet effet il faudrait que les gardes nationales fussent réunies aux camps de Boulogne, d'Utrecht, de Bruges et à Anvers.

Faites-moi connaître quand l'embrigadement des cohortes pourra avoir lieu et quand elles se mettront en marche. Il faut pour cela qu'elles soient armées, qu'elles aient leur sac, leur linge et chaussure, des vestes, des culottes et des shakos.

Les cinq cohortes de la 24° division militaire pourraient déjà tenir garnison à Bruges et à Ostende, celles de la 16° division militaire pourraient commencer à fournir des détachements à Anvers, etc. Il me semble que, sans attendre qu'elles soient complètes, chaque cohorte pourrait faire marcher trois compagnies dans le courant de mai pour garnir les côtes.

Donnez ordre que le 3° de ligne et le 105° partent de Cherbourg et de Brest et se réunissent à Nantes. Cela aura le double avantage que les régiments serviraient à maintenir l'ordre si la cherté des blés occasionnait des troubles et qu'en même temps ils seront en chemin pour se rendre à Bayonne et renforcer la réserve. Chacun de ces deux régiments a trois bataillons de quatre compagnies. Il faudrait compléter chaque compagnie à 140 hommes. Chaque bataillon étant de 560 hommes, si les régiments ne sont pas forts de plus de 1.120 hommes, ce qu'il y aura de disponible dans le 3° bataillon sera versé dans les deux premiers et le cadre du 3° bataillon reviendra à

Strasbourg. Les deux régiments formeraient alors une belle brigade de 2.400 hommes. Si au contraire les régiments étaient forts de plus de 1.300 hommes, les trois bataillons marcheraient.

Je désire également que les deux bataillons du 113° se réunissent à Alençon, voulant en disposer pour la Grande Armée. Ils resteront en attendant à Alençon pour s'y bien organiser.

Il ne resterait donc plus a Cherbourg que les demi-brigades provisoires, savoir : les 2° et 3° qui forment huit bataillons, et les six cohortes de gardes nationales, 44°, 45°, 46°, 64°, 65° et 66°, ce qui ferait quatorze bataillons. Les 44° 45° et 46° cohortes, se formant à Caen, devraient être dans le cas de fournir des détachements pour Cherbourg.

Il ne resterait plus en Bretagne que la 4° demi-brigade, les 4 cinquièmes bataillons de ces mêmes régiments et la brigade des cohortes de gardes nationales qu'il faudrait réunir à Brest, savoir : les 40°, 41°, 42°, 43°, 16° et 17°. Les 40°, 41°, 42° et 43° doivent être à même de fournir des détachements pour garder Brest. D'ailleurs la 4° demi-brigade est rendue en Bretagne. Il n'y a donc pas d'inconvénient que les 3° et 105° se mettent sur-le-champ en mouvement pour se réunir à Nantes.

Napoléon.

7216. — DÉCISION (1).

On propose à Sa Majesté d'accorder à M. de Quengo de Crenolle, ancien maréchal de camp, inspecteur général d'infanterie, un secours annuel et viager de 3.000 francs, payable sur les fonds du service des hôpitaux, en considération de son grand âge qui ne permet pas de le nommer à une place d'inspecteur des hôpitaux militaires pour laquelle il avait eu l'honneur d'être proposé.

Accordé.

---

(1) Sans signature ni date; extraite du « Travail du ministre directeur de l'administration de la guerre avec S. M. l'Empereur et Roi daté du 6 mai 1812 ».

7217. — AU MARÉCHAL BERTHIER.

Saint-Cloud, 7 mai 1812.

Mon Cousin, donnez ordre qu'une des quatre compagnies d'artillerie qui sont à Wesel et qui avaient été destinés à être employées sur la ligne de la Grande Armée, pour les communications, soit envoyée à Spandau, où elle relèvera la compagnie du parc, qui rejoindra le parc.

NAPOLÉON.

7218. — AU MARÉCHAL BERTHIER.

Saint-Cloud, 7 mai 1812.

Mon Cousin, donnez ordre que la division Partouneaux continue sa route, de Magdeburg sur Berlin. Donnez ordre au duc de Bellune de faire partir les différents bataillons de marche qui sont à Spandau. Il les dirigera, savoir : ceux du 1er corps sur Stettin, où ils prendront tout ce qu'il y a de disponible pour le corps et continueront ensuite leur route pour Marienburg; ceux du second corps, sur Marienverder; ceux du 3e sur Thorn; ceux du 4e également sur Thorn; de sorte que tous ces hommes puissent rejoindre leurs régiments.

NAPOLÉON.

7219. — DÉCISIONS (1).

Saint-Cloud, 7 mai 1812.

On présente à Sa Majesté, pour l'emploi de commandant d'armes à Magdeburg, le colonel O'Méara, qui était aide de camp du maréchal duc de Montebello pendant la campagne de Wagram et qui est en ce moment sans destination.

Approuvé.

---

(1) Non signées; extraites du « Travail du ministre de la guerre avec S. M. l'Empereur et Roi daté du 29 avril 1812 ».

On propose de nouveau à Sa Majesté de remettre en activité dans son grade M. le général de division Rey.	Je ne sais pourquoi le ministre de la guerre me met quelquefois dans l'obligation désagréable de prononcer deux fois sur le même individu. Ce général est incapable de commander une division ; je l'avais fait placer dans les affaires étrangères à la guerre pour l'utiliser, je ne m'oppose pas à ce qu'on le place encore de la même manière.

7220. — AU GÉNÉRAL CLARKE.

Saint-Cloud, 7 mai 1812.

Monsieur le duc de Feltre, j'approuve l'état n° 2 qui était joint à votre lettre du 6 mai, sur l'armement de la citadelle d'Erfurt, en diminuant cependant les quatre pièces de 12 que vous projetiez de tirer de Wesel; les trois pièces de 6 en bronze, les quatre pièces de 6 en fer que vous proposiez de tirer également de Wesel, les trois pièces de 6 et les quatre pièces de 3 que vous proposiez de tirer de Mayence, de sorte que l'armement d'Erfurt ne sera que de cinquante pièces de canon au lieu de 66 que vous proposiez. Cet armement se composera donc de trente-trois pièces à tirer de Magdeburg, de 12 à tirer de Mayence, savoir : 8 pièces de 16 au lieu de 6 que vous proposiez, et 4 obusiers de 5 pouces 4 lignes. Enfin de 5 bouches à feu à tirer de Wesel, savoir : 1 mortier de 10 pouces 8 lignes, et 4 de 6 pouces 4 lignes.

Les poudres doivent être envoyées de Mayence et de Wesel, mais tirez le plus que vous pourrez de boulets de Hamburg et Magdeburg. On m'assure qu'il y a encore beaucoup de boulets à Hamburg.

NAPOLÉON.

7221. — AU GÉNÉRAL CLARKE.

Saint-Cloud, 7 mai 1812.

Monsieur le duc de Feltre, l'équipage de siège étant parti de Magdeburg, il est nécessaire que vous donniez des ordres, dont vous surveillerez l'exécution, pour que l'armement de cette place soit toujours dans un état respectable. Il doit y avoir une grande quantité de pièces; mais on m'assure qu'on y manque d'affûts, et qu'une partie des affûts qui s'y trouvent sont en mauvais état.

NAPOLÉON.

7222. — AU GÉNÉRAL CLARKE.

Saint-Cloud, 7 mai 1812.

Monsieur le duc de Feltre, j'approuve que vous dirigiez 189.000 kilogrammes de poudre sur les îles de Walcheren et de Kadzand, en en tirant 20.000 de Berg-op-Zoom, 30.000 de Lille, 30.000 de Bergues, 49.000 de Dunkerque, 10.000 de Nieuport, 50.000 de la fabrique de Saint-Omer.

Mais je pense qu'il faut remplacer à Lille, à Berg-op-Zoom, à Dunkerque et à Nieuport, et le plus tôt possible, la poudre que vous en aurez tirée.

NAPOLÉON.

7223. — AU GÉNÉRAL CLARKE.

Saint-Cloud, 7 mai 1812.

Monsieur le duc de Feltre, mandez au général Ruty qu'il est impossible de fournir des chevaux d'artillerie pour l'armée du Midi d'Espagne, qu'il y a trop loin, qu'il faut s'en procurer dans le pays, ce qui n'est pas difficile.

NAPOLÉON.

7224. — DÉCISIONS (1).

Saint-Cloud, 7 mai 1812.

M. le général Kindelan demande le renvoi en Espagne d'un grand nombre de vieillards et d'estropiés provenant de la division espagnole désarmée dans le Nord et détenus à Landrecies.	Accordé.

(1) Non signées; extraites du « Travail du ministre de la guerre avec S. M. l'Empereur et Roi daté du 6 mai 1812 ».

On propose à Sa Majesté d'accorder aux 25 employés de l'ancien ministère de la guerre hollandais qui restent à placer la moitié de leurs appointements d'activité pendant 1812.	Approuvé.
Le directeur général de la conscription demande qu'il soit accordé un secours de 1.200 francs à la veuve du sieur Labarthe, secrétaire de la mairie de Mercenac (Ariège), tué dans l'exercice de ses fonctions.	Approuvé.
Sa Majesté est priée d'accorder au sieur Bertrand, maréchal des logis de gendarmerie à cheval au département du Pô, un secours mensuel de même quotité que la solde attribuée à son grade, pour lui tenir lieu de cette solde pendant sa détention.	Approuvé.
On propose à Sa Majesté de nommer au commandement de l'île de Walcheren le général de brigade Nalèche, disponible, en remplacement du général Berthezène.	Approuvé.
M. le landamman de la Suisse réclame le retour à Fribourg d'un officier au régiment suisse de Wimpffen, né Fribourgeois et qui a été pris au service d'Espagne.	Approuve.
Proposition faite par le prince vice-roi de fixer à 5.000 francs par mois le traitement extraordinaire du général Vignolle, tant qu'il sera chargé du commandement des troupes françaises et italiennes employées dans le royaume d'Italie.	Approuvé.

7225. — AU GÉNÉRAL LACUÉE.

Saint-Cloud, 7 mai 1812.

Monsieur le comte de Cessac, deux demi-brigades formant huit bataillons sont en marche pour Cherbourg, mais le 3e et le 105e doivent quitter les cantonnements qu'ils occupent de ce côté, ce qui fera compensation. On pourrait d'ailleurs tenir une partie des troupes du côté de Saint-Lô, et même plus bas si cela peut rendre le service des subsistances plus facile.

NAPOLÉON.

7226. — DÉCISION.

Saint-Cloud, 8 mai 1812.

Le général Clarke propose de faire rentrer à leurs dépôts les petits dépôts laissés à Codogno par les régiments de cavalerie de l'armée d'Italie.

Approuvé.

NAPOLÉON.

7227. — AU COMTE HULIN.

Saint-Cloud, 8 mai 1812.

Monsieur le comte Hulin, je vois qu'il y a à Versailles 200 hommes et 160 chevaux du 18e bataillon des équipages militaires; faites-moi connaître à quelle compagnie appartient ce détachement, et quand il doit partir. Il se trouve au dépôt du 8e de cuirassiers 50 chevaux, au dépôt du 5e de dragons 120, au dépôt du 1er régiment de chevau-légers 400, au dépôt du 2e *idem* 130, et au dépôt du 28e de chasseurs 120. Quand est-ce que tous ces détachements partiront, et pourquoi ces chevaux restent-ils inutiles dans votre division? Informez-vous des ordres donnés par le ministre de la guerre et pressez le départ de ces détachements.

NAPOLÉON.

7228. — DÉCISIONS (1).

8 mai 1812.

On prie de nouveau Sa Majesté de faire connaître si un approvisionnement de réserve est toujours nécessaire dans le fort de Savone et si, dans le cas d'affirmative, il ne serait pas suffisant de verser des farines en remplacement du biscuit, dont la quantité est de 100.000 rations.

Oui.

On propose à Sa Majesté d'autoriser le ministre du Trésor impérial à faire payer à Paris la moitié de la valeur des fournitures des fabricants du Piémont, attendu la perte qu'ils font sur la monnaie du pays, et la nécessité où ils sont d'avoir un crédit dans la capitale pour se procurer les moyens d'acheter les matières qu'ils ne peuvent trouver dans leur département.

Impossible.

7229. — AU GÉNÉRAL CLARKE.

Saint-Cloud, 8 mai 1812.

Monsieur le duc de Feltre, je désire que vous fassiez passer demain la revue de deux petits bataillons composés de trois compagnies du 12ᵉ régiment d'infanterie légère, fortes de 600 hommes, et de deux compagnies du 15ᵉ d'infanterie légère, fortes de 400 hommes, ce qui fait en tout 1.000 hommes.

Vous mettrez ce bataillon sous les ordres d'un officier d'état-major ou d'un major en second sans destination ou se rendant à la Grande Armée.

Le 5ᵉ bataillon du 15ᵉ n'ayant à Paris qu'une compagnie, vous prendrez pour conduire ce détachement des officiers et sous-officiers

---

(1) Non signées; extraites du « Travail du ministre directeur de l'administration de la guerre avec S. M. l'Empereur et Roi daté du 6 mai 1812 ».

dans la garde de Paris, et ce cadre retournera à Paris aussitôt que ce bataillon aura été incorporé.

Faites également passer la revue de trois compagnies du 32° de ligne fortes de 600 hommes et de deux compagnies du 58° fortes de 600 hommes environ qui formeront aussi deux petits bataillons. Cela en fera quatre en tout, forts de 2.200 hommes. Nommez un colonel pour les commander et dirigez-les sur Berlin par Mayence. Mon but est de désencombrer Paris où il y a trop de troupes.

Ces quatre bataillons prendront le nom de régiment de marche de la ville de Paris. Vous préviendrez le prince de Neuchâtel de demander mes ordres relativement aux hommes des 32°, 58° et 12° léger dont les bataillons ne sont point à la Grande Armée.

Mon intention est que tout cela parte après-demain en bon état et bien équipé.

NAPOLÉON.

7230. — AU GÉNÉRAL CLARKE.

Saint-Cloud, 8 mai 1812.

Monsieur le duc de Feltre, il y a à l'école militaire de Saint-Cyr 40 jeunes gens destinés au service de l'artillerie, qui doivent être examinés en juin. Faites-les examiner au 15 mai afin de les faire partir également pour l'armée.

NAPOLÉON.

7231. — AU GÉNÉRAL CLARKE.

Saint-Cloud, 8 mai 1812.

Monsieur le duc de Feltre, donnez ordre qu'il soit formé un régiment provisoire de dragons composé de la manière suivante, savoir:

De la 1re compagnie du 4e escadron du 2e régiment de dragons, forte de 120 à 140 hommes, bien montés et bien équipés, laquelle partira de Maestricht pour se rendre à Hanovre;

De la 1re compagnie du 4e escadron du 5e régiment de dragons, organisée de même, qui partira de Provins et se rendra à Hanovre; *idem* du 12e régiment, *idem* du 13e régiment, *idem* du 14e régiment, *idem* du 17e régiment, *idem* du 19e régiment, *idem* du 20e régiment.

Le général Bourcier sera chargé de former ce régiment à Hanovre. Vous nommerez un colonel en second et deux chefs d'escadron pour le commander.

Vous ferez partir en même temps la 2° compagnie du 4° escadron du même régiment, fortes chacune de 110 à 130 hommes à pied, de manière que chaque escadron soit fort de 250 hommes à pied et à cheval, officiers compris. Les hommes à pied seront bien habillés, bien équipés et munis de leurs selles; ils recevront des chevaux à Hanovre. Lorsqu'ils seront montés, ce régiment se trouvera composé de plus de 1.800 chevaux. Faites en sorte que les hommes montés et à pied partent dans le courant de mai.

Faites fournir au 14°, au 17° et au 20° quelques hommes pris dans les dépôts de Bayonne appartenant à l'armée d'Espagne, afin que ces régiments puissent fournir leur nombre et avoir 240 hommes à Hanovre.

NAPOLÉON.

7232. — AU GÉNÉRAL CLARKE.

Saint-Cloud, 8 mai 1812.

Monsieur le duc de Feltre, donnez des ordres pour que 50 hommes du 5° bataillon du 114° se rendent à Bayonne pour être incorporés dans le 4° bataillon de ce régiment qui fait partie de la réserve de Bayonne;

Que 200 hommes du 5° bataillon du 115° se rendent également à Bayonne pour être incorporés dans le bataillon de ce régiment qui fait partie de la réserve;

Que le 117° fournisse 100 hommes pour la même destination, le 118° 50 hommes, le 119° 100 hommes et le 120° 100 hommes, ce qui fera 600 hommes à tirer des 5°° bataillons de ces six régiments pour compléter la réserve de Bayonne.

Cette opération faite, vous donnerez l'ordre que tout ce qui existe aujourd'hui à la réserve de Bayonne, formant 4.000 hommes, entre en Espagne et se rende à Pampelune et à Bilbao, suivant que les détachements appartiennent au régiment de marche d'Aragon ou à celui du Nord, de sorte que le régiment de marche d'Aragon se trouve composé des 4°° bataillons des 114°, 115°, 116°, 117° et 121°, ce qui fera cinq bataillons chacun de six compagnies.

Et le régiment de marche de l'armée du Nord, aujourd'hui le 4°

de l'armée de Portugal des 4ᵉˢ bataillons des 118ᵉ, 119ᵉ, 120ᵉ et 122ᵉ, chaque bataillon ayant ses six compagnies.

A cet effet vous donnerez ordre que les deux compagnies du 4ᵉ bataillon du 121ᵉ qui sont à Blois se complètent à 280 hommes et partent de Blois pour Bayonne, où ces compagnies rejoindront les quatre autres compagnies de ce bataillon.

Vous donnerez le même ordre pour le 122ᵉ dont le dépôt est à Vendôme. Les deux compagnies du 4ᵉ bataillon seront complétées à 280 hommes à Bayonne, d'où elles rejoindront les quatre autres compagnies de ce bataillon.

Donnez ordre que les quatre compagnies du 4ᵉ bataillon du 28ᵉ de ligne qui sont à Bayonne se rendent à Santona où elles se joindront aux deux autres compagnies du 4ᵉ bataillon de ce régiment. Par ce moyen, tout le 4ᵉ bataillon du 28ᵉ se trouvera réuni.

Donnez également l'ordre que le 3ᵉ bataillon du 28ᵉ, fort de quatre compagnies ou 500 hommes, se rende à Santona.

Les deux compagnies du 4ᵉ bataillon du 75ᵉ se rendront également à Santona pour rejoindre les quatre compagnies du même bataillon.

Il y aura donc à Santona :

Le 3ᵉ bataillon du 28ᵉ de ligne, 4 compagnies, 500 hommes;
Le 4ᵉ bataillon du même régiment, 6 compagnies, 800 hommes;
Le 4ᵉ bataillon du 75ᵉ régiment, 6 compagnies, 700 hommes.

Le major Maury se rendra à Santona pour commander ces trois bataillons. En conséquence, le 7ᵉ bataillon de marche de l'armée du Midi sera dissous et remplacé par ces trois bataillons qui prendront le titre de régiment de marche de l'armée du Centre.

Vous donnerez ordre que le 4ᵉ bataillon du 28ᵉ laisse le cadre de deux compagnies à Bayonne pour recevoir 300 conscrits que vous dirigerez du dépôt de ce régiment sur Bayonne pour compléter les deux bataillons de ce régiment à 700 ou 800 hommes.

Vous donnerez ordre que les trois compagnies du 3ᵉ bataillon du 27ᵉ de ligne, les trois compagnies du 39ᵉ, les trois compagnies du 59ᵉ, les trois compagnies du 65ᵉ, les trois compagnies du 69ᵉ, les trois compagnies du 76ᵉ, qui sont à Saint-Jean-de-Luz, se rendent à Tolosa pour faire partie du 3ᵉ régiment de marche de Portugal qui sera par là porté à 4.000 hommes et dont les bataillons se trouveront complétés à six compagnies. Ce régiment sera alors divisé en deux, le 3ᵉ et le 5ᵉ.

Le 3ᵉ sera composé de trois bataillons entiers des 27ᵉ, 59ᵉ et 65ᵉ.

Le 5e sera composé de trois bataillons entiers des 39e, 69e et 76e. Ce dernier régiment sera commandé par le major Tolosan qui se rendra à cet effet à Tolosa.

Vous laisserez le général Lhuillier maître de retenir le cadre d'une compagnie de chacun des 27e, 39e, 59e, 65e, 69e et 76e, et vous donnerez ordre aux cinquièmes bataillons de ces régiments de diriger sur Bayonne 140 hommes, pour compléter chacune de ces six compagnies.

Moyennant ces dispositions, la réserve de Bayonne sera dissoute. Elle sera reformée de la manière suivante, à Saint-Jean-de-Luz :

La 5e et la 36e cohortes de gardes nationales, formant 1.600 hommes, à Saint-Jean-de-Luz et au pont de la Bidassoa;

Le 3e bataillon du 114e, le 3e bataillon du 117e, un bataillon composé de trois compagnies du 5e bataillon du 115e et de trois compagnies du 5e bataillon du 121e, ce qui formera un premier régiment provisoire de la réserve de Bayonne composé de trois bataillons ou de 2.400 hommes qui sera tenu dans la vallée de Bastan.

Le 2e régiment sera composé : du 3e bataillon du 31e léger, d'un bataillon de trois compagnies du 5e bataillon du 118e, de trois compagnies du 5e bataillon du 119e;

D'un bataillon de trois compagnies du 5e bataillon du 120e, de trois compagnies du 5e bataillon du 122e.

Ce second régiment, formant 2.400 hommes, sera tenu en réserve à Bayonne pour se porter dans la vallée de Bastan et partout où il sera nécessaire.

Comme la réserve de Bayonne, qui est composée de huit bataillons dont deux de gardes nationales, ne pourra pas être de quelques semaines en état de marcher, il est nécessaire que vous donniez au général Lhuillier la haute main sur cette formation pour qu'il ne fasse évacuer Saint-Jean-de-Luz et la vallée de Bastan que lorsque ces points seront occupés par les huit bataillons de la réserve.

Il est nécessaire de renvoyer à l'armée du Nord la compagnie du 17e léger qui fait partie du régiment provisoire d'infanterie sous les ordres du général Gareau. Cela n'affaiblira ce régiment que d'une compagnie de moins de 100 hommes, et, au lieu de s'appeler régiment, il s'appellera 3e bataillon provisoire de Bayonne, et sera composé de trois compagnies du 3e bataillon du 31e léger et de trois compagnies du 86e de ligne, formant 800 hommes.

Vous donnerez ordre que le 3e bataillon du 116e se complète par ce qu'il a de disponible dans le 5° bataillon et, lorsqu'il sera complété à 800 hommes, vous le dirigerez sur Puycerda aux ordres du général Gareau.

Sur les dix cohortes destinées à la défense des Pyrénées, la 5° et la 36° ont reçu une destination plus haut pour Saint-Jean-de-Luz. La 28° restera dans la 9° division pour la défense de Cette et des côtes. Les sept autres seront mises à la disposition du général Travot qui les placera de la manière la plus avantageuse pour couvrir les frontières de la 10° division militaire, ce qui complète la défense des Pyrénées.

NAPOLÉON.

7233. — EXTRAIT D'UN ORDRE DE L'EMPEREUR
DATÉ DE SAINT-CLOUD, 8 MAI 1812 (1).

Je vous ai écrit le 3 avril pour la formation des cohortes de gardes nationales en brigades. Il est nécessaire de nommer les généraux de brigades à attacher à l'inspection des brigades. Il faut les prendre dans les divisions militaires. Par exemple, vous prendrez pour la 1ʳᵉ brigade un des généraux de brigade employés dans la 1ʳᵉ division militaire; pour la 2° brigade, un des généraux de brigade des 17°, ou 31°, ou 25° divisions militaires, et ainsi de suite pour les autres brigades; c'est donc 13 à 14 généraux, commandant des départements, que vous devez attacher à ces brigades. Il est important que cette désignation soit faite sans délai, afin que ces généraux s'occupent de compléter la formation et de surveiller l'instruction des cohortes. Mon intention est que le duc de Padoue soit commandant et inspecteur des 2°, 10°, 4° 11°, 3° et 5° brigades des gardes nationales formant 37 cohortes; il résidera à Anvers.

La 2° et la 10° brigades seront plus spécialement sous les ordres du général Molitor, la 11° et la 4° brigades sous les ordres du général Chambarlhac, la 3° et la 5° brigades sous ceux du général Le Marois.

Toutes les troupes qui seraient dans les 31°, 17°, 24° et 16° divisions militaires se trouveront sous le commandement supérieur du duc de Padoue. Il ne se mêlera pas du détail des divisions. Il aura un adjudant général chef d'état-major, quatre adjoints, un général

(1) Non signé, extrait conforme.

de brigade d'artillerie et un officier supérieur du génie, il aura le titre de commandant et inspecteur des gardes nationales du Nord.

Vous chargerez de l'inspection des 6°, 9°, 8° et 7° brigades le maréchal Moncey.

7234. — EXTRAIT D'UN ORDRE DE L'EMPEREUR
DATÉ DE SAINT-CLOUD, 8 MAI 1812 (1).

Les 37 compagnies d'artillerie des 37 cohortes qui forment les 2°, 10°, 4°, 11°, 3° et 5° brigades se réuniront à Douai, pour faire polygone et s'instruire dans les détails de l'artillerie.

Les compagnies d'artillerie des cohortes des 6°, 8°, 9° et 7° brigades, formant vingt-quatre compagnies, se réuniront à Rennes.

Celles qui font partie de la première brigade se réuniront à La Fère.

Celles qui font partie de la 12° brigade se réuniront à Grenoble.

Celles qui font partie de la 13° brigade se réuniront à Toulouse.

Celles de la 14° brigade se réuniront à Alexandrie.

Celles de Rome et de la Toscane recevront une instruction spéciale.

Par ce moyen, ces compagnies d'artillerie acquerront dans les écoles, pendant l'été, l'instruction nécessaire.

7235. — AU GÉNÉRAL CLARKE.

Mayence, 12 mai 1812.

Monsieur le duc de Feltre, l'Empereur a été très mécontent que les généraux commandant les divisions territoriales aient fait tirer le canon, prendre les armes aux troupes, puisque Sa Majesté ne s'était pas fait annoncer par ses ministres; les autorités civiles ont suivi en cela les dispositions du règlement sur les honneurs. Sa Majesté désire donc, Monsieur le duc, que vous fassiez connaître aux généraux commandant les divisions territoriales la conduite qu'ils doivent tenir quand l'Empereur ne s'est pas fait annoncer soit par ses ministres, soit par le major général ou un grand officier de l'Empire; quand Sa Majesté ne se fait pas annoncer, on doit se borner à

(1) Non signé, extrait conforme.

une surveillance particulière et à se tenir prêt pour exécuter les ordres que l'Empereur pourrait donner.

L'Empereur, Monsieur le duc, désire aussi que quand un de ses officiers d'ordonnance est chargé par Sa Majesté d'une mission particulière, il suffit qu'il se rende chez l'officier général ou autre commandant, qu'il lui montre sa lettre de nomination, signée de Votre Excellence, pour obtenir les renseignements qu'il peut être dans le cas de demander, sans qu'il soit tenu de donner communication de l'instruction particulière qu'il peut avoir de Sa Majesté; d'ailleurs, il ne s'agit point d'objets qui tiennent au secret de l'Etat. Au surplus, Monsieur le duc, vous connaissez les intentions de l'Empereur sur les missions qu'il donne à ses officiers d'ordonnance; je sens que cela n'est pas sans quelque difficulté, mais les officiers généraux doivent avoir assez de tact dans ces circonstances pour faire ce qui est convenable. L'Empereur a été un peu mécontent que le maréchal duc de Valmy ait refusé ici tout renseignement à l'un de ces officiers envoyé par Sa Majesté.

Le prince de Wagram et de Neuchâtel, major général,

ALEXANDRE.

7296. — DÉCISIONS (1).

On propose à Sa Majesté de décider que les troupes destinées pour la Grande Armée ne recevront plus la fourniture des vivres de campagne dans celles des divisions de l'intérieur où les troupes qui y tiennent garnison ne les reçoivent pas.	Approuvé.
On propose à Sa Majesté d'accorder une gratification de 200 francs au répétiteur des élèves de l'école d'hippiatrique d'Alfort.	Accordée.

(1) Sans signature ni date; extraites du « Travail du ministre directeur de l'administration de la guerre avec S. M. l'Empereur et Roi daté du 13 mai 1812 ».

7237. — DÉCISIONS (1).

On soumet à Sa Majesté deux demandes d'admission à l'école de Saint-Cyr et au prytanée de La Flèche pour des enfants naturels.

Sa Majesté n'a pas approuvé ces propositions.

Les jeunes Spinola et Centurioni, du département de Gênes, ont été nommés, le premier élève pensionnaire à l'école militaire de Saint-Germain et le second élève pensionnaire de celle de Saint-Cyr.

On propose à Sa Majesté de changer leur destination à raison de leur âge et de leur accorder des sous-lieutenances.

Sa Majesté a décidé que ces jeunes gens se rendraient à la destination qui leur a primitivement été donnée, mais qu'ils ne resteraient que six à huit mois aux écoles, et qu'ensuite ils seraient placés comme sous-lieutenants.

7238. — DÉCISION.

Dresde, 18 mai 1812.

Le major commandant le dépôt du 2ᵉ régiment suisse demande que le dépôt de ce corps soit transporté de Besançon à Strasbourg.

Approuvé.

NAPOLÉON.

7239. — DÉCISION.

Dresde, 18 mai 1812.

L'artillerie doit-elle faire réparer dans ses ateliers les armes des troupes de la Confédération ?

Les faire réparer.

NAPOLÉON.

---

(1) Sans signature ni date; extraites du « Travail du ministre de la guerre avec S. M. l'Empereur et Roi daté du 13 mai 1812 ».

7240. — DÉCISION.

Dresde, 18 mai 1812.

On a l'honneur de proposer à Sa Majesté de renvoyer de Metz à Danzig la moitié de la compagnie d'ouvriers militaires du génie nouvellement organisée, et 50 hommes du dépôt du train du génie, pour former dans cette place un entrepôt destiné à alimenter le train du génie à la Grande Armée.

Approuvé.

NAPOLÉON.

7241. — DÉCISION.

Dresde, 18 mai 1812.

Le régiment de marche de la ville de Paris est parti de Paris pour se rendre à Mayence.

Ce régiment de marche, que j'appelle régiment de marche de Paris, se rendra à Erfurt où il restera jusqu'à nouvel ordre. Le major général me fera connaître le jour où il y arrivera.

NAPOLÉON.

7242. — AU MARÉCHAL BERTHIER.

Dresde, 18 mai 1812.

Mon Cousin, donnez ordre que tous les trains d'artillerie de la garde restés en arrière et qui n'auraient pas dépassé Mayence se dirigent par Fulde et Erfurt sur Berlin. Donnez ordre à tous les détachements quelconques de la garde qui n'auraient pas dépassé Mayence et qui avaient ordre de se diriger sur Dresde de se porter également sur Berlin par Fulde et Erfurt.

NAPOLÉON.

7243. — DÉCISION (1).

Dresde, 19 mai 1812.

On propose à Sa Majesté d'admettre dans les bataillons de vélites de Turin et de Florence des officiers tirés de la ligne.

Approuvé.

7244. — AU MARÉCHAL BERTHIER.

Dresde, 19 mai 1812.

Mon Cousin, écrivez au général de division Lagrange qui est à Cologne, pour lui donner l'ordre de faire partir du 25 mai au 1er juin sa division pour se rendre à Magdeburg, en ayant soin de lui donner du repos tous les trois jours. Quand toutes les troupes composant la division auront filé, il partira lui-même pour porter son quartier général à Magdeburg où il précédera l'arrivée de sa division. Je suppose qu'il a un adjudant commandant et quatre généraux de brigade; il en mettra un pour commander chaque brigade. Vous aurez soin de me faire connaître la composition de chaque brigade à son départ, et l'époque où elle arrivera à Magdeburg. Donnez ordre qu'on fasse brûler quelques cartouches avant le départ de cette division, et qu'on donne vingt cartouches et deux pierres à chaque soldat.

Mandez au ministre de la guerre d'envoyer à la division Lagrange 32 sous-lieutenants tirés de l'école de Saint-Cyr. Le général Lagrange les placera dans les régiments qui en ont le plus besoin, et il vous en enverra l'état, pour que vous me présentiez des projets de décrets pour leur placement. Le ministre de la guerre prendra ces jeunes gens sur les 162 dont j'ai ordonné le départ de Saint-Cyr pour le quartier général.

Napoléon.

---

(1) Non signée; extraite du « Travail du ministre de la guerre, avec S. M. l'Empereur et Roi, daté du 6 mai 1812 ».

7245. — EXTRAIT D'UNE LETTRE DE S. A. I. LE PRINCE DE WA-
GRAM ET DE NEUCHATEL A S. E. LE MINISTRE DE LA GUERRE
DATÉE DE DRESDE LE 20 MAI 1812.

L'Empereur ordonne, Monsieur le Duc, que le général Lagrange fasse partir du 25 mai au 1er juin la 1re division d'infanterie de réserve qu'il commande, pour se rendre à Magdeburg, en ayant soin de lui donner des repos tous les trois jours; je lui adresse des ordres à cet effet; quand toutes les troupes composant sa division auront filé, le général Lagrange partira lui-même pour porter son quartier général à Magdeburg. L'Empereur suppose, Monsieur le duc, que le général Lagrange a un adjudant commandant et quatre généraux de brigade, qu'il doit en placer un à la tête de chaque demi-brigade; s'il ne les avait pas encore, Votre Excellence sentira qu'il n'y a pas un moment à perdre pour les lui envoyer. L'intention de Sa Majesté est qu'on fasse brûler quelques cartouches à cette division avant son départ.

7246. — DÉCISIONS (1).

On rend compte à Sa Majesté que les militaires sont exempts en France du droit que les particuliers payent pour les passages d'eau, et qu'en Hollande les propriétaires ou desservants des bacs exigent une rétribution des militaires. On lui propose de décider en principe que l'exemption existant dans les anciens départements sera applicable aux départements de la Hollande et qu'il ne sera payé aux bateliers hollandais aucune rétribution à ce sujet ni pour le passé ni pour l'avenir.	Renvoyé au Conseil d'Etat.

(1) Sans signature ni date; extraites du « Travail du ministre directeur de l'admi-tration de la guerre avec S. M. l'Empereur et Roi, daté du 20 mai 1812 ».

On propose à Sa Majesté d'accorder au 119ᵉ régiment un secours sur 1810 de 62.008 fr. 93, non pas à titre de supplément de crédit, mais comme indemnité de pertes d'effets enlevés, le 28 octobre 1810, par les insurgés espagnols.

Renvoyé au Conseil d'Etat.

On propose à Sa Majesté d'accorder au 3ᵉ bataillon de chasseurs des montagnes un secours extraordinaire de 14.997 fr. 20 c. sur 1812, afin de le couvrir des pertes qu'il a éprouvées dans l'incendie qui a eu lieu le 8 février à Oléron.

Renvoyé au Conseil d'Etat.

On rend compte à Sa Majesté du résultat des enquêtes dirigées contre les commissaires des guerres Penot, Sapia et Grobert. Le sieur Penot et ses complices sont mis en jugement. On propose de décider : 1° que le sieur Sapia sera mis à la retraite et jouira du minimum de la solde de retraite de son grade, à dater du jour où il a été suspendu de ses fonctions ; 2° que le sieur Grobert reprendra l'exercice de ses fonctions de commissaire des guerres.

Approuvé.

7247. — DÉCISION.

Dresde, 20 mai 1812.

Un détachement de 60 hommes est disponible au dépôt de la 5ᵉ compagnie d'ouvriers d'artillerie à Strasbourg.
Faut-il le diriger sur Thorn ?

Approuvé.

NAPOLÉON.

7248. — AU GÉNÉRAL CLARKE.

Dresde, 20 mai 1812.

Monsieur le duc de Feltre, je vois par un état qui m'est remis que 144 voitures d'artillerie étaient encore à expédier de Strasbourg au 15 mai; que vous avez donné ordre de les expédier par la voie des transports militaires; et cependant plusieurs centaines de chevaux sont partis de Strasbourg sans rien atteler, et il y a à Metz des chevaux qui attendent des ordres pour partir. Le bureau d'artillerie qui devait suivre ces affaires devrait être instruit de ce qu'il y a à partir, et à parer à ces frottements.

Je vois également que le cadre du 6e bataillon du 93e est encore à Strasbourg; que ce cadre, qui devait recevoir 800 conscrits réfractaires, n'en a que 560. Faites prendre tout ce qu'il y aurait de disponible dans les 3e et 105e, parmi les conscrits réfractaires, parmi les hommes réformés de l'artillerie pour raison de taille, et dans le dépôt du 113e, afin de compléter ce bataillon et de le faire partir pour Spandau.

Je suppose que le cadre du 6e bataillon du 46e pourra partir, également complété avec des hommes du 113e.

Le 7e régiment de chasseurs peut faire partir au 1er juin 200 hommes montés de Strasbourg. Faites-les partir sans délai, et dirigez-les sur Berlin. Il a encore un plus grand nombre d'hommes et les cadres de deux escadrons au dépôt. Faites-moi connaître quand ils pourront partir.

Le 9e de hussards a aussi beaucoup d'hommes; faites-moi connaître quand ils seront habillés et dans le cas de partir.

NAPOLÉON.

7249. — DÉCISION.

Dresde, 21 mai 1812.

Mesures proposées pour fournir à la 2e division de réserve à Munster les troupes, les attelages et le matériel d'artillerie de sa batterie.	Approuvé. NAPOLÉON.

7250. — AU MARÉCHAL BERTHIER.

Dresde, 21 mai 1812.

Mon Cousin, je vois par l'état que vous m'envoyez des bataillons et escadrons de marche :

1° Que le bataillon de marche de Strasbourg a été incorporé le 21 avril dans ses régiments respectifs. (Faites-moi connaître quelle était la force de ce bataillon à son arrivée, et si les cadres ont fait leur retour en France);

2° Que le 3ᵉ bataillon de marche du 3ᵉ corps est arrivé et a été incorporé dans les 72ᵉ et 18ᵉ de ligne le 21 avril;

3° Que le bataillon de marche de Paris est arrivé le 1ᵉʳ mai. Faites-moi connaître quelle était la situation de ces deux bataillons au moment de leur incorporation, et si les cadres ont fait leur retour à Strasbourg.

Je suppose que vous avez ordonné au bataillon de marche du 1ᵉʳ corps arrivé le 26 avril à Stettin de continuer sa route sur Marienburg, ainsi qu'au 1ᵉʳ bataillon de marche du même corps arrivé le 1ᵉʳ mai à Stettin, et au 2ᵉ bataillon de marche du même corps arrivé le 5 mai, ce qui fera un renfort de 1.000 hommes pour le 1ᵉʳ corps. Si vous n'avez pas donné cet ordre, donnez-le sans délai.

Le 1ᵉʳ bataillon de marche du 2ᵉ corps est arrivé à Spandau le 3 mai. Donnez ordre qu'il en parte et se dirige sur Marienwerder d'où il rejoindra son régiment.

Le bataillon de marche du 3ᵉ corps, fort de 850 hommes, est arrivé le 2 mai à Spandau; dirigez-le sur Thorn.

Le 1ᵉʳ bataillon de marche du même corps arrivé à Spandau le 2 mai et le 2ᵉ bataillon de marche du même corps arrivé à Spandau le 3 mai suivront la même direction, ce qui fera 1.400 hommes de renfort que recevra le 3ᵉ corps.

Il est nécessaire que les cadres de tous ces bataillons reviennent en France.

Donnez ordre à Magdeburg que le bataillon de marche du 2ᵉ et du 4ᵉ corps se rende à Berlin aussitôt que la tête de la division Lagrange sera arrivée à Magdeburg.

Donnez ordre que la compagnie de marche du 1ᵉʳ corps qui est arrivée le 20 mai à Magdeburg continue sa route sur Stettin, et que la compagnie de marche du 4ᵉ corps continue sa route de Magdeburg sur Glogau.

Donnez ordre que l'escadron de marche fort de 200 hommes arrivé le 19 avril à Berlin soit dissous et que chaque détachement rejoigne son régiment;

Donnez ordre que le régiment de marche de cavalerie fort de 550 hommes arrivé le 6 mai à Berlin soit mis en marche pour Marienwerder, d'où chaque détachement rejoindra son régiment;

Que le régiment de marche de cavalerie fort de 500 hommes arrivé à Berlin le 10 mai, soit dirigé sur Marienwerder d'où les détachements qui le composent seront envoyés à leur régiment respectif;

Que le régiment de marche de cavalerie fort de 400 hommes, qui arrive le 24 mai à Berlin, se repose deux jours à Berlin, après quoi il partira pour Marienwerder où il sera dissous.

Ces différents régiments formeront un renfort de 1,500 chevaux pour l'armée. Donnez ordre au duc de Bellune de voir ces troupes à leur passage, et de les faire voir en détail par le général commandant le dépôt, afin que les chevaux écloppés et fatigués soient gardés pour se reposer et se refaire.

NAPOLÉON.

7251. — AU GÉNÉRAL CLARKE.

Dresde, 21 mai 1812.

Monsieur le duc de Feltre, il me semble qu'avant de placer sur les côtes les compagnies d'artillerie des cohortes, il faut les envoyer dans les écoles, pour qu'elles puissent mettre l'été à profit pour leur instruction et passer une partie de l'année à faire polygone.

NAPOLÉON.

7252. — DÉCISION.

Dresde, 22 mai 1812.

| Le général Rapp propose de comprendre dans le gouvernement de Danzig toute l'île de Nogat et tout le Frische-Nehrung. | Approuvé. NAPOLÉON. |

7253. — DÉCISIONS (1).

Dresde, 22 mai 1812.

On propose à Sa Majesté d'autoriser le payement sur les fonds de la solde du traitement dû depuis le 1er janvier 1812 à M. le prince d'Eckmühl, comme gouverneur des villes hanséatiques, jusqu'au jour où il a quitté le territoire du gouvernement, et de prononcer qu'à dater de ce même jour, ses fonctions de gouverneur ont cessé.

Depuis le 1er janvier 1812 il ne sera plus rien accordé au prince d'Eckmühl au delà du traitement de maréchal commandant un corps d'armée, avec l'extraordinaire par mois.

On soumet à Sa Majesté la demande que fait le général de division Ambert, remis en activité, d'être payé sur le pied d'activité pour le temps où il a été suspendu de ses fonctions.

Refusé.

Sa Majesté est priée de faire connaître si son intention est d'accorder des compagnies d'élite au 6e bataillon du 6e régiment de ligne qui est composé d'anciens soldats ayant au moins 5 ans de service.

Accordé.

On rend compte à Sa Majesté qu'il n'y a point d'hommes au dépôt du 113e régiment qui puissent être sergents-majors, fourriers et caporaux, et on la prie de faire connaître si Elle veut permettre qu'on en tire de Fontainebleau pour le nouveau bataillon à organiser.

En prendre dans le bataillon des vélites à Florence.

---

(1) Non signées; extraites du « Travail du ministre de la guerre avec Sa Majesté l'Empereur et Roi daté du 13 mai 1812 ».

7254. — DÉCISION.

Dresde, (1) mai 1812.

Le maréchal Berthier propose de transférer de Marienburg à Elbing le dépôt de cavalerie qui y est stationné.

Approuvé.

NAPOLÉON.

7255. — DÉCISION.

Dresde, 23 mai 1812.

Rapport du ministre de la guerre au sujet de 22 jeunes gens appartenant à des familles riches et considérées, que le ministre de la police propose d'attacher au service avec le grade de sous-lieutenant de cavalerie, mais qui par leur âge ne paraissent pas susceptibles d'entrer à l'école de Saint-Germain.

Les placer à Saint-Germain, où ils ne resteront qu'un an. On les placera ensuite dans des régiments de cavalerie.

NAPOLÉON.

7256. — AU MARÉCHAL BERTHIER.

Dresde, 23 mai 1812.

Mon Cousin, donnez ordre qu'au 1ᵉʳ juin tout ce qu'il y a de disponible en cavalerie dans le grand-duché de Berg parte pour se rendre dans la Poméranie suédoise et y rejoindre ses régiments.

Donnez ordre que les deux bataillons d'infanterie du grand-duché de Berg qui restent encore dans le duché partent le 15 juin, bien armés et bien équipés, pour se rendre dans la Poméranie suédoise et y rejoindre les autres bataillons, ce qui portera les troupes de Berg dans la Poméranie suédoise à sept bataillons d'infanterie et un régiment de cavalerie avec quatorze bouches à feu.

Donnez ordre que le 5ᵉ régiment de la division princière qui est à Berlin se rende à Danzig où il tiendra garnison.

NAPOLÉON.

---

(1) Sans date du jour. Le rapport du maréchal Berthier est du 22 mai, l'expédition de la décision a eu lieu le 24.

7257. — AU MARÉCHAL BERTHIER.

Dresde, 23 mai 1812.

Mon Cousin, si vous avez des moyens de faire passer cette dépêche à Küstrin, chargez-vous de l'expédier, sinon, envoyez-la par l'estafette à Berlin, avec ordre de l'envoyer de là à Küstrin par exprès.

NAPOLÉON.

P. S. — Faites passer également cette lettre à Stettin (1).

7258. — AU GÉNÉRAL CLARKE.

Dresde, 23 mai 1812.

Monsieur le duc de Feltre, je reçois votre lettre du 15. Je vois avec plaisir que les 40 élèves de l'école de Saint-Cyr, destinés pour l'artillerie, ont été examinés le 15 mai, et qu'ils se rendront à Spandau, d'où le général de l'artillerie les répartira dans les différents régiments. Je vois qu'il vaque dans les compagnies de l'armée d'Espagne 36 lieutenants et 13 dans celles de l'intérieur, ce qui fait une cinquantaine d'officiers; en calculant les vacances qui auront lieu, ce sera une centaine d'officiers d'artillerie qui manqueront cette année. Faites-moi un rapport sur le nombre des élèves disponibles à l'école de Metz. Mon intention est qu'il y ait plutôt des lieutenants d'artillerie de plus aux régiments, que des lieutenants de moins. Jusqu'à cette heure, les régiments n'ont pas été complets, ce qui a porté aux corps un grand préjudice.

NAPOLÉON.

---

(1) On lit en marge, de la main de Berthier : « Envoyé par estafette au duc de Bellune, le 23, avec ordre d'expédier en poste un officier pour porter ces deux dépêches. »

7259. — AU GÉNÉRAL CLARKE.

Dresde, 23 mai 1812.

Monsieur le duc de Feltre, le général Grenier n'a pas d'artillerie, et l'artillerie de ligne est dans une situation telle qu'elle ne peut lui rien fournir. Donnez des ordres sur-le-champ pour qu'une compagnie d'artillerie soit formée au régiment d'Isenburg et une compagnie du régiment de la Tour d'Auvergne et que chacun de ces régiments ait deux pièces de canon de 6, qu'une compagnie d'artillerie soit également formée au 22° régiment d'infanterie légère et qu'il y soit attaché deux pièces de canon; par ce moyen, l'artillerie du corps du général Grenier sera composée de six pièces d'artillerie; il y aura un caisson d'ambulance par régiment. Il n'y aura point de caissons des équipages militaires.

Envoyez un capitaine d'artillerie de la ligne, deux lieutenants en second et quatre instructeurs tirés du 2° ou 4° régiment à pied, qui seront chargés de ce qui est relatif à l'organisation de cette artillerie et à sa surveillance; ainsi cette division de 8.000 hommes aura ce qui lui est le plus indispensable. Il faut que les attelages, le matériel, les harnais, soient procurés à Naples ou à Rome, ce qui n'est pas difficile; car s'il fallait les tirer de plus loin, cela ne finirait jamais; et mon intention est que cette artillerie existe et soit en état de servir à la fin de juin.

NAPOLÉON.

7260. — DÉCISIONS (1).

Dresde, 23 mai 1812.

Un soldat du 28° régiment d'infanterie de ligne est réclamé par le ministre de Würzburg au nom de son souverain.	Accordé.

---

(1) Non signées; extraites du « Travail du ministre de la guerre avec Sa Majesté l'Empereur et Roi daté du 13 mai 1812 ».

7261. — AU GÉNÉRAL LACUÉE.

Dresde, 23 mai 1812.

Monsieur le comte de Cessac, je reçois votre lettre du 17 mai d'où il résulte que 600 hommes à cheval des huit escadrons de dragons et 300 hommes à pied peuvent partir sans délai pour se rendre à Hanovre, et que plus tard 500 autres hommes dont 300 à cheval pourront rejoindre ces escadrons. Ainsi ces huit escadrons ne pourront jamais avoir que 1.400 à 1.500 hommes. Je vais donner ordre que ces 1.500 hommes, dont 950 à cheval et 550 à pied, partent pour former un régiment provisoire de huit escadrons qui se réunira à Hanovre. Le général Bourcier ayant plus de chevaux de chasseurs qu'il n'est nécessaire, il choisira les plus forts pour les leur donner. Il deviendra ensuite nécessaire de compléter chaque escadron à 250 hommes présents, ce qui, au lieu de 1.500 hommes, portera ces escadrons à 2.000 hommes. Ce sera donc encore 500 hommes et 500 chevaux à fournir. Ces nouveaux 500 hommes seront donnés progressivement et fournis par l'infanterie lorsque les premiers 1.500 hommes seront montés. Donnez des ordres en conséquence et communiquez-les au ministre de la guerre qui me proposera un colonel en second pour commander ce régiment provisoire qui, lorsque les escadrons seront complets, pourra être dédoublé et partagé en deux régiments chacun de 1.000 hommes. J'attache de l'importance à ce qu'il arrive promptement à Hanovre, vu que c'est la seule cavalerie que je laisse sur les derrières pour garder les côtes de Hamburg et de la 32e division militaire.

NAPOLÉON.

7262. — ORDRE (1).

Comme les 2 bataillons de Hesse-Darmstadt qui doivent être attachés au quartier général et qui doivent se rendre à Marienburg ne pourront partir qu'auparavant ils soient remplacés par la division Heudelet, envoyez ordre qu'il parte un bataillon sans délai; l'autre attendra qu'il ait été remplacé.

---

(1) Sans date, classé avec des ordres de Napoléon du 24 mai 1812; non signé, mais de la main de Berthier.

7263. — DÉCISION.

Dresde, 23 mai 1812.

Le maréchal Berthier demande l'autorisation d'envoyer à Marienburg une compagnie du train d'artillerie.

Approuvé.

NAPOLÉON.

7264. — DÉCISION.

Dresde, 24 mai 1812.

Ordre a été donné de faire partir pour la Grande Armée les hommes et chevaux disponibles au dépôt du 1er régiment d'artillerie à cheval.

Approuvé.

NAPOLÉON.

7265. — AU GÉNÉRAL CLARKE.

Dresde, 24 mai 1812.

Monsieur le duc de Feltre, je vous ai fait connaître par ma lettre du 18 mai les modifications qui me paraissaient nécessaires dans l'organisation des 4 divisions de la réserve.

La 1re division, que commande le général Lagrange, a déjà ordre de se mettre en marche sur Magdeburg. Celle-là n'a pas besoin d'artillerie, puisqu'elle est destinée à être incorporée dans les corps de la Grande Armée et à les recruter.

La 2e division que commande le général Heudelet, composée de 5 demi-brigades et de 20 bataillons, doit tenir garnison à Hamburg, à Brême, dans le Mecklenburg, à Munster et à Osnabrück.

La brigade de réserve d'Erfurt sera aussi sous les ordres du général Heudelet, qui tiendra son quartier général à Munster.

Les 8 quatrièmes escadrons de dragons que j'ai donné ordre de mettre en mouvement sans délai pour Hanovre, dont la force ne doit être d'abord que de 800 hommes, mais qui seront ensuite de 2.000 hommes, seront également sous les ordres du général Heudelet, qui, par ce moyen, aura 18.000 hommes d'infanterie et 2.000 hommes de cavalerie, pour se porter en Hollande, dans les 31e et 32e divisions militaires, dans le Mecklenburg, dans la Poméranie suédoise, à Berlin, à Cassel, et sur tout autre point où les mouvements de l'ennemi où une insurrection rendraient sa présence nécessaire.

Il est donc convenable que les commandants des 17ᵉ, 31ᵉ et 32ᵉ divisions militaires en soient prévenus, afin que si une descente réelle de plus de 7.000 à 8.000 hommes avait lieu, on en donnât avis au général Heudelet, par courrier extraordinaire.

Vous recommanderez au général Saint-Cyr et aux autres généraux commandant les divisions militaires de laisser ces troupes réunies dans de bonnes garnisons, afin que les soldats soignent leur santé, se rendent forts et s'instruisent. Le général Saint-Cyr fera faire le service de la côte par les deux bataillons du prince primat.

Le commandant de la 31ᵉ division fera faire ce même service par le régiment de la Confédération n° 6.

La division Heudelet sera sous les ordres généraux du duc de Bellune qui est à Berlin et commande les troupes entre le Rhin et la Vistule.

Il ne manquera à cette division, pour pouvoir entrer en ligne et repousser toute tentative de débarquement qui pourrait être faite sur la Baltique ou ailleurs, que d'avoir 4 batteries d'artillerie.

Il est nécessaire que vous lui en fournissiez deux le plus tôt possible, ce qui fera 16 pièces que vous ferez bien atteler. En cas de descente, le général Heudelet se procurerait les deux autres dans la 32ᵉ division.

Il est nécessaire également que vous donniez à cette division 2 généraux de brigade, 1 adjudant commandant, 1 officier supérieur d'artillerie et 2 commissaires des guerres; et qu'enfin cette division, qui n'est pas une division de marche et qui se compose de bataillons entiers, soit complètement organisée.

Je ne crois pas avoir encore donné d'ordres pour mettre en mouvement la 3ᵉ division de la réserve que commande le général Merle, et qui est composée des 10ᵉ, 11ᵉ, 12ᵉ et 13ᵉ demi-brigades.

La 10ᵉ doit être à Utrecht et déjà formée; la 11ᵉ et la 12ᵉ doivent être à Boulogne; la 13ᵉ doit être à Chambéry et à Genève.

Donnez ordre à la 13ᵉ de se mettre en marche pour se rendre à Strasbourg.

Faites-moi connaître quand la Hollande et le camp de Boulogne pourront se passer des 10ᵉ, 11ᵉ et 12ᵉ demi-brigades, ce qui ne peut avoir lieu que quand les cohortes des gardes nationales seront formées, armées, et déjà capables d'opposer une résistance.

Aussitôt que des demi-brigades pourront être relevées, il faudra diriger la 11ᵉ et la 12ᵉ sur Nimègue, où elles seront à portée de la 10ᵉ. Mon intention est ensuite de mettre en mouvement cette division pour Berlin, en faisant passer le Rhin par la 13ᵉ demi-brigade à Strasbourg.

Quant à la 4ᵉ division de la réserve, à fur et mesure que les bataillons seront prêts, dirigez-les sur Berlin.

Le bataillon espagnol qui se forme dans un cadre du régiment de Walcheren sera-t-il bientôt prêt?

Ainsi donc la 32ᵉ division militaire se trouve gardée par 2 bataillons de la division princière, par 20 bataillons de la division Heudelet, par 6 de la réserve d'Erfurt, par 2.000 dragons et 16 pièces de canon, ce qui fera 20 à 25.000 hommes, qui, joints au corps auxiliaire de 10.000 Danois, feront 35.000 hommes.

Les troupes de Berlin pourront encore fournir 20.000 hommes. Ce sera donc une armée de 50.000 à 55.000 hommes, qui pourra se porter partout où on serait menacé.

NAPOLÉON.

7266. — DÉCISION.

Dresde, 24 mai 1812.

On propose à Sa Majesté de laisser au dépôt du 5ᵉ bataillon de sapeurs, à Metz, 80 hommes pour recruter les 1ʳᵉ et 7ᵉ compagnies de ce bataillon, employées à Ostende et au Helder, et fortes seulement, l'une de 72 hommes, et l'autre de 78.

Approuvé.

NAPOLÉON.

7267. — DÉCISION.

Dresde, 26 mai 1812.

Renseignements fournis par un déserteur russe sur la division du général Souvarov.

Renvoyé au duc de Bassano pour me faire connaître le numéro de la division Souvarov.

NAPOLÉON.

7268. — DÉCISION.

Dresde, 26 mai 1812.

Le général Clarke rend compte qu'il a établi à Vincennes, Saint-Denis et Paris la 1re demi-brigade provisoire, et à Vincennes et Saint-Denis six cohortes de la garde nationale.

Approuvé.

NAPOLÉON.

7269. — AU MARÉCHAL BERTHIER.

Dresde, 26 mai 1812.

Mon Cousin, je vois par l'état des armes existant dans les places de l'Oder et dans celles de Danzig et Magdeburg, qui est joint à votre lettre de ce jour, que cet approvisionnement n'est pas suffisant. Je donne au ministre de la guerre ordre d'y destiner 30.000 fusils d'infanterie, 3.000 fusils de dragons, 3.000 mousquetons, 9.000 sabres d'infanterie ou briquets, 3.000 sabres de cavalerie légère, 3.000 sabres de grosse cavalerie et 3.000 paires de pistolets, de diriger les deux tiers de ces armes sur Mayence à la disposition du général de l'artillerie de l'armée et un tiers sur Magdeburg. Ainsi il y aura à Magdeburg 10.000 fusils d'infanterie, 1.000 de dragons, 1.000 mousquetons, 1.000 paires de pistolets, 3.000 sabres d'infanterie et 1.000 sabres de chaque arme de cavalerie. Lorsque le commandant de l'artillerie jugera à propos de faire venir à Danzig ou à Thorn la partie des armes qui sera déposée à Magdeburg, il les fera remplacer à Magdeburg par un autre tiers. Faites connaître au général Lariboisière cette disposition, afin qu'il donne les ordres nécessaires. Il faut que dans le courant de juin les armes destinées pour Magdeburg soient arrivées dans cette place.

NAPOLÉON.

7270. — DÉCISION.

Dresde, 26 mai 1812.

Le maréchal Ney demande qu'il soit organisé des compagnies de grenadiers et de voltigeurs dans le 2e régiment d'infanterie portugais qui n'en possède pas.

Approuvé.

NAPOLÉON.

7271. — AU GÉNÉRAL CLARKE.

Dresde, 26 mai 1812.

Monsieur le duc de Feltre, le général commandant l'artillerie de la Grande Armée me rend compte qu'au 1er mai il n'existait dans les places de Danzig, Stettin, Küstrin, Glogau et Magdeburg que 17.000 fusils d'infanterie, 900 fusils de dragons, 2.000 mousquetons, 3.600 paires de pistolets et 6.000 sabres, indépendamment de 3.600 fusils à réparer. Cet approvisionnement ne me paraît pas suffisant. Je désire que vous y destiniez 30.000 fusils d'infanterie, 3.000 fusils de dragons, 3.000 mousquetons, 9.000 sabres ou briquets, 3.000 sabres de cavalerie légère, 3.000 sabres de grosse cavalerie et 3.000 paires de pistolets. Vous dirigerez les deux tiers de ces armes sur Mayence, où elles seront à la disposition du général d'artillerie de la Grande Armée. L'autre tiers sera dirigé sur Magdeburg. Il y aura donc à Magdeburg 10.000 fusils d'infanterie, 1.000 fusils de dragons, 1.000 mousquetons, 3.000 sabres d'infanterie, 1.000 paires de pistolets et 1.000 sabres de chaque arme de cavalerie. Lorsque le commandement de l'artillerie jugera nécessaire de faire venir les armes déposées à Magdeburg, à Danzig ou à Thorn, ces armes seront remplacées à Magdeburg par un autre tiers.

NAPOLÉON.

7272. — AU GÉNÉRAL CLARKE.

Dresde, 26 mai 1812.

Monsieur le duc de Feltre, il paraît que le cadre du 6e bataillon du 46e s'est rendu à Arras, au lieu de se rendre à Strasbourg. Il est donc nécessaire de faire retourner ce cadre dans cette dernière ville, et que, sans attendre son arrivée, vous fassiez partir le cadre du 6e bataillon du 93e, en y faisant incorporer, si cela est nécessaire, les 400 hommes du 113e, afin que ce bataillon parte complet à 900 hommes pour Spandau.

Vous ferez d'autres dispositions pour remplir le cadre du 6e bataillon du 46e.

NAPOLÉON.

7273. — DÉCISION.

Dresde, 26 mai 1812.

Rapport du maréchal Berthier sur les mouvements et les remontes des bataillons du train d'artillerie à la Grande Armée.

Ces détails doivent être laissés à la disposition du commandant de l'artillerie. Lui bien recommander de ne faire aucun faux mouvement, qu'il n'est pas tenu de faire remplacer des détachements par d'autres, que ce sont des opérations de quartiers d'hiver, qu'il faut se servir de tous les chevaux que l'on a et les utiliser tous sur la Vistule.

NAPOLÉON.

7274. — DÉCISION.

Dresde, (1) 26 mai 1812.

Le maréchal Berthier demande l'autorisation de diriger sur Erfurt les 3ᵉ et 4ᵉ bataillons du 29ᵉ de ligne qui arriveront le 20 juin à Strasbourg.

Approuvé.

NAPOLÉON.

7275. — DÉCISION (2).

On prie Sa Majesté de vouloir bien autoriser la remise à l'administration de la guerre, pour le service des hôpitaux militaires, de divers effets de casernement ayant appartenu à l'établissement des pupilles royaux en Hollande.

Accordé.

---

(1) Sans date de jour; le rapport du maréchal Berthier est du 26 mai; l'expédition de la décision a eu lieu le 27.
(2) Sans signature ni date; extraite du « Travail du ministre directeur de l'administration de la guerre avec Sa Majesté l'Empereur et Roi daté du 27 mai 1812 ».

7276. — AU GÉNÉRAL CLARKE.

Dresde, 27 mai 1812.

Monsieur le duc de Feltre, les sénateurs doivent avoir rempli leur mission près des cohortes et achevé leur organisation; cela étant, vous pouvez les autoriser à revenir à Paris.

NAPOLÉON.

7277. — DÉCISIONS (1).

On rend compte à Sa Majesté de la perte d'une somme de 205.025 francs, éprouvée par le 120e régiment à Santander le 10 juin 1809, et on propose à Sa Majesté de décider qu'il n'y a lieu à aucun remboursement pour cet objet de la part du Trésor impérial et que le général Gauthier, ancien colonel de ce régiment, doit être responsable des fonds appartenant à la solde.	Renvoyé au Conseil d'Etat.
Dispositions prises pour que les conscrits qui n'auraient pu se faire remplacer au moment de la formation des cohortes y soient autorisés après leur incorporation.	Renvoyé au Conseil d'Etat.

7278. — AU GÉNÉRAL CLARKE.

Dresde, 28 mai 1812.

Monsieur le duc de Feltre, j'ai lu avec attention votre rapport du 14 mai. Je ne pense pas que les compagnies d'artillerie des cohortes de gardes nationales puissent rendre des services avant le mois d'août prochain, lorsqu'elles auront leurs officiers et sous-officiers complets et qu'elles auront six semaines de polygone.

Mon intention est donc qu'on laisse les compagnies se former et

---

(1) Sans signature ni date; extraites du « Travail du ministre de la guerre avec Sa Majesté l'Empereur et Roi daté du 27 mai 1812 ».

s'exercer dans les lieux où elles seront, d'où on les fera partir pour les points qui seraient menacés.

Vous me remettrez au mois de juillet sous les yeux votre travail du 14 mai, afin que je mobilise une trentaine de ces compagnies pour le service de l'armée. En attendant, je désire porter à vingt le nombre des compagnies d'artillerie qui sont destinées à occuper les places des derrières de l'armée, et qui seront placées savoir : 1 compagnie à Erfurt, 2 à Magdeburg, 3 dans les places de l'Oder, 2 à Spandau, 1 dans la Poméranie suédoise, 3 à Danzig, 2 à Pillau, 1 à Marienburg, 1 à Thorn et 4 depuis la Pregel jusqu'à l'armée.

Sur ces 20 compagnies, 13 existent, en y comprenant celle d'Erfurt ; 7 compagnies sont donc à fournir, que vous devez tirer, savoir : 1 de Wesel, 3 d'Anvers, 1 de Boulogne, 1 de Douai et 1 de Strasbourg.

Parmi ces sept compagnies, vous en prendrez tout au plus deux du 2e régiment ; les cinq autres seront prises dans les autres régiments, et vous les dirigerez toutes ensemble sur Spandau, où elles recevront des ordres pour leur destination définitive. La compagnie du 1er régiment qui est à Wesel sera dirigée sur Spandau. Les six autres seront envoyées, savoir : 1 pour tenir garnison à Thorn, 1 nouvelle à Pillau et 4 pour servir à la suite de l'armée sur la Pregel.

Plusieurs compagnies que vous venez d'envoyer à Hamburg, à Erfurt, sont composées de conscrits. Donnez ordre que dans les endroits où elles sont elles fassent polygone, afin de s'exercer.

Faites partir des dépôts de l'artillerie ce qui est nécessaire pour compléter à 100 hommes les compagnies d'artillerie légère de la Grande Armée, et à 120 hommes les compagnies d'artillerie à pied. Vous ferez former de ces hommes des compagnies de marche que vous dirigerez sur Berlin, où elles recevront des ordres du major général.

NAPOLÉON.

7279. — AU GÉNÉRAL CLARKE.

Dresde, 28 mai 1812.

Monsieur le duc de Feltre, dirigez sur Magdeburg les fusils de calibre étranger que j'ai achetés en Hollande et ceux que j'ai fait prendre en France et diriger sur Wesel et Mayence. Ayez soin que ces fusils soient raccommodés et en état de servir.

Les affûts de Magdeburg ont besoin de réparations; envoyez des ouvriers et donnez ordre qu'on travaille à ces réparations. Il y a, m'assure-t-on, à Magdeburg assez de bois. Il est important de tenir cette place en bon état.

NAPOLÉON.

7280. — AU GÉNÉRAL CLARKE.

Dresde, 28 mai 1812.

Monsieur le duc de Feltre, je réponds à votre lettre du 20 mai sur les officiers et sous-officiers d'artillerie qui manquent dans les cohortes de gardes nationales. Mon intention est que vous nommiez sur-le-champ 49 capitaines de la ligne pour commander les 49 compagnies qui sont vacantes. Nommez également 63 lieutenants en premier tirés de la ligne. Quant aux lieutenants en second, 40 doivent sortir cette année de l'école de Metz et 40 de l'école de Saint-Cyr, ce qui fait 80. Vous pouvez en prendre la moitié et les attacher aux cohortes et prendre les 36 autres dans les sous-officiers de la ligne les plus distingués et ayant au moins 8 ans de service.

Vous pouvez prendre les 88 fourriers parmi les jeunes gens les plus instruits des écoles.

Les 82 sergents-majors peuvent être pris dans la ligne ou parmi les canonniers vétérans.

Des 318 sergents manquants, vous en prendrez 18 parmi les vétérans et 200 dans la ligne. Les 100 autres places resteront vacantes. Pour les 900 caporaux, prenez-en 200 dans les vétérans, 300 dans la ligne, et laissez 400 places vacantes. Promettez les places vacantes à des conscrits lettrés, ayant les qualités requises, qui se distingueraient dans les manœuvres et auraient suffisamment d'instruction pour enseigner aux autres. L'école de Metz et celle de Saint-Cyr peuvent offrir de nouvelles ressources pour des sous-lieutenants; ces jeunes gens achèveront de se former dans les cohortes.

Mon intention est que les officiers et sous-officiers d'artillerie des cohortes de gardes nationales soient considérés comme étant de la ligne et qu'ils courent avec la ligne pour l'avancement. Les lieutenants en second des cohortes passeront lieutenants en premier dans la ligne; les lieutenants en premier passeront capitaines, l'avancement ne se fera point dans les cohortes. Vous pourrez, lorsque des corps auront besoin d'officiers et de sous-officiers, tirer des cohortes des lieutenants en second et des sous-officiers.

NAPOLÉON.

7281. — DÉCISION.

Dresde, 28 mai 1812.

Note sur la déclaration d'un déserteur de l'armée russe.

Renvoyé à l'état-major général pour vérifier le fait.

NAPOLÉON.

7282. — DÉCISION.

Dresde, 28 mai 1812.

Le général Lariboisière propose de retirer les fusils et les sabres aux hommes entrant aux hôpitaux.

Approuvé.

NAPOLÉON.

7283. — DÉCISION.

Dresde, 28 mai 1812.

Le général Clarke propose de diriger sur Nimègue la 3° demi-brigade provisoire.

Il est inutile de diriger cette demi-brigade sur Nimègue, puisqu'elle doit venir à Strasbourg et de là passer en Allemagne pour se diriger sur Berlin, puisque c'est là où doit se réunir la 3° division de la réserve. En attendant, diriger cette demi-brigade sur Strasbourg.

NAPOLÉON.

7284. — ORDRE DU JOUR (1).

Au grand quartier général à Dresde, 28 mai 1812.

L'Empereur rappelle aux différents corps de l'armée l'importance que l'on doit mettre à la conservation des armes.

Sa Majesté ordonne que les corps retirent désormais les fusils et les sabres des hommes envoyés aux hôpitaux, afin d'en assurer la conservation.

(1) Minute, non signée.

Les fusils des hommes entrés aux hôpitaux seront transportés dans deux caisses d'armes qui seront à la suite des régiments; lorsque le nombre des fusils excèdera 40 à 50, ils seront remis à la première station que fera le corps, au parc d'artillerie de la division; le commandant d'artillerie en donnera un reçu qui fera mention de l'état dans lequel les armes se trouveront et il fera expédier toutes les armes remises par les différents corps de la division sur la place de dépôt du parc général la plus voisine, en prenant toutes les précautions nécessaires pour la sûreté des armes; il aura soin de rendre compte au directeur général du parc du nombre de fusils et sabres appartenant à chaque régiment, en lui faisant connaître le numéro du corps et l'état dans lequel se trouvaient les armes.

En cas d'éloignement du parc général ou des places de dépôt, les armes dont il s'agit seront déposées chez un commandant de place qui en donnera reçu et qui en demeurera responsable jusqu'à ce qu'il trouve les moyens de les faire transporter dans une place où l'artillerie ait des établissements.

Le prince de Neuchâtel, major général.

7285. — DÉCISIONS (1).

Dresde, 28 mai 1812.

On propose d'établir plusieurs brigades de gendarmerie d'augmentation dans les départements des Basses-Pyrénées, du Mont-Blanc, de l'Isère et des Apennins.	Approuvé.
Il résulte de l'enquête faite au sujet de M. le capitaine Breton, accusé d'avoir laissé enlever un troupeau de mérinos qu'il était chargé de conduire en France, que cet officier ne serait pas exempt de quelques reproches, mais que ses intentions étaient pures; et, attendu ses bons et honorables services, on	Approuvé.

(1) Non signées; extraites du « Travail du ministre de la guerre avec Sa Majesté l'Empereur et Roi daté du 20 mai 1812 ».

prie Sa Majesté de permettre qu'il ne soit puni que d'un mois de prison dans une citadelle et qu'il soit ensuite renvoyé à ses fonctions.

On rend compte à Sa Majesté des motifs qui déterminent à proposer la destitution du sieur Michel, sous-lieutenant au 1ᵉʳ régiment de cuirassiers, dont la conduite prouve qu'il n'est pas dévoué à Sa Majesté.

Le ministre de la guerre le fera venir à Paris; il sera interrogé à la police et, sur le compte qui me sera rendu, je statuerai sur cet individu; mais il faut d'abord l'entendre.

On propose à Sa Majesté d'accorder grâce à 921 condamnés au boulet ou aux travaux publics, dont 716 valides et 205 infirmes.

Approuvé, les diriger et les habiller sur les dépôts de Strasbourg et de Wesel. Diriger ceux qui sont à Alexandrie sur le dépôt du 22ᵉ léger à Rome. Recruter par ces bataillons les 6ᵉˢ bataillons qui restent à Wesel et à Strasbourg.

On prend les ordres de Sa Majesté sur la demande formée par M. Clouet, qui commandait le génie à la garde de S. M. C., de rentrer dans le corps impérial du génie en qualité de chef de bataillon.

S'il rentre, il doit rentrer avec le grade qu'il avait lorsqu'il est sorti.

On soumet à Sa Majesté une demande que fait le sieur A. de Vedel, neveu du général de brigade Vedel, pour obtenir la permission de solliciter du service en Saxe.

L'employer dans le régiment de La Tour d'Auvergne.

7286. — ORDRE DU JOUR.

Posen, 31 mai 1812.

Le comte de Lottum ayant requis 1.200 voitures, le prince d'Eckmühl prendra les mesures nécessaires pour qu'elles soient organisées dans trois jours. Elles seront divisées en compagnies de 100 voitures. Huit de ces compagnies seront attachées au 1ᵉʳ corps, deux au 2ᵉ corps, deux au 3ᵉ corps.

Elles seront réunies sans délai à Elbing, Marienburg et Marienwerder, chargées de farine et de riz et expédiées à la suite des corps auxquels elles sont affectées.

Les commandants des 1er, 2e et 3e corps enverront un officier d'état-major et un employé d'administration pour veiller au chargement et à la marche de ces compagnies.

Le prince d'Eckmühl est chargé de leur organisation et de nommer les officiers et sous-officiers qui doivent les commander.

Cet ordre du jour sera communiqué à M. de Lottum par l'intendant général, pour qu'il adresse sur-le-champ les ordres nécessaires aux autorités prussiennes.

NAPOLÉON.

7287. — AU MARÉCHAL BERTHIER.

Posen, 31 mai 1812.

Mon Cousin, je vois dans la lettre du 26 mai, du duc de Bellune, qu'il donne ordre au général Lagrange de se rendre dans le Mecklenburg. Je crains qu'il n'y ait une erreur. Ce n'est pas le général Lagrange, qui est à Magdeburg, qui doit se rendre dans le Mecklenburg, mais le général Lagrange qui a un bras de moins. Si le duc de Bellune a adressé son ordre au général Lagrange, qui commande une division de la réserve, cette division va se trouver sans commandant. Dans ce cas, il faudrait qu'il donnât contre-ordre. Expliquez-lui bien cela.

NAPOLÉON.

7288. — ORDRE DU JOUR.

Posen, 31 mai 1812.

Les chevaux de trait qui devaient être fournis au dépôt de Marienburg n'ayant pu l'être, il est requis deux mille chevaux de trait dans la régence de Marienwerder et autres régences voisines.

Le prince d'Eckmühl en fera faire la répartition sans délai. On ne recevra que des chevaux en état de servir. Sur l'estimation qui en sera faite, des bons seront donnés, pour la valeur en être acquittée par le gouvernement prussien.

Ces chevaux seront distribués ainsi qu'il suit :

750 aux bataillons des équipages militaires, savoir :

150 au bataillon des équipages de la garde;
176 au 12ᵉ bataillon attaché au 1ᵉʳ corps d'armée;
20 aux 3 compagnies du 6ᵉ bataillon attachées au 2ᵉ corps;
14 aux 2 compagnies du 2ᵉ bataillon attachées au 3ᵉ corps;
20 aux 3 compagnies du 9ᵉ bataillon ⎫
100 au bataillon italien ⎬ attachés au 4ᵉ corps.
30 aux 3 compagnies du 2ᵉ bataillon ⎫
20 aux 3 compagnies du 6ᵉ bataillon ⎬ attachées au quartier gé-
29 aux 3 compagnies du 9ᵉ bataillon ⎬ néral.
191 au 10ᵉ bataillon ⎭

750

1.100 à l'artillerie, savoir :

200 pour l'artillerie de la garde;
200 pour la réserve d'artillerie du 1ᵉʳ corps;
100 pour la réserve d'artillerie du 2ᵉ corps;
100 pour la réserve d'artillerie du 3ᵉ corps;
100 pour l'artillerie du 1ᵉʳ corps d'armée;
200 pour l'artillerie du 2ᵉ corps d'armée;
200 pour l'artillerie du 3ᵉ corps d'armée.

1.100

NAPOLÉON.

7289. — ORDRE DU JOUR.

Posen, 31 mai 1812.

Les trois cents bœufs qui devaient être fournis à Danzig par la Prusse, pour le 20ᵉ bataillon des équipages militaires, ne l'ayant pas été, ils seront livrés par réquisition dans le pays de Danzig et dans un rayon de dix lieues.

Des bons seront donnés pour lesdits bœufs, conformément à l'estimation qui en sera faite, être payés par le résident de Prusse à Danzig, et, en cas de refus, par le payeur de l'armée dans cette place. Cette livraison sera faite vingt-quatre heures après la réception du présent ordre.

Le gouverneur et l'ordonnateur de Danzig sont chargés de son exécution.

NAPOLÉON.

7290. — ORDRE DU JOUR.

Posen, 31 mai 1812.

Le 16e bataillon des équipages militaires qui s'organise à Varsovie manquant de voitures, de harnais et de chevaux, il est requis dans le département de Varsovie le nombre de voitures, chevaux et harnais nécessaire pour compléter ledit bataillon. L'évacuation en sera faite sur-le-champ et le tout payé sur les fonds de la caisse de l'armée. Le préfet du département de Varsovie, le général Dutaillis, commandant la place, et le commissaire ordonnateur prendront les mesures les plus promptes, pour que cet ordre soit mis à exécution dans les quarante-huit heures et que ledit bataillon puisse partir pour l'armée.

NAPOLÉON.

7291. — PROCLAMATION DE L'EMPEREUR NAPOLÉON A SES TROUPES (1).

Juin 1812.

Soldats! vous avez combattu avec moi dans trois parties du monde. Partout où je vous conduisais, la victoire était votre mot de ralliement. Je croyais pouvoir enfin, par le traité de paix de Vienne, procurer au continent le repos si longtemps désiré par vous; mais une nouvelle époque vous appelle au champ de bataille, puisque la Russie ne tient pas la parole qu'elle avait donnée de fermer ses ports aux insulaires, nos misérables ennemis. Toutes mes représentations, toutes les menaces que j'ai faites à l'empereur Alexandre et à son cabinet aveuglé ont été sans effet; car ce dernier est absolument corrompu par les guinées pour lesquelles, depuis vingt-deux ans, tant de millions d'hommes ont répandu leur sang en Europe. Je dois donc, les armes à la main, arrêter les effets de cette influence hostile.

Soldats! faites voir encore une fois que vous êtes Français. Cette grande lutte avec un colosse puissant sera opiniâtre : mais votre bravoure accoutumée sera seule votre boulevard. Les aigles françaises flotteront pour la seconde fois au delà de l'Oder et de la Vistule, quoique l'ennemi soit dans la ferme conviction que je n'ai

---

(1) Ce document, qui est une copie provenant d'un général russe, a été acheté en 1852 par le ministère de la guerre à Mme Sichler, sur la proposition de M. Dupont, ancien conseiller à la Cour des comptes.

pas assez de troupes pour lui opposer des forces égales, sans être obligé d'abandonner de nouveau l'Espagne à son sort. Mais je conduis en Pologne 200.000 Français, sans avoir besoin de retirer un seul homme de l'Espagne. Outre mes alliés de la Confédération du Rhin, qui sont forts de 120.000 hommes, j'ai un allié puissant, l'empereur d'Autriche, de qui les troupes ont un courage et une bravoure inébranlables, dont vous avez même, dans la dernière campagne, acquis des preuves mémorables. Avec son secours et celui de son artillerie, dont l'habileté a été, depuis des siècles, la frayeur de l'ennemi et qui a obtenu la première place en Europe, la victoire ne saurait être douteuse un seul moment et cette fois aussi elle mettra au jour votre valeur éprouvée.

Soldats! vous allez combattre encore une fois. Je vous promets sur ma parole impériale que ce sera la dernière et alors vous pourrez retourner au sein de vos familles et, pour prix de votre amour persévérant pour la patrie et ma personne, jouir du repos désiré. Alors vous pourrez avec orgueil jeter les yeux sur l'Europe que vous avez vaincue et où votre courage héroïque restera après des siècles dans un souvenir éternel. Après cette dernière lutte, qui vous procurera les derniers lauriers de votre victoire, je conclurai une paix qui sera digne de mon peuple et de moi.

7292. — ORDRE DU JOUR.

Au quartier général, Posen, 1er juin 1812.

Les généraux commandant l'artillerie et le génie de l'armée, et l'intendant général, donneront les ordres nécessaires pour que la place de Spandau soit armée et approvisionnée en munitions de guerre et de bouche, pour soutenir un long siège contre une armée régulière.

Il y aura dans la place des magasins d'artillerie, du génie et des vivres, et des gardes-magasins attachés à la place. Il y aura un officier du génie, un officier d'artillerie, deux adjoints du génie et deux compagnies d'artillerie complètes pour la défense de la place.

Les deux commandants arrêteront l'armement, et le général d'artillerie prendra des mesures telles que, du 15 au 30 juin, cette place puisse soutenir un siège contre une armée régulière.

Napoléon.

7293. — AU GÉNÉRAL CLARKE.

Posen, 1" juin 1812.

Monsieur le duc de Feltre, vous aurez vu par la lettre que je vous ai écrite de Dresde les ordres donnés à la division Heudelet pour couvrir Brême, Hamburg et le Mecklenburg. Dans ces bons cantonnements, cette division achèvera de se former, et recevra les bataillons qui lui manquent. Correspondez avec le général Heudelet pour les nominations aux places vacantes et pour les remplacements. Envoyez-lui de bons officiers et des sous-lieutenants. Nommez surtout aux places de chefs de bataillon vacantes et donnez leur retraite aux capitaines qui sont hors de service; je désire que vous envoyiez un de vos aides de camp pour faire ce travail.

Faites la même chose pour toutes les demi-brigades. Envoyez de bons officiers, afin qu'on ait là de bons cadres.

Activez donc la formation des 6es bataillons des 37e, 46e, 56e, 93e, et faites-les partir, afin de compléter la 1re division de la réserve.

Dirigez sur Mayence la 13e demi-brigade qui est à Genève, et qui fait partie de la 3e division de la réserve; enfin, mettez en mouvement, aussitôt que vos cohortes y seront, les 10e, 11e et 12e demi-brigades. Je crois vous avoir fait connaître que vous deviez diriger ces quatre demi-brigades sur Berlin.

Le général de division Merle devait commander cette division, mais il est à Danzig. Nommez un général de brigade pour en prendre provisoirement le commandement.

NAPOLÉON.

7294. — AU GÉNÉRAL CLARKE.

Posen, 1" juin 1812.

Monsieur le duc de Feltre, je vois par le bulletin des mouvements du 12 au 20 mai que les 76e, 77e et 78e cohortes seront arrivées les 1er, 2 et 3 juin à Utrecht. Prenez des mesures pour leur prompt habillement. Vous ne me faites pas connaître quel est le général de brigade qui commande la 2e brigade. Le général Molitor, qui sent l'importance de mettre ces troupes sur le meilleur pied, y portera tous ses soins et vous proposera les remplacements d'officiers qui seront nécessaires.

L'arrivée de ces cohortes à Utrecht me fait espérer que vous pourrez disposer de la 10° demi-brigade provisoire. Dirigez-la sur Berlin, en la faisant passer par Wesel.

Je vois également que, dans les premiers jours de juin, la 3° brigade sera réunie à Bruges, la 4° à Malines, la 11° à Louvain, et dans le courant de juin, la 5° à Boulogne.

Vous pourrez placer la 47° cohorte le 2 juin à Boulogne, la 48° le 4 juin, et la 49° le 3 juin, également à Boulogne. Vous pourrez placer à Calais la 79° et à Dunkerque la 80°. Calais et Dunkerque, qui n'ont rien à craindre, pourront attendre jusqu'au 21 juin, époque de l'arrivée de ces deux dernières cohortes. Par ce moyen les 11° et 12° demi-brigades deviendront sur-le-champ disponibles, et, au reçu de ma lettre, vous pourrez les faire partir.

Je vous ai fait connaître mes intentions pour la formation des cadres des compagnies d'artillerie des cohortes. J'entends que ces cadres soient de bonne artillerie. L'artillerie dont les officiers ne connaissent pas leur métier n'est bonne à rien. Il faut que les officiers de l'artillerie des cohortes roulent avec ceux de la ligne.

Le 6° bataillon du 22° léger, qui arrive le 20 juin à Vérone, pourra continuer sa route sur Trente, où il restera plusieurs jours pour se reposer, et de là continuera sa marche sur Dresde.

Les 3° et 4° bataillons, qui arrivent le 20 juin à Strasbourg, continueront leur route pour Erfurt. Il est nécessaire de compléter ces deux bataillons. Il leur manque 400 hommes; il faut les leur fournir.

NAPOLÉON.

7295. — AU GÉNÉRAL CLARKE.

Posen, 1" juin 1812.

Monsieur le duc de Feltre, je reçois votre lettre du 24 mai, par laquelle vous m'annoncez le départ du 15° convoi de fonds. Préparez la formation d'un 16° convoi, et présentez-m'en le projet. Il faut bien solder l'armée du Nord, dont le quartier général est à Vitoria et non à Burgos.

Le roi ayant reçu beaucoup d'argent de Valence, on peut retarder les envois qui lui sont destinés.

NAPOLÉON.

7296. — DÉCISIONS (1).

Posen, 1ᵉʳ juin 1812.

On propose à Sa Majesté d'accorder la décoration d'officier de la Légion d'honneur au capitaine Dumesnil et celle de légionnaire aux sieurs Daloigny, lieutenant; Quinton, sous-lieutenant; Spichel, maréchal des logis, et Monceau, dragon, tous du 14ᵉ régiment de dragons.

Accordé, à l'exception de Daloigny.

On propose à Sa Majesté d'accorder la croix de la Légion d'honneur au sieur de la Marmora, sous-lieutenant au 26ᵉ régiment de chasseurs.

Accordé.

7297. — DÉCISION (2).

Le général de brigade Gauthier, employé dans les provinces Illyriennes, demande à être envoyé dans une armée active.

L'Empereur a décidé que ce général resterait employé en Illyrie.

7298. — DÉCISIONS (3).

Posen, 1ᵉʳ juin 1812.

On propose à Sa Majesté d'attacher à la division de réserve qui a été organisée à Toulouse le général de brigade Barthélemy, employé dans la 9ᵉ division militaire;

Approuvé.

---

(1) Non signées; extraites du « Travail du ministre de la guerre avec Sa Majesté l'Empereur et Roi daté du 20 mai 1812 ».
(2) Non signée; extraite du « Travail du ministre de la guerre avec Sa Majesté l'Empereur et Roi daté du 29 avril 1812 ».
(3) Non signées; extraites du « Travail du ministre de la guerre avec Sa Majesté l'Empereur et Roi daté du 13 mai 1812 »

De confier au général de brigade Lanchantin, disponible à Milan, le commandement du département de la Lippe.	Approuve.
On présente à Sa Majesté, conformément à ses ordres, l'état des services de M. le colonel Lecourt Villière, pour lequel le grand chancelier de la Légion d'honneur a demandé l'autorisation de porter la décoration de commandeur de l'ordre de Hesse.	Accordé.
Sa Majesté est priée de faire connaître si son intention est d'accorder par exception l'admission à l'Hôtel des Invalides en faveur de neuf militaires dont on lui présente la liste nominative.	Accordé.
Le général Lauthier Xaintrailles sollicite la croix de la Légion d'honneur.	Accordé.
On propose à Sa Majesté d'employer en Corse, en remplacement du général Penne, le général de brigade Launay.	Approuvé.

7299. — DÉCISION.

Thorn, 3 juin 1812.

Le maréchal Oudinot rend compte que six voitures d'équipage de pont qui lui avaient été annoncées comme devant faire partie du matériel de l'artillerie de son corps d'armée ne sont point encore arrivées.

Le major général répondra au duc de Reggio que 3 compagnies du 6ᵉ bataillon ont dû passer à Bromberg le 31 pour se diriger sur Marienwerder; qu'il envoie à la rencontre de ces trois compagnies qui doivent former ses attelages.

NAPOLÉON.

7300. — ORDRE DU JOUR.

Au quartier impérial de Thorn, 3 juin 1812.

Article 1ᵉʳ. — Les généraux commandant l'artillerie des corps d'armée sont autorisés à faire acheter les chevaux nécessaires pour remplacer ceux qu'on a perdus en route, et, au fur et à mesure, ceux qu'on viendrait à perdre en marche.

Art. 2. — Le général commandant en chef l'artillerie de la Grande Armée tiendra toujours une somme de 20.000 francs à la disposition du commandant de l'artillerie de chacun des corps d'armée pour l'exécution des dispositions ci-dessus.

Art. 3. — Tous les chevaux qui manquent au train des transports militaires, morts en route, ou manquant de toute autre manière, seront de suite remplacés. A cet effet, l'intendant général de l'armée tiendra constamment à la disposition de chaque ordonnateur des corps d'armée une somme de 20.000 francs pour remplacer les chevaux manquants ou qui viendraient à manquer; à mesure que les fonds seront employés, l'intendant général les fera remplacer de manière qu'il y ait toujours vingt mille francs disponibles.

Napoléon.

7301. — ORDRE (1).

Thorn, le 3 juin 1812.

Au reçu du présent ordre le service des estafettes sera organisé ainsi qu'il suit :

L'estafette pour le quartier général passera par Mayence, Cassel, Magdeburg, Berlin, Küstrin, Posen et Thorn.

L'estafette ne doit être chargée que du service du gouvernement avec la France; les administrations doivent se servir de la poste de l'armée.

Les ministres de France à Cassel et Berlin pourront se servir de l'estafette pour envoyer leurs dépêches.

Le commandant d'Erfurt expédiera une ou deux fois par semaine ses dépêches au préposé de l'estafette à Magdeburg. Le service de

---

(1) Non signé.

l'impératrice se fera de Paris à Posen et de Posen à Prague par Dresde; de Paris à Posen par l'estafette de l'Empereur et de Posen à Prague par un courrier français. Ce courrier sera expédié chaque jour après l'arrivée de l'estafette du quartier général, afin de réunir en une même estafette les dépêches du quartier général et de Paris.

Le ministre de France à Dresde sera l'intermédiaire de cette correspondance; il en profitera pour envoyer ses dépêches au quartier général.

L'estafette de Posen à Varsovie, celle de Danzig à Thorn et celle d'Elbing à Marienwerder, ainsi que celle de S. A. I. le prince vice-roi sont supprimées.

Il y aura une estafette directe du quartier général sur Danzig.

Le service se fera comme par le passé par des courriers français à partir de Magdeburg.

Le directeur général des estafettes disposera son service de manière à ce que les courriers ne fassent pas plus de 50 à 60 lieues environ. Il y aura toujours un directeur d'estafette dans chaque dépôt de courrier, afin de pouvoir régler leur compte et vérifier l'exactitude de chacun.

Les courses des courriers seront payées ainsi qu'il suit :

1° Le prix de la course suivant le tarif des différents pays.

2° L'indemnité qui leur est allouée par poste (le meile est compté pour une poste de France) sera réglée de deux manières :

1° 2 francs à ceux qui auront fait le meile, y compris le temps du relai en cinquante minutes;

2° 1 fr. 50 à ceux qui n'auront fait qu'un meile par heure.

Tout courrier qui mettra plus de temps sera mis la première fois à l'amende de la moitié du salaire de sa course, la seconde fois à l'amende de la totalité et renvoyé à la troisième.

7302. — ORDRE.

Au quartier impérial de Thorn, le 3 juin 1812.

Art. 1ᵉʳ. — A dater de la publication du présent ordre, toute la cavalerie de la Grande Armée sera mise au vert; on se conformera aux dispositions du règlement de campagne, pour que le fourrage au vert se fasse avec ordre.

Art. 2. — Les voitures chargées d'éclopppés ou qui portent des bagages inutiles susceptibles d'être envoyés au dépôt, celles chargées de foin, paille, ou avoine qui se trouvent à la suite de la cavalerie, seront déchargées et envoyées aux dépôts d'Elbing, de Thorn, de Plock ou de Modlin, suivant la position des corps d'armée, pour y recevoir un chargement de farine, de biscuit, de riz, d'eau-de-vie et être dirigées sur les corps d'armée à la suite desquels elles se trouvaient.

Art. 3. — Les maréchaux commandant les corps d'armée et les ordonnateurs feront former toutes ces voitures en brigades de cinquante et mettront à leur tête un employé des transports et une escorte d'infanterie pour y maintenir l'ordre, assurer leur existence et conserver leur chargement.

Art. 4. — Il sera accordé, par voiture, 4 francs d'indemnité aux propriétaires, depuis le jour du départ du dépôt où elles auront été envoyées avec leur chargement pour rejoindre leur corps d'armée. Elles continueront à recevoir la même indemnité tant qu'elles seront employées au service de l'armée.

Art. 5. — L'intendant général tiendra des fonds à la disposition des ordonnateurs des différents corps d'armée pour pourvoir à cette dépense, qui sera exactement payée.

Art. 6. — Pour assurer l'exécution des dispositions ci-dessus, les commandants de place feront mettre de suite aux ponts de Thorn, Modlin et Marienburg et aux bacs, des gardes, avec la consigne de ne laisser repasser la Vistule à aucune des voitures désignées dans le présent ordre, jusqu'au moment où elles seront dans le cas d'être licenciées et munies d'un certificat qui leur sera délivré.

Art. 7. — Le commissaire des guerres chargé des transports dans chacun des corps d'armée donnera un livret à chaque voiturier ; ce livret constatera le nom du voiturier, la nature de la voiture, le nombre des chevaux et fera mention de ce qui aura été payé à chaque voiturier sur les 4 francs par jour accordés par l'article 4, de manière que ce livret soit en ordre, comme celui dont chaque soldat est muni.

Napoléon.

7303. — DÉCISIONS (1).

On propose à Sa Majesté de porter à 175 hommes la force de chacune des cinq compagnies d'ambulance attachées à la Grande Armée.	Approuvé.
On soumet à Sa Majesté un projet de décret qui a pour objet de supprimer les indemnités de convois militaires et de transports directs, et de rétablir les fournitures en nature à dater du 1er octobre prochain.	Conseil d'Etat.
On rappelle à Sa Majesté la demande d'effets d'habillement pour des femmes et enfants de prisonniers de guerre espagnols en dépôt dans la 16e division.	Approuvé.

7304. — AU MARÉCHAL BERTHIER.

Thorn, 4 juin 1812.

Mon Cousin, l'ordonnateur Trousset a disposé des 15.000 rations de farine qui étaient à Varsovie; il a eu tort. Mais il y a 40.000 quintaux de blé à Varsovie; chargez l'intendant de donner ordre à l'ordonnateur Trousset de faire moudre, à raison de 12.000 à 15.000 quintaux par jour, de manière à avoir promptement 20.000 quintaux en farine ou en pain. Cet ordonnateur doit faire faire du pain biscuité en quantité suffisante pour en avoir toujours 100.000 rations à Varsovie. L'intendant donnera l'ordre que les 5.000 quintaux de farine qui étaient embarqués à Modlin soient transportés à Ostrolenka; que l'approvisionnement de Pultusk soit porté à 10.000 quintaux de farine, et que l'on construise six fours à Ostrolenka. S'il n'y a pas suffisamment de farine à Modlin et qu'on puisse s'en procurer de Modlin à Pultusk et Ostrolenka, qu'il fasse répandre le

---

(1) Sans signature ni date; extraites du « Travail du ministre directeur de l'administration de la guerre avec Sa Majesté l'Empereur et Roi daté du 3 juin 1812 ».

long de la Narev 5.000 quintaux de blé qui serviront à alimenter les moulins et à maintenir les magasins de Pultusk à 10.000 quintaux de farine, ceux d'Ostrolenka à 5.000 et ceux de Modlin à 10.000, afin que le 5ᵉ corps ait toujours du pain pour dix jours et du pain biscuité, et qu'à chaque instant toute la droite puisse prendre vingt jours de pain, indépendamment du biscuit, et qu'il n'y ait rien en retard. L'intendant général donnera ordre qu'un hôpital soit établi à Pultusk.

NAPOLÉON.

7305. — AU MARÉCHAL BERTHIER.

Thorn, 4 juin 1812.

Mon Cousin, donnez ordre que demain à 6 heures du matin la garde soit rangée en bataille sur une seule ligne. La droite sera occupée par les chevau-légers et les chasseurs à cheval avec l'artillerie qui leur est attachée, caissons, etc., le tout prêt à partir; après sera placée la brigade de chasseurs à pied, avec les caissons à cartouches, les caissons de vivres, les bagages et tout ce qui leur appartient; après viendra la brigade des grenadiers et toute l'artillerie. Avec les chasseurs seront les ouvriers boulangers, constructeurs de fours, etc., qui seraient arrivés et pourraient partir.

Mon intention est qu'après la revue le général Curial parte avec la brigade de chasseurs à pied, les deux régiments de cavalerie légère et leur artillerie, pour Osterode. Il sera nécessaire de donner à ces troupes des vivres pour six jours. Leur marche d'ici à Osterode sera réglée en cinq jours, de sorte qu'elles y arriveront le 10. Le général Curial ayant toutes les distributions assurées, sera maître de faire bivouaquer ses troupes, pour éviter des courses inutiles dans les villages.

NAPOLÉON.

7306. — AU MARÉCHAL BERTHIER.

Thorn, 4 juin 1812.

Mon Cousin, donnez ordre qu'il soit dirigé pour le compte de la garde sur Osterode, et par des voitures du pays, 2.500 quintaux de farine et qu'il soit envoyé demain des boulangers pour cuire à Osterode pour le service de la garde. Ils accompagneront le premier convoi. Ces 2.500 quintaux doivent être indépendants de ce que la garde doit porter à sa suite sur les caissons et autres voitures.

Donnez ordre que demain la brigade des chasseurs à pied de la garde, avec les chevau-légers polonais, les chasseurs à cheval et leur batterie d'artillerie, partent après la revue pour se rendre à Osterode. Il leur sera délivré ce soir pour six jours de vivres (deux de pain et quatre de pain biscuité) avec six rations de riz et de l'eau-de-vie pour six jours. Il sera mis à la suite de cette colonne le nombre de bœufs nécessaire pour assurer le service des rations de viande, également pour six jours. Cette brigade partira demain pour Goldapp et de là continuera sa marche jusqu'à Osterode. Les deux régiments de cavalerie légère et l'artillerie seront sous les ordres du général de brigade commandant la brigade des chasseurs à pied.

La brigade des grenadiers partira après-demain, ayant également six jours de vivres en pain, riz, eau-de-vie et viande. J'espère qu'à l'arrivée de ces troupes à Osterode les magasins y auront reçu un premier convoi de 2.500 quintaux de farine et qu'il pourra y avoir de quoi nourrir plusieurs jours les troupes. Si les chefs voyaient moyen de se procurer du pain à Gollub et à Strasburg ils ménageraient d'autant le pain biscuité. Les 2.500 quintaux de farine qui seront rendus à Osterode formeront 22.500 rations, ce qui fera pour 22.000 hommes pendant dix jours, ce qui pourrait servir à donner à la garde du pain pour quatre jours et à la nourrir pendant six jours à Osterode. Ainsi la subsistance de la garde serait assurée jusqu'au 20, indépendamment de ce que les caissons de la garde porteront. Ils doivent porter pour vingt jours; ils arriveront dans cet intervalle, et, par conséquent, la subsistance de la garde serait assurée jusqu'au 10 juillet.

NAPOLÉON.

7307. — AU MARÉCHAL BERTHIER.

Thorn, 4 juin 1812.

Mon Cousin, faites relever ce soir les postes des chasseurs de ma garde, qui partent demain, par les grenadiers, qui ne partent qu'après-demain. Ecrivez au général Walther de laisser les détachements qui sont en arrière régler leur marche à volonté, de manière à ce qu'ils arrivent rapidement à Osterode. Il leur ordonnera de prendre, en passant à Thorn, des vivres pour un bon nombre de jours.

NAPOLÉON.

7308. — ORDRE.
Thorn, 4 juin 1812.

Plusieurs officiers de mineurs, sapeurs et d'artillerie sont restés au dépôt en France. Sa Majesté ordonne qu'il soit pourvu sur-le-champ à leur remplacement, et que ces officiers soient considérés comme suspendus, jusqu'à ce qu'on ait pu connaître les raisons qui les ont empêchés de suivre leur compagnie, et comment ils n'ont pas fait de représentations contre toute décision quelconque qui leur a donné une destination si contraire à leur premier devoir, qui est de suivre leur compagnie. En conséquence, les maréchaux et généraux commandant les différents corps d'armée se feront remettre un état de toutes les places de capitaines, lieutenants et lieutenants en second, vacantes dans lesdites compagnies de mineurs, sapeurs et d'artillerie, et proposeront à l'état-major général les choix à faire en remplacement.

Les capitaines en second ne seront pas compris audit état, n'étant pas tenus par l'organisation de suivre leur compagnie. L'état-major général soumettra à Sa Majesté un projet de décret pour suspendre tous les officiers de sapeurs, mineurs et d'artillerie, qui n'auront pas rejoint leur compagnie, et un autre projet de décret pour nommer titulaires dans ces compagnies les nouveaux sujets proposés en remplacement, et conformément au présent ordre.

NAPOLÉON.

7309. — ORDRE.
Thorn, 4 juin 1812.

Il arrivera demain à Thorn :

6 compagnies du 10° bataillon des équipages militaires.	230 voitures.
3 compagnies du 9° bataillon des équipages militaires.	93 —
3 compagnies du 6° bataillon des équipages militaires.	120 —
	443 voitures.

Il en arrivera aussi une du 2°, mais celle-ci sera chargée de farine et envoyée au duc d'Elchingen pour qu'il ait trois compagnies.

Les 448 voitures resteront au quartier général. Une compagnie du 9° sera chargée des six divisions d'ambulances.

Il restera 400 voitures qu'on chargera de 1.000 quintaux de riz et 5.000 quintaux de farine. Elles se tiendront prêtes à partir après-demain pour suivre le quartier général.

Celle du quartier général sera composée d'une fraction de tout cela.

Il n'y aura à la suite du petit quartier général que deux divisions d'ambulance.

NAPOLÉON.

7310. — ORDRE.

Thorn, 4 juin 1812.

Le payeur général versera aujourd'hui au payeur de la garde impériale les fonds nécessaires pour payer la solde du mois de mai à la division des grenadiers et chasseurs, à la cavalerie et à l'artillerie. Ce versement sera fait dans les vingt-quatre heures et des mesures seront prises pour que les hommes reçoivent leur prêt avant le 10 juin.

Le major général mettra à l'ordre de l'armée le paiement de la solde des quinze premiers jours de mai pour toute l'armée.

NAPOLÉON.

7311. — ORDRE.

Thorn, 4 juin 1812.

Le major général écrira au duc de Reggio qu'on lui a envoyé trois compagnies du 2° bataillon des équipages militaires, qui étant parties aujourd'hui 4 juin doivent arriver le 7 à Marienwerder. Le duc de Reggio enverra au-devant de ces compagnies pour les diriger selon les besoins de son service. Elles se chargeront à Bromberg, et, si elles n'y avaient pas pris leur chargement, elles le prendront à Marienburg ou à Elbing.

NAPOLÉON.

7312. — ORDRE.

Thorn, 4 juin 1812.

On fera filer sur Thorn toutes les farines de l'Oder, mais point de grains. On établira à Bromberg un magasin central et on y fera activer les moutures.

Selon les circonstances, on pourra ou faire aller le magasin en arrière ou le faire descendre sur Danzig ou le faire arriver à Thorn.

Il paraît impossible de se passer du dépôt de Bromberg, cette place, outre les avantages attachés à sa localité, étant un centre de commerce.

Le major général y enverra un officier d'état-major français. S'il y a un commandant polonais d'un grade supérieur, il conservera le commandement. Il y aura un commissaire des guerres avec des gardes-magasins des vins et de l'habillement sous ses ordres. Il y aura aussi un officier d'artillerie.

NAPOLÉON.

7313. — ORDRE.

Posen, 4 juin 1812.

Sa Majesté fait mettre à l'ordre de l'armée qu'elle témoigne son mécontentement à l'ordonnateur de la 29e division militaire pour la négligence qu'il a mise dans l'habillement des deux compagnies de sapeurs de l'île d'Elbe, pour avoir laissé s'écouler plusieurs mois sans pourvoir à leur habillement et enfin les avoir laissés partir pour l'armée dans cet état de dénuement. Sa Majesté ordonne que le présent ordre sera lu dans toutes les divisions militaires et qu'une enquête sera faite pour connaître les raisons qui ont pu porter l'ordonnateur de la 29e division à tant de négligence.

NAPOLÉON.

7314. — ORDRE.

Thorn, 4 juin 1812.

Beaucoup de sergents et de caporaux manquent dans les compagnies de mineurs, sapeurs et pontonniers de l'armée. Des sous-officiers ne pouvant être faits, pour remplir les places vacantes, que par un ordre de l'état-major, ce qui pourrait être long, Sa Majesté ordonne que les généraux sous les ordres desquels se trouvent des compagnies de mineurs, sapeurs et pontonniers, aient à faire constater le nombre des sous-officiers absents, et, sur la proposition des officiers commandant lesdites compagnies, à procéder à tous les remplacements nécessaires. L'état de ces nominations sera ensuite transmis par les officiers commandant aux corps dont lesdites compagnies font partie.

NAPOLÉON.

7315. — DÉCISION.

Thorn, 4 juin 1812.

Le maréchal Berthier rend compte qu'il a fait sortir aujourd'hui même de Thorn tous les petits dépôts de cavalerie qui se trouvaient dans la ville et il propose de les placer à Culm, à 8 lieues de Thorn.

Approuvé.

NAPOLÉON.

7316. — DÉCISION.

Thorn, 4 juin 1812.

20.713 pièces de nankins sont arrivées de Groningue à Magdebourg, le 15 du mois dernier.

Les renvoyer sur Danzig.

NAPOLÉON.

7317. — DÉCISION.

Thorn, 4 juin 1812.

Le général Lariboisière soumet à l'Empereur les projets d'armement et d'approvisionnement des places de Thorn et de Modlin.

J'approuve la formation des équipages.

NAPOLÉON.

7318. — AU MARÉCHAL BERTHIER.

Thorn, 5 juin 1812.

Mon Cousin, j'approuve que le général Kister ait le commandement de Pillau sous les ordres du gouverneur de Königsberg.

NAPOLÉON.

7319. — AU MARÉCHAL BERTHIER.

Thorn, 5 juin 1812.

Mon Cousin, ayant nommé le général Ricard chef d'état-major du duc de Tarente, nommez pour commander la brigade de la division de réserve le général Bachelu. La situation de Danzig n'est plus telle aujourd'hui qu'elle me fasse désirer d'y conserver un commandant en second.

NAPOLÉON.

7320. — AU MARÉCHAL BERTHIER.

Thorn, 5 juin 1812.

Mon Cousin, toutes les pièces d'artillerie de la garde partiront sans séjour à Thorn, soit celles attachées à la garde, soit celles de la réserve; elles prendront toutes huit à dix jours de vivres. Les parcs resteront à la disposition du général Sorbier qui leur donnera du repos, ou les fera marcher, selon le besoin et l'intérêt du service. Le général Claparède arrive le 7. Il partira le 8, en prenant dix jours de vivres en pain ou pain biscuité. Il arrivera le 11 à Osterode.

NAPOLÉON.

7321. — AU MARÉCHAL BERTHIER.

Thorn, 5 juin 1812.

Mon Cousin, donnez ordre que le 3ᵉ bataillon de la légion de la Vistule, qui devait partir le 4 de Posen et qui n'a pu partir par défaut de fusils, parte le 7 pour Thorn avec ou sans fusils. S'il en est arrivé, il en prendra; sinon, on lui en donnera à Thorn.

Donnez ordre au commandant d'armes de Thorn de préparer

1.000 fusils pour ce bataillon. Vous ferez connaître au général Lariboisière que ce ne sont que des fusils provisoires, parce qu'ils appartiennent aux Polonais et que d'ailleurs ils ne sont pas en état. Laissez le chef de bataillon maître de marcher aussi vite que possible. Réitérez l'ordre au général de l'artillerie de faire arriver des fusils sur Thorn ; je suis étonné de n'en pas voir arriver.

Napoléon.

7322. — AU MARÉCHAL BERTHIER.

Thorn, 5 juin 1812.

Mon Cousin, donnez l'ordre à l'intendant général de faire charger dans la journée sur le 5ᵉ et 6ᵉ compagnies du 2ᵉ bataillon des équipages militaires 14 quintaux de farine et 1 quintal de riz par voiture, ce qui fera pour les 80 voitures 1.200 quintaux. Ces deux compagnies se mettront en marche demain à 5 heures du matin pour se rendre à Osterode et de là suivre les mouvements de l'armée. Vous ordonnerez à un adjudant commandant de passer ce soir la revue de ces caissons pour s'assurer de leur nombre, de leur bon état et qu'ils sont chargés conformément à ce que j'ai prescrit. Le même adjudant commandant passera ce soir la revue des voitures chargées pour le compte de la garde ou pour celui de l'administration générale qui doivent partir avec un chargement de biscuits, pain, riz ou farines, dans la direction d'Osterode, afin qu'elles se mettent en marche avec le bataillon des équipages.

Napoléon.

7323. — AU MARÉCHAL BERTHIER.

5 juin 1812.

Mon Cousin, répondez au général Dutaillis qu'il faut absolument que le 10ᵉ bataillon des équipages militaires soit prêt le plus tôt possible, en prenant des chevaux et voitures du pays par réquisition, mais en les payant. Les compagnies du 14ᵉ bataillon qui n'auront pas dépassé la hauteur de Thorn le 10 de ce mois prendront leur chargement à Thorn et de là se dirigeront sur le quartier général à Osterode. Ayez soin d'instruire l'intendant général de ces dispositions.

Napoléon.

7324. — AU MARÉCHAL BERTHIER.

Thorn, 5 juin 1812.

Mon Cousin, répondez au général Lariboisière que j'approuve qu'on fasse payer le loyer des 600 chevaux qui ont été pris à Danzig pour conduire l'équipage de pont. Les 300.000 cartouches à envoyer à Plotsk doivent être indépendantes des 700.000 qui ont été fournies au 4ᵉ corps et qui étaient insuffisantes : il en fallait 800.000. Mais où prendra-t-on les 300.000 qu'on doit diriger sur Plotsk? Il n'y en a ni à Thorn, ni à Modlin. Si on doit les prendre à Danzig, ce serait une opération mal calculée, puisque le 4ᵉ corps sera déjà bien loin lorsqu'elles arriveront.

NAPOLÉON.

7325. — AU MARÉCHAL BERTHIER.

5 juin 1812.

Mon Cousin, donnez ordre sur-le-champ à l'équipage de pont de partir demain matin 6 de Marienburg pour se rendre à Heilsberg, sur l'Alle, où il sera du 10 au 11. Donnez ordre au bataillon du Danube de partir demain de Danzig avec un des deux équipages, formant au moins 600 matelots. Ces deux bataillons, formant ensemble 1.200 à 1.500 hommes, sous les ordres d'un capitaine de vaisseau, ne formeront qu'une seule colonne et se rendront par Marienburg à Heilsberg, où ils seront sous les ordres du général Eblé, commandant l'équipage de pont. Donnez ordre au parc du génie, qui sera le 8 à Osterode, d'en partir le 9 pour Heilsberg où il sera rendu le 10. Il se réunira à l'équipage de pont et sera pour les mouvements sous les ordres du général Eblé, commandant l'équipage de pont. Par ce moyen, le général Eblé aura sous son commandement un bataillon du Danube de 800, un bataillon de marins de 500 à 600 hommes et tout l'équipage du génie et ses outils, sapeurs, mineurs, ce qui lui fera 4.000 à 5.000 hommes. Il est nécessaire qu'il prenne à Marienburg des vivres pour 7 à 8 jours.

NAPOLÉON.

7326. — DÉCISION.

Thorn, 6 juin 1812.

Le général commandant la 6° division militaire demande que le dépôt du 28° dragons, qui est à Jussey, soit transféré à Salins.

Approuvé.

NAPOLÉON.

7327. — AU MARÉCHAL BERTHIER.

Thorn, 6 juin 1812.

Mon Cousin, il y a dans la 3° demi-brigade de marche, qui fait partie de la 1re division de la réserve, commandée par le général Lagrange, 250 hommes appartenant au 29° léger. Donnez ordre au duc de Bellune que ces 250 hommes partent de Magdeburg pour se rendre à Stettin où ils rejoindront leur régiment; ils y seront incorporés et les cadres des 3 compagnies retourneront en France. Par ce moyen le 29° sera augmenté de 250 hommes. Il y a dans le 1er bataillon de la 4° demi-brigade de marche, qui fait partie de la même division, 2 compagnies du 44°, fortes de 300 hommes. Donnez ordre également qu'elles se rendent de Magdeburg à Berlin, où se trouve le 44°; les hommes y seront incorporés et les cadres retourneront en France. Enfin dans le 2° bataillon de la même demi-brigade, il y a 2 compagnies du 55°, et, dans le 3° bataillon, 2 compagnies du 51° : ces compagnies doivent également être incorporées dans leur régiment et les cadres renvoyés en France. Cette 4° demi-brigade perdra donc 6 compagnies; elle sera en conséquence réduite à 2 bataillons. Le 3° bataillon sera supprimé. Les deux compagnies du 18° de ligne remplaceront dans le 1er bataillon les deux du 44°; et, dans le 2° bataillon, les deux compagnies du 4° seront substituées à celles du 55°.

NAPOLÉON.

7328. — DÉCISION.

Thorn, 6 juin 1812.

Le général Clarke propose à l'Empereur de décider que les troupes de la division de réserve, réparties sur l'extrême frontière, auront des vivres de campagne.

Approuvé.

NAPOLÉON.

7329. — AU MARÉCHAL BERTHIER.

Danzig, 7 juin 1812.

Mon Cousin, écrivez au prince d'Eckmühl qu'en faisant partir les convois de vivres pour Königsberg et Insterburg il ne faut point faire partir l'équipage de siège, qui doit rester à Elbing, et ne partir que lorsque j'en donnerai l'ordre. Ecrivez au général de l'artillerie et même directement au général Taviel à Bromberg, de peur que le général de l'artillerie ne soit parti de Thorn. Faites filer l'équipage de siège de Magdeburg sur Marienburg, où il attendra jusqu'à nouvel ordre, hormis les cartouches qui doivent être dirigées sur Thorn. Faites connaître au général d'artillerie que l'équipage de Danzig est à Elbing et qu'il y attend jusqu'à nouvel ordre. L'équipage de Magdeburg se trouvant à Marienburg, les 5 compagnies d'artillerie pourront travailler à l'armement de cette place, et si, comme il est très possible, je n'ai besoin que d'une partie de cet équipage, le reste pourra servir à Danzig, dont l'armement a été considérablement affaibli par le départ de l'équipage de siège de Danzig. Ainsi, sous tous les points de vue, je préfère avoir l'équipage de Magdeburg à Marienburg.

NAPOLÉON.

7330. — AU MARÉCHAL BERTHIER.

Danzig, 7 juin 1812.

Mon Cousin, écrivez au général Kirgener, qui commande le génie de ma garde et qui a aussi les marins sous ses ordres, de faire marcher le plus promptement possible les sapeurs et marins, afin de rejoindre à Heilsberg le général Eblé et le parc d'artillerie pour pouvoir coopérer aux premières opérations. Je lui ai donné ordre d'embarquer à Thorn ses pompes pour Danzig, où elles pourront être utiles. Il a dû recevoir des outils à Thorn, mais en tout cas il y a beaucoup d'outils à la suite de l'armée, et les sapeurs, hommes d'élite, peuvent être très utiles. Mes 200 marins, tous hommes d'élite, peuvent également être fort utiles pour la manœuvre des bateaux.

NAPOLÉON.

7331. — DÉCISION.

Danzig, 8 juin 1812.

Rapport du maréchal Berthier sur la marche des troupes de Berg et de Bade.

Ecrivez de nouveau au général Daendels à Stettin d'accélérer la marche des troupes du grand-duché de Berg : que le régiment de la Confédération et le régiment hessois sont suffisants pour la Poméranie, qu'il doit faire venir ces bataillons de Berg en toute diligence à Danzig. Vous lui ferez connaître également que les lanciers de Berg et les lanciers de Bade viendront à Danzig et que la cavalerie de Hesse-Darmstadt restera attachée à la division Partouneaux. Cela fait un changement à mon dernier ordre.

NAPOLÉON.

7332. — AU MARÉCHAL BERTHIER.

Danzig, 8 juin 1812.

Mon Cousin, j'ai donné l'ordre qu'on envoyât de Danzig à Elbing un premier convoi de 20.000 quintaux de farine et 500.000 rations de biscuit. Ce convoi doit accompagner le prince d'Eckmühl à Königsberg et de là être dirigé sur Insterburg. J'ai donné des ordres pour un second convoi de même quantité, qui doit être dirigé sur Königsberg et de là sur Insterburg. J'ai donné des ordres pour qu'un 3° convoi partît de Danzig pour se rendre à Braunsberg, où il doit être déchargé et emmagasiné. J'ai ordonné qu'un million de biscuits, que doit avoir le prince d'Eckmühl, venant des places de l'Oder, fût embarqué à Elbing et de là dirigé par Königsberg sur Insterburg. J'ai ordonné que 200.000 pintes d'eau-de-vie fussent embarquées à Danzig pour Königsberg et Insterburg; enfin, j'ai ordonné que 100.000 boisseaux d'avoine fussent embarqués pour Königsberg et dirigés de là sur Insterburg (toujours par le Haff et la Prégel).

Donnez ordre qu'on embarque à Danzig 500.000 rations de biscuit, qui seront dirigées sur Elbing, et, quand elles seront arrivées à cette hauteur, on prendra mes ordres pour continuer cet envoi sur Königsberg et Insterburg. J'ai ordonné que 20.000 quintaux de farine fussent dirigés de Königsberg sur Insterburg; il faut aussi que de Königsberg on dirige sur Insterburg le plus d'eau-de-vie et d'avoine qu'on pourra. Cela fait donc 60.000 quintaux de farine et 1.500.000 rations de biscuit, ce qui, avec les 500.000 rations que contient le présent ordre, fait un total de 2.000.000 de rations.

NAPOLÉON.

7333. — AU MARÉCHAL BERTHIER.

Danzig, 8 juin 1812.

Mon Cousin, témoignez mon mécontentement au prince d'Eckmühl de ce qu'il a fait prendre les 10.000 quintaux de farine du premier convoi parti de Danzig pour aller à Braunsberg. Contremandez cet ordre et faites-lui connaître qu'il ne faut pas qu'il agisse aussi vite; que les 10.000 quintaux que j'ai fait venir sur Elbing doivent être réservés pour Insterburg; qu'on a fait partir de Danzig 10.000 quintaux de farine pour Braunsberg et de là pour Insterburg, qu'il est important que l'arrivée de ces farines à Insterburg n'éprouve aucun retard.

NAPOLÉON.

7334. — AU MARÉCHAL BERTHIER.

Danzig, 8 juin 1812.

Mon Cousin, donnez des ordres pour que la 1re, la 2e, la 3e compagnie du 20e bataillon d'équipages militaires attelé de bœufs, qui se trouvent à Marienburg, se chargent de farine, à raison de 15 à 20 quintaux par voiture. Il doit y avoir des farines à Marienburg; s'il n'y en avait pas, elles en iraient chercher à Elbing, et de là se dirigeraient sur Heilsberg. Donnez ordre au général Delaborde de placer un officier d'état-major avec ces trois compagnies, de les faire charger pour le compte de sa division et de lui donner une escorte légère.

Donnez ordre que la 4e, la 5e et la 6e compagnies partent successivement de Danzig et se dirigent par Marienburg, sur Heilsberg, et de là suivent le quartier général pour rejoindre les trois autres compagnies. La 4° compagnie partira demain, la 5° compagnie après-demain et successivement; de sorte que ces six compagnies, formant 600 voitures, porteront 4.000 à 6.000 quintaux. Donnez des ordres en conséquence à l'intendant général, au général Rapp et au général Delaborde.

NAPOLÉON.

7335. — AU MARÉCHAL BERTHIER.

Danzig, 8 juin 1812.

Mon Cousin, une compagnie du 10° bataillon d'équipages militaires est partie d'ici il y a peu de jours et a été envoyée maladroitement sur Thorn. Donnez ordre qu'on la renvoie à Marienburg où elle sera chargée de farine et de là dirigée sur Heilsberg. S'il n'y a pas de farine à Marienburg elle en ira prendre à Elbing. Instruisez de cela l'intendant général.

NAPOLÉON.

7336. — AU MARÉCHAL BERTHIER.

Danzig, 8 juin 1812.

Mon Cousin, écrivez au prince d'Eckmühl et donnez ordre au contre-amiral Baste de réunir tout ce qui appartient au 17° équipage de la flottille et de le diriger sur l'équipage de pont. Les deux compagnies qui sont à Elbing et les trois compagnies qui sont à Königsberg seront remplacées dans leur service par le 4° bataillon; et le 17° bataillon sera disponible en entier, sous les ordres du général Eblé, pour le service de l'équipage de pont.

NAPOLÉON.

7337. — DÉCISION.

Danzig, 8 juin 1812.

Le 4° régiment d'infanterie west-phalien qui est à Magdeburg devant passer dans la Poméranie suédoise, on demande que le dépôt de ce corps soit maintenu en Westphalie.

Approuvé.

NAPOLÉON.

7338. — DÉCISION.

Danzig, 8 juin 1812.

Le maréchal Berthier soumet à l'Empereur le travail de M. le maréchal prince d'Eckmühl relativement à la réquisition de 2.000 chevaux de trait frappée dans la régence de Marienwerder et autres régences voisines.

A communiquer au général d'artillerie et à l'intendant général.

NAPOLÉON.

7339. — DÉCISION.

Danz'g, 9 juin 1812.

Mesures proposées par le général Clarke en vue de l'organisation des bataillons de dépôt des 2° et 4° régiments suisses.

Approuvé.

NAPOLÉON.

7340. — DÉCISION.

Danzig, 9 juin 1812.

On propose à Sa Majesté :
1° D'autoriser la formation en deux compagnies du demi-bataillon de dépôt du 4° bataillon du 4° régiment suisse employé à l'armée du nord de l'Espagne.
2° De faire rentrer en France les cadres de l'ancien 3° bataillon du 2° régiment qui est disséminé sur divers points de l'Espagne, et presque réduit à ses cadres.

Approuvé.

NAPOLÉON.

7341. — AU MARÉCHAL BERTHIER.

Danzig, 9 juin 1812.

Mon Cousin, donnez ordre que la 4° compagnie du 20° bataillon des équipages militaires parte de Danzig aujourd'hui 9, chargée de farine, pour se rendre à Heilsberg et de là suivre le quartier général.

Donnez ordre que les 1res, 2e et 3e compagnies du même bataillon se chargent de 18 à 20 quintaux de farine par voiture et partent également pour Heilsberg. Mandez à l'intendant général et au commandant de Marienburg que, s'il n'y avait pas, à Marienburg, suffisamment de farine pour ce chargement, ces trois compagnies se dirigent sur Elbing où elles se chargeront de farine. L'intendant général prendra des mesures pour qu'il y en ait à Elbing. Il serait nécessaire que ces trois compagnies partissent demain 10 pour Heilsberg et de là pour suivre le quartier général.

Aussitôt que la 5e et la 6e compagnie seront prêtes, elles partiront pour le quartier général.

Faites sentir l'importance d'accélérer le départ de ces compagnies, puisqu'elles porteront 5.000 à 6.000 quintaux de plus que nous aurions mobiles à la suite de l'armée.

NAPOLÉON.

7342. — AU MARÉCHAL BERTHIER.

Danzig, 9 juin 1812.

Mon Cousin, donnez ordre au général Roguet, qui arrive le 11 ou le 12 à Marienwerder, de former un dépôt de tous ses hommes malingres, et des ouvriers, femmes, enfants, enfin de tout ce qui serait inutile ou hors d'état de faire la guerre, et de l'envoyer à Danzig où est le dépôt général de la garde, de faire partir également pour Danzig ses bagages inutiles ou de réserve qui auraient été apportés de Paris et qui n'entrent pas dans la composition ordinaire du sac du soldat, afin de charger les caissons d'au moins pour dix jours de vivres.

Donnez ordre que le dépôt de la garde qui est resté à Thorn, celui qui est resté à Posen, partent pour se rendre à Danzig, personnel et matériel. Instruisez de cette disposition le duc de Danzig, le général Curial, le général Michel et les colonels du corps de la garde. Chargez le duc d'Istrie de nommer un officier pour commander ce dépôt, sur lequel doit être dirigé tout ce qui viendrait en personnel et en matériel appartenant à la garde. C'est donc à Danzig seulement qu'il doit y avoir des dépôts de la garde impériale.

NAPOLÉON.

7343. — DÉCISIONS (1).

Dispositions proposées pour remédier aux retards que le gouvernement napolitain apporte dans le payement des masses dues aux troupes françaises à sa charge.	Approuvé.
On propose à Sa Majesté de porter au compte du Trésor impérial la dépense résultant de l'indemnité de route payée aux officiers et sous-officiers réformés qui ont été dirigés sur les chefs-lieux des divisions pour concourir à l'organisation des cohortes de gardes nationales et qui ensuite ont été renvoyés comme incapables de servir.	Approuvé.

7344. — DÉCISIONS (2).

On propose à Sa Majesté de décider que des Juifs conscrits pourront se faire remplacer par des hommes de leur religion.	Approuvé.
Le traitement du major du génie de la garde ne se trouvant point déterminé par les tarifs de la garde, le traitement de M. le major Boissonnet paraît devoir être le même que celui du major de l'artillerie légère de la garde.	Approuvé.
Rapport du ministre sur la gestion administrative du général Quinette pendant qu'il était colonel du 5ᵉ régiment de cuirassiers.	Renvoyé au duc d'Istrie pour faire des recherches sur cet officier.

(1) Sans signature ni date; extraites du « Travail du ministre directeur de l'administration de la guerre avec Sa Majesté l'Empereur et Roi daté du 10 juin 1812 ».
(2) Extraites du « Travail du Ministre de la guerre », du 10 juin 1812.

On propose à Sa Majesté de réformer sans traitement cet officier général.

7345. — AU MARÉCHAL BERTHIER.

Königsberg, 14 juin 1812.

Mon Cousin, faites partir sur-le-champ 50 gendarmes d'élite pour Wehlau, où ils seront mis sous les ordres du général Durosnel. Ils arriveront à Wehlau ce soir.

NAPOLÉON.

7346. — AU MARÉCHAL BERTHIER.

Königsberg, 15 juin 1812.

Mon Cousin, faites connaître au général Hogendorp que j'ai déjà donné l'ordre (qu'il doit le réitérer et envoyer à Pillau un officier de son état-major, pour s'assurer de l'exécution) que les deux millions de cartouches et les 20.000 coups de canon qui ont été mis en dépôt à Pillau soient embarqués et dirigés sur Königsberg; et que de Königsberg 10.000 coups de canon et un million de ces cartouches se dirigeront sur Insterburg. Ordonnez cette dernière disposition et prévenez-en le général d'artillerie. La garde laissera ses caissons pour être remplis jusqu'à la concurrence du chargement qui lui manque. Chargez le gouverneur de choisir ici un emplacement pour l'artillerie. S'il n'a pas ici d'officier d'artillerie, qu'il fasse venir de Pillau une escouade d'artillerie avec un officier. Ces hommes seront chargés de la garde et de la comptabilité des effets d'artillerie, jusqu'à ce que le général d'artillerie y ait pourvu.

NAPOLÉON.

7347. — AU MARÉCHAL BERTHIER.

Königsberg, 15 juin 1812.

Mon Cousin, il faut répondre au général Rapp que le convoi qui est parti d'Elbing pour Braunsberg était un détachement du premier convoi qu'avait fait partir le prince d'Eckmühl, qu'ainsi on n'a encore reçu que le premier convoi, qui se compose de 20.000 quintaux, et le deuxième, qui se compose de la même quantité, qu'il nous faut le troisième convoi, dont il annonce le départ et le convoi qui avait été destiné pour Braunsberg, mais qui ne doit plus s'y rendre et qui vient à Königsberg; que, quant aux rations de biscuit, il doit en être parti 2.000.000, indépendamment des 700.000 provenant des places de l'Oder, que ces 2.000.000 de rations de biscuit sont distribuées de la manière suivante : 500.000 rations avec le premier convoi, 500.000 rations avec le deuxième convoi, 500.000 avec le troisième, et 500.000 qui doivent venir ensuite; que l'expédition du riz doit se composer de 6.000 quintaux, savoir : 2.000 quintaux avec le premier convoi, 2.000 avec le deuxième et 2.000 avec le troisième; que les envois d'eau-de-vie doivent être de 200.000 pintes; que, quant à l'avoine, il en faut 200.000 boisseaux; qu'il est nécessaire qu'il réunisse l'ordonnateur et le contre-amiral Dumanoir, qu'ils comparent ensemble les départs avec les demandes, et que tout ce qui n'est pas parti, ils le fassent partir.

NAPOLÉON.

7348. — DÉCISION.

Königsberg, 15 juin 1812.

Le général de Grawert propose de faire conduire jusqu'à Graudenz par des détachements pris dans les dépôts prussiens qui sont à Königsberg les condamnés du corps prussien envoyés jusqu'à présent à Pillau.

Approuvé.

NAPOLÉON.

7349. — DÉCISION.

Königsberg, 15 juin 1812.

Le maréchal Berthier demande quelle sera la destination du 4e voltigeurs de la garde et d'un détachement de flanqueurs qui doivent arriver le 26 juin à Marienwerder.

Ils continueront leur marche sur Königsberg.

NAPOLÉON.

7350. — DÉCISIONS (1).

Königsberg, 15 juin 1812.

On propose à Sa Majesté de confier le commandement de la 25e division militaire au général de division Fririon, en ce moment disponible;

Approuvé.

D'employer, à l'état-major du corps d'observation de l'Italie méridionale le sieur Della Decima, capitaine au bataillon septinsulaire.

L'employer dans les provinces illyriennes près du général Bertrand.

Les ministres de Bavière, de Bade et le chargé d'affaires du prince de Waldeck demandent la remise de 18 sujets de leurs souverains, pris au service d'Espagne et qui sont incorporés dans le 3e régiment étranger.

Accordé (2).

On propose à Sa Majesté d'ordonner le remboursement d'une somme de 3.491 fr. 92 c., perdue par le 2e régiment de dragons (3e escadron), par suite de l'assassinat de son officier payeur qui venait de la toucher à Xérès.

Approuvé.

On rend compte à Sa Majesté d'un vol commis chez le quartier-maître du 4e régiment de hussards et on propose d'autoriser l'expédition d'une ordonnance de 1.756 fr. 50 c. au profit du conseil d'administration.

Accordé.

On propose à Sa Majesté d'autoriser le payement, sur les masses

Accordé.

---

(1) Non signées; extraites du « Travail du ministre de la guerre avec Sa Majesté l'Empereur et Roi daté du 29 mai 1812 ».
(2) Cette décision existe aussi sous forme d'original signé.

du corps des chasseurs à pied de la garde impériale, du traitement accordé aux maîtres d'écriture et de géométrie, employés à l'instruction des vélites et des sous-officiers.

7351. — DÉCISION.

Königsberg, 15 juin 1812.

Le prince d'Eckmühl demande que le bataillon du 61° régiment, qui est à Pillau, rejoigne son corps.

Lui donner l'ordre de rejoindre sans délai son régiment.

NAPOLÉON.

7352. — DÉCISION.

Königsberg, 16 juin 1812.

Le maréchal Berthier demande des ordres de mouvement pour les troupes de la garde impériale qui sont à Königsberg.

Les faire partir sans retard pour Wehlau.

NAPOLÉON.

7353. — AU MARÉCHAL BERTHIER.

Königsberg, 16 juin 1812.

Mon Cousin, écrivez au duc de Bellune pour lui faire connaître qu'il est probable que les premiers coups de fusil seront tirés vers le 23 ou le 24 juin. Il est donc probable que vers les premiers jours du mois de juillet les résultats en seront connus à Berlin. Il est donc convenable qu'au reçu de la présente, il se rende de sa personne à Spandau pour s'assurer que cette place est bien armée, bien approvisionnée et dans le cas de faire une bonne résistance; qu'à cette époque la division Lagrange sera arrivée à Berlin et la division Partouneaux réunie à Stettin; qu'il est convenable que toutes les troupes qui sont à Berlin ne logent pas chez l'habitant, mais soient casernées ou campées; qu'elles aient quelques pièces d'artillerie et que tout se trouve dans une situation satisfaisante; que j'ai donné ordre que la 13° demi-brigade provisoire parte le 30 juin de Strasbourg pour Erfurt; que les deux bataillons du 29° régiment d'infanterie de ligne seront arrivés le 1ᵉʳ juillet à Erfurt; que le régiment de marche de Paris, fort de 2.000 hommes, a eu ordre de se rendre à Stettin; que mon intention est qu'à son arrivée il y soit dissous; que les trois compagnies du 12ᵉ d'infanterie légère soient incorporées dans le 29ᵉ léger; que les hommes du 32ᵉ soient incorporés dans les deux bataillons du 44ᵉ; que le détachement du 58ᵉ soit placé dans le 126ᵉ; que les deux compagnies du 15ᵉ léger soient dirigées sur Danzig; enfin que les cadres des 12ᵉ, 32ᵉ et 58ᵉ retournent à Paris; qu'il écrive au ministre de la guerre pour presser la formation des huit escadrons de dragons qui doivent servir en Hanovre et former une réserve de cavalerie pour tous les derrières; que j'ai ordonné que les trois compagnies du 29ᵉ d'infanterie légère fussent incorporées dans le 29ᵉ; que les deux du 44ᵉ le fussent dans le 44ᵉ; que celles des 51ᵉ, 55ᵉ, dans leurs bataillons; que par ce moyen la division du général Partouneaux se trouvera complétée et en bonne situation; qu'il presse le ministre de la guerre de diriger suivant mon ordre les 10ᵉ, 11ᵉ et 12ᵉ demi-brigades qui doivent se réunir à Berlin; que le 13ᵉ qui, en attendant, va à Erfurt, se dirigera alors aussi sur Berlin.

Faites connaître également au duc de Bellune que le 2ᵉ bataillon du 1ᵉʳ régiment de la Méditerranée arrive le 1ᵉʳ juillet à Glogau; qu'il est convenable qu'il en fasse partir aussitôt le régiment saxon qui s'y trouve pour Königsberg; que le 1ᵉʳ bataillon du 1ᵉʳ régiment de la Méditerranée arrive le (1) juillet à Glogau, qu'il y restera pour y tenir garnison. Faites connaître également au duc de Bellune qu'il est convenable de pourvoir à la garnison de Stettin, afin que la 12ᵉ division devienne disponible: qu'il pourrait y placer le 4ᵉ bataillon de Belle-Ile et le 4ᵉ de Walcheren, qui depuis le 9 juin sont à Berlin.

Napoléon.

7354. — DÉCISION.

Königsberg, 16 juin 1812.

Le général Clarke rend compte qu'il a donné l'ordre à 60 gendarmes chevau-légers montés et à 180 gendarmes à pied, du dépôt de re-

Approuvé. Faire rentrer quelques vieux gendarmes.

Napoléon.

---

(1) En blanc.

crutement de la gendarmerie d'Espagne, de partir de Meaux le 8 juin, pour se rendre à Bayonne et de là à l'armée d'Espagne.

7355. — AU GÉNÉRAL CLARKE (1).

Königsberg, 16 juin 1812.

Monsieur le duc de Feltre, j'ai besoin de 300.000 armes pour l'insurrection, de 20.000 sabres de cavalerie, de 20.000 paires de pistolets et de 20.000 carabines et mousquetons. Toutes les expéditions que vous avez faites, dirigez-les sur Magdeburg.

Vous me proposez un envoi de 20.000 fusils : ce n'est pas de refus; mais il faut que ces fusils soient en état. Vous connaissez toutes les ressources que j'ai : cela se réduit aux 30.000 fusils que j'ai fait acheter par la Saxe à Vienne il y a trois ans. C'est donc encore 230.000 fusils à m'envoyer.

Faites toutes les dispositions convenables pour cela.

7356. — EXTRAIT D'UN ORDRE DE L'EMPEREUR.

Königsberg, 16 juin 1812.

Monsieur le duc de Feltre, je suppose que vous avez fait insérer au *Bulletin des lois* et que vous avez envoyé le décret relatif aux capitulations en pleine campagne.

7357. — DÉCISIONS (2).

La marine à Venise et la marine à Trieste ne pouvant consommer les 1.000 quintaux marc de salaisons qui existent à Trieste et qui y avaient été achetés pour Corfou, on a cru devoir écrire au gouverneur	Approuvé.

---

(1) Non signé, copie conforme.
(2) Sans signature ni date; extraites du « Travail du ministre directeur de l'administration de la guerre avec Sa Majesté l'Empereur et Roi daté du 17 juin 1812 ».

général et à l'ordonnateur en chef des provinces Illyriennes pour qu'ils avisent au moyen de se défaire de ces salaisons de la manière la plus avantageuse.

On rend compte à Sa Majesté que les régiments de Belle-Ile, de Walcheren et de l'île de Ré ne devant plus se recruter avec des Espagnols, les effets provenant du 29ᵉ léger qui leur étaient destinés restent sans emploi, et qu'en conséquence on les fait expédier sur l'armée en vertu de sa décision du 15 mars dernier.

Approuvé.

On propose à Sa Majesté d'autoriser l'emploi d'une somme de 14.189 fr. 94 c., restée disponible sur le crédit de 150.233 fr. 08 c. affecté par le décret du 19 avril dernier au payement de diverses créances au-dessous de 20.000 fr. antérieures à l'an 13.

Approuvé.

On soumet à Sa Majesté la question de savoir : si les employés d'administration aux armées faisant partie du premier ban de la garde nationale ne doivent pas être rendus au service militaire, et incorporés à leur volonté dans les corps de l'armée ou dans les cohortes du premier ban.

Renvoyé au Conseil d'Etat.

7358. — AU GÉNÉRAL CLARKE.

Danzig, (1) juin 1812.

Monsieur le duc de Feltre, je vois que le 23ᵉ de ligne a 200 hommes disponibles à son dépôt : placez-les dans le 4ᵉ bataillon. Faites-y verser les deux compagnies du 5ᵉ bataillon du même régiment, qui font partie de la 16ᵉ demi-brigade provisoire. Ce bataillon étant de 300 hommes sera porté à 500. Vous n'aurez donc plus que 300 hommes à trouver pour compléter ce 4ᵉ bataillon.

NAPOLÉON.

7359. — DÉCISION.

Insterburg, 18 juin 1812.

| L'ordonnateur en chef Joinville sollicite des ordres au sujet de la destination d'un convoi de 90 voitures chargées de farines, parti le 16 de Kœnigsberg. | Les décharger à Gumbinnen et les envoyer sur-le-champ à l'embarcadère d'Insterburg pour les recharger. |

NAPOLÉON.

7360. — DÉCISION.

Insterburg, 18 juin.

| Nouvelles de la marche du 10ᵉ bataillon des équipages militaires. | Le diriger sur Gumbinnen. |

NAPOLÉON.

7361. — DÉCISION.

Gumbinnen, 19 juin 1812.

| Projet de suppression de la 25ᵉ brigade de cavalerie légère dont les éléments seraient réunis aux 9ᵉ et 14ᵉ brigades faisant partie du 3ᵉ corps. | Approuvé. |

NAPOLÉON.

---

(1) Sans date de jour, remis le 18 à M. Gérard.

7362. — DÉCISION.

Gumbinnen, 19 juin 1812.

Le maréchal Berthier propose d'affecter au service du grand quartier général le contingent de Mecklenburg-Schwerin, à la place des deux bataillons des gardes de Hesse-Darmstadt, désignés d'abord pour assurer ce service.

Accordé.

NAPOLÉON.

7363. — DÉCISION (1).

Gumbinnen, 20 juin 1812.

Distribution des lieux d'étape sur la route de Konigsberg à Gumbinnen.

L'Empereur approuve ces dispositions; il sera placé dans chaque lieu un gendarme et un poste de 12 Prussiens qui serviront à conduire les déserteurs, prisonniers, etc. Ces six postes seront pris parmi les huit placés déjà par le général Hogendorp; les deux autres postes viendront à Vilkovichki, où il leur sera donné des ordres.

7364. — AU MARÉCHAL BERTHIER (2).

Gumbinnen, 20 juin 1812.

Mon Cousin, écrivez au duc de Reggio que je n'ai pas sa lettre du 19, qu'il a des ordres pour nourrir sa 1re division jusqu'au 5 juillet, sa 2e jusqu'au 3 juillet, sa 3e division jusqu'au 5 juillet. Outre cela les équipages militaires de son corps d'armée ont pour trois jours de vivres : il aurait donc jusqu'au 8. Je ne parle pas de la viande; on éprouve moins de difficulté pour s'en procurer. Il faudra qu'il porte la plus grande attention à éviter les consommations inutiles.

(1) Non signé.
(2) Non signé.

Il y a à l'embarcadère d'Insterburg des farines et du biscuit; il est nécessaire qu'on commence par donner aux soldats pour quatre jours de vivres soit en biscuit, soit en pain, soit en farine, et qu'on organise des convois de voitures pour aller à Insterburg avec ordre. En supposant qu'il envoie aujourd'hui à Insterburg 200 voitures, elles seront arrivées le 22; elles pourront rejoindre son corps d'armée après quatre à cinq jours. Il faut donc qu'il envoie chaque jour à Insterburg un convoi de voitures, lesquelles reviendront à son corps chargées de farine et de biscuit; avec ces précautions, il alimentera son corps qui, sans cela, manquerait de subsistances. Dans les calculs, je suppose les convois en arrière comme s'ils étaient arrivés. Je l'engage à faire faire ce soir à 8 heures des appels pour connaître le nombre des présents et des absents. Je me suis aperçu qu'il y avait à la suite de son corps beaucoup de charrettes de fusils et de bagages inutiles : il faut laisser tout cela à Gumbinnen; il aura alors un supplément de voitures utiles pour ses convois d'Insterburg. Vous lui observerez que le prince d'Eckmühl fait porter à ses soldats 9 livres de farine, ce qui leur fait 9 jours de vivres; un autre corps peut faire de même. Mais il faut faire observer une sévère discipline pour éviter la perte des farines et obliger le soldat à ne consommer chaque jour que ce qu'il doit avoir pour sa ration.

7365. — AU MARÉCHAL BERTHIER (1).

Gumbinnen, 20 juin 1812.

Le duc de Tarente fera jeter le 21 ou au plus tard le 22 au matin un pont à Tilsit dans l'endroit le plus favorable et où la rive gauche domine entièrement la rive opposée. Il fera établir deux ou trois batteries qui seront armées de suite pour protéger le pont, fera tracer sur-le-champ une tête de pont, y fera travailler avec activité de manière qu'en trois jours cet ouvrage mette le pont à couvert.

Nous sommes en paix avec les Russes; l'opération de jeter le pont ne viole aucun territoire; les troupes russes ne pourront se porter là en force sans ordre de Vilna. Cette opération provoquera sûrement des explications; pendant ce temps, le pont se fera, ainsi que l'ouvrage qui doit le couvrir, et on y fera passer de l'infanterie

---

(1) Non signé.

de manière à le mettre à l'abri de toute insulte. Un officier supérieur du génie et deux autres officiers partiront avant 8 heures pour aller tracer lesdits ouvrages.

Le duc de Tarente pourra, si l'ennemi fait des mouvements, faire manœuvrer la 7° division comme il le jugera convenable, en laissant cependant une batterie et de l'infanterie vis-à-vis Judenburg (à étudier). Une fois le pont tendu, le duc de Tarente pourra faire passer de l'infanterie pour garder la tête de pont et fera courir la cavalerie pour avoir des nouvelles de l'ennemi, sans cependant violer le territoire russe et en restant toujours sur le territoire prussien.

7366. — DÉCISION.

Gumbinnen, 20 juin 1812.

Le maréchal Berthier propose de faire filer de Thorn sur Königsberg, par Marienwerder, Marienburg, Elbing, toutes les troupes destinées à la Grande Armée.

Approuvé, hormis le bataillon de marche westphalien qui sera dirigé sur Varsovie.

NAPOLÉON.

7367. — DÉCISION.

Gumbinnen, 20 juin 1812.

Le maréchal Berthier propose d'attribuer à la division Girard, du 9° corps, le numéro 28.

Approuvé.

NAPOLÉON.

7368. — DÉCISION.

Gumbinnen, 20 juin 1812.

Le ministre de la guerre a donné l'ordre au 4° bataillon du 126° de ligne de partir de Liége pour se rendre à Berlin.

Approuvé.

NAPOLÉON.

7369. — DÉCISION.

Gumbinnen, 20 juin 1812.

Le maréchal Berthier propose de faire diriger sur Kœnigsberg 22 personnes arrêtées comme suspectes, et sur Magdeburg 14 déserteurs russes, conduits les uns et les autres par la gendarmerie du quartier général.

L'Empereur, ayant pris lecture de ce rapport, a décidé que les déserteurs russes seront envoyés en dépôt à Danzig; que les individus arrêtés par mesure de sûreté seront envoyés à Kœnigsberg, où le général Hogendorp les fera garder jusqu'à nouvel ordre. Les individus qui ne sont pas dans le cas d'être jugés sur-le-champ comme espions, mais qui sont dans le cas d'être détenus, seront pareillement envoyés à Kœnigsberg où ils seront détenus.

Le général Hogendorp formera une commission de Français et de Polonais pour examiner de nouveau ces individus.

Tous les déserteurs seront préalablement interrogés; il en sera rendu compte au major général et ils ne seront envoyés à Danzig qu'après avoir demandé son approbation.

ALEXANDRE.

7370. — DÉCISION.

Gumbinnen, 21 juin 1812.

Les 1re et 2e divisions de la garde arriveront demain dans la journée à Gumbinnen.

Le major général fera conduire la division Laborde au camp du général Gudin et l'autre division à un autre camp. Le duc de Trévise prendra son quartier général où était celui du prince d'Eckmühl, afin que tout puisse partir demain à la pointe du jour.

NAPOLÉON.

7371. — DÉCISION.

Gumbinnen, 21 juin 1812.

Le général Dumas propose de dénommer le bataillon du train des équipages qui s'organise à Thorn 1ᵉʳ bataillon polonais du train des équipages auxiliaires.

Renvoyé au major général. Approuvé.

NAPOLÉON.

7372. — DÉCISION.

Gumbinnen, 21 juin 1812.

Le général Clarke rend compte des ordres de mouvement qui ont été donnés pour diriger sur Wesel et Berlin les 10ᵉ, 11ᵉ et 12ᵉ demi-brigades.

Renvoyé au prince de Neuchâtel pour prévenir de ces dispositions le duc de Bellune et me tenir informé de ce mouvement.

NAPOLÉON.

7373. — 2ᵉ BULLETIN DE LA GRANDE ARMÉE (1).

Vilkovichki, 22 juin 1812.

Tout moyen de s'entendre entre les deux empires devenait impossible, l'esprit qui dominait le cabinet russe le précipita à la guerre. Le général Narbonne, aide de camp de l'Empereur, fut envoyé à Vilna et ne put y séjourner que peu de jours. On acquérait la preuve que la sommation arrogante et tout à fait extraordinaire qu'avait présentée le prince Kourakine, où il déclara ne vouloir entrer dans aucune explication que la France n'eût évacué le territoire de ses propres alliés, pour les livrer à la discrétion de la Russie, était le

---

(1) Placard imprimé.

sine quâ non de ce cabinet, et il s'en vantait auprès des puissances étrangères.

Le 1er corps se porta sur la Pregel. Le prince d'Eckmühl eut son quartier général le 11 juin à Königsberg.

Le maréchal duc de Reggio, commandant le 2e corps, eut son quartier général à Wehlau, le maréchal duc d'Elchingen, commandant le 3e corps à Goldapp, le prince vice-roi à Rastemburg, le roi de Westphalie à Varsovie, le prince Poniatowski à Pultusk; l'Empereur porta son quartier général le 12 sur la Pregel à Königsberg, le 17 à Insterburg, le 19 à Gumbinnen.

Un léger espoir de s'entendre existait encore. L'Empereur avait donné au comte de Lauriston l'instruction de se rendre auprès de l'empereur Alexandre, ou de son ministre des affaires étrangères, et de voir s'il n'y aurait pas moyen de revenir sur la sommation du prince Kourakine, et de concilier l'honneur de la France et l'intérêt de ses alliés avec l'ouverture des négociations.

Le même esprit qui régnait dans le cabinet russe empêcha, sous différents prétextes, le comte de Lauriston de remplir sa mission; et l'on vit pour la première fois un ambassadeur ne pouvoir approcher ni le souverain ni son ministre dans des circonstances aussi importantes.

Le secrétaire de légation Prévost apporta ces nouvelles à Gumbinnen; et l'Empereur donna l'ordre de marcher pour passer le Niémen : « Les vaincus, dit-il, prennent le ton des vainqueurs; la fatalité les entraîne; que les destins s'accomplissent. » Sa Majesté fit mettre à l'ordre de l'armée la proclamation suivante :

« Soldats !

» La seconde guerre de Pologne est commencée. La première s'est terminée à Friedland et à Tilsit : à Tilsit, la Russie a juré éternelle alliance à la France et guerre à l'Angleterre. Elle viole aujourd'hui ses serments. Elle ne veut donner aucune explication de son étrange conduite que les aigles françaises n'aient repassé le Rhin, laissant par là nos alliés à sa discrétion. La Russie est entraînée par la fatalité! Ses destins doivent s'accomplir. Nous croirait-elle donc dégénérés? Ne serions-nous donc plus les soldats d'Austerlitz? Elle nous place entre le déshonneur et la guerre. Le choix ne saurait être douteux, marchons donc en avant! Passons le Niémen ! Portons la guerre sur son territoire. La seconde guerre de Pologne sera glorieuse aux armes françaises, comme la première; mais la paix que nous conclurons portera avec elle sa garantie, et mettra un terme à cette orgueilleuse influence que la Russie a exercée depuis cinquante ans sur les affaires de l'Europe. »

7374. — AU MARÉCHAL BERTHIER (1).

23 juin 1812.

Donnez l'ordre à l'équipage de siège de Magdeburg, qui est actuellement à Elbing ou à Marienburg, de partir sur-le-champ pour se rendre à Königsberg.

Donnez 6.000 francs à M. le colonel Deponthon pour activer le transport de vivres de Labiau sur le Niémen.

7375. — DÉCISIONS (2).

On prie Sa Majesté de vouloir bien prononcer sur la demande qu'on lui a faite le 24 mai dernier d'un supplément de crédit de trois millions pour le chapitre 15 du budget de l'exercice courant. Ce supplément pourrait être pris sur les fonds de réserve du chapitre 19.	Cet objet est déjà décidé par un décret.
On propose à Sa Majesté de nommer M. Bonnemain, commissaire ordonnateur en retraite, à la place d'inspecteur de l'hôpital de Rennes, et M. Mouron, ancien administrateur général des hôpitaux militaires, à celle de l'hôpital de Lille.	Approuvé.
On demande à Sa Majesté l'autorisation de faire délivrer aux hommes venant d'Angleterre qui débar-	Sa Majesté n'a pas approuvé cette proposition.

(1) Non signé, expédié le 23.
(2) Sans signature ni date; extraites du « Travail du ministre directeur de l'administration de la guerre avec Sa Majesté et Roi daté du 24 juin 1812 ».

quent sur les côtes de l'Empire et qui, pour cause de vieillesse ou d'infirmités, ne peuvent plus rentrer dans des corps, des effets d'habillement semblables à ceux qu'on fournit aux déserteurs graciés réformés. Un habillement complet de la sorte peut coûter 31 fr. 25.

7376. — DÉCISIONS (1).

On propose de céder à la ville de Sarrelouis le bâtiment de l'ancien hôpital militaire pour former un hospice à l'usage des habitants et de la garnison.

Approuvé.

On propose à Sa Majesté de rétablir l'arrêté du Directoire exécutif du 27 floréal an VII qui prescrivait de faire éprouver une retenue de 2 francs par jour sur les appointements des officiers de gendarmerie qui resteraient plus d'un mois sans être montés.

Approuvé.

On rend compte à Sa Majesté que les officiers tirés des régiments pour passer dans les cohortes du 1er ban de la garde nationale sont des officiers employés dans les détachements de recrutement.

Les dispositions du décret du 29 mars 1812, qui autorise le ministre de la guerre à employer dans les cohortes du 1er ban des officiers pris dans 63 détachements de recrutement, seront étendues aux 66 détachements de recrutement non encore réduits.

On propose à Sa Majesté d'accorder au capitaine d'artillerie Richardot la décoration de la Légion d'honneur.

Accordé par décret du 1er août 1812.

---

(1) Sans signature ni date; extraites du « Travail du ministre de la guerre avec Sa Majesté l'Empereur et Roi daté du 24 juin 1812 ».

| D'accorder la décoration de la Légion d'honneur au caporal du 7ᵉ régiment du grand-duché de Varsovie qui a pris, à l'affaire du 9 avril dernier, le drapeau de la bande de Mina. | Accordé par le même décret. |

7377. — 3ᵉ BULLETIN DE LA GRANDE ARMÉE (1).

Kovno, 26 juin 1812.

Le 23 juin, le roi de Naples, qui commande la cavalerie, porta son quartier général à deux lieues du Niémen sur la rive gauche. Ce prince a sous ses ordres immédiats les corps de cavalerie commandés par les généraux comtes Nansouty et Montbrun; l'un composé des divisions aux ordres des généraux comtes Bruyère, Saint-Germain et Valence; l'autre composé des divisions aux ordres du général baron Watier et des généraux comtes Sébastiani et Defrance.

Le maréchal prince d'Eckmühl, commandant le 1ᵉʳ corps, porta son quartier général au débouché de la grande forêt de Pilvichki.

Le 2ᵉ corps et la garde suivirent le mouvement du 1ᵉʳ corps.

Le 3ᵉ corps se dirigea par Mariampol. Le vice-roi, avec les 4ᵉ et 6ᵉ corps restés en arrière, se porta sur Kalvariya.

Le roi de Westphalie se porta à Novogrod avec les 5ᵉ, 7ᵉ et 8ᵉ corps.

Le 1ᵉʳ corps d'Autriche, commandé par le prince de Schwarzenberg, quitta Lemberg le (2), fit un mouvement sur sa gauche et s'approcha de Lublin.

L'équipage de ponts, sous les ordres du général Eblé, arriva le 23 à deux lieues du Niémen.

Le 23, à 2 heures du matin, l'Empereur arriva aux avant-postes près de Kovno, prit une capote et un bonnet polonais d'un des chevau-légers, et visita les rives du Niémen, accompagné seulement du général du génie Haxo.

A 8 heures du soir, l'armée se mit en mouvement. A 10 heures, le général de division comte Morand fit passer trois compagnies de voltigeurs, et au même moment trois ponts furent jetés sur le

---

(1) Placard imprimé.
(2) En blanc.

Niémen. A 11 heures, trois colonnes débouchèrent sur les trois ponts. A 1 heure un quart, le jour commençait déjà à paraître. A midi, le général baron Pajol chassa devant lui une nuée de cosaques et fit occuper Kovno par un bataillon.

Le 24, l'Empereur se porta à Kovno.

Le maréchal prince d'Eckmühl porta son quartier général à Roumchichki, et le roi de Naples à Lakchtany.

Pendant toute la journée du 24 et celle du 25 l'armée défila sur les trois ponts. Le 24 au soir, l'Empereur fit jeter un nouveau pont sur la Vilia, vis-à-vis de Kovno, et fit passer le maréchal duc de Reggio avec le 2ᵉ corps. Les chevau-légers polonais de la garde passèrent à la nage. Deux hommes se noyaient, lorsqu'ils furent sauvés par des nageurs du 26ᵉ léger. Le colonel Guéhéneuc, s'étant imprudemment exposé pour les secourir, périssait lui-même : un nageur de son régiment le sauva.

Le 25, le duc d'Elchingen se porta à Kormialov; le roi de Naples se porta à Jijmory. Les troupes légères de l'ennemi furent chassées de tous côtés.

Le 26, le maréchal duc de Reggio arriva à Ianov : le maréchal duc d'Elchingen arriva à Skorouli. Les divisions légères de cavalerie couvrirent toute la plaine jusqu'à dix lieues de Vilna.

Le 24, le maréchal duc de Tarente, commandant le 10ᵉ corps, dont les Prussiens font partie, a passé le Niémen à Tilsit, et marche sur Rossieny, afin de balayer la rive droite du fleuve et de protéger la navigation.

Le maréchal duc de Bellune, commandant le 9ᵉ corps, ayant sous ses ordres les divisions Heudelet, Lagrange, Durutte, Partouneaux, occupe le pays entre l'Elbe et l'Oder.

Le général de division comte Rapp, gouverneur de Danzig, a sous ses ordres la division Daendels.

Le général de division comte Hogendorp est gouverneur de Königsberg.

L'empereur de Russie est à Vilna avec sa garde et une partie de son armée, occupant Rykonty et Novtroki.

Le général russe Baggovoute, commandant le 2ᵉ corps, et une partie de l'armée russe coupée de Vilna, n'ont trouvé leur salut qu'en se dirigeant sur la Dvina.

Le Niémen est navigable pour des bateaux de 200 à 300 tonneaux jusqu'à Kovno. Ainsi les communications par eau sont assurées jusqu'à Danzig, et avec la Vistule, l'Oder et l'Elbe. Un immense approvisionnement en eau-de-vie, en farine, en biscuit, file de Danzig et de Königsberg sur Kovno. La Vilia, qui passe à Vilna, est navigable pour de plus petits bateaux, depuis Kovno jusqu'à Vilna. Vilna, capitale de la Lithuanie, l'est de toute la Pologne russe. L'empereur de Russie est depuis plusieurs mois dans cette ville, avec une partie de sa cour. L'occupation de cette place par l'armée française sera le premier fruit de la victoire. Plusieurs officiers de cosaques et des officiers porteurs de dépêches ont été arrêtés par la cavalerie légère.

7378. — AU MARÉCHAL BERTHIER.

Kovno, 27 juin 1812.

Mon Cousin, donnez ordre à la garde de laisser ici ses boulangers. Les 300 quintaux que la garde a amenés avec elle resteront à Kovno avec les voitures et seront convertis en pain, ce qui fera 30.000 rations, ou les vivres de la garde pour six jours, à demi-ration. Les voitures porteront ce pain à raison de 10.000 rations par jour, de sorte que le premier convoi, partant demain 28, arrivera le 30; celui qui partira après-demain arrivera le 1er et l'autre le 2 juillet. Sur les 1.220 quintaux de farine qui sont chargés sur les caissons du quartier général, 600 quintaux seront tenus à la disposition de la garde, savoir : 300 quintaux pour la farine nécessaire pour les vivres des 26, 27, 28, 29, 30 et 1er, et 300 quintaux pour les 2, 3, 4, 5, 6 et 7 juillet.

Si au 2 juillet la garde se trouve en position de pouvoir convertir cette farine en pain, on ne distribuera pas cette farine et on en fera du pain. Par ce moyen le service de la garde sera assuré jusqu'au 7 juillet. La garde attend les 1re, 2e, 3e et 5e compagnies du 7e bataillon, faisant 40 chariots qui portent 765 quintaux et qu'on assure devoir arriver le 28. Les chariots vides du 10e bataillon d'équipages attendront à Kovno l'arrivée de ces caissons pour se charger de ces 765 quintaux de farine, et, par ce moyen, les caissons du 10e bataillon pourront se reposer en attendant qu'il y ait à Kovno du pain ou des farines arrivés par eau. On me fera connaître l'envoi de ces caissons de la garde à Kovno, afin que j'ordonne, ou que les farines viennent à la suite de la garde, ou qu'elles soient converties en pain à Kovno.

NAPOLÉON.

7379. — DÉCISION.

Vilna, 29 juin 1812.

Rapport du maréchal Berthier sur la marche des 4ᵉ, 7ᵉ et 9ᵉ régiments polonais, qui se rendent à Stettin.

Approuvé.

NAPOLÉON.

7380. — AU MARÉCHAL BERTHIER.

Vilna, 29 juin 1812.

Mon Cousin, envoyez-moi l'état nominatif des hommes qui ont été tués dans les 5ᵉ et 9ᵉ régiments de hussards, l'état nominatif des hommes des chevau-légers qui ont péri lors du passage du gué, enfin l'état nominatif des hommes tués ou pris ou blessés depuis le commencement de la campagne : prenez des mesures pour que tout cela vous soit exactement envoyé, surtout pour les petites affaires et rencontres.

NAPOLÉON.

7381. — DÉCISION.

Vilna, 29 juin 1812.

Le maréchal Berthier propose d'attacher à l'état-major général de l'armée un escadron du régiment de chevau-légers saxon pour assurer le service fait jusqu'alors par la gendarmerie.

Approuvé.

NAPOLÉON.

7382. — 4ᵉ BULLETIN DE LA GRANDE ARMÉE (1).

Vilna, 30 juin 1812.

Le 27, l'Empereur arriva aux avant-postes à 2 heures après-midi et mit en mouvement l'armée pour s'approcher de Vilna et attaquer le 28, à la pointe du jour, l'armée russe, si elle voulait défendre Vilna

---

(1) Placard imprimé.

ou en retarder la prise pour sauver les immenses magasins qu'elle y avait. Une division russe occupait Troki et une autre division était sur les hauteurs de Vaka.

A la pointe du jour, le 28, le roi de Naples se mit en mouvement avec l'avant-garde et la cavalerie légère du général comte Bruyère. Le maréchal prince d'Eckmühl l'appuya avec son corps. Les Russes se reployèrent partout. Après avoir échangé quelques coups de canon, ils repassèrent en toute hâte la Vilia, brûlèrent le pont de bois de Vilna, et incendièrent d'immenses magasins évalués à plusieurs millions de roubles : plus de 150.000 quintaux de farine, un immense approvisionnement de fourrages et d'avoine, une masse considérable d'effets d'habillement furent brûlés. Une grande quantité d'armes, dont en général la Russie manque, et de munitions de guerre, furent détruites et jetées dans la Vilia.

A midi, l'Empereur entra dans Vilna. En trois heures le pont sur la Vilia fut rétabli; tous les charpentiers de la ville s'y étaient portés avec empressement et construisaient un pont en même temps que les pontonniers en construisaient un autre.

La division Bruyère suivit l'ennemi sur la rive gauche. Dans une légère affaire d'arrière-garde, une cinquantaine de voitures furent enlevées aux Russes. Il y eut quelques hommes tués et blessés; parmi ces derniers est le capitaine des hussards Ségur. Les chevau-légers polonais de la garde firent une charge sur la droite de la Vilia, mirent en déroute, poursuivirent et firent prisonniers bon nombre de cosaques.

Le 25, le duc de Reggio avait passé la Vilia sur un pont jeté près de Kovno. Le 26, il se dirigea sur Ianov, et le 27 sur Chaty. Ce mouvement obligea le prince de Vittgenstein, commandant le 1er corps de l'armée russe, à évacuer toute la Samogitie et le pays situé entre Kovno et la mer, et à se porter sur Vilkomir en se faisant renforcer par deux régiments de la garde.

Le 28, la rencontre eut lieu. Le maréchal duc de Reggio trouva l'ennemi en bataille vis-à-vis Dzievialtov. La canonnade s'engagea; l'ennemi fut chassé de position en position, et repassa avec tant de précipitation le pont qu'il ne put pas le brûler. Il a perdu 300 prisonniers, parmi lesquels plusieurs officiers, et une centaine d'hommes tués ou blessés. Notre perte se monte à une cinquantaine d'hommes.

Le duc de Reggio se loue de la brigade de cavalerie légère, que commande le général baron Castex, et du 11e régiment d'infanterie légère, composé en entier de Français des départements au delà des Alpes. Les jeunes conscrits romains ont montré beaucoup d'intrépidité.

L'ennemi a mis le feu à son grand magasin de Vilkomir. Au dernier moment, les habitants avaient pillé quelques tonneaux de farine; on est parvenu à en recouvrer une partie.

Le 29, le duc d'Elchingen a jeté un pont vis-à-vis Souderva pour passer la Vilia. Des colonnes ont été dirigées sur les chemins de Grodno et de la Volhynie, pour marcher à la rencontre de différents corps russes coupés et éparpillés.

Vilna est une ville de 25.000 à 30.000 âmes, ayant un grand nombre de couvents, de beaux établissements et des habitants pleins de patriotisme. Quatre ou cinq cents jeunes gens de l'Université, ayant plus de dix-huit ans et appartenant aux meilleures familles, ont demandé à former un régiment.

L'ennemi se retire sur la Dvina. Un grand nombre d'officiers d'état-major et d'estafettes tombent à chaque instant dans nos mains. Nous acquérons la preuve de l'exagération de tout ce que la Russie a publié sur l'immensité de ses moyens. Deux bataillons seulement par régiment sont à l'armée; les troisièmes bataillons, dont beaucoup d'états de situation ont été interceptés dans la correspondance des officiers des dépôts avec les régiments, ne se montent pour la plupart qu'à 120 ou 200 hommes.

La cour est partie de Vilna vingt-quatre heures après avoir appris notre passage à Kovno. La Samogitie, la Lithuanie sont presque entièrement délivrées. La centralisation de Bagration vers le nord a fort affaibli les troupes qui devaient défendre la Volhynie.

Le roi de Westphalie avec le corps du prince Poniatowski, le 7ᵉ et le 8ᵉ corps, doit être entré le 29 à Grodno.

Différentes colonnes sont parties pour tomber sur les flancs du corps de Bagration, qui, le 20, a reçu l'ordre de se rendre à marche forcée de Proujany sur Vilna, et dont la tête était déjà arrivée à quatre journées de marche de cette dernière ville, mais que les événements ont forcée de rétrograder, et que l'on poursuit.

Jusqu'à cette heure, la campagne n'a pas été sanglante; il n'y a eu que des manœuvres; nous avons fait en tout 1.000 prisonniers. Mais l'ennemi a déjà perdu la capitale et la plus grande partie des provinces polonaises, qui s'insurgent. Tous les magasins de première, de deuxième et de troisième ligne, résultat de deux années de soin, et évalués à plus de 20 millions de roubles, sont consumés par les flammes ou tombés en notre pouvoir. Enfin, le quartier général de l'armée française est le lieu où était la cour depuis six semaines.

Parmi le grand nombre de lettres interceptées, on remarque les deux suivantes, l'une de l'intendant de l'armée russe, qui fait connaître que déjà la Russie ayant perdu tous ses magasins de première, de deuxième et de troisième ligne, est réduite à en former en toute hâte de nouveaux; l'autre du duc Alex. de Wurtemberg, faisant voir qu'après peu de jours de campagne les provinces du centre sont déjà déclarées en état de guerre.

Dans la situation présente des choses, si l'armée russe croyait avoir quelque chance de victoire, la défense de Vilna valait une bataille, et dans tous les pays et surtout dans celui dans lequel nous nous trouvons, la conservation d'une triple ligne de magasins aurait dû décider un général à en risquer les chances.

Des manœuvres ont donc seules mis au pouvoir de l'armée française une bonne partie des provinces polonaises, la capitale et trois lignes de magasins. Le feu a été mis aux magasins de Vilna avec tant de précipitation qu'on a pu sauver beaucoup de choses.

Duc de Feltre.

7383. — DÉCISION.

Vilna, 30 juin 1812.

On met sous les yeux de l'Empereur l'état nominatif des militaires déserteurs détenus dans les prisons de Kovno, à la suite du grand-quartier général, et qui n'ont pu être dirigés sur leurs régiments respectifs, les emplacements de ceux-ci n'étant pas connus.

Tous ces hommes ont dû être incorporés dans les régiments qui sont ici.

Napoléon.

7384. — ORDRE DU JOUR (1).

Au quartier général impérial de Vilna, 1er juillet 1812.

Article premier. — Il y aura un gouvernement provisoire de la Lithuanie, composé de cinq membres et d'un secrétaire général.

(1) Les ordres du jour qui suivent, en date du 1er juillet 1812, ont été publiés, en 1911, dans l'opuscule intitulé : *En marge de la correspondance de Napoléon Ier, 1801-1815*, pages 45 et suivantes.

Art. 2. — La commission de gouvernement provisoire de la Lithuanie sera chargée de l'administration des finances, des subsistances, de l'organisation des troupes du pays, de la formation des gardes nationales et de la gendarmerie.

Art. 3. — Il y aura près de la commission provisoire de gouvernement de la Lithuanie un commissaire impérial.

Art. 4. — Chacun des gouvernements de Vilna, Grodno, Minsk et Bielostok sera administré par une commission de trois membres présidée par un intendant.

Art. 5. — Ces commissions administratives seront sous les ordres de la commission provisoire de gouvernement de la Lithuanie.

Art. 6. — L'administration de chaque district sera confiée à un sous-préfet.

Art. 7. — Il y aura pour la ville de Vilna un maire, quatre adjoints et un conseil municipal composé de douze membres. Cette administration sera chargée de la gestion des biens de la ville, de la surveillance des établissements de bienfaisance et de la police municipale.

Art. 8. — Il sera formé à Vilna une garde nationale composée de deux bataillons. Chaque bataillon sera de six compagnies.

Cette garde nationale sera organisée ainsi qu'il suit :

Etat-major.

Commandant.	1
Chefs de bataillon	2
Adjudants-majors.	2
Quartier-maître.	1
Adjudants sous-officiers.	2
Tambour-major.	1
Maîtres ouvriers.	3
Chirurgien-major.	1
Chirurgien aide-major.	1
Musiciens.	8
	22

Compagnies.

Capitaine.	1
Lieutenant.	1
Sous-lieutenant.	1
Sergent-major.	1
Sergents.	4
Caporal fourrier.	1
Caporaux.	8
Tambours.	2
Soldats.	100
	119

Force des deux bataillons : 1.450.

Art. 9. — Il y aura dans chacun des gouvernements de Vilna, Grodno, Minsk et Biélostok une gendarmerie commandée par un colonel ayant sous ses ordres, savoir : ceux des gouvernements de Vilna et de Minsk, deux chefs d'escadron; ceux des gouvernements de Grodno et de Biélostok, un chef d'escadron.

Il y aura une compagnie de gendarmerie par district; chaque compagnie sera composée de :

Capitaine commandant.	1
Capitaine en second.	1
Lieutenant en premier.	1
Lieutenants en second.	2
Maréchal des logis chef.	1
Maréchaux des logis.	4
Brigadiers.	16
Gendarmes volontaires.	80
Trompette.	1
	107

Art. 10. — Le colonel de la gendarmerie résidera au chef-lieu du gouvernement. La résidence des officiers et l'emplacement des brigades seront déterminés par la commission provisoire du gouvernement de la Lithuanie.

Art. 11. — Les officiers, sous-officiers et volontaires gendarmes seront pris parmi les gentilshommes propriétaires du district; aucun ne pourra s'en dispenser; ils seront nommés, savoir : les officiers par la commission provisoire du gouvernement de la Lithuanie; les sous-officiers et volontaires gendarmes par les commissions administratives des gouvernements de Vilna, Grodno, Minsk et Biélostok.

Art. 12. — L'uniforme de la gendarmerie sera l'uniforme polonais.

Art. 13. — La gendarmerie fera le service de police; elle prêtera main-forte à l'autorité publique, elle arrêtera les traînards, maraudeurs et déserteurs, de quelque armée qu'ils soient.

Art. 14. — Notre ordre du jour en date du (1) juin dernier sera publié dans chaque gouvernement, et il y sera en conséquence établi une commission militaire.

Art. 15. — Le major général nommera un officier général ou supérieur français ou polonais des troupes de ligne, pour commander chaque gouvernement. Il aura sous ses ordres les gardes nationales, la gendarmerie et les troupes du pays.

Napoléon.

7385. — ORDRE DU JOUR.

Au quartier général impérial de Vilna, 1er juillet 1812.

Article premier. — Sont nommés membres de la commission provisoire du gouvernement de la Lithuanie : MM. Soltan, ci-devant maréchal de Lithuanie; Charles Prozor; Joseph Sierakovski; le prince Alexandre Sapieha; le comte François Jelski.

Art. 2. — M. Kossakovski, membre honoraire de l'Université de Vilna, est nommé secrétaire général de cette commission.

Napoléon.

7386. — ORDRE DU JOUR.

Au quartier général impérial de Vilna, 1er juillet 1812.

Article premier. — Le baron Bignon est nommé commissaire impérial près la commission du gouvernement provisoire de la Lithuanie.

---

(1) En blanc.

Art. 2. — Il aura sous ses ordres quatre auditeurs pour faire les fonctions d'intendant dans les gouvernements de Vilna, Grodno, Minsk et Biélostok.

NAPOLÉON.

7387. — ORDRE DU JOUR.

Au quartier général impérial de Vilna, 1" juillet 1812.

ARTICLE PREMIER. — Sont nommés membres de la commission administrative du gouvernement de Vilna : MM. Tysenhaus, colonel, chevalier de l'ordre de l'Aigle blanc; le comte Adam Chreptowicz, membre de la commission du fonds d'éducation, et le comte Ferdinand Plater.

NAPOLÉON.

7388. — ORDRE DU JOUR.

Au quartier général impérial de Vilna, 1" juillet 1812.

ARTICLE PREMIER. — Sont nommés membres de la commission administrative du gouvernement de Grodno : MM. Lachnicki, ancien colonel; Niemcewicz, maréchal de la noblesse du district de Brzescie, et Pancerzynski, ancien maréchal du gouvernement de Grodno.

NAPOLÉON.

7389. — ORDRE DU JOUR.

Au quartier général impérial de Vilna, 1" juillet 1812.

ARTICLE PREMIER. — Sont nommés membres de la commission administrative du gouvernement de Minsk : MM. Joseph Wolodkowicz, ancien maréchal du gouvernement de Minsk; Xavier Obuchowicz, ci-devant président du tribunal d'appel, et Ginter, ci-devant président du tribunal d'appel.

NAPOLÉON.

7390. — ORDRE DU JOUR.

Au quartier général impérial de Vilna, 1" juillet 1812.

ARTICLE PREMIER. — M. Michel Romer, président du tribunal intérimal, est nommé maire de la ville de Vilna.

Art. 2. — MM. Malewski, membre de l'Université, Danilowicz, avocat, Woynicz, chirurgien, et Sledzinski, marchand, sont nommés adjoints au maire de Vilna.

Art. 3. — MM. Antoine Chrapowicki, propriétaire; François Czyz, assesseur du tribunal; Malczewski, notaire; Froland, limonadier-confiturier; Szynkiewicz, médecin; Woynicki, avocat; Neiman, médecin; Reyser, marchand; Manzer, marchand de soie; Max, sellier; Statkovski et Borkovsiki, ancien bourgmestre, sont nommés membres du conseil municipal de la ville de Vilna.

NAPOLÉON.

7391. — ORDRE DU JOUR.

Au quartier général impérial de Vilna, 1" juillet 1812.

Article premier. — M. Kosielski, ancien colonel d'artillerie, est nommé commandant de la garde nationale de Vilna.

Art. 2. — MM. Franceson, ancien capitaine d'artillerie, et Zakrzewski, ancien capitaine d'infanterie, sont nommés chefs de bataillon de la même garde.

NAPOLÉON.

7392. — ORDRE DU JOUR.

Au quartier général impérial de Vilna, 1" juillet 1812.

Article premier. — Sont nommés sous-préfets des districts du gouvernement de Vilna, savoir : à Vilna, M. le prince Gedroyc, maréchal du district de Vilna; à Troki, M. Joseph Petrykowski, maréchal de Troki; à Ochmiana, M. Zaba, maréchal du district; à Vilkomir, M. Morikoni, ancien staroste de Grod; à Zavily, M. Przezdiecki, maréchal du district; à Braslav, M. Wawrzecki, chambellan; à Kovno, M. le comte Zabiello, chambellan du district; à Oupita, M. Brunov, maréchal du district; à Rossieny, M. Micewicz, maréchal du district; à Chavli, M. Witkiewicz, maréchal du district; à Telchi, M. Pilsudski, maréchal du district.

NAPOLÉON.

7393. — DÉCISION.

Vilna, 1ᵉʳ juillet 1812.

Désignation des 40 élèves qui doivent remplacer à Metz ceux qui viennent de sortir de l'école d'artillerie.

Approuvé.

NAPOLÉON.

7394. — DÉCISION (1).

On a l'honneur d'exposer à Sa Majesté la position dans laquelle se trouvent les fabricants chargés du service d'habillement et de la prier de vouloir bien accorder, dans la distribution de juillet, 7 millions qui sont demandés pour ce mois sur le chapitre 5 du budget de 1812.

Dans le projet de distribution Sa Majesté a accordé 5 millions.

7395. — DÉCISIONS (2).

Exposé de la détresse actuelle de l'administration des poudres et salpêtres qui manque de fonds pour payer ses salpêtriers.

Sa Majesté a ordonné à son ministre secrétaire d'État de demander provisoirement des renseignements sur les causes qui retardent le payement de 900.000 francs que l'administration des poudres prétend lui être dus par le ministère de la marine.

Sa Majesté est priée d'accorder chaque mois un fonds de 150.000 à 200.000 frs. pour être distribué à titre d'acompte aux propriétaires

Il ne reste plus de fonds au budget de la guerre.

---

(1) Sans signature ni date; extraite du « Travail du ministre directeur de l'administration de la guerre avec Sa Majesté l'Empereur et Roi daté du 1ᵉʳ juillet 1812 ».
(2) Sans signature ni date; extraites du « Travail du ministre de la guerre avec Sa Majesté l'Empereur et Roi daté du 1ᵉʳ juillet 1812 ».

de terrains acquis et de maisons démolies en 1811 pour étendre les fortifications de diverses places.	
Les inspecteurs, commissaires et fonctionnaires italiens peuvent-ils être autorisés à suppléer les fonctionnaires français pour le visa des états de payements des troupes en marche seulement ?	Approuvé.
M. Chauve dit Richard, chef d'escadron, né en France, peut-il jouir de sa pension en Italie où il est marié ?	Approuvé.
On propose de convertir en une solde de retraite de 1.500 francs la pension de 1.800 francs que M. de Vieusseux, ancien maréchal de camp, a obtenue en l'an IV.	Refusé.
On demande à Sa Majesté si Elle veut admettre à l'hôtel des Invalides cinq militaires jugés hors d'état de pourvoir à leur subsistance, mais qui ne réunissent pas entièrement les conditions exigées pour être reçus dans cet établissement.	Approuvé.

7396. — ORDRE.

Vilna, 2 juillet 1812.

Il sera établi à Novtroki un petit dépôt de cavalerie. En conséquence tous les hommes démontés de la cavalerie et tous les chevaux blessés ou malades seront réunis à ce dépôt. Chacun des trois corps de cavalerie nommera un officier pour y commander et le major général nommera un officier supérieur pour commander tout le dépôt.

NAPOLÉON.

7397. — AU MARÉCHAL BERTHIER.

Vilna, 2 juillet 1812.

Mon Cousin, donnez ordre que les marins de la garde équipent demain les quarante bateaux qui se trouvent ici et les tiennent prêts pour descendre à Kovno, s'y charger de vivres et revenir ici. Ils prendront des pilotes et des matelots du pays. Le commandant fera connaître le nombre d'hommes qui lui est nécessaire ainsi que la quantité de quintaux que ces bateaux porteront. Donnez ordre aux voitures du corps d'Italie, à celles du 1er corps, à celles de la cavalerie, à celles des 2e et 3e corps, ainsi qu'à celles de la garde qui seraient vides, de se rendre à Kovno pour s'y charger des vivres qui seront mis à leur disposition. Faites-moi connaître le nombre de voitures que chaque corps enverra et ce que les convois pourront porter.

NAPOLÉON.

7398. — DÉCISION (1).

Au quartier général impérial de Vilna, 2 juillet 1812.

On soumet à l'approbation de Sa Majesté un état de secours relatif à des veuves ou parents de militaires, qui ne sont point susceptibles de pensions, le dit état montant à la somme de 6.925 francs.	Approuvé.

7399. — DÉCISION.

Vilna, 4 juillet 1812.

On propose à Sa Majesté la nomination des officiers du bataillon de sapeurs espagnols.	Il faut que la moitié au moins des officiers soient français.

NAPOLÉON.

---

(1) Non signée; extraite du « Travail du ministre de la guerre avec Sa Majesté l'Empereur et Roi daté du 10 juin 1812 ».

7400. — ORDRE DE SA MAJESTÉ (1).

4 juillet 1812.

Sa Majesté ordonne qu'indépendamment de la manutention de 12 fours que l'on construit derrière l'arsenal, il en soit construit une autre sur la rive droite, à l'endroit même où sont les briques; cette manutention devra être pareillement de 12 fours. Elle sera d'autant mieux placée que le pont qu'on établit en ce moment formera la communication entre les deux manutentions.

7401. — ORDRE DE SA MAJESTÉ (1).

4 juillet 1812.

L'intendant général fera acheter ici 200 voitures du pays; les Russes en ont laissé qu'il faut recueillir. On attellera ces voitures avec les chevaux du 10ᵉ bataillon des équipages militaires; on laissera ici les grosses voitures de ce bataillon.

Sa Majesté ordonne qu'il soit établi à Vilna un atelier pour réparer les voitures, et pour en construire de neuves sur le modèle simplifié.

7402. — ORDRE DE SA MAJESTÉ.

Vilna, 4 juillet 1812.

L'Empereur ordonne au général Kirgener de faire prendre un bateau sur-le-champ, de le faire monter par dix matelots, de prendre deux cents hommes de corvée à la division Roguet et de prendre des mesures pour qu'avant 3 heures ce bateau soit en activité pour le service des transports des briques nécessaires à la nouvelle manutention.

Des mesures seront prises pour avoir dans les trois jours vingt-quatre fours en état de servir.

Le duc de Trévise est chargé de suivre l'exécution du présent ordre.

NAPOLÉON.

---

(1) Non signé.

7403. — ORDRE DE SA MAJESTÉ (1).

4 juillet 1812.

Sa Majesté ordonne que les 20.000 rations qu'Elle a fait réserver pour l'armée d'Italie lui soient délivrées, ce qui, en donnant seulement la demi-ration, fournira une distribution de 40.000.

Il sera distribué aujourd'hui 30.000 rations à la garde, mais il est bien entendu que cette distribution est pour le 4 et le 5; mais on distribuera en même temps trois quarts de livre de viande.

7404. — ORDRE DE SA MAJESTÉ (1).

4 juillet 1812.

Sa Majesté ordonne que M. le maréchal duc de Trévise soit chargé de faire équiper par les marins de la garde 20 bateaux propres à descendre et à remonter la Vilia, de Kovno à Vilna.

Cinq bateaux doivent partir aujourd'hui, et chaque jour cinq autres ainsi équipés pour aller charger des farines à Kovno. M. le maréchal enverra des détachements qui remonteront la rivière jusqu'à dix lieues au-dessus de Vilna pour recueillir les bateaux qui se trouvent à divers endroits sur la rivière.

7405. — DÉCISION.

Vilna, 4 juillet 1812.

Le général Lariboisière propose d'affecter 36 chevaux de la remonte de Berlin à l'artillerie de la garnison de cette ville.

Approuvé.

Napoléon.

7406. — 5ᵉ BULLETIN DE LA GRANDE ARMÉE (2).

Vilna, 6 juillet 1812.

L'armée russe était placée et organisée de la manière suivante au commencement des hostilités.

---

(1) Non signé.
(2) Placard imprimé, publié dans les Œuvres de Napoléon (Panckoucke, 1821, t. V, pages 13-17).

Le 1er corps, commandé par le prince Wittgenstein, composé des 5e et 14e divisions d'infanterie et d'une division de cavalerie, formant en tout 18.000 hommes, artillerie et sapeurs compris, avait été longtemps à Chavli. Il avait depuis occupé Rossieny et était le 24 juin à Keydany.

Le 2e corps, composé par le général Baggovoute, composé des 4e et 17e divisions d'infanterie et d'une division de cavalerie présentant la même force, occupait Kovno.

Le 3e corps, commandé par le général Chouvalov, composé de la 1re division de grenadiers, d'une division d'infanterie et d'une division de cavalerie, formant 24.000 hommes, occupait Novtroki.

Le 4e corps, commandé par le général Toutchkov, composé des 11e et 23e divisions d'infanterie et d'une division de cavalerie, formant 18.000 hommes, était placé depuis Novtroki jusqu'à Lida.

La garde impériale était à Vilna.

Le 6e corps, commandé par le général Doctorov, composé de deux divisions d'infanterie et d'une division de cavalerie formant 18.000 hommes, avait fait partie de l'armée du prince Bagration. Au milieu de juin il arriva à Lida, venant de la Volhynie, pour renforcer la première armée. Ce corps était à la fin de juin entre Lida et Grodno.

Le 5e corps, composé de la 2e division de grenadiers, des 12e, 18e et 26e divisions d'infanterie et de deux divisions de cavalerie, était le 30 à Volkovysk. Le prince Bagration commandait ce corps, qui pouvait être de 40.000 hommes.

Enfin, les 9e et 15e divisions d'infanterie et une de cavalerie, commandées par le général Markov, se trouvaient dans le fond de la Volhynie.

Le passage de la Vilia, qui eut lieu le 25 juin, et la marche du duc de Reggio sur Ianov et sur Chaty, obligèrent le corps de Wittgenstein à se porter sur Vilkomir et sur la gauche, et le corps de Baggovoute à gagner Dunabourg par Mousniki et Gedroitsi. Ces deux corps se trouvaient ainsi coupés de Vilna.

Le 3e et le 4e corps de la garde impériale russe se portèrent de Vilna sur Niementchin, Sventsiany et Vidzy. Le roi de Naples les poussa vivement sur les deux rives de la Vilia. Le 10e régiment de hussards polonais, tenant la tête de la colonne de la division du comte Sebastiani, rencontra près de Lebovo un régiment de cosaques de la garde qui protégeait la retraite de l'arrière-garde, et le chargea tête baissée, lui tua neuf hommes et fit une douzaine de prisonniers. Les troupes polonaises, qui jusqu'à cette heure ont chargé, ont montré une rare détermination. Elles sont animées par l'enthousiasme et la passion.

Le 3 juillet, le roi de Naples s'est porté sur Sventsiany et y a atteint l'arrière-garde du baron Tolly. Il donna ordre au général Montbrun de la faire charger, mais les Russes ne l'ont point attendu et se sont retirés avec une telle précipitation qu'un escadron de uhlans qui revenait d'une reconnaissance du côté de Mikhaïlichki tomba dans nos postes. Il fut chargé par le 12ᵉ de chasseurs et entièrement pris ou tué : 60 hommes ont été pris avec leurs chevaux. Les Polonais qui se trouvaient parmi ces prisonniers ont demandé à servir et ont pris rang, tout montés, dans les troupes polonaises.

Le 4, à la pointe du jour, le roi de Naples est entré à Sventiany : le maréchal duc d'Elchingen est entré à Maliaty et le maréchal duc de Reggio à Avanta.

Le 30 juin, le maréchal duc de Tarente est arrivé à Rossieny; il s'est porté de là sur Ponevj, Chavli et Telchi.

Les immenses magasins que les Russes avaient dans la Samogitie ont été brûlés par eux, perte énorme non seulement pour leurs finances, mais encore pour la subsistance des peuples.

Cependant le corps de Doctorov, c'est-à-dire le 6ᵉ corps, était encore le 25 juin sans ordres et n'avait fait aucun mouvement. Le 28, il se réunit et se mit en marche pour se porter sur la Dvina par une marche de flanc. Le 30, son avant-garde entra à Soletchniki.

Elle fut chargée par la cavalerie légère du général baron Bordessoulle et chassée de la ville. Doctorov, se voyant prévenu, prit à droite et se porta sur Ochmiana. Le général baron Pajol y arriva avec sa brigade de cavalerie légère au moment où l'avant-garde de Doctorov y entrait. Le général Pajol le fit charger. L'ennemi fut sabré et culbuté dans la ville. Il a perdu 60 hommes tués et 18 prisonniers. Le général Pajol a eu 5 hommes tués et quelques blessés. Cette charge a été faite par le 9ᵉ régiment de lanciers polonais.

Le général Doctorov, voyant le chemin coupé, rétrograda sur Olchany. Le maréchal prince d'Eckmühl, avec une division d'infanterie, les cuirassiers de la division du comte Valence et le 2ᵉ régiment de chevau-légers de la garde, se porta sur Ochmiana pour soutenir le général Pajol.

Le corps de Doctorov, ainsi coupé et rejeté dans le midi, continua de longer à droite, à marches forcées, en faisant le sacrifice de ses bagages, sur Smorgoni, Daniouchev et Kobychki, d'où il s'est porté sur la Dvina. Ce mouvement avait été prévu. Le général comte Nansouty, avec une division de cuirassiers, la division de cavalerie légère du général comte Bruyère et la division d'infanterie du comte Morand, s'était porté à Mikhailichki pour couper ce corps. Il arriva le 3 à Svir, lorsqu'il débouchait, et le poussa vivement, lui prit bon nombre de traînards et l'obligea à abandonner quelques centaines de voitures de bagages.

L'incertitude, les angoisses, les marches et les contre-marches qu'ont faites ces troupes, les fatigues qu'elles ont essuyées, ont dû les faire beaucoup souffrir.

Des torrents de pluie sont tombés pendant trente heures sans interruption.

D'une extrême chaleur, le temps a passé tout à coup à un froid très vif. Plusieurs milliers de chevaux ont péri par l'effet de cette transition subite. Des convois d'artillerie ont été arrêtés dans les boues.

Cet épouvantable orage, qui a fatigué les hommes et les chevaux, a nécessairement retardé notre marche, et le corps de Doctorov, qui a donné successivement dans les colonnes du général Bordessoulle, du général Pajol et du général Nansouty, a été près de sa destruction.

Le prince Bagration avec le 5ᵉ corps, placé plus en arrière, marche sur la Dvina. Il est parti le 30 juin de Volkovysk pour se rendre sur Minsk.

Le roi de Westphalie est entré le même jour à Grodno. La division Dembrowski a passé la première. L'hetman Platov se trouvait encore à Grodno avec ses cosaques. Chargés par la cavalerie légère du prince Poniatowski, les cosaques ont été éparpillés; on leur a tué 20 hommes et fait 60 prisonniers. On a trouvé à Grodno une manutention propre à cuire 100.000 rations de pain, et quelques restes de magasin.

Il avait été prévu que Bagration se porterait sur la Dvina, en se rapprochant le plus possible de Dunabourg; et le général de division comte Grouchy a été envoyé à Bogdanov. Il était le 3 à Traby. Le maréchal prince d'Eckmühl, renforcé de deux divisions, était le 4 à Vichnev. Si le prince Poniatowski a poussé vivement l'arrière-garde du corps de Bagration, ce corps se trouvera compromis.

Tous les corps ennemis sont dans la plus grande incertitude. L'hetman Platov ignorait, le 30 juin, que depuis deux jours Vilna fût occupée par les Français. Il se dirigea sur cette ville jusqu'à Lida, où il changea de route et se porta sur le Midi.

Le soleil, dans la journée du 4, a rétabli les chemins. Tout s'organise à Vilna. Les faubourgs ont souffert par la grande quantité de monde qui s'y est précipitée pendant la durée de l'orage. Il y avait une manutention russe pour 60.000 rations. On en a établi une autre pour une égale quantité de rations. On forme des magasins. La tête des convois arrive à Kovno par le Niemen. 20.000 quintaux de farine et un million de rations de biscuit viennent d'y arriver de Danzig.

Pour copie conforme :

Le ministre de la guerre,

Duc de Feltre.

7407. — DÉCISION.

Vilna, 6 juillet 1812.

M. l'Ordonnateur en chef Joinville propose de faire effectuer le déchargement des chariots du 10e bataillon des équipages, qui doivent rester à Vilna et être remplacés par des charrettes plus légères du pays.

Cet ordonnateur pense que les ambulances pourraient être recomposées de manière à ne conserver que les objets nécessaires aux pansements et secours à donner sur un champ de bataille en laissant à Vilna tout ce qui est d'un transport difficile.

Approuvé toutes ces dispositions.

Napoléon.

7408. — DÉCISION.

Vilna, 7 juillet 1812.

Il paraît indispensable de mettre un nouveau local à la disposition du service des hôpitaux, à Vilna; le plus convenable est celui des Pierristes, situé à côté des Dominicains; mais comme il est occupé par la garde impériale, le général Dumas demande que l'Empereur veuille bien en ordonner l'évacuation.

Approuvé.

NAPOLÉON.

7409. — DÉCISION.

Vilna, 7 juillet 1812.

Le maréchal Kellermann a fait partir de Mayence, le 24 juin, le 1er bataillon de marche étranger pour se rendre à Posen où il arrivera le 23 juillet.

Il faut le diriger sur Königsberg où il attendra de nouveaux ordres.

NAPOLÉON.

7410. — ORDRE DU JOUR (1).

Au quartier général impérial de Vilna, 7 juillet 1812.

ARTICLE PREMIER. — Deux nouveaux membres sont provisoirement adjoints à la commission provisoire du gouvernement de la Lithuanie.

ART. 2. — Sont nommés à cet effet : MM. Potocki (Alexandre) et Sniadecki.

NAPOLÉON.

---

(1) Publié dans l'opuscule : *En marge de la correspondance de Napoléon Ier*, page 54.

7411. — AU MARÉCHAL BERTHIER.

Vilna, 7 juillet 1812.

Mon Cousin, donnez ordre qu'on ne laisse partir de Vilna aucun homme isolé; qu'on les réunisse dans un couvent, qu'on en passe la revue pour s'assurer de l'état de leur habillement et de leur armement, et qu'on en forme des compagnies de marche pour chaque corps d'armée. On les fera rejoindre ainsi organisés, aussitôt qu'ils seront en bon état et que les corps auront pris une position définitive. Il faut mettre un officier supérieur à la tête de ce dépôt.

NAPOLÉON.

7412. — DÉCISION.

Vilna, 8 juillet 1812.

Le général Hogendorp, gouverneur général de la Prusse royale, rend compte que le 4° voltigeurs de la garde et un détachement de flanqueurs sont arrivés à Königsberg, que les excès et violences commis par les maraudeurs et les traînards dépassent toute idée, que des commandants de corps de troupe ou de détachements font faucher les jeunes épis pour nourrir leurs chevaux, bien qu'on leur offre du verd, et qu'il commence à désespérer de pouvoir désormais satisfaire aux demandes de chevaux et charrois, par suite de l'abus qui en a été fait par les corps pour traîner les sacs et fusils des soldats.

Lui répondre :

1° Qu'il fasse partir pour Kovno tous les détachements de la garde qui sont à Königsberg;

2° Que, s'il y a des désordres sur les derrières, c'est sa faute; que l'ordre du jour est précis, qu'il mette en mouvement les Prussiens et fasse arrêter et punir tous les maraudeurs; qu'à cet égard je ne puis que lui témoigner mon mécontentement;

3° Que les épis ne doivent pas être coupés. Qu'aujourd'hui que la récolte est faite, la Régence doit établir des magasins d'avoine; que par ce moyen les champs seront épargnés. Lui recommander de prendre les mesures les plus fortes pour arriver à ce résultat.

NAPOLÉON.

7413. — DÉCISION.

Vilna, 8 juillet 1812.

On rend compte à Sa Majesté que le 3ᵉ bataillon du 100ᵉ régiment n'était pas à Badajoz lorsque cette place est tombée au pouvoir de l'ennemi, qu'il y avait été remplacé par le 1ᵉʳ du 28ᵉ léger, et qu'on a en conséquence révoqué l'ordre de former un nouveau 3ᵉ bataillon au 100ᵉ et donné celui de former un nouveau 1ᵉʳ bataillon du 28ᵉ léger.

Approuvé.

Napoléon.

7414. — AU MARÉCHAL BERTHIER.

Vilna, 8 juillet 1812.

Mon Cousin, j'ai bien reçu l'état des pièces et des voitures qui restent au dépôt de Vilna, mais je n'ai pas l'état du personnel de l'artillerie et des attelages qui reste. Faites-moi remettre cet état. Il est important que les hommes soient conservés au même lieu que le matériel, puisqu'il sera possible de se procurer bientôt des chevaux.

Napoléon.

7415. — AU MARÉCHAL BERTHIER.

Vilna, 8 juillet 1812.

Mon Cousin, donnez ordre que l'équipage de Magdeburg reste à Elbing. Il est inutile de le faire venir à Kœnigsberg.

Napoléon.

7416. — AU GÉNÉRAL CLARKE.

Vilna, 8 juillet 1812.

Monsieur le duc de Feltre, la 16ᵉ demi-brigade provisoire a deux compagnies du 5ᵉ bataillon du 16ᵉ de ligne. Mon intention est que ces deux compagnies versent tout ce qu'elles ont de disponible dans le 3e bataillon de leur régiment, que le 5e bataillon verse également dans le 3e bataillon tout ce qu'il a de disponible, et, par ce moyen, ce 3e bataillon du 16e de ligne se trouvera au complet de 700 hommes. Le 62e a deux compagnies du 5e bataillon à la 16e demi-brigade. Mon intention est que ces deux compagnies donnent tout ce qu'elles ont de disponible au 4e bataillon; que le 5e bataillon fournisse également au 4e bataillon ce qu'il a de disponible, et, par ce moyen, le 4e bataillon du 62e sera composé de 700 ou 800 hommes. La 16e demi-brigade provisoire se trouvera composée de la manière suivante :

1er bataillon : le 3e du 16e de ligne;
2e bataillon : le 4e du 62e de ligne;
3e bataillon : deux compagnies du 60e de ligne, deux compagnies du 81e de ligne, deux compagnies du 1er de ligne.

Vous ordonnerez que cette demi-brigade se forme sans délai à Marseille. A cet effet, les deux compagnies du 16e et du 62e, qui font partie du 2e bataillon actuel de la 16e demi-brigade, seront incorporées dans leur 3e et 4e bataillon avec tout ce qui est disponible au dépôt. Les 2es compagnies du 32e de ligne se rendront en Illyrie pour recruter les deux bataillons de ce régiment qui s'y trouvent; elles seront remplacées dans la nouvelle formation de la 16e demi-brigade par deux compagnies du 1er de ligne, ce qui complète cette demi-brigade à trois bataillons, comme il a été dit ci-dessus. Quand ces trois bataillons seront bien formés en septembre, le ministre de la guerre pourra les diriger sur Bayonne pour de là aller renforcer la réserve de Bayonne. Donnez ordre que le 1er et le 2e bataillon du 29e de ligne se rendent à Erfurt. Ils seront remplacés à Puycerda par trois cohortes de la garde nationale.

NAPOLÉON.

7417. — AU GÉNÉRAL CLARKE.

Vilna, 8 juillet 1812.

Monsieur le duc de Feltre, donnez ordre que les 1er, 2e et 3e bataillons du 52e de ligne, formés chacun à quatre compagnies, la compagnie d'élite étant en Espagne, et complétés à 560 hommes par bataillon, c'est-à-dire à 1.680 hommes pour les trois bataillons, bien complets en officiers et sous-officiers, bien armés et bien équipés, partent de Gênes pour se diriger sur Bayonne, d'où ils rejoindront les deux bataillons d'élite en Espagne. Je vous laisse le maître du jour du départ de ces trois bataillons. Il faut qu'ils ne soient composés que d'hommes antérieurs à la conscription de 1812, et qui soient déjà à l'école de bataillon. S'il n'était pas possible d'avoir le nombre suffisant d'hommes antérieurs à la conscription de 1812 pour les trois bataillons, vous n'en formeriez que deux, sauf à faire partir le 3ᵉ bataillon dans quatre mois. C'est un moyen de donner un secours à l'armée d'Espagne, et qui me paraît convenable.

NAPOLÉON.

7418. — AU GÉNÉRAL CLARKE.

Vilna, 8 juillet 1812.

Monsieur le duc de Feltre, donnez ordre que la 1ʳᵉ demi-brigade provisoire d'infanterie légère, composée des 4ᵉˢ bataillons du 2ᵉ d'infanterie légère, du 4ᵉ et du 17ᵉ, soit complétée sans délai, c'est-à-dire à 2.400 hommes. Passez-en la revue pour vous assurer qu'il ne manque aucun officier, que le major en 2ᵃ s'y trouve, ainsi que les trois chefs de bataillon, et que l'armement et l'habillement sont en bon état. Quand vous vous en serez assuré vous ferez partir cette demi-brigade pour Hamburg, où elle fera partie de la 2ᵉ division de réserve commandée par le général Heudelet. Elle augmentera la garnison de Hamburg. Vous prendrez dans les 5ᵉˢ bataillons des 2ᵉ et 4ᵉ, et, s'il est nécessaire, du 12ᵉ, les hommes dont vous aurez besoin pour compléter ces trois bataillons.

NAPOLÉON.

7419. — AU GÉNÉRAL CLARKE (1).

Vilna, 8 juillet 1812.

Monsieur le duc de Feltre, les cadres des 3ᵉˢ bataillons du 3ᵉ de ligne et du 105ᵉ ont dû rejoindre leur dépôt. Je désirerais que ces deux bataillons pussent être complétés le plus tôt possible à 800 hommes et dirigés sur Erfurt pour y rejoindre chacun leur 4ᵉ bataillon.

(1) Non signé, copie conforme.

Le 39° a son 4° bataillon à Landau (1); le 40° a le cadre de son 3° bataillon disponible (2); le 6° léger a son 4° bataillon à Phalsbourg (3); les 69° et 76° (4) ont le cadre de leur 4° bataillon disponible; le 70° a le cadre de son 3° bataillon également disponible; le 86° a le cadre de son 4° bataillon (5); le 22° a le cadre de son 4° bataillon à Maestricht (6).

Ce qui fait donc huit bataillons qu'il faut compléter. Peut-être y en a-t-il encore d'autres.

Les bataillons des 70°, 86°, 40° et 6° léger formeraient une demi-brigade qui serait destinée pour l'Espagne.

Les bataillons des 39°, 69°, 22° et 76° formeraient une autre demi-brigade destinée pour la réserve d'Allemagne.

L'une se réunirait à Pontivy et l'autre à Wesel ou à Mayence; faites-moi un projet là-dessus.

Ainsi il faudrait des conscrits pour recruter tant ces huit bataillons, et peut-être d'autres cadres qui existent déjà en France, que les demi-brigades qui ne sont pas encore complètes.

Je crois qu'aussitôt que vous aurez tiré des cohortes les 3.000 hommes de la garde, ce qui se fera facilement, vous pourrez continuer de recourir à la même ressource pour la ligne.

Comme toutes les cohortes voudront fournir pour la garde, il faudra ne demander que 60 hommes de bonne volonté par cohorte. Je pense que vous pourriez vous exprimer de cette manière : « Sa Majesté voulant accorder aux gardes nationales la faveur dont jouissent les autres troupes de concourir au recrutement de la garde, leur donne soixante places par cohorte dans la garde. On choisira, parmi les hommes de bonne volonté qui se présenteront, les 60 meilleurs sujets qui auront les qualités requises. »

Quand cette première opération aura réussi, un mois après il faudra demander les hommes de bonne volonté pour la ligne et recruter ainsi 5.000 à 6.000 hommes pour compléter les demi-brigades provisoires et former les deux nouvelles demi-brigades.

---

(1) A Magdeburg, incomplet, 17° demi-brigade (note rectificative des bureaux de la guerre, ainsi que les suivantes).
(2) Seulement trois compagnies, les trois autres sont à la 3° demi-brigade, en route pour Bayonne.
(3) A Magdeburg, 17° demi-brigade.
(4) Le 4° bataillon du 76° de ligne est incomplet, à la 10° demi-brigade, à Berlin.
(5) Seulement trois compagnies, les trois autres vont à Puycerda.
(6) En route pour Bayonne, 3° demi-brigade provisoire.

7420. — AU GÉNÉRAL CLARKE.

Vilna, 8 juillet 1812.

Monsieur le duc de Feltre, je reçois votre lettre du 26, où vous me faites connaître que le fort La Salle est en parfait état de défense. Je désire que vous en témoigniez ma satisfaction aux commandants du génie et de l'artillerie. Faites connaître au commandant du fort ce que j'attends de lui en cas d'événement; qu'il faut que le service s'y fasse comme dans une place investie, avec la plus grande ponctualité; que le commandant, les officiers du génie et de l'artillerie y doivent coucher, et ne s'éloigner jamais au delà de la portée du canon du fort; qu'il faut s'occuper de perfectionner l'armement.

Napoléon.

7421. — DÉCISION.

Vilna, 8 juillet 1812.

Le général Kirgener rend compte des dispositions qui ont été prises pour la construction de bateaux propres à la navigation de la Vilna.	On avait l'habitude de faire construire ces bateaux à Vileika. Ecrire au vice-roi pour qu'il fasse connaître le nombre de bateaux qu'il y a dans ce lieu et les faire descendre.

Napoléon.

7422. — DÉCISION.

Vilna, 8 juillet 1812.

Le général Clarke rend compte qu'il a fait partir pour Vérone le détachement du 19ᵉ chasseurs qui était stationné à Savone.	Approuvé.

Napoléon.

7423. — DÉCISIONS (1).

Vilna, 8 juillet 1812.

Le duc d'Albufera demande que M. Cherrier, capitaine dans le régiment de la Tour d'Auvergne, qui est en Calabre, soit attaché en qualité d'adjoint à l'état-major de l'armée d'Aragon.

Refusé.

On soumet à Sa Majesté la demande que fait le sieur de Choiseul-Beaupré, major du 2ᵉ régiment de chasseurs à cheval espagnols, de passer au service de France.

Refusé.

7424. — DÉCISION.

Vilna, 9 juillet 1812.

Le maréchal Berthier propose de mettre à la disposition du général Hogendorp, pour dépenses relatives au service des renseignements, une somme de 3.000 francs.

Accordé.

NAPOLÉON.

7425. — AU MARÉCHAL BERTHIER.

Vilna, 9 juillet 1812.

Mon Cousin, retardez le départ des boulangers du petit quartier général et de la moitié de ceux du 1ᵉʳ corps jusqu'à ce que la moitié de ceux du 4ᵉ corps soit arrivée, afin de faire marcher la boulangerie de S. Casimir.

NAPOLÉON.

---

(1) Non signées; extraites du « Travail du ministre de la guerre avec Sa Majesté l'Empereur et Roi daté du 10 juin 1812 ».

7426. — ORDRE POUR LA GARDE (1).

9 juillet 1812.

La ration pour le voyage sera de : 12 onces de pain, 2 onces de riz, 1 livre de viande.

Le biscuit sera réservé et le pain mangé le premier.

Aux deux derniers jours la ration sera de : 9 onces de biscuit, 2 onces de riz, 1 livre de viande.

Des revues seront faites tous les jours aux sacs pour s'assurer qu'on n'a consommé que la quantité à consommer chaque jour.

On rapporte que des hommes détachés ont éprouvé des mauvais traitements de habitants de Mohrungen. Le major général avisera que si les coupables ne sont pas punis je ferai brûler la ville par la première armée qui passera. S'il y a eu un Français blessé, je veux qu'il y ait un homme de pendu.

7427. — DÉCISIONS (2).

Vilna, 9 juillet 1812.

On propose de former deux nouvelles brigades de gendarmerie dont l'une sera placée à Montreuil-Bellay, département de Maine-et-Loire, et l'autre à Guémenée, département de la Loire-Inférieure.	Approuvé.
Mesures proposées pour soumettre les élèves gendarmes à l'action des lois et règlements de discipline militaire.	Approuvé.
Proposition de faire concourir les militaires de la garde nationale au recrutement des élèves gendarmes;	Approuvé.

---

(1) Non signé.
(2) Non signées; extraites du « Travail du ministre de la guerre avec Sa Majesté l'Empereur et Roi daté du 1ᵉʳ juillet 1812 ».

De nommer à l'emploi de commandant d'armes à Orbetello, 29ᵉ division militaire, le sieur Regismanset, ex-colonel du 19ᵉ régiment d'infanterie de ligne.	Approuvé.
Sur 488 officiers espagnols assermentés, réclamés par ordre de Sa Majesté Catholique, on propose à Sa Majesté de ne renvoyer successivement que 57 infirmes et 45 jeunes gens.	Approuvé.
Sa Majesté est priée de faire connaître si Elle consent à ce qu'un caporal au 1ᵉʳ bataillon étranger, sujet du roi de Bavière, soit mis à la disposition de son souverain qui le réclame.	Approuvé.
Même demande concernant un sujet du grand-duc de Bade qui le réclame.	Approuvé.
On présente à Sa Majesté la liste nominative de huit anciens militaires qui demandent leur admission à l'hôtel des Invalides.	Laisser le ministre maître de décider ce qui lui convient.
On propose à Sa Majesté d'accorder un congé de convalescence de 3 mois au général de brigade Pêcheny, employé à l'armée du Midi en Espagne.	Approuvé.
On soumet à Sa Majesté la demande d'une convalescence de 6 mois avec appointements que fait le colonel Vial, du 26ᵉ régiment de chasseurs.	Approuvé.
Un Irlandais, élève en médecine à Paris, sollicite son retour dans sa patrie.	Approuvé.

On propose à Sa Majesté de faire rentrer dans la ligne M. Cornaglia, capitaine adjudant-major au régiment des pupilles.

Approuvé.

Un cultivateur ayant été condamné à Savone à un an de prison et à 1.500 francs d'amende pour avoir donné asile à un conscrit déserteur, on rend compte des motifs qui ont fait surseoir à toutes poursuites pour le payement de cette amende et des frais.

Approuvé.

On demande les ordres de Sa Majesté sur la proposition de mettre le général de division Duhesme en non-activité, jusqu'à ce qu'il ait été statué définitivement sur son sort.

Approuvé.

7428. — DÉCISIONS (1).

Vilna, 9 juillet 1812.

On propose à Sa Majesté de donner le commandement du département de l'Aisne à M. Bouchard, adjudant commandant employé dans la 5e division militaire.

Approuvé.

Le ministre plénipotentiaire de la Confédération Suisse demande, au nom des cantons de Zurich, Schaffouse et St-Gall, l'autorisation de tirer des forges d'Hayange près Metz et de la manufacture impériale d'armes de Mutzig des projectiles pour les besoins de leur contingent fédéral.

Approuvé.

(1) Non signées; extraites du « Travail du ministre de la guerre avec Sa Majesté l'Empereur et Roi daté du 10 juin 1812 ».

On propose à Sa Majesté de maintenir la décision qui a placé le sieur Desmoulins en qualité de chef trompette dans le bataillon du train des équipages de la garde;	Refusé.
D'approuver le remplacement du sieur Doublet, fusilier grenadier de la garde impériale, par son frère puîné, jeune homme de belle stature et bien plus propre au service que le premier.	Approuvé.
On propose à Sa Majesté de décider si un dragon de la garde impériale peut être admis dans la gendarmerie quoiqu'il ait plus de 40 ans d'âge.	Approuvé.
Sa Majesté est priée de faire connaître si Elle consent qu'un soldat au bataillon des chasseurs français rentrés soit mis à la disposition du duc de Saxe-Weimar qui le réclame.	Approuvé.
Un sergent à la suite de la Légion portugaise sollicite la faveur d'être admis dans la 23ᵉ cohorte du 1ᵉʳ ban de la garde nationale où il sert provisoirement comme instructeur.	Approuvé.
Il a été accordé un congé de deux mois avec appointements à M. l'adjudant commandant Molard, qui commande le département des Landes, pour venir à Paris subir une opération.	Approuvé.
On propose à Sa Majesté d'accorder une gratification de 50 frs à chacun des 12 prisonniers anglais qui ont éteint un incendie à l'hospice de Briançon, près duquel il y avait un magasin à poudre.	Approuvé.

Un capitaine, Valaisan d'origine, qui a été fait prisonnier au service d'Espagne et qui a fait sa soumission, n'a pu être admis au service à cause de son âge. Il a 45 ans de service dont 25 en France. On propose, attendu son indigence, de lui accorder une solde de retraite.	Refusé.
M. le duc de Dalmatie réclame la mise en liberté de deux officiers espagnols assermentés qui désirent prendre du service.	Approuvé.
Le ministre des Etats-Unis demande la mise en liberté d'un matelot américain pris au service d'Angleterre et qui est aveugle.	Approuvé.
On propose à Sa Majesté de dispenser M. Sebastiani du payement d'une somme de 1.026 frs 94 c. dont il est redevable pour la pension de son fils, vélite chasseur à cheval;	Approuvé.
De mettre à la disposition du ministre directeur de l'administration de la guerre le sieur Verner, chirurgien-major du régiment des pupilles;	Approuvé.
De confirmer la nomination du capitaine Charvet, du 15ᵉ régiment d'infanterie légère, à l'emploi de capitaine adjudant-major d'infanterie de l'école militaire de Saint-Germain.	Approuvé.

7429. — POUR LE MAJOR GÉNÉRAL (1).

9 juillet 1812.

Donnez ordre au 1ᵉʳ bataillon de Hesse-Darmstadt et au 1ᵉʳ ba-

---

(1) Non signé.

taillon de Mecklenburg-Schwerin, qui sont à Kovno, de se rendre à Vilna.

La garnison de Kovno sera formée du régiment d'Illyrie qui s'y réunira en entier et d'une compagnie d'artillerie qui s'y rendra sur-le-champ, dans le double but de travailler aux magasins et au déchargement des convois qui arrivent, et de servir les dix pièces qui sont là, pour qu'en cas d'événement, si quelque parti se portait sur Kovno, ces pièces serviraient.

Le général Tarayre sera instruit que Roumchichki et Smorgoni et la route à mi-chemin de Smorgoni à Evé sont sous ses ordres. Il aura pour instruction de faire réparer les ponts, de faire enterrer les chevaux morts, de faire rentrer les habitants, de faire arrêter les traînards, enfin de prendre toutes les mesures de police nécessaires pour la sûreté de cette route.

Un capitaine du régiment d'Illyrie sera envoyé à Roumchichki avec la moitié de sa compagnie pour y commander; le lieutenant sera placé à Smorgoni avec le tiers de la même compagnie. Ces deux officiers correspondront avec le général Tarayre, feront faire des patrouilles, prendront des mesures pour faire rentrer les habitants et donner main-forte aux colonnes mobiles.

L'autre moitié de la route entre Smorgoni et Evé sera sous les ordres du commandant de la place de Vilna. Le commandant de Vilna enverra à Evé un officier du 129° avec une demi-compagnie et un lieutenant avec l'autre moitié à Rykonty. Ces deux officiers rendront compte au gouverneur de Vilna des mesures qu'ils prendront pour faire rentrer les habitants, pour assurer les passages, réparer les ponts, enfin réorganiser le pays (1).

7430. — DÉCISION.

Vilna, 10 juillet 1812.

Le général Bourcier rend compte que les effets d'habillement et de harnachement appartenant aux 4ᵐˢ escadrons des 7°, 23°, 28° et 30° régiments de dragons forts ensemble

Que le général Bourcier prenne là-dessus le parti qui lui conviendra.

NAPOLÉON.

---

(1) Toute la partie de cet ordre, depuis : « Le général Tarayre sera instruit.. », jusqu'à la fin, a été barré par Napoléon.

de 660 hommes montés, au lieu d'être envoyés à Hanovre, ont été dirigés sur Berlin et de là sur l'armée où il paraît qu'on les transporte en faisant deux étapes par jour; et il demande si l'intention de l'Empereur est que le ministre directeur expédie de nouveaux effets à Hanovre.

7431. — DÉCISION (1).

Mojaisk, 10 juillet 1812.

On met sous les yeux de Sa Majesté la demande d'avancement que M. le maréchal duc de Dalmatie a faite pour les généraux de brigade Soult, Ruty et Digeon et pour M. Vinot, colonel du 2ᵉ régiment de hussards.

On joint le projet de décret.

Ajourné par Sa Majesté.

7432. — 6ᵉ BULLETIN DE LA GRANDE ARMÉE (2).

Vilna, 11 juillet 1812.

Le roi de Naples a continué à suivre l'arrière-garde ennemie. Le 5, il a rencontré la cavalerie en position sur la Disna; il l'a fait charger par la brigade de cavalerie légère, que commande le général baron Subervie; les régiments prussiens, wurtembergeois et polonais, qui font partie de cette brigade, ont chargé avec la plus grande intrépidité. Ils ont culbuté une ligne de dragons et de hussards russes, et ont fait 200 prisonniers hussards et dragons montés. Arrivé au delà de la Disna, l'ennemi coupa les ponts et voulut défendre le passage. Le général, comte Montbrun fit alors avancer ses cinq batteries d'artillerie légère, qui, pendant plusieurs heures

(1) Non signée; extraite du « Travail du ministre de la guerre avec Sa Majesté l'Empereur et Roi daté du 8 juillet 1812 ».
(2) Placard imprimé, publié dans les Œuvres de Napoléon (Panckoucke, 1821, t. V, pages 17-21).

portèrent le ravage dans les rangs ennemis. La perte des Russes a été considérable.

Le général comte Sébastiani est arrivé le même jour à Vidzy, d'où l'Empereur de Russie était parti la veille.

Notre avant-garde est sur la Dvina.

Le général comte Nansouty était le 5 juillet à Postavy. Il se porta, pour passer la Disna, à six lieues de là, sur la droite du roi de Naples. Le général de brigade Roussel, avec le 9° régiment de chevau-légers polonais et le 2° régiment de hussards prussiens, passa la rivière, culbuta six escadrons russes, en sabra un bon nombre et fit 45 prisonniers avec plusieurs officiers. Le général Nansouty se loue de la conduite du général Roussel, et cite avec éloge le lieutenant Borke, du 2° régiment de hussards prussiens, le sous-officier Kranse et le hussard Lutze. Sa Majesté a accordé la décoration de la Légion d'honneur au général Roussel, aux officiers et au sous-officier ci-dessus nommés.

Le général Nansouty a fait prisonniers 130 hussards et dragons russes, montés.

Le 3 juillet, la communication a été ouverte entre Grodno et Vilna par Lida. L'hetman Platov, avec 6.000 cosaques, chassé de Grodno, se présenta sur Lida et y trouva les avant-postes français. Il descendit sur Ivié le 5.

Le général comte Grouchy occupait Vichnev, Traby et Soubotniki. Le général baron Pajol était à Perchaï, le général baron Bordessoulle était à Blakchty; le maréchal prince d'Eckmühl était en avant de Bobrovitchi, poussant des têtes de colonnes partout.

Platov se retira précipitamment le 6 sur Nikolaev.

Le prince Bagration, parti dans les premiers jours de juillet de Volkowysk, pour se diriger sur Vilna, a été intercepté dans sa route. Il est retourné sur ses pas pour gagner Minsk; prévenu par le prince d'Eckmühl, il a changé de direction, a renoncé à se porter sur la Dvina et se porte sur le Borysthène, par Bobrouisk, en traversant les marais de la Berezina.

Le maréchal prince d'Eckmühl est entré le 8 à Minsk. Il a trouvé des magasins considérables en farines, en avoines, en effets d'habillement, etc. Bagration était déjà arrivé à Novoi-Svorgiev; se voyant prévenu, il envoya l'ordre de brûler les magasins; mais le prince d'Eckmühl ne lui en a pas donné le temps.

Le roi de Westphalie était le 9 à Novogroudok, le général Reynier à Slonim; des magasins, des voitures de bagages, des pharmacies, des hommes isolés ou coupés tombent à chaque moment dans nos mains. Les divisions russes errent dans ces contrées, sans directions, prévenues, poursuivies partout, perdant leurs bagages, brûlant leurs magasins, détruisant leur artillerie et laissant leurs places sans défense.

Le général baron de Colbert a pris à Vileika un magasin de 3.000 quintaux de farine, de 100.000 rations de biscuit, etc. Il a trouvé aussi à Vileika une caisse de 20.000 francs en monnaie de cuivre.

Tous ces avantages ne coûtent presque aucun homme à l'armée française : depuis que la campagne est ouverte, on compte à peine dans tous les corps réunis 30 hommes tués, une centaine de blessés et 10 prisonniers, tandis que nous avons déjà 2.000 à 2.500 prisonniers russes.

Le prince de Schwarzenberg a passé le Bug à Droguitchin, a poursuivi l'ennemi dans ses différentes directions, et s'est emparé de plusieurs voitures de bagages. Le prince de Schwarzenberg se loue de l'accueil qu'il reçoit des habitants et de l'esprit de patriotisme qui anime ces contrées.

Ainsi dix jours après l'ouverture de la campagne nos avant-postes sont sur la Dvina. Presque toute la Lithuanie, ayant 4 millions d'hommes de population, est conquise. Les mouvements de guerre ont commencé au passage de la Vistule. Les projets de l'Empereur étaient dès lors démasqués, et il n'y avait pas de temps à perdre pour leur exécution. Aussi l'armée a-t-elle fait de fortes marches depuis le passage de ce fleuve, pour se porter par des manœuvres sur la Dvina, car il y a plus loin de la Vistule à la Dvina, que de la Dvina à Moscou et à Pétersbourg.

Les Russes paraissent se concentrer sur Dunabourg; ils annoncent le projet de nous attendre et de nous livrer bataille avant de rentrer dans leurs anciennes provinces, après avoir abandonné sans combat la Pologne, comme s'ils étaient pressés par la justice, et qu'ils voulussent restituer un pays mal acquis, puisqu'il ne l'a été ni par les traités, ni par droit de conquête.

La chaleur continue à être très forte.

Le peuple de Pologne s'émeut de tous côtés, l'aigle blanche est arborée partout. Prêtres, nobles, paysans, femmes, tous demandent l'indépendance de leur nation. Les paysans sont extrêmement jaloux du bonheur des paysans du grand-duché, qui sont libres; car, quoi qu'on dise, la liberté est regardée par les Lithuaniens comme le premier des biens. Les paysans s'expriment avec une vivacité d'élocution qui ne semble pas devoir appartenir aux climats du Nord, et tous embrassent avec transport l'espérance que la fin de la lutte sera le rétablissement de leur liberté. Les paysans du grand-duché ont gagné à la liberté, non qu'ils soient plus riches, mais que les propriétaires sont obligés d'être modérés, justes et humains, parce qu'autrement les paysans quitteront leurs terres pour chercher de meilleurs propriétaires. Ainsi le noble ne perd rien; il est seulement obligé d'être juste, et le paysan gagne beaucoup. Ça dû être une douce jouissance pour le cœur de l'Empereur, que d'être témoin, en traversant le grand-duché, des transports de joie et de reconnaissance qu'excite le bienfait de la liberté accordé à quatre millions d'hommes.

Six régiments d'infanterie de nouvelle levée viennent d'être décretés en Lithuanie, et quatre régiments de cavalerie viennent d'être offerts par la noblesse.

Pour copie conforme :
Le ministre de la guerre,
Duc DE FELTRE.

7433. — DÉCISION.

Au quartier général impérial de Vilna, 11 juillet 1812.

| Le général Lacuée propose de confier à M. Simonin, ancien agent en chef des hôpitaux en Illyrie, l'inspection des hôpitaux militaires de cette province. | Approuvé. NAPOLÉON. |

7434. — AU MARÉCHAL BERTHIER.

Vilna, 11 juillet 1812.

Mon Cousin, je vous envoie une déclaration (1). Donnez ordre au colonel du 14° de cuirassiers de trouver le cheval de l'officier coupable.

NAPOLÉON.

---

(1) Celle-ci manque.

7435. — AU MARÉCHAL BERTHIER.

Vilna, 11 juillet 1812.

Mon Cousin, un équipage de pont de 28 pontons est parti le 10. Mon intention est qu'il en parte demain un autre avec un même nombre de pontons, et que le général Eblé mette avec cet équipage le plus de marins qu'il pourra, en en laissant toutefois suffisamment pour les équipages qui doivent suivre.

NAPOLÉON.

7436. — AU MARÉCHAL BERTHIER.

Vilna, 11 juillet 1812.

Mon Cousin, vous avez eu tort d'écrire au duc de Tarente que j'envoyais un officier en Samogitie pour y acheter 2.000 chevaux. Ce n'est pas acheter que j'ai entendu, c'est requérir. Pour accorder tout cela, vous écrirez au duc de Tarente que ces chevaux seront payés à compte de la contribution.

Je ne vois pas que vous ayez donné l'ordre à l'équipage de siège d'être à la disposition du duc de Tarente, et d'envoyer auprès de lui un officier de cet équipage pour transmettre ses ordres.

NAPOLÉON.

7437. — AU MARÉCHAL BERTHIER.

Vilna, 11 juillet 1812.

Mon Cousin, donnez ordre au général Kirgener de ne pas dépasser Sventsiany. Faites-moi connaître quand il y arrivera. Vous lui donnerez l'ordre de faire réparer les ponts et de faire construire trois fours à Sventsiany.

Donnez ordre au général Chasseloup de faire partir demain une compagnie de la garde et le reste des sapeurs attachés au parc du génie, hormis deux compagnies qui resteront pour le service à Vilna, de faire partir une compagnie du bataillon du Danube, l'autre devant rester pour le service de Vilna, enfin une compagnie du train du génie.

Tout cela partira demain à la pointe du jour sous les ordres du maréchal duc de Trévise, avec des vivres pour les 12, 13, 14, 15, 16, 17 et 18, à raison d'une demi-ration de pain et un tiers de viande.

Donnez ordre que la compagnie du bataillon de l'Escaut qui est à Danzig et celle qui est à Königsberg partent de ces deux points pour se rendre à Kovno; qu'une des deux compagnies de ce bataillon qui sont à Kovno en parte pour Vilna, et qu'aussitôt que les deux compagnies seront arrivées, l'autre compagnie parte aussi pour Vilna. Aussitôt que les deux compagnies du bataillon de l'Escaut seront arrivées à Vilna, vous m'en rendrez compte. En attendant elles achèveront les ponts sur pilotis et les ponts sur la Vilia, et prépareront des bateaux pour aller prendre des vivres à Kovno.

Donnez ordre au général Eblé de laisser un officier de marine d'un grade supérieur pour la navigation de Kovno à Vilna, avec 150 marins, y compris les 50 qui sont à Kovno, ce qui fait la valeur d'une compagnie du 4e bataillon.

NAPOLÉON.

7438. — ORDRE.

Vilna, 11 juillet 1812.

Nous avons ordonné et ordonnons ce qui suit :

ARTICLE PREMIER. — Il sera confectionné à Glogau 600 capotes pour le 1er bataillon du régiment de la Méditerranée.

ART. 2. — Il sera également fourni à Glogau au même bataillon : 1,200 paires de souliers à raison de 2 paires par homme; 600 chemises; 600 paires de guêtres; 600 sacs de toile.

ART. 3. — Tous les objets ci-dessus seront fournis sans délai par les soins du commissaire des guerres de la place et du conseil d'administration du bataillon.

ART. 4. — Notre major général et notre intendant général de la Grande Armée sont chargés de l'exécution du présent ordre.

NAPOLÉON.

7439. — ORDRE.

Vilna, 12 juillet 1812.

1° Les deux compagnies du parc du génie seront maintenues au complet;

2° Toutes les voitures restées en arrière par défaut de chevaux seront attelées avec des bœufs;

3° Les munitions d'artillerie seront transportées de Kovno à Vilna par la Vilia;

Le général d'artillerie pourra aussi faire établir des relais de bœufs de Kovno à Vilna, pour les transports de munitions, cartouches, fusils, etc...;

4° Le major général et l'intendant général sont chargés de l'exécution du présent ordre (chacun en ce qui le concerne).

NAPOLÉON.

7440. — DÉCISION (1).

Vilna, 12 juillet 1812.

On rend compte à Sa Majesté que les majors de la garde, qui ont rang de colonel, touchent la solde de ce dernier grade, en sorte que leur traitement se trouve supérieur à la solde des colonels en second et des adjudants commandants qui les commandent.

Le ministre pense que ces majors ne devraient toucher que la solde du grade qu'ils remplissent.

Monsieur le duc, Sa Majesté me charge d'informer Votre Excellence qu'Elle n'a pas jugé à propos de prendre une décision sur la question de la solde des majors de la garde que vous lui avez soumise par votre rapport du 3 juin dernier, attendu qu'Elle ne croit jamais avoir rendu de décision qui accordât aux majors de la garde les appointements de colonel.

Comte DARU.

7441. — DÉCISION.

Vilna, 13 juillet 1812.

Le général Lariboisière propose d'affecter à l'équipage de siège de Danzig le colonel Mengin, directeur du parc du 3° corps : ce parc ne comprend plus que 18 voitures.

Non, il faut atteler le parc des trois compagnies avec des chevaux et ne rien désorganiser.

NAPOLÉON.

(1) Extraite du « Travail du ministre de la guerre avec Sa Majesté l'Empereur et Roi daté du 3 juin 1812 ».

7442. — DÉCISION.

Vilna, 13 juillet 1812.

On met sous les yeux de l'Empereur l'état des fusils qui se trouvent dans les hôpitaux de Vilna.

Renvoyé au major général pour faire prendre ces fusils et les donner aux hommes qui doivent partir demain.

NAPOLÉON.

7443. — ORDRE.

Vilna, 14 juillet 1812.

Monsieur le duc de Feltre, j'approuve que ce qu'il y a de disponible dans les trois compagnies du 3ᵉ bataillon du 40ᵉ soit versé dans le 4ᵉ bataillon, et que les cadres des trois compagnies du 3ᵐ bataillon retournent au dépôt.

NAPOLÉON.

7444. — DÉCISION.

Vilna, 14 juillet 1812.

Sire, le général Jomini me rend compte qu'après avoir fait procéder à une révision plus stricte des couvents de femmes existant à Vilna, il s'est convaincu qu'il serait possible de faire réunir, au couvent des Bernardines de Zarètch, les religieuses habitant les trois couvents des Marianites, des Carmélites et des Bénédictines.

Je propose de disposer de ces trois derniers établissements pour former des hôpitaux pour environ mille malades.

Le Prince de Neuchâtel,
major général,
ALEXANDRE.

Approuvé.

NAPOLÉON.

7445. — DÉCISIONS (1).

Vilna, 14 juillet 1812.

On propose de recruter l'infanterie des escadrons de la gendarmerie qui font le service en Aragon dans le corps des chasseurs des montagnes.	Accordé.
On propose à Sa Majesté d'augmenter de deux compagnies le bataillon de vétérans de Lorient, qui est insuffisant pour le service de la marine.	Accordé.
Le général de division Travot demande de nouveau pour aide de camp M. Pissin, aujourd'hui lieutenant titulaire au 2ᵉ bataillon des chasseurs des montagnes.	Refusé.
M. le maréchal duc d'Albufera demande la décoration d'honneur en faveur de MM. Bay, capitaine au 5ᵉ régiment d'infanterie italien, et Ré, capitaine aide de camp du général Mazuchelli.	Ajourné.
Le général Pouget, employé dans la 28ᵉ division militaire, à Savone, demande l'autorisation d'aller régler des affaires de famille.	Accordé.
Le général de brigade Daubigny, commandant d'armes à Valenciennes, demande un congé d'un mois pour se rendre dans le département d'Eure-et-Loir.	Accordé.
L'adjudant commandant Boissier, chef de l'état-major de la 16ᵉ division militaire, demande un congé de convalescence de deux mois avec solde.	Accordé.

(1) Non signées; extraites du « Travail du ministre de la guerre avec Sa Majesté l'Empereur et Roi daté du 19 juin 1812 ».

Le maire de Cassel réclame la mise en liberté du nommé C. Naumann, sujet westphalien, détenu comme prisonnier de guerre anglais à Mont-Dauphin.	Accordé.
Le canton de Zug demande le retour dans leurs foyers, sous caution, de trois officiers suisses et d'un soldat de cette nation, au service d'Espagne, prisonniers de guerre en France.	Accordé.
Mme la princesse régente de la Lippe réclame le nommé G. Pflug, l'un de ses sujets, détenu depuis deux ans au dépôt d'Arras et qui a été pris sur un bâtiment anglais où il était passager.	Accordé.
Un matelot anglais, prisonnier de guerre à Verdun, atteint d'une maladie incurable, demande son renvoi.	Accordé.
On propose à Sa Majesté d'autoriser M. Dein, colonel du 15e régiment d'infanterie de ligne, à quitter le service actif, sa santé ne lui permettant plus de servir;	Accordé.
De nommer commandant d'armes de 4e classe au fort Dugommier, près le Helder, le sieur Dufayel, chef de bataillon.	Nommer un officier qui ait fait les campagnes de la Grande Armée.

7446. — AU MARÉCHAL BERTHIER.

Vilna, 14 juillet 1812 (6 heures du matin).

Mon Cousin, je vous ai déjà mandé de donner ordre au général Kirgener, au petit quartier général, et aux équipages de pont et d'artillerie de partir de Svientsiany pour se rendre à Gloubokoïé.

Donnez de même à la brigade des chasseurs de ma garde, qui arrive demain à Svientsiany, de se porter par Postavy sur Gloubokoïé. Organisez cette route, en y mettant des commandants de place avec des détachements à toutes les stations et chargez le général Kirgener de faire réparer tous les ponts. Donnez ordre au duc de Danzig de partir avec les grenadiers de la garde, demain à 2 heures du matin, pour se rendre à Sventsiany. Faites partir également pour Gloubokoïé tous les gendarmes et les troupes qui appartiennent au quartier général. J'aurai le 16 mon quartier général à Sventsiany et le 17 je le porterai à Gloubokoïé. Instruisez-en le duc d'Istrie pour que ma cavalerie de la garde s'y trouve et soit en liaison avec la cavalerie du général Nansouty, qui doit être sur la route de Disna. Instruisez-en également le vice-roi, dont le corps doit être le 17 à Dokchitsy, et le prince d'Eckmühl. Donnez ordre au vice-roi et au prince d'Eckmühl de me renvoyer tous mes chasseurs et chevau-légers. Je suppose que le prince d'Eckmühl sera à Borisov; il les renverra par la route de Borisov à Dokchitsy. Donnez ordre au prince d'Eckmühl de placer la brigade Colbert de manière à ce qu'elle me rejoigne à Gloubokoïé. Il faut la tenir sur le haut de la Berézina. Ecrivez au duc d'Istrie et au colonel des chevau-légers pour lui faire connaître qu'il fasse faire rejoindre tous les détachements de la cavalerie de la garde.

NAPOLÉON.

7447. — AU GÉNÉRAL CLARKE.

Vilna, 14 juillet 1812.

Monsieur le duc de Feltre, j'approuve que ce qu'il y a de disponible dans les trois compagnies du 3ᵉ bataillon du 40ᵉ soit versé dans le 4ᵉ bataillon, et que les cadres des trois compagnies du 3ᵉ bataillon retournent au dépôt.

NAPOLÉON.

7448. — DÉCISION (1).

| On propose à Sa Majesté de laisser cumuler par les infirmiers militaires la solde de retraite avec celle d'activité. | Conseil d'Etat. |

(1) Sans signature ni date; extraite du « Travail du ministre directeur de l'administration de la guerre avec Sa Majesté l'Empereur et Roi daté du 15 juillet 1812 ».

7449. — DÉCISION (1).

Sa Majesté est priée de prononcer sur le point à éclaircir dans le texte des articles 6 et 7 du décret du 1er mai relatif aux capitulations.

Renvoyé au Conseil d'Etat, sections de la guerre et de législation.

7450. — DÉCISION.

Vilna, 15 juillet 1812.

La 8e compagnie du 7e régiment de dragons a reçu 90 chevaux dont elle ne peut faire usage pour l'instruction de ses recrues attendu que les selles et les brides qu'elle devait recevoir ne lui sont point parvenues.

Le maréchal Berthier propose de prendre dans les magasins de harnachements de Spandau les selles, brides, etc. qui sont nécessaires à cette compagnie.

Approuvé.

NAPOLÉON.

7451. — DÉCISION.

Vilna, 15 juillet 1812.

Le 5e bataillon de marche du 2e corps d'armée, parti de Mayence le 4 juillet, doit arriver à Posen le 2 août. Le maréchal Berthier propose de le diriger sur Thorn.

Approuvé.

NAPOLÉON.

---

(1) Sans signature ni date; extraite du « Travail du ministre de la guerre avec Sa Majesté l'Empereur et Roi daté du 15 juillet 1812 ».

7452. — DÉCISION.

Vilna, 16 juillet 1812.

L'inspecteur en chef aux revues de l'armée, afin de faciliter la comptabilité des 14ᵉ et 16ᵉ bataillons d'équipages qui viennent d'être formés à Varsovie, propose d'y établir les dépôts de ces bataillons.

Approuvé.

NAPOLÉON.

7453. — 7ᵉ BULLETIN DE LA GRANDE ARMÉE (1).

Vilna, 16 juillet 1812.

Sa Majesté fait élever sur la rive droite de la Vilia un camp retranché fermé par des redoutes, et fait construire une citadelle sur la montagne où était l'ancien palais des Jagellons. On travaille à établir deux ponts de pilotis sur la Vilia. Trois ponts de radeaux existent déjà sur cette rivière.

Le 8, l'Empereur a passé la revue d'une partie de sa garde, composée des divisions Laborde et Roguet que commande le maréchal duc de Trévise, et de la vieille garde que commande le maréchal duc de Danzig, sur l'emplacement du camp retranché. La belle tenue de ces troupes a excité l'admiration générale.

Le 4, le maréchal duc de Tarente fit partir de son quartier général de Rossieny, capitale de la Samogitie, l'une des plus belles et des plus fertiles provinces de la Pologne, le général baron Ricard, avec une partie de la 7ᵉ division, pour se porter sur Ponevej; le général prussien Kleist, avec une brigade prussienne, a été envoyé sur Chavli, et le brigadier prussien de Jannerel, avec une autre brigade prussienne sur Telchi. Ces trois commandants sont arrivés à leur destination. Le général Kleist n'a pu atteindre qu'un hussard russe, l'ennemi ayant évacué en toute hâte Chavli, après avoir incendié les magasins.

Le général Ricard est arrivé le 6 de grand matin à Ponevej. Il a eu le bonheur de sauver les magasins qui s'y trouvaient et qui contenaient 30.000 quintaux de farine. Il a fait 160 prisonniers

---

(1) Placard imprimé publié dans les Œuvres de Napoléon (Panckoucke, 1821, t. V, pages 21-24).

parmi lesquels sont 4 officiers. Cette petite expédition fait le plus grand honneur au détachement de hussards de la mort prussien qui en a été chargé. Sa Majesté a accordé la décoration de la Légion d'honneur au commandant, au lieutenant de Raven, aux sous-officiers Werner et Pommereit, et au brigadier Grabowski qui se sont distingués dans cette affaire.

Les habitants de la province de Samogitie se distinguent par leur patriotisme. Ils ont un grief de plus que les autres Polonais : ils étaient libres; leur pays est riche; il l'était davantage, mais leurs destinées ont changé avec la chute de la Pologne. Les plus belles terres ayant été données par Catherine aux Soubov, les paysans, de libres qu'ils étaient, ont dû devenir esclaves. Le mouvement de flanc qu'a fait l'armée sur Vilna ayant tourné cette belle province, elle se trouve intacte, et sera de la plus grande utilité à l'armée. 2.000 chevaux sont en route pour venir réparer les pertes de l'artillerie. Des magasins considérables ont été conservés. La marche de l'armée de Kovno sur Vilna et de Vilna sur Dunabourg et sur Minsk a obligé l'ennemi à abandonner les rives du Niémen, et a rendu libre cette rivière, par laquelle de nombreux convois arrivent à Kovno. Nous avons dans ce moment plus de 150.000 quintaux de farine, 2 millions de rations de biscuit, 6.000 quintaux de riz, une grande quantité d'eau-de-vie, 600.000 boisseaux d'avoine, etc. Les convois se succèdent avec rapidité; le Niémen est couvert de bateaux.

Le passage du Niemen a eu lieu le 24, et l'Empereur est entré à Vilna le 28. La première armée de l'Ouest, commandée par l'empereur Alexandre, est composée de neuf divisions d'infanterie et de quatre divisions de cavalerie. Poussée de poste en poste, elle occupe aujourd'hui le camp retranché de Drissa, où le roi de Naples, avec les corps des maréchaux ducs d'Elchingen et de Reggio, plusieurs divisions du 1er corps et les corps de cavalerie des comtes Nansouty et Montbrun, la contient. La seconde armée, commandée par le prince Bagration, était encore le 1er juillet à Kobrin où elle se réunissait. Les 9e et 15e divisions étaient plus loin sous les ordres du général Tormazov. A la première nouvelle du passage du Niémen, Bagration se mit en mouvement pour se porter sur Vilna; il fit sa jonction avec les cosaques de Platov, qui étaient vis-à-vis Grodno. Arrivé à la hauteur d'Ivié, il apprit que le chemin de Vilna lui était fermé. Il reconnut que l'exécution des ordres qu'il avait serait téméraire et entraînerait sa perte, Soubotniki, Traby, Vichnev, Volojin étant occupés par les corps du général comte Grouchy, du général baron Pajol et du maréchal prince d'Eckmühl. Il rétrograda alors et prit la direction de Minsk; mais, arrivé à demi-chemin de cette ville, il apprit que le prince d'Eckmühl y était entré. Il rétrograda encore une fois : de Nesvij il marcha sur Sloutsk, et de là il se porta sur Bobrouisk d'où il n'aura d'autre ressource que de passer le Borysthène. Ainsi les deux armées sont entièrement coupées et séparées entre elles par un espace de cent lieues.

Le prince d'Eckmühl s'est emparé de la place forte de Borisov sur la Berezina. Soixante milliers de poudre, seize pièces de canon de siège, des hôpitaux sont tombés en son pouvoir. Des magasins considérables ont été incendiés, une partie cependant a été sauvée.

Le 10, le général Latour-Maubourg a envoyé la division de cavalerie légère, commandée par le général Rozniecki, sur Mir. Elle rencontra l'arrière-garde ennemie à peu de distance de cette ville. Un engagement très vif eut lieu. Malgré l'infériorité du nombre de la division polonaise, le champ lui est resté. Le général de cosaques Gregoriev a été tué, et 1.500 Russes ont été tués ou blessés. Notre perte n'a été que de 500 hommes au plus. La cavalerie légère polonaise s'est battue avec la plus grande intrépidité et son courage a suppléé au nombre. Nous sommes entrés le même jour à Mir.

Le 13, le roi de Westphalie avait son quartier général à Nesvij.

Le vice-roi arrive à Dokchitsy.

Les Bavarois, commandés par le général comte Gouvion-Saint-Cyr, ont passé la revue de l'Empereur, le 14, à Vilna. La division Deroy et la division Wrede étaient très belles. Ces troupes se sont mises en marche pour Gloubokoïé.

La diète de Varsovie, s'étant constituée en confédération générale de Pologne, a nommé le prince Adam Czartoriski son président. Ce prince, âgé de 80 ans, a été il y a cinquante ans maréchal d'une diète de Pologne. Le premier acte de la confédération de Pologne a été de déclarer le royaume de Pologne rétabli.

Une députation de la confédération a été présentée à l'Empereur à Vilna, et a soumis à son approbation et sa protection l'acte de confédération.

Pour copie conforme :

Le ministre de la guerre,

Duc de Feltre.

7454. — DÉCISION.

Vilna, 15 juillet 1812.

Le maréchal Macdonald demande l'autorisation de donner une gratification de 300 roubles au lieutenant qui a fait respecter par ses hussards, une caisse russe saisie à Poniévicz.

Approuvé.

NAPOLÉON.

7455. — AU MARÉCHAL BERTHIER.

Gloubokoïe, 20 juillet 1812.

Mon Cousin, réitérez l'ordre à Kovno et à Vilna de retenir dans ces deux places tous les convois de prisonniers et de déserteurs jusqu'à ce qu'ils soient au nombre de 1.200, et qu'on ne les fasse partir qu'alors. Les officiers partiront aussitôt qu'ils seront au nombre de dix. Tous les convois seront dirigés sur Danzig, où les prisonniers resteront enfermés dans des casernes sans qu'ils puissent sortir. Donnez l'ordre au gouverneur de Danzig de prendre les mesures nécessaires pour préparer les locaux convenables ; il faut qu'il y en ait pour 10.000 hommes. Les prisonniers seront, autant que possible, embarqués à Königsberg sur la Frisch-Haff. Chaque convoi de 1.200 hommes devra avoir une escorte de 100 hommes et l'officier commandant cette escorte sera responsable des prisonniers sous sa garde.

NAPOLÉON.

7456. — DÉCISION.

Gloubokoïe, 20 juillet 1812.

Le maréchal Berthier rend compte des mesures qui ont été prises pour la répression des excès commis par les maraudeurs dans le district de Braslav.

Approuvé.

NAPOLÉON.

7457. — AU GÉNÉRAL CLARKE.

Vitebsk, 20 juillet 1812.

Monsieur le duc de Feltre, je crains que vous ne mettiez trop de monde dans la cavalerie. La perte des chevaux surpasse de beaucoup celle des hommes, et la situation des dépôts des régiments de l'armée d'Espagne est telle qu'ils ont beaucoup d'hommes et peu de chevaux.

NAPOLÉON.

7458. — 8° BULLETIN DE LA GRANDE ARMÉE (1).

Gloubokoïe, 22 juillet 1812.

Le corps du prince Bagration est composé de quatre divisions d'infanterie, forte de 22.000 à 24.000 hommes, des cosaques de Platov, formant 6.000 chevaux, et de 4.000 ou 5.000 hommes de cavalerie. Deux divisions de son corps (la 9° et la 15°) voulaient le rejoindre par Pinsk; elles ont été interceptées et obligées de rentrer en Volhynie.

Le 14, le général Latour-Maubourg, qui suivait l'arrière-garde de Bagration, était à Romanovo. Le 16, le prince Poniatowski y avait son quartier général.

Dans l'affaire du 10, qui a eu lieu à Romanovo, le général Rozniecki, commandant la cavalerie légère du 4° corps de cavalerie, a perdu 600 hommes tués ou blessés, ou faits prisonniers. On n'a à regretter aucun officier supérieur. Le général Rozniecki assure que l'on a reconnu sur le champ de bataille les corps du général de division russe comte Pahlen, des colonels russes Adrianov et Jesovaiski.

Le prince de Schwarzenberg avait le 13 son quartier général à Prazana. Il avait fait occuper le 11 et le 12 la position importante de Pinsk par un détachement qui a pris quelques hommes et des magasins assez considérables. Douze uhlans autrichiens ont chargé 46 cosaques, les ont poursuivis pendant plusieurs lieues et en ont pris 6. Le prince de Schwarzenberg marche sur Minsk.

Le général Reynier est revenu le 19 à Slonim, pour garantir le

---

(1) Placard imprimé publié dans les OEuvres de Napoléon (Panckoucke, 1821, t. V, pages 26-29).

duché de Varsovie d'une incursion, et observer les deux divisions ennemies rentrées en Volhynie.

Le 12, le général baron Pajol, étant à Igoumen, a envoyé le capitaine Vandois avec 50 chevaux à Kholoui. Ce détachement a pris là un parc de 200 voitures du corps de Bagration, a fait prisonniers 6 officiers, 200 canonniers, 300 hommes du train et a pris 800 beaux chevaux d'artillerie. Le capitaine Vandois, se trouvant éloigné de quinze lieues de l'armée, n'a pas jugé pouvoir amener ce convoi et l'a brûlé; il a amené les chevaux harnachés et les hommes.

Le prince d'Eckmühl était le 15 à Igoumen; le général Pajol était à Lapitchi, ayant des postes sur Svislotch; ce qu'apprenant, Bagration a renoncé à se porter sur Bobrouisk, et s'est jeté 15 lieues plus bas du côté de Mozyr.

Le 17, le prince d'Eckmühl était à Golovnino.

Le 15, le général Grouchy était à Borisov. Un parti qu'il a envoyé sur Star-Lepel y a pris des magasins considérables et deux compagnies de mineurs, de 8 officiers et de 200 hommes.

Le 18, ce général était à Kokanov.

Le même jour, à 2 heures du matin, le général baron Colbert est entré à Orcha, où il s'est emparé d'immenses magasins de farines, d'avoine, d'effets d'habillement. Il a passé de suite le Borysthène, et s'est mis à la poursuite d'un convoi d'artillerie.

Smolensk est en alarme. Tout s'évacue sur Moscou. Un officier, envoyé par l'empereur pour faire évacuer les magasins d'Orcha, a été fort étonné de trouver la place au pouvoir des Français; cet officier a été pris avec ses dépêches.

Pendant que Bagration était vivement poursuivi dans sa retraite, prévenu dans ses projets, séparé et éloigné de la grande armée, la grande armée, commandée par l'empereur Alexandre, se retirait sur la Dvina. Le 14, le général Sebastiani suivant l'arrière-garde ennemie, culbuta 500 cosaques et arriva à Drouya.

Le 13, le duc de Reggio se porta sur Dunabourg, brûla d'assez belles baraques que l'ennemi avait fait construire, fit lever le plan des ouvrages, brûla des magasins et fit 150 prisonniers. Après cette diversion sur la droite, il marcha sur Drouya.

Le 15, l'ennemi qui était réuni dans son camp retranché de Drissa, au nombre de 100.000 à 120.000 hommes, instruit que notre cavalerie légère se gardait mal, fit jeter un pont, fit passer 5.000

hommes d'infanterie et 5.000 hommes de cavalerie, attaqua le général Sebastiani à l'improviste, le repoussa d'une lieue et lui fit éprouver une perte d'une centaine d'hommes tués, blessés et prisonniers, parmi lesquels se trouvent un capitaine et un sous-lieutenant du 11ᵉ de chasseurs. Le général de brigade baron Saint-Geniés blessé mortellement est resté au pouvoir de l'ennemi.

Le 16, le maréchal duc de Trévise, avec une partie de la garde à pied et de la garde à cheval, et la cavalerie légère bavaroise, arriva à Gloubokoïé, le vice-roi arriva à Dokchitsy le 17.

Le 18, l'Empereur porta son quartier général à Gloubokoïé.

Le 20, les maréchaux ducs d'Istrie et de Trévise étaient à Ouchatch, le vice-roi à Kamen, le roi de Naples à Disna.

Le 18, l'armée russe évacua son camp retranché de Drissa, consistant en une douzaine de redoutes palissadées, réunies par un chemin couvert, et de trois mille toises de développement dans l'enfoncement de la rivière. Ces ouvrages ont coûté une année de travail; nous les avons rasés.

Les immenses magasins qu'ils renfermaient ont été brûlés ou jetés dans l'eau.

Le 19, l'empereur Alexandre était à Vitebsk.

Le même jour, le général comte Nansouty était vis-à-vis Polotsk.

Le 20, le roi de Naples passa la Dvina et fit inonder la rive droite par sa cavalerie.

Tous les préparatifs que l'ennemi avait faits pour défendre le passage de la Dvina ont été inutiles. Les magasins qu'il formait à grands frais depuis trois ans ont été détruits. Il est tels de ses ouvrages qui, au dire des gens du pays, ont coûté dans une année 6.000 hommes aux Russes. On ne sait sur quel espoir ils s'étaient flattés qu'on irait les attaquer dans les camps qu'ils avaient retranchés.

Le général comte Grouchy a des reconnaissances sur Babinovitchi et sur Sienno. De tous côtés on marche sur la Oula. Cette rivière est réunie par un canal à la Berezina, qui se jette dans le Borysthène; ainsi nous sommes maîtres de la communication de la Baltique à la mer Noire.

Dans ses mouvements, l'ennemi est obligé de détruire ses bagages, de jeter dans les rivières son artillerie, ses armes. Tout ce qui est polonais profite de ces retraites précipitées pour déserter et rester dans les bois jusqu'à l'arrivée des Français. On peut évaluer à 20.000 les déserteurs polonais qu'a eus l'armée russe.

Le maréchal duc de Bellune, avec le 9° corps, arrive sur la Vistule.

Le maréchal duc de Castiglione, se rend à Berlin, pour prendre le commandement au 11° corps.

Le pays entre l'Oula et la Dvina est très beau et couvert de superbes récoltes. On trouve souvent de beaux châteaux et de grands couvents. Dans le seul bourg de Gloubokoïé, il y a deux couvents qui peuvent contenir chacun 1.200 malades.

Pour copie conforme :
Le ministre de la guerre,
Duc de Feltre.

7459. — DÉCISION.

Gloubokoïe, 22 juillet 1812.

Le général Clarke rend compte qu'il a donné ordre à un détachement d'environ 440 soldats du dépôt du 2° régiment étranger de partir de Metz le 5 de ce mois, pour être dirigé sur Otrante.	Approuvé. Napoléon.

7460. — ORDRE.

Gloubokoïe, 22 juillet 1812.

Le général de division comte Caulaincourt aura le commandement du quartier général impérial et de toutes les communes environnantes qui peuvent l'approvisionner. Il aura sous ses ordres un colonel commandant de place, pour les détails, les troupes de la garde faisant le service de la place; la gendarmerie du quartier général, une section de gendarmerie d'élite, les guides de l'armée, les troupes de Bade, les chasseurs du 28°, les chevau-légers saxons et autres troupes qui seraient attachées au quartier général.

Aucun détachement ne se fera que par ses ordres. Il aura soin de maintenir la police au quartier général impérial et dans les environs, de placer des gardes à tous les magasins et moulins, à 4 et

5 lieues à la ronde, de se concerter avec les autorités locales pour leur fournir tous les moyens nécessaires à l'ordre et au service des subsistances les escortes des convois, la garde des magasins, etc.

Il réglera l'emplacement des manutentions, des hôpitaux, des ambulances; il décidera de l'emplacement qu'occuperont les bagages et parcs, et enfin de toutes les mesures nécessaires pour tenir le quartier général en ordre et abondamment approvisionné.

Il nous remettra tous les jours l'état de situation de toutes les troupes du quartier général impérial et de l'emploi qui en est fait; il prendra nos ordres directs pour tous les besoins du service.

Il réglera aussi tout ce qui concerne la distribution des logements, et enfin tout ce qui intéresse la police, la sûreté et l'approvisionnement du quartier général impérial.

NAPOLÉON.

7461. — AU MARÉCHAL BERTHIER.

Gloubokoïe, 22 juillet 1812.

Mon Cousin, donnez l'ordre que la moitié de l'équipage de siège de Magdeburg, qui est à Elbing, se rende sans délai à Danzig; il sera à la disposition du général d'artillerie pour servir à l'armement de la place. L'autre moitié, qui est à Königsberg, y restera embarquée jusqu'à nouvel ordre. Faites connaître au général Taviel qu'il est probable que je l'enverrai aussi à Danzig pour servir à l'armement de la place; cependant je me réserve encore une huitaine de jours avant de rien statuer. Faites-moi un rapport sur le personnel de cet équipage de siège de Magdeburg, afin que je puisse lui donner une destination. Mandez au général de l'artillerie que mon intention est que le général Taviel prenne le commandement de l'artillerie des places de Königsberg, Pillau et Marienburg, Marienwerder, et de la tête de pont de Tilsit et des ponts d'Olitta et de Merez, ainsi que de Grodno, que j'ai ordonné d'établir. Il commandera également l'artillerie de la place de Memel. Il résidera à Königsberg, et, de là, dirigera toutes les opérations, en se portant partout où il sera nécessaire pour l'exécution de mes ordres.

NAPOLÉON.

7462. — AU MARÉCHAL BERTHIER.

Gloubokoïe, 22 juillet 1812.

Mon Cousin, je donne ordre au ministre de la guerre de donner des lettres de service pour la Grande Armée aux généraux de brigade : Gault, Cosson, Schramm, Lambert, Jalras, Normand, Godart, Barthélemy, Dufresse, Schreiber, Fabre, Evers, Castella, Margaron, Soyez, Lanchantin, Franceschi, Heyligers et Bertrand.

Les généraux de cavalerie sont les généraux Lambert, Barthélémy, Evers et Margaron.

Vous me rendrez compte de l'arrivée successive de ces généraux, auxquels vous donnerez les destinations suivantes :

Le général Schreiber sera envoyé à la division (1); il remplacera le général Cavaignac auquel vous donnerez l'ordre d'aller prendre le commandement de la cavalerie légère du 11e corps.

Le général Gault sera envoyé à la division Heudelet qui a besoin d'un général de brigade.

Les généraux Schramm et Cosson seront envoyés à la division Morand, en Poméranie.

Le général Castella se rendra à Königsberg pour y être employé sous les ordres du gouverneur.

Le général Soyez sera employé au 9e corps sous les ordres du duc de Bellune.

Les autres généraux se rendront à Vilna et de là au quartier général de la Grande Armée. Parmi ces généraux, vous en désignerez un pour commander à Glogau, en remplacement du général Seras qui rentre en France, un pour commander à Stettin, en remplacement de celui qui demande à s'en aller, et un pour commander à Spandau.

NAPOLÉON.

7463. — AU MARÉCHAL BERTHIER.

Gloubokoïe, 22 juillet 1812.

Mon Cousin, donnez l'ordre à l'intendant de faire venir de Danzig à Königsberg : 1.000 habits, 1.000 capotes, 2.000 culottes, 1.000 vestes, 20.000 paires de souliers, 20.000 chemises, 20.000 paires de bas, 2.000 sacs, 2.000 cols, 1.000 schakos, 2.000 gibernes.

(1) En blanc.

Ce magasin sera à la disposition du gouverneur de Königsberg, pour compléter l'habillement et l'équipement des hommes qui sortent des hôpitaux.

Donnez ordre au général d'artillerie de faire venir également de Danzig sur Königsberg : 3.000 fusils, 6.000 baïonnettes, 500 sabres, 1.000 paires de pistolets.

Ces armes seront à la disposition du gouverneur de Königsberg pour armer les hommes isolés ou sortant des hôpitaux.

Je désire que l'intendant me remette la note de tous les magasins d'habillement que nous avons à Danzig, avec le projet de leur répartition entre Königsberg, Kovno et Vilna, pour l'habillement des hommes isolés et leur mise en état.

Je désire que le général d'artillerie me remette le même travail pour avoir de quoi compléter l'armement de ces hommes sur les principaux points de la route.

NAPOLÉON.

7464. — AU GÉNÉRAL CLARKE.

Gloubokoïe, 22 juillet 1812.

Monsieur le duc de Feltre, je vous ai mandé d'envoyer à Erfurt les 3ᵉˢ bataillons du 3ᵉ et du 105ᵉ régiment, ainsi que les deux premiers bataillons du 29ᵉ, et de former deux autres bataillons afin de recomposer la brigade d'Erfurt à six bataillons. Je vous ai mandé de diriger également sur Erfurt les 3ᵉˢ bataillons des 127ᵉ, 128ᵉ et 129ᵉ, s'ils réunissaient toutes les qualités exigées.

Dirigez également sur Erfurt le 3ᵉ régiment de voltigeurs et le 3ᵉ régiment de tirailleurs de la garde, aussitôt qu'ils seront bien armés et bien équipés, et complétés à 1.600 hommes chacun, en prenant parmi les volontaires des différentes cohortes qui se présentent pour entrer dans ma garde. Vous m'enverrez l'état de situation de ces régiments et vous me ferez connaître le jour de leur arrivée à Erfurt, pour qu'ils puissent y trouver de nouveaux ordres.

Je désire que désormais vous fassiez joindre au livret des divisions militaires la situation de la garde à Paris et à Fontainebleau. Dites aussi au général Hulin de joindre cette situation à l'état de situation de la 1ʳᵉ division militaire qu'il m'envoie tous les jours; cela m'est plus commode.

NAPOLÉON.

7465. — AU GÉNÉRAL CLARKE.

Gloubokoïe, 22 juillet 1812.

Monsieur le duc de Feltre, donnez ordre à la 2° brigade napolitaine, qui est à Vérone, de se rendre à Dresde, si surtout l'expédition de Sicile, comme il paraît, s'est rendue en Espagne.

NAPOLÉON.

7466. — EXTRAIT D'UN ORDRE DE L'EMPEREUR DATÉ DE GLOUBOKOIË (22 JUILLET 1812) (1).

Il est indispensable d'avoir un général pour commmander l'artillerie et un colonel pour commander le génie du 11° corps. La 34° division a huit pièces de Hesse-Darmstadt. Les 30°, 31°, 32° ont besoin d'artillerie. J'ai déjà déterminé ce qu'elles doivent avoir. Il faut aussi des officiers d'artillerie pour chaque division.

7467. — DÉCISION (2).

On rend compte à Sa Majesté que son Altesse Impériale le prince vice-roi d'Italie a, par un arrêté spécial, fait avancer un fonds de première mise de 2.400 francs à l'ordonnateur en chef de son corps d'armée pour l'achat d'un caisson destiné au transport de ses papiers et qu'on a couvert le Trésor impérial de cette avance. On lui demande si cette disposition doit être maintenue.

Approuvé.

---

(1) Non signé, extrait conforme.
(2) Sans signature ni date; extraite du « Travail du ministre directeur de l'administration de la guerre avec Sa Majesté l'Empereur et Roi daté du 22 juillet 1812 ».

7468. — DÉCISIONS (1).

Projet de décret pour affecter à l'établissement fixe des vivres de la place de Rome une partie de l'ancien couvent de Sainte-Anne à Falegnani, dans ladite place.

Renvoyé au ministre des finances.

Projet de décret pour modifier le décret spécial relatif au casernement de Guingamp en ce qui concerne une partie de bâtiments qu'il convient de rendre au service de l'hôpital civil.

Renvoyé au Conseil d'Etat, section de l'intérieur.

Projet de décret pour affecter le ci-devant couvent des Capucins à Sion au service des hôpitaux, des vivres et des fourrages.

Renvoyé au ministre des finances.

Réflexions interprétatives de l'art. 10 du décret du 1er mai dont les dispositions sont applicables aux conseils de guerre ordinaires.

Renvoyé au Conseil d'Etat.

7469. — ORDRE DICTÉ A OUCHATCH, LE 23 JUILLET 1812, ET REMIS A M. LE DUC DE TRÉVISE (2).

Ouchatch, 23 juillet 1812.

Le maréchal Mortier donnera l'ordre à tout le monde de suivre : le petit quartier général, les parcs du génie, les équipages de pont, tous les parcs d'artillerie. Le général Curial continuera également demain sa route.

---

(1) Sans signature ni date; extraites du « Travail du ministre de la guerre avec Sa Majesté l'Empereur et Roi daté du 22 juillet 1812 ».
(2) Non signé.

7470. — ORDRE.

Kamen, 24 juillet 1812.

Les 500 quintaux de farine qui se trouvent ici seront donnés à la garde, ce qui fera des vivres pour six jours à demi-ration. On fera la distribution par homme des farines qu'on ne pourra pas emporter. Ainsi la garde à pied, qui avait des vivres jusqu'au 28, en aura jusqu'au 3 août. Un agent des subsistances de la garde sera envoyé à Star-Lepel pour de là faire venir de la farine. Les 50.000 rations d'eau-de-vie qui se trouvent ici seront livrées à la garde et portées à la suite pour servir sur le champ de bataille.

Napoléon.

7471. — AU VICE-ROI.

Kamen, 24 juillet 1812.

Mettez sous les ordres du général Bruyère 3 de vos brigades de cavalerie, afin qu'avec ces 3 brigades de cavalerie et les 3 que vous avez, le général Bruyère se porte à Ostrovno et s'approche de Vitebsk. Le général Nansouty, avec toute sa brigade et ses canons, se portera à Tchernogosty pour soutenir le général Bruyère.

Envoyez des voltigeurs avec le général Bruyère pour le soutenir dans ses reconnaissances et réunir tout votre corps d'armée à Bechenkovitchi. Vous pouvez même porter un détachement en forme d'avant-garde à Tchernogosty. Mettez les deux autres en colonne de Biechenkovitchi à Tchernogosty, afin de pouvoir marcher demain soir sur Vitebsk.

Sa Majesté suppose que vous êtes monté de la rive droite de la Dvina et que vos ponts seront jetés. Les trois divisions Morand, Friant et Gudin se mettront en colonne depuis Oulla jusqu'à Bechenkovitchi. Les cuirassiers de Montbrun aussitôt qu'ils paraîtront fileront en avant.

Faites reconnaître la route de Botcheikovo sur Pavlovitchi et de là sur Vitebsk, afin de pouvoir marcher sur deux colonnes.

Si le roi de Naples est arrivé, vous lui direz de se porter sur Tchernogosty pour diriger lui-même toute la cavalerie.

7472. — DÉCISION.

Bechenkovitchi, 25 juillet 1812.

Les militaires blessés devront-ils, comme dans la dernière campagne d'Autriche, être renvoyés directement dans leurs foyers sans passer aux dépôts de leurs corps?

Approuvé.

NAPOLÉON.

7473. — 9ᵉ BULLETIN DE LA GRANDE ARMÉE (1).

Bechenkovitchi, 25 juillet 1812.

L'Empereur a porté son quartier général, le 23, à Kamen, en passant par Ouchatch.

Le vice-roi a occupé le 22, avec son avant-garde, le pont de Botcheikovo. Une reconnaissance de 200 chevaux envoyée sur Bechenkovitchi a rencontré deux escadrons de housards russes et deux de cosaques, les a chargés et leur a pris ou tué une douzaine d'hommes dont un officier. Le chef d'escadron Lorenzi, qui commandait la reconnaissance, se loue des capitaines Rossi et Ferreri.

Le 23, à 6 heures du matin, le vice-roi est arrivé à Bechenkovitchi. A 10 heures, il a passé la rivière et a jeté un pont sur la Dvina. L'ennemi a voulu disputer le passage; son artillerie a été démontée. Le colonel Lacroix, aide de camp du vice-roi, a eu la cuisse cassée par une balle.

L'Empereur est arrivé à Bechenkovitchi le 24, à 2 heures après-midi. La division de cavalerie du général comte Bruyère et la division du général comte Saint-Germain ont été envoyées sur la route de Vitebsk; elles ont couché à mi-chemin.

Le 20, le prince d'Eckmühl s'est porté sur Moguilev. Deux mille hommes, qui formaient la garnison de cette ville, ont eu la témérité de vouloir se défendre; ils ont été écharpés par la cavalerie légère. Le 21, trois mille cosaques ont attaqué les avant-postes du prince d'Eckmühl; c'était l'avant-garde du prince Bagration, venue de Bobrouisk. Un bataillon du 85ᵉ a arrêté cette nuée de cavalerie légère et l'a repoussée au loin. Bagration paraît avoir profité du peu d'acti-

---

(1) Placard imprimé publié dans les Œuvres de Napoléon (1821, t. V, pages 30-31).

vité avec laquelle il était poursuivi pour se porter sur Bobrouisk, et de là il est revenu sur Moguilev.

Nous occupons Moguilev, Orcha, Disna, Polotsk. Nous marchons sur Vitebsk, où il paraît que l'armée russe s'est réunie.

Pour copie conforme :
Le ministre de la guerre,
Duc de Feltre.

7474. — DÉCISIONS (1).

On présente à Sa Majesté un projet de décret pour l'affectation au service des vivres des bâtiments du couvent de Saint-François à Orbetello.	Renvoyé au ministre des finances.
On propose à Sa Majesté de réduire à deux compagnies la légion de gendarmerie qui fait le service en Corse.	Renvoyé au Conseil d'Etat.
On soumet à Sa Majesté un projet de décret pour appliquer aux parents des déserteurs les dispositions prescrites par les décrets du 1er juin 1807 et du 24 juin 1808 contre les parents des réfractaires.	Renvoyé au Conseil d'Etat, section de la guerre.

7475. — DÉCISION.

Vitebsk, 30 juillet 1812.

On demande l'autorisation de tirer des magasins de Spandau les objets nécessaires au harnachement des chevaux dirigés sur l'armée.	Approuvé. Napoléon.

---

(1) Sans signature ni date; extraites du « Travail du ministre de la guerre avec Sa Majesté l'Empereur et Roi daté du 29 juillet 1812 ».

7476. — 10ᵉ BULLETIN DE LA GRANDE ARMÉE (1).

Vitebsk, 31 juillet 1812.

L'empereur de Russie et le grand-duc Constantin ont quitté l'armée et se sont rendus dans la capitale. Le 17, l'armée russe a quitté le camp retranché de Drissa et s'est portée sur Polotsk et Vitebsk. L'armée russe, qui était à Drissa, consistait en cinq corps d'armée, chacun de deux divisions et de quatre divisions de cavalerie. Un corps d'armée, celui du prince de Wittgenstein, est resté pour couvrir Pétersbourg; les quatre autres corps, arrivés le 24 à Vitebsk, ont passé sur la rive gauche de la Dvina. Le corps d'Ostermann, avec une partie de la cavalerie de la garde, s'est mis en marche le 25 à la pointe du jour et s'est porté sur Ostrovno.

Combat d'Ostrovno.

Le 25 juillet, le général Nansouty, avec les divisions Bruyère et Saint-Germain et le 8ᵉ régiment d'infanterie légère, se rencontra avec l'ennemi à deux lieues en avant d'Ostrovno. Le combat s'engagea. Diverses charges de cavalerie eurent lieu. Toutes furent favorables aux Français. La cavalerie légère se couvrit de gloire. Le roi de Naples cite, comme s'étant fait remarquer, la brigade Piré, composée du 8ᵉ de hussards et du 16ᵉ de chasseurs. La cavalerie russe, dont partie appartenait à la garde, fut culbutée. Les batteries que l'ennemi dressa contre notre cavalerie furent enlevées. L'infanterie russe, qui s'avança pour soutenir son artillerie, fut rompue et sabrée par notre cavalerie légère.

Le 26, le vice-roi marchant en tête des colonnes avec la division Delzons, un combat opiniâtre d'avant-garde de 15.000 à 20.000 hommes s'engagea à une lieue au delà d'Ostrovno. Les Russes furent chassés de position en position. Les bois furent enlevés à la baïonnette.

Le roi de Naples et le vice-roi citent avec éloges les généraux baron Delzons, Huard et Roussel; le 8ᵉ d'infanterie légère, les 84ᵉ et 92ᵉ régiments de ligne et le 1ᵉʳ régiment croate se sont fait remarquer.

Le général Roussel, brave soldat, après s'être trouvé toute la

---

(1) Placard imprimé, publié dans les *Œuvres de Napoléon* (Panckoucke, 1821, t. V, pages 31-34).

journée à la tête des bataillons, le soir à 10 heures visitant les avant-postes, un éclaireur le prit pour ennemi, fit feu et la balle lui fracassa le crâne. Il avait mérité de mourir trois heures plus tôt sur le champ de bataille, de la main de l'ennemi.

Le 27, à la pointe du jour, le vice-roi fit déboucher en tête la division Broussier. Le 18ᵉ régiment d'infanterie et la brigade de cavalerie légère du baron de Piré tournèrent par la droite. La division Broussier passa par le grand chemin et fit réparer un petit pont que l'ennemi avait détruit. Au soleil levant, on aperçut l'arrière-garde ennemie, forte de 10.000 hommes de cavalerie, échelonnée dans la plaine, la droite appuyée à la Dvina, et la gauche à un bois garni d'infanterie et d'artillerie. Le général comte Broussier prit position sur une éminence avec le 53ᵉ régiment, en attendant que toute sa division eût passé le défilé. Deux compagnies de voltigeurs avaient pris les devants, seules; elles longèrent la rive du fleuve, marchant sur cette énorme masse de cavalerie qui fit un mouvement en avant et enveloppa ces 200 hommes que l'on crut perdus et qui devaient l'être. Il en fut autrement, ils se réunirent avec le plus grand sang-froid, et restèrent pendant une heure entière investis de tous côtés; ayant jeté par terre plus de 300 cavaliers ennemis, ces deux compagnies donnèrent à la cavalerie française le temps de déboucher.

La division Delzons fila sur la droite. Le roi de Naples dirigea l'attaque du bois et des batteries ennemies; en moins d'une heure toutes les positions de l'ennemi furent emportées et il fut rejeté dans la plaine au delà d'une petite rivière qui se jette dans la Dvina sous Vitebsk. L'armée prit position sur les bords de cette rivière, à une lieue de la ville.

L'ennemi montra dans la plaine 15.000 hommes de cavalerie et 60.000 hommes d'infanterie. On espérait une bataille pour le lendemain. Les Russes se vantaient de vouloir la livrer. L'Empereur passa le reste du jour à reconnaître le champ de bataille et à faire ses dispositions pour le lendemain; mais à la pointe du jour l'armée russe avait battu en retraite dans toutes les directions, se rendant sur Smolensk.

L'Empereur était sur une hauteur, tout près des 200 voltigeurs, qui, seuls en plaine, avaient attaqué la droite de la cavalerie ennemie. Frappé de leur belle contenance, il envoya demander de quel corps ils étaient; ils répondirent : « Du 9ᵉ et les trois quarts enfants de Paris ! — Dites-leur, dit l'Empereur, que ce sont de braves gens. Ils méritent tous la croix ! »

Les résultats des trois combats d'Ostrovno sont : 10 pièces de canon russes attelées, prises, les canonniers sabrés, 20 caissons de munitions, 1.500 prisonniers, 5.000 ou 6.000 Russes tués ou blessés. Notre perte se monte à 200 hommes tués, 900 blessés et une cinquantaine de prisonniers.

Le roi de Naples fait un éloge particulier des généraux Bruyère, Piré et Ornano, du colonel Radziwill, commandant le 9ᵉ lanciers polonais, officier d'une rare intrépidité.

Les hussards rouges de la garde russe ont été écrasés; ils ont perdu 400 hommes, dont beaucoup de prisonniers. Les Russes ont eu trois généraux tués ou blessés; bon nombre de colonels et d'officiers supérieurs de leur armée sont restés sur le champ de bataille.

Le 28, à la pointe du jour, nous sommes entrés dans Vitebsk, ville de 30.000 habitants. Il y a vingt couvents. Nous y avons trouvé quelques magasins, entre autres un magasin de sel évalué quinze millions.

Pendant que l'armée marchait sur Vitebsk, le prince d'Eckmühl était attaqué à Moguilev.

Bagration passa la Berezina à Bobrouisk, et marcha sur Novoï-Vikhov. Le 23, à la pointe du jour, 3.000 cosaques attaquèrent le 3ᵉ de chasseurs et lui prirent 100 hommes, au nombre desquels se trouvent le colonel et quatre officiers, tous blessés. La générale battit : on en vint aux mains. Le général russe Sicverse, avec deux divisions d'élite, commença l'attaque : depuis 8 heures du matin jusqu'à 5 heures du soir le feu fut engagé sur la lisière du bois et au pont que les Russes voulaient forcer. A 5 heures, le prince d'Eckmühl fit avancer trois bataillons d'élite, se mit à leur tête, culbuta les Russes, leur enleva leurs positions et les poursuivit pendant une lieue. La perte des Russes est évaluée à 3.000 hommes tués et blessés et à 1.100 prisonniers. Nous avons perdu 700 hommes tués ou blessés. Bagration, repoussé, se rejeta sur Vykov, où il passa le Borysthène pour se porter sur Smolensk.

Les combats de Moguilev et d'Ostrovno ont été brillants et honorables pour nos armes; nous n'avons eu d'engagé que la moitié des forces que l'ennemi a présentées, le terrain ne comportant pas d'autres développements.

Pour copie conforme :
Le ministre de la guerre,
Duc de Feltre.

7477. — AU GÉNÉRAL CLARKE.

Vitebsk, 31 juillet 1812.

Monsieur le duc de Feltre, témoignez mon mécontentement au préfet de Bruxelles sur le mauvais état des cohortes de gardes nationales de la 24ᵉ division qui ne sont pas encore habillées, et mandez-lui qu'il prenne de promptes mesures pour les faire habiller et leur faire fournir tout ce qui leur est nécessaire.

NAPOLÉON.

7478. — DÉCISION.

Vitebsk, 31 juillet 1812.

| Ordres de mouvement demandés pour des détachements de la légion de la Vistule et des voltigeurs de la garde, qui vont arriver à Vilna. | Leur faire continuer leur route pour rejoindre leurs corps. |

NAPOLÉON.

7479. — DÉCISION.

Au quartier impérial de Vitebsk, 31 juillet 1812.

| Le ministre de l'administration de la guerre propose de mettre à la retraite le commissaire des guerres Monthierry, fonctionnaire très méritant, mais qui à raison de son âge et de ses infirmités ne peut plus continuer à servir. | Accordé. |

NAPOLÉON.

7480. — DÉCISION.

Au quartier impérial de Vitebsk, 31 juillet 1812.

| Il est proposé à l'Empereur d'attacher à chaque brigade d'ouvriers constructeurs de fours de la Grande Armée un serrurier et un taillandier. | Approuvé. |

NAPOLÉON.

7481. — DÉCISION.

Au quartier général impérial de Vitebsk, 31 juillet 1812.

Le ministre de l'administration de la guerre sollicite une augmentation de crédit de la masse d'habillement de 1812 pour les régiments de carabiniers, cuirassiers et le 7ᵉ de chevau-légers.

Approuvé cette augmentation de la masse de ces 16 régiments, mais sur le budget du ministère de l'administration de la guerre.

NAPOLÉON.

7482. — ORDRE DU JOUR.

Vitebsk, 31 juillet 1812.

L'Empereur ordonne que les militaires blessés et hors d'état de servir qui seront dirigés de l'armée sur la France seront proposés pour les récompenses déterminées par les règlements, dès leur arrivée à Mayence, et renvoyés directement de là dans leurs foyers sans passer aux dépôts de leurs régiments.

Tous les chefs de corps auront soin, avant le départ d'un militaire de l'armée, ou sa sortie des hôpitaux, de lui délivrer un certificat constatant l'action de guerre dans laquelle il aura été mis hors de combat; le militaire, porteur de ce certificat et de son état de service, présentera le tout à son arrivée en France aux généraux chargés de faire dresser les mémoires de propositions pour son admission aux récompenses.

BERTHIER.

7483. — DÉCISION.

Vitebsk, 31 juillet 1812.

Avis du conseil d'Etat tendant à accorder au 119ᵉ régiment d'infanterie une somme de 62.008 frs 93 c., à titre d'indemnité pour la perte d'un convoi d'effets militaires tombé au pouvoir des insurgés espagnols.

Approuvé.

NAPOLÉON.

7484. — DÉCISION.

Vitebsk, 31 juillet 1812.

Avis du conseil d'Etat tendant à accorder au 3ᵉ bataillon de chasseurs des montagnes, une somme de 14.997 frs 60, demandée par le ministre directeur de l'administration de la guerre à titre d'indemnité pour le dédommager de la perrte d'effets militaires consumés dans l'incendie du séminaire d'Oléron.

Approuvé.

NAPOLÉON.

7485. — DÉCISION.

Vitebsk, 31 juillet 1812.

Avis du conseil d'Etat relatif à la fixation du montant de la première mise de petit équipement due à tout conscrit remplaçant un homme réformé pour infirmités antérieures à son arrivée au corps.

Approuvé.

NAPOLÉON.

7486. — AU MARÉCHAL BERTHIER.

Vitebsk, 31 juillet 1812.

Mon Cousin, je verrai demain à la parade la brigade de chasseurs de la vieille garde, après-demain la brigade des grenadiers, puis celle des fusiliers. Après cela, les brigades de la division Roguet, et enfin celles de la division Laborde les dernières, afin de donner le temps de rejoindre aux détachements qui sont en route avec le quartier général.

NAPOLÉON.

7487. — DÉCISION.

Vitebsk, 31 juillet 1812.

Le maréchal Bessières demande l'autorisation de rapprocher de la cavalerie de la garde les cantonnements des troupes du général Colbert.

Oui.

Napoléon.

7488. — DÉCISIONS (1).

Vitebsk, 1ᵉʳ août 1812.

On propose à Sa Majesté d'accorder un congé de 3 mois avec solde à M. Saint-Martin, colonel du 1ᵉʳ régiment d'infanterie de ligne, employé à l'armée de Portugal, pour se rendre à Bayonne et y prendre les eaux;

Accordé.

De mettre à la disposition du ministre directeur le chirurgien sous-aide major du régiment des pupilles de la garde Petersen, signalé comme un homme perdu de dettes et de débauches, et de le remplacer par le sieur Pagès, chirurgien surnuméraire à l'hôpital de la garde.

Accordé.

On propose à Sa Majesté d'accorder la remise de sommes dues pour arrérages de la pension de vélites de la garde impériale par des familles insolvables et qui s'élèvent en totalité à 14,204 fr. 53.

Approuvé.

On soumet à Sa Majesté la demande que fait un réfugié égyptien d'être autorisé à se rendre à Smyr-

Approuvé.

---

(1) Non signées; extraites du « Travail du ministre de la guerre avec Sa Majesté l'Empereur et Roi daté du 24 juin 1812 ».

ne pendant un an, pour cause de santé, et pour que le secours dont il jouit soit payé à sa mère pendant son absence.

7489. — AU MARÉCHAL BERTHIER.

Vitebsk, 2 août 1812.

Mon Cousin, donnez ordre que la colonne mobile qui est à Vidzy se rende à Vitebsk, ainsi que celle qui est à Gloubokoïé.

NAPOLÉON.

7490. — DÉCISION.

Vitebsk, 3 août 1812.

Le général Foucher demande que l'artillerie de la division de cavalerie légère du général Sebastiani, qui est restée au 2ᵉ corps de réserve, de cavalerie lui soit renvoyée.

Quand ces corps se rencontreront cette artillerie fera le mouvement.

NAPOLÉON.

7491. — DÉCISION.

Vitebsk, 3 août 1812.

Le général Gomès Freyre demande l'autorisation de former à Gloubokoïé une commission militaire pour juger un grand nombre de maraudeurs et autres inculpés de divers délits.

Approuvé.

NAPOLÉON.

7492. — DÉCISION.

Vitebsk, 4 août 1812.

Le général Gudin demande que les deux bataillons du 7ᵉ léger, mis à la disposition du général Grouchy, reçoivent l'ordre de rentrer à sa division.

Point d'inconvénient à réunir ce régiment à Bechenkovitchi.

NAPOLÉON.

7493. — 11ᵉ BULLETIN DE LA GRANDE ARMÉE (1).

Vitebsk, 4 août 1812.

Les lettres interceptées du camp de Bagration parlent des pertes qu'a faites ce corps dans le combat de Moguilev et de l'énorme désertion qu'il a éprouvée en route. Tout ce qui était Polonais est resté dans le pays, de sorte que ce corps qui, en y comprenant les cosaques de Platov, était de 50.000 hommes, n'est pas actuellement fort de 30.000 hommes. Il se réunira vers le 7 ou le 8 août à Smolensk à la Grande Armée.

La position de l'armée au 4 août est la suivante :

Le quartier général à Vitebsk, avec quatre ponts sur la Dvina; le 4ᵉ corps à Souraj, occupant Velij, Porietche et Ousviat; le roi de Naples à Roudinia, avec les trois premiers corps de cavalerie.

Le 1ᵉʳ corps, que commande le maréchal prince d'Eckmühl, est à l'embouchure de la Berezina dans le Borysthène, avec deux ponts sur ce dernier fleuve et un pont sur la Berezina, et des doubles têtes de pont;

Le 3ᵉ corps, commandé par le maréchal duc d'Elchingen, est à Liozno;

Le 8ᵉ corps, que commande le duc d'Abrantès, est à Orcha, avec deux ponts et des têtes de pont sur le Borysthène;

Le 5ᵉ corps commandé par le prince Poniatowski, est à Moguilev, avec deux ponts et des têtes de pont sur le Borysthène;

Le 2ᵉ corps, commandé par le maréchal duc de Reggio, est sur la Drissa, en avant de Polotsk, sur la route de Sebej;

Le prince de Schwarzenberg est avec son corps à Slonim;

Le 7ᵉ corps est sur Rossiény;

Le 4ᵉ corps de cavalerie, avec une division d'infanterie, commandé par le général comte Latour-Maubourg, est devant Bobrouisk et Mozyr;

Le 10ᵉ corps, commandé par le duc de Tarente, est devant Dunabourg et Riga;

Le 9ᵉ corps, commandé par le duc de Bellune, se réunit à Tilsit;

Le 11ᵉ corps, commandé par le duc de Castiglione, est à Stettin.

Sa Majesté a mis l'armée en quartier de rafraîchissement. La chaleur est excessive, et plus forte qu'en Italie. Le thermomètre est à

---

(1) Placard imprimé, publié dans les Œuvres de Napoléon (Panckoucke, 1821, t. V, pages 35-38).

26 et 27 degrés; les nuits mêmes sont chaudes. Le général Kamenski avec deux divisions du corps de Bagration, ayant été coupé de ce corps, et n'ayant pu le rejoindre, est rentré en Volhynie, s'est réuni à des divisions de recrues commandées par le général Tormazov et a marché sur le 7ᵉ corps. Il a surpris et cerné le général de brigade Kleugel, saxon, ayant sous ses ordres une avant-garde de deux bataillons et de deux escadrons du régiment du prince Clément. Après six heures de résistance, la plus grande partie de cette avant-garde a été tuée ou prise : le général comte Reynier n'a pu venir que deux heures après à son secours. Le prince de Schwarzenberg s'est mis le 30 juillet en marche pour rejoindre le général Reynier, et pousser vivement la guerre contre les divisions ennemies.

Le 19, le général prussien Grawert a attaqué les Russes à Ekau en Courlande, les a culbutés, leur a fait 200 prisonniers et leur a tué un bon nombre d'hommes. Le général Grawert n'a eu qu'à se féliciter du major Stiern, qui, avec le 1ᵉʳ régiment de dragons prussiens, a eu une grande part à l'affaire. Réuni au général Kleist, le général Grawert a poussé vivement l'ennemi sur le chemin de Riga et a investi la tête de pont.

Le 30, le vice-roi a envoyé à Velij une brigade de cavalerie légère italienne. Deux cents hommes ont chargé quatre bataillons de dépôt qui se rendaient à Tver, les ont rompus, ont fait 400 prisonniers et pris 100 voitures chargées de munitions de guerre.

Le 31, l'aide de camp Triaire, envoyé avec le régiment de dragons de la reine de la garde royale italienne, est arrivé à Ousviat, a fait prisonnier un capitaine et 40 hommes, et s'est emparé de 200 voitures chargées de farine.

Le 30, le maréchal duc de Reggio a marché de Polotsk sur Sebej. Il s'est rencontré avec le général Wittgenstein, dont le corps avait été renforcé de celui du prince Repnin. Un combat s'est engagé près du château de Iakoubovo. Le 26ᵉ régiment d'infanterie légère s'est couvert de gloire. La division Legrand a soutenu glorieusement le feu de tout le corps ennemi.

Le 31, l'ennemi s'est porté sur la Drissa pour attaquer le duc de Reggio par son flanc pendant sa marche. Le maréchal a pris position derrière la Drissa.

Le 1ᵉʳ août, l'ennemi a fait la sottise de passer la Drissa et de se placer en bataille devant le 2ᵉ corps. Le duc de Reggio a laissé passer la rivière à la moitié du corps ennemi, et quand il a vu environ 15.000 hommes et 14 pièces de canon engagés au delà de la rivière, il a démasqué une batterie de 40 pièces de canon qui ont tiré pendant une demi-heure à portée de mitraille. En même temps, les divisions Legrand et Verdier ont marché au pas de charge, la baïonnette en avant, et ont jeté les 15.000 Russes dans la rivière. Tous les canons et caissons pris, 3.000 prisonniers, parmi lesquels beaucoup d'officiers et un aide de camp du général Wittgenstein, et 3.500 hommes tués ou noyés sont le résultat de cette affaire.

Le combat de Drissa, ceux d'Ostrovno et de Moguilev, dans d'autres guerres, pourraient s'appeler trois batailles. Le duc de Reggio fait le plus grand éloge du général comte Legrand, dont le sang-froid est remarquable sur le champ de bataille. Il se loue beaucoup de la conduite du 26⁰ régiment d'infanterie légère et du 56⁰ de ligne.

L'empereur de Russie a ordonné des levées d'hommes dans les deux gouvernements de Vitebsk et de Moguilev. Mais avant que ces ukases y fussent arrivés, nous étions maîtres de ces provinces. Ces mesures n'ont donc rien produit.

Nous avons trouvé à Vitebsk des proclamations du prince Alexandre de Wurtemberg, et nous avons appris qu'on s'amusait en Russie à chanter des *Te Deum* à l'occasion des victoires obtenues par les Russes. Cette pièce curieuse mérite d'être connue.

Pour copie conforme :
Le ministre de la guerre,
Duc de Feltre.

7494. — DÉCISION.

Vitebsk, 5 août 1812.

Le général Belliard fait connaître au maréchal Berthier que le roi de Naples avait appris avec douleur que l'Empereur n'eût pas accordé de récompense à la réserve de cavalerie à la suite des combats d'Ostrovno où elle s'est cependant particulièrement distinguée.

Ecrire qu'on a accordé tout ce qu'il a demandé, mais qu'il n'a encore rien demandé pour les corps de cavalerie; que les combats du 25, du 26 et du 27, nous les comprenons sous le titre de combats d'Ostrovno.

Napoléon.

7495. — DÉCISION.

Vitebsk, 5 août 1812.

Le colonel du 10º régiment de hussards polonais demande que son escadron, en formation à Varsovie, lui soit envoyé.

Approuvé.

NAPOLÉON.

7496. — DÉCISION.

Vitebsk, 5 août 1812.

On propose de recruter le train d'artillerie de l'armée de Catalogne à l'aide de volontaires prélevés sur les conscrits des cohortes.

Refusé.

NAPOLÉON.

7497. — AU GÉNÉRAL CLARKE.

Vitebsk, 5 août 1812.

Monsieur le duc de Feltre, je reçois votre lettre du 21 juillet. Mon intention n'est pas qu'on tire des cohortes pour recruter le train d'artillerie. Ce serait tout à fait annuler le service des cohortes. La 1ʳᵉ compagnie du 11ᵉ bataillon principal peut être envoyée à Metz, ainsi que la 1ʳᵉ, la 2ᵉ et la 4ᵉ du 12ᵉ bataillon principal. Ces quatre compagnies seront complétées et mises en état de rejoindre la Grande Armée. Les autres compagnies se complèteront et resteront dans le Midi pour le service de l'armée d'Espagne.

NAPOLÉON.

7498. — ORDRE DU JOUR (1).

Au quartier général impérial de Vitebsk, 6 août 1812.

ARTICLE PREMIER. — Il y aura une commission administrative du gouvernement de Vitebsk, composée de cinq membres et d'un secrétaire général, et présidée par un intendant.

---

(1) Publié, ainsi que les trois suivants, dans l'opuscule : *En marge de la correspondance...*, page 56.

Art. 2. — Cette commission sera chargée de l'administration des finances, des subsistances et de l'organisation de la gendarmerie.

Art. 3. — L'administration des douze districts du gouvernement de Vitebsk sera confiée à des sous-préfets sous l'autorité de la commission administrative.

Art. 4. — Il y aura pour la ville de Vitebsk un maire, deux adjoints et un conseil municipal composé de six membres.

Art. 5. — Il sera formé dans le gouvernement de Vitebsk deux compagnies de gendarmerie commandées par un chef d'escadron.

Chaque compagnie sera composée de :

Capitaine commandant	1
Capitaine en second	1
Lieutenant en premier	1
Lieutenants en second	2
Maréchal des logis chef	1
Maréchaux des logis	4
Brigadiers	16
Gendarmes volontaires	80
Trompette	1
Total	107

Art. 6. — Le chef d'escadron commandant les deux compagnies de gendarmes résidera à Vitebsk, chef-lieu du gouvernement. La résidence des officiers et l'emplacement des brigades seront déterminés par la commission administrative.

Art. 7. — Les officiers, sous-officiers et volontaires gendarmes seront pris parmi les gentilshommes propriétaires; aucun ne pourra s'en dispenser.
Ils seront nommés par la commission administrative.

Art. 8. — L'uniforme de la gendarmerie sera l'uniforme polonais.

Art. 9. — La gendarmerie fera le service de police; elle prêtera main-forte à l'autorité publique; elle arrêtera les traînards, maraudeurs et déserteurs, de quelque armée qu'ils soient.

Art. 10. — Notre ordre du jour en date du (1) juin dernier sera publié dans le gouvernement de Vitebsk et il y sera en conséquence établi une commission militaire.

Art. 11. — Le major général nommera un officier général ou supérieur, Français ou Polonais, des troupes de ligne, pour commander le gouvernement de Vitebsk. Il aura sous ses ordres la gendarmerie du pays.

Art. 12. — Les tribunaux, les employés de l'administration des finances et les autres fonctionnaires publics qui ne sont pas remplacés par le présent ordre du jour continueront leurs fonctions comme par le passé.

NAPOLÉON.

7499. — ORDRE DU JOUR.

Au quartier général impérial de Vitebsk, 6 août 1812.

Sont nommés sous-préfets des districts du gouvernement de Vitebsk, savoir : à Vitebsk, M. Stanislas de Bohomolets, actuellement maréchal du district; à Polotsk, M. Joseph Rypinski, actuellement maréchal du district; à Drissa, M. Troïan Svolynski, actuellement maréchal du district; à Dunabourg, M. François Mohl, actuellement maréchal du district; à Riejitsa, M. Thaddée Weissenhoff, maréchal du district; à Lioutsyn, M. Nicolas Karnicki, maréchal du district; à Sebej, M. Louis Ulanovski, maréchal du district; à Nevel, M. Ignace Chrzanowski, maréchal du district; à Velij, M. Joachim Balyczew, maréchal du district; à Gorodok, M. Joseph Jaba, maréchal du district; à Souraj, M. Luboczynski, maréchal du district; à Lepel, M. Hrebnicki, maréchal du district.

NAPOLÉON.

7500. — ORDRE DU JOUR.

Au quartier général impérial de Vitebsk, 6 août 1812.

ARTICLE PREMIER. — M. Bohomolets (Romuald), ancien député à la Chambre de la noblesse, est nommé maire de la ville de Vitebsk.

Art. 2. — MM. Jaba, podkomorzy du district de Vitebsk, et

---

(1) En blanc.

Lozco, président de la bourgeoisie, sont nommés adjoints du maire de Vitebsk.

Art. 3. — MM. Procopi Bibco, bourgeois; Krasovski, ancien maître de police; M. Rihlovski, professeur au gymnase; Koudratovitch, professeur au gymnase; Sbrosec, assesseur de la police du district, et Lappa, assesseur de la police du district, sont nommés membres du conseil municipal de la ville de Vitebsk.

Napoléon.

7501. — ORDRE DU JOUR.

Au quartier général impérial de Vitebsk, 6 août 1812.

Sont nommés membres de la commission administrative du gouvernement de Vitebsk : MM. le prince Louis Radziwill; le prince Paul Sapieha; Joseph Szardurski, ancien maréchal du gouvernement; Michel Weissenhof; le comte de Borck, maréchal du gouvernement.

M. Jean Szczyt, ancien membre du département civil, est nommé secrétaire général de la commission administrative du gouvernement de Vitebsk.

Napoléon.

7502. — AU MARÉCHAL BERTHIER.

Vitebsk, 6 août 1812.

Mon Cousin, donnez ordre au duc de Castiglione de porter le quartier général de la division Heudelet à Hamburg. Cette division est composée de six demi-brigades provisoires, dont l'une continuera à rester à Magdeburg; deux seront placées dans le Mecklenburg, une à Lubeck et deux à Hamburg. Vous ordonnerez à ce général de parcourir les environs de Lubeck et les côtes de Mecklenburg, afin de bien connaître les localités où l'ennemi pourrait faire une descente.

Donnez ordre au duc de Castiglione de presser l'organisation de la division Morand, en accélérant l'arrivée de la brigade d'Erfurt dans la Poméranie, afin de placer une brigade de cette division entre Stettin et la Poméranie, et une entre le Mecklenburg et la Poméranie; et de placer à Brême six cohortes de gardes nationales formant une brigade que j'ai ordonné au ministre de la guerre d'envoyer dans la 32e division militaire.

Par ce moyen, si une descente avait lieu en Poméranie, dans le Mecklenburg ou à Lubeck, les divisions Morand et Heudelet et la brigade des six cohortes de gardes nationales seraient prêtes à se porter sur le point menacé.

Vous ferez connaître au ministre de la guerre que, s'il se faisait sur quelqu'un de ces points une descente, aussitôt qu'il l'apprendrait, il ait à diriger une autre brigade de gardes nationales composée de six cohortes sur Wesel.

En cas de descente, le duc de Castiglione pourrait disposer d'une brigade de cavalerie légère, de deux divisions d'infanterie, de deux brigades de six cohortes de gardes nationales et d'un régiment provisoire de dragons de mille chevaux. Faites-lui connaître que j'ai fait faire des instances auprès de la Prusse, qui fournirait un millier de chevaux et deux batteries d'artillerie, et que la Saxe fournirait un régiment de cuirassiers qui est un très beau régiment de 700 chevaux.

NAPOLÉON.

7503. — DÉCISION.

Vitebsk, 6 août 1812.

Le général Darancey propose de faire rentrer à l'équipage de siège de Danzig les deux compagnies d'artillerie qui en ont été provisoirement détachées pour le service de Pillau.	Approuvé. NAPOLÉON.

7504. — DÉCISIONS (1).

Vitebsk, 6 août 1812.

On demande si la pension de 300 frs que Sa Majesté a accordée au fusilier Endrich, du 103e régiment, qui a 53 ans de service, pourra se cumuler avec sa solde d'activité.	Le sieur Endrich pourra jouir de sa solde d'activité, en même temps que de la pension de 300 francs.

(1) Non signées; extraites du « Travail du ministre de la guerre avec Sa Majesté l'Empereur et Roi daté du 8 juillet 1812 ».

On propose à Sa Majesté d'approuver que le jeune Adorno, Génois, soit renvoyé à sa famille. Il est incapable de suivre les exercices de l'école militaire de La Flèche où il est élève pensionnaire.

Approuvé.

7505. — AU MARÉCHAL BERTHIER.

Vitebsk, 7 août 1812.

Mon Cousin, par l'état que vous m'avez remis de ce que la cavalerie a en arrière, et qui était joint à votre lettre du 2 août, je vois que les détachements en marche se composent de 9.800 hommes et de 8.600 chevaux, ce qui fait 1.200 hommes de plus que de chevaux. Il est nécessaire que vous donniez ordre que tous ces hommes restent à Berlin pour s'y remonter, et qu'il ne vienne à l'armée que des hommes bien montés et bien équipés. Je vois également que les dépôts ont 8.600 hommes et 4.800 chevaux. Mais il faut distinguer deux espèces de dépôts : les dépôts de remontes, tels que ceux de Hanovre et de Berlin, et les petits dépôts. Le dépôt de Hanovre a 2.500 hommes et 800 chevaux. Tous les chevaux doivent y être bons. Je suppose que le général Bourcier complètera le nombre de ses chevaux. Le dépôt de Berlin a 800 hommes et 500 chevaux. Il paraît que la fourniture des chevaux est plus facile à Berlin que dans les autres dépôts. Les petits d'Insterburg, de Kovno, de Merecz, de Minsk, etc., ont 4.400 hommes et 2.200 chevaux. Il y a donc 2.200 hommes de plus que de chevaux; mais sur ces 2.200 chevaux, il est probable qu'il y en aura beaucoup à réformer, ce qui ne peut qu'augmenter encore le nombre des hommes à pied. J'ai établi à Lepel un nouveau dépôt qui contiendra également plus d'hommes que de chevaux. Il devient très convenable de pourvoir aux moyens de monter ces 3.000 à 4.000 hommes que nous pouvons avoir à pied; ce qui ne peut avoir lieu que par le dépôt de Berlin, surtout par les dragons et les cuirassiers. Faites faire un rapport général des mesures qui ont été prises pour les remontes, afin que tous les hommes inutiles aux petits dépôts soient envoyés aux lieux où ils pourront se remonter.

NAPOLÉON.

7506. — DÉCISION.

Vitebsk, 7 août 1812.

Troupes que le maréchal Berthier propose d'attacher au gouvernement de Vitebsk pour servir de garnison.

Approuvé.

NAPOLÉON.

7507. — 12ᵉ BULLETIN DE LA GRANDE ARMÉE (1).

Vitebsk, 7 août 1812.

Au combat de la Drissa, le général russe Koulniev, officier de troupes légères très distingué, a été tué. Dix autres généraux ont été blessés; quatre colonels ont été tués.

Le général Ricard est rentré avec sa brigade dans Dunabourg le 1ᵉʳ août. Il y a trouvé 8 pièces de canon; tout le reste avait été évacué. Le duc de Tarente a dû s'y porter le 2. Ainsi Dunabourg que l'ennemi travaillait à fortifier depuis cinq ans, où il a dépensé plusieurs millions, qui a coûté la vie à plus de 20.000 hommes de troupes russes pendant la durée des travaux, a été abandonné sans tirer un coup de fusil et est en notre pouvoir, comme les autres ouvrages de l'ennemi et comme le camp retranché qu'il avait fait à Drissa.

En conséquence de la prise de Dunabourg, Sa Majesté a ordonné qu'un équipage de 100 bouches à feu qu'il avait fait former à Magdeburg, et qu'il avait fait avancer sur le Niémen, retrogradât sur Danzig et fût mis en dépôt dans cette place. Au commencement de la campagne on avait préparé deux équipages de siège, l'un contre Dunabourg et l'autre contre Riga.

Les magasins de Vitebsk s'approvisionnent, les hôpitaux s'organisent, les manutentions s'élèvent. Ces dix jours de repos sont extrêmement utiles à l'armée. La chaleur est d'ailleurs excessive. Nous avons ici plus chaud que nous ne l'avons eu en Italie. Les moissons sont superbes; il paraît que cela s'étend à toute la Russie. L'année dernière avait été mauvaise partout. On ne commencera à couper les seigles que dans huit ou dix jours.

Sa Majesté a fait faire une grande place devant le palais qu'elle

---

(1) Placard imprimé, publié dans les *Œuvres de Napoléon*, (Panckoucke, 1821. t. V, p. 38-39).

occupe à Vitebsk. Ce palais est situé sur le bord de la rive gauche de la Dvina. Tous les matins, à 6 heures, il y a grande parade, où se trouvent tous les officiers de la garde. Une des brigades de la garde en grande tenue défile alternativement.

Pour copie conforme :
Le ministre de la guerre,
Duc DE FELTRE.

7508. — DÉCISION.

Vitebsk, 7 août 1812.

On propose de tirer des magasins de l'armée le plomb nécessaire pour compléter les munitions du corps prussien.	Approuvé. NAPOLÉON.

7509. — DÉCISIONS (1).

Vitebsk, 7 août 1812.

On propose à Sa Majesté d'accorder un lieutenant d'augmentation à chacune des compagnies de gendarmerie des Bouches-de-la-Meuse et de l'Ems-occidental.	Approuvé.
On propose à Sa Majesté d'autoriser l'augmentation d'un tambour par compagnie dans les régiments croates, pour remplacer ceux qui sont partis avec les bataillons mis en activité.	Accordé.
Le commandant du 3ᵉ bataillon du régiment de Walcheren demande qu'il lui soit accordé des compagnies d'élite.	Quand ils l'auront mérité.

---

(1) Non signées; extraites du « Travail du ministre de la guerre avec Sa Majesté l'Empereur et Roi daté du 8 juillet 1812 ».

On demande à Sa Majesté que le sieur de Hessberg, nommé lieutenant au 4ᵉ régiment étranger, et qui avait pris précédemment du service dans la principauté de Schwarzburg-Rudolstadt, soit autorisé à y rester;

Accordé (1).

D'accorder la décoration de la Légion d'honneur au sieur Klein, capitaine au 26ᵉ régiment de dragons.

Accordé.

7510. — DÉCISIONS (2).

Vitebsk, 7 août 1812.

On propose à Sa Majesté de faire traduire deux pupilles au conseil de guerre et d'en envoyer cinq autres à un bataillon colonial pour s'être permis des voies de fait envers leurs sergents et caporal.

Approuvé.

On propose à Sa Majesté d'accorder la décoration de la Légion d'honneur à MM. Bertho, capitaine quartier-maître; Fariau, lieutenant, et Rivière, lieutenant adjudant-major du 121ᵉ régiment de ligne (armée d'Aragon), pour lesquels cette récompense a déjà été sollicitée après les sièges de Tarragone et de Sagonte.

Accordé.

---

(1) Cette décision existe aussi sous forme d'original signé.
(2) Non signées; extraites du « Travail du ministre de la guerre avec Sa Majesté l'Empereur et Roi daté du 1ᵉʳ juillet 1812 ».

7511. — DÉCISION (1).

Vitebsk, 9 août 1812.

On propose à Sa Majesté de remettre en activité dans son grade de capitaine de gendarmerie le sieur Robelot, capitaine dans la 31ᵉ légion de gendarmerie (Illyrie), qui a donné sa démission pour cause d'infirmités.

Accordé.

7512. — DÉCISION.

Vitebsk, 9 août 1812.

Le général Morand propose d'envoyer aux petits dépôts des 13ᵉ d'infanterie légère et 30ᵉ de ligne un officier de chacun de ces régiments afin d'en rapporter des souliers, pantalons et capotes.

Approuvé.

NAPOLÉON.

7513. — AU GÉNÉRAL CHASSELOUP (2).

9 août 1812.

Le personnel du siège de Riga sera composé :

Mineurs. — De la 5ᵉ compagnie de mineurs qui est en route; de la 1ʳᵉ du 2ᵉ bataillon qui est à Kovno et à Danzig; de la 3ᵉ du 1ᵉʳ bataillon qui est à Bechenkovitchi.

Sapeurs. — De la 1ʳᵉ des sapeurs de l'île d'Elbe; de la 2ᵉ qui est à Vilna; de la 5ᵉ du 1ᵉʳ bataillon qui est au 2ᵉ corps; de la 4ᵉ polonaise qui est à la 7ᵉ division; de deux compagnies de sapeurs prussiens.

De deux compagnies des ouvriers de l'Escaut et de la moitié de la 17ᵉ de la flottille.

Il faudra s'entendre avec le général d'artillerie, afin qu'il aug-

---

(1) Non signée; extraite du « Travail du Ministre de la guerre avec Sa Majesté l'Empereur et Roi daté du 10 juin 1812. ».
(2) Non signé, copie conforme.

mente le personnel de l'artillerie destiné au siège de Riga de deux compagnies de l'équipage de siège de Magdeburg, qui est resté à Danzig, Dunabourg étant pris; ces deux compagnies suppléeront au manque de sapeurs; par ce moyen on ne dérange pas le service de l'armée. Comme il arrive des recrues de sapeurs, on peut les diriger de Königsberg sur Tilsit.

De ces recrues qui arrivent on laissera quelques détachements à Kovno pour les travaux de la place.

Tenir demain prêt le parc du génie pour partir; le général Kirgener sera chargé de tout, sous les ordres du général Chasseloup. On laissera à Vitebsk une compagnie de sapeurs, une compagnie du bataillon du Danube et une compagnie du 4º bataillon de marins, lesquelles, avec une compagnie de pontonniers qui sera laissée également à Vitebsk, achèveront les ponts et tous les ouvrages qui restent à y faire.

Il est nécessaire que les troupes du génie prennent pour six jours de vivres; il ne faut pas que tout marche ensemble; l'avant-garde sera composée de deux compagnies de marins, deux compagnies d'ouvriers de la marine, du Danube et deux de sapeurs qui toutes marcheront à grandes journées avec les outils nécessaires.

7514. — DÉCISION.

Vitebsk, 10 août 1812.

Nouvelle organisation des équipages de ponts, proposée par le général Eblé.	Renvoyé au major général. Approuvé. NAPOLÉON.

7515. — AU MARÉCHAL BERTHIER.

Vitebsk, 11 août 1812.

Mon Cousin, je verrai demain à la parade toute la division Laborde avec son artillerie. Elle aura du pain jusqu'au 21 inclusivement; elle sera prête à partir. Cette division partant, il ne restera plus à Vitebsk que 700 hommes des flanqueurs, 1.460 hommes du bataillon de marche de la garde, qui arrive demain, 450 hommes, marins, sapeurs, ouvriers; 1.000 chevaux du général Guyon, ce qui fait 3.010 hommes, dont 1.000 de cavalerie. Cette garnison sera augmentée par les trois bataillons de marche du 3ᵉ corps, qui doit arriver le 16, et dont il faut accélérer le mouvement, et par 250 flanqueurs, ce qui fera 7.450 hommes. Donnez ordre au général Laborde d'envoyer un aide de camp à la rencontre du 4ᵉ voltigeurs, qui est à quatre marches. Il le détournera pour le diriger sur Orcha. Par ce moyen, ce bataillon rejoindra promptement. Vous ferez connaître au général Charpentier qu'il doit retenir tous les hommes isolés et tous ceux qui sortent des hôpitaux. Il y a ici 4.000 hommes aux hôpitaux. D'ici à quinze jours, il sortira 1.000 hommes environ des hôpitaux. Il est probable que dans le même espace de temps on réunira plus de 1.000 hommes isolés. Le général Charpentier pourra placer ces hommes en subsistance dans les flanqueurs, qui ont de bons cadres. Il sera cependant nécessaire que vous laissiez ici un chef de bataillon et deux capitaines pour l'organisation de tous ces hommes isolés. La garde laisse au moins 500 hommes de dépôt ici. Ces hommes peuvent très bien être chargés d'un service intérieur et, en cas d'événement, doivent être commandés comme 500 hommes de troupe. On peut aussi retirer de ce dépôt des sous-officiers pour l'organisation des hommes isolés pendant le temps qu'ils resteront dans la place. Aussitôt que le 1ᵉʳ bataillon de la Vistule sera arrivé, tout ce qui appartient à la garde dans la place rejoindra la garde.

NAPOLÉON.

7516. — DÉCISION.

Vitebsk, 11 août 1812.

Le général Lariboisière demande l'autorisation de faire partir pour la France 7 sous-officiers d'artillerie promus au grade de lieutenant en second dans les cohortes du 1ᵉʳ bataillon.

Approuvé.

NAPOLÉON.

7517. — AU GÉNÉRAL CLARKE.

Vitebsk, 11 août 1812.

Monsieur le duc, par son rapport du 10 juin dernier, Votre Excellence a proposé à Sa Majesté de nommer M. de Rosny, qui commande le 9e bataillon de prisonniers de guerre, capitaine adjudant de place de 3e classe. J'ai l'honneur de prévenir Votre Excellence que l'Empereur n'a pas jugé à propos de signer le projet de décret qui y était annexé.

En conséquence, j'ai l'honneur de lui faire le renvoi de l'état de service de M. de Rosny.

Daru.

7518. — AU MARÉCHAL BERTHIER.

Vitebsk, 12 août 1812.

Mon Cousin, il sera laissé ici un de mes officiers d'ordonnance, un aide de camp de mes généraux et deux adjoints d'état-major, lesquels partiront successivement en prenant les ordres du général Charpentier et les rapports du général Guyon sur tout ce qu'il peut y avoir de nouveau, l'un le 13 à midi, l'autre le 14 à la même heure, le 3e le 15, et le 4e le 16; de sorte que tous les jours pendant les quatre premiers jours, il parte des officiers qui portent des nouvelles. Vous recommanderez au général Guyon de fournir des postes de correspondance d'ici à Babinovitchi, de manière que la correspondance soit très rapide et que les ordonnances venant de Vitebsk ou porteurs de nouvelles du duc de Reggio arrivent le plus promptement possible. Vous enverrez aussi l'ordre à Bechenkovitchi qu'à dater de demain au soir toutes les ordonnances qui y viendraient de Polotsk et du duc de Reggio se dirigent par Sienno et Orcha sur Doubrovno. Donnez ordre à l'intendant que le trésorier ne laisse ici aucun trésor, que l'administration n'y laisse rien de précieux, qu'elle ne doit laisser que ce qui est nécessaire pour les hôpitaux et le service de la place; qu'il faut que tout le reste suive le quartier général et soit parti demain à 8 heures de la place. On laissera chez un payeur de la ville ce qui sera nécessaire pour le service de la ville et, si le payeur a du papier, il laissera du papier pour ce service. Donnez le même ordre pour votre service : rien de ce qui appartient à l'état-major, rien de ce qui peut être important dans vos bagages ne doit être laissé à Vitebsk. Donnez le même avertissement au grand écuyer et au grand maréchal.

Le dépôt des gros bagages du quartier général pourra être provisoirement à Sienno; et, en conséquence, tout ce qui viendrait de Kamen sera dirigé sur Sienno, d'où cela sera à portée de rejoindre par Orcha.

Napoléon.

7519. — AU MARÉCHAL BERTHIER.

Vitebsk, 12 août 1812.

Mon Cousin, les 60 bateaux de l'équipage de pont qui sont à Vitebsk en partiront demain à 8 heures du matin pour se rendre à Sienno, où ils resteront jusqu'à nouvel ordre. Les 10 bateaux de cet équipage qui sont en arrière se joindront aux 60 autres, pour prendre également position à Sienno. L'officier commandant fera connaître quand tout cet équipage sera réuni dans cette ville. Toutefois, ce chef de bataillon laissera à Vitebsk un officier avec une escouade de pontonniers et 15 marins, pour le service des deux ponts de radeaux et pour les augmenter à mesure que la rivière croîtra. J'ai donné ordre que toutes les voitures des transports militaires partissent ce soir ou demain matin pour se rendre au quartier général sur le Borysthène. Il ne restera ici que quatre pièces de canon, avec leurs caissons, et nulle autre espèce de voiture.

NAPOLÉON.

7520. — AU MARÉCHAL BERTHIER.

Vitebsk, 12 août 1812.

Mon Cousin, donnez ordre que l'artillerie du général Laborde continue ce soir sa route par le chemin de Babinovitchi et que demain, à 4 heures du matin, la division Laborde parte pour se rendre à Babinovitchi et de là sur le Dniepr, en suivant la route qu'aura prise la garde. Il ne restera ainsi demain dans la place que le seul régiment des flanqueurs; mais avant 9 heures du matin, arrivera un bataillon de marche de la garde de 1.400 hommes, qui restera ici jusqu'à nouvel ordre, ce qui fera 2.000 hommes d'infanterie. Dans deux jours les trois bataillons de marche du 3ᵉ corps, forts de 1.400 hommes, arriveront. Le bataillon de Hesse-Darmstadt doit aussi arriver demain. Il reste ici quatre pièces de canon. Il y a une escouade de canonniers; je suppose qu'on a les munitions nécessaires. Il faut que le général Charpentier veille à ce que ces pièces soient en état de servir et de se porter aux différentes portes en cas d'événement. S'il reste des voitures quelconques, soit de l'artillerie, soit du génie, elles doivent être parquées sur la place de mon palais, puisque la réserve de la garde, étant là et présentant une force de 500 à 600 hommes, sera toujours à proximité et à même de défendre ce parc. Il ne faut laisser parquer dehors aucun ponton, aucune voiture d'artillerie, afin que si un parti de cosaques venait à se présenter, il ne pût rien prendre, à moins de s'emparer de la ville, ce qui ne pourrait être fait que par une division d'infanterie bien organisée.

Napoléon.

7521. — AU MARÉCHAL BERTHIER.

Vitebsk, 12 août 1812.

Mon Cousin, mandez au duc de Bellune qu'il ne faut pas qu'il incorpore les conscrits dans les 4e, 7e et 9e régiments polonais, que cela affaiblirait ces régiments au lieu de les augmenter, et que ce serait un sacrifice d'hommes inutile; mais qu'il doit laisser les cadres des trois bataillons à Königsberg; qu'il fasse venir à Königsberg les conscrits qui sont à Posen, et qu'il ne mène avec la division Girard que d'anciens soldats et deux bataillons à douze compagnies par régiment; qu'à Königsberg, ces jeunes gens se formeront; qu'après deux ou trois mois de repos ils seront dégrossis; qu'ils rejoindront alors leur régiment et qu'on fera le tiercement.

Napoléon.

7522. — DÉCISION.

Vitebsk, 12 août 1812.

Rapport du général Dumas sur l'état actuel des moissons dans la Pologne russe occupée par l'armée française. Les paysans refusant de faire la récolte pour leurs seigneurs, le général propose de la leur faire faire cependant en leur en abandonnant le tiers.

Cette mesure serait bonne pour les terres de la Couronne. Il faut donner l'autorité aux gouverneurs de pourvoir aux récoltes et faire une instruction.

Napoléon.

7523. — DÉCISION (1).

Pensions de retraite proposées pour divers officiers.

Le nommé Guidal, ex-général de brigade, qui était proposé pour une pension de 1.000 francs, en est retranché.

7524. — ORDRE DU JOUR (2).

Au camp impérial à Siniaki, 15 août 1812.

L'Empereur ordonne à MM. les maréchaux et aux généraux commandant en chef les corps d'armée, aux premiers inspecteurs en chef de l'artillerie et du génie, au directeur des équipages de pont, de faire partir tous les jours, deux heures avant la nuit, un officier qui se rendra au quartier général impérial pour faire connaître la position des corps et qui repartira dans la nuit pour porter les ordres de l'Empereur.

Tout officier expédié par son général en chef avec des dépêches se présentera aussitôt après son arrivée chez le major général.

Dans les camps et dans les bivouacs, tout officier d'état-major et chef de service qui arrivera se présentera aussitôt chez le major général pour faire connaître son arrivée.

Le commandant du petit quartier général et celui du quartier général de l'intendance, lorsqu'ils ne seront pas avec le major général, enverront pareillement prendre les ordres.

Le prince de Neuchâtel, major général.

7525. — 13° BULLETIN DE LA GRANDE ARMÉE (3).

Smolensk, 21 août 1812.

Il paraît qu'au combat de Moguilev, gagné par le prince d'Eckmühl sur le prince Bagration, le 23 juillet, la perte de l'ennemi a été considérable.

---

(1) Sans signature ni date; extraite du « Travail du ministre de la guerre avec Sa Majesté l'Empereur et Roi daté du 12 août 1812 ».
(2) Non signé.
(3) Placard imprimé, publié dans les *Œuvres de Napoléon* (Panckoucke, 1821, t. V, p. 39 à 45).

Le duc de Tarente a trouvé vingt pièces de canon à Dunabourg au lieu de huit qui avaient été annoncées. Il a fait retirer de l'eau plusieurs bâtiments chargés de plus de 40.000 bombes et autres projectiles. Une immense quantité de munitions de guerre a été détruite par l'ennemi. L'ignorance des Russes en fait de fortifications se fait voir dans les ouvrages de Dunabourg et de Drissa.

Sa Majesté a donné le commandement de sa droite au prince de Schwarzenberg en mettant sous ses ordres le 7ᵉ corps. Ce prince a marché contre le général Tormazov, l'a rencontré le 12 et l'a battu. Il fait le plus grand éloge des troupes autrichiennes et saxonnes. Le prince Schwarzenberg a montré dans cette circonstance autant d'activité que de talent. L'Empereur a fait demander des avancements et des récompenses pour les officiers de son corps d'armée qui se sont distingués.

Le 8, la Grande Armée était placée de la manière suivante :

Le prince vice-roi était à Souraj avec le 4ᵉ corps, occupant par des avant-gardes Velij, Ousviat et Porietche.

Le roi de Naples était à Nikoulino, avec la cavalerie occupant Inkovo.

Le maréchal duc d'Elchingen, commandant le 3ᵉ corps, était à Liozno.

Le maréchal prince d'Eckmühl, commandant le 1ᵉʳ corps, était à Doubrovna.

Le 5ᵉ corps, commandé par le prince Poniatowski, était à Moguilev.

Le quartier général était à Vitebsk.

Le 2ᵉ corps, commandé par le maréchal duc de Reggio, était sur la Drissa.

Le 10ᵉ, commandé par le duc de Tarente, était sur Dunabourg et Riga.

Le 8, 12.000 hommes de cavalerie ennemie se portèrent sur Inkovo et attaquèrent la division du général comte Sebastiani, qui fut obligée de battre en retraite l'espace d'une demi-lieue pendant toute la journée, en éprouvant et faisant éprouver à l'ennemi des pertes à peu près égales. Une compagnie de voltigeurs du 24ᵉ régiment d'infanterie légère, faisant partie d'un bataillon de ce régiment qui avait été confié à la cavalerie pour tenir position dans le bois, a été prise. Nous avons eu 200 hommes environ tués et blessés; l'ennemi peut avoir perdu le même nombre d'hommes.

Le 12, l'armée ennemie partit de Smolensk et marcha par différentes directions avec autant de lenteur que d'hésitation sur Porietche et Nadra.

Le 10, l'Empereur résolut de marcher à l'ennemi et de s'emparer de Smolensk en s'y portant par l'autre rive du Borysthène. Le roi de Naples et le maréchal duc d'Elchingen partirent de Liozna et se rendirent sur le Borysthène près de l'embouchure de la Berezina, vis-à-vis Khomino, où, dans la nuit du 13 au 14, ils jetèrent deux ponts sur le Borysthène.

Le vice-roi partit de Souraj et se rendit par Ianovitchi et Liouvavichi à Rossasna, où il arriva le 14.

Le prince d'Eckmühl réunit tout son corps à Doubrovna le 13.

Le général comte Grouchy réunit le 3ᵉ corps de cavalerie à Rassasna le 12.

Le général comte Eblé fit jeter trois ponts à Rossasna le 13.

Le quartier général partit de Viteb-k et arriva à Rossasna le 13.

Le prince Poniatowski partit de Moguilev et arriva le 13 à Romanov.

Le 14, à la pointe du jour, le général Grouchy marcha sur Liady; il en chassa deux régiments de cosaques, et s'y réunit avec le corps de cavalerie du général comte Nansouty.

Le même jour, le roi de Naples, appuyé par le maréchal duc d'Elchingen, arriva à Krasny. La 27ᵉ division ennemie, forte de 5.000 hommes d'infanterie et soutenue par 2.000 chevaux et douze pièces de canon, était en position devant cette ville. Elle fut attaquée et dépostée en un moment par le duc d'Elchingen. Le 24ᵉ régiment d'infanterie légère attaqua la petite ville de Krasny à la baïonnette avec intrépidité. La cavalerie exécuta des charges admirables. Le général de brigade baron Bordessoulle et le 3ᵉ régiment de chasseurs se distinguèrent. La prise de huit pièces d'artillerie dont cinq de 12 et deux licornes, et de quatorze caissons attelés, 1.500 prisonniers, un champ de bataille jonché de plus de 1.000 cadavres russes : tels furent les avantages du combat de Krasny, où la division russe, qui était de 5.000 hommes, perdit la moitié de son monde.

Sa Majesté avait le 15 son quartier général à la poste de Kovonitnia.

Le 16 au matin, les hauteurs de Smolensk furent couronnées; la ville présenta à nos yeux une enceinte de murailles de 4.000 toises de tour, épaisses de dix pieds et hautes de vingt-cinq, entremêlées de tours dont plusieurs étaient armées de canons de gros calibre.

Sur la droite du Borysthène, on apercevait et l'on savait que les corps ennemis tournés revenaient en grande hâte sur leurs pas pour défendre Smolensk. On savait que les généraux ennemis avaient des ordres réitérés de leur maître de livrer bataille et de sauver Smolensk. L'Empereur reconnut la ville et plaça son armée, qui fut en position dans la journée du 16. Le maréchal duc d'Elchingen eut la gauche appuyant au Borysthène, le maréchal prince d'Eckmühl le centre, le prince Poniatowski la droite; la garde fut mise en réserve au centre; le vice-roi en réserve à la droite et la cavalerie sous les ordres du roi de Naples à l'extrême droite : le duc d'Abrantès, avec le 8ᵉ corps, s'était égaré et avait fait un faux mouvement.

Le 16, et pendant la moitié de la journée du 17, on resta en observation. La fusillade se soutint sur la ligne. L'ennemi occupait Smolensk avec 30.000 hommes, et le reste de son armée se formait sur les belles positions de la rive droite du fleuve, vis-à-vis la ville, communiquant par trois ponts. Smolensk est considéré par les Russes comme la ville forte et comme le boulevard de Moscou.

Le 17, à 2 heures de l'après-midi, voyant que l'ennemi n'avait pas débouché, qu'il se fortifiait dans Smolensk, et qu'il refusait la bataille; que malgré les ordres qu'il avait et la belle position qu'il pouvait prendre, sa droite à Smolensk, et sa gauche au cours du Borysthène, le général ennemi manquait de résolution, l'Empereur se porta sur la droite, et ordonna au prince Poniatowski de faire un changement de front, la droite en avant et de placer sa droite au Borysthène, en occupant un des faubourgs par des postes et des batteries pour détruire le pont et intercepter la communication de la ville avec la rive droite. Pendant ce temps, le maréchal prince d'Eckmühl eut ordre de faire attaquer deux faubourgs que l'ennemi avait retranchés à 200 toises de la place, et qui étaient défendus chacun par 7.000 ou 8.000 hommes d'infanterie et par du gros canon. Le général comte Friant eut ordre d'achever l'investissement, en appuyant sa droite au corps du prince Poniatowski, et sa gauche à la droite de l'attaque que faisait le prince d'Eckmühl.

A 2 heures après-midi, la division de cavalerie du comte Bruyère, ayant chassé les cosaques et la cavalerie ennemie, occupa le plateau qui se rapproche le plus du pont en amont. Une batterie de 60 pièces d'artillerie fut établie sur ce plateau et tira à mitraille sur la partie de l'armée ennemie restée sur la rive droite de la rivière, ce qui obligea bientôt les masses d'infanterie russe à évacuer cette position.

L'ennemi plaça alors deux batteries de vingt pièces de canon à un couvent pour inquiéter la batterie qui le foudroyait et celles qui tiraient sur le pont. Le prince d'Eckmühl confia l'attaque du faubourg de droite au général comte Morand et celle du faubourg de gauche au général comte Gudin. A 3 heures, la canonnade s'engagea; à 4 h. 30 commença une vive fusillade, et à 5 heures les divisions Morand et Gudin enlevèrent les faubourgs retranchés de l'ennemi avec une froide et rare intrépidité, et le poursuivirent jusque sur le chemin couvert qui fut jonché de cadavres russes.

Sur notre gauche, le duc d'Elchingen attaqua la position que l'ennemi avait hors de la ville, s'empara de cette position, et poursuivit l'ennemi jusque sur le glacis.

A 5 heures, la communication de la ville avec la rive droite devint difficile, et ne se fit que par des hommes isolés.

Trois batteries de pièces de 12, de brèche, furent placées contre les murailles, à 6 heures du soir, l'une par la division Friant, et les deux autres par les divisions Gudin et Morand. On déposta l'ennemi des tours qu'il occupait, par des obus qui y mirent le feu. Le général d'artillerie, comte Sorbier, rendit impraticable à l'ennemi l'occupation de ses chemins couverts, par des batteries d'enfilade.

Cependant, dès 2 heures après-midi, le général ennemi, aussitôt qu'il s'aperçut qu'on avait des projets sérieux sur la ville, fit passer deux divisions et deux régiments d'infanterie de la garde pour renforcer les quatre divisions qui étaient dans la ville. Ces forces réunies composaient la moitié de l'armée russe. Le combat continua toute la nuit : les trois batteries de brèche tirèrent avec la plus grande activité. Deux compagnies de mineurs furent attachées aux remparts.

Cependant la ville était en feu. Au milieu d'une belle nuit d'août, Smolensk offrait aux Français le spectacle qu'offre aux habitants de Naples une éruption du Vésuve.

A 1 heure après minuit, l'ennemi abandonna la ville et repassa la rivière. A 2 heures, les premiers grenadiers qui montèrent à l'assaut ne trouvèrent plus de résistance; la place était évacuée, 200 pièces de canon et mortiers de gros calibre, et une des plus belles villes de la Russie étaient en notre pouvoir, et cela à la vue de toute l'armée ennemie.

Le combat de Smolensk qu'on peut à juste titre appeler bataille, puisque 100.000 hommes ont été engagés de part et d'autre, coûte aux Russes la perte de 4.700 hommes restés sur le champ de bataille, de 2.000 prisonniers, la plupart blessés, et de 7.000 à 8.000 blessés. Parmi les morts se trouvent 5 généraux russes. Notre perte se monte à 700 morts et à 3.100 ou 3.200 blessés. Le général de brigade Grabowski a été tué; les généraux de brigade Grandeau et Dalton ont été blessés. Toutes les troupes ont rivalisé d'intrépidité. Le champ de bataille a offert aux yeux de 200.000 personnes qui peuvent l'attester le spectacle d'un cadavre français sur sept ou huit cadavres russes. Cependant les Russes ont été pendant une partie des journées du 16 et du 17 retranchés et protégés par la fusillade de leurs créneaux.

Le 18, on a rétabli les ponts sur le Borysthène que l'ennemi avait brûlés : on n'est parvenu à maîtriser le feu, qui consumait la ville, que dans la journée du 18, les sapeurs français ayant travaillé avec activité. Les maisons de la ville sont remplies de Russes morts ou mourants.

Sur douze divisions qui composaient la grande armée russe, deux divisions ont été entamées et défaites aux combats d'Ostrovno; deux l'ont été au combat de Moguilev et six au combat de Smolensk. Il n'y a que deux divisions et la garde qui soient restées entières.

Les traits de courage qui honorent l'armée et qui ont distingué tant de soldats au combat de Smolensk seront l'objet d'un rapport particulier. Jamais l'armée française n'a montré plus d'intrépidité que dans cette campagne.

Pour copie conforme :

Le ministre de la guerre,

Duc de Feltre.

7526. — DÉCISION.

Smolensk, 22 août 1812.

La route de l'armée se trouvant maintenant établie de Vilna par Minsk et Orcha sur Smolensk, le maréchal Berthier propose de retirer des régiments, bataillons ou escadrons de marche d'infanterie et

Approuvé.

Napoléon.

de cavalerie tout ce qui appartiendrait aux 2ᵉ et 6ᵉ corps d'armée, afin de les garder provisoirement à Vilna jusqu'à leur envoi à Polotsk.

7527. — DÉCISION.

Smolensk, 22 août 1812.

La division de cavalerie légère, commandée par le général Pajol, est arrivée sur la rive droite du Dniepr.

Lui donner l'ordre de rejoindre son corps d'armée.

NAPOLÉON.

7528. — DÉCISION.

Smolensk, 22 août 1812.

On prie Sa Majesté de faire connaître si son intention est de renvoyer au dépôt des troupes de Nassau deux soldats de la brigade de Nassau incorporés dans le 2ᵉ régiment étranger : ces hommes désirent être mis à la disposition de leur souverain qui les réclame.

Accordé.

NAPOLÉON.

7529. — DÉCISIONS (1).

Smolensk, 22 août 1812.

La grande-duchesse de Toscane et le prince gouverneur général des départements au delà des Alpes demandent que leurs gardes d'honneur soient autorisés à porter l'épaulette après deux ans de service effectif.

Refusé.

---

(1) Non signées; extraites du « Travail du ministre de la guerre avec Sa Majesté l'Empereur et Roi daté du 29 juillet 1812 ».

Sa Majesté est priée de faire connaître ses intentions sur une demande de fusils faite par S. A. R. le grand-duc de Bade.

Il faut beaucoup mieux les lui vendre ce qu'ils nous coûtent.

On propose à Sa Majesté d'accorder au capitaine La Fizelière, chargé de la réception des chevaux du train de Mayence, une gratification de 600 francs.

Approuvé.

On propose à Sa Majesté d'accorder une indemnité de 350 francs à un lieutenant de gendarmerie à la résidence du Puy, département de la Haute-Loire, pour la perte qu'il a faite de son cheval dans l'exercice de ses fonctions.

Approuvé.

M. Fébure de Frénoy, colonel, ex-commandant d'armes, admis à la solde de retraite, demande l'autorisation de passer en Turquie pour y prendre du service.

Approuvé.

Le colonel Grobert a présenté un couvre-platine de son invention qui paraît garantir parfaitement la platine d'être mouillée par la pluie. On propose à Sa Majesté d'en faire l'essai.

Approuvé.

7530. — DÉCISIONS (1).

Smolensk, 22 août 1812.

Sa Majesté est priée de faire connaître si Elle approuve que les maisons désignées comme les seules convenables à l'école d'artillerie de Mayence soient affectées à cet éta-

Le ministre fera ce qui sera le plus convenable (2).

---

(1) Non signées; extraites du « Travail du ministre de la guerre avec Sa Majesté l'Empereur et Roi daté du 22 juillet 1812 ».
(2) Cette décision existe aussi sous forme d'original signé.

blissement en remplacement du palais teutonique.

On propose à Sa Majesté de dispenser cinq vélites de la garde de payer ce qu'ils doivent pour leur pension;

Approuvé.

D'accorder une gratification à chacun des 14 prisonniers anglais qui ont contribué par leur dévouement à éteindre un incendie qui menaçait de consumer un faubourg de Cambrai.

Approuvé.

M. le général Caffarelli réclame le retour en Espagne d'un habitant de Santander qui a été envoyé en France et sur lequel il a obtenu depuis des renseignements favorables.

Approuvé.

Sa Majesté est priée de faire connaître si son intention est de renvoyer dans sa patrie un sujet du grand-duc de Bade, soldat au 1er bataillon étranger.

Approuvé.

Sa Majesté est priée de faire connaître si son intention est de renvoyer dans son pays un soldat saxon réclamé par son souverain.

Approuvé.

7531. — DÉCISIONS (1).

Smolensk, 22 août 1812.

On propose à Sa Majesté d'autoriser la formation de cinq nouvelles brigades de gendarmerie dans le département de la Haute-Garonne pour surveiller la vallée d'Aran.

Approuvé.

---

(1) Non signées; extraites du « Travail du ministre de la guerre avec Sa Majesté l'Empereur et Roi daté du 15 juillet 1812 ».

On rend compte à Sa Majesté qu'un capitaine adjudant de place a été placé à Urdon, lieu de passage où il arrive journellement des prisonniers de guerre espagnols et qui est le point de communication entre la France et l'Aragon.

Approuvé.

On propose à Sa Majesté de faire permuter les généraux de division Montchoisy, commandant la 28e division militaire, et Vial, commandant la 18e division militaire.

Refusé; s'il y a de l'inconvénient, il vaudrait mieux changer le commissaire de police et le commandant de la marine.

Gratification demandée pour le commandant du dépôt d'Espagnols à Saint-Quentin.

Accordé.

Le ministre des Etats-Unis réclame la mise en liberté de deux Américains qui n'étaient que passagers à bord des bâtiments anglais sur lesquels ils ont été pris.

Accordé.

7532. — ORDRE DU JOUR.

Smolensk, 22 août 1812.

Sa Majesté n'est pas satisfaite de la manière dont le service de santé se fait aux avant-postes. Les chefs des corps, les adjudants commandants, chefs d'état-major des divisions, les ordonnateurs des corps, les commissaires des guerres, les employés en chef du service de santé, ne prennent point les mesures nécessaires ainsi qu'on le faisait dans les autres campagnes.

Les chefs d'état-major des divisions doivent désigner les lieux propres aux ambulances, les commissaires des guerres doivent s'y trouver avec les chirurgiens et autres employés des ambulances : après le premier pansement, les blessés doivent être évacués sur l'ambulance centrale placée en arrière; là on doit inscrire leurs noms, grades, régiments, corps; les mesures doivent être prises pour leur subsistance.

Les commissaires des guerres doivent faire rassembler les voitures nécessaires au transport des blessés de dessus le champ de bataille, et ensuite aux évacuations; le chef d'état-major doit y veiller et s'assurer que les commissaires des guerres et les chirurgiens et employés font leur devoir; dans le cas contraire, il doit rendre compte au général commandant le corps pour y être pourvu.

Dans cette campagne, malgré le zèle des individus chargés des pansements, le service a souvent manqué par le défaut d'ensemble et de bonne direction.

Sa Majesté espère que cela n'arrivera plus et en rend personnellement responsables les ordonnateurs et commissaires des guerres.

ALEXANDRE.

7533. — DÉCISION (1).

Au quartier impérial de Smolensk,
23 août 1812.

On propose à Sa Majesté d'ordonner que, sur la somme de 1.500 francs, montant de la perte faite le 14 octobre 1811 par le 4ᵉ bataillon du 28ᵉ régiment de ligne, celle de 542 frs 77 c. qui revient aux hommes présents sera seulement remboursée par le Trésor impérial.

Accordé.

7534. — 14ᵉ BULLETIN DE LA GRANDE ARMÉE (2).

Smolensk, 23 août 1812.

Smolensk peut être considérée comme une des plus belles villes de la Russie. Sans les circonstances de la guerre qui y ont mis le feu, ce qui a consumé d'immenses magasins de marchandises coloniales et de denrées de toute espèce, cette ville eût été d'une grande ressource pour l'armée. Même dans l'état où elle se trouve, elle sera de la plus grande utilité sous le point de vue militaire. Il reste de grandes maisons qui offrent de beaux emplacements pour les hôpi-

---

(1) Non signée; extraite du « Travail du ministre de la guerre avec Sa Majesté l'Empereur et Roi en date du 15 juillet 1812 ».
(2) Placard imprimé, publié dans les Œuvres de Napoléon (Panckoucke, 1821, t. V, pages 45-50).

taux. La province de Smolensk est très fertile et très belle, et fournira de grandes ressources pour les subsistances et les fourrages.

Les Russes ont voulu, depuis les événements de la guerre, lever une milice d'esclaves paysans qu'ils ont armés de mauvaises piques. Il y en avait déjà 5.000 réunis ici; c'était un objet de dérision et de raillerie pour l'armée russe elle-même. On avait fait mettre à l'ordre du jour que Smolensk devait être le tombeau des Français, et que si l'on avait jugé convenable d'évacuer la Pologne, c'était à Smolensk qu'on devait se battre pour ne pas laisser tomber ce boulevard de la Russie entre nos mains.

La cathédrale de Smolensk est une des plus célèbres églises grecques de la Russie. Le palais épiscopal forme une espèce de ville à part.

La chaleur est excessive : le thermomètre s'élève jusqu'à 26 degrés; il fait plus chaud qu'en Italie.

Combat de Polotsk.

Après le combat de Drissa, le duc de Reggio sachant que le général ennemi Wittgenstein s'était renforcé de 12 troisièmes bataillons de la garnison de Dunabourg, et voulant l'attirer à un combat en deçà du défilé sous Polotsk, vint ranger les 2ᵉ et 6ᵉ corps en bataille sous Polotsk. Le général Wittgenstein le suivit, l'attaqua le 16 et le 17, et fut vigoureusement repoussé. La division bavaroise de Wrede, du 6ᵉ corps, s'est distinguée. Au moment où le duc de Reggio faisait ses dispositions pour profiter de la victoire et acculer l'ennemi sur le défilé, il a été frappé à l'épaule par un biscaïen. Sa blessure, qui est grave, l'a obligé à se faire transporter à Vilna; mais il ne paraît pas qu'elle doive être inquiétante pour les suites.

Le général comte Gouvion Saint-Cyr a pris le commandement des 2ᵉ et 6ᵉ corps. Le 17 au soir, l'ennemi s'était retiré au delà du défilé. Le général Verdier a été blessé. Le général Maison a été reconnu général de division, et l'a remplacé dans le commandement de sa division. Notre perte est évaluée 1.000 hommes tués et blessés. La perte des Russes est triple; on leur a fait 500 prisonniers.

Le 18, à 4 heures après-midi, le général Gouvion Saint-Cyr, commandant les 2ᵉ et 6ᵉ corps, a débouché sur l'ennemi, en faisant attaquer sa droite par la division bavaroise du comte de Wrede. Le combat s'est engagé sur toute la ligne; l'ennemi a été mis dans une déroute complète et poursuivi pendant deux lieues, autant que le jour l'a permis. Vingt pièces de canon et mille prisonniers sont restés au pouvoir de l'armée française. Le général bavarois Deroy a été blessé.

Combat de Valoutina.

Le 19, à la pointe du jour, le pont étant achevé, le maréchal duc d'Elchingen déboucha sur la rive droite du Borysthène et suivit l'ennemi. A une lieue de la ville, il rencontra le dernier échelon de l'arrière-garde ennemie. C'était une division de 5.000 à 6.000 hommes placés sur de belles hauteurs. Il les fit attaquer par le 4e régiment d'infanterie de ligne et par le 72e de ligne. La position fut enlevée et nos baïonnettes couvrirent le champ de bataille de morts. Trois à quatre cents prisonniers tombèrent en notre pouvoir.

Les fuyards ennemis se retirèrent sur le second échelon qui était placé sur les hauteurs de Valoutina. La première position fut enlevée par le 18e de ligne, et sur les 4 heures après-midi, la fusillade s'engagea avec toute l'arrière-garde ennemie qui présentait environ 15.000 hommes. Le duc d'Abrantès avait passé le Borysthène à deux lieues sur la droite de Smolensk; il se trouvait déboucher sur les derrières de l'ennemi; il pouvait, en marchant avec décision, intercepter la grande route de Moscou et rendre difficile la retraite de cette arrière-garde. Cependant les autres échelons de l'armée ennemie qui étaient à portée, instruits du succès et de la rapidité de cette première attaque, revinrent sur leurs pas. Quatre divisions s'avancèrent ainsi pour soutenir leur arrière-garde, entr'autres les divisions de grenadiers qui, jusqu'à présent, n'avaient pas donné. 5.000 à 6.000 hommes de cavalerie formaient leur droite, tandis que leur gauche était couverte par des bois garnis de tirailleurs. L'ennemi avait le plus grand intérêt à conserver cette position le plus longtemps possible; elle était très belle et paraissait inexpugnable. Nous n'attachions pas moins d'importance à la lui enlever, afin d'accélérer sa retraite et de faire tomber dans nos mains tous les chariots de blessés et autres attirails dont l'arrière-garde protégeait l'évacuation. C'est ce qui a donné lieu au combat de Valoutina, l'un des plus beaux faits d'armes de notre histoire militaire.

A 6 heures du soir, la division Gudin, qui avait été employée pour soutenir le 3e corps, dès l'instant qu'on s'était aperçu du grand secours que l'ennemi avait envoyé à son arrière-garde, déboucha en colonne sur le centre de la position ennemie, fut soutenue par la division du général Ledru, et, après une heure de combat, enleva la position. Le général comte Gudin, arrivant avec sa division, a été, dès le commencement de l'action, atteint par un boulet qui lui a emporté la cuisse; il est mort glorieusement. Cette perte est sensible. Le général Gudin était un des officiers les plus distingués de l'armée; il était recommandable par ses qualités morales autant que par sa bravoure et son intrépidité. Le général Gérard a pris le commandement de sa division. On compte que les ennemis ont eu 8 généraux tués ou blessés; un général a été fait prisonnier.

Le lendemain à 3 heures du matin, l'Empereur a distribué sur le champ de bataille des récompenses à tous les régiments qui s'étaient distingués, et comme le 127°, qui est un nouveau régiment, s'était bien comporté, Sa Majesté lui a accordé le droit d'avoir un aigle, droit que ce régiment n'avait point encore, ne s'étant trouvé jusqu'à présent à aucune bataille. Ces récompenses données sur le champ de bataille au milieu des morts, des mourants, des débris et des trophées de la victoire, offraient un spectacle vraiment militaire et imposant.

L'ennemi, après ce combat, a tellement précipité sa retraite, que, dans la journée du 20, nos troupes ont fait huit lieues sans trouver de cosaques, ramassant partout des blessés et des traînards.

Notre perte au combat de Valoutina a été de 600 morts et de 2.600 blessés; celle de l'ennemi, comme l'atteste le champ de bataille, est triple. Nous avons fait un millier de prisonniers, la plupart blessés.

Ainsi, les deux seules divisions russes qui n'eussent pas été entamées aux combats précédents de Moguilev, d'Ostrovno, de Krasny et de Smolensk, l'ont été au combat de Valoutina.

Tous les renseignements confirment que l'ennemi court en toute hâte sur Moscou; que son armée a beaucoup souffert dans les précédents combats, et qu'elle a éprouvé en outre une grande désertion. Les Polonais désertent en disant : vous nous avez abandonnés sans combattre; quel droit avez-vous maintenant d'exiger que nous restions sous vos drapeaux? Les soldats russes des provinces de Moguilev et de Smolensk profitent également de la proximité de leurs villages pour déserter et aller se reposer dans leur pays.

La division Gudin a attaqué avec une telle intrépidité que l'ennemi s'était persuadé que c'était la garde impériale. C'est d'un mot faire le plus bel éloge du 7ᵉ régiment d'infanterie légère, 12ᵉ, 21ᵉ et 127ᵉ de ligne qui composent cette division.

Le combat de Valoutina pourrait aussi s'appeler une bataille puisque plus de 80.000 hommes s'y sont trouvés engagés. C'est du moins une affaire d'avant-garde de premier ordre.

Le général Grouchy, envoyé avec son corps sur la route de Doukovichina, a trouvé tous les villages remplis de morts et de blessés, et a pris trois ambulances contenant 900 blessés.

Les cosaques ont surpris à Liozno un hôpital de 200 malades wurtembergeois, que, par négligence, on n'avait pas évacués sur Vitebsk.

Du reste, au milieu de tous ces désastres, les Russes ne cessent de chanter des *Te Deum;* ils convertissent tout en victoire; mais malgré l'ignorance et l'abrutissement de ces peuples, cela commence à leur paraître ridicule et par trop grossier.

Pour copie conforme :

Le ministre de la guerre,

Duc de Feltre.

7535. — ORDRE DU JOUR (1).

Smolensk, 24 août 1812.

Article premier. — Le gouverneur général que l'Empereur a nommé président de la commission provisoire du gouvernement de la Lithuanie est chargé provisoirement de la nomination aux emplois des neuf régiments créés dans ledit duché de Lithuanie et de toutes les mesures à prendre pour accélérer la formation de ces régiments.

Art. 2. — Une somme de 500.000 francs sera mise à titre d'avance à la disposition de ladite commission de gouvernement pour pourvoir à l'habillement et à l'équipement de ces régiments.

Art. 3. — Le major général et l'intendant de l'armée donneront des ordres pour l'exécution du présent.

Napoléon.

---

(1) Publié ainsi que les deux suivants dans l'opuscule : *En marge de la correspondance de Napoléon 1ᵉʳ*, page 60.

7536. — ORDRE.

Au quartier général impérial de Smolensk,
24 août 1812.

Article premier. — La municipalité de Smolensk sera composée d'un maire, deux adjoints et six membres du conseil municipal.

Art. 2. — Le sieur Jaroslavston Vasika, conseiller titulaire, sous-juge du district, est nommé maire de Smolensk. Les sieurs Alexis Routkovsky, assesseur du collège, et Siméon Liappa sont nommés adjoints du maire de Smolensk.

Art. 3. — Les sieurs Maxim Ouztovski, Nicolas Jefremov, Karp Zoltovskoi, assesseurs du collège; Fedor Raghoulin, Charles Broun, Karevitch sont nommés membres du conseil municipal de Smolensk.

Napoléon.

7537. — ORDRE DU JOUR.

Smolensk, 24 août 1812.

Article premier. — Le 129ᵉ régiment est autorisé à recevoir 500 recrues lithuaniennes.

Art. 2. — Le régiment illyrien est autorisé également à recevoir 500 recrues lithuaniennes.

Art. 3. — Le gouverneur général de la Lithuanie prendra des mesures pour faire fournir ces recrues à ces régiments et l'intendant général fera les fonds nécessaires pour leur habillement et leur équipement.

Napoléon.

7538. — DÉCISION.

Dorogobouj, 26 août 1812.

Ordre a été donné au 3ᵉ bataillon du 4ᵉ régiment étranger de se rendre de Lille à Utrecht.

Approuvé.

Napoléon.

7539. — 15° BULLETIN DE LA GRANDE ARMÉE (1).

Slavkovo, le 27 août 1812.

Le général de division Zayonchek, commandant une division polonaise au combat de Smolensk, a été blessé. La conduite du corps polonais à Smolensk a étonné les Russes, accoutumés à les mépriser; ils ont été frappés de leur constance et de la supériorité qu'ils ont déployée sur eux dans cette circonstance.

Au combat de Smolensk et à celui de Valoutina l'ennemi a perdu 20 généraux tués, blessés ou prisonniers et une très grande quantité d'officiers. Le nombre des hommes tués, pris ou blessés dans ces différentes affaires peut se monter à 25 ou 30.000 hommes.

Le lendemain du combat de Valoutina, Sa Majesté a distribué aux 12°, 21° régiments d'infanterie de ligne et 7° régiment d'infanterie légère un certain nombre de décorations de la Légion d'honneur pour des capitaines, pour des lieutenants et sous-lieutenants et pour des sous-officiers et soldats. Les choix ont été faits sur-le-champ au cercle devant l'Empereur, et confirmés avec acclamation par les troupes.

Voici les noms de ceux qui ont obtenu cette honorable distinction :

12° régiment de ligne : MM. Bretz, capitaine de grenadiers; Dehir, Petitjean, Michelet, Carré, Lécu, Rumigni, Beaulieu (Pierre), Humbert, capitaines; Etienne, Rota, Lecler, Villemain, Rouby, Bouyer, Berlan, Barzun, lieutenants; Vingard, tambour-major; Vacheron, sergent; Gilbert, Frédéric, Ganavial, Marchudic, Georget (Louis), Gaudier, Becker, Varenne, Hugot, Pitois, soldats; Lefèvre, grenadier; Houlier, canonnier.

21° régiment de ligne : MM. Rossi, Baron, Caudron, Caillebot, Leroux, Cocriamont, capitaines; Deloux, Ourblain, Arnaud, Boisson, Fumé, Varguel, Viard, Lachenal, lieutenants; Caudron, Blanc, Carré, Roman, Chubuissot, Milard, sergents; Basset, Ragot, adjudants; Pierron, Paccaud, Lagurande, sergents.

7° régiment d'infanterie légère : MM. Roman, Seguinot, Cosso, Marchand, Montecq, capitaines; Butard, adjudant-major; Tournier, Delplace, Guiabert, Chasse, Masson, Boiste, Caussette, Delignon, Babi, Dufour, Painbot, Barezout, lieutenants; Salmeton, sapeur;

---

(1) Placard imprimé, publié dans les *Œuvres de Napoléon* (Panckoucke, 1821, t. V, pages 50-53), excepté les noms des militaires décorés.

Guérin, sergent-major; Redarez, adjudant sous-officier; Dandal, Soustel, Ledran, Saunier, Picard, sergents; Bataille, trompette; Didier, Calvet, Prevot, Brillant, Vaines, soldats.

Nombre de décorations accordées : au 12ᵉ régiment, 30; au 21ᵉ régiment, 25; au 7ᵉ léger, 32; total : 87 décorations.

L'armée ennemie, en s'en allant, brûle les ponts, dévaste les routes pour retarder autant qu'elle peut la marche de l'armée française. Le 21, elle avait repassé le Borysthène à Slob-Pniva, toujours suivie vivement par notre avant-garde.

Les établissements de commerce de Smolensk étaient tout entiers sur le Borysthène, dans un beau faubourg; les Russes ont mis le feu à ce faubourg, pour obtenir le simple résultat de retarder notre marche d'une heure. On n'a jamais fait la guerre avec tant d'inhumanité. Les Russes traitent leur pays comme ils traiteraient un pays ennemi. Le pays est beau et abondamment fourni de tout. Les routes sont superbes.

Le maréchal duc de Tarente continue à détruire la place de Dunabourg : des bois de construction, des palissades, des débris de blockhaus, qui étaient immenses, ont servi à faire des feux de joie en l'honneur du 15 août.

Le prince Schwarzenberg mande d'Ossiati, le 17, que son avantgarde a poursuivi l'ennemi sur la route de Divin, qu'il lui a fait quelques centaines de prisonniers et l'a obligé à brûler ses bagages. Cependant le général Bianchi, commandant l'avant-garde, est parvenu à saisir 800 chariots de bagages que l'ennemi n'a pu ni emmener ni brûler. L'armée russe de Tormasov a perdu presque tous ses bagages.

L'équipage de siège de Riga a commencé son mouvement de Tilsit pour se porter sur la Dvina.

Le général Saint-Cyr a pris position sur la Drissa. La déroute de l'ennemi a été complète au combat de Polotsk du 18. Le brave général bavarois Deroy a été blessé sur le champ d'honneur, âgé de 72 ans, et ayant près de 60 ans de service : Sa Majesté l'a nommé comte de l'Empire, avec une dotation de 30.000 francs de revenu. Le corps bavarois s'étant comporté avec beaucoup de bravoure, Sa Majesté a accordé des récompenses et des décorations à ce corps d'armée.

L'ennemi disait vouloir tenir à Dorogobouj. Il avait à son ordinaire remué de la terre et construit des batteries. L'armée s'étant montrée en bataille, l'Empereur s'y est porté : mais le général ennemi s'est ravisé, a battu en retraite et a abandonné la ville de Dorogobouj, forte de 10.000 âmes; il y a huit clochers. Le quartier général était le 26 dans cette ville. Le 27, il était à Slavkovo. L'avant-garde est sur Viasma.

Le vice-roi manœuvre sur la gauche, à deux lieues de la grande route, le prince d'Eckmühl sur la grande route, le prince Poniatowski sur la rive gauche de l'Osma.

La prise de Smolensk paraît avoir fait un fâcheux effet sur l'esprit des Russes. C'est Smolensk-la-Sainte, Smolensk-la-Forte, la clef de Moscou et mille autres dictons populaires : « Qui a Smolensk a Moscou », disent les paysans.

La chaleur est excessive : il n'a pas plu depuis un mois.

Le duc de Bellune, avec le 9ᵉ corps fort de 30.000 hommes, est parti de Tilsit pour Vilna, devant former la réserve.

Pour copie conforme :
Le ministre de la guerre,
Duc de Feltre.

7540. — ORDRE.

Viazma, 29 août 1812.

Le royaume de Naples ayant levé sa conscription et complété son armée, ce sera un soulagement pour ses finances et une chose utile que de faire venir le corps du général Grenier.

Le régiment d'Isenburg restera à Rome, celui de La Tour d'Auvergne en Toscane.

Le 22ᵉ d'infanterie légère et le 112ᵉ seront réunis à Vérone, à l'exception du 5ᵉ bataillon qui restera en Toscane.

Si le 14ᵉ léger et le 6ᵉ d'infanterie de ligne peuvent chacun fournir deux bataillons complétés à 700 hommes, on pourrait aussi les faire partir pour Vérone.

Par ce moyen, la division dont le général Grenier prendrait le commandement se trouverait composée de 4 bataillons du 22ᵉ de ligne, de 2 bataillons du 14ᵉ léger, de 4 bataillons du 112ᵉ et de 2 bataillons du 6ᵉ de ligne, ce qui ferait une division de 12 bataillons.

Vous y emploierez les généraux de brigade du corps d'Italie méridionale et cette division sera alors en mesure de se porter où il sera nécessaire.

Faites-moi connaître quand elle sera réunie.

Napoléon.

7541. — DÉCISION.

Viazma, 30 août 1812.

Le général Dumas, intendant général, sollicite l'autorisation de rassembler dans la ville de Viazma des vivres et effets propres au service des hôpitaux.

Approuvé.

NAPOLÉON.

7542. — 16ᵉ BULLETIN DE LA GRANDE ARMÉE (1).

Viazma, le 31 août 1812.

Le quartier général de l'Empereur était le 27 à Slavkovo, le 28 près de Semlevo, le 29 dans un château à une lieue en arrière de Viazma, et le 30 à Viazma; l'armée marchant sur trois colonnes, la gauche formée par le vice-roi, se dirigeant par Kokouchkino, Semenovskoï, Kosterechkovo et Novoe, le centre formé par le roi de Naples, les corps du maréchal prince d'Eckmühl, du maréchal duc d'Elchingen, et la garde marchant sur la grande route; et la droite par le prince Poniatowski, marchant sur la rive gauche de la Vosma, par Volotchek, Loujki, Pokrov et Sloukino.

Le 27, l'ennemi voulant coucher sur la rivière de la Vosma, vis-à-vis du village de Nivki, prit position avec son arrière-garde. Le roi de Naples porta sa cavalerie sur la gauche de l'ennemi, qui montra 7.000 à 8.000 hommes de cavalerie. Plusieurs charges eurent lieu, toutes à notre avantage. Un bataillon ennemi fut défoncé par le 4ᵉ régiment de lanciers. Une centaine de prisonniers fut le résultat de cette petite affaire. Les positions de l'ennemi furent enlevées, et il fut obligé de précipiter sa retraite.

Le 28, l'ennemi fut poursuivi. Les avant-gardes des trois colonnes françaises rencontrèrent les arrières-gardes de l'ennemi; elles échangèrent plusieurs coups de canon. L'ennemi fut poussé partout.

Le général comte Caulaincourt entra dans Viazma le 29 à la pointe du jour.

L'ennemi avait brûlé les ponts et mis le feu à plusieurs quartiers de la ville. Viazma est une ville de 15.000 habitants; il y a 4.000

(1) Placard imprimé, publié dans les Œuvres de Napoléon (Panckoucke, 1821; t. V, p. 53-54).

bourgeois, marchands et artisans; on y compte 32 églises. On a trouvé des ressources assez considérables en farine, en savon, en drogues, etc., et de grands magasins d'eau-de-vie.

Les Russes ont brûlé les magasins, et les plus belles maisons de la ville étaient en feu à notre arrivée. Deux bataillons du 25° se sont employés avec beaucoup d'activité à l'éteindre. On est parvenu à le dominer et à sauver les trois quarts de la ville. Les cosaques, avant de partir, ont exercé le plus affreux pillage, ce qui a fait dire aux habitants que les Russes pensent que Viazma ne doit plus retourner sous leur domination, puisqu'ils la traitent d'une manière si barbare. Toute la population des villes se retire à Moscou. On dit qu'il y a aujourd'hui 1.500.000 âmes réunies dans cette grande ville; on craint les résultats de ces rassemblements. Les habitants disent que le général Kutusow a été nommé général en chef de l'armée russe et qu'il en a pris le commandement le 28.

Le grand-duc Constantin, qui était revenu à l'armée, étant tombé malade, l'a quittée.

Il est tombé un peu de pluie qui a abattu la grande poussière qui incommodait l'armée. Le temps est aujourd'hui très beau; il se soutiendra, à ce qu'on croit, jusqu'au 10 octobre, ce qui donne encore quarante jours de campagne.

Pour copie conforme :
Le ministre de la guerre,
Duc de Feltre.

7543. — AU MARÉCHAL BERTHIER.

Velitchevo, 1er septembre 1812.

Mon Cousin, il doit y avoir à Danzig 13 bataillons, savoir :
2 bataillons wurtembergeois;
2 bataillons du 4° régiment de la Confédération;
2 bataillons du prince primat;
2 bataillons du 5° régiment de la Confédération;
5 sixièmes bataillons français.

Donnez ordre que sur ces 13 bataillons il en reste 8 à Danzig et que 5 se rendent à Königsberg pour y tenir garnison, savoir 3 sixièmes bataillons français et les 2 bataillons wurtembergeois.

Donnez ordre au duc de Castiglione de diriger sur Danzig le régiment saxon de la Confédération qui se trouve dans la Poméranie suédoise. Réitérez l'ordre au duc de Castiglione de faire diriger sur Danzig le régiment de la Confédération qui est du côté de Groningue. Cet ordre a déjà été donné, mais on m'assure qu'il n'a pas été exécuté. Enfin donnez ordre au duc de Castiglione de faire diriger sur Danzig les 2 bataillons du 29°, le bataillon du 3°, celui du 105°, les 2 bataillons du 113°, les 2 bataillons westphaliens, qui sont dans la Poméranie, ainsi que le régiment hessois, enfin les 12 bataillons qui sont dans la Poméranie suédoise, lesquels se rendront par le plus court chemin et le plus promptement possible à Danzig. Ils seront remplacés dans la 3° division par une des 3 divisions du duc de Castiglione et par les 3 bataillons du 127°, 128° et 129° qui doivent être à Erfurt.

Réitérez au duc de Castiglione l'ordre de faire marcher pour l'armée tous les détachements et bataillons de marche de cavalerie et d'infanterie qui lui sont destinés.

NAPOLÉON.

7544. — DÉCISION.

Velitchevo, 1er septembre 1812.

Le général de division Hogendorp, gouverneur général de la Lithuanie, rend compte au maréchal Berthier des mesures qu'il a prises pour assurer la route de l'estafette jusqu'à Minsk.

Ecrire au général Hogendorp qu'il s'est trop pressé de prendre cette mesure; que tant de précautions, au lieu de faire du bien, fait du mal; que cet officier portera l'alarme partout où il passera; que je suis mécontent qu'on soit si alarmiste; qu'il n'y avait pas de difficulté à attendre vingt-quatre heures pour avoir des nouvelles sûres.

NAPOLÉON.

7545. — DÉCISION.

Velitchevo, 1er septembre 1812.

Le général Hogendorp, gouverneur général de la Lithuanie, rend compte au maréchal Berthier que des rapports alarmistes lui avaient

Quand on a l'expérience de la guerre, on sait que cela arrive toujours comme cela.

NAPOLÉON.

fait croire à tort que la communication se trouvait interrompue par l'ennemi à Minsk, et qu'en conséquence le mouvement qu'il avait projeté pour rétablir la communication n'a plus de raison d'être.

7546. — DÉCISION.

2 septembre 1812.

Projet de réduction du nombre des chirurgiens des régiments, destiné à procurer le nombre de chirurgiens nécessaire.

Approuvé.

NAPOLÉON.

7547. — DÉCISION.

Gjatsk, 3 septembre 1812.

Nouveau travail que Sa Majesté a ordonné de lui présenter dans les premiers jours de juillet sur le nombre des compagnies d'artillerie de ligne que l'on peut retirer de l'intérieur et sur l'emplacement à donner aux 88 compagnies d'artillerie des cohortes après leur sortie des écoles.

Renvoyé au ministre de la guerre pour me représenter ce travail qui sera exécuté en novembre. On me fera connaître le degré d'organisation des canonniers des cohortes du corps; combien de fois chacun a-t-il fait polygone ?

NAPOLÉON.

7548. — ORDRE DE L'ARMÉE (1).

Gjatsk, 3 septembre 1812.

L'Empereur a jugé convenable de donner un second séjour à l'armée, afin de laisser le temps aux hommes isolés de rejoindre et aux officiers d'artillerie de compléter les munitions d'artillerie, enfin aux troupes le temps d'arranger leurs armes.

Sa Majesté ordonne qu'aujourd'hui 3, à 3 heures de l'après-midi,

---

(1) Non signé.

il soit fait un nouvel appel des présents sous les armes prêts à combattre seulement. Ainsi cet état n'aura besoin que d'une colonne. Ces états seront envoyés au major général, de manière à ce qu'il les reçoive avant 10 heures du soir. Les colonels doivent prendre des mesures pour que les hommes en état de combattre et qui conduisent des voitures soient dans les rangs le jour de la bataille.

L'armée est prévenue qu'elle se mettra en mouvement demain de bonne heure; qu'en conséquence, elle doit faire rentrer les détachements qu'elle pourrait avoir aux vivres et être prête à exécuter les ordres qui seront donnés pendant la nuit.

Le prince de Neuchâtel, major général.

7549. — DÉCISION.

Gjatsk, 3 septembre 1812.

Le maréchal Macdonald sollicite la décision de l'Empereur relativement à la navigation maritime et à la circulation des denrées coloniales et autres marchandises soumises aux droits de douane.

Le maréchal rend compte qu'il a provisoirement prescrit aux intendants de la Courlande d'apposer le séquestre sur les cargaisons et les pavillons ennemis, et l'embargo sur les neutres et amis.

Il faut mettre le séquestre à Libau et sur les côtes, et ne permettre aucune sortie de bâtiment; faire payer le tarif continental en argent à toutes les marchandises coloniales qui se trouvent en Courlande.

Napoléon.

7550. — 17ᵉ BULLETIN DE LA GRANDE ARMÉE (1).

Gjatsk, 3 septembre 1812.

Le quartier général était le 31 août à Velitchevo, le 1ᵉʳ et le 2 septembre à Gjatsk.

Le roi de Naples, avec l'avant-garde, avait, le 1ᵉʳ, son quartier général à dix verstes en avant de Gjatsk; le vice-roi à deux lieues sur la gauche, à la même hauteur; et le prince Poniatowski, à deux

---

(1) Placard imprimé, publié dans les *OEuvres de Napoléon* (Panckoucke, 1821; t. V, p. 54-56).

lieues sur la droite. On a échangé quelques coups de canon et des coups de sabre, et l'on a fait quelques centaines de prisonniers.

La rivière de Gjatsk se jette dans la Volga. Ainsi nous sommes sur le pendant des eaux qui descendent vers la mer Caspienne. Le Gjatsk est navigable jusqu'à la Volga.

La ville de Gjatsk a 8.000 ou 10.000 âmes de population : il y a beaucoup de maisons en pierres et en briques, plusieurs clochers et quelques fabriques de toile. On s'aperçoit que l'agriculture a fait de grands progrès dans ce pays depuis quarante ans. Il ne ressemble plus en rien aux descriptions qu'on en a. Les pommes de terre, les légumes et les choux y sont en abondance, les granges sont pleines; nous sommes en automne, et il fait ici le temps qu'on a en France au commencement d'octobre.

Les déserteurs, les prisonniers, les habitants, tout le monde s'accorde à dire que le plus grand désordre règne dans Moscou et dans l'armée russe, qui est divisée d'opinions et qui a fait des pertes énormes dans les différents combats. Une partie des généraux a été changée; il paraît que l'opinion de l'armée n'est pas favorable aux plans du général Barclay de Tolly; on l'accuse d'avoir fait battre ses divisions en détail.

Le prince Schwarzenberg est en Volhynie; les Russes fuient devant lui.

Des affaires assez chaudes ont eu lieu devant Riga; les Prussiens ont toujours eu l'avantage.

Nous avons trouvé ici deux bulletins russes qui rendent compte des combats devant Smolensk et du combat de la Drissa. Ils ont paru assez curieux pour que nous les joignions ici. Lorsqu'on aura la suite de ces bulletins, on les enverra au *Moniteur*. Il paraît, par ces bulletins, que le rédacteur a profité de la leçon qu'il a reçue de Moscou, qu'il ne faut pas dire la vérité au peuple russe, mais le tromper par des mensonges. Le feu a été mis à Smolensk par les Russes; ils l'ont mis au faubourg le lendemain du combat, lorsqu'ils ont vu notre pont établi sur le Borysthène. Ils ont mis le feu à Dorogobouj, à Viazma, à Gjatsk; les Français sont parvenus à l'éteindre. Cela se conçoit facilement. Les Français n'ont pas d'intérêt à mettre le feu à des villes qui leur appartiennent, et à se priver des ressources qu'elles leur offrent. Partout on a trouvé les caves remplies d'eau-de-vie, de cuir et de toutes sortes d'objets utiles à l'armée.

Si le pays est dévasté, si l'habitant souffre plus que ne le comporte la guerre, la faute en est aux Russes.

L'armée se repose le 2 et le 3 aux environs de Gjatsk.

On assure que l'ennemi travaille à des camps retranchés en avant de Mojaïsk, et à des lignes en avant de Moscou.

Au combat de Krasnoï, le colonel Marbeuf, du 6° chevau-légers, a été blessé d'un coup de baïonnette à la tête de son régiment, au milieu d'un carré d'infanterie russe qu'il avait enfoncé avec une grande intrépidité.

Nous avons jeté six ponts sur le Gjatsk (1).

7551. — AU GÉNÉRAL HOGENDORP.

Gjatsk, 3 septembre 1812.

L'Empereur est instruit, Monsieur le général comte Hogendorp, qu'on a laissé passer un courrier russe dans le duché de Varsovie. Sa Majesté me charge de vous faire connaître que vous devez donner des ordres très précis dans toute l'étendue de votre commandement pour qu'on ne laisse passer aucun porteur de passeports ni du ministre des relations extérieures ni du ministre de la police générale, si un ordre spécial de moi ne s'y trouve joint. Les porteurs de ces passeports doivent être retenus et leurs dépêches envoyées au quartier général; c'est une mesure très importante, naturellement indiquée par les usages de la guerre et intimement liée à la sûreté de l'armée.

Le prince de Neuchâtel, major général.

ALEXANDRE.

7552. — AU MARÉCHAL DAVOUT.

Au camp impérial en arrière de Mojaïsk,
6 septembre 1812.

Je donne des ordres, prince, aux généraux Lariboisière et Chasseloup pour que, de concert, ils fassent construire cette nuit deux batteries, pouvant contenir chacune vingt-quatre pièces de canon; ces batteries seront placées vis-à-vis les deux redoutes que l'ennemi a construites en face de votre position sur le plateau où a eu lieu

---

(1) Le 17° bulletin se termine par la reproduction des bulletins russes, dont il est question plus haut, et d'une lettre du lieutenant-général Witgenstein.

l'attaque d'hier. A 3 heures du matin, demain 7, les seize pièces de la batterie de réserve du 3ᵉ corps et huit obusiers de l'artillerie de ce même corps seront en batterie à la batterie de gauche la plus proche du village occupé par l'ennemi; à la même heure, vingt-quatre bouches à feu de la réserve de la garde seront en batterie à la batterie de droite qui se trouvera la plus éloignée du village.

Le prince de Neuchâtel, major général,

ALEXANDRE.

7553. — AU MARÉCHAL DAVOUT.

Au camp impérial à deux lieues en arrière de Mojaïsk, 6 septembre 1812.

L'intention de l'Empereur, prince, est que demain 7, à 5 heures du matin, la division Compans soit rangée par brigade dans les bois au delà de la redoute prise hier, ayant en avant d'elle les seize pièces de batteries de réserve du 1ᵉʳ corps et les quatorze pièces qui appartiennent à cette division, ce qui formera une batterie de trente pièces de canon. Vous ferez placer, Monsieur le maréchal, la division Dessaix de la même manière entre la redoute prise hier et le bois, ayant ses quatorze pièces de canon de ligne sur sa gauche. La division Friant sera formée de la même manière, c'est-à-dire par brigade et placée à la même heure à la hauteur de la redoute.

Je donne l'ordre au maréchal duc d'Elchingen de prendre le commandement du 8ᵉ corps; il placera les trois divisions du 3ᵉ corps derrière la redoute prise hier, rangées en bataille par brigades, ayant son artillerie sur sa gauche; derrière les trois divisions du 3ᵉ corps, il placera par brigades les deux divisions du 8ᵉ corps, ayant leur artillerie sur leur gauche.

Quant à la garde impériale, elle sera toute placée par brigades; en arrière de la gauche de la redoute, la jeune garde; en tête, la vieille garde et la cavalerie. Toute l'artillerie de la garde sera placée sur sa gauche.

La cavalerie du roi, composée des 1ᵉʳ, 2ᵉ et 4ᵉ corps des réserves de cavalerie, sera placée en bataille par escadrons sur la droite de la redoute. Tout cela sera demain en position, à 5 heures du matin. Je vous ai fait connaître les dispositions pour l'artillerie et le génie.

J'ai cru utile, Monsieur le maréchal, de vous faire connaître l'ensemble de position ordonnée sur la droite de l'armée.

Le prince de Neuchâtel, major général,
ALEXANDRE.

P.-S. — Pour demain les divisions Morand et Gudin seront aux ordres du prince vice-roi.

7554. — DÉCISION.

Mojaïsk, 9 septembre 1812.

On propose de nommer sous-lieutenant dans l'artillerie des cohortes le sieur Etienne Cayré, canonnier dans le 6ᵉ régiment à cheval, reconnu admissible à la suite du concours qu'il a passé avec les élèves de Saint-Cyr.

Accordé.

NAPOLÉON.

7555. — DÉCISION (1).

Le général Lariboisière, commandant en chef l'artillerie de l'armée, rend compte que 527 voitures d'artillerie chargées de munitions sont dans ce moment sur la route entre Orcha et l'armée, savoir :

60 voitures parties de Smolensk avec la division Laborde,

150 *id.* parties de Smolensk le 3 septembre,

143 *id.* parties de Smolensk le 5 septembre,

100 *id.* qui ont dû partir de cette même place le 8,

et 119 parties d'Orcha les 2 et 3 septembre, sur lesquelles 85 sont attelées par des bœufs.

De quelles munitions ?

Id.

Id.

Id.

---

(1) Sans date; le rapport du général Lariboisière est du 9 septembre 1812; non signée, mais de la main de Napoléon.

7556. — AU MARÉCHAL BERTHIER.

Mojaïsk, 10 septembre 1812.

Mon Cousin, le général Baraguey d'Hilliers est le maître de disposer du régiment polonais comme il voudra. Il arrive tant de détachements des derrières qu'il doit être en mesure de donner une bonne leçon aux paysans.

NAPOLÉON.

7557. — AU GÉNÉRAL CLARKE.

Mojaïsk, 10 septembre 1812.

Monsieur le duc de Feltre, faites tirer 100 coups de canon des Invalides, pour annoncer la victoire de la Moskova. Faites aussi tirer sur la côte et aux Pyrénées.

NAPOLÉON.

7558. — DÉCISIONS (1).

On propose à Sa Majesté de nommer adjudant commandant M. Collot, chef d'escadron adjoint de l'état-major du 4ᵉ corps de la Grande Armée;	L'intention de Sa Majesté est que M. Collot, avant d'être nommé à l'emploi d'adjudant commandant, en remplisse provisoirement les fonctions pour que l'on soit assuré de sa capacité. (Extrait de la lettre du ministre d'Etat, datée de Mojaïsk, 10 septembre 1812.)
De nommer colonel, pour être employé en qualité de commandant d'armes, M. Jaussaud de Vedelen, ex-brigadier des armées hollandaises, qui sollicite du service dans les états-majors de places.	Sa Majesté n'agrée pas cette proposition.

---

(1) Non signées; extraites du « Travail du ministre de la guerre avec Sa Majesté l'Empereur et Roi daté du 15 juillet 1812 ».

7559. — 19ᵉ BULLETIN DE LA GRANDE ARMÉE (1).

Moscou, 16 septembre 1812.

Depuis la bataille de la Moskova, l'armée française a poursuivi l'ennemi sur les trois routes de Mojaïsk, de Svenigorod et de Kalouga sur Moscou.

Le roi de Naples était le 9 à Koubinskoé, le vice-roi à Rouza, et le prince Poniatowski à Fominskoe. Le quartier général est parti de Mojaïsk le 12, et a été porté à Pecelina; le 13, il était au château de Dervska; le 14, à midi, nous sommes entrés à Moscou. L'ennemi avait élevé sur la montagne des Moineaux, à deux verstes de la ville, des redoutes qu'il a abandonnées.

La ville de Moscou est aussi grande que Paris; c'est une ville extrêmement riche, remplie des palais de tous les principaux de l'Empire. Le gouverneur russe Rostopchine a voulu ruiner cette belle ville, lorsqu'il a vu que l'armée russe l'abandonnait. Il a armé 3.000 malfaiteurs qu'il a fait sortir des cachots; il a appelé également 6.000 satellites et leur a fait distribuer des armes de l'arsenal.

Notre avant-garde, arrivée au milieu de la ville, fut accueillie par une fusillade partie du Kremlin. Le roi de Naples fit mettre en batterie quelques pièces de canon, dissipa cette canaille et s'empara du Kremlin. Nous avons trouvé à l'arsenal 60.000 fusils neufs et 120 pièces de canon sur leurs affûts. La plus complète anarchie régnait dans la ville; des forcenés ivres couraient dans tous les quartiers et mettaient le feu partout. Le gouverneur Rostopchine avait fait enlever tous les marchands et négociants par le moyen desquels on aurait pu rétablir l'ordre. Plus de 400 Français et Allemands avaient été arrêtés par ses ordres; enfin, il avait eu la précaution de faire enlever les pompiers et les pompes; aussi l'anarchie la plus complète a désolé cette grande et belle ville, et les flammes la consument. Nous y avions trouvé des ressources considérables de toute espèce.

L'Empereur est logé au Kremlin, qui est au centre de la ville, comme une espèce de citadelle entourée de hautes murailles. 30.000 blessés ou malades russes sont dans les hôpitaux, abandonnés, sans secours et sans nourriture.

---

(1) Placard imprimé, publié dans les *Œuvres de Napoléon* (Panckoucke, 1821; t. V, p. 62-63).

Les Russes avouent avoir perdu 50.000 hommes à la bataille de la Moskova. Le prince Bagration est blessé à mort. On a fait le relevé des généraux russes blessés ou tués à la bataille : il se monte de 45 à 50.

Pour copie conforme :

Le ministre de la guerre,

Duc de Feltre.

7560. — 20° BULLETIN DE LA GRANDE ARMÉE (1).

Moscou, 17 septembre 1812.

On a chanté des *Te Deum* en Russie pour le combat de Polotsk; on en a chanté pour les combats de Riga, pour le combat d'Ostrovno, pour celui de Smolensk; partout, selon les relations des Russes, ils étaient vainqueurs; et l'on avait repoussé les Français loin du champ de bataille; c'est donc au bruit des *Te Deum* russes que l'armée est arrivée à Moscou. On s'y croyait vainqueur, du moins la populace; car les gens instruits savaient ce qui se passait.

Moscou est l'entrepôt de l'Asie et de l'Europe; ses magasins étaient immenses; toutes les maisons étaient approvisionnées de tout pour huit mois. Ce n'était que de la veille et du jour même de notre entrée que le danger avait été bien connu. On a trouvé dans la maison de ce misérable Rostopchine des papiers et une lettre à demi écrite; il s'est sauvé sans l'achever.

Moscou, une des belles et des plus riches villes du monde, n'existe plus. Dans la journée du 14, le feu a été mis par les Russes à la Bourse, au bazar et à l'hôpital. Le 16, un vent violent s'est élevé; 300 à 400 brigands ont mis le feu dans la ville en cinq cents endroits à la fois, par l'ordre du gouverneur Rostopchine. Les cinq sixièmes des maisons sont en bois : le feu a pris avec une prodigieuse rapidité; c'était un océan de flammes. Des églises, il y en avait 1.600; des palais, plus de 1.000; d'immenses magasins; presque tout a été consumé. On a préservé le Kremlin.

Cette perte est incalculable pour la Russie, pour son commerce, pour sa noblesse qui y avait tout laissé. Ce n'est pas l'évaluer trop haut que de la porter à plusieurs milliards.

---

(1) Placard imprimé, publié dans les *Œuvres de Napoléon* (Panckoucke, 1821; t. V, p. 63 à 65).

On a arrêté et fusillé une centaine de ces chauffeurs; tous ont déclaré qu'ils avaient agi par les ordres du gouverneur Rostopchine, et du directeur de la police.

30.000 blessés et malades russes ont été brûlés. Les plus riches maisons de commerce de la Russie se trouvent ruinées : la secousse doit être considérable, les effets d'habillement, magasins et fournitures de l'armée russe ont été brûlés; elle y a tout perdu. On n'avait rien voulu évacuer, parce que l'on a toujours voulu penser qu'il était impossible d'arriver à Moscou, et qu'on a voulu tromper le peuple. Lorsqu'on a tout vu dans la main des Français, on a conçu l'horrible projet de brûler cette première capitale, cette ville sainte, centre de l'Empire, et l'on a réduit 200.000 bons habitants à la mendicité. C'est le crime de Rostopchine, exécuté par des scélérats délivrés des prisons.

Les ressources que l'armée trouvait sont par là fort diminuées; cependant l'on a ramassé, et l'on ramasse beaucoup de choses. Toutes les caves sont à l'abri du feu, et les habitants, dans les vingt-quatre dernières heures, avaient enfoui beaucoup d'objets : on a lutté contre le feu; mais le gouverneur avait eu l'affreuse précaution d'emmener ou de faire briser toutes les pompes.

L'armée se remet de ses fatigues : elle a en abondance du pain, des pommes de terre, des choux, des légumes, des viandes, des salaisons, du vin, de l'eau-de-vie, du sucre, du café, enfin des provisions de toute espèce.

L'avant-garde est à 20 verstes sur la route de Kazan, par laquelle se retire l'ennemi. Une autre avant-garde française est sur la route de Saint-Pétersbourg où l'ennemi n'a personne.

La température est celle d'automne : le soldat a trouvé et trouve encore beaucoup de pelisses et des fourrures pour l'hiver. Moscou en est le magasin.

Pour copie conforme :

Le ministre de la guerre,

Duc DE FELTRE.

7561. — DÉCISIONS (1).

Moscou, 19 septembre 1812.

On propose à Sa Majesté d'approuver que le jeune Ricci, de Gênes, élève de l'école de Saint-Germain, envoyé chez lui en convalescence, ne soit point rappelé en raison de sa mauvaise santé.

Approuvé.

On soumet à l'approbation de Sa Majesté un état de secours relatif à des veuves ou parents de militaires qui ne sont point susceptibles de pensions, ledit état montant à la somme de 9.480 frs.

Approuvé.

7562. — DÉCISION.

Moscou, 20 septembre 1812.

Compte rendu des ordres donnés pour que, sans déplacement, toutes les compagnies des 3ᵉ bataillon principal et 13ᵉ bis du train d'artillerie se trouvent réunies les premières en Espagne et les deuxièmes à la Grande Armée.

Approuvé.

NAPOLÉON.

7563. — 21ᵉ BULLETIN DE LA GRANDE ARMÉE (2).

Moscou, 20 septembre 1812.

300 chauffeurs ont été arrêtés et fusillés. Ils étaient armés d'une fusée de six pouces, contenue entre deux morceaux de bois; ils avaient aussi des artifices qu'ils jetaient sur les toits. Ce misérable Rostopchine avait fait confectionner ces artifices, en faisant croire aux habitants qu'il voulait faire un ballon qu'il lancerait plein de

---

(1) Non signées; extraites du « Travail du ministre de la guerre avec Sa Majesté l'Empereur et Roi daté du 12 août 1812 ».

(2) Placard imprimé, publié dans les *Œuvres de Napoléon* (Panckoucke, 1821, t. V, p. 65-60).

matières incendiaires sur l'armée française. Il réunissait sous ce prétexte les artifices et autres objets nécessaires à l'exécution de son projet.

Dans la journée du 19 et dans celle du 20 les incendies ont cessé. Les trois quarts de la ville sont brûlés, entre autres le beau palais de Catherine, meublé à neuf. Il reste au plus le quart des maisons.

Pendant que Rostopchine enlevait les pompes de la ville, il laissait 60.000 fusils, 150 pièces de canon, plus de 100.000 boulets et bombes, 1.500.000 cartouches, 400 milliers de poudre, 400 milliers de salpêtre et de soufre. Ce n'est que le 19 qu'on a découvert les 400 milliers de poudre et les 400 milliers de salpêtre et de soufre, dans un bel établissement situé à une demi-lieue de la ville; cela est important; nous voilà approvisionnés pour deux campagnes.

On trouve tous les jours des caves pleines de vin et d'eau-de-vie.

Les manufactures commençaient à fleurir à Moscou; elles sont détruites. L'incendie de cette capitale retarde la Russie de cent ans.

Le temps paraît tourner à la pluie. La plus grande partie de l'armée est casernée dans Moscou (1).

7564. — DÉCISION.

Moscou, 20 septembre 1812.

Le général Clarke propose de transférer les dépôts du 1er régiment de la Méditerranée à Livourne, du régiment de l'île de Ré à La Rochelle, du régiment de Belle-Ile à Port-Louis, du régiment de Walcheren à Bruges.

Approuvé.

NAPOLÉON.

7565. — DÉCISION.

Palais impérial de Moscou, 20 septembre 1812.

Le conseil d'Etat est d'avis que le choix des membres devant compo-

Approuvé.

NAPOLÉON.

---

(1) On n'a pas cru devoir reproduire ici les *Bulletins* et *Proclamations* du gouverneur de Moscou qui terminaient le 21e bulletin.

ser le conseil de guerre établi par les articles 6 et 7 du décret du 1ᵉʳ mai 1812 sur les capitulations doit être fait par le ministre de la guerre.

7566. — DÉCISION.

Moscou, 20 septembre 1812.

Le ministre de la guerre polonais demande l'autorisation de retirer du département de Lomza les 6 compagnies polonaises qui y sont détachées et de les envoyer au 5ᵉ corps.

Approuvé.

NAPOLÉON.

7567. — DÉCISION.

Moscou, 20 septembre 1812.

Soixante-huit familles grecques, sans asile à Moscou, demandent des passeports pour retourner dans leur patrie.

Approuvé.

NAPOLÉON.

7568. — DÉCISION.

Moscou, 20 septembre 1812.

Avis du conseil d'Etat portant que le choix des membres qui doivent composer le conseil de guerre établi par les articles 6 et 7 du décret du 1ᵉʳ mai 1812 sur les capitulations doit être fait par le ministre de la guerre.

Approuvé.

NAPOLÉON.

7569. — DÉCISION.

Moscou, 21 septembre 1812.

Le maréchal Berthier demande l'autorisation de faire délivrer à la division Pino, du 4ᵉ corps, qui manque de vivres, 200 quintaux de farines, tirés du magasin des enfants trouvés.

Refusé.

NAPOLÉON.

7570. — DÉCISION.

Moscou, 21 septembre 1812.

Projet de répartition territoriale des gouvernements de Moscou entre les différents corps d'armée.

Approuvé.

NAPOLÉON.

7571. — DÉCISION.

Moscou, 22 septembre 1812.

Avis du conseil d'Etat d'après lequel l'article 10 du décret du 1ᵉʳ mai 1812, relatif aux pénalités encourues par les généraux ou commandants militaires ayant capitulé, ne doit être appliqué par les conseils de guerre que dans les cas non prévus par les lois pénales existantes, soit militaires, soit civiles.

Approuvé.

NAPOLÉON.

7572. — DÉCISION.

Moscou, 22 septembre 1812.

Avis du conseil d'Etat portant que les employés des administrations des armées compris dans le 1ᵉʳ bataillon de gardes nationales peuvent entrer à leur choix ou dans les corps de l'armée, ou dans les cohortes de leurs départements respectifs.

Approuvé.

NAPOLÉON.

7573. — DÉCISIONS (1).

Au quartier impérial de Smolensk, 22 septembre 1812.

On propose à Sa Majesté d'approuver la régularisation du payement de trois mois de solde et de 36 frs 25 c. qui a été fait à M. de Rohault, lieutenant au 35° régiment de ligne, réformé sans traitement.

Approuvé.

Un réfugié égyptien demande un congé de dix mois pour se rendre à Smyrne, lieu de sa naissance.

Approuvé.

7574. — 22° BULLETIN DE LA GRANDE ARMÉE (2).

Moscou, 27 septembre 1812.

Le consul général Lesseps a été nommé intendant de la province de Moscou. Il a organisé une municipalité et plusieurs commissions, toutes composées de gens du pays.

Les incendies ont entièrement cessé. On découvre tous les jours des magasins de sucre, de pelleteries, de draps, etc...

L'armée ennemie paraît se retirer sur Kalouga et Toula. Toula renferme la plus grande fabrique d'armes qu'ait la Russie. Notre avant-garde est sur la Pakhara.

L'Empereur est logé au palais impérial du Kremlin. On a trouvé au Kremlin plusieurs ornements servant au sacre des empereurs et tous les drapeaux pris aux Turcs depuis cent ans.

Le temps est à peu près comme à la fin d'octobre à Paris. Il pleut un peu, et l'on a eu quelques gelées blanches. On assure que la Moskova et les rivières du pays ne gèlent point avant la mi-novembre.

La plus grande partie de l'armée est cantonnée à Moscou, où elle se remet de ses fatigues.

Pour copie conforme :
Le ministre de la guerre,
Duc de Feltre.

---

(1) Non signées; extraites du « Travail du ministre de la guerre avec Sa Majesté l'Empereur et Roi daté du 22 juillet 1812 ».
(2) Placard imprimé, publié dans les *Œuvres de Napoléon* (Panckoucke, 1821, t. V, p. 66 et 67).

7575. — DÉCISION (1).

Moscou, 27 septembre 1812.

On demande l'autorisation d'exporter 600 fusils que le bey de Tunis a fait acheter en France.

Oui.

7576. — ORDRE.

Moscou, 29 septembre 1812.

ARTICLE PREMIER. — Le régiment d'infanterie lithuanien, qui, d'après notre ordre du 20 septembre, doit être levé par le prince Paul Sapieha, sera composé d'un état-major et de cinq bataillons dont un de dépôt; les quatre premiers bataillons seront divisés chacun en six compagnies, dont une de grenadiers et une de voltigeurs; le cinquième bataillon sera divisé en quatre compagnies seulement.

L'état-major et les compagnies seront organisés ainsi qu'il suit, savoir :

ÉTAT-MAJOR.

Colonel.	1
Major.	1
Chefs de bataillon.	4
Adjudants-majors.	4
Quartier-maître trésorier.	1
Officier payeur.	1
Premier porte-aigle officier.	1
Chirurgien-major.	1
Aide-major.	1
Sous aide-major.	1
TOTAL.	16

(1) Non signée; extraite du « Travail du ministre de la guerre avec Sa Majesté l'Empereur et Roi daté du 5 août 1812 ».

Adjudants sous-officiers.	10
2° porte-aigle sous-officier.	1
3° porte aigle sous-officier.	1
Tambour-major.	1
Caporal tambour.	1
Maître tailleur.	1
Maître cordonnier.	1
Maître guêtrier.	1
Maître armurier.	1
Musiciens dont un chef.	8
Total.	26

COMPAGNIES.

Chaque compagnie sera composée comme il suit :

Capitaine.	1
Lieutenant.	1
Sous-lieutenant.	1
Sergent-major.	1
Sergents.	4
Caporal-fourrier.	1
Caporaux.	8
Fusiliers.	124
Tambours.	2
Total.	143

Art. 2. — Nos ministres de la guerre et de l'administration de la guerre sont chargés de l'exécution du présent ordre, qui sera adressé au major général et à l'intendant général de l'armée.

Napoléon.

7577. — DÉCISION (1).

Le maréchal Berthier rend compte de la manière dont il a réglé le service de la place de Moscou, de concert avec le maréchal Mortier.

Approuvé.

Napoléon.

(1) Non datée; le rapport du maréchal Berthier est du 29; l'expédition est du 30.

7578. — DÉCISION.

Moscou, 30 septembre, 1812.

On demande l'autorisation de disposer, en faveur des militaires isolés, des effets des hommes morts aux hôpitaux, plutôt que de les vendre.

Approuvé.

NAPOLÉON.

7579. — DÉCISION.

Moscou, 1ᵉʳ octobre 1812.

On prie Sa Majesté de faire connaître si son intention est d'autoriser le préfet du Zuyderzee à nommer sous-officiers et caporaux des soldats de la compagnie de réserve de ce département qui ne réunissent pas toutes les conditions exigées par le décret du 2 août 1812.

Approuvé.

NAPOLÉON.

7580. — DÉCISION.

Moscou, 3 octobre 1812.

On propose de dissoudre la 4ᵉ compagnie de pionniers volontaires étrangers, qui est presque réduite à son cadre.

Approuvé.

NAPOLÉON.

7581. — DÉCISION.

Moscou, 4 octobre.

Le général Lariboisière propose de fournir au corps prussien 6.000 fusils sur les armes destinées à l'insurrection.

Accordé.

NAPOLÉON.

7582. — DÉCISION.

Moscou, 5 octobre 1812.

On prie Sa Majesté de faire connaître si son intention est de renvoyer dans leur patrie trois sujets du prince de Lippe Schaumburg qui les réclame : ces hommes sont en activité dans différents corps au service de l'Empereur.

Accordé.

NAPOLÉON.

7583. — AU MARÉCHAL BERTHIER.

Moscou, 5 octobre 1812.

Mon Cousin, je vous ai fait connaître que mon intention était que la division Heudelet se rendît dans la Poméranie suédoise et dans le Mecklenburg, la 32ᵉ division militaire étant gardée par douze cohortes de gardes nationales.

La division Morand qui était dans la Poméranie suédoise et qui porte le n° 34 a reçu l'ordre de se rendre à Danzig. Mon intention est qu'elle conserve son numéro, mais qu'au lieu de Danzig elle se rende à Königsberg et que ce soit le général Loison qui la commande au lieu du général Morand. Cette division aura trois brigades :

1ʳᵉ *brigade*. — Les 3ᵉ et 4ᵉ bataillons du 3ᵉ de ligne, 2 bataillons; les 3ᵉ et 4ᵉ bataillons du 105ᵉ de ligne, 2 bataillons; les 1ᵉʳ, 2ᵉ, 3ᵉ et 4ᵉ du 29ᵉ de ligne, 4 bataillons : 8 bataillons, et les deux pièces d'artillerie du 29ᵉ.

2ᵉ *brigade*. — Les 3ᵉ et 4ᵉ bataillons du 113ᵉ, 2 bataillons; les 1ᵉʳ, 2ᵉ et 3ᵉ des maisons ducales de Saxe, 3 bataillons : 5 bataillons.

3ᵉ *brigade*. — Les deux bataillons des régiments du prince primat; les deux bataillons du régiment n° 5 de la Confédération; les deux bataillons du régiment n° 6 de la Confédération : 6 bataillons.

Total de la 34ᵉ division : 19 bataillons.

Le 4ᵉ régiment westphalien se rendra en droite ligne à Vilna. Le régiment d'infanterie légère de Hesse s'y rendra également; avec ces quatre bataillons formant une brigade marchera l'artillerie hessoise. Ces deux régiments et leurs huit pièces de canon sont destinés à renforcer les 8ᵉ et 9ᵉ corps. Cette brigade s'appellera brigade de réserve. Faites connaître ces dispositions au général Loison. Désignez-lui ses trois généraux de brigade, un chef d'état-major, un officier du génie, un d'artillerie, un commissaire des guerres, et que sa division soit pourvue de tout ce qui est nécessaire. Il lui sera attaché deux compagnies d'artillerie à pied formant seize pièces de canon, lesquelles seront le plus promptement possible organisées à Königsberg. Il sera attaché en outre à cette division deux caissons d'ambulance et une compagnie de sapeurs avec ses outils. Vous chargerez le général Loison de s'occuper des détails de l'organisation de cette division, en lui faisant connaître qu'aussitôt qu'elle sera en état elle est destinée à entrer en campagne. Il faut que les hommes aient leurs effets d'habillement et de campement, et soient pourvus de tout ce qui est nécessaire. Le point de Königsberg est très propre pour la réunion et la formation d'une division. Vous donnerez ordre sans délai à la brigade napolitaine, qui devait partir de Danzig, d'y rester. Toute la division napolitaine se réunira à Danzig pour former la garnison de cette place. Vous me ferez un rapport sur cette division napolitaine qui porte le n° 33. N'étant composée que de dix bataillons, elle n'est pas suffisante pour entrer en ligne à la Grande Armée. J'ai fait demander à Naples six autres bataillons. Il est nécessaire que cette division s'organise à Danzig et que le roi lui fasse fournir ses effets de campement, son artillerie et tout ce qui est nécessaire.

La 32ᵉ division, commandée par le général Durutte, et composée de trois bataillons de Belle-Ile, trois bataillons de l'île de Ré, trois bataillons de Walcheren, deux bataillons du 1ᵉʳ de la Méditerranée, et deux du 2ᵉ de la Méditerranée, ce qui fait treize bataillons, a eu ordre de se rendre à Varsovie.

Les trois bataillons du régiment de Würzburg ont eu ordre également de s'y rendre. Ils feront partie de la 32ᵉ division, ce qui la portera à seize bataillons. Cette division aura deux batteries à pied. Le général Durutte en prendra le commandement et vous me proposerez un officier général, parmi ceux qui ont été blessés à la bataille du 7, pour commander à Berlin. Mettez-vous en correspondance avec le général Durutte pour l'organisation de cette division et qu'elle ait des sapeurs, une ambulance, des chirurgiens et tout ce qui lui est nécessaire.

Par ce moyen, le 11ᵉ corps se trouve diminué de deux divisions et n'aura plus que les divisions Heudelet et Lagrange. Mais vous ferez connaître au duc de Castiglione que j'ai ordonné au ministre de la guerre de réunir à Vérone une division de trois brigades et qui sera sous les ordres du général Grenier. Cette division, qui sera la 35ᵉ de la Grande Armée, se composera de douze bataillons français (2 bataillons du 14ᵉ léger, 4 bataillons du 22ᵉ *id.*; 4 bataillons du 112ᵉ *id.*; 2 bataillons du 6ᵉ de ligne) et de 6 bataillons italiens; total : 18 bataillons tous au grand complet et deux batteries d'artillerie.

Cette 35ᵉ division se rendra à Berlin dans le courant de décembre, ce qui, joint aux douze cohortes de la 32ᵉ division, maintiendra toujours la même force en réserve.

NAPOLÉON.

7584. — DÉCISION.

Moscou, 5 octobre 1812.

Le général Clarke rend compte des ordres qu'il a donnés au général Miollis en vue de la repression du brigandage dans les communes de Velletri, de Frosinone et de Fitellino.

Approuvé.

NAPOLÉON.

7585. — AU GÉNÉRAL CLARKE.

Moscou, 5 octobre 1812.

Monsieur le duc de Feltre, la 1ʳᵉ demi-brigade provisoire de la division Heudelet n'est que de 2.200 hommes; elle devrait être de 2.580 hommes : il faudrait donc lui envoyer 400 hommes des dépôts des 2ᵉ léger, 4ᵉ léger et 17ᵉ léger. Il y manque, en outre, 6 ou 7 officiers qu'il faudrait lui envoyer.

Il manque 26 officiers à la 6ᵉ demi-brigade provisoire. Dans cette demi-brigade, le 4ᵉ bataillon est composé d'une compagnie du 28ᵉ de ligne, d'une du 43ᵉ et d'une du 65ᵉ, mais ces trois compagnies appartiennent à des 5ᵉˢ bataillons. Comme vous avez besoin, pour la conscription, des cadres des 5ᵉˢ bataillons, proposez-moi d'incorporer ces hommes, pour porter au grand complet la demi-brigade, et rendre les cadres des 5ᵉˢ bataillons à leur dépôt.

La 7ᵉ demi-brigade provisoire manque de 21 officiers.

La 8ᵉ demi-brigade provisoire, en ne comptant pas le 128ᵉ de ligne qui n'en fait plus partie, manque de 200 hommes pour son complètement, et de 8 officiers.

La 9ᵉ demi-brigade, en ôtant le 127ᵉ, manque de 20 officiers. Cette demi-brigade manque de 400 hommes.

Dans la 17ᵉ demi-brigade provisoire je ne compte pas le 1ᵉʳ bataillon formé de trois compagnies du 5ᵉ bataillon du 8ᵉ léger et de deux compagnies du 5ᵉ bataillon du 18ᵉ léger, lesquelles sont déjà parties de Danzig et doivent être incorporées dans leur régiment; mais les autres bataillons du 6ᵉ léger, du 25ᵉ léger et du 39ᵉ de ligne manquent de 800 hommes et de 12 officiers.

Ainsi, la division Heudelet, qui est composée de cinq demi-brigades (chaque demi-brigade de trois bataillons, hormis la 6ᵉ qui en a quatre, et que je ne compte que pour trois), ne forme que 10.500 hommes et devrait former 12.900 hommes.

Je désire donc que vous fassiez partir des dépôts de ces régiments tout ce qui est disponible afin de compléter les bataillons de cette division.

Je désire également que le 4ᵉ bataillon de la 6ᵉ demi-brigade soit dissous, et que les 700 hommes de ce bataillon soient incorporés dans les 4ᵉˢ bataillons de la 7ᵉ, de la 8ᵉ et surtout de la 17ᵉ demi-brigade, qui en auront le plus besoin, ce qui portera ces cinq demi-brigades ou quinze bataillons à 11.200 hommes. Le complet est de 12.900; ce serait donc 1.500 hommes à tirer des dépôts pour les compléter.

Nommez sans délai à toutes les places d'officiers vacantes. Attachez-vous à bien organiser cette division, que je compte faire venir à la Grande Armée, pour entrer en ligne dans le courant de l'hiver, et au plus tard au printemps. Veillez à ce qu'elle ait son armement et son habillement en bon état; seize pièces d'artillerie attelées, une compagnie de sapeurs, 3 chirurgiens par demi-brigade, avec un caisson, et, en outre, une ambulance avec des chirurgiens pour la division. 3 généraux de brigade doivent être attachés à cette division.

Je vous prie de prendre toutes les mesures nécessaires pour que, lorsque cette division marchera, elle ne manque de rien.

Il faut aussi qu'elle ait 12 moulins portatifs par demi-brigade, et 10 à la réserve de la division, ce qui fera 70 moulins portatifs.

Envoyez-les lui, ou seulement envoyez les modèles, pour qu'elle les fasse faire à Hamburg, ou dans le lieu où elle se trouvera. Ces moulins seront distribués à raison de 4 par bataillon. Il est nécessaire aussi que cette division ait ses effets de campement.

La division Lagrange, qui est la 31ᵉ, est composée :

1° De la 12ᵉ demi-brigade. Cette demi-brigade, forte de quatre bataillons, qui devrait être de 3.280 hommes, n'est que de 2.800 hommes; il y manque donc 480 hommes; il y manque aussi 18 officiers;

2° De la 13ᵉ demi-brigade; il y manque 200 hommes et 18 officiers;

3° De la 10ᵉ demi-brigade; cette demi-brigade, forte de quatre bataillons, devrait être également forte de 3.280 hommes; elle n'est que de 2.400 hommes, il y manque donc 800 hommes; il y manque aussi 21 officiers;

4° De la 11ᵉ demi-brigade. Cette demi-brigade a 3 bataillons; elle devrait être de 2.580 hommes; elle n'en a que 2.200; il manque 380 hommes et 8 officiers.

Ainsi ces quatre demi-brigades, ou 14 bataillons, qui devraient faire 11.700 hommes, n'en font que 10.400; il y manque donc 1.300 hommes.

Faites partir des dépôts ce qui manque pour compléter les bataillons; nommez les officiers qui manquent; attachez à cette division un officier du génie, un officier d'artillerie, 16 pièces de canon, 3 généraux de brigade, 3 commissaires des guerres, une ambulance, etc.; cette division devant également entrer en ligne dans l'hiver.

Dans la 34ᵉ division, il manque aux deux bataillons du 29ᵉ 600 hommes; tâchez de les lui procurer en dirigeant des dépôts d'autres régiments sur celui-là.

NAPOLÉON.

7586. — AU GÉNÉRAL CLARKE.

Moscou, 5 octobre 1812.

Monsieur le duc de Feltre, j'approuve que vous choisissiez dans les 7ᵉˢ bataillons du 6ᵉ de ligne et du 14ᵉ léger, qui sont à l'île d'Elbe, les hommes les plus sûrs pour compléter à 1.600 hommes les deux autres bataillons que chacun de ces régiments fournit à la division Grenier à Vérone.

Les deux bataillons du 112° qui faisaient partie de la division Barbou y seraient, en cas d'événement, remplacés par deux bataillons étrangers.

Il est nécessaire que tous les bataillons de la division Grenier soient complétés à 900 hommes présents sous les armes à Vérone. A cet effet, vous ferez choisir dans les 5⁰ˢ bataillons qui sont aux dépôts des régiments de l'armée d'Italie ce qui est nécessaire pour ce complément, de sorte que les douze bataillons français de la division Grenier présentent une force de 10.800 hommes. Vous ferez fournir par les bataillons des 1ᵉʳ et 3ᵉ légers ce qu'ils ont de disponible pour compléter l'infanterie légère.

Donnez ordre au général Vignolle de choisir six beaux bataillons italiens, des plus anciens et des meilleurs, pour porter la division Grenier à 18 bataillons, ou 16.000 hommes, formant trois brigades. Le 22° léger, le 112°, le 6° de ligne et le 14ᵉ léger doivent avoir leurs pièces de canon, ce qui fait huit pièces; les deux régiments italiens en auront quatre, ce qui fait douze pièces. S'il était de ces régiments qui n'eussent pas de pièces vous leur feriez prendre des pièces appartenant aux régiments qui restent en Italie ou en Dalmatie.

Vous attacherez à cette division 2 généraux de brigade (le vice-roi désignera le général de la brigade italienne). Vous y attacherez un officier du génie, une compagnie de sapeurs italiens, un officier supérieur d'artillerie, une batterie d'artillerie à cheval et une batterie d'artillerie à pied italienne, une batterie d'artillerie à pied française, une compagnie de pontonniers italienne, le nombre de canons d'infanterie voulu, un régiment de cavalerie italienne qui sera complété à 1.000 chevaux, avec tous les dépôts des autres régiments, 2 commissaires des guerres français, 1 commissaire des guerres italien, des chirurgiens français et italiens, et toute l'administration française nécessaire.

Il est nécessaire que les hommes aient leurs deux paires de souliers dans le sac et une aux pieds, leurs effets de campement, de bonnes capotes, et que tout soit en état, de sorte que cette division qui prendra le numéro de la 35° division de la Grande Armée puisse hiverner à Berlin et me mette à même d'en retirer le 11° corps, si je le juge nécessaire, et de l'approcher de la Vistule.

Du 26 au 30 novembre vous ferez passer à cette division le mont Brenner, en réunissant la 1ʳᵉ brigade à Nuremberg, l'autre à Augsburg, et la 3ᵉ à Ratisbonne. Pendant que la 35° division fera cette première partie de sa route, j'en serai informé, et je donnerai mes ordres pour qu'elle se rende à Berlin. Vous instruirez d'ailleurs de ce mouvement le duc de Castiglione qui, en cas de circonstances inattendues, transmettrait les ordres convenables à ces troupes. Mais s'il ne survient rien de pressant, je désire qu'elles puissent s'arrêter huit jours à Nuremberg, Ratisbonne et Augsburg.

Le 9ᵉ bataillon des équipages militaires doit avoir des hommes et des chevaux à Plaisance. S'il pouvait fournir une compagnie, on achèterait à Augsburg les chevaux qui manqueraient, et on pourrait les atteler, soit à des charrettes du pays, soit à des voitures à la Comtoise, qui seraient construites à Nuremberg ou à Berlin. Il y sera aussi attaché une compagnie de voitures à la Comtoise italienne.

Faites donner à cette division 84 moulins portatifs, savoir 4 par bataillon et 12 de réserve à la division. Envoyez un modèle à Milan en poste; on en fera en Italie.

Napoléon.

7587. — DÉCISION.

Moscou, 5 octobre 1812.

Le général Lacuée rend compte que les vivres de campagne ont été accordés aux troupes de la 10ᵉ division militaire qui occupent la vallée d'Aran.

Approuvé.

Napoléon.

7588. — DÉCISION.

Moscou, 5 octobre 1812.

Le général Lacuée propose d'attribuer aux employés d'administration qui tomberaient au pouvoir de l'ennemi un traitement, comme il en est accordé un aux militaires.

Approuvé.

Napoléon.

7589. — DÉCISIONS (1).

Moscou, 5 octobre 1812.

Sa Majesté est priée de faire connaître si Elle permet que M. Legros, adjudant commandant, né en France, jouisse de sa pension en Italie, où il a des propriétés;	Approuvé.
De confirmer les ordres donnés pour que le trousseau soit fourni gratuitement au jeune Perruche, élève du gouvernement à l'école militaire de Saint-Cyr.	Approuvé.

7590. — DÉCISION (2).

Le maréchal Berthier propose de confier au général Lambert le commandement du régiment des hommes à pied des dépôts de cavalerie.	Approuvé. NAPOLÉON.

7591. — DÉCISION.

Moscou, 6 octobre 1812.

Rapport du maréchal Berthier sur les circonstances de la prise d'un détachement du 61ᵉ de ligne par l'ennemi.	Approuvé. NAPOLÉON.

7592. — ORDRE.

7 octobre 1812.

Ecrire au prince d'Eckmühl, au duc de Trévise, au vice-roi, que le corps du duc d'Elchingen a l'ordre de se porter à Bogorodosk, et qu'il ne doit laisser qu'une division au couvent de Semenof où il

---

(1) Non signées; extraites du « Travail du ministre de la guerre avec Sa Majesté l'Empereur et Roi daté du 26 août 1812 ».
(2) Non datée; le rapport est du 5 octobre 1812, l'expédition est du 6.

doit placer les magasins; qu'en conséquence à compter de demain à midi, le 3ᵉ corps ne pourra plus fournir la garde des 16ᵉ, 17ᵉ, 18ᵉ, 19ᵉ et 20ᵉ quartiers; cette garde sera actuellement fournie par le 1ᵉʳ corps, le 4ᵉ et la jeune garde. Le 1ᵉʳ corps fournira demain 8 à midi le service de ces quartiers pour lequel il faut 450 hommes qui seront rendus à midi, sous les ordres d'un colonel, dans le 18ᵉ district près la Jamé, sur le local où il y avait autrefois un marché.

La jeune garde fournira la même garde le 9 à midi; le 4ᵉ corps fournira la même garde le 10; le 1ᵉʳ corps le 11, successivement de trois jours en trois jours.

Les commandants de quartier se trouveront à la parade et conduiront les gardes.

7593. — ORDRE DE L'EMPEREUR SUR L'APPROVISIONNEMENT DE L'ARTILLERIE (1).

7 octobre 1812.

PIÈCES DE 12.

Il y a 58 pièces de 12; elles doivent être approvisionnées de 200 coups, attelées, et de 200 coups en réserve.

	Attelés.	Réserve
L'approvisionnement nécessaire est donc de..	11.600	11.600
Il y a en coups attelés.................	8.960	»
Il y a en coups non attelés confectionnés.....	»	680
En projectiles à Moscou................	»	3.724
En projectiles à l'abbaye...............	»	2.115
	8.960	6.510
	15.479	
Il manque......................	2.040	5.081
	7.721	

---

(1) Non signé.

Pour porter les 2.640 coups attelés, il faut, à raison de 68 coups par caisson, 39 caissons attelés.

Pour avoir les 7.721 coups qui manquent, le major général et le général de l'artillerie expédieront l'ordre de faire arriver jusqu'à Moscou les 92 caissons de 12 qui sont avec les convois partis de Smolensk les 16, 20, 23 et 28 septembre. Ces 92 caissons portent 6.256 coups; il en manquera encore 1.465, c'est-à-dire de quoi charger 22 caissons. Il faut ordonner que ces 22 caissons partent de Smolensk, à moins qu'en promettant des gratifications aux soldats on ne puisse trouver 1.465 boulets de 12 sur le champ de bataille, ou qu'on ne les trouve sur le nombre des boulets non calibrés qui sont à l'abbaye.

Ou bien on peut établir le calcul ainsi qu'il suit :

Il y a en munitions confectionnées attelées.....	8.960 coups.
Non attelées.............................	680 —
Projectiles à Moscou......................	3.724 —
A l'abbaye...............................	2.115 —
A trouver parmi ceux qui ne sont pas calibrés...	1.700 —
A ramasser sur le champ de bataille..........	1.000 —
TOTAL...............	18.179 coups.

On pourrait ajouter 2.000 coups de mitraille, de sorte qu'il ne manquerait que 3.021 coups. Les 35 caissons du convoi parti le 16, les 9 du convoi parti le 20 et les 25 du convoi parti le 23 recevront l'ordre de venir à Moscou.

Les 23 caissons du convoi parti le 28 pourront rester à Smolensk.

Pour confectionner les 3.021 coups qui manquent, les 2.000 de mitraille et les 8.539 coups dont on n'a que les projectiles, en tout 13.560 coups, il faut 54.240 livres de poudre.

PIÈCES DE 6.

Il y a 264 pièces de 6.

Elles doivent être approvisionnées de 400 coups, dont 200 attelés et 200 non attelés.

Ainsi, il faut :

	Attelés.	Réserve.
	52.800	52.800
Il existe en coups attelés..................	56.365	»
Non attelés............................	»	6.860
Projectiles à Moscou....................	»	3.132
A l'abbaye.............................	»	2.155
	56.365	12.147
Excédent des coups attelés...............		3.565
		15.172
Il manque.............................		37.088
En supposant qu'on trouve dans les projectiles non calibrés......................... 6.000		11.000
Sur le champ de bataille................. 5.000		
		26.088
Et en faisant en coups de mitraille pour le quart de ce qui manque............................		6.000
Il resterait un déficit de.................		20.088

Ainsi les 124 caissons de 6 qui viennent avec les quatre convois doivent recevoir l'ordre d'arriver à Moscou. Ces 124 caissons à 120 ou 140 coups chacun contiennent, suivant l'état, 17.360 coups. Il y a à confectionner en coups de 6 :

1° Ceux dont on a les projectiles à Moscou et à l'abbaye.	11.287
2° Les 5.000 boulets à ramasser sur le champ de bataille.	5.000
3° La différence des 20.088 qui manquent aux 17.360 à faire venir de Smolensk...........................	2.728
4° Les coups de mitraille.......................	6.000
TOTAL des coups à confectionner.................	25.015

qui consommeront 50.030 livres de poudre.

76 caissons de 6 seront tenus prêts à Smolensk pour venir lorsque cela sera nécessaire. Ils y seront déposés comme réserve du parc de Moscou. Si on parvenait à trouver une plus grande quantité de

boulets et qu'on eût de la poudre, on pourrait se dispenser de faire venir ces 76 caissons.

PIÈCES DE 4.

On ne porte dans l'état que 28 pièces de 4; la garde en a 32.

Ces pièces doivent être approvisionnées à raison de 400 coups, dont 200 attelés :

	Attelées.	Réserve.
Il faut donc...............................	6.400	6.400
Il existe en coups attelés.................	5.826	»
En coups non attelés.......................	»	2.400
On n'a point de projectiles.		
Il manque.................................	574	4.000

Les 574 coups attelés qui manquent exigent, à 150 coups par caisson, 6 caissons attelés.

Il ne vient point de coups de 4 dans les convois.

D'où il résulte qu'à défaut de boulets, il sera nécessaire de confectionner 4.574 coups de 4 à mitraille, ou bien de supprimer 8 de ces pièces, en les remplaçant par des pièces de 6 prises à l'ennemi.

Ces 4.574 coups de mitraille consommeront 6.861 livres de poudre.

PIÈCES DE 3 (1).

Il existe 122 pièces de 3.

Elles seront approvisionnées à 400 coups dont 300 attelés.

	Attelés.	Réserve.
Ainsi, il doit y avoir..................	36.600	12.200
Il en existe attelés....................	34.217	»
Il manque.............................	2.383	12.200
		14.583

Les 2.383 coups attelés à 230 coups par caisson exigent 11 caissons.

---

(1) Dans la marge, on lit : « Le major général donnera des ordres pour qu'on s'approvisionne à Smolensk de 20.000 coups de 3, qu'on tiendra prêts à partir. »

Pour confectionner les 14.583 coups qui manquent, on a :

En projectiles à Moscou................	7.696	
A l'abbaye........................	298	9.000
En supposant qu'on en trouve sur le champ de bataille.......................	1.006	

Il manquera........................... 5.583

Il faut donc faire venir les 2.304 coups de 3 qui sont sur les caissons partis sur les quatre convois de Smolensk; les 9.000 coups de 3 à confectionner consommeront 9.000 livres de poudre.

OBUSIERS DE 6 POUCES 4 LIGNES.

Il y a 10 obusiers de 6 pouces 4 lignes.
Ils doivent être approvisionnés à 400 coups, dont 200 attelés.

	Attelés.	Réserve.
Il faut donc......................	2.000	2.000
On a en coups attelés................	1.292	»
Non attelés.......................	»	100
On n'a point d'obus.		
Il manque donc....................	708	1.900
Les 708 coups attelés à 52 par caisson exigent 14 caissons.		
Il y a sur les convois 15 caissons qu'il faut faire venir portant.....................	»	708
Il manquera donc...................	708	1.120
		1.828

Le général d'artillerie tiendra ces 1.828 coups prêts à partir à Smolensk.

OBUSIERS DE 5 POUCES 6 LIGNES.

Il y a 119 obusiers de 5 pouces 6 lignes.
Ils doivent être approvisionnés à 400 coups, dont 200 attelés.

	Attelés.	Réserve.
Ainsi il faut...........................	23.800	23.800
Il existe attelés......................	15.876	
Il manque.............................	7.924	

Ces 7924 coups, à 75 coups par caisson, exigent 106 caissons.

Il existe non attelés..................	»	2.128
Il manque.............................	7.924	21.672
		29.596

On a en projectiles à Moscou.................	4.278	
A l'abbaye............................	128	5.000
En supposant qu'on en trouve sur le champ de bataille...........................	594	

Le déficit sera de......................	24.596
Il y a dans les quatre convois de Smolensk 99 caissons qui portent.........................	7.524

Il faut donner l'ordre de les faire venir et avoir à Smolensk 16.000 coups, comme supplément de la réserve de Moscou.

Le déficit se réduira à.................	17.072

Les 5.000 coups à confectionner consommeront 10.000 livres de poudre.

CARTOUCHES D'INFANTERIE.

Il y a 3.000.000 de cartouches attelées.

Cela paraît suffisant; mais il en faut 6.000.000 non attelées, il n'y en a que 2.500.000; il en manque donc 3.500.000.

On a du plomb pour 5.000.000 et de la poudre; par conséquent, on peut renvoyer les 80 caissons de cartouches d'infanterie qui arrivent de Smolensk et qui portent 1.700.000 cartouches.

Les 3.500.000 à confectionner consommeront 87.500 livres de poudre.

RÉCAPITULATION.

Il faut en voitures attelées :

Caissons de 12.	39
Caissons de 6.	»
Caissons de 4.	6
Caissons de 3.	11
Caissons d'obus de 6 pouces L.	14
Caissons d'obus de 5 pouces L.	106
Total.	176

qui, à 5 chevaux chacun font. 880

Il en arrive 1.600 avec les convois; on prendra les chevaux des équipages de pont, qui s'élèvent à 600.

Il faut en poudre, pour confectionner :

13.560 coups de 12.	54.240 livres.
25.015 coups de 6.	50.030 —
4.574 coups de 4 à mitraille.	6.861 —
9.000 coups de 3.	9.000 —
..... d'obus 6 p. 4 L.	.....
5.000 d'obus 5 p. 6 L.	10.000 —
3.500.000 cartouches d'infanterie.	87.500 —
Total de la poudre nécessaire.	217.631 livres.

Cette quantité existe; d'ailleurs le duc d'Elchingen mande qu'il y a deux poudrières et 14 moulins ou tournants dont les ouvriers sont restés et ne demandent pas mieux que de travailler. Il faut écrire au général d'artillerie du 3ᵉ corps de faire un marché avec eux, de se procurer du salpêtre et de faire fabriquer.

On a à confectionner ici :

Coups de 12.	13.560
Coups de 6.	25.015
Coups de 4.	4.574
Coups de 3.	9.000
D'obus de 6 p. 4 L.	»
D'obus de 5 p. 6 L.	5.000
	57.149

A 5.000 par jour ces 57.149 coups de canon seraient confectionnés en douze jours.

On a à faire 3.500.000 cartouches d'infanterie; la fabrication commencera le 8; les ateliers seront montés de manière à en faire 100.000 par jour. Ces cartouches seront embarillées dans des barils où on aura pris la poudre ou dans d'autres qu'on trouvera à l'arsenal; elles seront emmagasinées au Kremlin.

La demande de 5.000.000 de cartouches à Moscou est fondée sur ce que les accidents de l'hiver occasionneront la perte de toutes celles dont les soldats sont maintenant pourvus; de sorte qu'au commencement de la campagne il faudra 3.000.000 de cartouches pour garnir les gibernes et 3.000.000 en réserve attelées à la suite de l'armée.

Le major général écrira ce soir par l'estafette au duc d'Abrantès, au commandant de Gjatsk et au général Baraguey d'Hilliers pour leur donner les ordres relatifs aux convois qui doivent rétrograder.

Le général de l'artillerie écrira de son côté pour le même objet.

Toutes les pièces de canon faisant partie des convois qui viennent de Smolensk doivent arriver à Moscou.

NAPOLÉON.

7594. — EXTRAIT D'UN ORDRE DE L'EMPEREUR DATÉ DE MOSCOU, 8 OCTOBRE 1812 (1).

J'attends un rapport sur les compagnies de canonniers des cohortes de gardes nationales. Ont-elles toutes fait polygone ? Et peut-on les employer sur les côtes et dans les places ?

7595. — AU GÉNÉRAL CLARKE.

Moscou, 8 octobre 1812.

Monsieur le duc de Feltre, je suppose que les colonels des régiments de Belle-Ile, de l'île de Ré, de Walcheren, du 1er et du 2e régiments de la Méditerranée sont présents à leurs régiments. S'il en était autrement, faites-les partir en poste et en toute diligence pour les rejoindre. Si ces colonels étaient absents pour cause de maladie

---

(1) Non signé; extrait conforme.

ou par quelque autre empêchement légitime, vous les feriez remplacer par les majors.

Je suppose que les colonels du 29 et du 113° sont également présents à leur régiment.

NAPOLÉON.

7596. — AU GÉNÉRAL CLARKE.

Moscou, 8 octobre 1812.

Monsieur le duc, S. M. l'Empereur et Roi m'ordonne d'inviter Votre Excellence à faire, dès à présent, le projet de budget du ministère des finances pour l'année 1813, afin qu'Elle puisse l'arrêter avant la fin de l'exercice courant.

DARU.

7597. — AU GÉNÉRAL CLARKE.

Moscou, 8 octobre 1812.

Monsieur le duc de Feltre, vous aurez reçu mon décret du 2 octobre. Chaque régiment de la Grande Armée recevait en France le cadre du 5° bataillon qu'il avait à l'armée et qui faisait partie des cadres des bataillons de marche. Ainsi, ces cadres doivent être considérés comme complets. J'ai ordonné qu'arrivés à Vilna il leur fût donné une indemnité pour se rendre en poste à leurs dépôts, en faisant au moins quatre étapes par jour.

Je viens d'ordonner que les 5° bataillons des 28°, 43° et 65°, qui font partie de la 6° demi-brigade provisoire, versent leurs hommes disponibles dans les trois premiers bataillons et que ces cadres rentrent en France. Les trois compagnies du 5° bataillon du 8° léger et les trois compagnies qui sont déjà arrivées à Smolensk rentreront aussi en France, de sorte que les demi-brigades provisoires qui font partie des 30° et 31° divisions seront toujours composées de bataillons entiers.

Portez une attention particulière à faire rentrer d'Espagne tous les cadres des 5° bataillons.

NAPOLÉON.

7598. — AU GÉNÉRAL CLARKE.

Moscou, 8 octobre 1812.

Monsieur le duc de Feltre, la 35° division de la Grande Armée, commandée par le général Grenier, qui se réunit à Vérone, sera augmentée d'une 4° brigade. Elle en aura 3 françaises et 1 italienne. La brigade italienne portera le n° 4. La 3° brigade française sera composée de la 14° et de la 15° demi-brigade provisoire. A cet effet la 14° demi-brigade provisoire sera formée du 6° bataillon du 10° de ligne, du 6° bataillon du 20° de ligne, du 3° bataillon du 67° de ligne.

Tout ce qu'il y a de disponible dans le 4° bataillon de cette demi-brigade et dans les dépôts des 10°, 20° et 67° y sera incorporé; de sorte qu'à son arrivée à Vérone cette demi-brigade soit portée à 2.700 hommes, ou à 900 hommes par bataillon, officiers non compris. S'il manquait quelque chose après avoir épuisé tout ce que les quatre compagnies des 5° bataillons ont de disponible, on prendrait dans les dépôts des 5° bataillons de l'armée d'Italie.

La 15° demi-brigade sera composée du 4° bataillon du 3° léger, du 4° bataillon du 102° et d'un bataillon formé de 3 compagnies du 5° régiment illyrien, et de 3 compagnies du régiment suisse qui est à Turin.

A cet effet, on répartira dans le 102° tout ce qu'il y aurait au 5° bataillon, et même, s'il était nécessaire, on prendrait dans le 7° et le 101° ce qui serait disponible pour compléter ce bataillon du 102° à 900 hommes.

Par ces dispositions, le corps du général Grenier sera porté de 18 bataillons à 24 ou à 21.600 hommes d'infanterie, ce qui, avec 1.000 de cavalerie, l'artillerie et les sapeurs, formera une colonne de près de 24.000 hommes.

Les divisions actives des 27° et 28° divisions militaires seront pour le printemps prochain composées de la manière suivante :

1re DIVISION ACTIVE.

1re brigade.

52° régiment d'infanterie de ligne : 3 bataillons, 2.400 hommes...	3.200
84° cohorte : 1 bataillon, 800 hommes..............	

2ᵉ brigade.

20ᵉ demi-brigade :

1ᵉʳ bataillon (2 compagnies du 5ᵉ bataillon du 10ᵉ; 2 compagnies du 5ᵉ bataillon du 20ᵉ; 2 compagnies du 5ᵉ bataillon du 67ᵉ)..................................	900	
2ᵉ bataillon (4ᵉ bataillon du 101ᵉ).................	900	3.400
3ᵉ bataillon (2 compagnies du 5ᵉ bataillon du 101ᵉ; 2 compagnies du 102ᵉ)...........................	800	
85ᵉ cohorte (1 bataillon)...........................	800	

Total de la 1ʳᵉ division.............. 6.600

2ᵉ division active.

1ʳᵉ brigade.

21ᵉ demi-brigade provisoire :

1ᵉʳ bataillon (3ᵉ bataillon du 7ᵉ de ligne), 2ᵉ bataillon (4ᵉ bataillon du 7ᵉ de ligne)...............	1.800	
3ᵉ bataillon (4ᵉ bataillon du 42ᵉ).................	900	
	2.700	5.400

22ᵉ demi-brigade provisoire :

1ᵉʳ bataillon (4ᵉ bataillon du 1ᵉʳ léger)..........	900	
2ᵉ bataillon (4ᵉ bataillon du 67ᵉ)...............	900	
3ᵉ bataillon (3 compagnies du 5ᵉ bataillon du 1ᵉʳ léger, 3 compagnies du 5ᵉ bataillon du 3ᵉ léger)......	900	

2ᵉ brigade.

83ᵉ cohorte (1 bataillon).........................	800	3.200
A cette cohorte on en ajouterait trois autres qu'on ferait venir d'au delà les Alpes............	2.400	

Total de la 2ᵉ division.............. 8.600

RÉCAPITULATION.

1re division.............................	6.600 hommes
2e division.............................	8.600 —
Ce serait donc...........................	15.200 hommes

actifs, prêts à se porter sur Gênes ou sur un point quelconque de l'Italie qui serait attaqué. Il faudra donner, en conséquence, des hommes de la conscription de cette année à tous ces régiments.

NAPOLÉON.

7599. — DÉCISION.

Moscou, 8 octobre 1812.

L'intention de l'Empereur est-elle que le 2e bataillon du 2e régiment de la Méditerranée qui va arriver à Spandau rejoigne à Varsovie la 32e division ?

Oui, après quatre jours de repos à Spandau.

NAPOLÉON.

7600. — DÉCISION.

Moscou, 8 octobre 1812.

Le général Lariboisière demande l'autorisation d'utiliser l'escorte destinée au convoi des blessés à faire ramener une centaine de caissons laissés à l'abbaye près de Mojaïsk.

Approuvé.

NAPOLÉON.

7601. — DÉCISION.

Moscou, 9 octobre 1812.

Déclaration d'un officier du 85e de ligne au sujet du désordre qui règne à Mojaïsk et de détachements attaqués par les cosaques, dans

Ecrire au duc d'Abrantès et au commandant de Mojaïsk pour leur témoigner mon mécontentement de tout cela. Qu'est-ce que

lesquels se trouvaient deux officiers d'état-major dont l'un a été fait prisonnier.

ces officiers d'état-major qui paraissent avoir été interceptés? Serait-ce un des aides de camp que vous avez envoyés?

NAPOLÉON.

7602. — DÉCISION.

Moscou, 9 octobre 1812.

On demande si Sa Majesté approuve que les militaires suédois en dépôt à Magdeburg soient traités, quant à la solde, comme prisonniers de guerre.

Il serait plus convenable de s'en débarrasser en les envoyant en France.

NAPOLÉON.

7603. — 23ᵉ BULLETIN DE LA GRANDE ARMÉE (1).

Moscou, 9 octobre 1812.

L'avant-garde, commandée par le roi de Naples, est sur la Nara, à 20 lieues de Moscou. L'armée ennemie est sur Kalouga. Des escarmouches ont lieu tous les jours. Le roi de Naples a eu dans toutes l'avantage et a toujours chassé l'ennemi de ses positions.

Les cosaques rôdent sur nos flancs. Une patrouille de 150 dragons de la garde, commandée par le major Marthod, est tombée dans une embuscade de cosaques entre le chemin de Moscou et de Kalouga. Les dragons en ont sabré 300, se sont fait jour, mais ils ont eu 20 hommes restés sur le champ de bataille qui ont été pris, parmi lesquels le major blessé grièvement.

Le duc d'Elchingen est à Bogorodosk. L'avant-garde du viceroi est à Troista sur la route de Dmitrov. Les drapeaux pris par les Russes sur les Turcs dans différentes guerres et plusieurs choses curieuses trouvées dans le Kremlin sont partis pour Paris. On a trouvé une madone enrichie de diamants. On l'a aussi envoyée à Paris. (On joint ici la statistique de Moscou que l'on a trouvée dans les papiers de la police.)

(1) Placard imprimé, publié dans les Œuvres de Napoléon (Panckoucke, 1821, t. V, p. 67-69).

Il paraît que Rostopchine est aliéné. A Voronovo, il a mis le feu à son château et y a laissé l'écrit suivant attaché à un poteau :

« J'ai embelli pendant huit ans cette campagne, et j'y ai vécu heureux au sein de ma famille. Les habitants de cette terre, au nombre de 1.720, la quittent à votre approche (1), et moi je mets le feu à ma maison pour qu'elle ne soit pas souillée par votre présence. Français, je vous ai abandonné mes deux maisons de Moscou avec un mobilier d'un demi-million de roubles. Ici, vous ne trouverez que des cendres (2).

» Signé : comte FEDOR ROSTOPCHINE.

» Ce 29 septembre 1812, à Voronovo. »

Le palais du prince Kourakine est un de ceux qu'on est parvenu à sauver de l'incendie. Le général comte Nansouty y est logé.

On est parvenu avec beaucoup de peine à tirer des hôpitaux et des maisons incendiées une partie des malades russes. Il reste encore environ 4.000 de ces malheureux. Le nombre de ceux qui ont péri dans l'incendie est extrêmement considérable.

Il fait depuis huit jours du soleil et plus chaud qu'à Paris dans cette saison. On ne s'aperçoit pas qu'on soit dans le Nord.

Le duc de Reggio, qui est à Vilna, est entièrement rétabli.

Le général en chef ennemi Bagration est mort des suites des blessures qu'il a reçues à la bataille de la Moskova.

L'armée russe désavoue l'incendie de Moscou. Les auteurs de cet attentat sont en horreur aux Russes. Ils regardent Rostopchine comme une espèce de Marat. Il a pu se consoler dans la société du commissaire anglais Vilson.

L'état-major fait imprimer les détails du combat de Smolensk et de la bataille de la Moskova, et fera connaître ceux qui se sont distingués.

On vient d'armer le Kremlin de 30 pièces de canon, et l'on a construit des flèches à tous les rentrants. Il forme une forteresse. Les fours et les magasins y sont établis (3).

---

(1) Ils sont retournés (note appartenant au *Bulletin*).
(2) Effectivement, il a mis lui-même le feu à sa maison de campagne; mais son exemple n'a pas eu d'imitateurs. Toutes les maisons des environs de Moscou sont intactes (Note appartenant au *Bulletin*).
(3) Le 23ᵉ bulletin se termine par une statistique intitulée *Tableau de Moscou au 1ᵉʳ janvier 1812*, dressé par le bureau de police, et non reproduit ici.

7604. — AU GÉNÉRAL CLARKE.

Moscou, 11 octobre 1812.

Monsieur le duc de Feltre, il y a dans les places en Allemagne 13 compagnies d'artillerie, savoir : 1 à Erfurt, 2 à Magdeburg, 1 à Spandau, 1 à Stralsund, 1 à Glogau, 1 à Küstrin, 1 à Stettin, 2 à Danzig, 1 à Thorn, 1 à Pillau et 1 à Kovno.

Mon intention est que vous donniez ordre à ces 13 compagnies de se rendre à Vilna, où elles recevront les ordres du général commandant en chef l'artillerie de l'armée. Elles partiront aussitôt qu'elles seront remplacées par des compagnies que vous enverrez de France.

Vous ferez partir à cet effet 22 compagnies d'artillerie que vous dirigerez, savoir : 1 sur Erfurt, 2 sur Magdeburg, 2 sur Spandau, 2 sur Stralsund, 2 sur Glogau, 2 sur Küstrin, 2 sur Stettin, 1 sur Thorn, 4 sur Danzig, 2 sur Pillau et 2 sur Kovno : 22 compagnies.

Ces 22 compagnies relèveront les 13 qui sont dans les places, et seront là à la disposition de l'artillerie de l'armée qui pourra en retirer ce qui serait inutile, si les besoins devenaient pressants.

Comme vous avez 88 compagnies de cohortes qui, actuellement doivent être bonnes à quelque chose, vous pourrez tirer de l'île de Walcheren, d'Anvers, de Boulogne et des côtes de Hollande, une des compagnies qui s'y trouvent, et affaiblir l'intérieur de ces 22 compagnies.

Instruisez les généraux commandant dans les différentes places des compagnies qui doivent remplacer celles qu'ils font partir, du jour où elles partiront et de l'époque où elles devront arriver, pour que les compagnies qui sont dans leurs places puissent se diriger immédiatement sur Vilna. Instruisez de tout le major général et le commandant de l'artillerie. Par ce moyen, le service de l'artillerie de l'armée sera grandement et abondamment assuré.

Napoléon.

7605. — DÉCISION.

Moscou, 11 octobre 1812.

On propose M. Komierowski, adjudant major au 1ᵉʳ régiment étranger, pour un même emploi au 2ᵉ régiment de la Vistule.

Approuvé.

Napoléon.

7606. — DÉCISION.

Moscou, 11 octobre 1812.

Le lieutenant Glinski, commandant le poste de Slobpnewa, se plaint que le régiment des pupilles de la garde ait enlevé à son détachement ses vivres, ainsi que les chevaux destinés au service de la poste.

Les paysans ont été également dépouillés et maltraités par les militaires de ce régiment.

Renvoyé au major général pour donner ordre qu'il soit sévi et qu'on mette aux arrêts tous les officiers de ce régiment.

NAPOLÉON.

7607. — DÉCISION.

Moscou, 11 octobre 1812.

Le général Barclay de Tolly recommande au maréchal Berthier son aide de camp M. Klinger, qui, étant blessé, a été laissé à Moscou, et il le prie de lui faire parvenir une lettre avec 100 ducats.

Le major général renverra cela au général Barclay de Tolly.

NAPOLÉON.

7608. — DÉCISION.

Moscou, 11 octobre 1812.

On propose de charger le général Kindelan de recruter, dans les dépôts de prisonniers de guerre espagnols, des hommes pour quelques corps d'infanterie.

Le recrutement pour les quatre bataillons qui sont à la Grande Armée absorbera tout ce qu'il peut y avoir de prisonniers de bonne volonté. Ces bataillons, ayant beaucoup perdu par la guerre et autrement, ont besoin de deux milliers d'hommes environ pour leur recrutement.

NAPOLÉON.

7609. — DÉCISIONS (1).

Moscou, 11 octobre 1812.

On propose à Sa Majesté d'accorder la remise d'une somme de 354 francs touchée indûment mais de bonne foi par une réfugiée égyptienne.

Accordé.

On propose à Sa Majesté de dispenser la mère d'un vélite chasseur à cheval de la garde de payer la pension de son fils;

Approuvé.

D'autoriser le renvoi de plusieurs prisonniers de guerre espagnols qui ont eu les pieds amputés et qui occasionnent des dépenses considérables dans les hôpitaux.

Approuvé.

7610. — DÉCISIONS (2).

Moscou, 11 octobre 1812.

On fait connaître à Sa Majesté que, sur 153 déserteurs de la garde impériale, 20 sont mis en jugement, et on propose de se borner à envoyer les 133 autres dans des bataillons coloniaux.

Approuvé.

M. le maréchal duc d'Albufera demande le renvoi à Valence d'un officier espagnol prisonnier à Laon qui a rendu beaucoup de services aux prisonniers français,

Approuvé.

---

(1) Non signées; extraites du « Travail du ministre de la guerre avec Sa Majesté l'Empereur et Roi daté du 5 août 1812 ».

(2.) Non signées; extraites du « Travail du ministre de la guerre avec Sa Majesté l'Empereur et Roi daté du 19 août 1812 ».

7611. — DÉCISIONS (1).

Moscou, 11 octobre 1812.

Un prisonnier de guerre ragusais, qui servait sur un vaisseau marchand anglais, avant que les provinces Illyriennes fussent occupées par les Français, sollicite la permission de retourner dans ses foyers.

Approuvé.

Sa Majesté est priée de donner ses ordres sur deux propositions du général Rivaud qui ont pour objet : 1° la confirmation dans le grade de brigadier de 3 soldats du 5° régiment de chasseurs nommés d'urgence à ce grade, mais qui n'ont pas le temps de service nécessaire; 2° la nomination de 6 autres brigadiers qui seraient choisis au dépôt du même corps parmi les chasseurs les plus susceptibles d'avancement.

Approuvé.

On soumet à Sa Majesté la demande que fait un réfugié égyptien pour obtenir la permission d'aller à l'île de Chypre régler une affaire de succession.

Approuvé.

Sa Majesté est priée de faire connaître si son intention est de renvoyer dans sa patrie un sujet du grand-duc de Würzburg qui est actuellement soldat au bataillon des militaires français rentrés.

Approuvé.

---

(1) Non signées; extraites du « Travail du ministre de la guerre avec Sa Majesté l'Empereur et Roi daté du 12 août 1812 ».

On soumet à Sa Majesté la demande d'un Danois, sergent-major au 125° régiment d'infanterie, qui témoigne le désir de retourner dans sa patrie où il a été nommé sous-lieutenant.

Approuvé.

7612. — DÉCISIONS (1).

Moscou, 11 octobre 1812.

On met de nouveau sous les yeux de Sa Majesté les motifs pour lesquels le général Grenier propose d'excepter les régiments étrangers des dispositions du décret du 2 août sur les promotions aux différents grades de sous-officiers.

Je laisse le ministre maître de faire ce qu'il jugera convenable pour le bien du service pendant mon absence (2).

On soumet à Sa Majesté la demande que fait un réfugié égyptien de retourner avec sa famille au Caire et de recevoir par avance une année de secours dont il jouit, afin de lui faciliter les moyens de faire ce voyage.

Approuvé.

On demande à Sa Majesté que la dame veuve Pidoux soit dispensée de payer la somme de 522 frs 49 c. qu'elle redoit pour la pension de son fils, vélite chasseur à pied de la garde impériale.

Approuvé.

---

(1) Non signées; extraites du « Travail du ministre de la guerre avec Sa Majesté l'Empereur et Roi daté du 26 août 1812 ».
(2) Cette décision existe aussi sous forme d'original signé.

Le chargé d'affaires de Prusse réclame la mise en liberté d'un juif privilégié, pris au service d'Espagne et dont le père est établi à Leobschutz en Silésie.	Approuvé.
M. le maréchal duc d'Albufera demande le renvoi à Valence d'un capitaine espagnol assermenté et dont la conduite en France a toujours été régulière.	Approuvé.
Le ministre plénipotentiaire des Etats-Unis demande la mise en liberté d'un capitaine américain qui n'était que simple passager sur le navire anglais qu'il montait lors de sa capture.	Approuvé.

7613. — DÉCISION.

Moscou, 12 octobre 1812.

Le général Lacuée propose, pour remplir la place d'inspecteur près les hôpitaux de Corfou, le sieur Lambert, ancien ordonnateur des armées.	Approuvé. Napoléon.

7614. — 24ᵉ BULLETIN DE LA GRANDE ARMÉE (1).

Moscou, 14 octobre 1812.

Le général baron Delzons s'est porté sur Dmitrov. Le roi de Naples est à l'avant-garde sur la Nara, en présence de l'ennemi qui est occupé à refaire son armée, en la complétant par des milices.

---

(1) Placard imprimé, publié dans les Œuvres de Napoléon (Panckoucke, 1821, t. V, p. 69).

Le temps est encore beau. La première neige est tombée hier. Dans vingt jours, il faudra être en quartier d'hiver.

Les forces que la Russie avait en Moldavie ont rejoint le général Tormazov. Celles de Finlande ont débarqué à Riga. Elles sont sorties et ont attaqué le 10ᵉ corps. Elles ont été battues, 3.000 hommes ont été faits prisonniers. On n'a pas encore la relation officielle de ce brillant combat qui fait tant d'honneur au général d'York.

Tous nos blessés sont évacués sur Smolensk, Minsk et Moguilev. Un grand nombre sont rétablis et ont rejoint leur corps.

Beaucoup de correspondances particulières entre Saint-Pétersbourg et Moscou font bien connaître la situation de cet empire. Le projet d'incendier Moscou ayant été tenu secret, la plupart des seigneurs et des particuliers n'avaient rien enlevé.

Les ingénieurs ont levé le plan de la ville, en marquant les maisons qui ont été sauvées de l'incendie. Il résulte que l'on n'est parvenu à sauver du feu que la dixième partie de la ville. Les neuf dixièmes n'existent plus (1).

7615. — DÉCISION (2).

Le général de Wrede demande l'autorisation de diriger sur Polotsk par Kalich, Varsovie et Grodno, un renfort de 11.000 hommes destiné au corps bavarois.	Approuvé. NAPOLÉON.

7616. — DÉCISION (2).

Le général Chasseloup demande s'il doit réunir au grand parc la 5ᵉ compagnie du 1ᵉʳ bataillon de mineurs ou la laisser séjourner quelque temps à Smolensk.	La laisser à Smolensk. NAPOLÉON.

---

(1) Le 24ᵉ *Bulletin* se termine par la reproduction de diverses correspondances russes traduites en français.

(2) Non datée; le rapport est du 16, l'expédition du 17 octobre 1812.

7617. — DÉCISIONS (1).

Moscou, 18 octobre 1812.

On propose à Sa Majesté d'approuver la formation de trois compagnies de vétérans pour le service des places de Naarden, Gorcum et Woorden où il n'y a pas de troupes de ligne.

Cela est inutile. Il y a des compagnies de cohortes.

Le ministre plénipotentiaire des Etats-Unis sollicite la remise des Américains pris sur les bâtiments anglais ou espagnols. Il déclare qu'ils ont tous été pressés ou contraints par les circonstances de s'embarquer sous pavillon ennemi.

Approuvé.

Un matelot anglais prisonnier de guerre à Bitche demande sa mise en liberté. Ce matelot, qui a sauvé la vie à trois marins français, n'aurait pas été pris sans cet acte de dévouement.

Approuvé.

On rend compte à Sa Majesté qu'un lieutenant espagnol assermenté et atteint de folie sollicite l'autorisation de rentrer en Andalousie, sa patrie.

Approuvé.

Sa Majesté est priée de faire connaître si Elle consent au renvoi dans sa patrie d'un sujet badois, détenu au dépôt d'Arras et réclamé par le ministre de Bade.

Approuvé.

On propose à Sa Majesté d'accorder un congé d'un an à M. Reizet, colonel du 13ᵉ régiment de dragons pour venir en France rétablir sa santé qui est très délabrée.

Approuvé.

---

(1) Non signées; extraites du « Travail du ministre de la guerre avec Sa Majesté l'Empereur et Roi daté du 2 septembre 1812 ».

On propose à Sa Majesté d'accorder un congé de convalescence de six mois à M. le baron Dulong, colonel du 12° régiment d'infanterie légère, et de le faire remplacer aux bataillons de guerre par le major du corps.

Approuvé.

On soumet à Sa Majesté un projet de décret pour autoriser la création, dans le régiment des pupilles, d'un adjudant d'habillement, d'un officier payeur pour chaque bataillon et d'un aide chirurgien-major pour le bataillon de dépôt.

Il faut laisser le corps comme il est; cela augmente toujours les dépenses.

7618. — AU GÉNÉRAL CLARKE.

Moscou, 19 octobre 1812.

Monsieur le duc de Feltre, j'approuve que vous envoyiez 135.000 kilogrammes de poudre à Magdeburg, et que vous les tiriez de Luxembourg, Thionville, Landau et Sarrelouis, comme vous le proposez dans votre lettre du 29 septembre.

NAPOLÉON.

7619. — 25° BULLETIN DE LA GRANDE ARMÉE (1).

Troitskoïé, 20 octobre 1812.

Tous les malades qui étaient aux hôpitaux de Moscou ont été évacués dans la journée du 15, du 16, du 17 et du 18 sur Mojaïsk et Smolensk. Les caissons d'artillerie, les munitions prises, et une grande quantité de choses curieuses et des trophées ont été emballés et sont partis le 15. L'armée a reçu l'ordre de faire du biscuit pour vingt jours et de se tenir prête à partir; effectivement l'Empereur a quitté Moscou le 19. Le quartier général était le même jour à Desna.

D'un côté, on a armé le Kremlin et on l'a fortifié : dans le même

---

(1) Placard imprimé, publié dans les *Œuvres de Napoléon* (Panckoucke, 1821, t. V, p. 70-71).

temps, on l'a miné pour le faire sauter. Les uns croient que l'Empereur veut marcher sur Toula et Kalouga pour passer l'hiver dans ces provinces en occupant Moscou par une garnison dans le Kremlin.

Les autres croient que l'Empereur fera sauter le Kremlin et brûler les établissements publics qui restent, et qu'il se rapprochera de cent lieues de la Pologne pour établir ses quartiers d'hiver dans un pays ami, et être à portée de recevoir tout ce qui existe dans les magasins de Danzig, de Kovno, de Vilna et de Minsk, pour se rétablir des fatigues de la guerre; ceux-ci font l'observation que Moscou est éloigné de Pétersbourg de 180 lieues de mauvaise route, tandis qu'il n'y a de Vitebsk à Pétersbourg que 130 lieues; qu'il y a de Moscou à Kiev 218 lieues, tandis qu'il n'y a de Smolensk à Kiev que 112 lieues, d'où l'on conclut que Moscou n'est pas une position militaire; or, Moscou n'a plus d'importance politique, puisque cette ville est brûlée et ruinée pour cent ans.

L'ennemi montre beaucoup de cosaques qui inquiètent la cavalerie : l'avant-garde de la cavalerie, placée en avant de Vinkovo, a été surprise par une horde de ces cosaques; ils étaient dans le camp avant qu'on pût être à cheval. Ils ont pris un parc du général Sébastiani de cent voitures de bagages, et fait une centaine de prisonniers. Le roi de Naples est monté à cheval avec les cuirassiers et les carabiniers, et apercevant une colonne d'infanterie légère de 4 bataillons, que l'ennemi envoyait pour appuyer les cosaques, il l'a chargée, rompue et taillée en pièces. Le général Dery, aide de camp du roi, officier brave, a été tué dans cette charge, qui honore les carabiniers.

Le vice-roi est arrivé à Fominskoe. Toute l'armée est en marche.

Le maréchal duc de Trévise est resté à Moscou avec une garnison.

Le temps est très beau, comme en France en octobre, peut-être un peu plus chaud. Mais dans les premiers jours de novembre on aura des froids. Tout indique qu'il faut songer aux quartiers d'hiver. Notre cavalerie surtout en a besoin. L'infanterie s'est remise à Moscou, et elle est très bien portante.

Pour copie conforme :

Le ministre de la guerre,

Duc de Feltre.

7620. — DÉCISION (1).

On présente à Sa Majesté un projet de décret sur la régularisation du service d'habillement et sur la fixation de la masse d'après les nouveaux uniformes.

Pour le Conseil d'Etat.

7621. — DÉCISION (1).

Proposition de renvoyer à l'examen du Conseil d'Etat un projet de décret qui a pour but de préciser les droits de simple usufruit conditionnel et de propriété qui sont dévolus à l'Hôtel impérial des Invalides par le décret du 25 mars 1811 sur les terrains des fortifications, selon qu'ils dépendent d'une place de guerre conservée ou supprimée.

Renvoyé au Conseil d'Etat.

7622. — DÉCISION (2).

Fominkoé, 22 octobre 1812.

Le maréchal duc d'Albufera demande la Croix de la Légion d'honneur pour M. Canteloube, lieutenant employé à l'état-major de l'armée d'Aragon.

Par sa lettre datée de Fominkoé le 22 octobre 1812 le ministre secrétaire d'Etat annonce au ministre de la guerre que, sur ce rapport, l'Empereur a nommé cet officier chevalier de la Légion d'honneur.

---

(1) Sans signature ni date; extraite du « Travail du ministre directeur de l'administration de la guerre avec Sa Majesté l'Empereur et Roi daté du 21 octobre 1812 ».
(2) Non signée; extraite du « Travail du ministre de la guerre avec Sa Majesté l'Empereur et Roi, daté du 2 septembre 1812 ».

7623. — ORDRE DE L'EMPEREUR, ÉCRIT SOUS SA DICTÉE,
LE 28 OCTOBRE 1812.

Nouvelle organisation de la Grande Armée.

Le 1er corps de la Grande Armée aura 3 divisions au lieu de 5;
Le 2e corps de la Grande Armée aura 2 divisions au lieu de 3;
Le 3e corps de la Grande Armée aura 2 divisions au lieu de 3;
Le 4e corps de la Grande Armée aura 2 divisions au lieu de 3;
Les réserves de la cavalerie auront 6 batteries au lieu de 15;
Le 1er corps aura, outre les batteries des divisions, 2 batteries de réserve;
Le 2e corps aura, outre les batteries des divisions, 1 batterie de réserve;
Le 3e corps aura, outre les batteries des divisions, 1 batterie de réserve;
Le 4e corps aura, outre les batteries des divisions, 2 batteries de réserve;
L'artillerie de la garde aura 14 batteries savoir : 4 batteries d'artillerie à cheval, 8 batteries d'artillerie à pied de position, 2 batteries d'artillerie de réserve; total : 14.
Chaque division d'infanterie aura une batterie d'artillerie à pied et une batterie d'artillerie à cheval. Chaque batterie d'artillerie à cheval sera de 4 canons de 6 et 2 obusiers de 24. Chaque batterie d'artillerie à pied (de position) sera de 6 canons de 6 et de 2 obusiers de 24. Chaque batterie de réserve sera de 6 canons de 12 et 2 obusiers à grande portée. Ainsi il y aura à la Grande Armée :

	Batteries de position.		Batteries de réserve.	Total.
	à cheval.	à pied.		
1er corps..................	3	3	2	8
2e corps..................	2	2	1	5
3e corps..................	2	2	1	5
4e corps..................	2	2	2	6
Réserves de cavalerie.......	6	»	»	6
Garde impériale............	4	8	2	14
TOTAUX............	19	17	8	44

Composition de l'équipage.

	Canons.		Obusiers.		Total.
	12	6	6p.9	5p.7	
19 batteries d'artillerie à cheval.	»	76	»	38	114
17 batteries d'artillerie à pied..	»	102	»	34	136
8 batteries de réserve.........	48	»	16	»	64
Totaux............	48	178	16	72	314

Les régiments d'infanterie qui ont conservé leur matériel d'artillerie le garderont; on pourra, par suite, leur donner des pièces de 3 et de 4.

Le 9ᵉ corps de la Grande Armée sera dissous et réparti dans les autres.

La division Loison sera répartie dans les corps d'armée conservés.

La division Durutte fera partie du 7ᵉ corps et y restera avec son matériel.

Le 5ᵉ corps ou l'armée polonaise sera composé de 3 divisions, ce qui fera :

	Canons.		Obusiers.		Total.
	12	6	6p.9	5.7	
3 batteries à cheval..........	»	12	»	6	18
3 batteries à pied de position..	»	18	»	6	24
2 batteries de réserve.........	12	»	4	»	16
Totaux............	12	30	4	12	58

Il faut faire fournir ces 58 pièces et leur matériel au grand-duché de Varsovie, s'il ne les a point.

Le matériel d'artillerie de la division Loison entrera dans la composition de l'équipage de la Grande Armée.

On pourra aussi disposer du matériel qui est à Berlin.

On prendra dans le matériel d'artillerie prussienne qui est à Pillau tout ce que l'on pourra faire entrer dans la composition du nouvel équipage de la Grande Armée; cette artillerie sera ensuite remplacée à la Prusse.

Le général Eblé fera faire de suite le plus de caissons autrichiens qu'il sera possible, en attendant ceux qui lui seront envoyés de France, et se servira, à leur défaut, de chariots et de caisses à munitions.

Mode d'organisation du personnel et du train.

Il faudra conserver à la Grande Armée :

15 compagnies d'artillerie à cheval pour les 15 batteries à cheval servies par l'artillerie de ligne; 20 compagnies d'artillerie à pied, dont 15 pour les 15 batteries à pied, servies par l'artillerie de ligne, et 5 pour le parc, total : 35.

Il faudra compléter à 80 hommes les 15 compagnies d'artillerie à cheval qui devront rester à l'armée.

Il faudra aussi compléter à 100 et même à 120 hommes les 20 compagnies d'artillerie à pied qui devront rester à l'armée.

On conservera aussi à l'armée le nombre de compagnies du train qui sera déterminé d'après la force de l'équipage, et qui seront portées au complet de 140 hommes.

Pour compléter les compagnies d'artillerie à pied, à cheval et du train qui resteront à l'armée et les porter à l'effectif ordonné, on aura soin de ne prendre des hommes que dans les autres compagnies du même régiment, sans permettre ni autoriser que des hommes passent d'un régiment ou d'un bataillon à un autre.

Les compagnies incomplètes et cadres de compagnies d'artillerie à pied et à cheval, non comprises dans l'organisation de l'armée, seront envoyés en France.

Quant au train, on renverra également en France 2, 3 ou 4 cadres de compagnies par bataillon, d'après l'effectif existant pour compléter les compagnies restantes.

Les officiers généraux, supérieurs et particuliers qui ne seront pas compris dans la nouvelle organisation reviendront aussi en France.

Le ministre nous soumettra deux rapports : le premier pour faire connaître la nouvelle organisation d'après ces bases; le deuxième, pour faire connaître ce qui deviendra disponible : en artillerie à pied, en artillerie à cheval, en bataillons du train, en officiers généraux, supérieurs et particuliers, en supposant que l'armée n'a perdu aucun cadre.

11e corps.

Ce corps d'armée restera indépendant de la Grande Armée et sera composé de la division du général Grenier, de la division du général Heudelet, de la division du général Lagrange.

La division Heudelet aura 3 batteries d'artillerie à pied, la division Lagrange aura 2 batteries d'artillerie à pied, la division Grenier aura 3 batteries d'artillerie à pied;

Réserve de cavalerie : 2 batteries d'artillerie à cheval;

Il y aura pour le corps d'armée 2 batteries de réserve.

Total : 12 batteries.

Composition de l'équipage.

	Canons.		Obusiers.		Total.
	12	6	6.9 p.	5.7	
2 batteries d'artillerie à cheval.	»	8	»	4	12
8 batteries d'artillerie à pied (de position)............	»	48	»	16	64
2 batteries de réserve........	12	»	4	»	16
TOTAUX............	12	56	4	20	92

Corps d'observation de l'Elbe à Hamburg.

Ce corps aura 4 divisions; chaque division aura deux batteries d'artillerie à pied, la réserve de cavalerie, 2 batteries d'artillerie à cheval et 2 batteries de réserve.

Composition de l'équipage :

	Canons.		Obusiers.		Total.
	12	6	6.9 p.	5.7	
Même composition que ci-dessus	12	56	4	20	92

Corps d'observation du Rhin à Mayence.

Même composition que le précédent..................	12	56	4	20	92

On verra quelles seront les six compagnies d'artillerie à cheval à retirer pour ces trois corps.

Récapitulation générale du matériel pour la Grande Armée et les trois corps d'observation.

	Canons.		Obusiers.		Total.
	12	6	6.9	5.7	
Grande Armée............	48	178	16	72	314
11ᵉ corps.................	12	56	4	20	92
Corps d'observation de l'Elbe..	12	56	4	20	92
Corps d'observation du Rhin..	12	56	4	20	92
Totaux............	84	346	28	132	590

Équipage de réserve de La Fère.

On rassemblera à La Fère, comme réserve de l'artillerie de la garde impériale, un équipage de 120 bouches à feu composé de : 24 canons de 12, 40 canons de 6, 24 canons de 4, 8 obusiers à grande portée, 24 obusiers de 5 p. 7; total : 120.

Cet équipage aura son double approvisionnement en caissons.

Ainsi c'est 710 pièces de campagne qu'il faut organiser promptement.

Réserve dans l'intérieur.

Il faut en outre sur le Rhin, ou à portée, préparer un second équipage de campagne de 800 bouches à feu, pour remplacer le premier, s'il venait à être perdu; cet équipage de réserve n'aurait qu'un simple approvisionnement en caissons.

Outre ces 1.500 pièces de campagne mobilisées ou prêtes à l'être, dont moitié avant le 1ᵉʳ mai et l'autre moitié vers le mois de juillet, il faut avoir en Italie un équipage de campagne de 200 bouches à feu avec double approvisionnement en caissons.

Enfin il faut avoir, outre ces 1.700 pièces, 1.000 à 1.200 canons de campagne avec leurs affûts et avoir sur les côtes environ 1.000 caissons et 400 à 500 à Bayonne pour la guerre d'Espagne.

Le ministre nous présentera les états de détail de ces organisations; au premier aperçu, il faut construire environ 4.000 caissons et 600 affûts de 6 en 1813.

Il faut aussi faire fondre des canons de 6 nouveau modèle.

Achat de chevaux.

Il faut faire acheter 8.000 chevaux par le général Bourcier en Allemagne et 8.000 dans l'intérieur, en se concertant pour l'achat de ceux-ci avec le ministre directeur.

Il faut faire confectionner de suite les harnais.

Il faut que le ministre passe demain un marché pour en faire acheter 3.000 livrables d'ici au 15 février.

Remplacement des pièces prises dans les places d'Allemagne.

Le ministre enverra de France les pièces et les affûts pour remplacer le matériel d'artillerie qui sera pris dans les places d'Allemagne pour composer le 1er équipage de la Grande Armée.

Notes diverses.

1° Le ministre écrira au commandant de l'artillerie de la Grande Armée pour lui faire connaître la nouvelle composition de l'équipage;

2° Sa Majesté approuve que l'on retienne les 22 compagnies qui sont en route pour les places de l'Allemagne et les 15 qui se trouvent dans ces places et qui devaient être dirigées sur Vilna;

3° On présentera demain à Sa Majesté un rapport sur les hommes du train disponibles dans l'intérieur pour y recevoir les chevaux qui seront achetés;

4° Le ministre fera revenir d'Espagne des troupes et des officiers d'artillerie et principalement 4 à 5 compagnies d'artillerie à cheval pour la grande guerre du Nord;

5° Faire connaître ce que le royaume d'Italie a encore de personnel et de matériel d'artillerie;

6° Faire couler des pièces de 6 nouveau modèle;

7° Faire résoudre par des officiers d'ouvriers le problème de construction de voitures pour que le poids de la charge soit double de celui de la voiture pour 2 et 4 chevaux;

8° Sa Majesté approuve la confection de 8.000 roues à Paris.

7624. — AU GÉNÉRAL CLARKE.

Stavkovo, 3 novembre 1812.

Monsieur le duc de Feltre, donnez ordre que la brigade westphalienne, qui avait été mise à la disposition du duc de Castiglione, soit rendue au roi; elle lui est nécessaire pour compléter son contingent.

NAPOLÉON.

7625. — AU MARÉCHAL BERTHIER.

Dorogobouje, 5 novembre 1812.

Mon Cousin, 180 moulins portatifs sont partis de Smolensk et arriveront dans la nuit. Donnez ordre que demain matin ces moulins soient distribués de la manière suivante :

50 à la garde;
34 au 1er corps;
14 au 3e corps;
24 au 4e corps;
6 au 8e corps;
6 au 1er corps de cavalerie;
6 au 2e corps de cavalerie,
6 au 3e corps de cavalerie;
6 au 4e corps de cavalerie;
6 à la division Claparède;
22 au petit quartier général.

180

Les moulins du petit quartier général seront portés sur les caissons qui y sont destinés, en ayant soin de les répartir sur plusieurs, afin que la perte d'un caisson n'entraîne pas la perte de tous. Ces 22 moulins seront constamment employés, par des hommes de corvée, à faire 200 à 300 quintaux de farine par jour.

Les 50 moulins de la garde seront distribués de la manière suivante :

3 au 1er régiment de grenadiers;
3 au 1er régiment de chasseurs;
2 au 2e régiment de grenadiers;

2 au 2ᵉ régiment de chasseurs;
2 au 3ᵉ régiment de grenadiers;
2 à l'artillerie de la vieille garde.

14 moulins pour la division de la vieille garde.......... 14

2 au régiment de fusiliers grenadiers;
2 au régiment de fusiliers chasseurs;
2 au régiment de tirailleurs;
2 au régiment de voltigeurs;
2 à l'artillerie de la division Roguet.

10 moulins pour la division Roguet.... 10

1 à chacun des huit régiments de la division Laborde,
ce qui fera.. 8 } 10
et 2 pour l'artillerie de cette division................ 2

10 à la cavalerie de la garde, savoir :

2 aux grenadiers à cheval;
2 aux chasseurs à cheval.
2 aux dragons;
1 au 1ᵉʳ de lanciers;
1 au 2ᵉ de lanciers;
2 à l'artillerie de la cavalerie.

10.... 10
et 6 au parc général de l'artillerie...................... 6

Total des moulins pour la garde 50

Les 34 du 1ᵉʳ corps seront distribués de la manière suivante :

6 à la 1ʳᵉ division du 1ᵉʳ corps;
6 à la 2ᵉ;
6 à la 3ᵉ;
6 à la 4ᵉ;
8 à la 5ᵉ;
2 à l'artillerie de réserve du 1ᵉʳ corps.

34

Les 14 du 3⁰ corps seront distribués :
5 à la 10⁰ division;
5 à la 11⁰;
2 à la 25⁰;
2 pour l'artillerie.

Les 24 du 4⁰ corps :
7 à la division Delzons;
7 à la division Bourcier;
4 à la division Pino;
4 à la garde;
2 à l'artillerie.

24.

Les 6 du 8⁰ corps seront répartis entre les régiments; ceux de la cavalerie seront répartis entre les régiments de cavalerie.

Comme les 300 autres moulins sont partis de Paris le 5 octobre, ils doivent bientôt arriver; aussitôt qu'ils seront ici vous me proposerez un supplément de distribution de manière à en donner 2 par bataillon et 2 par chaque régiment de cavalerie, et à avoir toujours en réserve au quartier général un grand atelier de 150 moulins faisant 1.500 quintaux de farine par jour. J'ai en outre demandé au ministre 500 autres moulins, qui seront distribués dans les places de dépôt de l'armée qui ont des garnisons et des hôpitaux, telles que Vitebsk, Minsk, Vilna, Smolensk, etc. Peut-être même serait-il nécessaire d'en avoir pour une armée comme celle-ci 2.000.

NAPOLÉON.

7026. — 28⁰ BULLETIN DE LA GRANDE ARMÉE (1).

Smolensk, 11 novembre 1812.

Le quartier général impérial était le 1ᵉʳ novembre à Viazma, et le 9 à Smolensk. Le temps a été très beau jusqu'au 6, mais le 7 l'hiver a commencé, la terre s'est couverte de neige. Les chemins sont devenus très glissants et très difficiles pour les chevaux de trait. Nous en avons beaucoup perdu par le froid et les fatigues; les bivouacs de la nuit leur nuisent beaucoup.

(1) Placard imprimé, publié dans les *Œuvres de Napoléon* (Panckoucke, 1821, t. V, p. 78-80)

Depuis le combat de Maloyaroslavets l'avant-garde n'avait pas vu l'ennemi, si ce n'est les cosaques, qui, comme les Arabes, rôdent sur les flancs et voltigent pour inquiéter.

Le 2, à 2 heures après-midi, 12.000 hommes d'infanterie russe, couverts par une nuée de cosaques coupèrent la route à une lieue de Viazma entre le prince d'Eckmühl et le vice-roi. Le prince d'Eckmühl et le vice-roi firent marcher sur cette colonne, la chassèrent du chemin, la culbutèrent dans les bois, lui prirent un général major avec bon nombre de prisonniers, et lui enlevèrent six pièces de canon; depuis on n'a plus vu l'infanterie russe, mais seulement les cosaques.

Depuis le mauvais temps du 6 nous avons perdu plus de 3.000 chevaux de trait, et près de 100 de nos caissons ont été détruits.

Le général Wittgenstein ayant été renforcé par les divisions de Finlande et par un grand nombre de troupes de milice, a attaqué, le 18 octobre, le maréchal Gouvion Saint-Cyr; il a été repoussé par ce maréchal et par le général de Wrede qui lui ont fait 3.000 prisonniers et ont couvert le champ de bataille de ses morts.

Le 20, le maréchal Gouvion Saint-Cyr, ayant appris que le maréchal duc de Bellune, avec le 9ᵉ corps, marchait pour le renforcer, repassa la Dvina, et se porta à sa rencontre pour, sa jonction opérée avec lui, battre Wittgenstein et lui faire repasser la Dvina. Le maréchal Gouvion Saint-Cyr fait le plus grand éloge de ses troupes. La division suisse s'est fait remarquer par son sang-froid et sa bravoure. Le colonel Guéhéneuc, du 26ᵉ régiment d'infanterie légère, a été blessé. Le maréchal Saint-Cyr a eu une balle au pied. Le maréchal duc de Reggio est venu le remplacer et a pris le commandement du 2ᵉ corps.

La santé de l'Empereur n'a jamais été meilleure (1).

7627. — DÉCISION.

Smolensk, 11 novembre 1812.

Le maréchal Mortier demande que les 25 hommes du régiment de chasseurs portugais à la disposi-

Accordé.

Napoléon.

---

(1) Le 28ᵉ *Bulletin* se termine par deux rapports : l'un du maréchal Gouvion-Saint-Cyr, l'autre du lieutenant-général de Wrede, sur le combat de Polostk.

tion du gouverneur de Smolensk reçoivent l'ordre de rentrer à leur régiment.

7628. — DÉCISIONS (1).

Conflit d'attributions entre le préfet des Bouches-de-l'Escaut et le tribunal de Middelburg qui a statué sur la fixation du prix de journée des tombereaux requis en 1811 pour les travaux des fortifications de Flessingue.

Renvoyé au Conseil d'État.

On propose à Sa Majesté de remettre en activité dans son grade M. L. J. C. Mathieu, ci-devant chef de bataillon, adjudant de côte de la 8ᵉ division militaire, pour être employé en la dite qualité d'adjudant de côte en Catalogne.

Renvoyé à M. le comte de Lobau.

7629. — DÉCISION (2).

On met sous les yeux de Sa Majesté un état nominatif des forçats espagnols du bagne de Saint-Sébastien qui ont été dirigés sur Rochefort, et on lui propose de les mettre, à l'expiration de leur peine, à la disposition de la police générale pour qu'il soit pris à leur égard des mesures qui les empêcheront de retourner dans leur pays.

Approuvé.

---

(1) Sans signature ni date; extraites du « Travail du ministre de la guerre avec Sa Majesté l'Empereur et Roi daté du 11 novembre 1812 ».
(2) Sans signature ni date; extraite du « Travail du ministre de la guerre avec Sa Majesté l'Empereur et Roi daté du 18 novembre 1812 ».

7030. — PROCLAMATION.

Orcha, 19 novembre 1812.

Soldats!

Un grand nombre de vous ont quitté leurs drapeaux et marchent isolément; ils violent par là leurs devoirs, l'honneur et la sûreté de l'armée; prenant d'eux-mêmes différentes directions, ils tombent dans les mains de l'ennemi.

Un pareil désordre doit finir.

L'Empereur ordonne que tous les hommes isolés blessés ou sans armes qui ont quitté leurs drapeaux les rejoignent à Orcha.

1° Les hommes du 1er corps aux ordres du prince d'Eckmühl se réuniront sur les hauteurs de la ville d'Orcha entre le chemin de Minsk et celui de Sienno, sous les ordres du général Charrière; là, ils rejoindront dans la journée leur régiment qui viendra prendre position sur ces hauteurs;

2° Les soldats du 4e corps, aux ordres du vice-roi, se réuniront à la position qu'occupe ce corps, hors du faubourg d'Orcha sur la route de Vitebsk;

3° Les soldats du 2e corps, commandé par le duc de Reggio, et ceux du 3e corps, commandé par le duc d'Elchingen, se réuniront sous les ordres du général Marchand près du 4e corps, à l'entrée du faubourg d'Orcha sur la route de Vitebsk;

4° Les soldats du 5e corps, du prince Poniatowski, se réuniront à Barany, à 3 lieues sur la route de Minsk où est leur corps;

5° Les soldats du 8e corps, aux ordres du duc d'Abrantès, se réuniront à Kokhanov, route d'Orcha à Bobr;

6° Tous les hommes à pied de la cavalerie se réuniront au 8e corps, commandé par le duc d'Abrantès, à Kokhanov;

7° Les soldats de l'artillerie du 2e et du 3e corps se réuniront au parc général à Orcha.

Tous soldats qui, après la publication du présent ordre, seront trouvés marchant isolément, seront arrêtés et punis prévôtalement; les chevaux dont ils seront trouvés munis seront saisis et remis à l'artillerie et aux transports, les effets dont ils seront chargés, hormis ceux du sac, de linge et chaussure, seront brûlés.

Tous MM. les officiers généraux et autres de l'armée feront exécuter, partout où ils en trouveront l'occasion, les dispositions de l'ordre ci-dessus; ils feront sentir que l'honneur de nos armes et la sûreté de l'armée en dépendent.

L'état-major général, les commandants des corps d'armée et les chefs de corps feront publier au son de la caisse et lire à haute voix sur tous les points à proximité la proclamation ci-dessus.

Autant que possible, on joindra un fifre ou autre musique au tambour pour fixer l'attention.

Il ne doit plus y avoir à l'armée que les voitures indispensables au service. En conséquence, on fera brûler dans la journée toute voiture qui ne serait pas d'une absolue nécessité et qui ne serait pas autorisée par les lois; aucun soldat ne peut conduire de chevaux et bagages. On laissera au petit nombre de réfugiés de Moscou les voitures nécessaires.

Par ordre de l'Empereur :
Le prince de Neuchâtel, major général,
A. BERTHIER.

7631. — ORDRE DU JOUR (1).

Tolotchine, 22 novembre 1812.

I. — Tous caissons portant bagages, toutes voitures appartenant à des officiers généraux et officiers supérieurs quelconques, qui seraient attelés par des chevaux du train d'artillerie, seront brûlés, et les chevaux attelés aux pièces ou aux caissons de munitions.

II. — Toute contravention au présent ordre sera passible de la peine de mort, si dans le corps ou bataillon du train il y a eu des pièces abandonnées par défaut de chevaux, lorsque des chevaux d'artillerie étaient détournés pour un service particulier.

Le major général est chargé de l'exécution du présent ordre.

---

(1) Non signé.

7632. — DÉCISIONS (1).

On rend compte à Sa Majesté de la perte que la 1re compagnie de pionniers français a faite par l'échouage du balaou l'Eléonore, qui a eu lieu dans la rade de Santona le 12 mai dernier. On la prie de vouloir bien accorder à cette compagnie un secours extraodinaire de 1.155 frs 25 c. sur l'exercice 1812, afin de la couvrir de cette perte.

Renvoyé au Conseil d'Etat.

On rend compte à Sa Majesté que le sieur Corsi exige des prix excessifs pour le loyer de deux magasins qui lui appartiennent, et qui sont indispensables pour le service des approvisionnements de siège de Porto-Ferrajo. On pense que les prix de location de ces deux magasins devraient être fixés à dire d'experts contradictoirement nommés.

Renvoyé au Conseil d'Etat.

On prend les ordres de Sa Majesté à cet égard.

7633. — AU GRAND ÉCUYER.

Smorgoni, 5 décembre 1812.

Monsieur le grand écuyer, les officiers d'ordonnance resteront tous au quartier général : il en partira un tous les deux jours; le premier qui partira sera Mortemart, le 2e Gourgaud, le 3e Christin, les autres ensuite. Ils m'apporteront des nouvelles de l'armée et de tous les derrières; la moitié passera par Varsovie, l'autre moitié par Danzig, où ils séjourneront deux jours pour être à même de m'instruire de ce qui se fait et dit.

NAPOLÉON.

---

(1) Sans signature ni date; extraites du « Travail du ministre directeur de l'administration de la guerre avec Sa Majesté l'Empereur et Roi daté du 2 décembre 1812 ».

7634. — DÉCISION.

5 décembre 1812.

La division du général Grenier, qui doit arriver dans le courant de ce mois à Nuremberg, Bamberg et Augsburg, attendra un ordre de l'Empereur pour se rendre à Berlin.

Le faire venir à Berlin.

NAPOLÉON.

7635. — DÉCISION.

Palais des Tuileries, 20 décembre 1812.

Avis du Conseil d'Etat en faveur d'une demande de la 1re compagnie de pionniers français à l'effet de recevoir la somme de 1.155 fr. 25 c., à titre de secours extraordinaire, pour lui permettre de remplacer des effets d'habillement qu'elle a perdus par suite d'un naufrage.

Approuvé.

NAPOLÉON.

7636. — DÉCISION.

Palais des Tuileries, 22 décembre 1812.

Le Conseil d'Etat, consulté au sujet des suites que comporte une altercation ayant eu lieu entre M. Boissy-d'Anglas, préfet de la Charente, et M. Delaas, major du 22e dragons, est d'avis qu'il convient de donner une autre destination à cet officier.

Approuvé.

NAPOLÉON.

7637. — DÉCISION.

24 décembre 1812.

La grande-duchesse de Toscane demande que 189 hommes du bataillon colonial italien, stationnés à

Accordé.

NAPOLÉON.

l'île d'Elbe, en soient retirés comme incapables de faire aucun service.

7638. — DÉCISION.

24 décembre 1812.

Le général Clarke propose de confier au général d'artillerie d'Aboville la direction générale de l'artillerie en Espagne.

Approuvé.

NAPOLÉON.

7639. — DÉCISION.

24 décembre 1812.

On demande à Sa Majesté l'autorisation de renvoyer à Milan environ 100 hommes du dépôt italien de Toulouse, qui sont hors d'état de servir.

Approuvé.

NAPOLÉON.

7640. — DÉCISION.

24 décembre 1812.

On rend compte à Sa Majesté du mouvement d'un bataillon de marche du Texel, composé de 560 hommes de garnison des vaisseaux, rendus par la marine et qui arriveront à Berlin le 5 janvier; on demande les ordres de Sa Majesté sur leur destination ultérieure.

Il sera placé dans une des places d'Anvers (*sic*) avec le bataillon de l'Oder et il y restera jusqu'à nouvel ordre.

NAPOLÉON.

7641. — DÉCISION.

Paris, 24 décembre 1812.

On demande à Sa Majesté l'autorisation de faire rentrer en Italie 140 dragons Napoléon, pour y être remontés.

Approuvé.

NAPOLÉON.

7642. — AU GÉNÉRAL CLARKE (1).

Paris, 24 décembre 1812.

Monsieur le duc de Feltre, je vois par vos lettres du 26 novembre que vous me proposez d'envoyer à la Grande Armée trois bataillons du 3º régiment étranger et trois bataillons du 4º. Je désire que vous donniez des ordres pour que ces régiments tiennent deux bataillons complets en officiers et sous-officiers, et en prenant les meilleurs officiers, si cela est nécessaire, dans les autres bataillons et composent toutes leurs compagnies de 150 hommes, de sorte que le colonel, avec l'adjudant-major et deux bataillons forts de 1.800 hommes, se tiennent prêts à partir. Il faut qu'ils aient leurs capotes et effets de campement, deux paires de souliers dans le sac et une aux pieds, un caisson d'ambulance et enfin soient en parfait état.

Vous donnerez le même ordre au 4º régiment et vous me ferez connaître quand ces quatre bataillons, bien habillés et bien munis de tout, pourront partir.

7643. — AU GÉNÉRAL CLARKE.

24 décembre 1812.

Monsieur le duc de Feltre, vous avez reçu le décret qui nomme le général Eblé commandant en chef de l'artillerie de la Grande Armée. Le général de division Haxo est commandant en chef du génie. Donnez des ordres pour que les généraux Chasseloup et Lariboisière retournent à Paris.

NAPOLÉON.

7644. — DÉCISION.

24 décembre 1812.

| La 71º cohorte, en garnison à Bruxelles, a témoigné le désir d'être appelée à la Grande Armée. | Le duc de Feltre témoignera ma satisfaction à cette cohorte et fera connaître cela dans les journaux. |

NAPOLÉON.

---

(1) Non signé; copie conforme.

7645. — DÉCISION.

Paris, 24 décembre 1812.

On prie Sa Majesté d'autoriser le licenciement du bataillon des gardes nationales de l'Escaut, employé dans l'île de Kadzand, et des bataillons de même arme levés dans les départements de la 10ᵉ division, limitrophes de l'Espagne.

Approuvé.

NAPOLÉON.

7646. — DÉCISION.

Paris, 24 décembre 1812.

Le ministre directeur rend compte de plusieurs abus d'autorité commis par le général Guérin à l'armée de Portugal; il expose les conséquences fâcheuses que de tels abus peuvent avoir pour l'administration et pour l'armée et il propose la punition de l'officier général qui s'en est rendu coupable.

Renvoyé au ministre de la guerre pour me faire un rapport.

NAPOLÉON.

7647. — DÉCISION (1).

24 décembre 1812.

On renouvelle la proposition d'accorder un congé d'un mois avec appointements au général de brigade Borel, employé dans le département de la Lys.

Accordé.

---

(1) Non signée; extraite du « Travail du ministre de la guerre avec Sa Majesté l'Empereur et Roi daté du 23 décembre 1812 ».

7648. — DÉCISION.

Paris, 25 décembre 1812.

Le général Clarke a désigné les deux premières compagnies du 5e bataillon du 14e de ligne pour aller tenir garnison à Erfurt.

Approuvé ces dispositions.

NAPOLÉON.

7649. — ORDRE (1).

Paris, 25 décembre 1812.

Je désire que vous me proposiez des mesures pour compléter le 13e régiment de hussards à 1.000 hommes, à prendre s'il le faut dans les dépôts de l'armée d'Espagne.

7650. — DÉCISION.

Au palais des Tuileries, 26 décembre 1812.

Faut-il arrêter à Metz le 10e hussards qui arrivera le 29 dans cette ville ?

Approuvé.

NAPOLÉON.

7651. — ORDRE (1).

28 décembre 1812.

Nouvelle organisation de la Grande Armée :

Le 1er corps de la Grande Armée aura trois divisions au lieu de cinq;

Le 2e corps de la Grande Armée aura deux divisions au lieu de trois;

Le 3e corps de la Grande Armée aura deux divisions au lieu de trois;

Le 4e corps de la Grande Armée aura deux divisions au lieu de trois;

---

(1) Non signé; extrait conforme.

Les réserves de cavalerie auront 6 batteries au lieu de 15.

Le 9° corps de la Grande Armée sera dissous et réparti dans les autres.

La division Loison sera répartie dans les corps d'armée conservés.

La division Durutte fera partie du 7° corps et y restera avec son matériel.

11° corps. — Ce corps d'armée restera indépendant de la Grande Armée et sera composé de la division du général Grenier, de la division du général Heudelet, de la division du général Lagrange.

Corps d'observation de l'Elbe à Hamburg. — Ce corps aura quatre divisions.

Corps d'observation du Rhin à Mayence. — Même composition que le précédent.

7652. — DÉCISION (1).

Palais des Tuileries, 28 décembre 1812.

On soumet à l'approbation de Sa Majesté un état de secours relatif à des veuves ou parents de militaires qui ne sont pas susceptibles de pensions, le dit état montant à la somme de 11.085 francs.

Accordé.

7653. — AU GÉNÉRAL LACUÉE.

Paris, 29 décembre 1812.

Monsieur le comte de Cessac, j'ai signé le décret que vous m'avez présenté pour compléter tous les 5es escadrons et, en conséquence, vous autoriser à un achat de 10.000 chevaux, savoir : 3.000 chevaux de carabiniers et cuirassiers; 800 chevaux de dragons; 1.500 chevau-légers; 3.000 chevaux de chasseurs; 1.700 de hussards.

Il n'existe que 7.000 hommes dans les dépôts. C'est donc près de

---

(1) Non signée; extraite du « Travail du ministre de la guerre avec Sa Majesté l'Empereur et Roi daté du 4 novembre 1812 ».

5.000 hommes qui manqueront. Je les ferai fournir par la conscription ou par les cohortes, si les hommes à pied ne suffisent pas pour y fournir. Dans le courant de janvier nous aurons l'état des hommes à pied ralliés sur la Vistule, et nous verrons s'il y a lieu de fournir un supplément.

Napoléon.

7654. — DÉCISIONS (1).

29 décembre 1812.

On met sous les yeux de Sa Majesté copie des offres faites par la Cie Logette de fournir, à Danzig ou Könisgberg, 1.500.000 bouteilles de vin de Bordeaux qui ne reviendraient au gouvernement qu'à 10 sols la bouteille, au moyen de licences qui seraient accordées à cette compagnie pour introduire en France des denrées coloniales.

Renvoyé au ministre du commerce pour me parler de cette proposition.

On met sous les yeux de Sa Majesté copie de la soumission présentée par la Cie Guillot pour la fourniture à Danzig de 500.000 bouteilles de vin de Bordeaux à raison de deux francs par litre sous la condition qu'il lui sera accordé des licences pour l'introduction en France des denrées coloniales pour une valeur égale au montant du vin.

Renvoyé au ministre du commerce pour me parler de cette proposition.

7655. — DÉCISIONS (2).

29 décembre 1812.

M. Ojetto, ancien secrétaire de la préfecture de Santander, détenu

Accordé.

---

(1) Non signées, extraites du « Travail du ministre directeur de l'administration de la guerre avec Sa Majesté l'Empereur et Roi daté du 23 décembre 1812 ».
(2) Non signées, extraites du « Travail du ministre de la guerre... » du 23 décembre 1812.

à Lille et dont M. le duc del Campo de Alange demande la liberté, a donné des preuves évidentes de son attachement à la France et paraît être victime d'une animosité particulière.

Le général de brigade Poncet, commandant provisoirement la 19ᵉ division militaire, demande un congé de 8 jours, pour aller à Dijon.

Accordé.

7656. — DÉCISIONS (1).

29 décembre 1812.

L'ambassadeur de Naples réclame la mise en liberté de deux officiers, nés dans ce pays et pris sous pavillon sicilien.

Accordé.

Le landamman de la Suisse réclame un officier de ce pays détenu en France comme prisonnier de guerre.

Accordé.

On rend compte à Sa Majesté qu'un prisonnier de guerre anglais, aveugle et privé du bras droit, sollicite son retour dans sa patrie.

Accordé.

7657. — DÉCISIONS (2).

29 décembre 1812.

Deux capitaines de marine marchande anglaise, atteints de maladies incurables, demandent leur mise en liberté et leur renvoi dans leur patrie.

Accordé.

---

(1) Non signées; extraites du « Travail du ministre de la guerre avec Sa Majesté l'Empereur et Roi, daté du 9 septembre 1812 ».
(2) Non signées; extraites du « Travail du ministre de la guerre avec Sa Majesté l'Empereur et Roi daté du 4 novembre 1812 ».

Le ministre de la guerre de Sa Majesté Catholique demande le renvoi en Espagne d'un conducteur de la malle aux lettres qui a été conduit en France comme prisonnier de guerre.	Accordé.

7658. — DÉCISIONS (1).

29 décembre 1812.

Un marin né dans le département de Gênes, qui servait sur les vaisseaux anglais avant la réunion de la Ligurie à la France, demande sa mise en liberté. Les autorités locales écrivent en faveur de ce marin.	Accordé.
Le sieur Walsh, prisonnier de guerre américain, qui a facilité le passage des voitures de Votre Majesté à Givet et qui a eu le bras cassé dans cette circonstance, demande son renvoi dans sa patrie.	Accordé.
Sa Majesté est priée de faire connaître si Elle permet qu'un lieutenant, né en France, jouisse de sa pension en Illyrie où il s'est marié.	Accordé.

7659. — DÉCISIONS (2).

29 décembre 1812.

On met sous les yeux de Sa Majesté la réclamation faite par le ministre de Bade en faveur d'un Badois qui est maintenant détenu en	Accordé.

---

(1) Non signées; extraites du « Travail du ministre de la guerre avec Sa Majesté l'Empereur et Roi daté du 16 septembre 1812 ».
(²) Non signées; extraites du « Travail du ministre de la guerre avec Sa Majesté l'Empereur et Roi daté du 30 septembre 1812 ».

France après avoir été pris sur un bâtiment anglais où il servait comme matelot.

M. de Maillardoz sollicite la mise en liberté d'un officier général au service de l'ancien gouvernement de Naples, détenu à Sisteron, et d'un lieutenant prisonnier de guerre à Mâcon, pris en Espagne.

Accordé.

Sa Majesté est priée d'accorder une gratification de 300 francs à un capitaine de corsaire sicilien, prisonnier de guerre à Sisteron, qui a contribué à éteindre un incendie qui menaçait un quartier de cette ville.

Accordé.

7660. — DÉCISION (1).

29 décembre 1812.

Sa Majesté est priée de faire connaître si Elle permet qu'un capitaine du 84° régiment jouisse de sa solde de retraite à Udine (royaume d'Italie) où il s'est marié.

Accordé.

7661. — DÉCISIONS (2).

29 décembre 1812.

S. A. le prince Borghèse et l'ambassadeur de Naples, sollicitent la mise en liberté des déportés et prisonniers napolitains détenus depuis plusieurs années à Alexandrie et dont les fautes paraissent expiées

Accordé.

---

(1) Non signée; extraite du « Travail du ministre de la guerre avec Sa Majesté l'Empereur et Roi daté du 7 octobre 1812 ».

(2) Non signées; extraites du « Travail du ministre de la guerre avec Sa Majesté l'Empereur et Roi daté du 14 octobre 1812 ».

par une conduite régulière et un retour à de meilleurs principes.

Un ex-grenadier du 88° régiment, admis à la solde de retraite, demande l'autorisation de jouir de sa pension à Trieste (provinces illyriennes), où il est employé dans les douanes.

Accordé.

7662. — DÉCISION (1).

29 décembre 1812.

Un employé de l'hôpital militaire de Raguse et un employé dans les douanes des provinces illyriennes peuvent-ils continuer d'y toucher leur pension pendant tout le temps qu'ils seront employés en Illyrie ?

Accordé.

7663. — DÉCISIONS (2).

29 décembre 1812.

M. le duc d'Albufera appuie la demande de renvoi à Valence, faite en faveur du nommé Morales, détenu au dépôt de Mâcon, petit-fils de l'ancien régidor de San Felipe et étudiant de l'université de Valence.

Accordé.

M. le baron de Lilliers, chambellan de Sa Majesté le roi de Bavière, sollicite la faveur d'appeler auprès de lui et sous sa caution, à Ratisbonne, son petit-fils, anglais, âgé de 14 ans, prisonnier à Verdun.

Accordé.

---

(1) Non signée; extraite du « Travail du ministre de la guerre avec Sa Majesté l'Empereur et Roi daté du 21 octobre 1812 ».
(2) Non signées; extraites du « Travail du ministre de la guerre avec Sa Majesté l'Empereur et Roi daté du 28 octobre 1812 ».

M. le landamman de la Suisse réclame la mise en liberté de trois militaires suisses détenus dans les dépôts de France.

Accordé.

7664. — DÉCISION (1).

29 décembre 1812.

Un capitaine de marine marchande anglaise, prisonnier à Verdun et malade sans espoir de guérison, désire retourner dans sa famille sous condition d'échange.

Accordé.

7665. — DÉCISIONS (2).

29 décembre 1812.

Le chargé d'affaires de Danemark réclame, au nom de son souverain, un Norvégien détenu au dépôt de Briançon.

Accordé.

Un prisonnier de guerre anglais, vieillard de 71 ans et presque aveugle, demande l'autorisation de retourner dans ses foyers.

Accordé.

7666. — DÉCISION (3).

Paris, 29 décembre 1812.

Un jeune médecin, venu en France pour ses études, a donné des signes d'aliénation mentale et paraît susceptible d'être renvoyé dans sa famille.

Approuvé.

---

(1) Non signée; extraite du « Travail du ministre de la guerre avec Sa Majesté l'Empereur et Roi daté du 11 novembre 1812 ».
(2) Non signées; extraites du « Travail du ministre de la guerre avec Sa Majesté l'Empereur et Roi daté du 18 novembre 1812 ».
(3) Non signée; extraite du « Travail du ministre de la guerre avec Sa Majesté l'Empereur et Roi du 2 décembre 1812 ».

7667. — DÉCISION.

Paris, 30 décembre 1812.

Le général Clarke propose d'envoyer la 72ᵉ cohorte dans l'île de Kadzand pour remplacer la cohorte du département de l'Escaut qui vient d'être licenciée.

Approuvé.

NAPOLÉON.

7668. — DÉCISION.

Paris, 30 décembre 1812.

Le général Clarke propose de fournir 1.306 hommes et 2.484 chevaux aux dépôts des 8 régiments de dragons ayant contribué à former le régiment provisoire employé à la Grande Armée.

Approuvé toutes ces dispositions.

NAPOLÉON.

7669. — NOTES DICTÉES PAR SA MAJESTÉ DANS SA SÉANCE DU CONSEIL DES MINISTRES DU 30 DÉCEMBRE 1812 (1).

Il faut diviser les départements de la France en cinq classes :

La 1ʳᵉ classe, composée de 16 départements, fournira 200 chevaux par département, en distinguant ceux qu'il faut pour les cuirassiers, les dragons et la cavalerie légère;

La 2ᵉ classe, composée de 30 départements, fournira 150 chevaux par département;

La 3ᵉ classe, composée de 24 départements, fournira 100 chevaux par département.

La 4ᵉ classe, composée de 20 départements, fournira 50 chevaux par département;

Et la 5ᵉ classe, composée de 40 départements, fournira 25 chevaux par département.

M. le comte de Cessac réunira chez lui les marchands de chevaux pour faire un projet de répartition entre les départements; il deman-

---

(1) Copie conforme.

dera 12.000 chevaux et établira la proportion de ce qui est nécessaire à chaque arme.

Ces chevaux seront payés, argent comptant, à 100 francs à peu près de moins qu'on ne les paye aux marchands, afin de ne pas anéantir les marchés.

En écrivant aux préfets, on leur mandera que je paye les chevaux moins chers, parce que je retranche du prix le bénéfice du marchand.

On pourra payer les chevaux de cuirassiers 400 francs, ceux de dragons 350 francs, ceux de la cavalerie légère 300 francs.

Toutes ces appréciations ne sont qu'approximatives, et ne sont que l'aperçu d'un projet.

On fera connaître aux négociants qui se présentent pour approvisionner Barcelone les propositions suivantes : ils importeront dans Barcelone 25.000 quintaux métriques de blé; on le leur payera 100 francs le quintal, ce qui fera 2.500.000 francs. On leur donnera de plus cinq licences qui, tant pour l'importation que pour l'exportation, seront soumises aux règles ordinaires.

Chaque licence leur donnera la faculté d'importer pour 500.000 francs de sucre avec obligation d'exporter. On leur fera connaître qu'ils gagneront par là 700.000 francs et que, par conséquent, ce sera comme si on leur donnait 3.200.000 francs pour la totalité de cette fourniture.

Le ministre du commerce me présentera un rapport pour me faire connaître combien il est entré de marchandises coloniales en France sans obligation d'exporter et sans licence, en conséquence des marchés faits par le ministre administrateur de la guerre.

7670. — NOTES DICTÉES PAR SA MAJESTÉ DANS SA SÉANCE DU CONSEIL DES MINISTRES DU 30 DÉCEMBRE 1812 (1).

Le ministre directeur de l'administration de la guerre écrira ce soir, par un courrier, aux préfets de l'Oise et de la Seine-Inférieure.

Il leur fera connaître que 10.000 chevaux sont requis dans l'Empire pour la remonte de la cavalerie;

---

(1) Copie conforme.

Que chacun de ces deux départements doit en fournir 200, dont 100 pour la grosse cavalerie et 100 pour la cavalerie légère, ce qui ne fait pas le trois centième des chevaux existant dans le département;

Que le 7ᵉ et le 8ᵉ régiment de cavalerie étant à Beauvais, il faut presser cette levée qui est très urgente;

Qu'ils doivent, en conséquence, faire la répartition de ce contingent entre les arrondissements et donner les ordres nécessaires aux sous-préfets pour que les chevaux requis soient en huit jours mis en mouvement pour se rendre de la sous-préfecture au chef-lieu du département. Les sous-préfets sont autorisés à requérir directement les chevaux des fermiers et propriétaires, s'ils ne peuvent les obtenir autrement.

Les majors des 7ᵉ et 8ᵉ sont chargés de leur réception.

Les chevaux fournis doivent avoir toutes les qualités exigées par le prospectus joint à la réquisition.

Ils seront payés comptant, à raison de 400 francs par cheval de cavalerie et de 300 par cheval de cavalerie légère.

L'ordonnateur a entre les mains les fonds nécessaires à ce payement.

Le 15 janvier, au plus tard, les 200 chevaux de chaque département auront dû être présentés aux majors, qui devront dans vingt-quatre heures les refuser ou les admettre.

TABLE DES NOMS DE PERSONNES [1]

A

ABBADIE (Mme), veuve d'un économe, 270.
ABEL, ancien ministre, résident des villes hanséatiques, 340.
ABOVILLE (D'), général d'artillerie, 615.
ADORNO, élève à La Flèche, 517.
ADRIANOV, colonel russe, 489.
ALEXANDRE Ier, empereur de Russie, 326, 395, 435, 439, 440, 486, 490, 491, 501.
ALLIX, général au service de Westphalie, 236.
ALMENARA (marquis D'), ministre de l'intérieur d'Espagne, 133.
ALORNA (marquis D'), général portugais, 239, 241.
ALQUIER, capitaine au 2e régiment d'infanterie légère, 116.
AMBERT, général de division, 376.
AMET, inspecteur des services réunis, 287.
ANTHING, général de brigade, 157.
ANTHOUARD (D'), général de division, 106.
AREND, fusilier au 129e d'infanterie, 11.
ARNAUD, lieutenant au 21e de ligne, 543.
ARRIGHI (général), duc de Padoue, 365.
AUGEREAU (maréchal), duc de Castiglione, 492, 509, 515, 516, 547, 548, 569, 573, 606.
AUSSENAC, adjudant commandant, puis général de brigade, 239, 282.

B

BABI, lieutenant au 7e d'infanterie légère, 543.
BACHELU, général de brigade, 411.
BACLER D'ALBE, lieutenant aux tirailleurs de la garde, 239.
BADE (grand-duc de). V. Charles-Louis-Frédéric.
BAGIEN, régisseur des vivres, 75.
BAGGOVOUTE, général russe, 439, 455.
BAGRATION (prince), général russe, 443, 455, 457, 474, 486, 489, 490, 499, 503, 509, 510, 527, 557, 588.
BAILLY DE MONTHION, général de brigade, 21, 100, 104, 224.
BALLON, lieutenant au 1er régiment de tirailleurs, 352.
BALTAZARD, sous-lieutenant au 66e d'infanterie, 310.
BALTUS, général de brigade, 68, 149, 150, 154, 236.
BALYCZEW (Joachim), sous-préfet de Velij, 514.
BARAGUEY D'HILLIERS, général de division, 316, 555, 582.
BARBOT, général de brigade, 35.
BARBOU, général de division, 572.
BARCLAY DE TOLLY (baron), général russe, 456, 551, 590.
BARDET, général de brigade, 21.
BAREZOUT, lieutenant au 7e d'infanterie légère, 543.
BARON, capitaine au 21e de ligne, 543.
BARRIN, adjudant commandant, 225.
BARTHÉLEMY, général de brigade, 399, 494.
BARZUN, lieutenant au 12e de ligne, 543.
BASSET, adjudant au 21e de ligne, 543.
BASTE, contre-amiral, 157, 418.
BATAILLE, trompette au 7e d'infanterie légère, 544.
BAVIÈRE (roi de). V. Maximilien-Joseph.
BAY, capitaine au 5e de ligne italien, 481.
BÉARN (DE), chef de bataillon au 129e de ligne, 54.
BEAULIEU (Pierre), capitaine au 12e de ligne, 543.
BÉCHAUD, colonel du 66e de ligne, 198.

---

[1] Les noms de *Napoléon*, *Berthier*, *Clarke*, etc., qui reviennent presque à chaque page, n'ont pas été mentionnés dans cette table.

BECKER, soldat au 12e de ligne, 543.
BELLAVÈNE, général de division, 323.
BELLIARD, général de division, 113, 114, 158, 162, 219, 286, 305, 306, 511.
BENZELL (DE), colonel démissionnaire de Russie, 250.
BERLAN, lieutenant au 12e de ligne, 543.
BERTHÉZÈNE, général de brigade, 358.
BERTHO, capitaine quartier-maître au 121e de ligne, 520.
BERTRAND (comte), général de division, 424.
BERTRAND (Antoine-Joseph), général de brigade, 494.
BERTRAND, major du 19e de ligne, 323.
BERTRAND, maréchal des logis de gendarmerie, 358.
BERTRAND DE SIVRAY, général de brigade, 5.
BESSIÈRES (maréchal), duc d'Istrie, 420, 421, 483, 491, 507.
BESSIÈRES (Julien), intendant à l'armée d'Espagne, 244.
BEURMANN, général de brigade, 27.
BEURNONVILLE, général de division, 323.
BIANCHI, général, 544.
BIBCO (Procopi), membre du conseil municipal de Vitebsk, 515.
BIGNON (baron), 447.
BILLARD, général de brigade, 249.
BLANC, sergent au 21e de ligne, 543.
BLANMONT, général de brigade, 249.
BLOUNT, médecin anglais, 341.
BOGNY, capitaine au 45e régiment d'infanterie, 290.
BOHOMOLETS (Romuald), maire de Vitebsk, 514.
BOHOMOLETS (Stanislas DE), sous-préfet de Vitebsk, 514.
BOISSIER, adjudant commandant, 481.
BOISSON, lieutenant au 21e de ligne, 543.
BOISSONNET, major du génie, 421.
BOISSY D'ANGLAS (baron), préfet, 284, 614.
BOISTE, lieutenant au 7e d'infanterie légère, 543.
BONHOMME, entrepreneur, 270.
BONNEMAIN, commissaire ordonnateur en retraite, 436.
BORCK (comte DE), 515.
BORDESSOULLE, général de brigade, 26, 241, 456, 457, 474, 529.
BOREL, général de brigade, 617.
BORGHÈSE (prince), 226, 352, 623.
BORKE, lieutenant de hussards prussiens, 474.

BORKOVSIKI, membre du conseil municipal de Vilna, 449.
BOUCHARD, adjudant commandant, 469.
BOURCIER, général de division, 37, 44, 48, 81, 155, 159, 178, 189, 212, 219, 223, 241, 252, 263, 264, 285, 298, 301, 325, 361, 380, 472, 517, 605, 608.
BOURDIN, régisseur des hôpitaux, 122.
BOURDON, sergent-major au 5e bataillon de sapeurs, 282.
BOUVET, inspecteur de l'hôpital militaire de Rennes, 269.
BOUYER (François), lieutenant au 12e de ligne, 543.
BOYÉ, général de brigade, 313.
BOYER, adjudant-commandant, 349.
BOYER, médecin, 341.
BRAYER, général de brigade, 292.
BRETON, capitaine, 391.
BRETZ, capitaine au 12e de ligne, 543.
BRIAN (veuve), 270.
BRICHE, général de brigade, 53.
BRILLANT, soldat au 7e d'infanterie légère, 544.
BRISSAUD, général de brigade, 352.
BROUN (Charles), conseiller municipal de Smolensk, 542.
BROUSSIER, général de division, 5, 502.
BROWN, soldat anglais, 340.
BRUN, général de brigade, 149, 152, 153.
BRUNOV, sous-préfet d'Oupita, 449.
BRUYÈRE, général de division, 27, 28, 169, 241, 251, 438, 442, 457, 498, 499, 501, 503, 530.
BUFFET, capitaine au 5e bataillon de sapeurs, 282.
BUGET, général de brigade, 163.
BURTHE, général de brigade, 27.
BUTARD, adjudant-major au 7e d'infanterie légère, 543.

C

CACAULT, général de brigade, 163.
CAFFARELLI, général de division, 84, 85, 535.
CAILLEBOT, capitaine au 21e de ligne, 543.
CAILLEMER, chef d'escadrons au 26e chasseurs, 114.
CALLIER, général de brigade, 282.
CALVET, soldat au 7e d'infanterie légère, 544.
CAMBERLIN, colonel, 303.
CAMPO DE ALANGE (duc DEL), 621.
CAMPREDON, général de division, 49.

TABLE DES NOMS DE PERSONNES

Canteloube, lieutenant à l'état-major de l'armée d'Aragon, 599.
Carra Saint-Cyr, général de division, 149, 152, 153, 283.
Carré, sergent au 21e de ligne, 543.
Carré (Jacques), capitaine au 12e de ligne, 543.
Cassagne, général de brigade, 163.
Castella, général de brigade, 494.
Castellan, colonel du 60e de ligne, 45.
Castex (baron), général de brigade, 26, 241, 442.
Catherine II, 486, 560.
Caudron, sergent au 21e de ligne, 543.
Caudron (Jean-Baptiste), capitaine au 21e de ligne, 543.
Caulaincourt, général de division, grand écuyer, 492, 546, 613.
Caussette (Bertrand), lieutenant au 7e d'infanterie légère, 543.
Cavaignac, général de brigade, 494.
Cayré (Etienne), canonnier au 6e d'artillerie à cheval, 554.
Cazimir, sous-officier à la légion portugaise, 283.
Centurioni, élève à l'Ecole Saint-Cyr, 368.
Champagny, duc de Cadore, 316.
Ceresa de Bouvillaret, sous-lieutenant au 6e régiment de chasseurs, 163.
Chaban (comte), conseiller d'Etat, 74.
Chambarlhac, général de division, 365.
Charbonnel, général de brigade, 68, 108.
Charles (prince primat), grand-duc de Francfort, 250, 349, 351.
Charles-Auguste, duc de Saxe Weimar, 470.
Charles-Louis-Frédéric, grand-duc de Bade, 23, 468, 534.
Charlet, adjudant-major au 1er régiment de marche, 141.
Charpentier, général de division, 523, 525.
Charrière, général de brigade, 611.
Charvet, capitaine adjudant-major, 471.
Chasse, lieutenant au 7e d'infanterie légère, 543.
Chasseloup, général de division, 342, 477, 522, 552, 595, 616.
Chastel, général de division, 319.
Chauve dit Richard, chef d'escadron, 451.
Chefdebien, commissaire ordonnateur, 74.
Cherrier, capitaine au régiment de La Tour-d'Auvergne, 466.

Chevilliau, capitaine au 64e régiment de ligne, 142.
Chlusowitz, colonel du 2e régiment de la Vistule, 296.
Choiseul-Beaupré (de), major du 2e régiment de chasseurs à cheval espagnol, 466.
Chouvalov, général russe, 455.
Chrapowicki (Antoine), membre du conseil municipal de Vilna, 449.
Chreptowicz (comte Adam), 448.
Christin, officier d'ordonnance de l'Empereur, 613.
Chrzanowski (Ignace), sous-préfet de Nevel, 514.
Chubuissot, sergent au 21e de ligne, 543.
Chuquet (A.), « Lettres et apostilles de Napoléon », 73.
Cicile, capitaine ingénieur géographe, 239.
Claparède, général de division, 222, 245, 272, 334, 411, 606.
Clément (prince), 510.
Clément de La Roncière, général de division, 323.
Clouet, capitaine du génie, 392.
Cocriamont, capitaine au 21e de ligne, 543.
Colbert (Auguste), général de brigade, 263, 475, 483, 490, 507.
Collet, sous-lieutenant au 5e cuirassiers, 182.
Collot, adjudant commandant, 555.
Combes, auditeur au Conseil d'Etat, 122.
Compans, général de division, 140, 149, 152, 553.
Compère, général de brigade, 2.
Conny, capitaine d'artillerie, 292.
Constantin (grand-duc), 501, 547.
Contamine (de), adjudant-commandant, 239.
Corbineau, général de brigade, 27, 241.
Cornaglia, capitaine adjudant-major au régiment des pupilles, 469.
Corsi, propriétaire à Porto-Ferrajo, 613.
Corsin, général de brigade, 149, 153.
Corvisart, médecin de l'Empereur, 12, 341.
Cosso (Louis), capitaine au 7e d'infanterie légère, 543.
Cosson, général de brigade, 494.
Coulaux (frères), manufacturiers, 186.
Courbon, ex-chef de bataillon au service du roi de Westphalie, 227.
Courtin, régisseur général des hôpitaux de la Grande Armée, 75.

CRENOLLE (Quengo DE), maréchal de camp, 331, 354.
CURIAL, général de division, 352, 405, 420, 497.
CZARTORISKI (prince Adam), 487.
CZYZ (François), membre du conseil municipal de Vilna, 449.

D

DAENDELS, général de division, 232, 319, 416, 439.
DALBIGNAC, général de brigade, 70.
DALOIGNY, lieutenant au 14e dragons, 399.
DALTON, général de brigade, 532.
DANDAL, sergent au 7e d'infanterie légère, 544.
DANEMARK (Le roi de). V. Frédéric VI.
DANILOWICZ, adjoint au maire de Vilna, 449.
DARANCEY, général de brigade, 516.
DARU, intendant général de la Grande Armée, 39, 218, 291, 479.
DAUBIGNY, général de brigade, 481.
DAUMESNIL, général de brigade, 312.
DAVOUT (maréchal), prince d'Eckmühl, 7, 8, 18, 33, 34, 36, 38, 43, 44, 51, 56, 105, 111, 117, 138, 139, 142, 153, 154, 159, 161, 170, 178, 180, 189, 195, 196, 215, 218, 219, 231, 232, 233, 248, 249, 251, 254, 279, 280, 285, 292, 293, 302, 314, 319, 320, 376, 392, 393, 415 à 419, 422, 425, 431, 434, 435, 438, 439, 442, 456, 457, 474, 483, 487, 490, 499, 503, 509, 527 à 531, 545, 546, 552, 553, 574, 609, 611.
DEBELLE, général de brigade, 226.
DECAEN, général de division, 84, 85, 111, 212, 238, 318.
DEFERMON (comte), ministre d'État, 316.
DEFRANCE, général de division, 28, 241, 438.
DEHIR, capitaine au 12e de ligne, 543.
DEIN, colonel du 15e de ligne, 482.
DELAAS, major du 22e dragons, 284, 614.
DELABORDE, général de division, 135, 199, 263, 417, 418, 433, 485, 506, 522, 523, 525, 554, 607.
DELAFOND (Mme), veuve d'un infirmier-major, 270.
DELAITRE, général de brigade, 319.
DELIGNON, lieutenant au 7e d'infanterie légère, 543.
DELLA DECIMA, capitaine au bataillon septinsulaire, 424.
DELOUX, lieutenant au 21e de ligne, 543.
DELPLACE, lieutenant au 7e d'infanterie légère, 543.

DELZONS, général de division, 5, 501, 502, 594, 608.
DEMBOWSKI, général de division, 457.
DENNIÉE, inspecteur en chef aux revues, 218, 322.
DENTZEL, adjudant-commandant, 104.
DENYS, sous-inspecteur aux revues, 221.
DEPONTHON, colonel, 436.
DEROY, général bavarois, 487, 539, 544.
DERY, général de brigade, 598.
DESBUREAUX, général de division, 20, 24.
DESCHAMPS, commissaire-ordonnateur, 74.
DESGENETTES, médecin en chef de la Grande Armée, 75.
DESMONTS, major du 13e cuirassiers, 351.
DESMOULINS, trompette au train des équipages de la garde, 470.
DESNOYERS, adjudant-commandant, 156.
DESSAIX, général de division, 553.
DEVISMES, lieutenant au régiment Joseph-Napoléon, 262, 265.
DIDIER, soldat au 7e d'infanterie légère, 544.
DIGEON, général de brigade, 473.
DOCTOROV, général russe, 455 à 457.
DOMMANGET, général de brigade, 211, 251.
DORSENNE, général de division, 85, 141, 250, 329.
DOUBLET, fusilier-grenadier, 470.
DOUMERC, général de division, 28, 29, 184.
DRUGMAN, ex-lieutenant au 27e régiment de chasseurs, 182.
DUBOIS, médecin, 341.
DUBOUCHET, colonel commandant d'armes à Bréda, 54.
DUCROST, commissaire des guerres, 235.
DUDON, maître des requêtes au Conseil d'État, 244.
DUFAYEL, chef de bataillon, 482.
DUFOUR, lieutenant au 7e d'infanterie légère, 543.
DUFRESSE, général de brigade, 100, 351, 494.
DUHESME, général de division, 469.
DULAULOY, général de division, 68, 103.
DULONG (colonel), colonel du 12e d'infanterie légère, 597.
DUMANOIR, contre-amiral, 423.
DUMAS (Mathieu), général de division, 23, 40, 57, 74, 75, 114, 118, 123, 130, 136, 143, 170, 188, 225, 249, 434, 459, 526, 546.

TABLE DES NOMS DE PERSONNES

DUMESNIL, capitaine au 14e dragons, 399.
DUMESNIL, général de brigade, 237.
DUMOLLARD, adjudant-commandant, 225.
DUPONT, ancien conseiller à la Cour des comptes, 395.
DUPPELIN, général de brigade, 157.
DUPRAT, commissaire ordonnateur, 74.
DUROSNEL, général de brigade, 168, 422.
DURUTTE, général de division, 117, 439, 568, 601, 619.
DU TAILLIS (Raimond du Bosc), général de division, 300, 317, 395, 412.
DUTILLEUL, auditeur au Conseil d'Etat, 122.
DUTRUY, général de brigade, 110.
DUVAL (François-Raymond), général de brigade, 16.

E

EBLÉ, général de division, 4, 114, 413, 415, 418, 438, 477, 478, 522, 529, 602, 616.
ELISA NAPOLÉON, grande duchesse de Toscane, 101, 102, 150, 533.
ENDRICH, soldat au 103e d'infanterie, 516.
ESTOURMEL (D'), capitaine adjoint, 132.
ETIENNE, lieutenant au 12e de ligne, 543.
EUGÈNE-NAPOLÉON, vice-roi d'Italie, 98, 100 à 102, 218, 358, 402, 435, 438, 465, 483, 491, 496, 499, 528, 529, 545, 546, 556, 572, 574, 587, 598, 609, 611.
EVERS, général de brigade, 494.

F

FABRE, général de brigade, 494.
FAIN (baron), 40.
FARCIN, colonel, 235.
FARIAU, lieutenant au 121e de ligne, 520.
FAULTRIER, général de division, 68, 103.
FAURE DE GIÈRE, général de brigade, 140.
FÉBURE DE FRÉNOY, colonel, 534.
FERDINAND-JOSEPH-JEAN-BAPTISTE, grand-duc de Würzburg, 155, 164, 278, 326, 592.
FERRERI, capitaine, 499.
FLORIN, ancien capitaine au service d'Autriche, 210.
FORNASINI, réfugié égyptien, 53.

FORNIER D'ALBE, général de brigade, 100.
FOUCHER DE CAREIL, général de division, 68, 103, 508.
FOULON DE DOUÉ, major en second, 210.
FRANCESCHI, général de brigade, 494.
FRANCESON, chef de bataillon de la garde nationale de Vilna, 449.
FRANCFORT (grand-duc de). V. Charles, prince primat.
FRANÇOIS II, empereur d'Autriche, 396.
FRÉDÉRIC, soldat au 12e de ligne, 543.
FRÉDÉRIC VI, roi de Danemark, 178, 235.
FRÉDÉRIC-AUGUSTE, roi de Saxe, 297, 299.
FRÉDÉRIC GUILLAUME III, roi de Prusse, 326.
FRIANT, général de division, 498, 530, 531, 553.
FRIRION, général de division, 424.
FROLAND, membre du conseil municipal de Vilna, 449.
FUGIÈRE, général de brigade, 156.
FUMÉ, lieutenant au 21e de ligne, 543.

G

GALLÉE, inspecteur général du service de santé, 308.
GANAVIAL, soldat au 12e de ligne, 543.
GAREAU, général de brigade, 364, 365.
GAUDIER, soldat au 12e de ligne, 543.
GAULT, général de brigade, 494.
GAUTHERIN, général de brigade, 27.
GAUTHIER (Etienne), général de brigade, 387, 399.
GEDROYC (prince), sous-préfet de Vilna, 449.
GENCY, général de brigade, 152.
GEORGES-GUILLAUME, prince de Schaumburg-Lippe, 567.
GEORGET (Louis), soldat au 12e de ligne, 543.
GÉRARD, chef de bureau au ministère de la guerre, 429.
GÉRARD (François-Joseph, baron), général de brigade, 27.
GERARD (Maurice-Etienne), général de division, 540.
GILBERT, soldat au 12e de ligne, 543.
GINTER, membre de la commission administrative de Minsk, 448.
GIRARD (Jean-Baptiste, baron), général de division, 53, 432, 526.
GLINSKI, lieutenant, 590.
GODART, général de brigade, 323, 494.
GOLD, chirurgien anglais, 12.
GOMÈS-FREYRE, général portugais, 508.

TABLE DES NOMS DE PERSONNES

GOURGAUD, officier d'ordonnance de l'Empereur, 613.
GOUVION SAINT-CYR, général de division, 135, 160, 382, 487, 538, 544, 609.
GRABOWSKI, brigadier, 486, 532.
GRANDEAU, général de brigade, 100, 532.
GRATIEN, général de brigade, 149, 152.
GRAWERT, général prussien, 423, 510.
GREGORIEV, général russe, 487.
GRENIER, général de division, 224, 379, 545, 569, 571, 572, 584, 593, 603, 614, 619.
GROBERT (François), commissaire des guerres, 372.
GROBERT (Joseph-François-Louis DE), colonel, 534.
GROUCHY (comte), général de division, 193, 457, 474, 487, 490, 491, 508, 529, 541.
GUDIN, général de division, 433, 498, 508, 531, 539, 540, 554.
GUÉHÉNEUC, colonel, 439, 609.
GUÉRIN, sergent-major au 7e d'infanterie légère, 544.
GUÉRIN D'ETOQUIGNY, général de division, 617.
GUIABERT, lieutenant au 7e d'infanterie légère, 543.
GUIARD, chef d'escadrons au 18e dragons, 350.
GUIDAL, ex-général de brigade, 527.
GUILLOT (compagnie), 620.
GUITON, général de brigade, 235, 267, 271, 279.
GUYON, général de brigade, 522, 524.

H

HABERT, général de division, 84.
HALL, commissaire des guerres, 116.
HAMELINAYE, général de brigade, 226.
HAREL, chef de bataillon, 237.
HARISPE, général de division, 84.
HAUTPOUL (D'), général de division, 307.
HAXO, général du génie, 438, 616.
HENRY, colonel de gendarmerie, 52, 236.
HEREDIA (S.), ouvrier mineur, 340.
HERVAS, capitaine au 31e régiment de chasseurs, 123.
HESSBERG (DE), lieutenant au 4e régiment étranger, 520.
HEUDELET, général de division, 266, 267, 352, 380 à 383, 397, 439, 463, 494, 515, 516, 567, 569, 570, 603, 619.
HEURTELOUP, chirurgien en chef de la Grande Armée, 75, 303.
HEYLIGERS, général de brigade, 494.

HOGENDORP, général de brigade, 422, 430, 433, 439, 460, 466, 548, 552.
HOLLANDE (Le roi de), 189.
HOULIER, canonnier au 12e de ligne, 543.
HREBNICKI, sous-préfet de Lepel, 514.
HUARD, général de brigade, 5, 501.
HUCHET, colonel de gendarmerie, 156.
HUGONNENC, ancien agent en chef des hôpitaux militaires, 141.
HUGOT, soldat au 12e de ligne, 543.
HULIN, général de division, 495.
HUMBERT, capitaine au 12e de ligne, 543.
HUNTER-BLAIR, capitaine anglais, prisonnier de guerre, 132.

J

JABA, adjoint au maire de Vitebsk, 514.
JABA (Joseph), sous-préfet de Gorodok, 514.
JACQUINOT, général de brigade, 27, 241.
JAGELLONS (Les), 485.
JALRAS, général de brigade, 494.
JAMERON, colonel de gendarmerie, 163.
JANNEREL, général prussien, 485.
JAUSSAUD DE VEDELEN, ex-brigadier des armées hollandaises, 555.
JEFREMOV (Nicolas), conseiller municipal de Smolensk, 542.
JELSKI (comte François), 447.
JÉRÔME-NAPOLÉON, roi de Westphalie, 210, 227, 236, 435, 438, 443, 457, 474, 487.
JESOVAISKI, colonel russe, 489.
JOINVILLE, commissaire ordonnateur, 74, 429, 458.
JOLLY, major du 6e chevau-légers, 156.
JOMINI, général, 480.
JOSEPH, fils d'un lieutenant du 88e régiment d'infanterie, 11.
JOSSET-SAINT-ANGE, fils, ex-lieutenant au 64e régiment d'infanterie, 187.
JOUBERT, commissaire ordonnateur, 74.
JOUBERT (J.-A.-R.), général de brigade, 149, 153.
JOUFFROY, général de brigade, 68.
JOUFFROY (Abel DE), lieutenant de chevau-légers, 237.
JOURDAN (maréchal), 148.
JUNOT, duc d'Abrantès, 135, 229, 312, 509, 530, 539, 586, 611.
JUSSIEU (DE), aide-minéralogiste au Jardin des Plantes, 331.

K

KAMENSKI, général russe, 510.
KAREVITCH, conseiller municipal de Smolensk, 542.
KARNICKI (Nicolas), sous-préfet de Lioutsyn, 514.
KELLERMANN (maréchal), duc de Valmy, 367.
KELLERMANN, général de division, 27, 28, 29, 193, 211, 319, 459.
KEMBLE, acteur anglais, 340.
KERSAINT, capitaine de vaisseau, 180.
KINDELAN, général de division, 175, 357, 590.
KIRGENER, général de brigade, 415, 453, 465, 477, 482, 483, 522.
KISTER, général de brigade, 411.
KLEIN, capitaine au 26e dragons, 520.
KLEIST, général prussien, 485, 510.
KLENGEL, général saxon, 510.
KLINGLER, aide de camp du général Barclay de Tolly, 590.
KOMIEROWSKI, adjudant-major au 1er régiment étranger, 589.
KONDRATOVITCH, membre du conseil municipal de Vitebsk, 515.
KOSIELSKI, commandant de la garde nationale de Vilna, 449.
KOSSAKOVSKI, secrétaire général du gouvernement de Lithuanie, 447.
KOST, soldat au 4e régiment suisse, 12.
KOULNIEV, général russe, 518.
KOURAKINE (prince), 434, 435, 588.
KRANSE, sous-officier au 2e de hussards prussiens, 474.
KRASINSKI, général polonais, 232.
KRASOVSKI, membre du conseil municipal de Vitebsk, 515.
KRAYENHOFF, général de brigade, 324.
KUTUSOV, général russe, 547.

L

LABARTHE (veuve), 358.
LABORDE. V. Delaborde.
LABROUE, lieutenant, 317.
LACHENAL, lieutenant au 21e de ligne, 543.
LACHNICKI, membre de la commission administrative de Grodno, 448.
LA CONCHA (Fernando DE), colonel espagnol, 174.
LACROIX, colonel, 499.
LAFITTE, colonel, 235.

LA FIZELIÈRE, capitaine, 534.
LAGRANGE (Adelaïde-Blaise-François LELIÈVRE DE), général de division, 100, 283, 295, 333, 370, 371, 381, 393, 414, 425, 439, 569, 571, 603, 619.
LAGRANGE (Armand-Charles-Louis LELIÈVRE, comte DE), général de brigade, 149, 153, 393.
LAGRENÉE (Mme DE), fille d'un ancien trésorier de France, 324.
LAGURANDE, sergent au 21e de ligne, 543.
LAHOUSSAYE, général de division, 28, 29.
LA HUBAUDIÈRE (DE), capitaine des gardes d'honneur du prince Borghèse, 352.
LALLEMANT dit WATTEBLED, capitaine au 11e dragons, 71, 313.
LA MARMORA, sous-lieutenant au 26e régiment de chasseurs, 399.
LAMARTILLIÈRE (FABRE-), général de division, 62.
LAMBERT (Jean-François), ancien ordonnateur, 594.
LAMBERT (Urbain-François), général de brigade, 22, 303, 494, 574.
LAMBERT, pharmacien en chef de la Grande Armée, 75.
LAMETH (C.), général de brigade, 110.
LANCHANTIN, général de brigade, 400, 494.
LANNES (maréchal), 355.
LAPLANE, général de brigade, 100.
LAPPA, membre du conseil municipal de Vitebsk, 515.
LARIBOISIÈRE, général de division, 114, 118, 180, 184, 199, 226, 234, 244, 305, 315, 334, 342, 384, 390, 410, 412, 413, 454, 479, 523, 552, 554, 566, 586, 616.
LASKI, gentilhomme polonais, 226.
LATOUR-MAUBOURG, général de division, 29, 319, 323, 487, 489, 509.
LAUBERDIÈRE, général de brigade, 110, 149.
LAUNAY, général de brigade, 400.
LAURISTON (comte DE), général de division, 435.
LAUTIER-XAINTRAILLES, général de division, 156, 400.
LAVALLETTE (DE), directeur des postes, 195, 335.
LEBRUN, duc de Plaisance, 159.
LECAMUS, général de brigade, 104.
LECAPITAINE, maréchal de camp au service d'Espagne, 133.
LECLER, lieutenant au 12e de ligne, 543.
LECOURT-VILLIÈRE, colonel, 400.
LÉCU, capitaine au 12e de ligne, 543.

LEDEL, capitaine au 125e de ligne, 13.
LEDRAN, sergent au 7e d'infanterie légère, 544.
LEDRU, général de division, 30, 540.
LEFÈVRE (maréchal), duc de Danzig, 420, 483, 485.
LEFÈVRE, grenadier au 12e de ligne, 543.
LEGENDRE, chef de bataillon d'artillerie, 317.
LEGENDRE, membre de l'Institut, 261.
LEGRAND (Louis-Melchior), général de brigade, 249.
LEGRAND (comte), général de division, 307, 332, 510, 511.
LEGROS, adjudant commandant, 574.
LE MAROIS, général de division, 224, 365.
LEMOINE, général de division, 24.
LEMORE, adjoint aux commissaires des guerres, 215.
LEMOYNE, colonel du 14e régiment de chasseurs, 313.
LEPIN, général de brigade, 98.
LE PLAT, ancien lieutenant-colonel au service d'Autriche, 110.
LEROUX, gendarme, 351.
LEROUX (Pierre), capitaine au 21e de ligne, 543.
LESSEPS, intendant de la province de Moscou, 563.
LEVAILLANT, marchand de chevaux, 306.
LEVAVASSEUR, colonel d'artillerie, 189.
LHUILLIER, général de division, 294, 342, 364.
LIAPPA (Siméon), adjoint au maire de Smolensk, 542.
LIÉGEARD, major, 235.
LILLERS (baron DE), chambellan du roi de Bavière, 624.
LIPPE-SCHAUMBURG (prince DE). V. Georges-Guillaume.
LIZORZA (Manuel), officier espagnol, 71.
LOGETTE (compagnie), 620.
LOISON, général de division, 200, 336, 346, 567, 568, 601, 619.
LOMBART, commissaire ordonnateur, 74.
LONGCHAMP, général de brigade, 352.
LORCET, général de brigade, 211.
LORENZI, chef d'escadron, 499.
LORGE, général de division, 211, 332.
LOTTUM (comte DE), 392, 393.
LOZCO, adjoint au maire de Vitebsk, 515.
LUBOCZYNSKI, sous-préfet de Souraj, 514.
LUTZE, hussard prussien, 474.

M

MACDONALD (maréchal), duc de Tarente, 161, 271, 333, 431, 432, 439, 456, 477, 485, 488, 509, 518, 528, 544, 550.
MAILLARDOZ (DE), ministre plénipotentiaire de Suisse, 623.
MAINVILLE, capitaine au 31e régiment de chasseurs, 216.
MAISON, général de division, 538.
MALCZEWSKI, membre du conseil municipal de Vilna, 449.
MALEWSKI, adjoint au maire de Vilna, 449.
MANZER, membre du conseil municipal de Vilna, 449.
MARAT, membre de la Convention, 588.
MARBEUF, colonel commandant le 6e chevau-légers, 121, 552.
MARCEL, commandant le 1er bataillon de vétérans, 109.
MARCHAND, capitaine au 7e d'infanterie légère, 543.
MARCHAND, général de division, 236, 611.
MARCHUDIC, soldat au 12e de ligne, 543.
MARET, duc de Bassano, 198, 383.
MARGARON, général de brigade, 494.
MARION, général de brigade, 149, 152, 153.
MARKOV, général russe, 455.
MARMONT (maréchal), 198, 292.
MARTHE, capitaine, aide de camp du général Curial, 352.
MARTHOD, major aux dragons de la garde, 587.
MARTIN, commissaire des guerres, 115.
MASSÉNA (maréchal), prince d'Essling, 317.
MASSON, lieutenant au 7e d'infanterie légère, 543.
MATHIEU, capitaine au 16e léger, 195.
MATHIEU (L.-J.-C.), ex-chef de bataillon, 610.
MATHIEU (Maurice), général de division, 83, 318.
MATT, lieutenant au 121e d'infanterie, 225.
MAX, membre du conseil municipal de Vilna, 449.
MAXIMILIEN-JOSEPH, roi de Bavière, 468, 624.
MAZUCHELLI, général, 481.
MELFORT, colonel du régiment de La Tour d'Auvergne, 175.
MENARD, général de brigade, 352.
MENGIN, colonel d'artillerie, 479.
MERIAGE, adjudant commandant, 236.
MERLE, général de division, 320, 382, 397.

MEUNIER (J.), général de brigade, 323.
MICEWICZ, sous-préfet de Rossieny, 449.
MICHAUD, capitaine du génie, 198.
MICHAUD (baron), général de division, 300, 342.
MICHEL, sous-lieutenant au 1er cuirassiers, 392.
MICHEL (Claude-Etienne), général de brigade, 237, 420.
MICHELET, capitaine au 12e de ligne, 543.
MILARD, sergent au 21e de ligne, 543.
MINA, chef de partisans, 84, 438.
MIOLLIS, général de division, 659.
MIONNET, capitaine, 22.
MISSIESSY, amiral, 180.
MOHL (François), sous-préfet de Dunabourg, 514.
MOLARD, adjudant commandant, 470.
MOLITOR, général de division, 23, 96, 365, 397.
MOLLIEN (comte), 122.
MONCEAU, cavalier au 14e dragons, 399.
MONCEY (maréchal), 366.
MONGENET, colonel, 68.
MONISTROL, adjudant commandant, 110.
MONTAIGNE (DE), garde d'honneur, 35.
MONTBRUN, général de division, 29, 438, 456, 473, 486, 498.
MONTCHOISY, général de division, 53, 109, 536.
MONTECQ, capitaine au 7e d'infanterie légère, 543.
MONTHIERRY, commissaire des guerres, 504.
MONTHOLON (comte DE), 164.
MONTMORT, capitaine aide de camp, 283.
MORALÈS, détenu politique, 624.
MORAND, général de division, 117, 152, 242, 438, 457, 494, 498, 515, 516, 521, 531, 554, 567.
MORGAN DE FRUCOURT, capitaine au 6e chevau-légers, 163.
MORIKONI, sous-préfet de Vilkomir.
MORLET, chef de bataillon, 187.
MORTEMART, officier d'ordonnance de l'Empereur, 613.
MORTIER (maréchal), duc de Trévise, 243, 244, 308, 310, 313, 327, 433, 453, 454, 478, 485, 491, 497, 565, 574, 598, 609.
MOUCHON, chef de bataillon au 63e de ligne, 316.
MOUTRON, régisseur des vivres, 75, 122, 436.

MOURRET, lieutenant au 2e chevau-légers, 110.
MOUTON (général), comte de Lobau, 35, 236, 610.
MURAT, roi de Naples, 2, 312, 438, 439, 442, 455, 456, 473, 474, 486, 491, 498, 501, 502, 503, 509, 511, 528, 529, 530, 546, 550, 553, 554, 556, 587, 594, 598.
MUSNIER, général de division, 84, 85.

N

NALÈCHE, général de brigade, 358.
NANSOUTY, général de division, 29, 44, 109, 271, 438, 457, 474, 483, 486, 491, 498, 501, 529, 588.
NAPLES (Roi de). V. Murat.
NARBONNE, général, aide de camp de l'Empereur, 434.
NASSAU (Le duc de), 222, 309.
NAUMANN, prisonnier de guerre, 482.
NEIMAN, membre du conseil municipal de Vilna, 449.
NEY (maréchal), duc d'Elchingen, 29, 31, 162, 164, 175, 185, 193, 234, 384, 408, 435, 439, 443, 456, 486, 509, 528 à 531, 539, 546, 553, 574, 581, 587, 611.
NIEMCEWICZ, membre de la commission administrative de Grodno, 448.
NOIROT, général de brigade, 133.
NORMAND, général de brigade, 494.

O

OBUCHOWICZ (Xavier), membre de la commission administrative de Minsk, 448.
OJETTO, ancien secrétaire de la préfecture de Santander, 620.
O'MÉARA, colonel, 355.
ORDINAIRE, capitaine du génie, 225.
ORNANO, général de brigade, 193, 251, 254, 503.
OSTEN, général de brigade, 149, 152, 153.
OSTERMANN, général russe, 501.
OSSENT, sous-lieutenant au 17e escadron de gendarmerie d'Espagne, 139.
OUDINOT (maréchal), duc de Reggio, 25, 185, 234, 239, 245, 272, 286, 294, 296, 315, 400, 408, 430, 435, 439, 442, 455, 456, 486, 490, 509, 510, 511, 524, 528, 538, 588, 609, 611.

OURBLAIN, lieutenant au 21e de ligne, 543.
OUZTOVSKI (Maxim), conseiller municipal de Smolensk, 542.

P

PACCAUD, sergent au 21e de ligne, 543.
PAGÈS, chirurgien à l'hôpital de la garde, 507.
PAHLEN (comte), général russe, 489.
PAILLARD, général de brigade, 132.
PAINBOT, lieutenant au 7e d'infanterie légère, 543.
PAJOL, général de brigade, 26, 439, 456, 457, 474, 487, 490, 533.
PALLAVICINI, élève à l'Ecole de La Flèche, 188.
PAMPLONA, général portugais, 240.
PANCERZYNSKI, membre de la commission administrative de Grodno, 448.
PANCKOUCKE, éditeur des œuvres de Napoléon, 485, 489, 501, 509, 518, 527, 537, 543, 550, 556, 557, 559, 563, 587, 594, 597, 608.
PARTOUNEAUX, général de division, 30, 165, 166, 169, 243, 283, 332, 355, 416, 426, 439.
PÉCHENY, général de brigade, 468.
PELET, adjudant-commandant, 236.
PELLETIER, colonel d'artillerie, 313.
PELLUCHON, sous-lieutenant au régiment de Belle-Isle, 54.
PENNE, général de brigade, 400.
PENOT, commissaire des guerres, 372.
PÉRIGORD (Elie DE), sous-lieutenant au 7e hussards, 44.
PERNETY, général de division, 68, 135, 140.
PERRON, capitaine au service napolitain, 312.
PERRUCHE, élève à l'Ecole de Saint-Cyr, 574.
PETERSEN, chirurgien au régiment des pupilles, 507.
PETIET, chef d'escadron, 134.
PETITJEAN, capitaine au 12e de ligne, 543.
PETRYKOWSKI (Joseph), sous-préfet de Troki, 449.
PFLUG (G.), prisonnier de guerre, 482.
PHILIPPON, général de division, 100.
PICARD, sergent au 7e d'infanterie légère, 544.
PIDOUX (veuve), 593.
PIERRON, sergent au 21e de ligne, 543.
PILSUDSKI, sous-préfet de Telchi, 449.
PINO, général italien, 562, 608.

PIRÉ, général de brigade, 27, 501, 502, 503.
PISSIN, lieutenant au 2e bataillon de chasseurs des montagnes, 481.
PITOIS, soldat au 12e de ligne, 543.
PLATER (comte Ferdinand), 448.
PLATOV, hetman des Cosaques, 457, 458, 474, 486, 489, 509.
PLATZ (Mme), veuve d'un infirmier, 270.
PLAUZONNE, général de brigade, 272.
POMMEREIT, sous-officier prussien, 486.
PONCET, général de brigade, 621.
PONIATOWSKI (prince), 251, 272, 332, 435, 443, 457, 489, 509, 528 à 530, 545, 546, 550, 556, 611.
PORSON, général de brigade, 186.
POTOCKI (Alexandre), membre du gouvernement de Lithuanie, 459.
POUGET, général de brigade, 163, 481.
PRÉVOST, secrétaire de légation, 435.
PREVOT, soldat au 7e d'infanterie légère, 544.
PROZOR (Charles), membre du gouvernement de Lithuanie, 447.
PRUSSE (Le roi de). V. Frédéric-Guillaume III.
PRZEZDIECKI, sous-préfet de Zivily, 449.
PUGET, sous-lieutenant au 64e d'infanterie, 253.

Q

QUENGO DE CRENOLLE. V. Crenolle (Quengo de).
QUEUNOT, général de brigade, 182.
QUINETTE, général de brigade, 109, 149, 153, 163, 421.
QUINTON, sous-lieutenant au 14e dragons, 399.
QUIOT, général de brigade, 252.

R

RABBE, colonel de la garde de Paris, 250.
RADZIWILL, colonel du 9e lanciers polonais, 503.
RADZIWILL (prince Louis), membre de la commission administrative de Vitebsk, 515.
RAGHOULIN (Fedor), conseiller municipal de Smolensk, 542.
RAGOT, adjudant au 21e de ligne, 543.
RAMPON, général de division, 62.
RAPP, général de division, 43, 153, 180, 198, 199, 375, 418, 422, 439.

RAVEH (DE), lieutenant prussien, 486.
RAVIER, général de division, 249.
RAZOUT, général de division, 31.
RÉ, capitaine aide de camp, 481.
REDAREZ, adjudant sous-officier au 7e d'infanterie légère, 544.
REDING (Boniface DE), lieutenant au service d'Espagne, 70.
REGISMANSET, ex-colonel du 19e de ligne, 468.
REILLE, général de division, 83, 84, 85.
REIZET, colonel du 13e dragons, 596.
REPNIN (prince), 510.
REUBELL, régisseur des vivres, 75.
REY, général de division, 356.
REYNIER, général de division, 135, 306, 489, 510.
REYSER, membre du conseil municipal de Vilna, 449.
RICARD, commissaire ordonnateur, 74.
RICARD, général de brigade, 411, 485, 518.
RICARD, sous-lieutenant, 230.
RICCI, élève à l'Ecole de Saint-Germain, 559.
RICHARDOT, capitaine d'artillerie, 437.
RIHLOVSKI, membre du conseil municipal de Vitebsk, 515.
RIVAUD DE LA RAFFINIÈRE, général de division, 140, 592.
RIVIÈRE, lieutenant au 121e de ligne, 520.
ROBELOT, capitaine de gendarmerie, 521.
ROBERT, ex-quartier-maître trésorier, 212.
RŒDERER (comte), 196, 234.
ROGUET, général de division, 420, 453, 485, 506, 607.
ROHAULT (DE), lieutenant au 35e de ligne, 563.
ROMAN, sergent au 21e de ligne, 543.
ROMAN (Jean), capitaine au 7e d'infanterie légère, 543.
ROMER (Michel), maire de Vilna, 448.
ROSNY (DE), commandant du 9e bataillon de prisonniers de guerre, 523, 524.
ROSSI, capitaine au 21e de ligne, 543.
ROSSI, capitaine de cavalerie, 499.
ROSTOPCHINE (Fedor), gouverneur de Moscou, 556 à 560, 588.
ROTA, lieutenant au 12e de ligne, 543.
ROUBY, lieutenant au 12e de ligne, 543.
ROUSSEL, général de brigade, 5, 474, 501.
ROUTKOVSKY (Alexis), adjoint au maire de Smolensk, 542.
ROUX (veuve), 270.
ROZNIECKI, général de division, 487, 489.
RUMIGNI, capitaine au 12e de ligne, 543.
RUTY, général de brigade, 357, 473.
RYPINSKI (Joseph), sous-préfet de Polotsk, 514.

S

SAINT-GENIÈS, général de brigade, 27, 491.
SAINT-GERMAIN, général de division, 28, 241, 438, 499, 501.
SAINT-HILAIRE, inspecteur aux revues, 218.
SAINT-LAURENT, général de division, 68, 103.
SAINT-MAIXENT (Le maire de), 198.
SAINT-MARTIN, colonel du 1er d'infanterie de ligne, 507.
SAINT-SULPICE, général de division, 28.
SAIZIEU, capitaine de vaisseau, 341.
SALMETON, sapeur au 7e d'infanterie légère, 543.
SANDOVAL, major espagnol, 22.
SANTA-CROCE (prince DE), adjudant commandant, 223.
SAPIA, commissaire des guerres, 372.
SAPIEHA (prince Alexandre), 447.
SAPIEHA (prince Paul), 515, 564.
SARBOURG, lieutenant de sapeurs, 35.
SARTELON, commissaire ordonnateur, 74.
SAUGER (Mme), veuve d'un commissaire des guerres, 330.
SAUNIER, sergent au 7e d'infanterie légère, 544.
SAVARY, duc de Rovigo, 72, 230.
SAXE (Le roi de). V. Frédéric-Auguste.
SAXE-WEIMAR (duc DE). V. Charles-Auguste.
SBROSEC, membre du conseil municipal de Vitebsk, 515.
SCHRAMM, général de brigade, 494.
SCHREIBER, général de brigade, 494.
SCHILL, chef de partisans, 179.
SCHMITZ, colonel du régiment d'Illyrie, 54.
SCHUTLER, capitaine dans les troupes de Westphalie, 283.
SCHWARZBURG (prince DE), 310.
SCHWARZENBERG (prince), 438, 475, 489, 509, 510, 528, 544, 551.
SÉBASTIANI, général de division, 31, 241, 438, 455, 474, 491, 508, 528, 598.
SEBASTIANI, père d'un vélite, 471.
SEGUINOT, capitaine du 7e d'infanterie légère, 543.

SÉGUR (comte DE), général de brigade, 239.
SÉGUR, capitaine de hussards, 442.
SEMIANOW, soldat au régiment de la Vistule, 132.
SERAS, général de division, 494.
SERON, général de brigade, 6.
SICHLER (Mme), 395.
SICVERSE, général russe, 503.
SIERAKOVSKI (Joseph), membre du gouvernement de Lithuanie, 447.
SIMON, capitaine adjoint, 194.
SIMONIN, inspecteur des hôpitaux militaires d'Illyrie, 476.
SLEDZINSKI, adjoint au maire de Vilna, 449.
SNIADECKI, membre du gouvernement de Lithuanie, 459.
SOLTAN, membre de la commission du gouvernement de Lithuanie, 447.
SORBIER (comte), général de division, 411, 531.
SOULT, général de brigade, 473.
SOULT (maréchal), 134, 142, 261, 341, 471, 473.
SOUSTEL, sergent au 7e d'infanterie légère, 544.
SOUVAROV (général), 383.
SOYEZ, général de brigade, 494.
SPEELMAN, major du 121e d'infanterie, 225.
SPICHEL, maréchal des logis au 14e dragons, 399.
SPINOLA, élève à l'Ecole de Saint-Germain, 368.
STANISLAS, roi de Pologne, 326.
STATKOVSKI, membre du conseil municipal de Vilna, 449.
SUMAKY, capitaine de vétérans, 238.
STEPHENSON, adjudant-major au 33e d'infanterie légère, 249.
STIERN, major prussien, 510.
STRUB, colonel en second, 351.
SUBERVIE, général de brigade, 254, 473.
SUCHET (maréchal), duc d'Albuféra, 42, 83, 85, 137, 209, 225, 310, 318, 466, 481, 591, 594, 624.
SVOLYNSKI (Troïan), sous-préfet de Drissa, 514.
SZARBURSKI (Joseph), membre de la commission administrative de Vitebsk, 515.
SZCZYT (Jean), secrétaire général de la commission administrative de Vitebsk, 515.
SZYNKIEWICZ, ministre du conseil municipal de Vilna, 449.

T

TALMA, tragédien, 340.
TARAYRE, général de brigade, 472.
TARDIVY, chef de bataillon du génie, 209.
TAVIEL, général de brigade, 415, 493.
THIRY, général de brigade, 6.
TILLET, chasseur au 6e d'infanterie légère, 317.
TILLY (Delaître), général de division, 226.
TINDAL, général de brigade, 282.
TIRLET, général de brigade, 116.
TOLLY (BARCLAY DE). V. Barclay de Tolly.
TORMAZOV, général russe, 486, 510, 528, 544.
TOSCANE (grande-duchesse de). V. Elisa.
TOURNIER, lieutenant au 7e d'infanterie légère, 543.
TOUTCHKOV, général russe, 455.
TRAVOT, général de division, 365, 481.
TRIAIRE, aide de camp, 510.
TROUSSET, commissaire ordonnateur, 74, 404.
TUNIS (bey de), 564.
TYSENHAUS, colonel, 449.

U

ULANOVSKI (Louis), sous-préfet de Sebej, 514.

V

VACHAT, adjoint aux commissaires des guerres, 154.
VACHERON, sergent au 12e de ligne, 543.
VADOT, capitaine au 2e régiment de la Méditerranée, 238.
VAILLANT, ex-capitaine à la 100e demi-brigade, 281.
VAINES, soldat au 7e d'infanterie légère, 544.
VALENCE (comte), général de division, 28, 241, 438, 456.
VANDAMME, général de division, 161.
VANDENBERGH, colonel à la suite du 124e d'infanterie, 238.
VANDOIS, capitaine, 490.
VARENNE, soldat au 12e de ligne, 543.
VARGUET, lieutenant au 21e de ligne, 543.

VASIKA (Jaroslavston), maire de Smolensk, 542.
VAST, commissaire des guerres, 141.
VAUGRIGNEUSE (DE), adjudant commandant, 250.
VEDEL, général de brigade, 392.
VEDEL (A. DE), neveu du général de brigade de ce nom, 392.
VERDIER, général de division, 511, 538.
VERNER, chirurgien-major du régiment des pupilles, 471.
VIAL (Honoré), général de division, 536.
VIAL (Jacques), colonel du 26e régiment de chasseurs, 468.
VIALLANES, général de brigade, 22, 225.
VIARD, lieutenant au 21e de ligne, 543.
VICTOR (maréchal), duc de Bellune, 272, 315, 320, 326, 332, 355, 375, 382, 393, 414, 425, 426, 434, 439, 492, 494, 509, 526, 545, 609.
VIEUSSEUX (DE), ancien maréchal de camp, 451.
VIGNOLLE, général de division, 358, 572.
VILLEMAIN, lieutenant au 12e de ligne, 543.
VILSON, commissaire anglais en Russie, 588.
VINGARD, tambour-major au 12e de ligne, 543.
VINOT, colonel du 2e hussards, 473.
VIRIEU-BEAUVOIR, capitaine du train d'artillerie, 104.
VUAILLES, capitaine au régiment des pupilles de la garde, 282.

W

WALDECK (prince DE), 424.
WALSH, prisonnier de guerre américain, 622.
WALTHER, général de division, 349, 406.
WATIER DE SAINT-ALPHONSE (Pierre Wattier dit), général de division, 27, 28, 169, 241, 438.
WATT, adjudant-major au 9e d'infanterie légère, 314.
WAWRZECKI, sous-préfet de Braslov, 449.
WEISS, soldat au 112e régiment d'infanterie, 351.

WEISSEMBACH (J.-A.), Suisse du canton d'Argovie, 341.
WEISSENHOF (Michel), membre de la commission administrative de Vitebsk, 515.
WEISSENHOFF (Thadée), sous-préfet de Riejitsa, 514.
WENTÉ, lieutenant au 9e chevau-légers, 23.
WERNER, sous-officier prussien, 486.
WESTPHALIE (Le roi de). V. Jérôme.
WILLIAMSON (James), prisonnier de guerre anglais, 12.
WITKIEWICZ, sous-préfet de Chavli, 449.
WITTGENSTEIN (prince), 442, 455, 501, 510, 511, 538, 552, 609.
WITTGENSTEIN-BERLEBOURG, ancien capitaine au service d'Autriche, 310.
WOLFE, ministre anglican, 313.
WOLODKOWICZ (Joseph), membre de la commission administrative de Minsk, 448.
WOYNICKI, membre du conseil municipal de Vilna, 449.
WOYNICZ, adjoint au maire de Vilna, 449.
WREDE, général bavarois, 487, 538, 595, 609.
WURTEMBERG (prince Alexandre DE), 444, 511.
WÜRZBURG (Le grand-duc DE). V. Ferdinand-Joseph-Jean-Baptiste.

Y

YORK, général prussien, 595.
YVENDORF, général de brigade, 224.

Z

ZABA, sous-préfet d'Ochmiana, 449.
ZABIELLO (comte), sous-préfet de Kovno, 449.
ZAKRZEWSKI, chef de bataillon de la garde nationale de Vilna, 449.
ZAYONCHEK, général de division, 543.
ZOLTOVSKOÏ (Karp), conseiller municipal de Smolensk, 542.

Imprimerie et Librairie militaires CHARLES-LAVAUZELLE & Cie
SOCIÉTÉ EN COMMANDITE PAR ACTIONS AU CAPITAL DE 8.500.000 FRANCS
PARIS, 124, Boulevard Saint-Germain (6°) — NANCY, 53, Rue Stanislas — 62, Avenue Baudin, LIMOGES

T. C. Limoges R. C. 883

Général Feld Marschall von HINDENBURG. — Aus Meinem Leben (Ma vie), avec préface du général BUAT, traduit par le capitaine KŒLTZ, breveté d'état-major. Volume grand in-8° de 386 pages, avec 3 cartes hors texte.. 30 »
Toute l'âme prussienne est dans ce livre, — appel pour l'avenir à la jeunesse allemande.

Erich von FALKENHAYN, général de l'infanterie, chef d'état-major des armées allemandes de 1914 à 1916. — Le commandement suprême de l'armée allemande (1914-1916) et ses décisions essentielles. Traduction et avertissement par le général A. NIESSEL. Vol. grand in-8° de 236 p., avec 12 cartes. 24 »
Cet ouvrage du général von FALKENHAYN, chef du grand état major allemand du 14 septembre 1914 au 28 août 1916, jette un jour nouveau, d'une éclatante lumière, sur la plupart des événements de la guerre.

Général A. DUBOIS. — Deux ans de commandement sur le front de France (1914-1916). Deux volumes grand in-8° avec 30 cartes ou croquis....... 25 »
Récit circonstancié des hauts faits accomplis par le 9° corps d'armée et la VI° armée aux points critiques de la ligne de bataille et auxquels prirent part d'autres troupes, notamment la division marocaine.

L'Angleterre au feu. — Dépêches de Sir Douglas Haig, mises en français par le commandant breveté GEMEAU, préface de M. le maréchal FOCH. Volume grand in-8° de 474 pages avec 25 croquis dans le texte, 10 grandes cartes dans une pochette spéciale annexée au volume................. 45 »
C'est le premier et seul volume complet publié sur la matière.
Dix cartes annexes, avec les détails les plus complets sur le front anglais, réunies dans une élégante pochette, achèvent de faire de ce volume un document hors de pair sur la grande guerre.

Lucien CORNET, sénateur, membre de la Commission des affaires étrangères. — 1914-1915 : Histoire de la guerre :
Tome Ier : Des origines au 10 novembre 1914. In-8° de 380 pages... 7 50
Tome II : Du 10 novembre 1914 au 31 mars 1915. In-8° de 360 p... 7 50
Tome III : 1915. L'Italie, la Russie, les Dardanelles. In-8° de 344 p. 8 »
Tome IV : 1915. Le front de France, les Balkans. In-8° de 386 p... 10 »
Tome V : La situation intérieure chez les belligérants d'avril à novembre 1915. In-8° de 436 pages.................. 10 »
Tome VI : La situation intérieure chez les belligérants de novembre à fin décembre 1915. In-8° de 395 pages............. 10 »
Tome VII : Du 1er janvier 1916 jusqu'à l'attaque sur Verdun, 1er avril 1916. In-8° de 410 pages...................... 10 »

1914-1915. Les opérations franco-britanniques dans les Flandres. Volume de 135 pages, 9 croquis et 2 cartes................. 3 75
Cet intéressant ouvrage a connu dès son apparition le plus grand succès, car non seulement il apprend ce qui s'est passé dans les batailles de l'Yser et d'Ypres, mais il contient des leçons utiles par le rappel de principes qu'on n'aurait jamais dû oublier

Commandant P.-Louis RIVIÈRE. — Ce que nul n'a le droit d'ignorer de la guerre. Volume in-8° de 60 pages.................. 3 50
Dans cet opuscule réduit, l'auteur a réalisé le tour de force de faire tenir toute la matière des quatre années de la grande guerre; de donner, à côté de précisions d'ordre tactique ou stratégique sur les différents fronts de France, de Russie, d'Orient, d'Italie, aux colonies et au Maroc, sur terre et sur mer, des indications chronologiques sur les principaux événements tant militaires que politiques dans les pays belligérants.

Lieutenant-colonel CARRÈRE. — 1914-1918. Cavalerie. Faits vécus. Enseignements a en tirer. — Considérations générales. Que peut la cavalerie ; 1° avant la bataille ; 2° pendant la bataille ; 3° après la bataille? — Conclusions : A) Base déterminante de son effectif ; B) Une cavalerie d'armée ; C) Orientation nouvelle de l'instruction. In-8° de 84 pages......................... 4 »

www.ingramcontent.com/pod-product-compliance
Lightning Source LLC
Chambersburg PA
CBHW071149230426
43668CB00009B/882